Martin List
Baustelle Europa

Grundwissen Politik
Herausgegeben von Ulrich von Alemann,
Roland Czada und Georg Simonis

Band 24

Martin List

Baustelle Europa
Einführung in die Analyse
europäischer Kooperation
und Integration

Leske + Budrich, Opladen 1999

Der Autor:
Martin List, Dr., FernUniversität Hagen, Lehrgebiet Internationale Politik/ Vergleichende Politkwissenschaft.

Für S.
ex oriente lux
in vita mea

ISBN: 3-8100-2170-9

© 1999 Leske + Budrich, Opladen

Das Werk einschließlich aller seiner Teil ist urheberrechtlich geschützt. Jede Verwendung außerhalb der engen Grenzen des Urheberrechtsgesetzes ist ohne Zustimmung des Verlages unzulässig und strafbar. Das gilt insbesondere für Vervielfältigungen, Übersetzungen, Mikroverfilmungen und die Einspeicherung und Verarbeitung in elektronischen Systemen.

Satz: Leske + Budrich
Druck: DruckPartner Rübelmann, Hemsbach
Printed in Germany

Inhaltsverzeichnis

Vorwort 9

Einleitung 11

Teil I

1 Geschichtlicher Überblick zur europäischen Kooperation und Integration 23
1.1 Vom Ende des Krieges bis zu den Römischen Verträgen (1945-1958) 24
1.2 Von der Blockkonfrontation zum „gemeinsamen europäischen Haus" (1960-1989/90) 31
1.3 Das gemeinsame europäische Haus als Baustelle (1990-) 42

2 Überblick über die wichtigsten Institutionen und Organisationen europäischer Kooperation und Integration 47
2.1 Der Westen 52
2.1.1 Die Westeuropäische Union (WEU) 52
2.1.2 Die Organisation des Nordatlantikvertrags (NATO) 53
2.1.3 Die Europäische Union (EU) 55
2.2 Der Osten 59
2.2.1 Der Rat für Gegenseitige Wirtschaftshilfe (RGW) 59
2.2.2 Die Warschauer Vertragsorganisation (WVO) 60
2.3 Gesamteuropa 61
2.3.1 Der Europarat 61
2.3.2 Die KSZE/OSZE 63

3 Ansätze zur Theoriebildung über europäische Kooperation und Integration 65
3.1 Theoriebildung zur historischen Entwicklung der europäischen Integration 66
3.1.1 Die personale Dimension internationaler Beziehungen 66
3.1.2 Funktionalistischer vs. neorealistischer Ansatz 85
3.1.3 Dialektischer Funktionalismus als Erklärung für das „Stop-and-Go" der Integration 96
3.2 Theoretisierung des Gesamtphänomens EG/EU 100

3.2.1	Mehr als ein internationales Regime, weniger als eine Föderation..	100
3.2.2	Supranationale „Rettung" des Staates	108
3.3	Theoretisierung der Funktionsweise der EG/EU	113
3.3.1	Politikverflechtung und ihre Falle	113
3.3.2	Regulativer Wettbewerb	117
3.4	Resümee des Gesamtkapitels	126

Teil II

Einleitung zu Teil II 129

4	**Kooperation im Sachbereich Sicherheit**	**133**
4.1	Sicherheitspolitische Kooperation im Zeichen des Ost-West-Konflikts: das Beispiel NATO	134
4.1.1	Multilateralismus als Organisationsform	134
4.1.2	Die Produktion öffentlicher Güter: Lastenteilung und Arbeitsteilung in der Allianz	140
4.1.3	Die Kooperationsgeschichte der Allianz und ein (Muster-) Beispiel für hypothesentestende Politikwissenschaft	144
4.2	Sicherheitspolitische Problemstellungen im „gemeinsamen Haus Europa"	149
4.2.1	Die NATO im Jugoslawienkonflikt – ein Beispiel für außenpolitische Interessenanalyse	149
4.2.2	Die Problematik ethno-nationaler Konflikte	153
4.2.3	Zur Frage einer gesamteuropäischen Sicherheitsarchitektur	156
5	**Kooperation im Sachbereich Herrschaft**	**161**
5.1	Kooperation in Fragen der Gebiets- und Personalhoheit sowie der inneren Sicherheit	162
5.1.1	Der kooperative Umgang mit Territorialkonflikten	162
5.1.2	Kooperation in Fragen der Personalhoheit und der inneren Sicherheit: das Beispiel des dritten Pfeilers der EU	166
5.2	Kooperation in Fragen der Ausübung und Wahrung von Grundrechten	172
5.2.1	Begrenzte Kooperation unter Bedingungen des Ost-West-Konfliktes: das Beispiel journalistische Berichterstattung	173
5.2.2	Internationaler Menschenrechtsschutz in Europa	175
5.2.3	Kooperation zum Schutz von Minderheiten	181
6	**Kooperation im Sachbereich Wohlfahrt**	**187**
6.1	Kooperation im Wirtschaftsbereich	187
6.1.1	Das geteilte Europa	188
6.1.2	Gesamteuropa	195
6.2	Kooperation im Umweltbereich	204
6.2.1	Pflege für den Vater? Die internationale Zusammenarbeit zum Schutz des Rheins	205

6.2.2	Gehen die Meere baden? Die internationale Zusammenarbeit zum Schutz der Ostsee	207
6.2.3	Strahlende Zukunft? Die internationale Zusammenarbeit für die Sicherheit der Kernkraftwerke	210

Zwischenfazit zu Teil II: Bedingungen, Formen und Wirkungen internationaler Kooperation in Europa 215

Teil III

Einleitung zu Teil III		221
7	**Grün und zukunftsfähig?**	225
7.1	Agrarpolitik	225
7.2	Umweltpolitik	230
7.3	Forschungs- und Technologiepolitik	237
8	**Ein Markt und mehr?**	245
8.1	Wirtschafts- und Währungspolitik	248
8.1.1	Wettbewerbspolitik	248
8.1.2	Währungsunion	252
8.2	Sozial- und Frauenpolitik	263
8.2.1	Sozialpolitik	264
8.2.2	Frauenpolitik	271
9	**Eine immer engere Union?**	277
9.1	Die Gemeinsame Außen- und Sicherheitspolitik	277
9.2	Politische Union	284

Schluß, Abschluß und Anschluß 299

Literatur 309

Anhang 327

Vorwort

Mit dem vorliegenden Band, der eine Einführung für Fortgeschrittene in die politikwissenschaftliche Analyse von internationaler Kooperation und Integration in Europa bietet, legt das Lehrgebiet Internationale Politik/Vergleichende Politikwissenschaft einen weiteren wichtigen Baustein im Rahmen der Lehrtextreihe „Grundwissen Politik" vor. Auch auf dieser Baustelle geht es also voran, und auf dem Fundament der für das Grundstudium konzipierten Bände über „Internationale Politik" (List u.a. 1995) und über „Internationale Organisationen" (Rittberger, 2. Aufl., 1995) kann nunmehr im Hauptstudium die vertiefte Beschäftigung mit europäischer Kooperation und Integration erfolgen.

Die Breite dieses Gegenstands bringt es mit sich, daß zahlreiche Anschlußmöglichkeiten zu weiteren politikwissenschaftlichen Themenkreisen bestehen, auch aus den Teilbereichen der vergleichenden Politik, der Politikfeldanalyse und der Politische Theorie. Aus der „Grundwissen"-Reihe sind einschlägig insbesondere die Bände über die beiden großen europäischen Nachbarstaaten, die mit Deutschland die Mitgliedschaft in der Europäischen Union teilen: Großbritannien (Döring 1993) und Frankreich (Schild/Uterwedde/Lasserre 1997). Es wächst also nicht nur die Zahl der Bände der Reihe, sondern ihre thematische Vernetzung wird zunehmend erkennbar und auch im vorliegenden Text durch Querverweise verdeutlicht.

Abschließend bleibt dem Lehrgebiet wie auch den Herausgebern der Reihe die angenehme Pflicht, der Kommission der Europäischen Union dafür zu danken, daß sie die „Bauarbeiten" am vorliegenden Text, der, wie in der Reihe üblich, die überarbeitete Fassung eines zunächst für die FernUniversität Hagen verfaßten Kurses darstellt, als sog. „europäisches Modul" aus ihrem Jean-Monnet-Programm zur Förderung der Lehre über europäische Integration finanziell unterstützt hat.

Hagen, im April 1998

Georg Simonis   Ulrich von Alemann   Roland Czada

Einleitung

Die Einleitung in das vorliegende Buch soll einen Überblick über seine Leitperspektiven, einige grundlegende Begriffe sowie über seinen weiteren Aufbau vermitteln. Zwangsläufig müssen wir dieses erste Bild mit großen, zuweilen auch groben Pinselstrichen malen, in der Hoffnung, daß die weitere Darstellung manches genauer ausarbeiten kann und damit auch verständlich macht. Beginnen wir zunächst mit einem vielfach deutbaren Ausruf: „Ach Europa". Dies war der beneidenswert einfallsreiche Titel, den vor Jahren der Schriftsteller und politische Publizist Hans Magnus Enzensberger einer Sammlung von Artikeln gab, in denen er über die politischen Verhältnisse in einigen kleineren europäischen Staaten berichtete, die sonst eher am Rande unserer Aufmerksamkeit liegen.[1] Vorwiegend zwei der möglichen Interpretationen dieses Ausrufs sollen uns in diesem Buch als Leitperspektive dienen.

Da ist zunächst jenes „Ach", das einem nach langem Nachdenken über die Lösung für ein Problem über die Lippen kommt: „Ach, natürlich, ...!" (Zuweilen gefolgt von dem Ausruf: „Daß ich daran nicht früher gedacht habe!") Auch „Europa", verstanden als Idee über die politische Organisation dieses Kontinents oder zumindest von Teilen von ihm, war und ist immer wieder, in unterschiedlicher institutioneller Form, eine lange gesuchte und endlich gefundene Lösung für unterschiedliche politische Probleme. Die „Problemlösung" Europa wird uns in diesem Buch mehrfach begegnen.

Leitperspektive 1:
Europa als
Problemlösung

Dem steht jedoch, als zweite Perspektive, ein zweites „Ach" gegenüber, das eher ein „Ach je" ist, melancholisch oder leicht enttäuscht geäußert („Ach je, wie schön wäre es doch, wenn ..."), zuweilen übergehend in ein drittes „Ach", das gereizte Zurückweisung zum Ausdruck bringt („Ach was, bleib mir vom Leib mit ...!"). Europa in diesem Sinne ist weniger eine Lösung, sondern wird selbst zum Problem. Auch hierfür gibt es etliche Beispiele. Die skeptische bis ablehnende Reaktion auf die im Maastrichter Vertrag enthaltene Wirtschafts- und Währungsunion sowie gegenüber der nunmehr bereits in der Selbstbezeichnung „Europäische Union" proklamierten Zielvorstellung einer politischen Union sind dafür nur das jüngste Beispiel. Auch hierauf wird zurückzukommen sein. An dieser Stelle sei nur soviel gesagt: Zweifellos speist sich solche Europa-Skepsis oder Ablehnung – oder genauer: die Skepsis bzw. Ablehnung gegenüber einem konkreten politischen Projekt – aus sehr unterschiedlichen Motiven. Sie

Leitperspektive 2:
Europa als Problem

---

1 Enzensberger 1987.

sollten nicht vorschnell als negativ, nur rückwärtsgewandt-nationalistisch abgeschrieben werden, müssen vielmehr im einzelnen analysiert werden.

Was ist Europa?   Wir haben damit zwei Perspektiven auf die politische Idee Europa eröffnet. Doch, was ist Europa? Zweifellos mehr als ein geographischer Begriff – aber die Geographie trägt zur Bestimmung des Begriffes mit bei. In diesem Buch wollen wir von einem geographisch weiten Europabegriff ausgehen. Europa in diesem Sinne reicht, einer geläufigen Formel zufolge, vom Atlantik bis zum Ural. Es umfaßt also West- *und* Osteuropa, wobei mit der östlichen Markierung zugleich eine der polit-geographischen Gretchenfragen in bezug auf Europa pragmatisch beantwortet ist: Rußland ist – und zwischen 1917 und 1991 war die Sowjetunion – unzweifelhaft *auch* eine europäische Großmacht. Dabei liegt die Betonung auf „auch", denn mit seinen in Asien liegenden Landesteilen ist Rußland auch dort ein gewichtiger Akteur. In die andere Richtung fällt die Grenzziehung leichter. Der größte und in vielerlei Hinsicht erfolgreichste „Ableger Europas", die USA, gehören selbst nicht zu Europa, sind aber für die gesamte Entwicklung in Europa mindestens seit Ende des Zweiten Weltkriegs von so großer Bedeutung[2], daß ihre Rolle immer wieder Gegenstand auch unserer Betrachtung hier sein wird. Ganz unzweifelhaft zu Europa, wenn auch geographisch nicht zum Kontinent, gehören dagegen die britischen Inseln, nicht erst seit Beitritt des Vereinigten Königreichs und Irlands zur Europäischen Gemeinschaft. Während schließlich das Nordende Europas polit-geographisch unproblematisch ist – abseits, nicht nur geographisch sondern oft auch unserer Aufmerksamkeit, liegt allein Island –, stellt im Süden das Mittelmeer eine natürliche Grenze – und in vielerlei Hinsicht eine Brücke und Verbindung[3] – dar, die, bis auf die Türkei, die hier pragmatisch fallweise einbezogen wird, eine relativ eindeutige Zuordnung erlaubt.

Selbstdefinition durch Außenbezug   Was aber läßt sich über Europa über die geographische Bestimmung hinaus noch sagen? Zunächst so viel: Es ist gar nicht selbstverständlich, daß die Bewohner eines Kontinents eine Vorstellung von sich selbst als Mitglieder eines einheitlichen (Kultur-) Raumes haben. Im Falle Asiens etwa ist die Einheit eher eine scheinbare, die mehr dem Außenstehenden, und häufig vor allem aufgrund seiner Unkenntnis, gegeben erscheint.[4] Dies verweist zugleich darauf, daß die Außenbeziehungen für die Selbstdefinition von menschlichen Gemeinschaften und also auch für die Europas von Belang sind. Das gilt historisch, insofern Europa zum Ausgangspunkt dessen geworden ist, was man als die „Verwestlichung" der Welt bezeichnet hat,[5] es gilt aber auch gegenwärtig, wo Europa sich veranlaßt sieht, sich als eine der drei großen Regionen – neben den USA im

---

2   Vgl. dazu jetzt den knappen, sehr lesenswerten Überblick von Lundestad 1998.
3   Historisch ist etwa zu verweisen auf die kulturelle Ausstrahlung auf Europa, die vom maurischen Spanien ausging und über den Umweg arabischer Übersetzungen viele der Schriften der klassischen, griechischen Antike überhaupt erst wieder für das restliche Europa verfügbar machte (vgl. dazu die vorzügliche knappe Darstellung von Watt 1993 sowie, reich bebildert, Crespi 1992); aktuell läßt sich zum Beispiel auf die internationale Kooperation der – aller – Anrainerstaaten des Mittelmeers zum Schutz seiner marinen Umwelt verweisen (vgl. Haas 1990) sowie auf die von der Europäischen Union, vor allem aufgrund Betreibens ihrer südlichen Mitglieder, betriebene Mittelmeerpolitik.
4   Vgl. den gleichwohl und gerade deshalb interessanten Versuch von Weggel 1989, einen Überblick über die asiatische(n) Kultur(en) zu geben.
5   Vgl. van Laue 1987.

Rahmen der mit Kanada und Mexiko geschlossenen Nordamerikanischen Freihandelszone sowie dem zunehmend organisierten ostasiatischen Wirtschaftsraum, in dem Japan eine führende Rolle spielt – in einem globalen wirtschaftlichen Wettstreit zu behaupten. Auch auf diese auswärtigen Aspekte Europas wird zurückzukommen sein.

Doch hier interessiert zunächst und primär die Binnenperspektive, und auch hierbei ist die (gemeinsame) Geschichte von Belang. Gemeinsame Geschichte heißt dabei durchaus nicht Harmonie, schließt vielmehr im Verlauf der Jahrhunderte sowohl gewaltsam ausgetragene Konflikte[6] als auch friedliche – und gleichwohl nicht immer reibungslose – Kooperation zwischen den europäischen Staaten ein. Darüber hinaus jedoch bedeutet es die Entwicklung bestimmter gesamteuropäischer kultureller Muster und Institutionen, von denen einige hier anzusprechen sind.[7]

kulturhistorische Antwort

Da ist zunächst die Vorstellung von Europa als dem „christlichen Abendland". Zweifellos ist das Christentum für die historische Entwicklung Europas von großer Bedeutung, sowohl aufgrund seiner gedanklichen Inhalte als auch indirekt, durch die Wirkung, die etwa von der konfessionellen Auseinandersetzung zwischen Katholizismus und Protestantismus auf die Etablierung und Institutionalisierung von Glaubens- und Gewissensfreiheit und damit auch für die Entwicklung von Toleranz für den jeweils anderen ausging.[8] Gleichwohl hat die Vorstellung vom christlichen Abendland eine Tendenz, zur konservativen Ideologie zu werden, die zur Ausgrenzung anderer Religionen und Kulturen führt und sich zuweilen bis hin zu einer Kreuzzugsmentalität steigert. Übersehen wird dabei, daß andere Religionen und ihre Angehörigen wesentliche Beiträge zur kulturellen Entwicklung Europas geleistet haben[9] und daß Koexistenz mit ihnen in einer interdependenten Welt immer notwendiger wird. Dies gilt nach außen, wo Europa keine „Festung" sein kann – nicht nur wegen der Abhängigkeit von Erdöllieferungen aus dem Nahen Osten –, aber auch nach innen, wegen „der Anderen" bei uns.

„christliches Abendland"

---

6   Vgl. die beiden Überblicksdarstellungen von Howard 1981 und Kaiser 1992.
7   Für zwei anregende Essays, die eine solche kulturhistorische Perspektive auf Europa eröffnen, vgl. aus französischer Sicht Morin 1988, aus schwedischer Edberg 1988. Kenntnisse der (gesamt-)europäischen Geschichte vermittelt die frühe, noch immer sehr lesenswerte einbändige Darstellung von Bowle 1985 sowie jüngst die beiden umfassenden, informationsprallen Arbeit von Davies 1996 und Roberts 1997. In letzter Zeit wurden auch unterschiedliche Versuche gesamteuropäischer Geschichtsschreibung unternommen, darunter ein von zwölf europäischen Autoren als Gemeinschaftswerk verfaßtes historisches Schulbuch (Aldebert u.a. 1992), eine aus europäischer Perspektive verfaßte „Geschichte Europas und seiner Völker" (Duroselle 1990) sowie die als Gemeinschaftsproduktion mehrerer europäischer Verlage vorgelegte Buchreihe „Europa bauen" (die deutschen Ausgaben erscheinen jeweils in München). Ähnlich auch die ebenfalls von einer internationalen Autorenschaft verfaßten Taschenbuch-Bände der Reihe „Europäische Geschichte" (Frankfurt a.M.). Historische Quellen in Auszügen, die ein Gesamtbild Europas vermitteln, finden sich schließlich in der vorzüglichen Quellensammlung von Schulze und Paul (1994), in deren lesenswerter Einleitung (ebd., 7-20) sich Schulze auch mit der behandelten Bestimmung, was Europa bedeutet, befaßt.
8   Vgl. dazu als politikwissenschaftliche, theoretisch angeleitete Studie die Arbeit von Schimmelfennig 1995, insbes. Kap.5 über den internationalen Konfessionskonflikt.
9   Neben dem bereits erwähnten Beitrag der arabisch-islamischen Kultur (vgl. Anmerkung 3, oben) ist hier vor allem an den jüdischen Beitrag zu denken. Für die konfliktreiche Geschichte der Juden in Europa vgl. den Überblick von Battenberg 1990.

Leitperspektive 3: Einheit ohne Vereinheitlichung	Es stellt sich also für Europa – und damit ist eine weitere Leitperspektive dieses Buches angesprochen – die Aufgabe der *Einheit ohne Vereinheitlichung*, sowohl innerhalb der als auch zwischen den einzelnen Staaten. Innerhalb der Staaten geht es um den Umgang mit den jeweils Anderen, zunächst – aber nicht notwendig auf Dauer – Fremden, mithin um das, was in Westeuropa unter dem Stich- und für manch einen Reizwort „multikulturelle Gesellschaft" diskutiert wird[10], was jedoch in Osteuropa nicht minder akut ist als Aufgabe des Zusammenlebens unterschiedlicher ethnischer Bevölkerungsteile. Aber auch zwischen den einzelnen Ländern, die ihre kulturelle Eigenheit haben und bewahren sollen, stellt sich mit Verkündung des Ziels der politischen Union zunächst Westeuropas die Aufgabe des „E pluribus unum" (Aus vielen Eines), wie es im Staatswappen der USA heißt, jener Gesellschaft, die vielleicht wie keine andere – und zweifellos auch unter spezifischen Bedingungen – Erfahrung im Umgang mit dieser Problematik hat und sie zwar wahrlich nicht perfekt gelöst, aber doch, einen ganzen Kontinent umspannend, in einem konstitutionellen Rahmen und in demokratischen Bahnen daran gearbeitet hat und noch arbeitet.[11]
Erbstücke Europas: Musterfall Universität	Ein kulturelles Muster für diese Einheit in Vielfalt findet sich in einem weiteren kulturellen Erbstück Europas: der Universität.[12] In ihren mittelalterlichen Ursprüngen zunächst eine Lehrstätte der Theologie und Jurisprudenz, also der Rechtswissenschaft, war sie lange Zeit Heimstatt einer „multikulturellen Gemeinschaft", die sich des Lateinischen als Lingua franca, als allgemein gängigem Verständigungsmedium bediente. Zugleich findet sich in ihrem Umfeld, als Bezeichnung für die Studierenden einer bestimmten geographischen Herkunft, auch erstmals der Begriff der „Nation", der damals also zunächst noch nicht ein staatlich organisiertes Gemeinwesen meinte – der Nationalstaat ist erst eine Erfindung des 18. und 19. Jahrhunderts –, und somit auch das Motiv der umfassenden Einheit (universitas) in Vielfalt.
ambivalenter „Faustischer Drang"	Zunächst außerhalb der Universität entwickelte sich die (Natur-)Wissenschaft, die ebenfalls erst im 19. Jahrhundert die Verbindung mit der nunmehr industriellen Technik einging und damit zur Grundlage eines zweiten Modernisierungsschubs wurde. Doch bereits zuvor, in den zum Teil noch alchemistischen Anfängen der Naturwissenschaft in der frühen Neuzeit, hatte sich der Forscherdrang, versinnbildlicht in Goethes Figur des „Dr. Faust", gepaart mit dem Streben nicht nur nach Naturerkenntnis, sondern nach Naturbeherrschung („Wissen ist Macht", so die Formel von Francis Bacon, einem der Ahnväter europäischen

---

10 Dazu jetzt umfassend und international vergleichend die Einführung von Mintzel 1997.
11 Wie ein lateinamerikanischer Beobachter, der insofern unverdächtig ist, weil er einer Kultur entstammt, die sonst oft sehr kritisch gegenüber dem „großen Bruder" im Norden ist, jüngst festgestellt hat, scheinen die Vereinigten Staaten „etwas Großartiges geleistet zu haben, indem sie eine Gesellschaft schufen, die es kulturellen Minderheiten gestattet, ihre Identität zu bewahren und sich zugleich genügend zu assimilieren, um die Existenz einer echten nordamerikanischen Gesellschaft zu ermöglichen." (Spector 1993, 183) Zur Realgeschichte der multikulturellen USA vgl. Takaki 1993 und Lind 1995, der angesichts gegenwärtiger Probleme auch eine politische Reformperspektive für die USA über den soziale Ungleichheit vernachlässigenden – und, so Linds Vorwurf: festschreibenden – „Multikulturalismus" hinaus entwirft.
12 Zur Geschichte der Universität in Europa vgl. jetzt umfassend Rüegg 1993 und 1996 (zwei weitere Bände stehen noch aus).

Wissenschaftsverständnisses[13]) als geschichtswirksames Erbe Europas erwiesen. Nach innen zeigte sich dies in der Umgestaltung des eigenen Kontinents, der Verwandlung von Natur in genutzte (und mißbrauchte) „Kulturlandschaft", später in Industrielandschaft.[14] Nach außen zeigte es sich in der Anwendung des Forschergeistes auf die „weißen Flecken" der europäischen Weltkarten und auf die Militärtechnik sowie schließlich in Form der nicht zuletzt aufgrund dieser Militärtechnik, später auch durch Anwendung wirtschaftlicher Machtmittel möglichen Eroberung weiter Teile der außereuropäischen Welt, die ihre Unterordnung als von Europa verwaltete Kolonialreiche zur Folge hatte.[15]

Diesem insgesamt eher ambivalenten „faustischen" Erbe Europas ist nun, aus einer vierten Leitperspektive dieses Buches, die das Verhältnis von Macht und Recht in den Blick nimmt, die letzte hier zu erwähnende historische Tradition Europas zur Seite zu stellen. Sie betrifft die politische Entwicklung und näherhin die Zähmung der Macht durch politische Gewaltenteilung und durch Herrschaft des Rechts. Im weltgeschichtlichen Vergleich war es gerade die Teilung der politischen Herrschaft in Europa seit dem Mittelalter, die im Vergleich zu den großen, als zentral-bürokratische Reiche organisierten Kulturen etwa in China, einen Freiraum für die Entwicklung von Mitsprache in politischen Angelegenheiten eröffnete.[16] Dies galt freilich zunächst nur für kleine, im ursprünglichen Sinne des Wortes[17] privilegierte Gruppen der Gesellschaft, entsprechend der mittelalterlichen Maxime: „quod omnes tangit, ab omnibus approbari debet" – Was alle betrifft, muß auch von allen beschlossen werden. Gleichwohl liegen in diesen mittelalterlichen Formen regionaler oder ständischer Selbstverwaltung und Mitbestimmung tatsächlich die Ursprünge auch der neuzeitlichen Demokratie, die sich allerdings erst in einem Jahrhunderte dauernden konfliktreichen Prozeß herausbilden konnte.[18]

Eng damit verbunden ist die Entwicklung der Herrschaft des Rechts (rule of law).[19] Entschieden ist darauf hinzuweisen, daß es sich dabei nicht nur um eine ideologische Verschleierung für die faktisch fortbestehende Herrschaft der jeweils regierenden Klasse oder Schicht handelt.[20] Die Bedeutung des Gedankens der Herrschaft des Rechts anzuerkennen heißt nicht, in herrschaftssoziologische Naivität zu verfallen. Es heißt aber, die Bedeutung der Entkopplung der politischen Herrschaft von persönlicher Macht einerseits zu erkennen sowie anderer-

Leitperspektive 4: Macht und Recht

weitere Erbstücke: Demokratie

... und Herrschaft des Rechts

---

13 Zu Bacons Leben und Werk vgl. Krohn 1987, zum Baconschen Projekt der modernen Wissenschaft Schäfer 1993.
14 Vgl. dazu Küster 1995.
15 Zur Militärtechnik vgl. McNeill 1983, zum Kolonialismus den FernUniversitäts-Kurs von Osterhammel 1992 sowie seine Kurzdarstellung zum Thema (Osterhammel 1995).
16 Dieser bereits von dem Soziologen Max Weber gesehene Zusammenhang wurde zuletzt besonders von J. Hall (1986) betont.
17 Ein „privilegium" ist ein mittelalterliches, ständisches, also nicht individuelles, sondern den Angehörigen eines Standes aufgrund ihrer Standeszugehörigkeit zukommendes (Vor-)Recht.
18 Für eine interessante neuere Darstellung *eines* der kausalen Pfade, die – über Art und Bewilligung für die aufgrund der zwischenstaatlichen Kriegführung notwendige militärische Rüstung, also Militärverfassung – von mittelalterlichen Formen der Mitregierung zur modernen Demokratie führen, vgl. Downing 1992.
19 Vgl. dazu die trotz gelegentlich unangenehm polemisch-konservativer Formulierungen lesenswerte umfassende Darstellung von Hattenhauer 1992 sowie, kürzer, Strömholm 1991.
20 Vgl. dazu Becker 1986, 165ff.

seits die Bedeutung der Einhegung binnenstaatlicher Machtausübung durch die Gewährleistung von Menschenrechten und Rechtsstaatlichkeit, sowie schließlich, im Verhältnis der Staaten untereinander, die Bedeutung der – aufgrund bitterer Erfahrung erreichten – Überwindung kriegerischen Konfliktaustrags durch Institutionalisierung von Formen des gewaltlosen Konfliktaustrags sowie der internationalen Kooperation oder gar Integration.

Zwei Grundbegriffe — Damit sind zwei der beiden Grundbegriffe dieses Buches gefallen, die in dieser Einleitung noch kurz vorzustellen sind, bevor wir abschließend seine weitere Gliederung skizzieren. Internationale Kooperation läßt sich leicht durch die deutsche Wiedergabe als zwischenstaatliche Zusammenarbeit erklären. Ihr erstes Kennzeichen besteht somit darin, daß sie die formal-souveräne Existenz der beteiligten Staaten unberührt läßt. Staaten, die kooperieren, verschmelzen dadurch nicht zu einer neuen politischen Einheit. Vielmehr ist mit dem Attribut „kooperativ" etwas über die Qualität ihrer Beziehungen zueinander ausgesagt. *Kooperation* — Kooperation setzt aber nicht völlige Harmonie voraus, sondern als minimale Bedingung nur eine Konvergenz, eine Annäherung, der Interessen der beteiligten Staaten. Sie kann, muß aber nicht, darüber hinaus von einem Konsens, also einer Übereinstimmung, in grundlegenden Werten getragen sein. Schließlich ist Kooperation nicht der Gegensatz zu Konflikt – auch kooperative Beziehungen zwischen Staaten können von Konflikten geprägt sein, und manchmal besteht die Kooperation gerade im friedlichen Umgang mit Konflikten.

... und Integration — Letzteres, die Vereinbarkeit mit Konflikten, gilt auch für die Integration. Da Konflikte in allen zwischenmenschlichen Beziehungen auftreten können, gilt dies auch für Integrationsbestrebungen zwischen Staaten (die europäische Integration im Rahmen der Europäischen Gemeinschaft bzw. nunmehrigen Europäischen Union, eines unserer Hauptthemen, hält dafür zahlreiche Beispiele bereit). Im Unterschied zu Kooperation zielt zwischenstaatliche Integration jedoch darauf ab, eine neue politische Einheit entstehen zu lassen. Zu diesem Zweck sollen zunächst getrennte Einheiten, etwa die nationalstaatlich verfaßten Gesellschaften der Mitglieder der Europäischen Union, wirtschaftlich, politisch, rechtlich und gesellschaftlich unter einem übernationalen Dach zusammengeführt werden. Das Verhältnis dieser unterschiedlichen Handlungsfelder, etwa von wirtschaftlicher Integration, mit der die (west-)europäische Integrationsgeschichte ja begann, und politischer Integration, die nunmehr programmatisch bereits in der Selbstbezeichnung als Europäische Union zum Ausdruck kommt, ist dabei komplex. Auch wirtschaftliche Integration, die nur auf die Verwirklichung eines einheitlichen Marktes zielt, kommt ohne rechtlichen Rahmen nicht aus. In dem Maße, wie sie über internationale Wirtschaftskooperation hinausgeht, wird ihre politische Steuerung und deren demokratische Rückbindung zunehmend zum Thema. Letztere hat schließlich viel damit zu tun, ob und inwiefern sich tatsächlich eine gesellschaftliche Integration der beteiligten nationalen Einheiten herausbildet. Der Charakter der politischen Integration wiederum mag variieren, etwa die Gestalt eines Staatenbundes oder aber eines Bundesstaates annehmen oder auch eine ganz neue Form von politischem Mehrebenensystem darstellen – auch darauf werden wir zurückkommen. Beide Vorgänge, Kooperation wie Integration, haben dabei Prozeßcharakter, entwickeln sich also im Laufe der Zeit. Aus diesem Grund haben wir dem Buch den Titel „Baustelle Europa" gegeben, womit eben

zum Ausdruck gebracht wird, daß Europa noch nicht – und vielleicht überhaupt nie – „fertig" ist, sich vielmehr das vielfach beschworene „gemeinsame Haus Europa" im ständigen Auf-, Aus- oder zumindest Umbau befindet.

Mit dieser Begriffsklärung können wir nun feststellen: Gegenstand dieses Buches sind die internationalen Kooperations- und Integrationsbestrebungen im Europa der Nachkriegszeit sowie ihre politikwissenschaftliche Analyse. Neben der Vermittlung von Grundkenntnissen über die Empirie, über die tatsächliche Entwicklung, steht also die Vermittlung politikwissenschaftlicher Analysefähigkeit auf dem Lehrplan dieses Buches. Im einzelnen werden wir dabei wie folgt vorgehen. *Gegenstand des Buches*

Der Hauptteil des Buches besteht aus drei Teilen, jede der drei Teile wiederum aus drei Kapiteln. Hinzu kommt ein gesondertes Schlußkapitel, das die in der vorliegenden Einleitung aufgeführten vier Leitperspektiven wieder aufgreift, um so in einer Art Querlektüre Rückblick auf das gesamte Werk zu halten. *Gliederung des Buches*

Die drei Kapitel von Teil I sind in dieser Reihenfolge einem historischen, einem institutionenkundlichen und einem theoriebezogenen Überblick gewidmet. Zusammen liefern sie die Grundlage für die beiden folgenden Teilen. Sowohl das historische als auch vor allem das institutionenkundliche Kapitel sind deshalb so angelegt, daß sie auch als Nachschlageteil bei der Lektüre des restlichen Buches dienen können. *Teil I*

Kapitel 1 und 2: Überblicke

Das umfangreiche und in seinem Verlauf an Schwierigkeit zunehmende Kapitel 3 macht mit übergreifenden Ansätzen der Theoriebildung zu den Phänomenen europäische Kooperation und Integration vertraut. Hierbei wird auch erstmals das didaktische Prinzip angewendet, anhand einzelner politikwissenschaftlicher Arbeiten nicht nur bestimmte inhaltliche Punkte zu vermitteln, sondern auch etwas über das methodische Vorgehen dieser ausgewählten Studien zu sagen. Dieses didaktische Prinzip wird auch in den restlichen Kapiteln des Buches zur Anwendung kommen. Gegenüber der „reinen" Darstellung politikwissenschaftlicher Ergebnisse hat dieses Verfahren den Nachteil der größeren Kompliziertheit. Es hat jedoch den großen Vorteil, immer wieder bewußt zu machen, daß (politik-)wissenschaftliche Analyse vor allem bedeutet: methodenbewußtes Vorgehen. Dies zu vermitteln ist, wie gesagt, ein Hauptanliegen des Buches. *Kapitel 3: Theorie*

Drei unterschiedliche Gegenstände der theoretischen Bemühungen dienen der weiteren Untergliederung von Kapitel 3. Zunächst (3.1) geht es um Theoretisierungsbemühungen über die historische Entwicklung der europäischen Integration. Die Rolle von einzelnen Personen zum einen (3.1.1) und die beiden kontrastierenden Theorieansätze des Funktionalismus bzw. (Neo-)Realismus zum andern (3.1.2) werden behandelt. Abschließend (3.1.3) wird in diesem Teilkapitel mit dem Ansatz des „dialektischen Funktionalismus" eine interessante Erklärungssynthese vorgestellt, die die schubweise Entwicklung europäischer Integration erklären soll. Im zweiten Teilkapitel (3.2) geht es um Versuche, das Gesamtphänomen EG bzw. EU auf den Begriff zu bringen. Dabei wird als theoretischer Begriff für das Phänomen der institutionalisierten Kooperation der des „internationalen Regimes" eingeführt und sodann die EU als zwischen einem Regime und einer Föderation angesiedelt dargestellt. Eine zweite Gesamtinterpretation versteht sie als Versuch der „Rettung" des (National-)Staates. Im dritten Teilkapitel (3.3) schließlich werden beispielhaft zwei theoretische Perspektiven zur Analyse der Funktionsweise der EG/EU eröffnet. Die Betonung liegt dabei auf beispielhaft, denn die vorgestellten Ansätze – die Theorie der Verflechtungsfalle und des regulativen Wettbewerbs – sind keinesfalls die einzigen, die hier hätten behandelt werden können. Eine Auswahl war geboten und ist erfolgt. Auch so wird jedoch wohl deutlich, daß die Theoriebildung in diesem Bereich facettenreich und äußerst komplex ist.

Wenn insgesamt vor allem in Kapitel 3 der Eindruck entsteht, daß sich das Phänomen europäische Integration der Erfassung durch die eine Theorie entzieht, vielmehr unterschiedliche theoretische Herangehensweisen zur Erschließung unterschiedlicher Aspekte des Phänomens erforderlich und geeignet sind, so ist damit nicht nur ein wesentliches Lernziel erreicht. Es wird damit auch deutlich, daß nicht nur die in Kapitel 1 referierte Geschichte die europäische Kooperation und Integration als „work in progress", eben als Baustelle Europa, erscheinen läßt, ein Eindruck, den der institutionenkundliche Überblick in Kapitel 2 bestätigt. Auch die Theoriebildung erscheint, gleichsam auf der Ebene der Reflexion, als „work in progress", als intellektuelle Baustelle. Für beide Baustellen gilt: die Arbeiten gehen, zum Teil mit Unterbrechungen, voran, und ein definitives Ende erscheint nicht in Sicht. Hierin besteht, wie etwas Nachdenken zeigen kann, durchaus nicht nur ein Nachteil. Die Offenheit beider Projekte, der europäischen Kooperation und Integration wie ihrer analytischen Durchdringung, ist zugleich Aufforderung, sich weiterhin aktiv daran zu beteiligen.

Teil II : Teil III = Kooperation : Integration

Die bereits in der vorliegenden Einleitung getroffene begriffliche Unterscheidung zwischen internationaler Kooperation zum einen und Integration zum andern liegt dann der Aufteilung des Stoffes auf die beiden folgenden Teilen zugrunde: Teil II beschäftigt sich mit der Analyse internationaler Kooperation im Großraum Europa, Teil III mit dem bisher einzigen erfolgreichen Beispiel von Integration auf überstaatlicher Ebene, der Europäischen Gemeinschaft bzw. Union.

Teil II

Internationale Kooperation im Großraum Europa wird dabei in Teil II in drei Sachbereichen – und ebensovielen Kapiteln – untersucht: Sicherheit, Herrschaft und Wohlfahrt.

Kapitel 4: Sachbereich Sicherheit

Kapitel 4 untersucht Kooperation im Sachbereich Sicherheit. Dies geschieht in zwei Phasen: für die Zeit des Ost-West-Konfliktes (bis 1989/90) und für die Zeit seit seinem Ende. In beiden Phasen hat die NATO eine zentrale Rolle gespielt bzw. spielt sie noch. Sie wird, vielleicht etwas überraschend, vorwiegend als Beispiel einer langanhaltenden, institutionalisierten internationalen Kooperation betrachtet. Die Besonderheit, daß hier eine Gruppe von Staaten, die NATO-Mitglieder, lange Zeit in Gegnerschaft zu einer anderen Gruppe von Staaten, des Warschauer Paktes, kooperierte, wird vermerkt, ist aber nicht alleiniger Gesichtspunkt. Vielmehr werden, ungeachtet dieser Besonderheit der NATO-internen Kooperation im Vergleich zu anderen Fällen internationaler Zusammenarbeit, denen dieser Bezug auf einen unmittelbaren Gegner fehlt, in Teilkapitel 4.1 am Beispiel der NATO-internen Kooperation theoretische Aspekte untersucht, die ganz generell für die Analyse internationaler Kooperation von Belang sind. Sie betreffen die – multilaterale – Form dieser Kooperation (4.1.1) sowie das Problem der Produktion öffentlicher Güter durch internationale Zusammenarbeit (4.1.2). Abschnitt 4.1.3 zeigt anhand einer exemplarischen Untersuchung zum einen die – wie sich zeigt: durchaus begrenzte – Bedeutung des Phänomens der äußeren Bedrohung für die Aufrechterhaltung der allianzinternen Kooperation auf. Zum andern dient die referierte Studie der Erörterung des methodischen Vorgehens beim Hypothesentest. Insgesamt geht es in Teilkapitel 4.1 also weniger um die Sicherheitspolitik um ihrer selbst willen, sondern am Beispiel der Kooperation in diesem Sachbereich – konkret dem der NATO – geht es um Bedingungen internationaler Kooperation ganz allgemein.

Das zweite Teilkapitel (4.2) geht dagegen auf einige aktuelle Herausforderungen der gegenwärtigen Sicherheitspolitik in Europa ein sowie auf die Probleme ihrer kooperativen Bewältigung. Diskutiert wird die Problematik ethnonationaler Konflikte (4.2.2) allgemein, konkret zuvor (4.1.1) die Rolle der NATO im Jugoslawienkonflikt und ihre Erklärung mittels außenpolitischer Interessenanalyse, sowie schließlich die Herausbildung einer neuen (gesamt-)europäischen Sicherheitsarchitektur. Auch hierbei wird wiederum, kenntlich schon an der „Architektur"-Metapher, der Baustellencharakter des Unterfangens europäische Sicherheitskooperation deutlich, so daß der einschlägige Abschnitt (4.2.3) kaum mehr als eine Momentaufnahme eines andauernden Prozesses bieten kann.

Internationale Kooperation im Sachbereich (Ausübung staatlicher) Herrschaft ist Gegenstand von Kapitel 5. Gemeint ist dabei innerstaatliche Herrschaftsausübung, und die internationale Kooperation kann sich auf alle drei ihrer Aspekte beziehen: das Staatsgebiet, die dem Staat angehörende Bevölkerung sowie die staatliche Hoheitsgewalt. Dementsprechend behandeln die beiden Teile des Kapitels den kooperativen Umgang mit Territorialkonflikten und die Zusammenarbeit in Sachen Personalhoheit und innere Sicherheit zum einen (5.1), zum andern die Kooperation zum Schutz der Menschenrechte im allgemeinen und der Minderheitenrechte im besonderen (5.2). Dabei wird jeweils Kooperation unter den Bedingungen des Ost-West-Konfliktes (5.1.1 und 5.2.1) mit Kooperation unter den heutigen Bedingungen nach seinem Ende kontrastiert.

Kapitel 5: Sachbereich Herrschaft

Inhaltlich geht es im ersten Teil des Kapitels um die friedliche Regulierung der Konflikte um das Saarland und um Berlin sowie um die Zusammenarbeit in den Bereichen Justiz und Inneres, den sog. dritten Pfeiler der EU, wobei aus diesem weiten Feld ein Teilthema – die Angleichung der Asylpolitik – und ein Teilaspekt – der Datenschutz in der Justiz- und Polizeikooperation – ausgewählt werden, um die politische Bedeutung der Tatsache zu verdeutlichen, daß diese Zusammenarbeit im Rahmen der EU, anders als die im ersten Pfeiler, also den drei Europäischen Gemeinschaften, nicht supranational, sondern international angelegt ist und wesentlich zwischen Regierungen (intergouvernemental) betrieben wird. Im zweiten Teil des Kapitels werden dann, als Rückblende in die Zeit des Ost-West-Konfliktes, zunächst die Bemühungen zur internationalen Regelung der Arbeitsbedingungen von Auslandsreportern im Rahmen der KSZE behandelt, sodann die verschiedenen Formen und Foren des internationalen Menschenrechts- und Minderheitenschutzes in Europa. Insgesamt sollen in diesem Kapitel eine breite inhaltliche Palette der Kooperation im Sachbereich Herrschaft und ein breites Spektrum von Organisationsformen – KSZE/OSZE, Europarat, 3. Pfeiler der EU – dargestellt werden sowie, wie immer in Teil II, die jeweiligen Bedingungen und Grenzen der Kooperation analysiert werden.

Kapitel 6: Sachbereich Wohlfahrt

Im sechsten Kapitel, dem letzten des zweiten Teils, wird das Tableau der internationalen Kooperationsformen mit dem Sachbereich Wohlfahrt abgerundet. Untergliedert in wirtschaftliche Kooperation (6.1) und Kooperation in Sachen Umweltschutz (6.2) wird die Anwendbarkeit kooperationstheoretischer Begriffe auf unterschiedliche Fälle internationaler Kooperation zu Zeiten des Ost-West-Systemgegensatzes und im neuen Gesamteuropa demonstriert. Für den Bereich der Wirtschaftskooperation fiel die Auswahl dabei auf zwei Fälle aus der Zeit des Systemgegensatzes (6.1.1): das innerwestliche, gegen den Osten gerichtete CoCom-Regime, in dessen Rahmen ein Technologieexport-Embargo gegenüber dem Osten aufrecht zu erhalten versucht wurde, sowie die inneröstliche Zusammenarbeit im Rahmen des Rates für Gegenseitige Wirtschaftshilfe. Anhand dieses Beispiels, konkret der Energiekooperation im RGW, sollen Mechanismen und Grenzen der Kooperation unter sowjetischer Hegemonie (Vorherrschaft) verdeutlicht werden. Das zweite Teilkapitel (6.1.2) zur Wirtschaftskooperation in Gesamteuropa betrachtet zunächst allgemein die Institutionalisierung gesamteuropäischer Wirtschaftskooperation, etwa im Rahmen des PHARE-Programms der EU und vor allem ihrer Assoziierungsabkommen mit Staaten Osteuropas. Sodann wird der spezielle Fall der Neugründung einer internationalen Organisation zur gesamteuropäischen Wirtschaftskooperation, der Europäischen Bank für Wiederaufbau und Entwicklung, betrachtet.

Der zweite Teil des Kapitels (6.2) behandelt drei Fälle von internationaler Zusammenarbeit zum Schutz der Umwelt, wobei unterschiedliche Akteurskonstellationen und Umweltmedien beispielhaft angesprochen werden. Die gewählten Fälle betreffen die Kooperation zum Schutz des Rheins (Fließgewässer), der Ostsee (Binnenmeer) und in Fragen der Sicherheit von Kernkraftwerken im Anschluß an die Katastrophe von Tschernobyl (Aspekt der gesamteuropäischen Risikogemeinschaft).

Zwischenfazit zu Teil II

Mit dieser Darstellung unterschiedlicher Fälle der Wirtschafts- und Umweltkooperation ist das Gesamttableau der europäischen Kooperationsformen nach 1945, das der zweite Teil geben wollte, vollständig. Freilich ist diese ausführliche, wenn auch in Auswahl präsentierte, Falldarstellung kein Selbstzweck. Durchgehend steht dabei die theoretische Frage nach den Bedingungen, Formen und Wirkungen internationaler Kooperation, verdeutlicht anhand von Beispielen internationaler Kooperation in Europa, im Hintergrund. Sie wird abschließend in Gestalt eines Zwischenfazits zu Teil II explizit aufgegriffen, um theoretische Lehren aus dem präsentierten Fall-Material zu ziehen. Etliche dieser Lehren sind auch für die europäische Integration im Rahmen der EU von Belang, der der dritte Teil gewidmet ist.

Teil III: Politik-„produktion" unter Integrationsbedingungen

Der dritte Teil verfolgt, was man mit dem politikwissenschaftlichen Fachbegriff als eine „policy-analytische Perspektive" bezeichnen könnte. Dabei erlaubt der Zwang zur Kürze nicht die detaillierte Analyse einzelner politischer Programme oder Maßnahmen – etwa das Zustandekommen und die Umsetzung (Implementation) einer einzelnen Richtlinie der EG –, wie sie für die Politikfeldanalyse typisch ist. Es werden vielmehr Grundstrukturen ausgewählter Politikfelder der EG aufgezeigt. Nochmals anders gesagt: es geht um die politikwissenschaftliche Analyse der Politik"produktion" unter Integrationsbedingungen.

Dabei wird zum einen, in methodischer Hinsicht, die Anwendbarkeit zentraler im Theorieüberblick von Kapitel 3 eingeführter Konzepte (zum Beispiel: „Verflechtungsfalle" oder „regulativen Wettbewerb") und auch solcher analytischen Kategorien, die in Teil II bei der Analyse internationaler Kooperation eingeführt wurden, demonstriert. Zum andern aber stehen die drei politikfeldanalytischen Kapitel inhaltlich unter der perspektivischen Fragestellung der Herausbildung einer „immer engeren Union der Völker Europas", die mit dem Maastrichter Vertrag (Art.A EUV) zum Ziel des Integrationsprozesses erklärt worden ist. Hierzu werden die behandelten Politikfelder unter je einer Leitfrage, die zugleich als Kapitelüberschrift dient, in drei „Pakete" zusammengebunden:

methodische und inhaltliche Perspektive: Anwendung analytischer Kategorien und Herausbildung einer „immer engeren Union"

In Kapitel 7 wird unter der Fragestellung „Grün und zukunftsfähig?" dreierlei behandelt: die „alt-grüne" Dimension der Agrarpolitik, die „neu-grüne" Dimension der Umweltpolitik sowie die Forschungs- und Technologie(FuT)-Politik. Alle drei sind für die Zukunftsfähigkeit der Union von Belang: die Agrarpolitik vorwiegend insofern, als durch ihre Umstrukturierung finanzieller Spielraum für neue Aufgaben der EU geschaffen werden muß; die Umweltpolitik in dem umfassenderen Sinne von auf Dauer tragbarer Wirtschaftsentwicklung (sustainable development) – die EU hat sich hier, unter ihren spezifischen Bedingungen, ebenso zu bewähren wie andere politische Systeme und Gesellschaften, in Industrie- und Entwicklungsländern. Die FuT-Politik schließlich wird auch offiziell als jenes Feld betrachtet, auf dem sich die Zukunftsfähigkeit der EU im wirtschaftlichen Sinne, in der globalen Konkurrenz mit anderen Großwirtschaftsräumen (wie der Nordamerikanischen Freihandelszone um die USA oder dem südostasiatischen Wirtschaftsraum mit den Polen Japan und künftig China) wird behaupten müssen.

Kapitel 7: Grün und zukunftsfähig?

Kapitel 8 nimmt unter der Frage „Ein Markt und mehr?" die wirtschaftliche Problematik im erweiterten Sinne auf. Einerseits zeigen die Wettbewerbspolitik und die Vorbereitung der Währungsunion, daß Märkte „nicht vom Himmel fallen", sondern politisch organisierter Rahmenbedingungen bedürfen. Eine rein wirtschaftswissenschaftliche Betrachtung reicht daher analytisch nicht aus, was politikwissenschaftlich geboten ist, ist eine politisch-ökonomische Perspektive, die das Wechselspiel von im engeren Sinne politischen und ökonomischen Faktoren zu erfassen vermag. Während hier also auf einer analytischen Ebene gegen die Trennung von Zusammengehörigem argumentiert wird, wird im zweiten Schwerpunktbereich des Kapitels, der Sozialpolitik, auf politischer Ebene von den Akteuren selbst um die reale Trennbarkeit des Marktes von seinen sozialen Auswirkungen (und Voraussetzungen) gerungen: es geht um die Frage, ob und inwiefern der zunächst im wesentlichen als Marktbildungsmechanismus begonnene Integrationsprozeß im Lichte der Zielsetzung einer Union der Völker (und nicht nur der Firmen ...) Europas einer sozialpolitischen Ergänzung bedarf. Dies scheint der Fall zu sein, auch zum Beispiel im Hinblick auf die Verbesserung der Situation von Frauen. Die bisherige allgemeine Sozial- und speziell die Frauenpolitik der EG wird daher mit einigen wichtigen Funktionsweisen und -problemen vorgestellt.

Kapitel 8: Ein Markt und mehr?

Schließlich werden in Kapitel 9 zentrale Fragen der prospektiven Politischen Union angesprochen. Mit der Gemeinsamen Außen- und Sicherheitspolitik wird zunächst – und ausnahmsweise in diesem Teil – auf einen weiteren Kooperati-

Kapitel 9: Eine immer engere Union?

onszusammenhang unter dem Dach der EU eingegangen, der – über den Weg der Außenwahrnehmung – zu einer Union potentiell Besonderes beizutragen vermag. Die Frage nach der demokratischen Legitimation – kritisch bereits heute diskutiert als „Demokratiedefizit" – der Union und die Frage danach, inwiefern das politische System der Union analog zum politischen System von Nationalstaaten ausgestaltet werden kann, inwiefern beide Arten von politischen Systemen also vergleichbar sind, stehen sodann im Zentrum des Kapitels.

Schluß: Rückblick mittels der Leitperspektiven aus der Einleitung

Das abschließende zehnte Kapitel greift im Sinne eines Rückblicks auf das gesamte Werk die in der Einleitung des Buches angekündigten Leitperspektiven wieder auf und versucht, mittels einer aus diesen Perspektiven erfolgenden Querlektüre des Gesamtwerkes einige übergreifende Feststellungen zu treffen.

1 Geschichtlicher Überblick zur europäischen Kooperation und Integration

Gemäß einer oft zitierten – vielleicht aber auch aufgrund einer unzulänglichen Übersetzung ebenso oft mißverstandenen[21] – Aussage des griechischen Philosophen Heraklit (ca. 544-ca. 483 v.Chr.) ist der Krieg der Vater aller Dinge. Zumindest für die anfängliche Entwicklung der europäischen Kooperation und Integration nach 1945 wird man sagen können, daß sie ohne die Erfahrung des vorangegangenen Krieges kaum so erfolgt wäre, und der beginnende Kalte Krieg war ein zweiter prägender Faktor, indem er eine jeweils auf West und Ost beschränkte Entwicklung zwischenstaatlicher Kooperation oder Integration bewirkte, die zum Teil geradezu parallel verlief, sich inhaltlich jedoch recht unterschiedlich gestaltete. Nur der Schock der Kriegsfolgen ließ jene Bereitschaft der ersten politischen Führungsschichten der Nachkriegszeit reifen, zum Teil Jahrhunderte alte Überlegungen zu einer europäischen Friedensordnung ansatzweise umzusetzen. Eine Wiederholung einer derartigen Tragödie sollte künftig im Verhältnis der europäischen Staaten ausgeschlossen werden, und die Neuorganisation ihrer Beziehungen untereinander sollte dies gewährleisten. „Europa" erschien insofern, gemäß der ersten in der Einleitung aufgeführten Leitperspektive, als Problemlösung.

Freilich führte die Überlagerung dieser löblichen Absicht und richtigen Einsicht durch den Ost-West-Konflikt auch dazu, daß zunächst keine gesamteuropäische Integration stattfand, sondern eine zum Teil äußerste Zuspitzung der Konfrontation durch Blockbildung, also durch gegen einen Opponenten gerichtete Kooperation, die nur in Phasen der Entspannung durch Formen blockübergreifender Kooperation abgeschwächt werden konnte. Allerdings hatten dann, am Ende dieser Konfrontation durch die überraschend friedliche Selbstauflösung eines der Kontrahenten, diese Formen der institutionalisierten Zusammenarbeit sowohl ihren Anteil an der Verursachung dieser Auflösung (Rolle des KSZE-

---

21 Die Übersetzung des griechischen „polemos" als Krieg lenkt die Aufmerksamkeit zu einseitig auf diese Form des zwischenstaatlichen gewaltsamen Konfliktaustrags. Wie die Verwandtschaft mit unserem Fremdwort „Polemik" bereits andeutet, war möglicherweise eigentlich mehr das gemeint, was wir heute Konflikt oder Kampf im übertragenen Sinne nennen (etwa, wenn vom „Kampf der Geschlechter" die Rede ist). So verstanden hätte Heraklit in Breite eine Philosophie vertreten, die später etwa im Marxismus eingeengt wurde auf einen bestimmten Kampf, den der Klassen, aus dem in seiner Sicht ja alle „bisherige" Geschichte bestand. Die Ansicht, daß Konflikte gleichsam das Movens, die treibende Kraft, der sozialen Welt sind, hat zweifellos erhebliche Plausibilität.

Prozesses[22] bei der Überwindung des Realsozialismus) als auch eine Funktion bei der Begleitung der Prozesse der politischen, wirtschaftlichen und gesellschaftlichen Neuorganisation des östlichen Europa. Schließlich stellen aber auch die in deren Gefolge aufgebrochenen, zum Teil äußerst gewaltsam ausgetragenen Konflikte (etwa im ehemaligen Jugoslawien) eine ganz neue Herausforderung für die etablierten Kooperations- und Integrationsstrukturen dar. Im folgenden sollen wichtige Stationen dieses Weges von den Nachkriegsansätzen zur europäischen Kooperation und Integration über deren nach Ost und West gespaltenen Ausbau bis hin zu den aktuellen Problemen von Kooperation und Integration in Gesamteuropa nachgezeichnet werden.[23]

1.1 Vom Ende des Krieges bis zu den Römischen Verträgen (1945-1958)

zwei Grundmotive und zwei abgeleitete Motive

Für die gesamte hier behandelte erste Phase der europäischen Integration und Kooperation sind, wie gesagt, zwei Grundmotive bestimmend. Zum einen ging es um die Verarbeitung der Erfahrung des Zweiten Weltkriegs. Durch zwischenstaatliche Verflechtung sollte eine erneute kriegerische Konfrontation verhindert werden. Speziell in bezug auf Deutschland entstand daraus das abgeleitete Motiv der Zähmung seiner Macht, in einem durchaus breiteren als dem rein militärischen Sinne. Hierbei trafen die vor allem in Frankreich stark ausgeprägte Skepsis gegenüber einem wiedererstarkenden Deutschland und die in dessen westlichem Teil vor allem von Konrad Adenauer als erstem Kanzler der 1949 gegründeten Bundesrepublik verfolgte Politik der Rückgewinnung von Handlungsspielraum und formaler Souveränität in letztlich fruchtbarer Weise aufeinander. Europa wurde gerade insofern zur Problemlösung. Das andere Grundmotiv, der beginnende Ost-West-Gegensatz, war für Deutschland und Europa von zweischneidiger Wirkung. Einerseits führte er dazu, daß die USA Ansätze europäischer Kooperation forderten und förderten, um – und hierin besteht das zweite abgeleitete Motiv – zumindest den westlichen Teil zu einem „Schaufenster des westlichen Systems" zu machen. Andererseits bewirkte dies im Verbund mit den entgegengerichteten Bestrebungen der östlichen Vormacht, der Sowjetunion, eine Spaltung des Kontinents wie des Landes in seiner geographischen Mitte und damit auch eine jeweils gegen die andere Seite gerichtete Form von Kooperation unter den Mitgliedern beider „Blöcke". Formen blockübergreifender Kooperation sollten demgegenüber kaum eine Chance erhalten und entstanden im wesentlichen erst im Verlauf der zweiten hier behandelten Phase.

---

22 Die KSZE, Konferenz für Sicherheit und Zusammenarbeit in Europa, wird im folgenden, wie weitere wichtige europäische Institutionen, noch näher vorgestellt.
23 Es kann dabei natürlich nicht um eine auch nur annähernd vollständige Geschichte europäischer Kooperation und Integration der Nachkriegszeit gehen. Hierfür liegen sowohl brauchbare, vom Umfang her noch „verdaubare" Darstellungen vor (z.B.: Loth 1990 [für den Zeitraum bis 1957]; Urwin 1991; Lewis 1993; sowie zahlreiche der Einzelbeiträge in Jakobeit/Yenal 1993) als auch nützliche Dokumentensammlungen (z.B. Lipgens 1986; Gasteyger 1994).

Die ersten Anfänge europäischer Integration nach dem Zweiten Weltkrieg waren klein – zumindest was die beteiligten Staaten anbelangt. Nachdem Belgien und Luxemburg bereits seit 1921 eine Wirtschaftsunion gebildet hatten, schlossen sie sich im März 1947 mit den Niederlanden zur nach den beteiligten Ländern BENELUX abgekürzten Zollunion zusammen, die zum 1.1.1948 in Kraft trat. Bereits hierin sind erste Motive erkennbar, die später für den (zunächst west-)europäischen Integrationsprozeß bestimmend sein sollten: Gerade für die kleineren Staaten stellte die wirtschaftliche Kooperation eine Notwendigkeit dar, und politisch bot sie ihnen die Möglichkeit, mit vereinter Stimme sprechend in größeren Integrationsprojekten eher Gehör zu finden. ökonomische Anfänge: BENELUX

Bildeten ökonomische Zwänge oder zumindest Erwägungen den einen Hintergrund für europäische Zusammenarbeit, so waren Fragen der militärischen Sicherheit der andere wichtige Faktor. Eine mögliche Bedrohung wurde hierbei – die jüngste Erfahrung stand noch vor Augen – zunächst vor allem in einem Wiedererstarken deutscher Militärmacht gesehen. Gegen diese war denn auch der erste militärische Beistandspakt, der Brüsseler Pakt vom 17.3.1948, gerichtet. In ihm schlossen sich, aufbauend auf einem bilateralen britisch-französischen Bündnisvertrag vom 4.3.1947, Großbritannien und Frankreich mit den BENELUX-Staaten zusammen. militärische Anfänge: Brüsseler Pakt

Die unmittelbaren Nachkriegsprobleme waren jedoch vor allem solche des wirtschaftlichen Wiederaufbaus in Europa. Hierfür freilich war das deutsche Wirtschaftspotential, speziell seine Kohle- und Stahlproduktionskapazität, unverzichtbar. Ebenso unverzichtbar war, angesichts des Investitionsbedarfs und der geringen Sparfähigkeit sowie des Bedarfs an Industriegüterimporten aus jenem Land, das nicht nur als „Arsenal der Demokratie" während des Krieges fungiert hatte, sondern auch eine hochleistungsfähige Industrie unbeschadet aus dem Krieg erhalten hatte, aus den USA also, die Zufuhr von Kapital und international verwendbaren Zahlungsmitteln, also von Dollars.[24] Beides gewährten die USA mit ihrem am 5.6.1947 von Außenminister George C. Marshall vorgeschlagenen und nach ihm benannten Marshall-Plan. Im Rahmen dieses ab 1948 verwirklichten European Recovery Programs (ERP) flossen nicht nur insgesamt bis 1950 13,2 Mrd. $ als Zuschüsse oder Kredite nach Westeuropa[25] (davon 3,2 Mrd. nach Großbritannien, 2,7 nach Frankreich, 1,5 nach Italien und 1,4 nach Westdeutschland). Darüber hinaus hatten die USA es zur Auflage gemacht, daß die Hilfsmittel nicht unkoordiniert bilateral vergeben werden sollten, sondern daß die beteiligten europäischen Staaten sich koordinieren und kooperieren sollten, was durch Gründung der Organization for European Economic Co-operation (OEEC) am 16.4.1948 geschah. Den sechzehn Gründungsstaaten aus West- und Nordeuropa trat die Bundesrepublik bereits ein Jahr später bei. Marshall-Plan und OEEC

Parallel dazu erlebte die Ost-West-Konfrontation, vor deren Hintergrund der Marshall-Plan durchaus auch, wenn auch nicht allein, zu verstehen ist, ihre er- Hintergrund: beginnender Kalter Krieg

---

24 Für den Gesamtzusammenhang vgl. Ellwood 1992.
25 Hilfe aus ERP-Mitteln war ursprünglich auch den osteuropäischen Staaten angeboten worden; auf Druck Stalins, der daraus – nicht ganz zu Unrecht – eine westliche Einflußnahme erwachsen sah, mußten sie das Angebot jedoch ablehnen (vgl. Heering 1997). Aus der neueren Literatur zum Marshall-Plan sei vor allem verwiesen auf Hogan 1987 und Hardach 1994 (mit besonderer Berücksichtigung Deutschlands).

sten Höhepunkte. Am 20. Februar 1948 kam es zur Machtübernahme der Kommunisten in Prag, womit die bereits zuvor im Westen geäußerte Befürchtung einer – dann vom Westen mit provozierten – Bedrohung[26] bestätigt zu werden schien, und vom 28.6.1948 bis 12.5.1949 erfolgte die Blockade Berlins durch die Sowjetunion, die jeglichen Landzugang von Westen unterband und damit die westalliierte Luftbrücke zur Versorgung des Westteils der Stadt auslöste.

Ausbau der Blöcke: RGW und NATO

Im Zuge dieser Ost-West-Konfrontation kam es nun zu weiteren Kooperationsschritten in beiden Blöcken. Auf östlicher Seite wurde am 25.1.1949 der Rat für Gegenseitige Wirtschaftshilfe (RGW, auch unter der angelsächsischen Abkürzung COMECON bekannt) gegründet, der allerdings bis zu seiner Auflösung am 27.6.1991 nie den „Geburtsfehler" der nicht ganz so „wohlmeinenden Vorherrschaft" (benign hegemony[27]) der Sowjetunion überwinden konnte und auch bei weitem nicht jene Leistungsfähigkeit und damit Anziehungskraft westeuropäischer Wirtschaftsintegrationsprojekte erreichte. Auf westlicher Seite dagegen war der nächste Schritt ein militärisch-sicherheitspolitischer: am 4.4.1949 wurde von zunächst zwölf Staaten, aus Nord- und Westeuropa sowie den USA und Kanada, die Nordatlantische Allianz mit der Vertragsorganisation NATO gegründet. Sie verstand sich nicht nur als militärisches Zweckbündnis, sondern auch als Ausdruck einer (transatlantischen) Wertegemeinschaft mit politischer Stoßrichtung, als wehrhaftes Bündnis der Demokratien.

Haager Kongreß und Europarat

Der Wertekonsens, abzüglich der militärischen Komponente, war auch die Grundlage für jenes für die Nachkriegszeit so typische Engagement einer Reihe von führenden Persönlichkeiten westeuropäischer Staaten, darunter auch Politiker, solche mit Regierungsämtern und solche ohne, aber auch anderen Persönlichkeiten „des öffentlichen Lebens", die sich auf nationaler Ebene wie transnational zu europäischen Bewegungen zusammenschlossen. Für sie bildete einen Höhepunkt der vom 7. bis 10.5.1948 in Den Haag abgehaltene Haager Kongreß, auf dem von rund 800 versammelten Teilnehmern Resolutionen mit der Forderung nach der schrittweisen Einigung Europas, allerdings unter Beibehaltung der Kompetenz der nationalen Regierungen, verabschiedet wurden.[28] Diese Forderungen wurden von

---

26   Vorausgegangen war sowohl Churchills berühmte Rede vom 5.3.1947, in der er davon sprach, ein „Eiserner Vorhang" habe sich quer durch Europa gesenkt, eine Formulierung, die sprichwörtlich werden sollte, als auch, am 12.3.1947, die Verkündung der nach ihm benannten Doktrin durch US-Präsident Truman, gemäß der die USA Staaten, die von „totalitärer Aggression" bedroht waren, wirtschaftlich und militärisch beistehen würden. Die Truman-Doktrin war der Grundstein dessen, was man später die amerikanische Politik der Eindämmung (containment) gegenüber der Sowjetunion nannte. Die Frage, welche Seite nun letztlich den Kalten Krieg „begonnen" hat, ist freilich nach wie vor, auch nach der inzwischen erfolgten Öffnung einiger (noch immer nicht aller) Archive in den beteiligten Staaten und vor allem in Moskau, umstritten. Vgl. als guten Überblick noch immer Loth 1980, neuer und mit breiter europäischer bzw. internationaler Perspektive die Aufsatzsammlungen von Reynolds 1994 und Leffler/Painter 1994, als erste nach seinem Ende verfaßte Geschichte des Kalten Krieges die Arbeit von Crockatt 1995 sowie als deutsches Gegenstück hierzu die Geschichte der Weltpolitik von 1941 bis 1991 von Schöllgen 1996.

27   Es handelt sich dabei um einen Fachbegriff, einen terminus technicus, der jüngeren politikwissenschaftlichen Diskussion über die Entstehungsbedingungen zwischenstaatlicher Kooperation. Gemäß der „Hegemonie-These" bedarf es hierzu einer Vormacht, eines Hegemons, der durch Druck oder durch Anreize und Vorleistungen (im Falle des „wohlmeinenden" Hegemons) die Kooperationsbereitschaft der übrigen Staaten erst erzeugt.

28   Der Text der politischen Resolution z.B. in Lipgens 1986, 240f.

den fünf Brüsseler Paktstaaten aufgenommen und führten am 5.5.1949 zur Gründung des Europarats durch zunächst zehn nord- und westeuropäische Staaten. Dieser „Klub der europäischen Demokratien" blieb zwar ganz auf die zwischenstaatliche Zusammenarbeit und häufig auch eher auf symbolische Tätigkeit beschränkt. Gerade dadurch konnte die Ausdehnung seiner Mitgliedschaft jedoch im Laufe der Jahre zum Indikator für den Stand der Entwicklung von Demokratie und Rechtsstaatlichkeit in immer mehr Staaten Europas werden, für die die Aufnahme ebenso als „Gütesiegel" fungierte wie der (angedrohte) Ausschluß wegen Mängeln beim Schutz der Menschenrechte als nichtmilitärische Sanktion.

Mit dem nächsten Schritt im westeuropäischen Kontext erfolgte dann der tatsächliche Einstieg in die supranationale Integration. Am 9.5.1950 stellte der französische Außenminister Schuman den nach ihm benannten, im wesentlichen jedoch von Jean Monnet ausgearbeiteten[29] Plan zur Errichtung einer Obersten Behörde vor, die die deutsche und französische Kohle- und Stahlproduktion regulieren und damit zum Grundstein einer „Europäischen Föderation" werden sollte.[30] Hieraus resultierte nach knapp einjährigen Verhandlungen der am 18.4. 1951 unterzeichnete Vertrag zur Gründung der Europäischen Gemeinschaft für Kohle und Stahl (EGKS), der ersten supranationalen Organisation im europäischen Integrationsprozeß. Er trat am 25.7.1952 in Kraft. Die Montanunion, wie die EGKS auch genannt wurde, war supranational, weil die eingerichtete Hohe Behörde gleichsam über (supra) den beteiligten sechs Staaten (neben den BENELUX-Staaten waren dies Italien und vor allem Frankreich und die Bundesrepublik Deutschland) stand und für diese verbindliche Rechtsakte erlassen konnte, die wiederum – wie auch der Vertrag selbst – nur von dem eigens dafür eingerichteten (ebenfalls supranationalen) Gerichtshof verbindlich ausgelegt werden konnten (Art.31 EGKSV[31]).

Schuman-Plan und EGKS: supranationale Integration

War somit mit RGW und EGKS auf beiden Seiten die wirtschaftliche Kooperation bzw. Integration einen – wenn auch unterschiedlichen – Schritt vorangekommen, so trug dies zugleich zur Zementierung der Spaltung Europas bei.[32] Vor allem die USA, die im Rahmen der NATO ja auch (west-)europäische Sicherheitsgarantiefunktionen übernommen hatten, drängten angesichts der zum Teil krisenhaften Zuspitzung des Ost-West-Konfliktes, die durch den Krieg zwischen Nord- und Südkorea noch verschärft worden war, auf einen Wehrbeitrag auch Westdeutschlands.[33] Dieser war aber, so kurz nach Ende eines verheeren-

westdeutsche Wiederbewaffnung: Scheitern der EVG und EPG ...

---

29 Vgl. dazu unten Kap.3.1.
30 Textauszug der Rede z.B. in Lipgens 1986, 293f.
31 An dieser Stelle wird erstmals deutlich, daß – auch politikwissenschaftliche – Analyse europäischer Kooperation und Integration nicht ohne Einsicht in zentrale Rechtsdokumente sowie Kenntnis über die Grundlagen des Europarechts auskommt. Glücklicherweise hält der Buchmarkt sowohl leicht greifbare, regelmäßig aktualisierte Sammlungen von einschlägigen Rechtsdokumenten bereit (z.B. für die Integration im Rahmen der EG/EU: Europa-Recht 1993; für die Kooperation im Rahmen der KSZE: Schweisfurth 1993), als auch zahlreiche juristische Lehrbücher des Europarechts (empfohlen sei wegen der Kürze und übersichtlichen Präsentation hier: Rohde 1995).
32 Diese Spaltung verlief ja auch quer durch Deutschland, was die Sozialdemokraten unter Führung von Kurt Schumacher lange Zeit zur Ablehnung der – Adenauers – Westintegrationspolitik und damit auch der EGKS veranlaßte.
33 Der Koreakrieg begann am 25.6.1950 mit dem Angriff des von der Sowjetunion unterstützten Nordens und endete erst mit der Unterzeichnung eines Waffenstillstandes am 27.7.1953, der Korea entlang dem 38. Breitengrad teilte.

den Krieges, nicht nur in Deutschland selbst umstritten, sondern natürlich sowohl bei den westlichen Nachbarn als auch besonders bei den östlichen und deren Supermacht, also der Sowjetunion. Um den westdeutschen Verteidigungsbeitrag vor allem für Frankreich akzeptabel zu machen, sollte die deutsche Streitmacht ganz unter internationalen Oberbefehl gestellt werden. Hierzu sah der wiederum von J. Monnet erdachte und vom französischen Ministerpräsidenten René Pleven am 24.10.1950 vorgeschlagene, nach ihm benannte Plan die Errichtung einer Europäischen Verteidigungsgemeinschaft (EVG) vor. Der am 27.5. 1952 von den EGKS-Mitgliedstaaten unterzeichnete EVG-Vertrag wurde im März 1953 noch durch einen von einer Ad-hoc-Versammlung von Mitgliedern der Gemeinsamen Versammlung, gleichsam dem „Parlament" der EGKS, ausgearbeiteten Satzungsentwurf für eine Europäische Politische Gemeinschaft ergänzt. Die EPG sollte zusammen mit der EGSK und der EVG eine supranationale Europäische Gemeinschaft bilden. Beide Projekte überschätzten jedoch nach dem EGKS-Erfolg, der ja ein sektoral (auf Kohle und Stahl) begrenztes Projekt hervorgebracht hatte, den Elan zur übergreifenden, auch die klassischen Reservate nationaler Souveränität betreffenden Integration. Jedenfalls scheiterte am 30.8.1954 der EVG-Vertrag im französischen Parlament, der Nationalversammlung, womit zugleich die EPG „gestorben" war.

... und NATO-Beitritt und Gründung der WVO

In gewisser Hinsicht war diese Ablehnung der EVG durch das französische Parlament jedoch ein Schuß, der nach hinten losging, verstärkte er doch nur den amerikanischen Druck, nun die BRD eben in die NATO aufzunehmen (was durch die EVG-Pläne ja gerade hatte verhindert werden sollen). Im Oktober 1954 wurde nämlich nun der Brüsseler Pakt modifiziert, die Aufnahme Italiens und der BRD beschlossen sowie seine Umwandlung in die Westeuropäische Union (WEU), ein militärischer Beistandspakt mit weitgehend automatischer Beistandspflicht. Die WEU war nun natürlich nicht mehr gegen Deutschland (das ja Mitglied war) gerichtet. Gleichwohl diente sie auch als Rahmen zur internationalen Kontrolle Deutschlands im Hinblick auf Rüstungsbeschränkungen, denen die Bundesrepublik auch nach Beendigung des Besatzungsstatuts durch den Deutschlandvertrag unterworfen war, der am 5.5.1955 zwischen den Westalliierten und der Bundesrepublik in Kraft getreten war. Diese Kontrolle wurde erst am 1.1.1986 aufgehoben. Eine eigene Vertragsorganisation wie die NATO erhielt die WEU, die bis in jüngste Zeit eher ein Schattendasein führen sollte, allerdings nicht. Der Beitritt der Bundesrepublik zur WEU war jedoch nur das Vorspiel zur Aufnahme auch in die NATO, die ebenfalls am 5.5.1955 erfolgte, eine zeitliche Koinzidenz, die nochmals den zugrundeliegenden Tausch (schrittweiser Wiedergewinn an Souveränität gegen nunmehr auch militärische Einbindung in den Westen) verdeutlicht. Aus Sicht der Sowjetunion war damit der gleichsam schlimmste denkbare Fall eingetreten, den Stalin u.a. durch seine später ob ihrer Ernsthaftigkeit umstrittenen Noten zur Deutschlandpolitik von 1952 mit dem „Angebot" freier Wahlen in einem – neutralen – Gesamtdeutschland hatte verhindern wollen. Die Sowjetunion reagierte darauf am 14.5.1955 mit Gründung eines östlichen Verteidigungsbündnisses, des Warschauer Paktes (WP) mit der Warschauer Vertragsorganisation (WVO). Der Warschauer Pakt spielte bis zur Auflösung der WVO am 1.4.1991 eine doppelte Rolle, nicht nur als Verteidigungsbündnis des Ostens, sondern auch als Organ zur Disziplinierung in seinem Innern, wie nicht zuletzt durch die Niederschlagung des „Prager Frühlings" im August 1968 durch WVO-Truppen demonstriert werden sollte.

Gleichwohl bedeutete dieser beiderseitige Auf- bzw. Ausbau der Bündnisse, dessen Parallelität ebenso offensichtlich ist wie die inhaltlichen Unterschiede, nicht eine neue „Eiszeit" der Ost-West-Beziehungen. Vielmehr hatte Stalins Tod am 5.3.1953 auch den Weg gebahnt für eine Art politisches Tauwetter in der Sowjetunion, und dies ermöglichte auf internationaler Ebene am 15.5.1955 etwa den Österreichischen Staatsvertrag, der die Besetzung des Landes beendete, das zugleich volle Souveränität zurückerlangte unter der Maßgabe immerwährender Neutralität. Die vom 18. bis 23. Juli 1955 stattfindende Genfer Gipfelkonferenz der Staats- und Regierungschefs der Sowjetunion, der USA, Frankreichs und Großbritanniens war dann gar vom bald sprichwörtlichen „Geist von Genf" gekennzeichnet, der zwar atmosphärische Auflockerung, in der Sache jedoch kaum substantielle Ergebnisse brachte.

<small>ost-westliches Tauwetter: Österreichischer Staatsvertrag und „Geist von Genf"</small>

War im Ost-West-Verhältnis somit eher ein atmosphärisches Zwischenhoch zu verzeichnen, so bahnte sich in Sachen westeuropäischer Integration mit der am 1. und 2.6.1955 in Messina abgehaltenen Konferenz ein Durchbruch an: die versammelten Außenminister der EGKS-Staaten beschlossen, weitere Integrationsverhandlungen einzuleiten (die sog. „relance" [also gleichsam das „Wiederanwerfen"] Europas nach dem als Schock empfundenen Scheitern der EVG), die am 25.3.1957 zur Unterzeichnung der Römischen Verträge führten. Durch sie wurden zwei neue supranationale Gemeinschaften gegründet: die Europäische Atomgemeinschaft (EAG, besser bekannt als EURATOM) und die Europäische Wirtschaftsgemeinschaft (EWG). Beide Gemeinschaften nahmen zum 1.1.1958 ihre Tätigkeit auf. Zusammen mit der EGKS bestanden somit nun drei supranationale Gemeinschaften, die dann durch den sog. Fusionsvertrag vom 8.4.1965 mit Wirkung ab 1.7.1967 zu einer Europäischen Gemeinschaft, der EG, zusammengelegt wurden.[34] Bis dahin bestand eine Parallelität der Vertragsorganisationen, etwa der Hohen Behörde der EGKS und der Kommission der EURATOM und der der EWG, seither gibt es für die drei Gemeinschaften nur eine Kommission.

<small>Messina-Konferenz, EURATOM und EWG</small>

Die EWG war, wie der Name schon andeutet, zunächst – wenn auch von politischen Integrationsabsichten begleitet – ein Projekt der wirtschaftlichen Integration. Sie basiert auf den im Vertrag festgelegten „vier Freiheiten" – dem freien Verkehr von Waren, Personen, Dienstleistungen und Kapital über die (fortbestehenden) Grenzen der Mitgliedstaaten hinweg. Insofern fungiert die EWG auch als Freihandelszone. Freilich ist sie mehr als das. Durch Festlegung eines für alle Mitglieder gemeinsamen Außenzolls ist sie auch zur Zollunion geworden (diese wurde 1968 vollendet), womit zugleich eine der wichtigsten Kompetenzen der Kommission zur Außenvertretung der EWG begründet wurde, nämlich die in Sachen des internationalen Handels. Die Verwirklichung der Grundfreiheiten des Gemeinsamen Marktes als Kernstück der EWG erwies sich dagegen als langwieriges Projekt, das erst mit der 1985 erfolgten Verkündung des Programms für das, was nunmehr „Binnenmarkt" genannt wurde, und dessen

<small>Bedeutung der EWG und EFTA</small>

---

34 Offiziell erfolgte die Zusammenlegung der Organe allerdings zu solchen der Europäischen Gemeinschaft*en* (Plural!), was die juristische Fortexistenz dreier Gemeinschaften mit ihrer jeweils eigenen Vertragsgrundlage zum Ausdruck bringen sollte.

Inkrafttreten ab 1.1.1993 (nahezu) vollendet werden konnte. Über die Zollunion und den Gemeinsamen bzw. Binnenmarkt hinaus umfaßt die EWG schließlich neben dem Bestreben nach Rechtsangleichung zwischen den Mitgliedsstaaten eine gemeinsame Wettbewerbs-, Verkehrs- und vor allem Agrarpolitik (GAP). Letztere stellte einen der grundlegenden „Tauschhandel" der EWG dar zwischen dem ein noch immer zahlenmäßig und politisch starkes Kleinbauerntum berücksichtigenden französischen Interesse an Agrarsubvention und dem deutschen Interesse an einem Industriegütermarkt. Die GAP mit ihren ab 1962 erlassenen „Marktordnungen" wurde nicht nur in Sachen Produktivitätssteigerungen ein kolossaler Erfolg (der zugleich mit der Überproduktion und ihren finanziellen wie ökologischen Kosten neue Probleme schuf). Zugleich wurde ihr hoher Anteil an den Gemeinschaftsausgaben (bis zu 75% des Budgets der Gemeinschaft) zu einem der wichtigsten Bremsklötze für eine Neuorientierung aktiver Gemeinschaftspolitik und ihre Reform daher zu einem der wichtigsten (und schwierigsten) Kapitel der EG-Geschichte der zweiten Hälfte der 1980er Jahre. Der breit und auf Ausbau angelegten Kompetenz der EWG, selbst im engeren wirtschaftlichen Bereich, stand eine Reihe von Staaten, darunter vor allem Großbritannien, skeptisch gegenüber. Als Zentrum eines noch immer als Alternative angesehenen weltweiten „Commonwealth" und mit starker Orientierung auf die USA hin war Großbritannien nicht sicher, ob die „auf dem Kontinent" beginnende Integration seine erste Priorität sein sollte. Unter seiner Führung schlossen sich jedoch die nicht in den EWG-Vertrag eingebundenen nord- und westeuropäischen Staaten am 4.1.1960 zur Europäischen Freihandelszone (EFTA; sie trat am 3.5.1960 in Kraft) zusammen, die also weit weniger ambitioniert war als die EWG und bis 1995 ihre wichtigsten Mitglieder (Großbritannien, Dänemark, Portugal, Finnland, Österreich und Schweden) auch an die EG verlor, so daß die Auflösung dieses nur noch aus Island, Liechtenstein, Norwegen und der Schweiz bestehenden „Vereins" wohl bevorsteht.

EURATOM und IAEA Während die EWG somit zur Erfolgsgeschichte der EG entscheidend beigetragen hat, führte die EURATOM von Beginn an eher ein Schattendasein. Dies hatte zum einen mit der Tendenz zur Nationalisierung der Nuklearpolitik zu tun, die wiederum nicht zuletzt mit deren militärischer Nutzungsmöglichkeit zu tun hatte, vor allem in Frankreich, wo Staat und Nuklearindustrie eine innige Verbindung eingingen. Aber auch etwa in der BRD bestanden industriepolitische Interessen daran, einen eigenen Weg in die Atomkraft zu verfolgen. Die sich aus der 1957 erfolgten Gründung der Internationalen Atomenergieorganisation (IAEA) ergebenden Probleme waren dagegen für das relative Scheitern der EURATOM sekundär. Die Gründung der IAEA erfolgte auf Initiative der USA, die zugleich auch für Westeuropa der wichtigste Lieferant von Kernbrennstoffen und insofern in der Sache einflußreich waren. Sie warf das Problem auf, wie ein global angelegtes Regime zur Kontrolle der Kerntechnik und vor allem des Spaltmaterials mit einem regionalen Kontrollsystem der EURATOM vereinbar zu machen sei. Die Politik dieser IAEA-EURATOM-Beziehungen ist zwar im einzelnen durchaus spannend[35], war jedoch für das relative Scheitern der EURATOM im Vergleich zu den genannten Faktoren sekundär.

---

35 Vgl. die Studie von Howlett 1990.

Zum Ende der 1950er Jahre war damit der Prozeß der kooperativen und integrativen Institutionalisierung in West- und Osteuropa, und zwar getrennt nach den beiden „Lagern", zu einem gewissen Abschluß gekommen. Die sechziger Jahre sollten dann ost-westliche Erfahrungen bringen, die die Notwendigkeit von blockübergreifender Kooperation unterstrichen, und auch erste Schritte zu deren Verwirklichung.

1.2 Von der Blockkonfrontation zum „gemeinsamen europäischen Haus" (1960-1989/90)

Der wirtschaftliche Erfolg nicht nur der EWG, sondern dadurch bedingt wie ihn fördernd die wirtschaftliche Erholung der 1950er Jahre, an deren Ende sich erstmals, zumindest in Westeuropa, breiter Massenwohlstand abzuzeichnen begann – in (West-) Deutschland sprach man vom Wirtschaftswunder, in Frankreich sollte man später rückblickend von den „dreißig glorreichen Jahren" (trentes glorieuses) sprechen –, bedeuteten gleichsam ökonomisch das Ende der Nachkriegszeit.[36] Organisatorisch fand dies darin seinen Niederschlag, daß die OEEC, die ihren Zweck erfüllt hatte, am 14.12.1960 zur OECD, der Organisation für Wirtschaftliche Zusammenarbeit und Entwicklung, umgewandelt wurde, der nun auch die USA und Kanada beitraten.[37] Damit war gleichsam ein „Verein" der reichen Industrieländer des Westens geschaffen (Japan trat 1964 bei, 1994 dann auch als erstes Land des „Südens" Mexiko im Zuge der Integration mit den USA und Kanada in eine Nordamerikanische Freihandelszone [NAFTA]). Die OECD, die keinerlei supranationale Ambitionen hegt, hat sich dennoch im Lauf der Jahre zu einem wichtigen Koordinations- und Kooperationsfo-

„Wirtschaftswunder" und OECD

---

[36] Diese hier nur erwähnte wichtige Hintergrundbedingung der europäischen Integration, der wirtschaftliche und gesellschaftliche Wandel, läßt sich nur im Spiegel der Nachbardisziplinen erfassen. Zur wirtschaftsgeschichtlichen Entwicklung in (West-)Europa nach 1945 vgl. aus weltwirtschaftlicher Perspektive van der Wee 1984 sowie die deutlich wirtschafts- und sozialgeschichtliche Akzente setzende Nachkriegsgeschichte Europas von Laqueur 1992 (der Titel der deutschen Übersetzung ist eher irreführend); speziell für das Westdeutschland der 1950er Jahre aus sozialgeschichtlicher Perspektive sehr anschaulich und dennoch mit theoretischer Perspektive: Schildt 1995; darüber hinaus für säkulare Annäherungstrends zumindest der westeuropäischen Gesellschaften: Kaelble 1987; zum soziologischen Gesellschaftsvergleich in Europa allgemein: Immerfall 1994 und Hradil/Immerfall 1997; schließlich als Ost- und Westeuropa umfassenden Längs- und Querschnitt Therborn 1995.

[37] Hierin kommt auch zum Ausdruck, daß die USA, die den Integrationsprozeß Westeuropas positiv-unterstützend begleitet hatten, die EWG zunehmend als Handelspartner – und noch später auch als Konkurrenten – ernst zu nehmen begannen. So enthielt etwa das US-Handelsgesetz von 1962 eine speziell auf die EWG bezogene Klausel, die vorsah, eine Zollsenkung von bis zu 50% oder gar die Zollfreiheit für jene Warengruppen zu vereinbaren, bei denen die USA und die EWG zusammen mindestens 80% der Weltexporte tätigten (vgl. Medick-Krakau 1995, 121). Zur frühen US-Politik gegenüber der europäischen Integration vgl. Winand 1993, zur Rolle der USA bei der europäischen Kooperation und Integration allgemein den historischen Überblick von Duignan und Gann 1994 sowie jüngst die knappe, aber auch theoretisch anregende Darstellung von Lundestad 1998.

rum entwickelt, das nach dem Motto der „peer control", der wechselseitigen kontrollierenden Beobachtung zwischen Gleichen, funktioniert und zugleich eine wichtige Quelle für auf international vereinheitlichter Grundlage erhobene Wirtschaft- und Sozialstatistik darstellt.

neue Spannung im Ost-West-Verhältnis und einziges Ost-West-Forum: UN ECE

Während im Westen somit die europäische und die transatlantische Kooperation sich verfestigte, verfestigte sich zugleich die Spaltung in Ost und West und damit auch Europas. Bereits die Niederschlagung des Ungarnaufstands 1956[38] durch sowjetische Truppen – während der Westen durch die Suez-Krise abgelenkt und blamiert war[39] – hatte gezeigt, daß aller „containment"- (oder gar „roll back"-)Rhetorik zum Trotz ein Eingreifen des Westens zugunsten von Freiheitsbestrebungen im Osten nicht mehr möglich war, beinhaltete es doch das Risiko einer Eskalation zum „großen Krieg". Auch die 1958 von Chruschtschow inszenierte zweite Berlin-Krise sowie der 1961 erfolgende Bau der Berliner Mauer, die durchaus auch symbolische Zementierung der Spaltung Europas, blieben ohne dramatische Antwort des Westens. Schließlich zeigte die Zuspitzung des Ost-West-Konfliktes in der Kuba-Krise[40], daß die bestehenden Kanäle zwischen Ost und West ausgebaut werden mußten. Im engeren militär-strategischen Sinne erfolgte dies durch Einrichtung der hot line (auch als „rotes Telephon" bekannt), einer direkten Nachrichtenverbindung zwischen Moskau und Washington. In Europa dagegen bestand, als Relikt aus der Zeit vor Ausbruch des Kalten Krieges, nur ein gemeinsames Ost-West-Forum: die am 28.3.1947 gegründete Wirtschaftskommission für Europa der Vereinten Nationen (UN ECE), die über all die Jahre ihres Bestehens hinweg ein Gesprächsforum geblieben ist, wenn auch ganz überwiegend beschränkt auf eher technische Fragen der „niederen Politik".[41] Erst im Zeichen der Entspannungspolitik gegen Ende der 1960er und zu Beginn der 1970er Jahre sollten neue Foren der Ost-West-Kooperation entstehen.

„der General an Bord I": Fouchet-Pläne, Veto gegen den Beitritt GBs und dt.-franz. Freundschaftsvertrag

Mit der Rückkehr General de Gaulles an die Spitze der zugleich von ihm begründeten 5. Republik Frankreichs im Jahre 1958 wurden auch in Sachen westeuropäischer Integration gleichsam die Karten neu gemischt. De Gaulle war ein Gegner supranationaler Integrationsvorstellungen, ihm schwebte vielmehr ein „Europa der Vaterländer" (Europe des patries), also der intergouvernemental kooperierenden Nationalstaaten, vor. Dies zeigten die 1961 bzw. 1962 unter Lei-

---

38 Der Versuch, unter Führung Imre Nagys eine reformkommunistische Regierung zu bilden, wurde unter Einsatz sowjetischer Panzer niedergeschlagen.

39 Nach Nassers Nationalisierung des Suez-Kanals griff Israel im Juli 1956 Ägypten an. Daraufhin besetzten, wie zuvor mit Israel insgeheim abgesprochen, französische und britische Truppen die Kanalzone. Auf öffentlichen Druck der Sowjetunion und nicht öffentlichen, aber wirksamen Druck der USA mußten Frankreich, Großbritannien und Israel sich schließlich zurückziehen, Ägypten behielt den Kanal.

40 Sie hielt die Welt vom 22. bis 27.10.1962 in Atem. Der Entdeckung sowjetischer atomarer Mittelstreckenraketen folgte die Blockade der Insel durch die USA gegen weitere Lieferungen aus der Sowjetunion. Die Welt schien nur einen Atemzug vom Atomkonflikt der Supermächte entfernt. Gegen (zunächst unveröffentlichte) Zusagen der USA, ihrerseits in der Türkei stationierte Mittelstreckenraketen abzuziehen, baute die Sowjetunion schließlich die Raketen wieder ab.

41 „Low politics", niedere Politik, werden im Fachjargon Politikfelder genannt, die im Unterschied zur „high politics" der Sicherheitsbeziehungen von geringerer Dramatik sind, wenn auch in der Sache nicht unwichtig. Im Falle der ECE gehören hierzu etwa Fragen der Statistik, von Umwelt und Verkehr u.a.m. Vgl. zur Kooperation im Rahmen der UN ECE Hinteregger 1991.

tung des französischen Diplomaten Fouchet ausgearbeiteten und nach ihm benannten Pläne zu einer „Europäischen Union", die ungeachtet des deklarierten Ziels der Union die Rolle der Regierungen betonten und auch die Kompetenzen der EWG-Kommission wieder auszuhöhlen suchten. Als de Gaulle jedoch am 14.1.1963 sein Veto gegen den von Großbritannien beantragten Beitritt zur EWG einlegte, waren zugleich auch diese Pläne gescheitert. Sein Mißtrauen gegenüber den „atlantisch" orientierten Briten war ebenso groß wie seine Bereitschaft, mit Westdeutschland den Ausgleich zu suchen, was sich im Deutsch-französischen Freundschaftsvertrag vom 22.1.1963 niederschlug. Sein Versuch jedoch, diesen zugleich zu einem Monument des Intergouvernementalismus und des Anti-Atlantizismus zu machen, wurde vom Deutschen Bundestag dadurch durchkreuzt, daß er den Vertrag mit einer langen Präambel versah, die sich zur atlantischen Zusammenarbeit und europäischen Integration bekannte.

Im Jahr 1965 kam es über die umstrittene Finanzierung der Agrarpolitik zur ersten großen Krise der EWG. Um ihm ungenehme Beschlüsse zu verhindern, zog de Gaulle vom 30.6. bis zum 29.1.1966 den französischen Vertreter aus dem Ministerrat zurück und verfolgte damit die sog. „Politik des leeren Stuhls". Dahinter stand jedoch eine weitergehende politische Absicht Frankreichs: Der im EWG-Vertrag vorgesehene Übergang zu Mehrheitsabstimmungen in bestimmten Bereichen zum 1.1.1966 sollte verhindert werden. Die Krise fand ihre Lösung durch den im Januar 1966 angenommenen sog. Luxemburger Kompromiß, eine rechtlich nicht bindende politische Einigung der sechs EWG-Mitgliedstaaten, auch weiterhin das Einstimmigkeitsprinzip im Rat anzuwenden, wenn ein Staat „sehr wichtige Interessen" geltend machte. In der Praxis erfolgte dann bis 1982 keine Mehrheitsabstimmung mehr, eine Tatsache, die mit zur Lähmung der EG beigetragen hat. Erst die Einheitliche Akte von 1986 und der Maastrichter Vertrag von 1992 führten dann erneut Regeln für die Abstimmung mit (qualifizierter) Mehrheit ein. War somit die Krise nur knapp mit einem eher faulen Kompromiß vermieden worden, so gelang doch gleichzeitig, wie erwähnt, die Fusion der drei Gemeinschaften zur EG. Formaler Fortschritt und funktionales Bremsen standen sich beim Integrationsprozeß also gegenüber. Letzteres zeigte sich auch beim erneuten Veto de Gaulles gegen den Beitrittsantrag Großbritanniens (dem sich im Mai 1967 Dänemark und Irland angeschlossen hatten) zum Jahresende 1967.

„der General an Bord II": „Leerer Stuhl" und Luxemburger Kompromiß

Ebenfalls zum Ende des Jahres 1967 begann sich im Ost-West-Verhältnis ein erster Fortschritt abzuzeichnen. Auf seiner Tagung vom 13./14.12. nahm der Nordatlantikrat der NATO den nach dem belgischen Außenminister benannten Harmel-Bericht an, der die zukünftige Politik der NATO absteckte. Entspannung sollte hiernach neben der Verteidigung zur zweiten Säule der Sicherheitspolitik werden.[42] Der Weg zur blockübergreifenden Kooperation im Zuge der Entspannungspolitik der frühen 1970er Jahre war damit eröffnet, auch wenn die Niederschlagung des Prager Frühlings 1968 zunächst einen neuen Dämpfer für die Ost-West-Beziehungen bedeutete. Mit dem „Mai '68" begann schließlich auch das Ende der Ära de Gaulle in Frankreich, das mit seinem Rücktritt nach einem gescheiterten Referendum im Jahre 1969 eintrat. Sein Nachfolger Georges Pompi-

neue Möglichkeiten: Harmel-Bericht und de Gaulles Rücktritt

---

42 In den Worten des Berichts: „Militärische Sicherheit und eine Politik der Entspannung stellen keinen Widerspruch, sondern eine gegenseitige Ergänzung dar." Vgl. den Textauszug aus dem Harmel-Bericht bei Gasteyger 1994, 244-247, hier: S.245.

dou gab noch im Dezember 1969 auf dem Haager EG-Gipfel seinen Widerstand gegen die EG-Erweiterung auf.

Fortschritt bei der Integration: Eigenmittel und Erweiterung um DK, GB und IRL

Fortschritte bei der Integration Westeuropas ergaben sich zum einen durch den am 21.4.1970 ergangenen Beschluß über die in Art.201 EWGV vorgesehenen „eigenen Mittel" der Gemeinschaft. Diese Eigenmittel ersetzten von nun an die Beiträge der Mitgliedstaaten, die bis dahin ebenso wie für alle sonstigen internationalen Organisationen die Finanzgrundlage der EWG gebildet hatten. Sie umfassen heute 1. die Abschöpfungen auf den Agrarwarenverkehr mit Drittstaaten; 2. Einnahmen aus der Anwendung des gemeinsamen Zolltarifs, 3. als bedeutsamsten Posten (ca. 60% des Haushalts) einen Anteil am Mehrwertsteueraufkommen der Mitgliedstaaten sowie 4. ergänzend seit 1988 einen bestimmten Satz auf das Bruttosozialprodukt aller Mitgliedstaaten. Durch diese eigenen Einnahmen steht die EG somit auch finanziell im Vergleich zu anderen, nur von den jeweiligen Beiträgen der Mitgliedstaaten getragenen Organisationen auf einem besonderen, supranationalen Fundament.[43] Der zweite Integrationsfortschritt betraf die Erweiterung der Gemeinschaft, die nach Verhandlungen und dem Übergangsschritt von anfangs 1972 abgeschlossenen Assoziationsabkommen am 1.1. 1973 durch Beitritt Dänemarks, Großbritanniens und – gleichsam in seinem ökonomischen Schlepptau folgend – Irland erfolgte. In Norwegen, das ebenfalls die Mitgliedschaft beantragt hatte, ergab dagegen die Volksabstimmung am 26.9. 1972 eine Mehrheit gegen den EG-Beitritt.

Ost-West-Fortschritt: Ostpolitik und KSZE

Die ost-westlichen Krisenerfahrungen der 1960er Jahre führten bereits zum Ende des Jahrzehnts zur Aufnahme der Entspannungspolitik. Besonders die deutsche Ostpolitik, die erst nach dem politischen „Generationswechsel" und dem der parteipolitischen Zusammensetzung der Regierung 1969 mit Verspätung (gegenüber etwa dem in den USA bereits früher erkennbaren Gesprächsinteresse mit der zweiten Supermacht, der Sowjetunion) in Gang kam, erwies sich als sehr wichtig zur Lösung heikler Ost-West-Probleme.[44] Zu ihren wichtigsten Ergebnissen, die hier nur erwähnt werden können, zählten der Moskauer Vertrag (12.8.1970), der Warschauer Vertrag (7.12.1970), das Viermächte-Abkommen über Berlin (3.9.1971) sowie schließlich der Grundlagenvertrag zwischen BRD und DDR (21.6.1973).[45] Sie gaben den Kontext ab für eine Reihe von bi- und multilateralen Ost-West-Kooperationsabkommen sowie für den Beginn des KSZE-Prozesses. Der Vorschlag zu einer Ost-West-Sicherheitskonferenz war ursprünglich von der Sowjetunion während der sechziger Jahre im Rahmen ihrer Politik der „friedlichen Koexistenz" gemacht worden. Bereits dies ließ den Westen längere Zeit skeptisch reagieren, sah er in dieser Politik, nicht ganz zu Unrecht, doch im wesentlichen eine „Fortsetzung des internationalen Klassenkamp-

---

43 Für andere, insbesondere globale Organisationen ist eine zu den Eigenmitteln analoge Festlegung eigener Finanzquellen bisher nur diskutiert, jedoch (noch) nicht realisiert worden. So wurde jüngst etwa zur Finanzierung internationaler Umweltpolitik ein ursprünglich von dem Ökonomienobelpreisträger J. Tobin gemachter Vorschlag zur Besteuerung von Wechselkursspekulationsgewinnen – daher sog. „Tobin-Steuer" – wieder ins Gespräch gebracht; vgl. zu diesem Thema insgesamt Mendez 1992.
44 Zur Ostpolitik vgl. die Darstellung von Bender 1995.
45 Aufgrund der besonderen Bestimmungen über den innerdeutschen Handel erlangte die DDR übrigens als einziger Staat des Ostens eine indirekte Quasimitgliedschaft zumindest in der Freihandelszone der EWG; vgl. Zürn 1990.

fes" mit anderen Mitteln. Im Zuge der Entspannungspolitik wurde nun jedoch die Initiative aufgegriffen, und nach diplomatischen Vorverhandlungen seit November 1972 kam es auf der vom 30.7.-1.8.1975 in Helsinki stattfindenden Konferenz für Sicherheit und Zusammenarbeit in Europa zur Unterzeichnung der KSZE-Schlußakte. Zugrunde lag dem gleichsam ein „Tauschgeschäft" von historischer Dimension. Im sog. „Korb I" erfolgte gegen Wiederholung des bereits in den Ostverträgen enthaltenen Gewaltverzichts und der Garantie der Nachkriegsgrenzen, woran vor allem der Sowjetunion gelegen war, die Vereinbarung einer Reihe von menschenrechtlichen Prinzipien sowie im Korb III von Bestimmungen über humanitäre Fragen, die sog. „menschliche Dimension". Diese Prinzipien und Bestimmungen lagen dem Westen nicht nur am Herzen, sondern er konnte auch deren weite Verbreitung im Wege der vereinbarten Publikation der Schlußakte erreichen.[46] Korb II enthielt Empfehlungen zur Kooperation im „low politics"-Bereich (Wirtschaft, wiederum ein – im Ergebnis enttäuschtes – Hauptinteresse des Ostens, der sich Technologieimporte versprach, was jedoch im High-Tech-Bereich vom Westen durch die sog. COCOM-Politik unterbunden wurde[47]; Umweltschutz und Wissenschaftskooperation).

Entscheidend an der KSZE war freilich, daß es nicht bei dieser einmaligen Konferenz blieb, daß vielmehr unter dem Signum KSZE ein Prozeß von regelmäßig stattfindenden Folgetreffen und zwischenzeitlichen Sonderkonferenzen in Gang gesetzt wurde. Bis zu ihrer Umwandlung in eine formelle Organisation, die OSZE, zum 1.1.1995 stellte die KSZE, die neben praktisch allen europäischen Staaten (nur Albanien hielt sich jahrelang fern) auch die USA und Kanada einschloß, eine der wichtigsten Formen und das zentrale Forum institutionalisierter Ost-West-Kooperation dar. Dabei war ihr in ihren einzelnen Sachbereichen (Körben) durchaus unterschiedlicher und keinesfalls reibungsloser Erfolg beschieden. Das Auf und Ab im Klima der Entspannungspolitik schlug sich vielmehr auch auf den Folgetreffen nieder, die, so insbesondere das 1980 bis 1983 in Madrid stattfindende, zum Teil ohne jegliche praktische Ergebnisse blieben. In solchen Phasen bestand die Leistung vorwiegend darin, überhaupt „im Gespräch zu bleiben". Insbesondere auch die im KSZE-Rahmen abgehaltenen Verhandlungen über eine „Gegenseitige ausgewogene Truppenreduzierung" (engl. MBFR-Verhandlungen), die sage und schreibe von 1973 bis 89 dauerten, blieben ohne jedes konkrete Ergebnis. Hier brachte erst der Wandel seit 1985 und die Öffnung seit 1989 der politischen Systeme des Ostens wirkliche Fortschritte, symbolisch festgehalten in der auf dem KSZE-Sondergipfel von Paris am 21.11.1990 verabschiedeten Charta von Paris[48], in der sich alle Unterzeichnerstaaten verpflichteten, „die Demokratie als einzige Regierungsform unserer Nationen aufzubauen, zu festigen und zu stärken", sowie bekannten: „Menschenrechte und

KSZE-Prozeß: Folgetreffen und Folgewirkungen

---

46 Der Text der KSZE-Schlußakte ist abgedruckt als Dokument 2 in Schweisfurth 1993, 4-70. Der viertletzte Passus der Akte lautet: „Der Text der vorliegenden Schlußakte wird in jedem Teilnehmerstaat veröffentlicht, der ihn so umfassend wie möglich verbreitet und bekanntmacht." Wohl aus Stolz über das Konferenzergebnis wurde die Schlußakte z.B. im vollen Wortlaut in der Prawda veröffentlicht.
47 Im Rahmen des Koordinationskomitees für Ost-West-Handel regulierte der Westen seit 1949 die Ausfuhr „sensibler", also sicherheitspolitisch relevanter Technologie, vgl. dazu unten Kapitel 6.1.1.1.
48 Text in Schweisfurth 1993, Dok.19, 441-469.

Grundfreiheiten sind allen Menschen von Geburt an eigen; sie sind unveräußerlich und werden durch das Recht gewährleistet."[49] Vieles spricht nun dafür, daß das Zustandekommen dieses Ergebnisses selbst, also die friedliche Auflösung des östlich-realsozialistischen Herrschaftssystems und die Bereitschaft der neuen Staaten, sich wirklich gehaltvollen Vorstellungen von Demokratie und Rechtsstaatlichkeit anzuschließen, durch (von seiten der realsozialistischen Eliten zweifellos unbeabsichtigte) Folgewirkungen der KSZE-Schlußakte mit ermöglicht worden sind. Sie wurde mit ihren menschenrechtlichen Bestimmungen nämlich zu einem Kristallisationspunkt östlicher Oppositions- und Menschenrechtsgruppen wie etwa der tschechoslowakischen Charta 77-Bewegung.[50] Zu deren Mitinitiatoren gehörte auch Václav Havel, der spätere erste Präsident der CSFR, worin gleichsam die hier behauptete Folgewirkung personalisiert zum Ausdruck kommt. Jedenfalls hat die Verbreitung der KSZE-Prinzipien zur Delegitimierung des östlichen Herrschaftssystems entscheidend mit beigetragen.

kooperative Ergänzung der EG-Integration: EPZ, Europäischer Rat und AKP-Abkommen

Die Politik im Rahmen des KSZE-Prozesses wurde auch zu einem der Hauptgebiete für die außenpolitische Koordination und Kooperation der EG-Mitgliedstaaten, die diese unter dem Titel „Europäische Politische Zusammenarbeit" (EPZ) nach einem entsprechenden Beschluß des Haager Gipfels von 1970 aufgenommen hatten.[51] Als intergouvernementales Kooperationsunternehmen der EG-Mitgliedstaaten, das also nicht auf Grundlage der Römischen Verträge und somit nicht als supranationale Politik verfolgt wurde, bestand die EPZ aus locker institutionalisierten Formen der Zusammenarbeit zwischen den Außenpolitik-Organisationen der Mitgliedstaaten ([Außen-]Ministertagungen, Politisches Komitee auf Beamtenebene, COREU-[„correspondance européenne"]-Netz zur Datenübermittlung zwischen den Hauptstädten, sog. „Troika" der vorangehenden, gegenwärtigen und künftigen EG-Ratspräsidentschaft [seit 1981]), an deren Abstimmung seit 1981 auch die Kommission beteiligt wurde. Mit Titel III der Einheitlichen Europäischen Akte von 1986 erhielt die EPZ erstmals eine vertragliche Grundlage, blieb aber, ebenso wie nach ihrer Umwandlung in die Gemeinsame Außen- und Sicherheitspolitik (GASP) als dritte „Säule" der Europäischen Union nach dem Maastrichter Vertrag von 1992, ein intergouvernementales Unterfangen und auf Konsens (nicht Mehrheitsentscheid) der Beteiligten angewiesen, wobei die Hinzunahme der Sicherheitskooperation besondere neue Probleme (etwa für die neutralen Mitglieder Irland, Österreich, Finnland und Schweden) aufwirft. Ebenfalls als intergouvernementale Ergänzung der EG-Institutionen ist der 1974 eingerichtete Europäische Rat (nicht zu verwechseln mit dem [Minister-]Rat der EG) anzusehen, also das regelmäßig (mindestens zweimal jährlich) stattfindende Gipfeltreffen der Staats- und Regierungschefs der EG-

---

49   Ebd., 441f. Der Anklang an die berühmte Unabhängigkeitserklärung der USA vom 4.7.1776, einem „Urdokument" westlichen Freiheits- und Demokratieverständnisses, ist unverkennbar, in der es unter anderem heißt: „Folgende Wahrheiten erachten wir als selbstverständlich: daß alle Menschen gleich geschaffen sind; daß sie von ihrem Schöpfer mit gewissen unveräußerlichen Rechten ausgestattet sind ...", zitiert nach Wasser 1983, 41.

50   Am 1.1.1977 von tschechoslowakischen Bürgerrechtlern proklamiertes Manifest zur Gründung einer Vereinigung mit dem Ziel, die Respektierung der Menschen- und Bürgerrechte zu erreichen; Textauszug bei Gasteyger 1994, Dok.87.

51   Ein anderes EPZ-Betätigungsfeld war z.B. der sog. „Euro-arabische Dialog"; zur EPZ vgl. auch unten Kapitel 9.1.

Mitgliedstaaten. Ähnlich der EPZ wurde auch dieses intergouvernementale (statt supranationale) Element über die EEA und den Maastrichter Vertrag formal in den Vertrag inkorporiert, ohne daß dadurch an seinem nicht-supranationalen Charakter etwas geändert worden wäre. Schließlich ist als dritte kooperative Ergänzung der EG die nach außen, an „den Süden" und näherhin die Gruppe der Staaten aus Afrika, der Karibik und des Pazifik (AKP-Staaten), überwiegend ehemalige Kolonien der EG-Mitglieder, gerichtete Politik der sog. AKP-Abkommen zu nennen. In diesen seit 1963 zunächst als Yaoundé- (nach der Hauptstadt Kameruns, dem Ort des Vertragsschlusses), später (seit 1975) als Lomé-(Hauptstadt Togos) Abkommen bezeichneten Verträgen schlug sich die Entwicklungspolitik der E(W)G nieder, die zunächst der Verhinderung einer Trennung von Kolonien und Mutterländern (v.a. Frankreich und Belgien) durch den EWG-Außenzoll diente und faktisch eine EWG-Mitgliedschaft minderen Rechts für die AKP-Staaten schuf. Später, seit Lomé, wurde ein umfangreiches System von Einrichtungen u.a. zur Stabilisierung von Rohstoffpreisen sowie zur Begünstigung des Handels der AKP-Staaten mit der EG geschaffen.[52] War mit dieser Entwicklungspolitik die außereuropäische Dimension der „Südpolitik" der EG berührt, so zeichnete sich mit den Beitrittsanträgen Griechenlands (1976), Portugals und Spaniens (1977) die Süderweiterung der EG selbst ab, was zugleich ihre Attraktivität vor allem als Wirtschaftsverbund, damit aber auch zur Unterstützung der Demokratisierungsprozesse in diesen Staaten zeigte.

Seit der Aufhebung der Dollarkonvertibilität in Gold durch US-Präsident Nixon im August 1971 und damit der Auflösung des Dollar-Devisen-Standards, der das sog. Bretton Woods-System der weltweiten Währungsbeziehungen seit 1945 gekennzeichnet hatte, herrschte auf den internationalen Währungsmärkten zunächst das sog. freie Floaten, also die freie Wechselkursbildung, vor. Bereits 1972 vereinbarten jedoch die EG-Staaten einen Verbund ihrer Währungen, die sog. „Währungsschlange", die untereinander nur noch um +/- 2,25% im Wert schwanken sollten. Allerdings erwies sich dieses System als zu schwach, um den Währungsschwankungen standhalten zu können. Auf Vorschlag des deutschen Bundeskanzlers Helmuth Schmidt und des französischen Präsidenten Valéry Giscard d'Estaing wurde daher am 13.3.1979 das Europäische Währungssystem (EWS) gegründet. Durch ein System fester, aber in Grenzen anpassungsfähiger Wechselkurse, den sog. Wechselkursverbund (engl: Exchange Rate Mechanism, ERM), unter einer Interventionspflicht der Zentralbanken bei Überschreiten der Grenzwerte, gelang es damit, die Währungen der Mitgliedstaaten (zunächst, bis 1990, ohne Großbritannien) in einem relativ stabilen Verhältnis zueinander zu halten. Ebenso erfolgreich war die zugleich, im Rahmen des EWS als Bezugsgröße für den ERM, eingeführte Europäische Währungseinheit, der ECU. Er sollte bald auch als Zahlungsmittel der Zentralbanken untereinander sowie als Rechengröße für EG-Finanzoperationen und schließlich sogar unter Privaten (großen europäischen multinationalen Firmen) fungieren. Der Erfolg des EWS zeigte sich insgesamt in einer Reduktion der Inflation in den Mitgliedstaaten, die sich zunehmend an der Stabilitätspolitik der wichtigsten Mitgliedswährung, der der Bundesbank in Frankfurt a.M., orientierten (orientieren mußten). Deren

weitere Integrationsschritte: EWS und Direktwahl des EP

---

52 Zur Entwicklungspolitik der EG vgl. kurz unten Kapitel 9.1.

Hochzinspolitik im Zuge der Finanzierung der deutschen Einheit war es jedoch auch, die im September 1992 die jüngste Krise im EWS auslöste, als sowohl Großbritannien als auch Italien, trotz vorangegangener Wechselkursanpassung (realignment), das EWS wieder verließen. Die weitere Entwicklung des EWS ist eng mit dem Schicksal der im Maastrichter Vertrag vorgesehenen Wirtschafts- und Währungsunion verknüpft. Der währungspolitische Fortschritt des EWS fand seine Parallele im politischen Bereich durch die vom 7. bis 10.6.1979 erstmals stattfindende Direktwahl des Europäischen Parlamentes (EP; die Benennung gilt offiziell erst seit der EEA von 1986, war aber politisch bereits davor in Umlauf) für eine Dauer von fünf Jahren. Waren die Mitglieder seines Vorläufers, der Parlamentarischen Versammlung der E(W)G noch von den Mitgliedern der nationalen Parlamente entsandt worden (wie auch etwa die Mitglieder der Parlamentarischen Versammlung des Europarates), so wurden die EP-Mitglieder nun, wenn auch national nach unterschiedlichen Wahlsystemen, direkt gewählt.[53] Damit wurde auch die Bedeutung der parteipolitischen Zusammensetzung, die sich seit 1951 in transnationalen Fraktionen der Versammlung bzw. des Parlamentes niedergeschlagen hatte, verstärkt. Der Einfluß des EP als ganzes auf die Politik der EG blieb jedoch begrenzt, eine Facette dessen, was zunehmend als Demokratiedefizit der Gemeinschaft apostrophiert wurde. Gleichwohl kam es noch im Dezember 1979 zu einer ersten Anwendung des Haushaltskontrollrechtes, indem das EP den vom Rat vorgelegten Haushaltsentwurf ablehnte. Allerdings findet die Wirksamkeit dieser Sanktion ihre Grenze darin, daß die Gemeinschaft von Monat zu Monat auf der Basis von Zwölfteln des Vorhaushaltes weiterwirtschaften kann, was auch geschah.

„Eurosklerose" und Zweiter Kalter Krieg

Trotz der erwähnten Fortschritte bei der europäischen Integration im EG- und der Kooperation im KSZE-Rahmen war das Jahrzehnt zwischen ca. 1975 und 1985 in vielfacher Hinsicht ein Krisenjahrzehnt. Ökonomisch machte die zweite Energiekrise 1979 den westlichen Ökonomien ebenso zu schaffen wie die im Zeichen der Globalisierung von Produktion einsetzende Konkurrenz aus den sog. Schwellenländern (Newly Industrializing Countries, NICs), gerade auch im Stahlbereich. Politisch geriet die Entspannung ab Mitte der 1970er Jahre zumindest in den USA innenpolitisch in Verruf und damit zwischen den Supermächten in die Krise. Die Europäer, voran die besonders betroffenen Deutschen (in Ost und West) versuchten „zu retten, was zu retten war". Doch brachte der Amtsantritt des US-Präsidenten Ronald Reagan eine weitere Ost-West-Klimaverschärfung, in den Augen mancher Beobachter einen „Zweiten Kalten Krieg"[54], der erst mit dem 1985 erfolgten Amtsantritt von Michail Gorbatschow als KPdSU-Generalsekretär überwunden werden konnte. In der EG sprach man angesichts des Integrationsstillstandes und der steigenden Arbeitslosigkeit von „Eurosklerose".

erste Mehrheitsentscheidung im Rat und „offensichtliche Krise" im Stahlsektor

Tatsächlich bewegte sich wenig, und dies auch nur nach zähen Verhandlungen. Angesichts des noch immer hohen Anteils der Agrarausgaben am Budget der Gemeinschaft und des unterproportionalen Anteils Großbritanniens an den damit finanzierten Leistungen bestand Margaret Thatcher nicht nur auf einer

---

53 Zu diesen und anderen Foren und Formen inter- bzw. transnationaler parlamentarischer Demokratie vgl. die Studien in Kuper/Jun 1997.
54 Vgl. als analytische Darstellung die vorzügliche zeitgenössische Studie von Halliday 1983.

Agrarreform, sondern auch auf einer Verringerung des EG-Beitrags ihres Landes. Am 30.5.1980 beschloß der Rat hierfür eine Zwischenlösung für zwei Jahre, so daß das Problem 1982 erneut auf den Tisch kam. Großbritannien verknüpfte nun die Festsetzung der Agrarpreise mit der Forderung nach Beitragsreduktion. Am 18.5.1982 durchbrach der Ministerrat die Blockade durch eine Entscheidung mit qualifizierter Mehrheit (Großbritannien, Dänemark und Griechenland nahmen an der Abstimmung nicht teil) über die Festsetzung der Agrarpreise. Großbritannien wurde eine Woche später eine Rückzahlung in Höhe von 850 Mio. ECU für 1982 gewährt, nicht, wie gefordert, je eine Milliarde ECU für fünf bis sieben Jahre. Frankreich akzeptierte diese Überwindung des Luxemburger Kompromisses, da eine Blockade des regulären Funktionierens der Gemeinschaft nicht angängig sei. Im Stahlbereich mußte die EG angesichts der weltweiten Überproduktion und des damit einhergehenden Verfalls der Preise am 30.10. 1980 erstmals die „offensichtliche Krise" gemäß Art.58 EGKSV ausrufen, was zur Festsetzung von Produktionsquoten für die Mitgliedstaaten führte und den Prozeß des Abbaus der Stahlproduktionskapazitäten einleitete. Die EG war bestrebt, diesen Restrukturierungsprozeß sozial abzufedern.

Der Beginn der 1980er Jahre, genauer der 1.1.1981, erbrachte dann den zehnten EG-Beitritt: Griechenland wurde als erstes der „Südländer" Mitglied. Dafür entschieden sich am 23.2.1982 die Grönländer, bisher via Dänemark in der EG, dafür, die Gemeinschaft zu verlassen. Die EG-Mitglieder empfanden angesichts der Wirtschaftskrise und der Belastung des Haushalts durch die Agrarpolitik, der sich seit dem 25.1.1983 noch die gemeinsame Fischereipolitik zugesellte, zunehmend den Bedarf, die Gemeinschaft auch zur Finanzierung zukunftsträchtiger Entwicklungen einzusetzen. Ein erstes Ergebnis war das am 28.2.1984 beschlossene mehrjährige Kooperationsprogramm für den Bereich der Informationstechnologie, geistreich ESPRIT abgekürzt. Damit wurde der Grundstein gelegt zu einer Technologiepolitik der Gemeinschaft, die erstmals durch die EEA von 1986 (Art.130f-p) Vertragsbestandteil wurde und sich neben ESPRIT auf eine Reihe von Gemeinschaftsprogrammen (BRITE, RACE) stützte sowie auf die Zusammenarbeit mit Drittstaaten (z.B. im Rahmen des 1985 vom französischen Präsidenten als zivile Antwort auf die US-amerikanische SDI-Initiative angeregten EUREKA-Programms).[55] Was schließlich die Zukunft der EG selbst anbelangt, so enthielt die am 19.6.1983 vom EG-Rat in Stuttgart abgegebene, einer gemeinsamen Initiative des deutschen Außenministers Genscher und seines italienischen Amtskollegen Colombo aus dem Jahre 1981 folgende „Feierliche Erklärung zur Europäischen Union" zwar ein erneutes Bekenntnis zu diesem Ziel. Zugleich jedoch zeigte ihr Schicksal ebenso wie das des im Jahr darauf, am 14.2.1984, vom Europaparlament angenommenen „Entwurfs eines Vertrages zur Gründung der Europäischen Union", daß bis dahin noch ein weiter Weg sein

„Kommen und Gehen": Griechenland und Grönland; kleine Schritte in die Zukunft: „Europäische Union"-Pläne und ESPRIT

---

55 SDI steht für „Strategic Defense Initiative" (Strategische Verteidigungsinitiative). Das Technologieprogramm zur Entwicklung eines weltraumgestützten Raketenabwehrsystems hatte für die USA auch technologiepolitische Funktion. Europäische Staaten bzw. Firmen, die sich daran beteiligten, konnten Ergebnisse nur in Absprache mit der US-Regierung nutzen, wobei militärische Geheimhaltungspolitik zu befürchten war. Zu SDI vgl. auch List/Reichardt/Simonis 1995, Kap.3.4; zur Forschungs- und Technologiepolitik der Gemeinschaft vgl. unten Kapitel 7.3.

würde.⁵⁶ Immerhin setzte der Gipfel von Fontainebleau vom 25./26.6.1984 zwei Reformkomitees ein, deren Ergebnisse 1986 zur Einheitlichen Europäischen Akte führen sollten.

erneuter Schwung: Binnenmarkt- programm und 2. Süderweiterung

Der Antritt von Jacques Delors als Präsident der Kommission zum 1.1.1985 kann als symbolische Marke für das Ende der „Eurosklerose"-Zeit betrachtet werden. Mit Vorlage des bis Ende 1992 zu verwirklichenden „Weißbuches über den Binnenmarkt" am 14.6.1985 gelang es der EG-Kommission, der Gemeinschaft nicht nur ein konkretes, angesichts der fortdauernden Wirtschaftsprobleme lohnend erscheinendes Ziel zu setzen. Das Programm enthielt zugleich einen umfangreichen „Gesetzesfahrplan" von 282 zu verwirklichenden Maßnahmen, mit Schwerpunkten auf dem Abbau technischer, materieller und indirekter steuerlicher Handelsschranken innerhalb der Gemeinschaft. Im wesentlichen vor dem Hintergrund der Konkurrenz mit den USA einerseits, mit Japan andererseits sollte damit ein „Markt von 320 Mio. Einwohnern" geschaffen werden. Die marktwirtschaftliche Modernisierung sollte damit ebenso vorangetrieben werden wie parallel dazu, zumindest nach der Vorstellung Delors', der institutionelle Ausbau der Gemeinschaft, etwa durch Verstärkung ihrer sozialen Komponente. Im Ergebnis sollte letzteres sich als weit schwieriger erweisen als die reine Marktliberalisierung, nicht zuletzt, weil die vorherrschende, besonders vehement von Großbritannien unter Margaret Thatcher vetetene „Wirtschaftsphilosophie" des Abbaus der Staatstätigkeit und der Deregulierung der Etablierung einer europäischen Sozialpolitik entgegenstand. Immerhin fand diese, zumindest bezogen auf die Erweiterung der Regionalfonds der Gemeinschaft, die Unterstützung der zum 1.1.1986 neu beigetretenen südlichen Mitgliedstaaten Spanien und Portugal, die zugleich die Basis für eine Südpolitik der EG im Sinne sowohl einer Mittelmeerpolitik als auch der Beziehungen zum lateinamerikanischen Kontinent verbreiterten.

Fortschritte im Westen, neue Zeit für Gesamteuropa? – EEA und Wiener KSZE-Folgetreffen; Krieg in Jugoslawien und deutsche Einheit

Am 17.2.1986 kam es dann zum bis dahin größten, gleichwohl vielfach ob seiner Zögerlichkeit kritisierten Reformschritt der Gemeinschaft: der Unterzeichnung der Einheitlichen Europäischen Akte (EEA), die zum 1.7.1987 in Kraft trat. Sie brachte Fortschritt auf drei Feldern: 1. begründete sie die Zuständigkeit der EG auf einer Reihe neuer Politikfelder (Sozialpolitik bzw. „Kohäsionspolitik", die den wirtschaftlichen und sozialen Zusammenhalt der Gemeinschaft stärken soll [Titel XIV EGV, die neuen Art.130a-e], Forschungs- und Technologiepolitik [Art.130f-p], Umweltpolitik [Art.130r-t]; 2. veränderte die EEA die Entscheidungsverfahren zugunsten des Parlamentes (sog. Verfahren der Zusammenarbeit für bestimmte Sachbereiche wie Binnenmarkt, Sozial- und Kohäsionspolitik, Forschung; Art.189c EGV), aber auch zugunsten der erhöhten Effizienz (Beschlußverfahren Art.100a; Durchführungsbefugnisse für die Kommission, Art.145); schließlich erhielt 3. die EPZ mit Titel III der EEA einen vertraglichen Rahmen (nunmehr aufgehoben durch Titel V des Maastrichter Vertrages über die GASP). Die Zusammenführung von EPZ-Bestimmungen und EG-Reformbestimmungen in einem Vertrag war es auch, die der EEA das Attribut „einheitlich" eingebracht hat – zu Unrecht, wenn man daran denkt, daß die EPZ außerhalb des supranationalen EG-Rahmens geblieben ist. Dieser Fort-

---

56 Beide Texte sind abgedruckt bei Lipgens 1986 (Dok.139 und 141).

schritt der westeuropäischen Integration wurde im Ost-West-Verhältnis durch die zunehmende Auflockerung der Beziehungen in der Ära Gorbatschow begleitet. Vom 4.11.1986 bis zum 19.1.1989 fand in Wien das 3. KSZE-Folgetreffen statt. Ganz anders als sein gescheiterter Vorgänger in Madrid brachte dieses Treffen im Zuge des Wandels im Osten einen ganzen Strauß neuer Ost-West-Kooperations-„blumen" zum Blühen: Konferenzen über Menschenrechte in Paris, Kopenhagen und Moskau in den Jahren 1989-91; Konferenzen über vertrauens- und sicherheitsbildende Maßnahmen sowie über konventionelle Streitkräfte in Wien, die, anders als der Vorläufer der MBFR-Verhandlungen, auch Ergebnisse zeitigten (Vertrag über konventionelle Streitkräfte in Europa [KSE-Vertrag] vom 19.11.1990 mit weitreichenden Reduktionsschritten und Waffen-Obergrenzen); die Wirtschaftskonferenz in Bonn vom 19.3. bis 11.4.1990, auf der ein gesamteuropäisches Bekenntnis zur Marktwirtschaft als Wirtschaftsform abgelegt wurde; sowie im November 1990 die feierliche Verabschiedung der „Charta von Paris"[57], die in einem Zusatzdokument umfangreiche Regelungen zur Institutionalisierung der KSZE erbrachte, in deren eigentlichen Text sich die KSZE-Mitgliedstaaten jedoch im Überschwang des historischen Augenblicks nicht nur zu Demokratie als Regierungsform sowie zur Achtung der Menschenrechte bekannten, sondern gar „in Europa ein neues Zeitalter der Demokratie, des Friedens und der Einheit" anbrechen sahen. Die Friedlichkeit des neuen Zeitalters sollte schon im darauffolgenden Jahr durch Ausbruch des Kriegs im zerfallenden Jugoslawien zweifelhaft werden. Was jedoch die Einheit anbelangt, so wurde sie zumindest für Deutschland noch 1990 verwirklicht, womit sich zugleich die Aufgabe der zwischenstaatlichen Einbindung dieses nunmehr nicht nur wirtschaftlich, sondern auch an Zahl der Bevölkerung – sieht man von Rußland ab – stärksten Staates in Europa in neuer Gestalt stellt. Was die Einheit Europas anbelangt, so nahmen am 25.6.1988 die EG und der RGW, der die Existenz der EG jahrelang ignoriert und ihre diplomatische Zuständigkeit bestritten hatte, offizielle Beziehungen auf – die freilich angesichts der Selbstauflösung des RGW am 27.6.1991 von kurzer Dauer sein sollten.

Angesichts der im Herbst 1989 einsetzenden Auflösung der realsozialistischen Herrschaftsstrukturen, denen bald auch der Zerfall bestehender Staaten und die Neu- und Wiederbildung unabhängiger Republiken sowie auch der Zerfall der offiziellen östlichen Kooperationsstrukturen auf internationaler Ebene folgten, ergaben sich völlig neue Bedingungen und ein neuer Bedarf auch für west-östliche Kooperation. Die EG, gleichsam ein Anker der wirtschaftlichen und auch politischen Stabilität, sah sich in der Klemme zwischen geplanter „Vertiefung" ihrer Binnenintegration und der sich abzeichnenden Erweiterung um neue Mitglieder. Im Zuge ersterer beschloß der Rat am 27.6.1989 das Inkrafttreten der ersten Stufe der Währungsunion zum 1.7.1990. Am 9.12.1989 nahmen elf der EG-Mitgliedstaaten (ohne Großbritannien) die „Gemeinschaftscharta der sozialen Grundrechte der Arbeitnehmer"[58] an, mit der Fortschritte im Sozialbereich durch die Zusammenarbeit mit den Tarifpartnern erreicht werden

Auflösung im Osten, neue Integrationsschritte im Westen

---

57 Abgedruckt in Schweisfurth 1993, als Dok.19, 441-469, hier: 441.
58 Sie wird auch kurz „Sozialcharta" genannt, was aber zu Verwechslungen mit der im Rahmen des Europarats 1961 angenommenen Europäischen Sozialcharta führen kann, die nicht Bestandteil des Europarechts der EG ist.

sollen sowie die Bedeutung der sozialen Dimension bei der Durchführung der Bestimmungen der EEA hervorgehoben wird. Schließlich wurde vom Rat im Dezember auch die Einrichtung einer Intergouvernementalen Konferenz (IGK) zur Wirtschafts- und Währungsunion für Ende 1990 beschlossen, der sich dann vor allem auf deutsches Betreiben eine zweite IGK zur Politischen Union beigesellte. Aus beiden resultierte schließlich der Maastrichter Vertrag. Zu Ende des Jahrzehnts standen sich somit Zerfall und Aufbau von Kooperations- und Integrationsstrukturen in Europa gegenüber. Die von M. Gorbatschow bereits 1985 benannte Aufgabe, daraus ein neues europäisches Haus zu bauen, stellte und stellt sich nun unter ganz neuen, wohl auch von ihm nicht vorausgesehenen Bedingungen.

1.3 Das gemeinsame europäische Haus als Baustelle (1990-)

Maastrichter Vertrag und Europäische Union

Zu Beginn der 1990 Jahre erfolgte also der Übergang in eine neue Phase europäischer Integration und Kooperation. Erstere wurde im EG-Rahmen entscheidend dadurch vorangetrieben, daß die EG sich durch Inkrafttreten des am 7.2.1992 unterzeichneten Maastrichter „Vertrags über die Europäische Union" (EUV) am 1.11.1993 zumindest der Selbstbezeichnung nach in eine Union verwandelte.[59] Vorausgegangen waren nicht nur die beiden erwähnten Intergouvernementalen Konferenzen über die Wirtschafts- und Währungsunion sowie die Politische Union, sondern auch ein Ratifizierungsprozeß, der sich als langwieriger und problematischer denn erwartet herausgestellt hatte. Am 2.6.1992 lehnte die Dänische Bevölkerung in einem Referendum knapp (mit 50,7 zu 49,3%) den Maastrichter Vertrag ab. Hierbei mischten sich unterschiedlichste Motive, die sowohl mit einer Stimmung gegen das nationale politische Establishment als auch mit prinzipieller EU-Skepsis zu tun hatten. Letztere kam dabei wiederum sowohl von eher rechter Seite (EU als Bedrohung der nationalen Eigenständigkeit), als auch von der Linken („altlinks": Ablehnung der EU als „kapitalistische Veranstaltung", alternativ-links und frauenpolitisch: wahrgenommene Gefährdung des als hoch eingeschätzten Standards der dänischen Sozial-, Umwelt- und Frauenpolitik durch „Nivellierung nach unten" innerhalb der EU). In Irland, wo die Ratifikationsfrage sich mit einem nationalen Streit über die Frage der (dort verbotenen) Abtreibung überlagerte, ergab die Volksbefragung am 18.6.1992 dennoch eine deutliche Mehrheit (69%) für den Vertrag. In Frankreich stellte

---

59 Die offizielle Rechtslage sowie die Namensgebung ist auch durch den EUV nicht gerade vereinfacht worden: Wie in Art.A Abs.1 EUV formuliert, begründen die Vertragsparteien nunmehr eine „Europäische Union". Diese besitzt aber keine eigene Rechtspersönlichkeit. Vielmehr bestehen die drei Europäischen Gemeinschaften fort, ergänzt durch die im Vertrag eingeführten Kooperationsformen (innere Sicherheit, GASP). Bezüglich der EWG wird zugleich eine Namensänderung eingeführt: Die Bezeichnung „EWG" wird durch „Europäische Gemeinschaft" ersetzt (Art.G Abs.A EUV), der zugrundeliegende Vertrag also offiziell statt EWGV nunmehr EGV genannt. Dieser „Bezeichnungswirrwarr" mag symbolisch die Kompliziertheit des Maastrichter Vertrags verdeutlichen, die vielfach im Zentrum der gegen ihn erhobenen Kritik stand.

Präsident Mitterrand, ohne hierzu rechtlich gezwungen zu sein[60], den Maastrichter Vertrag ebenfalls einem Referendum, das am 20.9.1992 eine hauchdünne Mehrheit (51,05%) für den Vertrag ergab. In Großbritannien geriet der Maastricht-Befürworter John Major unter den Druck der von seiner Amtsvorgängerin Thatcher unterstützten Maastricht-Gegner in seiner eigenen Konservativen Partei, so daß Großbritannien beschloß, erst das zweite dänische Referendum abzuwarten, das am 18.5.1993 mit 56,8 zu 43,2% zugunsten des Vertrags ausging. In der Bundesrepublik nahm der Bundestag am 2.12.1992 mit 543 gegen 17 Stimmen den Vertrag an. Gegen das Zustimmungsgesetz (und damit gegen den Vertrag) wurden jedoch vor dem Bundesverfassungsgericht (BVerfG) mehrere Klagen erhoben.[61] Verhandelt wurde schließlich über die Klagen des früheren bayerischen F.D.P.-Landesvorsitzenden und – pikanterweise – ehemaligen Mitglieds der EG-Kommission M. Brunner (er war Kabinettschef des deutschen Kommissars M. Bangemann) sowie über die von vier EP-Mitgliedern der Partei der Grünen. Erst nachdem das BVerfG am 12.10.1993 die grundsätzliche Vereinbarkeit von EU-Beitritt und deutscher Verfassung festgestellt hatte, wenn auch unter Festschreibung einiger Auflagen für künftige Integrationsschritte (vor allem: demokratische Rückbindung des Prozesses), konnte der Maastrichter Vertrag schließlich, später als vorgesehen, am 1.11.1993 in Kraft treten. Die durch ihn begründete Europäische Union stützt sich künftig auf drei Pfeiler: den ersten bilden die drei supranationalen Gemeinschaften EG (vgl. oben Anm. 59), EGKS und EAG; den zweiten die nunmehr als Gemeinsame Außen- und Sicherheitspolitik firmierende Fortsetzung (und, im Hinblick auf die Sicherheitspolitik, Erweiterung) der EPZ; den dritten Pfeiler schließlich stellt die intergouvernementale Kooperation im Bereich der Innen- und Rechtspolitik dar (z.B. durch Errichtung eines Europäischen Polizeiamtes [EUROPOL]). Zugleich wird durch den Maastrichter Vertrag die Zahl der Politikbereiche, in denen im Rat mit Mehrheit entschieden werden kann, ausgedehnt, und das neue Beschlußverfahren mit einem Veto-Recht für das Europäische Parlament, das sog. Mitentscheidungsverfahren (Art. 189b EGV), eingeführt. Durch beide Maßnahmen wird der supranationale Charakter der EG verstärkt, insofern nunmehr vermehrt Fälle denkbar sind, in denen die im Rat überstimmten Staaten sich dem „überstaatlichen Willen" der Mehrheit beugen müssen oder die Staaten gemeinsam ihren Willen gegen das Parlament nicht durchsetzen können. Denselben Effekt, die Verstärkung des supranationalen Charakters der EG, hat der neu eingefügte Art.171 EGV. Er sieht für den Fall der vom EuGH festzustellenden Vertragsverletzung letztlich die Verhängung von Zwangsgeldern vor, also eine Art supranational verhängte

---

60 Wahltaktische Erwägungen im Vorfeld der Wahlen zum französischen Parlament, nämlich die Spaltung der Opposition um ihren Umfragevorsprung zu verkürzen, mögen für diese Entscheidung Mitterrands mit ausschlaggebend gewesen sein. So schreibt Ross (1995, 208): „It was too tempting for Mitterrand, with parliamentary elections only six months away, to resist using a referendum to whip up civil war in the opposition [die in der Maastricht-Frage gespalten war, ML] in the hope of undermining its huge lead in the polls. François Mitterrand was willing to bet the future of the Community partly to shore up his own weak regime."
61 Zum BVerfG-Prozeß und dem Urteil vgl. Hölscheidt/Schotten 1993; dort (S.131-133) auch die Leitsätze des Urteils; dieses auch in der Neuen Juristischen Wochenschrift (NJW) 1993, 3047-3057.

„Geldstrafe" für Staaten⁶² – auch dies ein Unikum der EG. Die Elemente internationaler Kooperation und supranationaler Integration sind also im Maastrichter Vertrag gemischt, und diese Mischung ist auch nach der im Vertrag selbst (Art.N) vorgesehenen, von März 1996 bis Juni 1997 abgehaltenen Intergouvernementalen Konferenz zu seiner Revision, die in den Amsterdamer Vertrag mündete, für die Europäische Union kennzeichnend geblieben.

<small>neue Ost-West-Kooperation im Bereich Wirtschaft: PHARE, TACIS und EBRD</small>

Liegt somit für den Ausbau der Integration im Rahmen der EU ein zum Teil detaillierter Fahrplan vor, dessen Verwirklichung allerdings abzuwarten bleibt, so stellen die wirtschaftlichen Probleme des postkommunistischen Mittel- und Osteuropa eine neue Herausforderung für den Westen und insbesondere die EU dar.⁶³ Noch 1989 wurde von der EG, zunächst für Polen und Ungarn, ein Hilfsprogramm eingerichtet: PHARE, die Poland and Hungary Action for Restructuring of the Economy, das 1990 auf die übrigen Staaten Mittel- und Osteuropas ausgeweitet und im Dezember 1990 durch das Technische Hilfsprogramm für die Mitglieder der Gemeinschaft Unabhängiger Staaten (GUS; engl.: Commenwealth of Independent States, CIS) TACIS ergänzt wurde. Im Rahmen beider Programme stellte die EG/EU bis Ende 1994 4,3 Mrd. ECU für elf bzw. 1,87 Mrd. ECU für 13 Partner zur Verfügung.⁶⁴ Beide Programme bemühen sich in einer Reihe von Sachbereichen (Aufbau von privatwirtschaftlichen Strukturen, Erziehungs- und Ausbildungswesen, Restrukturierung der Landwirtschaft, Umwelt und Energiesektor) um die Unterstützung des wirtschaftlichen Reformprozesses in den Partnerländern. Darüber hinaus koordiniert die EG/EU seit dem Wirtschaftsgipfel der Gruppe der 7 (führenden Industrieländer) vom 14.7.1989 auch die Hilfsaktivitäten der übrigen westlichen Industrieländer (also der sog. G-24, das sind die OECD-Mitglieder).⁶⁵ Schließlich wurde am 15.4.1991 mit Sitz in London die Europäische Bank für Wiederaufbau und Entwicklung (EBWE, engl.: EBRD) gegründet.⁶⁶ Ausgestattet mit einem Grundkapital von 10 Mrd. ECU, das neben den EG-Mitgliedern, der Kommission und der Europäischen Investitionsbank (zusammen 51%) von den Staaten Mittel- und Osteuropas (12%) und den beteiligten nichteuropäischen Staaten (darunter die USA [10%] und Japan [8,5%]) aufgebracht wurde. Die EBRD geriet allerdings zunächst vor allem durch die verschwenderische Politik ihres ersten Präsidenten, J. Attali, negativ in die Schlagzeilen. Seit der Amtsübernahme durch J. de Larosière (27.9.1993) und der erfolgten internen Restrukturierung scheint insofern eine Besserung eingetre-

---

62 Zur ersten Anwendung dieser Bestimmungen – gegen Deutschland! – vgl. unten Kapitel 7.2.
63 Vgl. plakativ: Merritt 1991; zum Gesamtzusammenhang Baylis 1994; als Sammlung analytischer Beiträge zu den Themen dieses Absatzes sowie der folgenden: Keohane/Nye/Hoffmann 1993.
64 Angaben nach: Europäische Kommission (Hrsg.): Was ist PHARE? und Was ist TACIS?, beide Brüssel 1994. PHARE-Partner sind: Estland, Lettland, Litauen, Polen, die Tschechische Republik, die Slowakei, Ungarn, Slowenien, Rumänien, Bulgarien und Albanien; TACIS-Partner sind: Armenien, Aserbaidschan, Belarus, Georgien, Kasachstan, Kirgistan, Moldowa, Rußland, Tadschikistan, Turkmenistan, die Ukraine, Usbekistan und seit 1994 auch die Mongolei.
65 Die Kommission hat hierdurch zugleich eine prestigeträchtige Aufgabe erobert. Wie es dazu kam, ist nicht genau geklärt. Wie Ross (1995, 264, Anm.104) schreibt: „it is certain that skillful politicking on the part of [Jacques] Delors, his staff, and Helmut Kohl hammered out [this] position, with Brian Mulrony of Canada making the actual proposal."
66 Zur Gründung der EBRD vgl. auch unten Kapitel 6.1.2.2; zur Rolle der internationalen Finanzinstitutionen im Reformprozeß Osteuropas allgemein Jakobeit 1993.

ten zu sein, und die Bank hat bis Ende 1993 156 Projekte mit einem Gesamtvolumen von 11,4 Mrd. ECU in 19 Staaten bewilligt.

Nimmt somit im wirtschaftlichen Bereich die institutionalisierte Kooperation auf gesamteuropäischer Ebene neue Gestalt an, so sind auch im Sicherheitsbereich neue Strukturen im Entstehen. Die NATO hatte ihr östliches Gegenüber, den Warschauer Pakt, ja, wie erwähnt, gleichsam überlebt. Überlebt hatte sich damit aber auch ihre zentrale Aufgabenstellung: die Verteidigung gegen einen möglichen massiven Angriff aus dem Osten. Nicht nur galt es für die NATO, schon – aber wohl nicht allein – aus organisatorischem Eigeninteresse, eine neue Definition ihrer Aufgabe zu finden. Es stellte sich auch die Frage der Organisation der Beziehungen zum ehemaligen Gegner. Nur die ostdeutsche Nationale Volksarmee wurde ja im Zuge der deutschen Einheit gleichsam in die NATO teilinkorporiert. Der Wunsch anderer Osteuropäer, vor allem Polens, nach NATO-Beitritt blieb, nicht zuletzt mit Rücksicht auf die Reaktion in Moskau, zunächst eben dies: Wunsch. Nachdem NATO und WVO am 19.11.1990 im Zuge der Unterzeichnung des KSE-Vertrages auch die „Erklärung der 22" verabschiedet hatten, die mit dem offiziellen Gewaltverzicht beider Seiten gleichsam das Ende des Kalten Krieges besiegelte, wurde am 20.12.1991 der Nordatlantische Kooperationsrat (NAKR) gegründet, der künftig als Organ der Vertrauensbildung der ehemaligen Gegner fungieren soll. Am 10.1.1994 schließlich bot der NATO-Gipfel in Brüssel den Staaten Mittel- und Osteuropas die sog. „Partnerschaft für den Frieden" an, ein Kooperationsvorhaben für Bereiche wie gemeinsame Manöver und Truppenausbildung, Konsultation bei Bedrohungen und Zusammenarbeit in Fragen von Wirtschaft, Rüstung und Abrüstung. An ihr beteiligen sich inzwischen 20 Staaten aus Osteuropa und der GUS. In Sachen Ost-Erweiterung beschloß der NATO-Gipfel vom 8./9.7.1997 zunächst die „kleine Lösung", die Aufnahme von Beitrittsverhandlungen mit Polen, Ungarn und der Tschechischen Republik, Zieldatum für den Beitritt ist nun der 50. Jahrestag der NATO-Gründung im April 1999. Die Weisheit dieses Vorgehens bleibt umstritten.[67]

neue Ost-West-Kooperation im Bereich Sicherheit: NAKR und Partnerschaft für den Frieden und NATO-Osterweiterung

Schließlich wurde durch Beitritt von Finnland, Österreich und Schweden (in Norwegen entschied sich die Bevölkerung am 27./28.11.1994 erneut gegen einen Beitritt) die EU auf nunmehr 15 Mitgliedstaaten erweitert. Erneut zeigte sich darin die „Magnetwirkung" dieses Integrationsverbundes, wie auch in den zahlreichen sonstigen Beitrittsanträgen, die inzwischen – mit mehr oder weniger großer Aussicht auf Erfolg – vorliegen: aus der Türkei (seit April 1987; die Kommission empfahl im Dezember 1989 die Zurückweisung des Antrags; die Türkei ist jedoch seit 1964 der EG assoziiert), Zypern und Malta (seit Juli 1990, assoziiert seit 1973 bzw. 1971), aus Polen und Ungarn (seit April 1994; mit beiden – wie einer Reihe weiterer Staaten Mittel- und Osteuropas – bestehen die sog. Europaabkommen, eine spezielle Form der Assoziierung) und schließlich aus der Schweiz (seit Mai 1992). Der Beitrittsantrag der Schweiz ruht allerdings, nachdem am 6.12.1992 die Bevölkerung dort den Beitritt zum Europäischen Wirtschaftsraum (EWR) abgelehnt hat. Er war als eine Art „Vorzimmer" zur EG

Erweiterung der EU, Agenda 2000 und Vertrag von Amsterdam

---

67 Aus der zahlreichen Literatur sei verwiesen auf die Monographien von Mandelbaum 1996 und Gardner 1997.

für die EFTA-Mitglieder gedacht. Nachdem aber inzwischen Österreich, Schweden und Finnland sich dafür entschieden haben, bei Übernahme quasi aller EG/EU-Pflichten doch lieber gleich die volle Mitgliedschaft einzugehen, und die EFTA, wie erwähnt, dadurch nurmehr ein „Rumpfverein" geblieben ist, hat wohl auch das mühsam ausgehandelte EWR-Modell, in Kraft seit 1.1.1994, weitestgehend ausgedient (es verbindet die EU-Mitglieder ja nur noch mit Island und Norwegen sowie mit Liechtenstein). Im Hinblick auf die Osterweiterung steht die EU nun vor dem Problem, sich durch interne Reform für den Beitritt neuer Kandidaten bereit zu machen, während die Beitrittsverhandlungen bereits laufen. Die Kommission hat hierzu mit der „Agenda 2000" im Juli 1997 ein umfangreiches (1300 Druckseiten!) „Fitnessprogramm" vorgelegt, das unter anderem eine Reform der Agrar- und Strukturfondspolitik vorsieht im Hinblick auf die Netto-Empfänger-Situation der östlichen Beitrittskandidaten. Ob diese Reformen wie vorgesehen bis 2006 realisierbar sein werden oder nicht ihr schleppender Ablauf zur Verzögerung neuer Beitritte führt, ist durchaus offen. Ebenso offen ist, welche weitere Entwicklung die EU nehmen wird, wenn der im Juni 1997 von den Staats- und Regierungschefs der EU angenommene und am 2.10.1997 unterzeichnete Vertrag von Amsterdam ratifiziert und in Kraft getreten sein wird. Die in ihm enthaltenen zahlreichen Änderungen blieben, je nach Standpunkt, hinter dem (normativen) Erwartungshorizont zurück bzw. eben gerade im Rahmen des (faktisch) Erwartbaren.[68]

Gründung der OSZE und Gang der Bauarbeiten am „gemeinsamen Haus Europa"

Den zweiten, eher formalen, Schritt in Richtung auf ein gesamteuropäisches gemeinsames Haus stellt die offizielle Umwandlung der KSZE in eine internationale Organisation, die OSZE, zum 1.1.1995 dar. Sie präsentiert sich nun als ein komplexes Gebilde mit einer Reihe eigener Organe, darunter neben den Gipfeltreffen (den früheren Nachfolgekonferenzen) nunmehr auch der mindestens einmal jährlich tagende (Außen-)Ministerrat, ein Ständiger Rat auf Botschafterebene in Wien sowie (seit 1991) eine jährlich tagende Parlamentarische Versammlung. Hinzu kommen eine Reihe spezieller Einrichtungen zum Schutz von Menschen- und Minderheitenrechten sowie zur Konfliktverhütung. Gerade in diesem letzten Punkt haben die in der OSZE versammelten Staaten aber bisher eher versagt. Nicht nur ist die OSZE im Krieg im ehemaligen Jugoslawien zugunsten der EU, der NATO und der UNO an den Rand gedrängt worden, die dort allerdings auch nur wenig ausrichten konnten. Auch die Beteiligung der OSZE in Konflikten zwischen den GUS-Staaten bleibt prekär.

Es zeigt sich somit, daß das gemeinsame Haus Europa gegenwärtig nicht nur eine Baustelle ist, vielmehr gibt es auf ihr auch mehrere Brände. Die „Feuerwehr" scheint bisher ebensowenig in der Lage, sie zu löschen, wie die bestehenden Brandschutzvorrichtungen Wirksamkeit zeigen. Der Auf- und Ausbau des gemeinsamen Hauses, dessen Westflügel so respektable Formen angenommen hat, bedarf also vor allem im Ostflügel noch vieler Mühen, und die Dachkonstruktion scheint, trotz erheblichen Fachwerks, noch nicht sehr tragfähig.

---

68 Für erste Überblicke und Einschätzungen vgl. Wessels 1997 und Müller-Brandeck-Bocquet 1997. Unter anderem sieht der Vertrag eine Neunumerierung der Verträge über die EU und die EG vor, die zwar „flubereinigend" gemeint ist, jedoch in der Literatur und im Umgang mit den Texten für weitere Verwirrung sorgen wird. Alle Textverweise auf die Verträge im vorliegenden Buch wurden auf dem derzeit gültigen Stand der Artikelnumerierung belassen.

2 Überblick über die wichtigsten Institutionen und Organisationen europäischer Kooperation und Integration

Im vorliegenden zweiten Kapitel sollen einge der wichtigsten Institutionen und Organisationen europäischer Kooperation und Integration vorgestellt werden. Zum einen liegt die Betonung dabei auf „einige der wichtigsten". Vollständigkeit ist also nicht angestrebt.[1] Vielmehr werden wir uns auf Information zu jenen Institutionen und Organisationen beschränken, die bereits in der historischen Übersicht in Kapitel 1 angesprochen worden sind und auch im weiteren Verlauf des Buches im Zentrum stehen werden. Zum andern sind damit bereits zwei grundlegende Begriffe nicht nur des vorliegenden Buches, sondern der Sozialwissenschaften ganz allgemein gefallen, die wir doch wenigstens kurz näher betrachten müssen.

Auch hier kann es, angesichts des grundlegenden Charakters beider Begriffe und der demgemäß äußerst breiten, leider aber nicht immer sehr klaren Literatur hierzu[2], nicht um eine ausführliche Diskussion gehen. Es sollen aber doch der fundamentale Charakter beider Begriffe sowie die für den hiesigen Zusammenhang wichtigsten Aspekte herausgearbeitet werden.

<small>zwei sozialwissenschaftliche Grundbegriffe: Institution und Organisation</small>

Zunächst deutet die Existenz zweier Begriffe bereits an, daß sie nicht dasselbe bezeichnen. Der weitere der beiden Begriffe ist der der Institution. Die Eindeutschung als „Einrichtung" hilft in diesem Falle noch nicht sehr viel weiter. Wohl aber der Blick in ein gebräuchliches Nachschlagewerk der Soziologie.[3] Dort lesen wir:

<small>Institution</small>

„*Institution*, ein Komplex von gesellschaftlich zentralen, dem planenden Eingriff („Organisation") jedoch schwer zugänglichen und unspezifischen („überdeterminierten"), trotzdem aber deutlich abhebbaren Handlungs- und Beziehungsmustern, der vor allem durch die Veranke-

---

1 Überblicksdarstellungen zu den hier vorgestellten sowie weiteren internationalen Institutionen und Organisationen enthält der Band von v.Baratta/Clauss 1995 (unverzichtbares, preiswertes Hilfsmittel!), speziell zu europäischen Organisationen der von Woyke 1995.
2 Auf Einzelhinweise wird deshalb hier verzichtet; verwiesen sei allein auf die vorzüglichen knappen, aber kommentierten Literaturhinweise zum Thema Institutionen aus politikwissenschaftlicher Sicht, die Karl Rohe in seiner ganz allgemein sehr empfehlenswerten Einführung gegeben hat (1994, 183f.), sowie auf den neueren Lexikon-Beitrag zu diesem Stichwort von Czada (1995). Im weiteren Verlauf des politikwissenschaftlichen Studiums, zumal wenn Sie es breiter sozialwissenschaftlich anlegen, wird Ihnen das Thema Institutionen und einschlägige Literatur wieder begegnen. Behalten Sie also für später die Institutionen- und Organisationsproblematik im Hinterkopf.
3 Fuchs u.a. (Hrsg.) 1978, Stichwort „Institution", S. 345, Herv. im Org.

rung der zentralen Ordnungswerte in der Antriebsstruktur der Gesellschaftsmitglieder gekennzeichnet ist."

von der abstrakten Definition zum konkreten Beispiel: Sprache

Wie häufig, wenn ein sehr grundlegender Begriff definiert werden soll, wirkt die Begriffsklärung recht abstrakt.[4] Sie liefert aber doch wichtige Elemente. Institutionen sind „Komplexe von Handlungs- und Beziehungsmustern", verankert in den Grundwerten der Gesellschaftsmitglieder. Man könnte auch sagen, sie sind „geronnene" Handlungs- und Beziehungsmuster, also solche, die sich verfestigt haben. Als solche sind sie grundlegend dafür, daß die soziale Welt nicht in jeder Sekunde „von Null an" neu konstruiert werden muß. Sie wird zwar laufend durch das Handeln der Individuen konstruiert und nur dadurch aufrechterhalten[5], aber eben nicht voraussetzungslos, „aus dem Nichts", sondern unter Rückgriff auf vorgefundene, erlernte Regeln und Verhaltenserwartungen. Solche Regeln, die das Verhalten anleiten und also tatsächlich umgesetzt werden, sind gleichsam der Stoff, aus dem Institutionen (und auch Organisationen) sind. Einige Beispiele mögen weiterhelfen. Eine grundlegende gesellschaftliche Institution ist die Sprache. Unsere Fähigkeit, zu sprechen, hat zweifellos biologische und psychologische Voraussetzungen.[6] Sie erlauben es uns, (irgend-)eine Sprache (oder auch mehrere) zu erlernen. Diese ist aber als Regelsystem bereits vorgegeben (wenn auch stetem Wandel unterworfen). Nur wenige Menschen erfinden Sprachen (als Erwachsene, nachdem sie bereits eine „Muttersprache" erworben haben) neu.[7] Üblicherweise erlernen wir die Sprache des Umfeldes, in dem wir aufwachsen. Wir werden damit zu einem mehr oder weniger kundigen (kompetenten) Sprecher dieser Sprache, und indem wir sie anwenden, sorgen wir zugleich für ihre Fortexistenz. Der (von Menschen) geschaffene (die konkreten Sprachen sind im Unterschied zum Sprachvermögen eben nicht naturgegeben), aber zunächst nicht geplante Charakter konkreter Sprachen wird deutlich ebenso wie die Tatsache, daß sie gleichwohl zur (Vor-)Gegebenheit für die Menschen werden, die in sie hineinwachsen. Dabei wird zugleich ein weiteres Merkmal von Institutionen deutlich: Sie haben einschränkenden Charakter ebenso wie ermöglichenden. Man kann in keiner Sprache die Sätze auf beliebige Weise bilden, will man verstanden werden. Hierin liegt die Einschränkung. Zugleich aber ist das, was sich in einer (jeder!) Sprache ausdrücken läßt, praktisch unbegrenzt. Und der Vorteil, sich sprachlich mitteilen zu können, ist evident und für menschliche (im Unterschied zu anderen tierischen) Gesellschaften geradezu konstitutiv.

---

4   Versuchen Sie selbst einmal, eine Definition des Begriffes „Zeit" zu geben. Neben der unterschiedlichen Bedeutung in unterschiedlichen Disziplinen macht hier vor allem die grundlegende Natur des Begriffes Schwierigkeiten, was leicht ins Philosophische führen kann (vgl. dazu die interessante knappe Darstellung von Mainzer 1995).

5   Diese Einsicht des sog. sozialwissenschaftlichen Konstruktivismus kam vor Jahren in bezug auf die Institution Krieg in einer Parole der Friedensbewegung zum Ausdruck: „Stell' Dir vor, es ist Krieg und keiner geht hin!" Übersetzt: Ohne ständige „Wiederinszenierung" im Handeln von Individuen sterben Institutionen aus, wie etwa (so gut wie gänzlich) geschehen mit Sklaverei und Piraterie.

6   Vgl. dazu die hochinteressante Darstellung von Pinker 1994.

7   So etwa, in völkerverständigender Absicht, der Warschauer Augenarzt L. Zamenhof, der 1887 auf der Basis englischer, deutscher und romanischer Wortstämme die Kunstsprache „Esperanto" schuf, die freilich wenig Verbreitung gefunden hat; vgl. zu diesem Thema auch aus der „Europa bauen"-Reihe (vgl. Anm. 7 der Einleitung) den Band von Eco 1994.

Die Beispiele grundlegender Institutionen lassen sich vermehren. Die Einrichtungen Ehe und Familie etwa sind eigentlich ein Bündel von Institutionen.[8] Die Ehe legt (in modernen westlichen Gesellschaften) unter anderem fest, wer für Kinder sorgen darf und muß, wer an wen steuerbegünstigt vererben darf und (bis vor kurzem) auch, ob eine Handlung als Vergewaltigung gilt oder nicht. Institutionen, soweit sie rechtlich gefaßte sind, haben also auch rechtliche Konsequenzen. Womit eine zweite fundamentale Institution angesprochen ist: das Recht. Wie auch die Sprache kommt es einerseits in unterschiedlichen nationalen Ausprägungen vor[9], was für die europäische Integration z.B. die Aufgabe der Harmonisierung und Angleichung von unterschiedlichen Rechtsvorschriften mit sich bringt – ein weites Feld. Andererseits erlauben es die Rechtsordnungen, innerhalb ihrer Regeln jeweils neue Institutionen zu schaffen, etwa Pachtverträge zu schließen, Firmen zu gründen oder ganz allgemein: Organisationen. Bevor wir uns diesen zuwenden, versuchen Sie selbst einmal, das bisher über Institutionen Gesagte auf die Institution Geld anzuwenden ... Versuchen Sie es wirklich erst einmal selbst und lesen Sie erst dann weiter! Auch für Geld gilt, daß sich sein ursprünglicher Gebrauch „eingespielt" hat, ohne daß ein „Schöpfer" erkennbar wäre (heute freilich sind die Zentral- und Notenbanken die – institutionalisierten – formellen Schöpfer des Geldes, zumindest in einer Bedeutung des Wortes [offizielles Zahlungsmittel], was für die europäische Integration im Rahmen der EU z.B. die Frage nach der Organisations[weise] der Zentralbank für die Währungsunion aufwirft). Geld wird von den Anwendern „vorgefunden": es kann nicht jeder Beliebiges als Geld verwenden wollen. Vielmehr ist der Gebrauch des Geldes davon abhängig, daß es als solches akzeptiert wird (das gilt sogar für die offiziell ausgebenden Stellen: in manchen Ländern wird wohl der US-Dollar, nicht aber die offizielle Landeswährung allgemein akzeptiert ...). Daß schließlich mit Geld viel anzufangen ist (wenn es vielleicht auch nicht die Welt regiert), ist evident, und damit auch der ermöglichende Charakter dieser Institution (denken Sie nur an die Erleichterung von Geschäftsabwicklungen im Vergleich zur Tauschwirtschaft).

<small>weitere Beispiele: Ehe und Familie, Recht und Geld</small>

Und damit zur Organisation. Bereits die oben zitierte Institutionendefinition wies auf den geplanten Charakter von Organisationen hin. Sie sind also auch Institutionen, aber geplante. Das reicht als Spezifikum jedoch nicht. Wichtig ist darüber hinaus, daß sie im Vergleich zu Institutionen zweierlei besondere Arten von Regeln umfassen: solche über Mitgliedschaft und solche über Willensbildung oder Beschlußfassung. Dadurch haben Organisationen (aber nicht sonstige Institutionen) Mitglieder, und sie haben eigene Ziele (sowie zu deren Verfolgung eigene „Organe"). Organisationen sind also nicht nur (meistens) geplant, sondern – wichtiger –: sie planen selbst; sie sind nicht nur zweckgerichtet, sondern verfolgen aktiv ihre Ziele selbst, weshalb ihnen dann auch Handlungen zuge-

<small>Organisation</small>

---

8 Der zitierte Lexikonartikel (Anm. 3 oben) weist extra darauf hin: „Die neuere Soziologie vermeidet es, multidimensionale Gebilde (wie etwa die Familie, den Staat) als I[nstitution] zu bezeichnen, insofern sie [...] mehrere Institutionen (wie Ehe, Elternschaft) umfassen."

9 Über die wichtigsten „Rechtsordnungen der europäischen Staaten" informieren die zunächst in der jeweiligen Landessprache publizierten einzelnen Bände der gleichnamigen Reihe (Erscheinungsort: Baden-Baden), die gerade auch einschlägig interessierten Nicht-Juristen einen vorzüglichen Überblick gewähren.

schrieben werden, sie analytisch als Akteure betrachtet werden (wiederum: im Gegensatz zu sonstigen Institutionen[10]). In entwickelten Gesellschaften erfolgt die Gründung von Organisationen in Formen des Rechts, zwischen Staaten in Formen des Völkerrechts oder, im Falle supranationaler Integration, im Rahmen einer eigenen Rechtsordnung („Europarecht"). Eine Firma etwa hat den Zweck, Gewinn zu erwirtschaften, und verfolgt diesen Zweck. Wie genau? Nun, es gibt Vorschriften darüber, wer die Ziele der Organisation festlegt, wer Anweisungen zu ihrer Umsetzung geben darf und wer in welchem Rahmen verpflichtet ist, diese auszuführen. Eine mehr oder weniger ausgeprägte Hierarchie ist für Organisationen somit kennzeichnend. (Neuere Ansätze der Organisationstheorie und -praxis versuchen allerdings, diese „abzuflachen" und das Element der „Selbstorganisation" der Beteiligten zu erhöhen.) Sie erlaubt das gezielte Vorgehen und damit für die Umwelt der Organisation festzustellen, sie habe gehandelt. So kann ein beobachtender Jounalist schreiben: „Siemens hat sich an einem Konsortium beteiligt." oder: „Das Internationale Olympische Komitee hat beschlossen, Schach als olympische Disziplin zuzulassen." Eine Menge von Menschen, die spontan dasselbe tun (etwa angesichts des Feuers im Kino in Panik ausbrechen und zum Ausgang drängen), ist keine Organisation. Zwar streben auch hier alle nach dem gleichen Ziel (dem Ausgang); gleichwohl mangelt es einer solchen Menschenmenge an der (kollektiv) geplanten Zielverfolgung.

Wenden wir als letzten Schritt das Gesagte auf unseren Gegenstand an, so erscheinen drei Punkte wichtig:

Anwendung auf den Bereich internationaler Politik

institutionalisierte versus ad hoc-Kooperation

1. Institutionalisierte Kooperation zwischen Staaten, egal ob innerhalb einer formalen Organisation oder nicht, unterscheidet sich von spontaner, einmaliger, ad hoc (= lat.: zu diesem [Zweck]) erfolgender Kooperation gerade darin, daß erstere verfestigt, auf Dauer angelegt ist. Allein das Wissen der Beteiligten darum kann die Kooperationsbedingungen ändern.[11]

Handeln von individuellen Rollenträgern und Handeln von Organisationen

2. Bereits im historischen Überblick sind uns mehrere Formen institutionalisierter Kooperation begegnet. Der Rat für Gegenseitige Wirtschaftshilfe etwa war eine Organisation, deren (offizielles) Ziel bereits im Namen zum Ausdruck kam. Über das Ausmaß der in ihm herrschenden Hierarchie muß empirisch geforscht werden.[12] Abstrakt gesehen ist wichtig, zwischen den formal-hierarchischen Beziehungen der in ihm tätigen Personen einerseits, den Beziehungsmustern zwischen den beteiligten Staaten andererseits zu unterscheiden. Dies verkompliziert die Beschäftigung mit der Analyse internationaler Institutionen und Organisationen.[13] Konkret Handelnde sind Indivi-

---

10 Redewendungen wie „Das Völkerrecht regelt den Verkehr zwischen Staaten", die die Institution (nicht: Organisation!) Völkerrecht scheinbar zum aktiven Täter machen, sind also bloß vereinfachende façon de parler (Ausdrucksweise); genau müßte es heißen: Mittels des Völkerrechts regeln die Staaten (als Makroorganisationen können sie als Akteure betrachtet werden) ihren Verkehr untereinander.

11 Zum Beispiel weist die neuere Literatur über internationale Kooperation innerhalb sog. internationaler Regime (vgl. dazu unten Kap.3.2) darauf hin, daß der „Schatten der Zukunft", also das Wissen darum, daß man auch künftig kooperieren wird, die Bereitschaft steigert, Kooperation überhaupt zu beginnen. (Der Volksmund hatte diese Einsicht bereits in dem Spruch formuliert: „Man sieht sich immer zweimal im Leben.")

12 Vgl. unten Kapitel 6.1.1.2.

13 Vgl. dazu Rittberger 1995.

duen, aber nicht als „Privatpersonen", sondern in ihrer Eigenschaft als *Rollenträger* der beteiligten Staaten oder eben der Organisation. So handeln innerhalb der EU einerseits Staatenvertreter, etwa im Ministerrat oder im Ausschuß der ständigen Vertreter (AStV oder, nach der französischen Bezeichnung, COREPER, vgl. unten), andererseits handeln insbesondere die Bediensteten und Mitglieder der Kommission nicht als Staatenvertreter, sondern für die EU „als ganze" (zumindest soll es so sein[14]). Wie sich die analytisch konstruierten Beziehungen zwischen den Staaten durch die konkreten Beziehungen zwischen den unterschiedlichen Rollenträgern vermitteln ist eines der spannendsten und zugleich schwierigsten Probleme politikwissenschaftlicher Forschung in diesem Bereich.

3. Schließlich ist die in die OSZE verwandelte KSZE geeignet, den Schritt von der institutionalisierten Kooperation, einer, wenn man so will, Abfolge zwischenstaatlicher Konferenzen ohne (völker-)rechtlich (wohl aber politisch!) verbindliche Grundlage, zur formalen Organisation zu verdeutlichen. In einem lockeren Sprachgebrauch machte auch bereits die KSZE in ihrer Schlußphase einen recht „organisierten" Eindruck. Sie befand sich in einem Prozeß zunehmender Institutionalisierung, der sich darin zeigte, daß mehrere der OSZE-Organe bereits vor der offiziellen Umbenennung (und damit formalen Organisationsgründung) eingerichtet wurden. Die zunehmende „Ver-Organisierung" der KSZE zeigte sich auch an der Außenwirkung. Sie fungiert seit der 4. Folgekonferenz in Helsinki vom Juli 1992 z.B. offiziell als „regionale Einrichtung" gemäß Art.52 Abs.1 Satz 1 der UNO-Charta.[15] Hieran wird zugleich die Bedeutung der Anerkennung einer Organisation als solcher von außen für ihr Selbstverständnis deutlich. Diese dürfte de facto auch die EU als handelnden Verbund erscheinen lassen[16], wobei allerdings immer im einzelnen genau zu klären ist, ob (z.B. bei internationalen Handelsverhandlungen) die Kommission für die EG oder (im Rahmen der GASP) die Vertreter der Mitgliedstaaten tätig sind.

Organisationsbildung als vertiefte Institutionalisierung

Dieser letzte Gedanke gibt Anlaß zu einem allerletzten. Ob und inwiefern eine Organisation, etwa die EU, als einheitlicher Akteur aufgefaßt werden kann oder nur als Forum für ihre Mitgliedstaaten, hängt unter anderem von den ihr zugeschriebenen Kompetenzen ab (sowie natürlich davon, wie die Akteure realiter von ihnen Gebrauch machen). Die EWG hatte etwa bereits und die EG im Rahmen der EU hat daher heute die Zuständigkeit für Außenhandelsfragen, weshalb die Kommission die EU in den internationalen Handelsverhandlungen vertritt. Im Bereich der Gemeinsamen Außen- und Sicherheitspolitik der EU liegt die Kompetenz dagegen nach wie vor weitgehend bei den Mitgliedstaaten, die – im

„Knackpunkt" Kompetenzen

---

14 Die Mitglieder der Kommission werden zwar von den Mitgliedstaaten ernannt, üben jedoch ihre Tätigkeit gemäß Art. 157 (2) EGV „in voller Unabhängigkeit zum allgemeinen Wohl der Gemeinschaft aus."
15 Dessen Wortlaut: „Diese Charta schließt das Bestehen regionaler Abmachungen oder Einrichtungen [!] zur Behandlung derjenigen die Wahrung des Weltfriedens und der internationalen Sicherheit betreffenden Angelegenheiten nicht aus, bei denen Maßnahmen regionaler Art angebracht sind [...]."
16 Formal hat sie, wie erwähnt, im Unterschied zu den drei Gemeinschaften, die ihre „erste Säule" ausmachen (EGKS, EAG, E[W]G) keine eigene Rechtspersönlichkeit.

Außenministerrat – eine gemeinsame Position festlegen können, wobei allerdings die Kommission (gemäß Art. J 9 EU-V) „in vollem Umfang beteiligt" werden muß. Dadurch erhält die Kommission jedoch keine eigene und schon gar nicht die ausschließliche Kompetenz auf diesem Gebiet. Wie bereits diese vage und also ebenso interpretationsfähige wie -bedürftige Formulierung „im vollen Umfang beteiligt" erkennen läßt, gehören Kompetenzzuschreibungen zu den zentralen politischen „Knackpunkten" bei der Begründung von Organisationen. Streitigkeiten um Kompetenzen von Organisationen sind daher in allen politischen Systemen, und also auch in der EU, anzutreffen.

Nach diesen längeren Vorbemerkungen gibt der Rest des Kapitels einen bewußt schematisch gehaltenen Überblick über europäische Kooperationsformen und Organisationen, da er zugleich auch als Nachschlageteil für den Rest des Buches fungieren soll. Vorgestellt werden sie in bezug auf Westeuropa, Osteuropa und Gesamteuropa.

2.1 Der Westen

2.1.1 Die Westeuropäische Union (WEU)

Gründung und Entwicklung:

Die WEU wurde am 23.10.1954 als kollektiver Beistandspakt (mit nahezu automatischer Beistandspflicht, Art.V WEU-Vertrag) gegründet, der am 6.5.1955 in Kraft trat. Sie ging aus dem 1948 geschlossenen Brüsseler Pakt, der noch gegen ein wiedererstarkendes Deutschland gerichtet war, hervor. Nach Scheitern des Projekts einer Europäischen Verteidigungsgemeinschaft (1954) erfolgte mit der Gründung der WEU zugleich die Einbeziehung (West-)Deutschlands (und Italiens) in die westlichen Bündnisstrukturen. Die WEU fungierte bis 1986 als Kontrollforum für die der Bundesrepublik auferlegten bzw. durch Beitritt zur WEU übernommenen Rüstungsbeschränkungen. Versuche, sie zu einem europäischen Pfeiler innerhalb der NATO (s.u.) auszubauen, blieben ohne Erfolg. Gleichwohl wird die WEU nicht nur im Maastrichter Vertrag (Art.J.4) als „integraler Bestandteil der Entwicklung der Europäischen Union" bezeichnet, sondern auch dazu bestimmt, „die Entscheidungen und Aktionen der Union, die verteidigungspolitische Bezüge haben, auszuarbeiten und durchzuführen." Seit 1992 ist die WEU auch dazu vorgesehen, im Rahmen von UNO-Beschlüssen für friedenserhaltende, humanitäre und Krisenmanagement-Aufgaben zur Verfügung zu stehen (nach dem Unterzeichnungsort des einschlägigen Abkommens oberhalb Bonns als „Petersberg-Aufgaben" bezeichnet).

Mitglieder:

Belgien, Deutschland, Frankreich, Griechenland (seit 1995), Großbritannien, Italien, Luxemburg, Niederlande, Portugal und Spanien (beide seit 1989). Ferner assoziierte Mitglieder (seit 1992: Island, Norwegen, Türkei) und assoziierte

Partner (seit 1994: Staaten Ostmitteleuropas) sowie Beobachter (Dänemark und die neutralen Staaten Finnland, Irland, Österreich und Schweden).

Organe:

Wie die meisten internationalen Organisationen weist die WEU einen *Rat* als Versammlung der Vertreter (Außen- und/oder Verteidigungsminister) der Mitgliedstaaten auf (tagt halbjährlich; dazwischen tagt der *Ständige Rat* auf Botschafterebene) sowie ein Sekretariat (seit 1993 in Brüssel – zuvor: London –, um auch räumlich die Nähe zu EU und NATO zu signalisieren); darüber hinaus eine *Parlamentarische Versammlung* (tagt halbjährlich; Mitglieder sind in Personalunion diejenigen Mitglieder der Parlamentarischen Versammlung des Europarates (s.u.), deren Heimatstaaten WEU-Mitglied sind). Daneben unterhält die WEU in Paris ein Institut für Sicherheitsfragen.

Funktionsweise:

Wie aus der Schilderung von Entwicklung und Organausstattung ersichtlich, weist die WEU bisher im wesentlichen keine eigenen militärischen Organe auf (die Stabschefs der Mitgliedstaaten treffen sich zweimal jährlich; dem Rat ist ein Planungsstab unterstellt). Soweit die Mitgliedstaaten im WEU-Rahmen militärisch aktiv werden, bedarf die WEU daher vor allem der logistischen Unterstützung durch die NATO. Ansonsten befand sich die WEU jahrelang im Zustand des „Dornröschenschlafs" und fungiert auch weiterhin als Beratungsgremium.

2.1.2 Die Organisation des Nordatlantikvertrags (NATO)

Gründung und Entwicklung:

Die NATO wurde am 4.4.1949 gegründet als Organisation des westlichen Verteidigungsbündnisses, basierend auf dem Nordatlantik-Vertrag, von zunächst 12 Staaten als Kollektivbündnis mit – im Vergleich zur WEU – bedingter Beistandspflicht (Art.5 NATO-Vertrag; vgl. unten Kapitel 4.1.1). Die Einbeziehung der Bundesrepublik diente zugleich der Kontrolle ihres – erwünschten – Verteidigungsbeitrags. Als Bedrohung wurde primär die Militärmacht der kommunistischen Staaten in Europa angesehen (daher die Begrenzung im NATO-Vertrag [Art.6] auf das nordatlantische Gebiet, die sog. „area"). Nach Auflösung des östlichen Bündnisses und Wegfall der in ihm gesehenen Bedrohung übernimmt die NATO neue Aufgaben beim Aufbau einer neuen Sicherheits"architektur" in Europa (zunächst durch Kooperationsangebote an die Staaten Osteuropas wie den Kooperationsrat und die Partnerschaft für den Frieden, kontroverser diskutiert auch durch die Aufnahme neuer Mitglieder aus diesem Staatenkreis, wozu Verhandlungen mit Polen, der Tschechischen Republik und Ungarn laufen) sowie im Rahmen von UNO-Beschlüssen bei der Friedenssicherung bis hin zu Kampfeinsätzen (auch außerhalb des im NATO-Vertrag vorgesehenen Einsatzgebietes, „out of area", etwa als Durchsetzungsstreitmacht – Implementation Force, IFOR – des Friedensabkommens von Dayton in Bosnien-Herzegowina).

Mitglieder:

Heute 16 Staaten: Belgien, Dänemark, Deutschland (West, seit 1955), Frankreich, Griechenland (seit 1952, 74-79 ausgeschieden), Großbritannien, Island (ohne eigene Streitkräfte), Italien, Kanada, Luxemburg, Niederlande, Norwegen, Portugal, Spanien (seit 1982), Türkei (seit 1952) und USA.

Frankreich verließ 1966 die militärische Integration und hat sich erst jüngst (1996) dieser wieder angenähert.

Organe:

Die NATO weist zivile wie militärische Organe auf.

Das höchste zivile Gremium ist der *Nordatlantikrat*, in dem in der Regel zweimal jährlich die Regierungschefs bzw. die Außen- und Verteidigungsminister der Mitgliedstaaten zusammentreffen (dazwischen sind die Mitgliedstaaten in Brüssel durch ihre NATO-Botschafter vertreten). Die europäischen Mitglieder bilden seit 1968 die sog. *Eurogroup*, im *Verteidigungsplanungsausschuß* beraten die militärisch integrierten Mitglieder. Die *Nukleare Planungsgruppe* berät über die Einsatzplanung für Nuklearwaffen. Der *Generalsekretär* steht formell diesen drei Organen vor und vertritt die Organisation nach außen. Er wird unterstützt durch das *Internationale Sekretariat* sowie den Internationalen Stab. Die *Nordatlantische Versammlung* (500 Parlamentarier der Mitgliedstaaten sowie der assoziierten Staaten Mittel- und Osteuropas) tagt jährlich als beratend-quasiparlamentarisches Forum. Im Rahmen des *Nordatlantischen Kooperationsrates* arbeitet die NATO seit 1991 mit den Staaten Mittel- und Osteuropas zusammen.

An der Spitze der militärischen Organisation im Rahmen der NATO steht der Militärausschuß, bestehend aus den Stabschefs der Streitkräfte der Mitgliedstaaten (Deutschland, das keinen Generalstab hat, wird durch den Generalinspekteur der Bundeswehr vertreten). Der Ausschuß berät Rat und Planungsausschuß bzw. -gruppe, denen er untersteht (Primat, Vorrang, der Politik). Sein ausführendes Organ ist der *Internationale Militärstab*. Obwohl die NATO als Organisation keine eigenen Truppen unterhält, sind ihr bereits in Friedenszeiten Streitkräfte der Mitgliedstaaten in einer einheitlichen Kommandostruktur unterstellt mit den Oberkommandos Europa und Atlantik. Ihre Oberbefehlshaber sind traditionell US-Offiziere.

Funktionsweise:

Der vorgesehene Verteidigungs-„Ernstfall" ist der NATO erfreulicherweise erspart geblieben. Ihre von ihrem ersten Generalsekretär, Lord Ismay, mit britischem Humor umrissene dreifache Aufgabe: „to keep the Russians out, the Americans in, and Germany down", hat sie also erfolgreich erfüllt, wobei „unten" für Deutschland weniger als auferlegte Unterworfenenposition, sondern durchaus als selbstgewählte (Ein-)Bindung zu verstehen ist. Die NATO hat daher während des größten Teils ihrer Existenz vorwiegend als sicherheitspolitisches Kooperationsforum der westlichen Staaten fungiert (vgl. ausführlicher Kapitel 4.1), wobei sich die Zusammenarbeit nicht auf die Vorbereitung militärischer Maßnahmen beschränkte, sondern auch Fragen der allgemeinen politischen („Wertegemeinschaft"), ökonomischen und technologischen Zusammenarbeit umfaßte (alle drei verbunden z.B. in der Frage der Beschränkung von Technologieexporten in die östlichen Staaten im Rahmen des sog. Koordinationskomitees für Ost-West-Handel, CoCom, 1949-94; vgl. unten Kapitel 6.1.1.1). Unter anderem auf diese über rein militärische Verteidigungsaufgaben hinausgehende Rolle stützen sich auch Fortbestand und neue Aufgaben(selbst)definition der NATO nach Ende des Ost-West-Konflikts.

2.1.3 Die Europäische Union (EU)

Gründung und Entwicklung:

Die heutige Europäische Union umfaßt drei Pfeiler (auch Säulen genannt): 1. die drei supranationalen Gemeinschaften Europäische Gemeinschaft für Kohle und Stahl (EGKS, gegründet 1951), die 1957 als Europäische Wirtschaftsgemeinschaft (EWG) gegründete heutige Europäische Gemeinschaft sowie die ebenfalls 1957 gegründete Europäische Atomgemeinschaft (EAG oder Euratom); 2. die intergouvernemental-kooperative (auf Zusammenerbeit zwischen den Regierungen beruhende) Gemeinsame Außen- und Sicherheitspolitik (GASP) sowie 3. die ebenfalls intergouvernementale Zusammenarbeit in den Bereichen Justiz und Inneres (ZBJI).

In ihren Ursprüngen deutlich ökonomisch angelegt, wenn auch durchaus nicht nur ökonomisch, sondern auch politisch motiviert (wobei die Einbindung des [west-]deutschen Wirtschaftspotentials eine Hauptrolle spielte – und spielt), haben sich die 1965 (Fusionsvertrag; in Kraft: 1967) zur Europäischen Gemeinschaft (genauer: den Europäischen Gemeinschaften: EGKS + EWG + Euratom) fusionierten supranationalen Gemeinschaften durch zwei wesentliche Schritte inhaltlich erweitert:

Die *Einheitliche Europäische Akte* von 1986 (in Kraft: 1.7.1987) brachte die bereits vorgesehene, 1966 aber durch den sog. Luxemburger Kompromiß zunächst ausgesetzte Möglichkeit der Mehrheitsentscheidung im Rat, die Beteiligung des Europäischen Parlamentes an der Normensetzung, das wirtschaftliche Programm des Binnenmarktes (zu verwirklichen bis 1.1.1993) sowie die vertragliche Verankerung der außenpolitischen Zusammenarbeit (der sog. Europäischen Politischen Zusammenarbeit, EPZ, praktiziert bereits seit 1969).

Einheitliche Europäische Akte

Der *Maastrichter Vertrag* oder Vertrag über die Europäische Union (unterzeichnet im Dezember 1991, in Kraft am 1.11.1993) brachte nicht nur diese neue Selbstetikettierung, sondern auch den erwähnten Drei-Pfeiler-Aufbau. Inhaltlich bedeutet dies eine Erweiterung um neue Sachbereiche, die allerdings kooperativ bearbeitet werden, nicht im supranational-integrativen Rahmen der Gemeinschaften. Für diese ist nun die Verwirklichung der Wirtschafts- und Währungsunion bis spätestens 1999 Programm. Was das Beschlußverfahren für die Normsetzung anbelangt, erhält das Europäische Parlament durch das neue Mitentscheidungsverfahren für bestimmte Bereiche ein Veto-Recht (seine Zustimmung ist unabdingbar), für die gesamte Tätigkeit der Gemeinschaft gilt künftig das Subsidiaritätsprinzip, gemäß dem Regelungen auf der tiefstmöglichen Ebene

Maastrichter Vertrag (EUV)

(Region, Mitgliedstaat, EU-Ebene) zu treffen sind (wobei freilich die genaue Auslegung umstritten bleibt; vgl. zur bisherigen Anwendung des Prinzips und seinen Auswirkungen Kapitel 7.2 und 7.3).

Amsterdamer Vertrag Als Resultat der von März 1996 bis Juni 1997 abgehaltenen Intergouvernementalen Konferenz zur Revision des Maastrichter Vertrages („Maastricht II") liegt nunmehr als jüngster Reformschritt der um zahlreiche Protokolle (die Vertragsbestandteil sind) und Erklärungen ergänzte *Amsterdamer Vertrag (AV)* vor, der, wie bei völkerrechtlichen Verträgen üblich, erst nach Ratifikation durch alle beteiligten EU-Staaten in Kraft treten wird (zwei Monate nach Hinterlegung der letzten Ratifikationsurkunde [Art.14 Abs.2 AV], was, ausgehend von den Erfahrungen mit der Ratifikation des Maastrichter Vertrages, durchaus dauern kann). Er enthält eine Reihe von Neuerungen gegenüber dem derzeit gültigen Normenbestand der EU:

– Unter anderem enthält der AV einen erweiterten Grundrechtsschutz (mit der *Sanktionsmöglichkeit* der Dispensierung bestimmter Rechte, einschließlich des Stimmrechtes im Rat, für Mitgliedstaaten, die vom Pfad der demokratischen Rechtsstaatlichkeit abweichen [Art.1 Nr.9 AV] – wohl im Hinblick auf die Aufnahme neuer östlicher Mitglieder).
– Die im Falle der Osterweiterung notwendige Neugewichtung der Stimmrechte im Rat und der Neuregelung der Zahl der Kommissare dagegen wurde auf eine künftige erneute Regierungskonferenz, die erst nach der ersten Erweiterungsrunde vorgesehen ist, vertagt (11. Protokoll).
– Mit einer Übergangsfrist von fünf Jahren wird der dritte Pfeiler, die Zusammenarbeit im Bereich Justiz und Inneres, weitgehend (wenn auch in der Form der künftig vorgesehenen Rechtssetzung nicht völlig) vergemeinschaftet. Dies gilt für die Bereiche Visa-, Asyl- und Einwanderungspolitik sowie das Schengener Abkommen. Rein intergouvernemental bleibt nur die Kooperation im Hinblick auf strafrechtliche Fragen und solche der polizeilichen Zusammenarbeit.
– Mit allerdings nur weichen Politikinstrumenten wird ein neuer Titel (VIa) zur Beschäftigungspolitik in den EG-Vertrag aufgenommen, ebenso wird das Europäische Sozialabkommen in den Vertrag inkorporiert (was nach dem Regierungswechsel hin zu Labour in Großbritannien im Mai 1997 möglich wurde).
– Rein intergouvernemental bleibt auch die GASP, die nun aber als neues Instrument die Festlegung von „gemeinsamen Strategien" erhält sowie eine „Strategieplanungs- und Frühwarneinheit" als institutionelle Stütze und einen Hohen Vertreter für die GASP (in Personalunion der Generalsekretär des Rates) zur Außenrepräsentation.
– Der durch den AV (Art.1 Nr.12) neu eingefügte Titel VI a EU-Vertrag (sowie der neue Art.5a EG-Vertrag) sieht unter dem Stichwort „Flexibilität" Regelungen für das Voranschreiten einiger EU-Mitgliedstaaten vor, dem sich nicht alle anschließen wollen. Innerhalb der EU besteht somit auch künftig die Möglichkeit (und Wahrscheinlichkeit), daß unterschiedliche Staatengruppen unterschiedlich weit bei der Vergemeinschaftung voranschreiten – was zweifellos die Übersichtlichkeit nicht erleichtern wird.

- Der Erhöhung der rein formalen Übersichtlichkeit dient die Neunumerierung der Verträge zur EU und zur EG, die der AV vorsieht. Er enthält hierzu im Anhang eine „Umnumerierungstabelle", die künftig zur Vermeidung von Verwirrung beim Bezug auf die Vertragsartikel nützlich sein wird.
- Unter Verfahrensgesichtspunkten wird die Anwendung des durch den Maastrichter Vertrag geschaffenen Mitentscheidungsverfahrens (Art. 189 b EGV) auf 22 weitere Vertragsbestimmungen ausgeweitet und das Verfahren selbst durch Streichung der dritten Lesung gestrafft. Nahezu gänzlich abgeschafft wird das durch die EEA 1987 eingeführte Zusammenarbeitsverfahren.
- Schließlich wird in einem eigenen Protokoll (Nr.7) zum AV die Anwendung des Subsidiaritätsprinzips und des Grundsatzes der Verhältnismäßigkeit näher bestimmt.

Mitglieder:

Belgien, Dänemark (EG-Beitritt: 1973), Deutschland, Finnland (1995), Frankreich, Griechenland (1981), Großbritannien (1973) Irland (1973), Italien, Luxemburg, Niederlande, Österreich (1995), Portugal, Schweden (1995), Spanien (1986).
Zahlreiche europäische Staaten assoziiert, zum Teil mit laufenden Beitrittsanträgen.

Organe:

Der *Europäische Rat,* die zweimal jährlich zusammenkommende Versammlung der Staats- und Regierungschefs, gibt, obwohl ein intergovernementales, nicht supranationales Gremium, laut Art. D des Maastrichter Vertrags „der Union die für ihre Entwicklung erforderlichen Impulse und legt die allgemeinen politischen Zielvorstellungen für diese Entwicklung fest."
Davon zu unterscheiden sind die im Rahmen der supranationalen Gemeinschaften arbeitenden Organe, vor allem der vom Namen her leicht verwechselbare *Rat der Europäischen Gemeinschaften* (auch *Ministerrat* oder auch nur Rat genannt). Als höchstes supranationales Beschlußgremium kommen in ihm die Fachminister der Mitgliedstaaten zusammen. Er erläßt auf Vorschlag der Kommission die Rechtsakte der Gemeinschaften. Die *Kommission* ist als supranationales Organ aus (von Weisungen der Mitgliedstaaten unabhängigen) Kommissaren zusammengesetzt und gilt nicht nur Aufgrund ihres – formal allein ihr zukommenden – Initiativrechts für Regelungen der Gemeinschaft als „Motor der Integration". Zu den supranationalen Besonderheiten der Gemeinschaften gehört das seit 1979 direkt gewählte *Europäische Parlament,* dessen Kompetenzen zwar schrittweise ausgedehnt wurden, bis hin zum impliziten Veto-Recht im Mitentscheidungsverfahren. Es ist damit mit mehr Kompetenzen ausgestattet als die – rein beratenden – parlamentarischen Versammlungen anderer, internationaler, Organisationen (etwa des Europarates oder der OSZE), jedoch nicht mit den vollen Rechten eines nationalen Parlamentes. Ebenfalls zu den supranationalen Besonderheiten gehört der mit unmittelbarer Verbindlichkeit über Streitfragen des europäischen Gemeinschaftsrechts entscheidende *Europäische Gerichtshof,* der auch – unter anderem – von Individuen direkt oder von nationalen Gerichten

zur Rechtsauslegung (im sog. Vorabentscheidungsverfahren) angerufen werden kann. Durch seine Rechtssprechung hat der EuGH vielfach integrationsfördernd gewirkt, unter anderem durch Untermauerung von Vorrang (vor nationalem Recht) und direkter Geltung (auch ohne zusätzliche Umsetzung in nationales Recht) des Gemeinschaftsrechts in den Mitgliedstaaten. Zu den Organen der Gemeinschaft gehört schließlich der *Europäische Rechnungshof.*

Darüber hinaus bestehen im Rahmen der EG folgende Einrichtungen: der Wirtschafts- und Sozialausschuß, der Ausschuß der Regionen, die Europäische Investitionsbank, das Europäische Währungsinstitut (als Vorläufer der Europäischen Zentralbank nach Vollendung der Wirtschafts- und Währungsunion), die Europäische Umweltagentur sowie die Strukturfonds (vgl. zu diesen Kap. 8.2.1).

Bei seiner Rechtssetzungsarbeit wird der Rat vom Ausschuß der Ständigen Vertreter (AStV oder, französisch, Comité des représentants permanents, COREPER) unterstützt, der als COREPER I und II eher technische bzw. politische Beschlußvorlagen bearbeitet, wobei die Mitgliedstaaten durch ihre Ständigen Vertreter repräsentiert werden. Zahlreiche Komitees arbeiten dem Rat und dem AStV zu. Zahlreiche weitere Ausschüsse beratender oder auch beschränkender Art, vielfach mit Fachvertretern nationaler Ministerien bestückt, kann der Rat dort einrichten, wo er der Kommission die Ausführung von Beschlüssen überträgt. Zum einen sorgt dies für die Einbeziehung nationalen Sachverstandes, zum andern jedoch wird dadurch die supranationale Exekutivfunktion der Kommission wieder eingeschränkt. Das äußerst komplexe Geflecht dieser Ausschüsse, dessen Studium sich die scherzhaft so genannte „Komitologie" widmet, ist für die Vorbereitung und Umsetzung von Politik auf Gemeinschaftsebene von großer Bedeutung.

Funktionsweise:

Verordnungen, Richtlinien und Entscheidungen	Die EG handelt vorwiegend rechtsförmig durch den Erlaß von Normen. *Drei Arten von Normen* sind zu unterscheiden: Verordnungen (in Ziel und Mittel allgemein verbindlich), Richtlinien (im Ziel verbindlich, in der Wahl der Mittel durch Umsetzung in nationales Recht zu konkretisieren) sowie Entscheidungen (verbindliche Einzelfallregelungen, z.B. bei der Beihilfenaufsicht, vgl. Kapitel 8.1.1).
vier wesentliche Beschlußverfahren	Obwohl derzeit noch eine Fülle (22) von Wegen besteht, auf denen diese Rechtsakte zustande kommen können, sind die vier wesentlichen Beschlußverfahren kurz wie folgt zu kennzeichnen[17]:

- Das älteste, sog. *Konsultationsverfahren,* bedeutet die Beschlußfassung auf Initiative der Kommission durch den Rat; das Europäische Parlament, daher der Name, wird nur „konsultiert", es entscheidet nicht mit;
- das *Verfahren der Zusammenarbeit,* eingeführt durch die Einheitliche Europäische Akte und nunmehr geregelt in Art.189 c EGV (wie erwähnt wird die

---

17 Die detaillierte Übersicht zum Ablauf der Verfahren ist am besten graphischen Darstellungen – Flußdiagrammen – zu entnehmen, wie sie die meisten Lehrbücher zum EG-Recht enthalten; für den vorliegenden Text genügt die Kenntnis der im folgenden erläuterten Grundzüge der Beschlußverfahren. Wann welches Verfahren anzuwenden ist, ist bisher nirgends im EG-Vertrag zusammenhängend geregelt. Vielmehr finden sich die einschlägigen Bestimmungen auf zahlreiche Artikel verteilt. Für eine Übersicht hierzu vgl. z.B. Nugent 1994, 318-322.

Anwendung des Zusammenarbeitsverfahrens nach Inkrafttreten des Amsterdamer Vertrags stark eingeschränkt werden), gilt insbesondere für Beschlüsse zur Verwirklichung des Binnenmarktes. Es umfaßt zwei „Lesungen", deren erste dem Konsultationsverfahren entspricht; in der zweiten Lesung sind Rat und EP beteiligt, so daß dieses auf die Ausgestaltung der zu beschließenden Norm stärker Einfluß nehmen kann und im Konfliktfall den Rat zwingt, seinen Beschluß gegen das Parlament *einstimmig* fällen zu müssen; das EP erhält jedoch selbst keine definitive Entscheidungsbefugnis;
- das durch den Maastrichter Vertrag eingeführte *Mitentscheidungsverfahren* (Art.189 b EGV; der Amsterdamer Vertrag sieht seine verstärkte Anwendung vor) gibt dem EP, daher der Name, das Recht zur Mitentscheidung. Gegen den Willen des EP kann ein Beschluß nach diesem Verfahren nicht zustandekommen – das EP erhält also negative Entscheidungsbefugnis im Sinne eines Veto-Rechts. In den maximal drei Lesungen zur Verabschiedung eines Rechtsaktes wird zur Abstimmung zwischen Rat und EP im Konfliktfall ein Vermittlungsausschuß tätig. Das Verfahren kommt z.B. bei der Verabschiedung der Rahmenprogramme für Forschung und Technologie, der Umweltprogramme oder auch bei der Angleichung von Normen zur Verwirklichung des Binnenmarktes nach Art.100 a EGV zur Anwendung;
- schließlich gibt es vor allem für solche Fragen, die der Ratifikation eines völkerrechtlichen Vertrages durch ein nationales Parlament entsprechen, also für Beitritts- und Assoziierungsabkommen, das sog. *Zustimmungsverfahren*. Auch hier muß das EP zustimmen, hat also im Fall der Ablehnung ein Veto-Recht.

Neben dieser *Form der Politik* im Wege der Normensetzung oder, wie man auch sagt, der *regulativen Politik* (vgl. Kap. 3.2.1) handelt die EG vermehrt auch durch die Erbringung eigener (finanzieller) Leistungen, etwa aus ihren Strukturfonds, die sie an die Mitgliedstaaten „verteilt" *(distributive Politik)* oder zwischen ihnen umverteilt *(redistributive Politik)*.

2.2 Der Osten

Da die beiden hier zu behandelnden internationalen Organisationen für die realsozialistischen Staaten Osteuropas mittlerweile nicht mehr existieren, können wir uns entsprechend kürzer fassen und auf die notwendigsten Grundinformationen beschränken.

2.2.1 Der Rat für Gegenseitige Wirtschaftshilfe (RGW)

Gründung und Entwicklung:

Der Rat für Gegenseitige Wirtschaftshilfe (RGW; engl.: Council for Mutual Economic Assistance, CMEA oder COMECON) wurde am 25.1.1949 in Moskau gegründet. Nachdem er zunächst als Netzwerk eher bilateraler Wirtschaftskooperation zwischen Moskau und seinen osteuropäischen Verbündeten funktionierte, erfolgte im Laufe der 1970er Jahre ein Auf- und Ausbau multilateraler Kooperationsstrukturen. Das Ende der realsozialistischen Wirtschafts- und Gesellschaftssysteme bedeutete auch das Ende für den RGW, der am 27.6.1991 in Budapest den Beschluß zur Selbstauflösung faßte.

Mitglieder:

Der RGW umfaßte maximal zehn Mitglieder: Bulgarien, CSSR, DDR (1950-90), Kuba (seit 1972), Mongolische Volksrepublik (1962), Polen, Rumänien, UdSSR, Ungarn, Vietnam (1978). Assoziiert waren Albanien (bis 1962) und Jugoslawien (seit 1964).

Organe:

Der RGW wurde von einem Rat der Mitgliedstaaten geleitet, dem seit 1962 ein Ausführender Ausschuß (Exekutivkomitee) der stellvertretenden Premierminister der beteiligten Staaten unterstand. Diesem arbeiteten über 20 ständige Ausschüsse zu, die Rats- und zweimonatlichen Exekutivkomitee-Sitzungen wurden von dem 1956 gegründeten und in Moskau ansässigen Sekretariat vorbereitet.

Funktionsweise:

Der RGW fungierte vor allem als institutioneller Rahmen zur Koordinierung des (Staats-)Handels zwischen seinen Mitgliedsstaaten, die 55 Prozent ihres Außenhandels untereinander abwickelten. Darüber hinausgehende Versuche der Koordination im Bereich der Produktionsspezialisierung trafen auf Widerstand einiger Mitgliedstaaten, die sich nicht von Moskau „verplanen" lassen wollten. Vor allem im Bereich der Energieversorgung kam es auch zur Zusammenarbeit im Investitionsbereich, etwa durch den Aufbau von Verbundnetzen für Gas und Elektrizität (vgl. zur Funktionsweise, auch zur inoffiziellen im Sinne der hegemonialen Stellung der UdSSR, Kap. 6.1.1.2).

2.2.2 Die Warschauer Vertragsorganisation (WVO)

Gründung und Entwicklung:

Die Warschauer Vertragsorganisation (WVO) wurde als organisatorischer Kern des östlichen Verteidigungsbündnisses, des Warschauer Paktes, am 14.5.1955 in Reaktion auf die Gründung der NATO und speziell den Beitritt Westdeutschlands zu dieser gegründet. Truppen der WVO-Staaten dienten nicht nur der Außenverteidigung, sondern kamen auch bei Interventionen innerhalb des „Ostblocks", so bei der Niederschlagung des Prager Frühlings 1968, zum Einsatz. Die militärische Struktur der Organisation wurde im Zuge des östlichen Systemwandels am 1.4.1991 aufgelöst, womit auch die Beistandspflicht des zugrundeliegenden Paktes erlosch.

Mitglieder:

Albanien (Austritt 1968), Bulgarien, DDR (1956-24.9.1990), CSSR, Polen, Rumänien, Ungarn, UdSSR.

Organe:

Oberstes Koordinationsgremium der WVO war der Politische Beratungsausschuß, bestehend aus den Generalsekretären der Kommunistischen Parteien der Mitgliedsstaaten, deren Regierungschefs und Außen- und Verteidigungsministern. Unter dem Politischen Beratungsausschuß arbeiteten als oberste Gremien des politischen bzw. militärischen Astes jeweils der Ausschuß der Außen- bzw. Verteidigungsminister. Letzterem unterstand der militärische Rat der Oberkommandierenden sowie das gemeinsame Oberkommando der Warschauer Pakt-Truppen.

Funktionsweise:

Der Warschauer Pakt diente vor allem der kontrollierenden Einbindung der osteuropäischen Streitkräfte in das Militärsystem der UdSSR, deren Militärdoktrin auch die Leitlinie der Verteidigungspolitik des Bündnisses abgab.

2.3 Gesamteuropa

Unter der Rubrik „Gesamteuropa" sollen hier zwei Organisationen behandelt werden, die zwar während der Phase des Ost-West-Gegensatzes zunächst auf Westeuropa beschränkt (Europarat) bzw. noch nicht sehr stark institutionalisiert (KSZE) waren, die aber mit dem Zusammenwachsen Europas nach der Überwindung des Systemgegensatzes als organisatorische Integrationsklammern für Gesamteuropa fungieren.

2.3.1 Der Europarat

Gründung und Entwicklung:

Der Europarat wurde am 5.5.1949 als Ergebnis des erfolgreichen Werbens der transnational organisierten Europäischen Bewegung durch Zeichnung seines Statuts von zehn Gründungsmitgliedern in London gegründet (das Statut trat am 3.8.1949 in Kraft). Als Forum vor allem für die Zusammenarbeit in Fragen der „niederen Politik", aber auch von Fragen mit starkem Wertebezug (etwa Menschenrechtsschutz), hat der Europarat im Lauf der Jahre zunächst seine Mitgliedschaft in Westeuropa ausgedehnt, um schließlich nach Ende des Ost-West-Systemgegensatzes durch Aufnahme der neuen osteuropäischen Staaten diesen so etwas wie ein demokratisch-rechtsstaatliches Gütesiegel zu verleihen. Der Europarat ist damit heute diejenige Organisation, die die meisten europäischen (und nur europäische) Staaten zusammenfaßt.

Mitglieder:

Der Europarat umfaßte 40 Mitglieder, darunter seit dem 28.2.1996 auch Rußland und seit dem 6.11.1996 als 40. Mitglied Kroatien; der Beitritt dieser beiden Staaten war im Hinblick auf das Mitgliedschaftskriterium der Achtung der Menschenrechte nicht unumstritten. Ebenfalls seit 1996 haben die USA Beobachterstatus beim Europarat.

Organe:

Das *Ministerkomitee* der Außenminister tagt zweimal jährlich. Die *Parlamentarische Versammlung,* bestehend aus entsandten Mitgliedern der nationalen Parlamente, tagt dreimal jährlich und hat beratende Funktion. Seit 1994 besteht des weiteren im Rahmen des Europarates der Kongreß der Gemeinden und Regionen Europas, bestehend aus rund 250 Delegierten in zwei Kammern (je eine für Gemeinden und Regionen). Das Sekretariat des Europarates wird vom *Generalsekretär* geleitet.

Im Rahmen des auf der Grundlage der Europäischen Menschenrechtskonvention (EMRK) von 1950 zwischen den Europaratsmitgliedern bestehenden internationalen Menschenrechtsschutz-Regimes besteht (als erste Instanz des Beschwerdeverfahrens) die *Europäische Kommission für Menschenrechte* sowie als internationale Gerichtsinstanz mit Urteilsbefugnis auch über Individualklagen von Bürgern gegen ihren eigenen Staat (für Staaten, die das entsprechende Zusatzprotokoll zur EMRK unterzeichnet haben) der *Europäische Gerichtshof für Menschenrechte* mit Sitz in Straßburg (nicht zu verwechseln mit dem EuGH der EG mit Sitz in Luxemburg).

Funktionsweise:

Der Europarat hat im wesentlichen drei Funktionen:

1. Im Sinne der symbolischen Politik fungiert er als „Club der demokratischen Rechtsstaaten". Hierzu wird zum einen die Aufnahme zum Teil mit Bedingungen (hinsichtlich der Umsetzung der Garantie der Menschenrechte) versehen, über deren Einhaltung z.B. Beobachtergremien der Parlamentarischen Versammlung wachen; zum andern wirkt der angedrohte Ausschluß als (symbolische) Sanktion gegen Staaten, in denen massive Menschenrechtsverletzungen vorkommen.
2. Der Europarat fungiert des weiteren als Forum für die internationale Debatte über wichtige kulturelle und Wertfragen. Vor allem der Parlamentarischen Versammlung kommt hierbei eine nicht zu unterschätzende Rolle zu.
3. Als Ergebnis dieser international geführten Dialoge fungiert der Europarat schließlich als „Geburtsstätte" für bisher rund 150 internationale Konventionen und Vertragswerke, darunter die erwähnte EMRK, aber auch, als spektakuläres jüngeres Beispiel, der Bioethik-Konvention. Obwohl diese Verträge solche des allgemeinen Völkerrechts sind, also nicht wie das EG-Recht un-

mittelbare Geltung und Vorrang vor dem nationalen Recht der Mitgliedstaaten haben, sind sie doch wichtige internationale „Referenzpunkte", an denen das Verhalten der Staaten sich messen lassen muß – und gemessen werden kann.

2.3.2 Die KSZE/OSZE

Gründung und Entwicklung:

Die zunächst als lose Abfolge internationaler Konferenzen nur schwach institutionalisierte Konferenz für Sicherheit und Zusammenarbeit in Europa (KSZE) wurde formal mit Zeichnung der KSZE-Schlußakte am 1.8.1975 in Helsinki durch 35 Mitgliedstaaten gegründet. Zu Zeiten des Ost-West-Gegensatzes, zu dessen Überwindung sie indirekt mit beitrug, fungierte die KSZE als Forum, in dem Ost und West selbst in Phasen starker Spannung miteinander im Gespräch blieben, auch wenn dieses, so im Bereich der konventionellen Rüstungskontrolle, völlig ergebnislos blieb, oder, so in etlichen Fragen der Ausübung von Grundrechten, auf der Ebene von Formelkompromissen stecken blieb. Gleichwohl wirkte das in der Schlußakte enthaltene, zumindest verbale, Bekenntnis zu Grundrechten im westlichen Sinne als Ermutigung und Bezugspunkt für östliche Bürgerrechtsgruppen. In der Phase des östlichen Systemwandels kamen dann der KSZE, die immer stärker institutionalisiert wurde, zunehmende Bedeutung und neue Aufgaben zu, was sich in der zum 1.1.1995 erfolgten Umwandlung in eine nunmehr formelle Organisation, die OSZE, widerspiegelte.

Mitglieder:

Die OSZE hat heute 54 Mitglieder, neben den Staaten Europas, den USA und Kanada auch etliche zentralasiatische Mitglieder der Gemeinschaft Unabhängiger Staaten (der Nachfolgeorganisation der untergegangenen Sowjetunion).

Organe:

Oberstes Organ der OSZE ist das alle zwei Jahre stattfindende *Gipfeltreffen der Staats- und Regierungschefs* (als Nachfolger der früheren sog. Folgetreffen der KSZE). Mindestens einmal im Jahr tagt der *Ministerrat* der Außenminister. Seit 1993 besteht der Ständige Rat der OSZE-Botschafter in Wien, seit 1991 unterhält die OSZE auch eine einmal jährlich zusammentretende *Parlamentarische Versammlung*. Als Verwaltungsorgan dient das vom *Generalsekretär* geleitete Sekretariat der OSZE in Wien.

Für ihre Hauptaufgabenfelder der Förderung des Schutzes und der Wahrung der Menschenrechte, der Konfliktprävention und der Sicherheitskooperation unterhält die OSZE eine Reihe eigene Einrichtungen: das *Büro für Demokratische Institutionen und Menschenrechte* in Warschau, den *Hohen Kommissar für nationale Minderheiten* mit Amtssitz in Den Haag, das *Konfliktverhütungszentrum* in Wien und das dem KVZ angelagerte *Forum für Sicherheitskooperation*.

Funktionsweise:

Körbe der KSZE   Während die „alte" KSZE vor allem als „permanenter diplomatischer Prozeß mit Unterbrechungen" fungierte, hat die OSZE diese Funktion in stärker organisierter Form übernommen. Die alten Themenbereiche der KSZE, in der Schlußakte in drei „Körbe" eingeteilt (Korb I: Prinzipien der friedlichen Zusammenarbeit und Vertrauensbildung; Korb II: Kooperation in Wirtschaft, Wissenschaft und Umweltschutz; Korb III: Kooperation in humanitären Fragen [die sog. „menschliche Dimension"] und beim Austausch von Information), sind dabei zum Teil überholt (bzw. überwunden), zum Teil erhalten und um neue Bereiche erweitert worden. Dem hierzu erfolgten Prozeß der verstärkten Institutionalisierung durch Bildung einer formellen Organisation mit eigenen Organen entspricht bisher jedoch noch nicht der Erfolg in der Sache. Trotz manch nützlicher Aktivität in einzelnen der Gremien machen die Mitgliedstaaten noch nicht im vollen Sinne Gebrauch von der OSZE als Kooperationsforum – zum Teil auch, weil alternative Foren der Kooperation zur konkurrierenden Nutzung bestehen (etwa die NATO und ihre neuen östlichen Kooperationsformen im Sicherheitsbereich, der Europarat im Bereich der Menschenrechte).

Fazit: Europa als Region mit einem äußerst dichten Institutionengeflecht   Wie diese kurze, keinesfalls vollständige Übersicht über Institutionen und Organisationen der internationalen Zusammenarbeit in Europa zeigt, weist Europa als Region der Weltpolitik eine ausgesprochen hohe Institutionendichte auf. Dies hat zum einen positive Auswirkungen auf die Verstetigung der Kooperation: da dieselben Staaten in unterschiedlichen Kooperationszusammenhängen verflochten sind, wird Kooperation beständig geübt und eingespielt. Es hat aber auch zur Folge, daß aufgrund mangelnder Koordination der Tätigkeit zwischen einzelnen Organisationen, die zum Teil um prestigeträchtige Aufgaben konkurrieren, Doppelarbeit und Reibungsverluste entstehen. Die politikwissenschaftliche Analyse von Entstehung, Wandel und Funktionsweise der wichtigsten Zusammenhänge europäischer Kooperation und Integration ist Gegenstand der nachfolgenden Kapitel. Einer ersten theoretischen Hinführung und Übersicht im anschließenden Kapitel 3 folgt dabei die vertiefte Analyse von europäischen Kooperationszusammenhängen in Teil II und der Integration im Rahmen der Europäischen Gemeinschaft in Teil III. Die institutionenkundliche Grundinformation hierfür, auf die Sie ggf. zurückgreifen können (sollen), wurde mit diesem Kapitel geliefert.

3 Ansätze zur Theoriebildung über europäische Kooperation und Integration

Nachdem wir uns in Kap.1 einen Überblick über die historische Entwicklung europäischer Kooperation und Integration nach 1945 verschafft und in Kap.2 ihre Strukturen skizziert haben, soll mit diesem Kapitel der Einstieg in die gehaltvolle politikwissenschaftliche Analyse begonnen werden, und zwar mit einer Einführung in die Theoriebildung über diese Vorgänge. Dies wirft zum einen ein didaktisches Problem auf, zum anderen die Frage danach, worüber genau theoretisiert werden soll.

Didaktisch ist die reine Darstellung von Theorien oft eher öde. Mehr oder weniger lange Listen verschiedener „Ismen" und Ansätze werden präsentiert, bleiben jedoch gleichsam Trockenübung. Das erscheint nicht sinnvoll. Theoriebildung ist (auch) in der Politikwissenschaft kein Selbstzweck. Sie dient vielmehr dazu, Kategorien zur Erfassung der empirischen Realität zu liefern, zu der wir anerkanntermaßen keinen direkten, untheoretischen Zugang haben.[1] Das wirft aber das Problem auf, daß Theorien nicht ohne Kenntnis der Empirie und diese wiederum nicht ohne solche der Theorie zu vermitteln sind. Hier hilft nur ein fruchtbarer Umgang mit dem Zirkel: sein mehrfaches Durchschreiten, um das eine im Lichte des anderen besser zu verstehen. Deshalb werden hier im Wege der Präsentation theoretischer Ansätze auch Fakten vermittelt, ebenso wie in späteren Teilen des Buches bei der Behandlung der Empirie theoretische Fragestellungen wieder aufgenommen werden.

der (fruchtbare) Zirkel von Theorie und Empirie

Es kann ganz Unterschiedliches zum Gegenstand der Theoriebildung gemacht werden.[2] Zur Gliederung des Kapitels wollen wir dreierlei trennen: Theoriebildung zur historischen Entwicklung der europäischen Integration; solche zur Interpretation der Gesamtphänomene europäische Kooperation bzw. Integration; sowie solche der Funktionsweise der Integration. Dabei sollte diese zu didaktischen Zwecken vorgenommene Trennung nicht übertrieben werden. „In Wirklichkeit" hängt natürlich wieder alles drei zusammen: die Vorstellung vom Gesamtphänomen europäische Integration etwa sowohl mit Vorstellungen über ihr Funktionieren en détail als auch über ihre Entwicklungsdynamik. Gleichwohl ist die Gliederung des folgenden Kapitels von dieser Dreiteilung bestimmt. Zu-

unterschiedliche Gegenstände der Theoriebildung

---

1 Das, wie der Philosoph Immanuel Kant es ausdrückte, „Ding an sich" zeigt sich uns also nur unter mehr oder minder wohlüberlegter theoretischer Perspektive, oder, wie man gleich einräumen kann, unter mehr oder minder reflektierten theoretischen Perspektiv*en* (Plural!). Die Pluralität resultiert sowohl aus der Konkurrenz unterschiedlicher Ansätze zur Theoretisierung desselben Objektes wie auch daraus, daß für unterschiedliche Fragestellungen unterschiedliche Theorieansätze fruchtbar sein mögen.
2 Für einen anderen neueren Theorie-Überblick vgl. Risse-Kappen 1996.

nächst (3.1) werden wir uns um theoretische Betrachtungen der Entwicklung der europäischen Integration kümmern. Dabei geht es zum einen um die Rolle individueller Faktoren, also um Personen, ihre politischen „Methoden" und Führungsstile. Zum andern werden zwei konkurrierende theoretische Ansätze zur Erklärung der Integrationsentwicklung präsentiert, der sog. funktionalistische und der realistische Ansatz. Schließlich wird ein Ansatz vorgestellt, der ausdrücklich die Entwicklungs„logik" der EG-Integration zu erklären versucht (durch einen sog. „dialektischen Funktionalismus"). Im zweiten Schritt (3.2) geht es um theoretische Einordnungen des Gesamtphänomens „Europäische Integration". Zwei Möglichkeiten, dieses Phänomen „auf den Begriff zu bringen", werden vorgestellt: die Einordnung zwischen internationalem Regime und Föderation zum einen, die These von der supranationalen „Rettung" des Staates zum andern. Schließlich geht es im dritten Teil des Kapitels (3.3) um zwei Ansätze, die ganz grundlegende Politikmechanismen, die für die Politikprozesse innerhalb der EU wesentlich sind, theoretisch zu erfassen versuchen. Gesprochen wird über Politikverflechtung zum einen, über regulativen Wettbewerb zum andern. Gerade in diesem Teilkapitel mußte dabei eine strenge Auswahl der vorgestellten Ansätze getroffen werden. Die getroffene Wahl gründet darauf, daß die vorgestellten Ansätze gerade aufgrund ihres hohen Abstraktionsgrades ganz allgemein politikwissenschaftlich bedeutsame Phänomene ansprechen und daß sie es erlauben, andere wichtige „Versatzstücke" der Analyse von Politikprozessen nebenbei anzusprechen. Freilich ist das Programm dieses Kapitels dadurch recht umfangreich, und der Schwierigkeitsgrad steigt im Verlauf des Kapitels stetig an. Die Lektüre, die am besten teilkapitelweise erfolgt, erfordert somit Geduld und Genauigkeit. Versuchen Sie sich „unterwegs", am Ende der Teilkapitel, jeweils klar zu machen, wo im hier angekündigten Programm Sie jeweils stehen. Auch anhand des Resümees des Gesamtkapitels (3.4) können Sie überprüfen, ob Sie die wesentlichen Punkte erkannt und verstanden haben. Und damit genug der Vorrede und in medias res (mitten in die Sachen hinein).

3.1 Theoriebildung zur historischen Entwicklung der europäischen Integration

3.1.1 Die personale Dimension internationaler Beziehungen

Zunächst wollen wir uns mit der personalen Dimension internationaler Integrationsbeziehungen befassen.[3] Dazu sollen uns vor allem zwei neuere Studien dienen, die biographischen Charakter haben, also jeweils das Wirken einer Person in den Vordergrund rücken, und dabei zugleich zwei wichtige Phasen in der Geschichte der EG/EU näher beleuchten.

---

3 Dies geschieht hier auch deshalb, weil diese Dimension internationaler Politik in dem zum vorliegenden parallel zu sehenden Buch (List u.a. 1995) – durchaus bewußt – ausgeblendet wurde (jenes Buch verfolgte überwiegend die sog. systemische Perspektive, vgl. ebd. Kap.3.1 und passim (= lat.: allenthalben, hier also: das ganze Buch).

Dazu scheint zunächst ein Wort zur Gattung der zugrundegelegten Texte angebracht. Wie gesagt handelt es sich um biographische (gr.: bios = Leben; graphein = schreiben) Arbeiten, also um Lebensbeschreibungen, die jedoch im Unterschied zu Autobiographien (gr.: autos = selbst) nicht das eigene Leben erzählen, sondern das einer anderen Person. Der Unterschied ist erheblich. Autobiographien, gerade von politischen Persönlichkeiten, zeichnen sich neben den unvermeidlichen Lücken und Unzulänglichkeiten aufgrund von Irrtum und Vergessen dadurch aus, daß sie, zumal wenn sie zu Lebzeiten erscheinen, solange die Autorin oder der Autor noch aktiv im politischen Leben steht und vielleicht sogar noch persönliche Ambitionen hat, eine – durchaus politische – Botschaft zu vermitteln suchen.[4] Sie sind daher zwar häufig interessante Quellen auch der politikwissenschaftlichen Forschung, aber keinesfalls unkritisch zu verwenden, weder in ihren faktischen Darstellungen noch in ihren Wertungen. Biographien dagegen stehen unter anderen Vorzeichen. Natürlich sind auch sie nicht unkritisch zu lesen und unterliegen, sofern sie wissenschaftlichen Anspruch haben, den üblichen Standards wissenschaftlichen Arbeitens.[5] Wo sie, wie in den hier zugrundegelegten beiden Fällen, jedoch gut (und also auch methodenbewußt) gemacht sind, stellen sie das Rohmaterial bereit, um die oben (Kap.2, Vorbemerkung) erwähnte Frage nach der Vermittlung von Staatsbeziehungen und konkretem individuellen Handeln näher zu untersuchen. Das Verfassen und die Lektüre von Biographien auf dem heutigen Stand der Diskussion hat also nichts zu tun mit der überholten Vorstellung: „Männer machen Geschichte".[6] Vielmehr wird Geschichte von Personen unter gewissen strukturellen Bedingungen gemacht, und das Zusammenspiel beider gilt es aufzuschlüsseln. Im Sinne dieses zeitgenössischen Verständnisses von Biographie seien hier zwei Arbeiten ausgewertet, die bewußt nicht von Staats- oder Regierungschefs handeln, sondern vom ersten bzw. vorletzten Präsidenten der Hohen Behörde der EGKS (das ist seit dem Fusionsvertrag die Kommission) und der EG-Kommission: die von François Duchêne (1994) über Jean Monnet sowie die allerdings nur zum Teil biographisch angelegte Arbeit von George Ross (1995) über Jacques Delors.[7]

Biographie vs. Autobiographie

---

4   Zu den interessanteren, auch für unser Thema einschlägigen jüngeren Beispielen dieser Gattung gehören z.B. die Memoiren von Margaret Thatcher (genauer: ihr erster Teil: 1993), in der sie noch einmal ihre – bekannt skeptische – Position zur EG/EU-Integration bezieht, sowie die „Erinnerungen" von Michail Gorbatschow (1995), die u.a. mit Vorwürfen an seinen „Nachfolger" Boris Jelzin durchsetzt sind. Weniger ergiebig, wiewohl nicht uninteressant, sind dagegen die Erinnerungen von Hans-Dietrich Genscher (1995), deren Rezension (in: Das Parlament Nr. 24-25, 7./14.6.1996, S.17) Karl-Rudolf Korte mit dem zugleich noch einmal das methodische Problem von Autobiographien verdeutlichenden Hinweis beschließt: „Erst die Akteneinsicht [die üblicherweise erst nach einer Sperrfrist von 30 Jahren möglich ist, ML] kann jedoch zeigen, ob das Buch mehr ist, als das, was Politiker damals gedacht zu haben heute behaupten."
5   Im übrigen haben auch Biographien u.U. eine (politische) Botschaft (dies gilt wohl für beide hier zugrundegelegte Arbeiten; vgl. die jeweiligen Schlußkapitel); allerdings verbindet sie sich nicht mit persönlichen Ambitionen des jeweiligen Autors.
6   Obwohl sie noch immer vielfach von Männern handeln, ein Zustand, der sich mit dem logischen Abstand von Biographien zu den in ihnen beschriebenen Werdegängen in dem Maße zu ändern beginnt, wie bereits heute Frauen an führenden Positionen vertreten sind.
7   Andere für den hiesigen Zusammenhang wichtige Arbeiten der biographischen Gattung sind etwa die umfassende Studie über Adenauer von H.P. Schwarz 1986/1991 und die stärker politikwissenschaftlich-systematisierend angelegten Arbeiten von Cole 1994 über François Mitterrand sowie von Brown 1996 über Michail Gorbatschow. Als wichtiges Pendant zur Studie

3.1.1.1 Jean Monnet und die Gründung der EGKS

> Die Erfahrung eines jeden einzelnen Menschen beginnt von vorn. Nur die Institutionen werden klüger: Sie sammeln die kollektive Erfahrung, und durch diese Erfahrung und diese Klugheit erleben die Menschen, die den gleichen Gesetzen unterworfen sind, daß sich zwar nicht ihre Natur, wohl aber ihr Verhalten ändert.
>
> Jean Monnet (1988, 498)[8]

die Studie und ihr Autor — Der Autor der hier zugrundegelegten Monnet-Biographie ist François Duchêne. Er wird von Monnet selbst in seiner Autobiographie (1988, 578) wie folgt vorgestellt: „1952 hatte ich im *Manchester Guardian* ausgezeichnete Artikel über Frankreich gefunden und hatte gebeten, den Autor kennenlernen zu dürfen. Es kam ein erstaunlich junger, fröhlicher und phantasiereicher Mann. Ich lernte seine Bildung und seine geistige Gewandtheit kennen. Er willigte ein, in die Pressestelle der Hohen Behörde [der EGKS, der Monnet vorstand, ML] zu kommen, was für einen britischen Bürger eine Ausnahme darstellte. Er machte dann eine brilliante Karriere beim *Economist,* und nachdem er drei Jahre im Aktionskomitee [für die Vereinigten Staaten von Europa, vgl. unten, ML] verbracht hatte, wurde er Direktor des Instituts für Strategische Studien in London." Duchêne war also ein Mitglied des engeren Kreises von Monnets Mitarbeitern. Für die Biographie liegt hierin offensichtlich ein Vorteil wie ein Problem zugleich. Der Vorteil: Duchêne kennt seinen Gegenstand aus eigener Erfahrung, war streckenweise „beobachtender Teilnehmer" am Werdegang Monnets. Andererseits kann die Nähe zum Gegenstand natürlich befangen machen, eine Gefahr, der er aber, dies sei hier festgestellt, weitgehend entgangen ist.

europäische „Hagiographie" und „Sonntagsreden" — Diese Feststellung gibt Anlaß zu einer weiteren Bemerkung. Die europäische Integration, die ja auch ein politisches Projekt ist, das Anhänger (wie Gegner) hat, die für (bzw. gegen) sie eintreten, ist vielfach Gegenstand emotional gefärbter Betrachtung gewesen (und ist es noch). Und gerade bei der Betrachtung der Rolle einzelner Personen, die ob ihres Einsatzes für die Integration dann in „Sonntagsreden" gerne als „große Europäer" apostrophiert werden, ist es, wie es der nüchtern-realistisch urteilende britische Wirtschaftshistoriker Allan Milward ausgedrückt hat, geradezu zu einer Art „Heiligengeschichtsschreibung" (Hagiographie) gekommen.[9] Diese emotionale Färbung der Betrachtung einzelner Per-

---

über Monnet vgl. die von Bird 1992 über John J. McCloy (McCloy war zunächst Unterstaatssekretär im US-Kriegsministerium, dann 1947-49 Präsident der Weltbank, schließlich 1949-52 Hoher Kommissar für Deutschland; sein Weg und der von Monnet kreuzten sich mehrfach, waren sie beide intensiv in der US-amerikanischen Nachkriegselite verwurzelt, die für die amerikanische Europapolitik so wichtig war; auch teilten sie die Eigenschaft, nie Wahlämter bekleidet zu haben, vielmehr als „Vermittler" in Beziehungsnetzen zu fungieren). Schließlich sei als interessante vergleichend (Adenauer, de Gaulle, Thatcher, Reagan und Gorbatschow) vorgehende biographische Arbeit auf Ionescu 1991 hingewiesen.

8   Monnet schreibt dieses Zitat, ohne weitere Quellenangabe, dem schweizer Philosophen Henri-Frédéric Amiel zu. Der Wortlaut der deutschen Übersetzung wurde hier im Interesse der besseren Formulierung leicht von mir geändert, ML.

9   Vgl. das sechste Kapitel in Milward 1992 (318-344), das er ironisch „The lives and teachings of European saints" überschrieben hat und in dem er durchaus lesenswerte biographische Skizzen liefert u.a. von Paul-Henri Spaak (1899-1972, 1947-49 belgischer Ministerpräsident,

sonen wie auch des Gesamtvorgangs der europäischen Integration, so verständlich sie im einzelnen (und zum Teil auch als Generationenphänomen[10]) sein mag, sollte insgesamt jedoch nicht den politikwissenschaftlich-analytischen Blick trüben.[11] Wenden wir uns in diesem Sinne nun Jean Monnet zu.

Jean Monnet wurde am 9.11.1888 in Cognac geboren, einer Stadt etwa in der Mitte der französischen Atlantikküste und ca. 50 Kilometer ins Inland von ihr entfernt. Obwohl Cognac eine Kleinstadt war, hatte sie doch aufgrund ihres gleichnamigen Produktes weltweite Handelskontakte, in die auch Monnet einbezogen wurde, dessen Vater eine Kooperative kleiner Weinbrandproduzenten geleitet und selbst die Firma J.G. Monnet & Co. gegründet hatte, die auch Monnet zeitweilig leiten sollte. Trotz der ländlichen Wurzeln hatte Monnet somit von Beginn an gleichsam eine „internationale Perspektive". Nach dem Baccalauréat verlies er mit sechzehn die Schule und begab sich zu einer Lehrzeit für zwei Jahre zu Geschäftsbekannten der Familie nach London, der Ursprung einer lebenslangen Verbindung zur angelsächsischen Welt. Im Ersten Weltkrieg wandte er sich dann direkt an den französischen Ministerpräsidenten René Vivianni mit einem Vorschlag zur französisch-britischen Wirtschaftskooperation, an deren Umsetzung er selbst mitzuarbeiten begann. Nach Gründung des Völkerbundes nach Kriegsende im Jahre 1919 wurde Monnet dessen erster stellvertretender Generalsekretär (bis 1923). Aus dieser Zeit (1920) stammt auch Monnets Vorschlag für eine deutsch-polnische Gemeinschaftsverwaltung der oberschlesischen Kohlevorkommen, die 1922 vertraglich vereinbart wurde und eine Art Vorläufer des

Kurzbiographie

1949-51 Präsident der Beratenden Versammlung des Europarats, 1952-54 der Montanunion (EGKS), 1957-61 NATO-Generalsekretär, Förderer von BENELUX und 1957 mit dem Karlspreis der Stadt Aachen ausgezeichnet; der Karlspreis, benannt nach Karl dem Großen, der in Aachen eine Residenz hatte und dessen Reich annähern die Fläche der Sechser-EG umfaßte, wird seit 1950 – mit einigen Ausnahmen – jährlich verliehen für Verdienste um die europäische Bewegung und Einigung – regelmäßig ein Anlaß von Reden, die zum Teil auch „Sonntagscharakter" haben); Robert Schuman (1886-1963, 1947/48 französischer Ministerpräsident, 1948-53 Außenminister, 1950 Urheber [bzw. Präsentator, vgl. sogleich im Text] des nach ihm benannten Plans zur Gründung der EGKS, 1958-60 erster Präsident der Parlamentarischen Versammlung der EWG (des späteren Europaparlaments, dessen Ehrenpräsident er wurde), Karlspreis 1958), Konrad Adenauer (1876-1967, 1949-63 erster Bundeskanzler der Bundesrepublik Deutschland, Hauptvertreter der westdeutschen West- und damit auch europäischen Integration, Karlspreis 1954), Alcide De Gasperi (1881-1954, 1944-46 und 1951-53 italienischer Außenminister, 1945-53 auch Ministerpräsident, führte ähnlich wie Adenauer sein Land in die West- und Europaintegration, Karlspreis 1952) und Jean Monnet (vgl. den nächsten Abschnitt im Text, Karlspreis 1953).

10 Wie die vorangehende Fußnote zeigt, waren gerade die „großen Europäer" der ersten Stunde Angehörige einer Generation, die nicht nur zwei Weltkriege, die zugleich auch europäische Selbstzerfleischungen waren, mitgemacht hatte, sondern zum Teil auch noch im Klima offiziell propagierter „Erbfeindschaften" aufgewachsen war. Vor diesem Hintergrund ist verständlich, daß ihnen etwa die deutsch-französische „Freundschaft" (die Anführungszeichen hier, weil der ein Gefühl bezeichnende Ausdruck eigentlich allenfalls im übertragenen Sinne auf Kollektive anwendbar ist) als große Errungenschaft erscheinen mußte, etwas, was für die nachgeborenen Generationen (zu denen auch der Verfasser zählt), die dies für selbstverständlich nehmen, nicht immer so erscheint und daher zuweilen nicht gebührend gewürdigt wird.

11 Es handelt sich hierbei letztlich um einen Spezialfall der generellen Problematik der „Wertfreiheit" der (Sozial-)Wissenschaft (die Anführungszeichen hier, weil genau zu klären wäre, in welchem Sinne Wissenschaft wertfrei sein kann und soll und in welchem Sinne nicht; freilich ist hier nicht der Ort für eine eingehende Diskussion; vgl. aber z.B. das vorzügliche Kapitel [III] zur These der Werturteilsfreiheit von Max Weber in Ott 1997).

späteren EGKS-Vorschlags im Kleinen darstellt. Auch entstammen dieser Zeit eine Reihe von internationalen persönlichen Bekanntschaften, die Monnet später als Beziehungsnetzwerk nutzen konnte. Dessen Auf- und Ausbau erfolgte auch während der zweiten Hälfte der 1920er und dem Beginn der 1930er Jahre, als Monnet für amerikanische Banken in Europa und den USA arbeitete, wobei er bis „ins Herz" des amerikanischen Finanzestablishments vordrang. 1932 ging er als Wirtschaftsberater im Auftrag des Völkerbundes nach China und wirkte dort am Aufbau der (ersten) Entwicklungsbank mit, der China Development Finance Corporation von 1934. In diese Zeit fiel auch die Heirat mit seiner Frau Silvia.[12]
1940 wurde Monnet erneut für die Koordination der britisch-französischen Rüstungsproduktion herangezogen und wurde 1943/44 Mitbegründer und Mitglied des nationalen Befreiungskomitees in Algier. Aus dieser Zeit stammen erste Kontakte mit de Gaulle, der Monnet allerdings (wie später seine gaullistischen Anhänger) nie recht trauen sollte: er war ihnen, mit seinen vorzüglichen USA-Verbindungen, zu „angelsächsisch" orientiert. Nach dem Krieg wurde Monnet 1946-52 Leiter des französischen Planungsamtes und entwarf den nach ihm benannten Plan zur Modernisierung der französischen Wirtschaft. 1950 arbeitete er für den französischen Außenminister Robert Schuman den nach diesem benannten Plan zur Gründung der EGKS aus, deren Hoher Behörde er 1952-55 vorstand. Er propagierte 1958 stark die Gründung der EURATOM, von der er sich als weiterem Schritt funktionaler, auf ein Sachgebiet beschränkter Kooperation eine Ausstrahlungswirkung auf die europäische Integration allgemein erhoffte. Er wurde 1956 Gründer und Vorsitzender des bis 1975 bestehenden „Aktionskomitees für die Vereinigten Staaten von Europa", wiederum eines jener für Monnet so charakteristischen transnationalen Netzwerke zur politischen Einflußnahme, in dessen Rahmen er vor allem Kontakte mit den deutschen Gewerkschaften pflegte und diese quasi an die EG-Integration heranführte. Monnet starb, im Alter von 91 Jahren, am 16.3.1979.

Schuman-Plan: die Idee

Im vorliegenden Kontext wollen wir uns nun der, wie erwähnt, 1950 von Monnet ausgearbeiteten Idee der international-gemeinsamen Verwaltung der Kohle- und Stahlproduktion annehmen, die, präsentiert als Schuman-Plan, 1952 die Gestalt der EGKS annehmen sollte. Zweierlei soll uns an dieser Idee interessieren: ihre Originalität und ihr Charakter als Problemlösung (im Sinne der ersten in der Einleitung angekündigten Leitperspektive des Buches).

nicht neu, aber kreativ

Gewissermaßen war Monnets Idee zur Gründung der EGKS gar nicht neu. In der Kurzbiographie oben wurde schon darauf hingewiesen, daß er selbst gleichsam mit seinem Vorschlag für Oberschlesien 1920 die Idee bereits einmal vorweggenommen hatte. Auch andere sollten später ähnliche Vorschläge machen, sogar in bezug auf die Ruhrkohle. So schlug der damalige Ministerpräsident von Nordrhein-Westfalen Karl Arnold anfangs 1949 vor, die einseitige alli-

---

12 Die Anekdote über die Umstände dieser Hochzeit ist zu gut, um sie hier zuzuenthalten. Da Monnets spätere Frau, einer gebürtigen Italienerin, zum Zeitpunkt ihrer Begegnung bereits verheiratet war, und zwar katholisch, erfolgte die Heirat 1934 in Moskau, da Monnet und seine Zukünftige eine Heirat im „Scheidungsparadies" Reno (Nevada, USA) nicht stilgerecht fanden und ansonsten nur die Sowjetunion als großer Staat bereit war, Silvia erstens schnell einzubürgern und dann, zweitens, sogleich die bestehende Ehe zu annullieren und die neue zu schließen.

ierte Kontrolle des Ruhrgebiets durch eine internationale Einrichtung abzulösen, die neben dem Ruhrgebiet Lothringen, das Saargebiet (damals französisch besetzt) sowie die Kohle- und Schwerindustrie Belgiens und Luxemburgs unter gemeinsame Verwaltung bringen sollte (Duchêne 1994, 202). Wenn die Idee nicht neu war, wieso bzw. inwiefern war sie dann kreativ? Eine Idee ist ja nicht nur dann kreativ, wenn sie – was meist ja gar nicht feststellbar ist – historisch zum ersten Mal in der Menschheitsgeschichte auftaucht (man könnte das H-kreativ nennen). Kreativ kann auch die Anwendung einer im Prinzip bekannten Idee auf einen neuen Kontext sein. „Kreativität" verliert dadurch vielleicht etwas an Originalität, jedoch zugleich auch etwas von dem Unfaßbar-Mysteriösen, das „genialische" Sichtweisen von Kreativität nahelegen.[13] So kann die Kreativität einer Problemlösung – dies gilt auch für Monnets „Schuman-Plan" – etwa darin bestehen, über den vorgegebenen Rahmen hinauszugehen. Versuchen Sie z.B. einmal, die folgenden neun Punkte durch vier gerade Linien zu verbinden, *ohne* den Stift abzusetzen:

o o o

o o o

o o o

(Falls Sie die Lösung nicht kennen, gönnen Sie sich das Vergnügen, sie [P-kreativ!] zu entdecken; falls Sie sie nicht finden, hilft der Anhang des Buches weiter).

    Monnets Idee stellt in doppeltem Sinne eine Problemlösung dar. Zum einen, auf der analytisch-konstruierten Ebene der Staatenbeziehungen, war da das Problem, wie, vor allem im deutsch-französischen Verhältnis, die für den gesamten wirtschaftlichen Wiederaufbau Westeuropas so wichtige westdeutsche Kohle- und Stahlindustrie so gemanaged werden konnte, daß daraus nicht erneut ein Gefahrenpotential für die Nachbarn erwuchs. Der zunächst eingeschlagene Weg der alliierten Kontrolle durch die Internationale Ruhrbehörde im Rahmen des am 28.12.1948 zwischen den drei westlichen Siegermächten geschlossenen Ruhrstatuts hatte zwei Mängel: aus deutscher Sicht bedeutete er eine „diskriminierende Singularisierung" (aussondernde Einzelbehandlung; dies auch der Hintergrund des erwähnten Vorschlags von NRW-Ministerpräsident Arnold), aus Sicht vor allem der USA und auch Großbritanniens behinderte sie die aus Gründen der Ost-West-Balance erwünschte Stärkung (West-) Deutschlands und die Integration des kontinentalen Westeuropa. Um nun Frankreich, das ein wiedererstarkendes Deutschland fürchtete, nicht mit dem „Tiger" allein zu lassen, stellte die In-

doppelte Problemlösung: für die Staaten ...

---

13 So kann denn auch Kreativität als Gegenstand psychologischer Forschung greifbar gemacht werden; vgl. als guten Überblick die Arbeit von Boden 1992 (der Titel der deutschen Übersetzung ist wiederum „wolkiger" ausgefallen als der des Originals [„The Creative Mind. Myths and Mechanisms"] und läßt Schlimmes befürchten; es handelt sich jedoch um ein brauchbares Sachbuch). Dort wird auch die Unterscheidung eingeführt zwischen H-kreativ und P-kreativ (also persönlicher Kreativität, z.B. der „Entdeckung", wie man den Umkreismittelpunkt eines Dreiecks konstruiert, durch einen Schüler – für ihn eine echt kreative Tat, für die Mathematik „ein alter Hut" – also nicht H-kreativ).

tegration nicht nur der deutschen und französischen, sondern eben der sechs EGKS-Staaten eine geeignete Problemlösung dar, die über den bilateralen (deutsch-französischen) Rahmen hinausging.

... und die handelnden Politiker

Darüber hinaus stellte der Schuman-Plan aber auch ganz konkret, auf der Ebene der real handelnden Politiker, eine Problemlösung dar. Die Außenminister der drei westlichen Besatzungsmächte, Acheson (USA), Bevin (GB) und Schuman (F) hatten nach Unterzeichnung des NATO-Vertrags im April 1949 begonnen, sich alle paar Monate zu treffen. Bei ihrem zweiten Treffen vom 15. bis 19.9.1949 forderte Acheson Schuman auf, er solle bei ihrem nächsten Treffen Grundlinien für eine gemeinsame Deutschland-Politik der Drei vorlegen. Damit schob er Schuman quasi den schwarzen Peter zu, Wege über den Status quo hinaus freizumachen. Die Reaktion der beiden Europäer, die von Schumans Kabinettschef Clappier überliefert ist, war bezeichnend:

> „Bevin gave a grunt which could have signified that he was unprepared or none too pleased, but which Acheson chose to interpret as assent. As for Robert Schuman, the bald top of his head went red as always when he was embarrassed ... Back in Paris, hardly a week passed without Schuman pressing me: ‚What about Germany? What do I have to do to meet the responsibility put upon me? It became an obsession with him."[14]

In dieser (Not-)Lage kam der von Monnet zusammen mit engen Vertrauten ausgearbeitete Vorschlag einer funktionalen Integration für den Kohle- und Stahlbereich gerade recht. Für Schuman war es ein Weg aus der Klemme des deutsch-französischen Problems, Monnet sah darin einen ersten Schritt zu einer breiter angelegten europäischen Integration. Am 28. April wurde der Plan Schuman unterbreitet, der beschloß, ihn sich zu eigen zu machen. Ein geheimer Kontakt zu Adenauer versicherte Schuman dessen Unterstützung.[15] Nach einer Kabi-

---

14 Zitiert nach Duchêne 1994, 190. („Bevin gab ein Grunzen von sich, daß bedeuten hätte können, daß er unvorbereitet oder nicht allzu begeistert war, das aber von Acheson als Zustimmung interpretiert wurde. Was Robert Schuman anbelangt, so wurde sein kahler Kopf rot wie immer, wenn er sich in eine unangenehme Lage gebracht sah ... Zurück in Paris verging kaum eine Woche, ohne daß er mich bedrängte: ‚Was ist mit Deutschland? Was muß ich tun, um der Verantwortung gerecht zu werden, die mir übertragen worden ist?' Er war wie besessen davon.")

15 Auch hier ist die Form von Adenauers Antwort interessant. Wie Schwarz (1986, 712, die inneren Zitate aus Adenauers Schreiben, Auslassungen von mir, ML) aufgesetzt, „ein offizieller und ein persönlicher. Das offizielle Schreiben läßt trotz aller offen bekundeten Sympathie für die Idee doch die nie ruhende Vorsicht Adenauers erkennen: ‚Ich begrüße die in diesem Schreiben entwickelten Gedanken als einen entscheidenden Schritt zu einer engen Verbindung Deutschlands mit Frankreich und damit zu einer neuen, auf der Grundlage friedlicher Zusammenarbeit aufgebauten Ordnung in Europa. Selbstverständlich wird sich die Bundesregierung eingehend mit dem Plan der französischen Regierung beschäftigen [...]. Ich kann aber schon jetzt die Bereitschaft Deutschlands erklären, sich an dem Studium des Plans und an der Vorbereitung der in Zukunft erforderlichen organisatorischen Maßnahmen zu beteiligen.' In dem persönlichen Brief läßt Adenauer ohne jede Zurückhaltung seiner Freude darüber freien Lauf, ‚daß nunmehr mit diesem Plan der französischen Regierung die Beziehungen zwischen unseren beiden Ländern, die in Mißtrauen und Reserve zu erstarren drohten, einen neuen Auftrieb zu konstruktiver Zusammenarbeit erfahren'. [...] Im Schlußsatz läßt er ein Wörtchen anklingen, das in Schumans Mitteilung – so positiv sie auch ist – doch gefehlt hat – ‚Gleichberechtigung': ‚Der Plan der französischen Regierungen [...] wird in der deutschen öffentlichen Meinung einen starken Widerhall finden, da zum ersten Mal nach der Katastrophe des Jahres 1945 Deutschland und Frankreich gleichberechtigt an einer gemeinsamen Aufgabe wirken sollen."

nettssitzung am Morgen, die nach einer ersten wirklichen Diskussion in diesem Kreis den Plan absegnete, stellte Schuman den Plan am Abend des 9.5.1950 der Öffentlichkeit vor.[16] Auch das Problem, vor das sich Schuman unmittelbar gestellt sah, die Erledigung der „unangenehmen Hausaufgaben" von Acheson in Sachen Deutschland, war damit gelöst.

An dieser Episode läßt sich auch dreierlei über politische Methoden, speziell solche Monnets, zeigen.[17]

1\. Zunächst ist die Arbeitsteilung zwischen Monnet, der kein Wahlamt bekleidet, sondern als Berater im Hintergrund wirkt und persönliche Netzwerke als Ideenschmiede und Propagierungshilfe nutzt, und Schuman, dem gewählten Politiker, der mit dem Vorschlag an die Öffentlichkeit geht, nicht untypisch. Solche „arbeitsteiligen Doppelgestirne" finden sich immer wieder in der Politik. Dabei ist das Gestirn Schuman und Monnet insofern noch nicht einmal typisch, als beide im konkreten Fall durchaus unterschiedliche Absichten mit dem Schuman-Plan verfolgten (konkrete Lösung des deutsch-französischen Problems vs. europäische Integration; sie trafen sich darin, daß Monnet Schuman ersteres „verkaufen" konnte in der Hoffnung, damit letzteres zu bewirken). Auch sind die Doppelgestirne nicht immer solche von Wahlamtsinhabern und ernannten Beamten. Entscheidend ist vielmehr die auf Vertrauen gegründete Arbeitsteilung. Vertrauen ist erforderlich, weil das jeweilige „Leitgestirn" darauf bauen können muß, daß sein Partner nicht „ein eigenes Süppchen kocht", z.B. nach seinem Posten trachtet. Für Monnet war bezeichnend, daß er nie ein Wahlamt angestrebt hat und insofern von gewählten Politikern auch nicht als Konkurrent betrachtet wurde (werden mußte). Arbeitsteilung ist erforderlich, weil auch viel und schnell arbeitende politische Führer oder Beamte nicht alles alleine tun können – sie sind auf verläßliche Zuarbeit angewiesen. Daß er diese anbieten konnte, hat es Monnet immer wieder erlaubt, Positionen zu besetzen, die er meist selbst geschaffen hatte (in dem Sinne, daß sie erst aufgrund eines Vorschlags von seiner Seite überhaupt zu besetzen waren; dies galt für den Posten des Chefs der französischen Planungsbehörde ebenso wie für den des Leiters der Hohen Behörde der EGKS).

Eine zweite, gerade für Monnet besonders charakteristische Methode ist die Aktivierung von Netzwerken persönlicher Beziehungen. Da sie in seinem Fall besonders auch über den Atlantik gesponnen waren, konnte Monnet mehrfach, so auch im Falle der von ihm 1956 propagierten EURATOM-Pläne, als Vermittler zwischen Amerika und Europa fungieren. Wie Duchêne (1994, 403) feststellt: „he became the natural leader of a shadow party of internationalists on both sides of the Atlantic. [Walter] Hallstein [erster Präsident der EWG-Kommission, ML] and the Common Market Commission in Brussels were one

Monnets Methode:

1. „arbeitsteilige Doppelgestirne"

2. Netzwerke persönlicher Beziehungen

---

16 Zu dieser Vorgehensweise heißt es bei Duchêne (1994, 201): „As the British ambassador wrote, ‚shock tactics' ensured the Schuman Plan ‚could not be strangled at birth'. The steelmasters, potential stranglers, proud of having eyes and ears in every ministry, were deeply shaken to have detected no hint of the coming earthquake." Potentiell gegen den Schuman-Plan eingestellte Interessengruppen hatten also keinen Wind von der Sache bekommen und wurden quasi überrumpelt.

17 Weitere Gedanken zu Monnets politischer Vorgehensweise und Methode finden sich in Teil II von Duchêne 1994.

center. Monnet and a core of leaders on the Action Committee [das erwähnte Aktionskomitee für die Vereinigten Staaten von Europa, ML] were another. A third and very important one was in Washington, in the State Department [Außenministerium] and the White House."[18] Einfluß in den USA war deshalb so wichtig, weil diese, wie gerade auch die Darstellung zur Entstehung des Schuman-Plans gezeigt hat, entscheidenden Druck in Richtung europäische Integration ausübten, nicht zuletzt auf Frankreich. Freilich galt gerade deshalb auch: „To have influence in Washington was an enormous advantage almost everywhere. In Paris, however, it also carried costs"[19], was Monnet wie erwähnt in der gaullistischen Skepsis, die ihm entgegenschlug, zu spüren bekam.

3. Funktionalismus

Drittens schließlich war Monnets politische Methode die des Funktionalismus. Darunter versteht man jene Herangehensweise an politische Integration, die sie im Wege der sachbereichsspezifischen Kooperation verwirklichen will. Anders als bei der anderen großen Gruppe der politischen Integrationsbefürworter, den Föderalisten, steht nicht das Entwerfen von Gesamtkonzeptionen und Verfassungen für einen Bundesstaat (eine Föderation, daher Föderalismus) im Vordergrund; in dieser Hinsicht folgt der politische Funktionalismus – hierin mit dem Anspruch von Funktionalismus in Architektur und Design übereinstimmend – dem berühmten Motto: „form follows function" – die (politische) Form folgt der Funktion. Die Strategie des Funktionalismus ist daher das Erarbeiten von Integrationsfortschritten im Detail in der Hoffnung, daß Kooperation in einem Sachbereich die in anderen Sachbereichen erforderlich macht und somit „erzwingt". Die Hoffnung auf diesen Effekt ist typisch für den Funktionalismus als politische Strategie. Er wurde von den ebenfalls Funktionalisten genannten politikwissenschaftlichen Analytikern der frühen EG-Entwicklung[20] – prominente Vertreter sind Ernst B. Haas (1968) oder Leon Lindberg (1963) – als „spillover"-Effekt (wörtlich: „Überschwapp"-Effekt) bezeichnet. Der hierbei, und vielleicht bei den Analytikern noch mehr als bei den Praktikern, zuweilen betonte „Automatismus" des spillover stellte sich allerdings, wie nicht zuletzt das Schicksal der EURATOM zeigt, so in der Realität nicht ein.[21] Vielmehr bedurfte es in Phasen der Integrationsstagnation unter anderem bewußter politi-

---

18   „Er wurde zum natürlichen Führer einer Schattenpartei von Internationalisten auf beiden Seiten des Atlantiks. Hallstein und die Kommission des Gemeinsamen Marktes in Brüssel waren ein Zentrum. Monnet und ein Kern von Führern im Aktionskomitee waren ein anderes. Ein drittes und sehr wichtiges war in Washington, im State Department und im Weißen Haus."
19   Duchêne 1994, 383.
20   Der politikwissenschaftliche Funktionalismus, als ein Strang der Analyse von Integrationsprozessen, konkret der EG, ist zu unterscheiden vom Funktionalismus als sozialwissenschaftlichem Ansatz im allgemeinen. Letzterer versucht, die Entstehung sozialer Phänomene aus ihrer Funktion für das gesamtgesellschaftliche System zu erklären (etwa: die Existenz der Institution Religion mit ihrem Beitrag zum gesellschaftlichen Zusammenhalt). Beide Spielarten des Funktionalismus weisen durchaus Ähnlichkeiten auf, aber auch Unterschiede. Daher trifft nicht jede Kritik gegen den Integrations-Funktionalismus auch auf den allgemeinen sozialwissenschaftlichen Funktionalismus zu (und umgekehrt). Schließlich sind beide analytische Stränge des Funktionalismus vom Funktionalismus als politische Strategie zu unterscheiden, auch wenn Analytiker oft ein enges Verhältnis zur EG-Integrationspraxis hatten und haben.
21   Auch den politikanalytischen Funktionalisten blieb dies natürlich nicht verborgen, weshalb sie in späteren Werken den Anspruch des Funktionalismus reduzierten bzw. verstärkt auf Elitennetzwerke und politische Führung als Erklärungsfaktoren abhoben, vgl. z.B. die Schlußfolgerungen am Ende von Lindberg/Scheingold 1970.

scher Führung, um der „Eurosklerose" zu entrinnen. Dies soll uns ein Blick auf das Wirken von Jacques Delors als Kommissionspräsident zeigen.

3.1.1.2 Jacques Delors und der Weg nach Maastricht

> I have always favored the step-by-step approach – as the experiment we are embarked upon shows. But today I am moving away from it precisely because time is short. We need a radical change in the way we think of the Community and in the way we act on the world stage. We need to overcome whatever resistance we encounter. [...] It is time, then, for a new political initiative. The Commission is ready for it and will play its full part in pointing the way."[22]
> aus der Ansprache Jacques Delors' vom 17.10.1989 im Europa-Kolleg in Brügge[23]

Autor der hier im wesentlichen zugrundegelegten Studie ist George Ross. Er lehrt in den USA als Professor für „Labor and Social Thought" (also etwa: Ideengeschichte der Arbeiter- und der Sozialen Bewegung) an der Brandeis Universität und ist zugleich Forscher am Center for European Studies der Harvard Universität. Das bemerkenswerte an seiner Studie ist, daß er eine Methode nutzen konnte, die aus mehreren Gründen in der politikwissenschaftlichen Forschung über führende politische Entscheidungsträger nur selten angewendet werden kann: die teilnehmende Beobachtung. Im Unterschied zum oben als „beobachtender Teilnehmer" charakterisierten Autor der Monnet-Biographie ist Ross also kein politischer „Weggefährte" von Jacques Delors. Vielmehr hat er die Gelegenheit erhalten, etwas mehr als die erste Jahreshälfte 1991 sowie da-

die Studie und ihr Autor

---

22 „Ich habe immer den Schritt-für-Schritt-Ansatz bevorzugt – wie das Experiment, auf das wir uns eingelassen haben, zeigt. Aber heute bewege ich mich davon weg, und zwar weil die Zeit knapp ist. Wir müssen die Art, in der wir über die Gemeinschaft nachdenken und in der wir auf der Weltbühne handeln, radikal ändern. Wir müssen allen Widerstand überwinden, auf den wir stoßen. [...] Eine neue politische Initiative ist also an der Zeit. Die Kommission ist bereit dafür und wird ihren Teil dazu beitragen, den Weg zu weisen."

23 Zitiert nach dem in Nelsen/Stubb 1994, 51-64, abgedruckten Textauszug der Rede. Neben dem Europäischen Hochschulinstitut in Florenz, das der Ausbildung mit Abschluß eines Studiums (der sog. post-graduierten Ausbildung) im akademischen Bereich dient, stellt das 1949 gegründete Europa-Kolleg in Brügge (Belgien) eine zweite europabezogene Postgraduierten-Ausbildungsstätte dar, allerdings mehr auf die Ausbildung von „Praktikern" in der EU oder mit beruflichem Bezug zu ihr ausgerichtet. Zur Eröffnung des akademischen Jahres dort spricht jeweils eine prominente Persönlichkeit der europäischen Politik. So hielt ein Jahr vor Delors, 1988, Margaret Thatcher ihre später nicht nur berühmte, sondern berüchtigte Rede (Textauszug in Nelsen/Stubb 1994, 45-50), in der sie ihre Vorliebe für ein allenfalls intergouvernementales Europa noch einmal bekräftigte. Die Rede war durchaus auch gegen Delors gerichtet, von dem es in der einschlägigen Passage zur Brügger Rede in Frau Thatchers Memoiren (1993, 742) heißt: „By the summer of 1988 he [Delors] had altogether slipped his leash as a *fonctionnaire* and become a fully fledged political spokesman for federalism. [...] I decided that the time had come to strike out against what I saw as the erosion of democracy by centralization and bureaucracy, and to set out an alternative view of Europe's future." („Im Sommer 1988 hatte er [Delors] gänzlich seine Zügel als hoher Beamter abgestreift und war ein offener politischer Befürworter des Föderalismus geworden. [...] Ich entschied, daß die Zeit reif war, gegen das einzuschreiten, was ich als eine Aushöhlung der Demokratie durch Zentralisierung und Bürokratisierung ansah, und ich stellte eine alternative Zukunft für Europa vor.")

nach nochmals drei mehrwöchige Phasen im (damaligen; inzwischen mußte es wegen Asbestverseuchung geräumt werden) Hauptquartier der Kommission, dem Berlaymont-Gebäude in Brüssel, zu verbringen und dabei der Kommission unter Führung von Jacques Delors „bei der Arbeit zuzusehen". Neben zahlreichen Interviews mit führenden Kommissionsmitgliedern gehörte dabei zu seiner Vorgehensweise auch das Mitverfolgen mehrerer zentraler Vorgänge (Dossiers) aufgrund von umfangreichem Aktenstudium sowie schließlich die teilnehmende Beobachtung im engeren Sinne von formellen und informellen Sitzungen. Es ist nachvollziehbar, warum diese Methode nur selten zur Anwendung kommt, obwohl sie qualitativ sehr hochwertige Daten für die politikwissenschaftliche Analyse erbringt. Zum einen setzt sie die Bereitschaft der Beobachteten voraus, sich beobachten zu lassen. Ross erhielt sie durch persönliche Kontakte sowohl zu Delors (er war zur Einweihung des Center for European Studies an die Harvard Universität geladen worden) als auch vor allem zu Delors' Kabinettschef, Pascal Lamy.[24] Dem stehen, zum andern, Zeitknappheit, der Bedarf nach Vertraulichkeit und, im Falle der unkonsultierten Mitarbeiter, auch ein gewisses Mißtrauen gegenüber den tatsächlichen Absichten des Beobachters entgegen. Vertrauen der Beobachteten zu gewinnen und sie dabei gleichzeitig zunehmend vergessen zu lassen, daß eine Beobachtung stattfindet (um nicht „gespieltes" Verhalten präsentiert zu bekommen), gehört dabei zu den Aufgaben des Beobachters. Zugleich gerät er damit natürlich, zumal wenn er sich als „auserwählt" fühlen darf, einen privilegierten Zugang zu erhalten[25], in die Gefahr der Befangenheit oder der Vereinnahmung durch die Beobachteten.[26] Wiederum wird man sagen können, daß Ross' Leistung, neben der Bewältigung einer Dokumenten- und Interviewmasse (auch in einer anderen als seiner Muttersprache), darin besteht, dieser Gefahr nicht erlegen zu sein.

eine ergänzende Studie Ergänzend zur Studie von Ross soll hier eine zweite, von Helen Drake (1995) unternommene, herangezogen werden. Sie hat den Vorteil, sich auf Datenmaterial zu stützen, das auch für „normal Sterbliche" erreichbar ist, und damit methodisch auch eher in Reichweite zu liegen. Drakes Arbeit liegt die Analyse von Delors' „politischem Diskurs" zugrunde, konkret von vier etwa einstündigen

---

24 Die übrigen Mitarbeiter erfuhren, so Ross (1995, 53), erst bei seiner Vorstellung durch Lamy in einer morgentlichen Runde davon, daß er künftig als teilnehmender Beobachter im Hause aktiv sein sollte – auch ein Zeichen für den Führungsstil. Ross (ebd., 52) beschreibt die Reaktion: „Some cabinet members were skeptical and, I suspect, a little fearful of an outsider breaking into their privacy. As I had the blessing of Delors and Lamy, they may have thought that I had to be up to more than I admitted. Moreover they were busy with more tasks than they could possibly handle and wary of having to pay attention to a curious intellectual tourist in their midst." („Einige Kabinettsmitglieder waren skeptisch und, so vermute ich, fürchteten etwas das Einbrechen eines Außenseiters in ihre Privatsphäre. Da ich den Segen von Delors und Lamy hatte, mögen sie auch gedacht haben, daß ich auf mehr aus war, als ich zugegeben hatte. Außerdem hatten sie mehr zu tun, als sie erledigen konnten, und Bedenken, auf einen neugierigen intellektuellen Touristen in ihrer Mitte achten zu müssen.")

25 Wobei eine Visitenkarte wie die der Harvard Universität zweifellos behilflich ist – ein Beispiel dafür, daß auch politikwissenschaftliche Forschung nicht im luftleeren Raum, sondern unter sozialen Bedingungen erfolgt.

26 Wie Ross (1995, ix) selbst formuliert: „It is hard not to be marked by proximity to a great project." („Es ist schwer, durch die Nähe zu einem großen Projekt nicht beeindruckt zu werden.")

Fernsehinterviews, die Delors Ende 1991 und Anfang 1992 in verschiedenen französischen Sendern gegeben hat. Die Wahl fiel auf diese als Videoaufzeichnung gespeicherten Interviews, da bei ihnen – im Unterschied zu öffentlichen Reden und veröffentlichten Texten – die Urheberschaft unzweifelhaft bei Delors selbst liegt.[27] Durch ihre Auswertung will Drake zeigen, „how he [Delors] politicised the leadership role of the Commission, and to what effect" (ebd., 140). Sie sucht also nach den Spuren von Delors' Führungsstil, die sich in seinen Reden finden lassen. Das Ausmaß, in dem ihr dies gelingt, hängt dabei einerseits von der Güte ihrer Auswertung ab. Andererseits zeigt sich aber auch, daß die Qualität der Daten im Vergleich zu denen, auf die Ross zurückgreifen konnte, eine andere, geringere ist (weil sich die Daten nicht auf das tatsächliche Führungshandeln Delors' beziehen, wie im Falle der teilnehmenden Beobachtung, oder zumindest nur auf den Teil dieses Handelns, das aus öffentlichem Sprechen besteht). Und damit zur Hauptperson.

Jacques Delors wurde am 20.7.1925 in Paris geboren. Sein Vater war ein mittlerer Angestellter der Banque de France. Die Jugendzeit war geprägt von einem urbanen Milieu und der Mitarbeit in der progressiv-katholischen Jugendbewegung. Der soziale Katholizismus mit seiner Betonung des sozialen Ausgleichs als Basis einer funktionierenden Gesellschaft sollte für Delors prägend bleiben. Nach dem Studium der Rechts- und Wirtschaftswissenschaften, das er jedoch nicht an einer der für die französische Elite sonst nahezu unverzichtbaren Elitehochschulen absolvierte, trat er auf Drängen des Vaters ebenfalls in die Banque de France ein, wo er es bis zum Abteilungsleiter bringen sollte. Weitere Beförderungen lehnte er zugunsten seines Engagements in der christlichen Gewerkschaftsbewegung ab. In den 1960ern wechselte er dann in die Führungsetage der französischen Planungskommission, wobei er versuchte, ein System von Kollektivverhandlungen der Tarifparteien anzuregen. 1969 wurde er Berater für Sozialfragen des gaullistischen Premierministers Chaban-Delmas. 1974 trat er der Sozialistischen Partei (Parti Socialiste) bei und unterstützte François Mitterrand, was ihm 1979 den letzten sozialistischen Listenplatz im Europaparlament einbrachte. Er wurde Vorsitzender des Ausschusses für monetäre Angelegenheiten. 1981, nach dem Wahlsieg der Sozialisten in Frankreich, holte ihn Mitterrand als Wirtschafts- und Finanzminister ins Kabinett. Als solcher stand er dem Wechsel der französischen Politik von dem anfänglichen „Linkskeynesianismus", der auf, wie sich zeigte, unhaltbaren öffentlichen Ausgaben beruhte, zu einer konsolidierteren Finanzpolitik vor, was zugleich die wirtschaftspolitische Annäherung Frankreichs und Deutschlands bedeutete. Nach zwei Jahren wurde er 1983 Bürgermeister von Clichy, und von 1985 bis Ende 1994 war er Präsident der EG-Kommission. In der Art, wie er diese Rolle ausfüllte, unterstützt durch die lange Amtszeit (zwei volle Amtsperioden), setzte er nicht nur neue Maßstäbe für die Führung dieses Amtes. Zugleich trug er mit seinem Führungsstil entscheidend zur Überwindung der „Eurosklerose" bei durch Vorlage des „Weißbuches" zur Vollendung des Binnenmarktes (14.7.1985) und Propagierung der Europäischen Union.

Kurzbiographie

---

27 Obwohl gerade von Delors berichtet wird, daß er, der Vielarbeiter, bis zu 90 % seiner Reden und Texte selbst verfaßt, ist Gewißheit über die tatsächliche Autorenschaft für Außenstehende meist schwer zu erlangen. Als publizierte Texte Delors', die Drake (wie auch Ross) mit herangezogen hat, liegen vor: Delors 1988 und 1992.

"Moloch" Kommission: Fakten ...

Die Kommission der EU besteht aus (heute) 20 Mitgliedern (zu Delors' Amtszeit, also vor Beitritt Finnlands, Österreichs und Schwedens, aus 17).[28] Als „Erster unter Gleichen" (primus inter pares), aber ohne Weisungsbefugnis oder Richtlinienkompetenz etwa des Bundeskanzlers gegenüber den Mitgliedern seines (Regierungs-)Kabinetts[29], steht ihr der Präsident voran, der die Kommission auch bei offiziellen Anlässen wie etwa den G 7-Gipfeltreffen der führenden Industriestaaten vertritt. Die Kommission ist also ein Kollegialorgan. Ihre Mitglieder werden, seit dem Maastrichter Vertrag nach Anhörung durch das Europäische Parlament, von den Regierungen der Mitgliedstaaten benannt. Da sie als „Motor der Integration" gedacht ist, gehört es zu den Aufgaben der Kommission, für die Anwendung der vertraglichen (primären) und im Rahmen der Verträge gesetzten (sekundären) Bestimmungen des Europarechts Sorge zu tragen (wozu sie z.B. ggf. Klage gegen die Mitgliedstaaten vor dem Europäischen Gerichtshof erheben kann); Vorschläge für die Normsetzung auszuarbeiten (Initiativrecht); schließlich im Rahmen der Verträge selbst Entscheidungen zu treffen (etwa in Kartellfragen) oder, sofern sie vom Rat dazu beauftragt ist, erlassene Vorschriften durchzuführen. Zur Ausführung dieser Aufgaben stützt sich die Kommission auf einen eigenen Verwaltungsapparat, der in 23 Generaldirektionen gegliedert ist und ca. 15.000 Bedienstete umfaßt, einschließlich des größten Sprachendienstes der Welt. Der gesamte höhere Dienst besteht aus nur 3700 Beamten, davon 530 Deutsche.[30] Jeder Kommissar hat einen eigenen Geschäftsbereich, der aber, wie bereits die Zahlenverhältnisse (20:23) nahelegen, nicht auf den Bereich einer Generaldirektion beschränkt ist. Vielmehr ist die Nicht-Kongruenz der Organisation auf Beamtenebene und der der Kommissare ebenso wie die Überlappung deren Geschäftsbereiche in inhaltlich zusammengehörenden Sachgebieten (etwa Außenbeziehungen, Außenwirtschaftspolitik, Entwicklungspolitik, die je in den Geschäftsbereich eines Kommissars gehören) eines der organisatorischen und damit auch Funktionsprobleme der Kommission. Jeder Kommissar hat ein ihn unterstützendes engeres Mitarbeitergremium, das (nach der französischen Verwaltungstradition) sog. Kabinett (das also nicht mit einem Regierungskabinett zu verwechseln ist). Im Falle Delors gehörten ihm zehn Mitglieder an, Kabinettschef war der bereits erwähnte Pascal Lamy.

... und populistische Propaganda

Die Kommission wird vielfach als „anonymer Kolloß", eben als Moloch, empfunden und gerne auch in politischen Diskussionen in den Mitgliedstaaten so dargestellt. Dazu ist zweierlei zu sagen: Der Vorwurf der Anonymität ist in ei-

---

28 Zu den rechtlichen Bestimmungen vgl. Art.155-163 EUV.
29 Der Amsterdamer Vertrag geht einen Schritt in die Richtung, dem Kommissionspräsidenten eine solche Richtlinienkompetenz einzuräumen, indem er den einschlägigen Art.163 des EG-Vertrages neufaßt und feststellt: „Die Kommission übt ihre Tätigkeit unter der politischen Führung ihres Präsidenten aus." Betrachtet man einmal die EU als ein eigenes politisches System im Werden und den Kommissionspräsidenten als Chef dessen Exekutive, so könnte man durchaus eine Parallele ziehen zwischen der Entwicklung dieses Amtes, im Wechselspiel zwischen jeweiliger Amtsführung konkreter Inhaber und institutionellen Festschreibungen, und der – allerdings über mehrere Jahrhunderte erfolgenden – Entwicklung etwa des britischen Premierminister-Amtes (und damit des parlamentarischen Regierungssystems); vgl. für eine Kurzdarstellung der letztgenannten Entwicklung Thomas 1998, 1-6.
30 Angaben nach Strohmeier 1994, 384. Vgl. zur politikwissenschaftlichen Analyse der EG-Kommission im allgemeinen Cini 1996.

nem bestimmten Sinn sicher richtig. Er trifft die Kommission ebenso wie andere große Organisationen, wie sie heute für das Leben in komplexen Gesellschaften typisch sind. In der Tat zeigt ja das Beispiel der teilnehmenden Beobachtung durch Ross, wie aufwendig es ist, hinter dem Handeln „der Kommission" dasjenige einzelner Personen erkennbar zu machen. Was allerdings den im „Moloch"-Begriff anklingenden Vorwurf der (übermäßigen) Größe, des „aufgeblähten Beamtenapparates", wie es gerne genannt wird, anbelangt, so muß (und kann) dieser relativiert werden. Hält man sich vor Augen, daß die Kommission heute im Grunde als eine Art Regierung für einen ganzen Halb-Kontinent, für die rund 370 Mio. Menschen in 15 Staaten fungiert, so ist die Zahl von 15.000 Bediensteten eher gering. Die deutsche Bundesregierung etwa beschäftigt rund 20.000 Bedienstete, und selbst eine Großstadt wie München kommt auf 51.000. Gleichwohl wird in politischen Auseinandersetzungen in den Mitgliedstaaten gerne, gleichsam „für den heimischen Gebrauch", über „Brüssel" (also die Kommission) geschimpft. Hierbei mischt sich Kritik, die durchaus berechtigt und prinzipiell natürlich legitim ist, mit einer Art „Blitzableitertaktik" politisch Verantwortlicher (der Schwarze Peter für politisch Unangenehmes wird gerne nach Brüssel geschoben) sowie mit rein populistischer Rhetorik politisch Unverantwortlicher. „Populistisch" bezeichnet dabei einen Stil der Politik (und politischen Rhetorik), der vorgibt, „für den gemeinen Mann", mit „Volkes (lat. populus = Volk, daher die Bezeichnung „populististisch") Stimme" zu sprechen. Es ist in einer Demokratie, in der, dem Wortsinn nach, ja „das Volk herrscht", nicht einfach, sich dem Druck solcher Rhetorik zu entziehen. Die vielleicht beste Antwort auf diese – häufig eben auch nur gespielte – „Volksnähe" ist die des britischen Konservativen und Verfechters der repräsentativen Demokratie, Edmund Burke (1729-1797), der in einer berühmten Rede vom 3.11.1774 an die (damals noch aufgrund des Zensuswahlrechts eher wenigen) Wähler in seinem Wahlkreis sagte, er schulde ihnen nichts, außer seinem wohlerwogenen unabhängigen Urteil (also, wie ich hinzufügen will, insbesondere nicht, ihnen nach dem Munde zu reden).[31] Das mag elitär (und damit in einer Demokratie anstößig) klingen, ist aber ehrlicher als die geheuchelte „Volksnähe", die gerade auch in Diskussionen um die europäische Integration neuerdings anzutreffen ist.

Doch damit zurück zu Delors und seiner „Methode". Wie die Untersuchung von Drake zeigt, gehört zu ihr auch die öffentliche Rede, die nicht ohne suggestive Formulierungen auskommt, ja in der sogar ein ans Populistische grenzendes Kokettieren mit seiner eher einfachen Herkunft vorkommt: „There is a certain amount of false modesty in Delors' representation of his humble, non-elitist background (although it is true that he is not an *énarque* [...]).[32] Darüber hinaus zeichnet ihn eine sorgfältige, bisweilen überdetaillierte und beinahe „pädagogi-

Delors Methode:
1. öffentliche Rhetorik

---

31 Im Wortlaut (zitiert nach Eigen/Siegel 1993, 676) sagte er: „Your representative owes you, not his industry only, but his judgement; and he betrays instead of serving you if he sacrifices it to your opinion." („Ihr Repräsentant [im Parlament, ML] schuldet Ihnen nicht nur seinen Fleiß, sondern sein Urteil; und er verrät Sie, statt Ihnen zu dienen, wenn er es Ihrer Meinung opfert.")
32 Drake 1995, 147. „Es liegt ein gewisses Maß an falscher Bescheidenheit in Delors' Darstellung seiner bescheidenen, nicht-elitären Herkunft (obwohl es stimmt, daß er kein Enarch ist [...])"; „énarque" (als Zusammenziehung aus ENA und „hiérarque") nennt man in Frankreich jene Mitglieder der politischen und wirtschaftlichen Elite, die eine ihrer „Kaderschmieden", eben die ENA (Ecole Nationale d'Administration), absolviert haben.

sierende" Darlegung der „notwendigen Schritte" aus, womit er zugleich die Gewißheit einflößen möchte, daß er sie kennt.[33] Und in der Tat gehört neben dem rednerischen, werbenden Einsatz, der für Delors' öffentliches Agieren als Kommissionspräsident so typisch war und ihn gleichsam „sichtbarer" machte als etliche seiner Vorgänger, die eigene Überzeugung von seinem „Projekt Europa" mit zu den Kennzeichen Delors'.

2. das Projekt: Bewahrung des europäischen Gesellschaftsmodells

Das Projekt, das Delors vorschwebte, oder, wie er in seinen Interviews auch sagte, „die Aufgabe" (la tâche), scheint, wie Drake (1995, 150) feststellt, zunächst eine widersprüchliche zu sein: „there may at first glance appear to be a contradiction between the *social, moral* mission which Delors believes to be the Community's, and the *economic,* free-market policy proposals with which he is most frequently associated".[34] Und in der Tat enthält das Projekt zwei Elemente. Da ist zum einen die nicht nur bei Delors Mitte der 1980er Jahre verbreitete Ansicht, daß (das EG-) Europa angesichts von Millionen Arbeitslosen und wirtschaftlicher Stagnation sowie der verschärften Konkurrenz aus den USA (die zugleich in der Schaffung neuer, wenn auch oft schlechter bezahlter Arbeitsplätze wesentlich erfolgreicher waren) und Japan wirtschaftlich auf den Weltmärkten zurückzufallen drohe und daß damit das ganze Gefüge der europäischen Gesellschaft bedroht werde. Andererseits sieht er auch, daß die Konkurrenz in der Triade, wie man das Dreiecksverhältnis von USA, Europa und Japan auch nennt[35], auch die von ganz unterschiedlichen Modellen der gesellschaftlichen Organisation ist, insbesondere was das Verhältnis der Sozialpartner und den Ausbau von Sozial- bzw. Wohlfahrtsstaatlichkeit anbelangt.[36] In der einen „Ecke" der Triade steht der angelsächsische Kapitalismus. Sein Kennzeichen sind wenig organisierte Beziehungen zwischen Kapital und Arbeit und geringe Sozialstaatlichkeit. Dem steht das japanische Modell gegenüber. In ihm herrscht innerhalb der Firmen enge Kooperation von Kapital und Arbeit, bei im Vergleich zu Europa aber geringeren gesellschaftlichen Freiräumen für Individualität. Schließlich, um die hier nur karrikaturhaft-verkürzt wiedergebbare Sicht der Dinge zu komplettieren, gibt es das europäische Gesellschaftsmodell. Dieses erlaubt individuelle Entfaltung im Rahmen von sozialer Absicherung, und Kooperation der Tarifpartner ist ein wichtiges Element. Nochmals: die durch die Zuspitzung hier noch übertriebene positive Selbstsicht des europäischen Modells ist eine Karrikatur. Sie macht aber deutlich, daß es den „sozialstaatlich abgefederten Ritt auf dem sozialpartnerschaftlich gezähmten kapitalistischen Tiger" propagiert. Insofern war (und ist) dieses „europäische Modell" und das Projekt seiner Bewahrung in globaler

---

33 Wie Drake (1995, 159, Anm. 24) schreibt, geht dieses „Pädagogisieren" so weit, daß, als in einem seiner Interviews Delors auf die Frage nach dem Bedarf für ausgebildete Ingenieure in Frankreich antwortet: „Je n'en suis pas sûr" („Ich bin mir da nicht sicher"), der Interviewer Alain Duhamel erleichtert feststellt: „C'est une bonne nouvelle." („Endlich einmal eine gute Nachricht.")

34 Kursiv im Org. („Auf den ersten Blick mag es einen scheinbaren Widerspruch geben zwischen der sozialen, moralischen Mission, die Delors für die Kommission sieht, und den ökonomischen, an freien Markt orientierten Politikvorschlägen, mit denen er zumeist in Verbindung gebracht wird.")

35 Vgl. List u.a. 1995, Kap.4.4.3.

36 Diese Diagnose wurde auch im Bereich wissenschaftlicher Analyse mehrfach publiziert und popularisiert, vgl. z.B. Albert 1992 und Hart 1992.

Konkurrenz ein zutiefst sozial-demokratisches, oder, da es – wie auch Delors selbst[37] – nicht auf eine im engeren Sinne parteipolitische Linie festgelegt war, ein solches der sozialen Demokratie.

Zur Durchsetzung dieses Projektes, das Delors als klare Leitvorstellung diente[38], mußte er nun die Kommission, obwohl er, wie erwähnt, ihr gegenüber keine formelle Richtlinienkompetenz hatte, gleichsam auf eine Linie einschwören. Sein Erfolg wie auch ein Gutteil seiner Probleme resultierten letztlich aus diesem Versuch. Zunächst operiert die Kommission in ihrer Wirtschafts- und Sozialpolitik natürlich nicht im leeren Raum. Die jeweils dominante „Philosophie" in den (wichtigsten) Mitgliedstaaten ist vielmehr ein entscheidender Parameter, der ihren Spielraum bestimmt. Die erwähnte ökonomische Annäherung zwischen Frankreich und Deutschland einerseits[39], die vor allem von Großbritannien unter Margaret Thatcher vertretene Gegenposition des weitgehenden Abbaus von Staatstätigkeit und insbesondere des Wohlfahrtsstaates andererseits sind hier anzuführen. Letztere ragte in Gestalt des britischen Kommissars Sir Leon Brittan, zuständig für Wettbewerbspolitik, auch bis in die Kommission hinein, während das gute Verhältnis zwischen Delors und Mitterand – in gewisser Weise auch ein Doppelgestirn von der oben erwähnten Art – ein Gegengewicht bildete.

Da Delors sich die Mitglieder „seiner" Kommission also nicht selbst frei aussuchen konnte, wie (freilich bei Koalitionsregierungen wie in Deutschland innerhalb mehr oder weniger enger Grenzen) im Falle eines Regierungskabinetts[40],

3. Durchsetzung: die Kommission „auf Linie bringen"
– wirtschaftsphilosophisch

– organisatorisch

---

37 Wie erwähnt diente Delors sowohl unter gaullistischen als auch unter sozialistischen Premierministern. Seine Herkunft aus dem progressiv-katholischen Lager und (spätere) Mitgliedschaft in der Sozialistischen Partei macht ihn gleichsam zum personifizierten ideologischen Kompromiß, der dem Nachkriegsmodell der (west-)europäischen Gesellschaft zugrundelag.
38 Vgl. dazu auch Kuper 1997.
39 Zu deren Bedeutung vgl. auch unten Kap. 3.1.2.
40 Ross (1995, 120) beschreibt einen von Delors' berüchtigten Zornesausbrüchen auf einer Sitzung mit den Generaldirektoren (er charakterisiert diese Sitzungen als „assemblies of the entire general staff of the European Commission, a group of distinguished, sophisticated middle-aged males – there were but two women" [„Versammlungen der ganzen Belegschaft der Europäischen Kommission, eine Gruppe erlauchter, gebildeter Männer mittleren Alters – es gab nur zwei Frauen"]) Ende Februar 1991. Delors fuhr die Versammelten an (Auslassungspunkte bei Ross): „If I could hire and fire here, I'd go after at least six of you ... I know which ones among you don't take me seriously and those who do ... I know who you are. We shouldn't live at the level of rumors and backbiting. We should be able to rise to the high level of the tasks at hand. I see everything and think about what I see. In a government I'd be able to remove people. But here you're all barons, it is hard to shake you up ... But I'll get to you nonetheless." („Wenn ich hier heuern und feuern könnte, würde ich mir mindestens sechs von Ihnen vornehmen ... Ich weiß, wer von Ihnen mich nicht ernst nimmt und wer es tut ... Ich kenne Sie. Wir sollten uns hier nicht auf dem Niveau von Gerüchten und Verleumdungen bewegen. Wir sollten im Stande sein, dem hohen Niveau der gestellten Aufgaben gerecht zu werden. Ich sehe alles und mache mir meine Gedanken darüber. In einer Regierung könnte ich Leute entlassen. Aber hier sind Sie alle Barone, es ist schwer, Sie aufzurütteln ... Aber ich werde Sie schon kriegen.") Charakteristisch ist die Mischung von Anklage (Drohung mit der – leider – nicht möglichen Entlassung) und aufbauender Rhetorik (Mitarbeit bei der Bewältigung der „tasks at hand"). Charakteristisch ist auch, was Ross (ebd., 121) dieser Passage als Kommentar folgen läßt: „Delors had difficulty controlling the measure of his reactions to those who fell short of his own high standards. Wisely, he knew enough about himself to avoid the potentially costly hurts which might be inflicted if he did lose control. [...] There was another line of explanation, however. One of the targets of his outburst, who knew Delors very well, was certain that the explosion was contrived – ‚acting' was the term he used. Delors, the argu-

galt es, durch andere organisatorische Mittel der Tätigkeit der Kommission eine Linie zu geben. Delors bediente sich dazu zum einen des hochkarätigen Mitarbeiterstabs seines straff organisierten Kabinetts. Wiederum als Doppelgestirn arbeitete er damit eng mit seinem Kabinettschef Pascal Lamy zusammen. Selbst Delors, bekannt als äußerst schneller und tüchtiger Arbeiter und für seine profunde Kenntnis aller wichtigen Vorgänge, konnte nicht alles alleine erledigen, zumal die Außendarstellung gegenüber den Regierungschefs, Verbandsvertretern und der Öffentlichkeit im allgemeinen einen nicht unerheblichen Teil seiner Arbeitszeit band. Lamy hielt daher für ihn mit „eiserner Hand" die Fäden zusammen. Die wichtigsten Dossiers (Sachgebiete) wurden innerhalb Delors' Kabinett verteilt, so daß jeweils eine Person dafür verantwortlich war, die „in den Diensten" (also den zuständigen Generaldirektionen) laufenden Arbeiten zu „überwachen". Diese Überwachung, bei der auch unterschiedliche hausinterne persönliche Netzwerke – solche nationaler (also vorwiegend französischer) Zusammengehörigkeit, parteipolitischer (sozialistischer) oder durch das Sachthema bestimmter Art – zum Einsatz kamen, wurde freilich nicht immer geschätzt. Andere Kommissare empfanden dies als „Hineinregieren" in ihren Geschäftsbereich, ihre Mitarbeiter fühlten sich durch das Umarbeiten ihrer Vorlagen durch „Delors' Leute" abgekanzelt, und die im Laufe der langen Amtszeit Delors mögliche strategische Besetzung frei werdender Posten in der Kommission, die wiederum dem Ausbau des Netzwerks diente, frustrierte, zumal wenn Außenseiter rekrutiert wurden, Karrierehoffnungen und damit Motivation.[41] Gleichwohl gelang es Delors, wenn auch zum Preis nicht nur hoher Anforderungen an alle Mitarbeiter, sondern auch, aus den erwähnten unterschiedlichen Gründen, des Verprellens einiger Kollegen und Mitarbeiter, „seine" Linie durchzusetzen, zumindest bis zu der Phase, wo die Kommissionsvorschläge, als Weißbuch oder sonstige Politikinitiative, das Haus verließen und dem „Ringen der Elefanten", also der Beratung der Staatenvertreter im Rat, ausgesetzt wurden. Ab diesem Zeitpunkt war dann die Kommission, auch in ihrer durch Delors straff organisierten Form, nurmehr einer der Spieler, und nicht immer der mit den größten Einflußmöglichkeiten.[42]

---

ment went, played on his reputation for awesome volatility to make subordinates do things that they otherwise might not be willing to do." („Delors hatte Schwierigkeiten damit, das Maß seiner Reaktion auf diejenigen zu kontrollieren, die seinen eigenen hohen Standards nicht gerecht wurden. Zum Glück kannte er sich selbst gut genug, um die möglicherweise kostspieligen Verletzungen zu vermeiden, die ein Verlust der Kontrolle hervorrufen könnte. [...] Es gab jedoch noch eine andere Erklärung. Eines der Ziele seines Ausbruchs, jemand, der Delors sehr gut kannte, war sicher, daß die Explosion nicht echt war – ‚gespielt' war der Begriff, den er gebrauchte. Delors, so sein Argument, spielte mit seinem Ruf für Launenhaftigkeit, um Untergebene dazu zu kriegen, Dinge zu tun, die sie sonst nicht getan hätten.")

41 Andererseits bestand in Karrierechancen eine der Gratifikationen für Delors' Mitarbeiter. Wie Ross (1995, 70) feststellt: „It certainly did not hurt anyone's professional biography to serve in the Delors cabinet." („Es war sicherlich für niemandes beruflichen Werdegang ein Schaden, in Delors' Kabinett gedient zu haben.")

42 Was hier nur pauschal geschildert werden kann, weist Ross (1995) anhand der Entwicklung einiger der zentralen Dossiers nach. Bezeichnend ist hier der Unterschied zwischen den Intergouvernementalen Konferenzen über Wirtschafts- und Währungsunion und über die Politische Union. Während ein ausgearbeiteter Kommissionsvorschlag zur Beratungsgrundlage der ersteren gemacht werden konnte, womit die Kommission in der Sache erheblichen Einfluß nehmen konnte, gelang ihr dies aufgrund der Zeitknappheit und der Arbeitsüberlastung im Falle der letzteren nicht.

Das Bild von Delors' Führungsstil wäre jedoch unvollständig, würde man es auf Druck von oben und die gekonnte Ausnutzung von Beziehungsnetzwerken reduzieren. Vielmehr kommt, in Verbindung mit seinem Projekt, ein weiterer Faktor ins Spiel, der viele seiner führenden Mitarbeiter erst zu den verlangten hohen Leistungen motivierte. Ross (1995, 60) umschreibt die Organisationsstruktur in Delors' Kabinett mit einem scheinbar paradoxen Begriff, den ihm eines seiner Mitglieder, Jean-Luc Demarty, in den Mund gelegt hat: „autogestion militaire" – militärische Selbstverwaltung. Diese Kombination von straffer Führung und eigenständiger Mitarbeit funktionierte nur, weil Delors noch aus einer weiteren psychologischen Quelle schöpfen konnte. Wie Ross (1995, 70) schreibt: „The cabinet was premised on tapping deeper sources of cohesion than any ‚teamwork' managerial technique would elicit. Ultimately, it was tied together by what specialists on France, particularly the French Left, would call *militantisme*."[43] Dieser mit „Streitbereitschaft" oder „Kampfgeist" nur unzureichend ins Deutsche zu übertragende Begriff meint eben jene Bereitschaft, sich für das Gelingen einer als gemeinsam und zugleich als über die eigene Gruppe hinaus bedeutend empfundenen Sache, für die Bewältigung einer großen Aufgabe, für die Vollendung eines Projektes einzusetzen.

– durch „militärische Selbstverwaltung" und „Kampfgeist"

Bleibt abschließend die Frage, inwiefern Delors' Projekt tatsächlich von Erfolg gekrönt war sowie nach dessen Grenzen. Zweifellos wurde unter der Ägide Delors' die „Eurosklerose" überwunden. Das Binnenmarktprojekt konnte realisiert, die Wirtschafts- und Währungsunion zumindest auf den Weg gebracht werden. Weit weniger erfolgreich sieht es aber mit jenem Teil des Projektes aus, den Ross zutreffend als europäisches „state-building", also den Auf- bzw. Ausbau europäischer Staatlichkeit nennt. Er umfaßt das Vorhaben einer sozialpolitischen Ergänzung des Binnenmarktes ebenso wie die Erhöhung der Regierungsfunktion der Kommission und die Aufwertung der demokratischen Kontrollfunktion des Europäischen Parlamentes. In beiden Punkten war der Erfolg begrenzt und wurde aktiv gebremst. Zwar wurde, wie in Kap.1 erwähnt, die „Gemeinschaftscharta der sozialen Grundrechte" am 9.12.1989 von elf der damaligen Mitgliedstaaten angenommen. Auch nach Inkrafttreten des Maastrichter Vertrages ist aber Großbritannien, wie in einem Zusatzprotokoll zum Vertrag festgehalten[44], nicht an dieser Politik beteiligt. In Sachen Stärkung der Rechte

Erfolg und Grenzen

Wie Ross (1995, 91) feststellt: „Commission control over the first stages of the IGC [der Intergouvernementalen Konferenz über die Politische Union, ML] was limited. Where the Commission had submitted its proposals early it was able to shape initial discussion to a degree, but it had not had enough lead time to do this in most areas." („Die Kontrolle der Kommission über die ersten Stadien der IGK war begrenzt. Wo die Kommission ihre Vorschläge früh hatte unterbreiten können, gelang es ihr, die anfängliche Diskussion zu einem gewissen Grade zu steuern, aber sie hatte nicht genügend zeitlichen Vorlauf gehabt, um dies auf den meisten Gebieten zu tun.")

43 „Das Kabinett hatte zur Grundlage, daß es tiefere Quellen anzapfen konnte, als sie irgendeine ‚Teamwork'-Managementtechnik hervorbringen könnte. Letztlich wurde es durch etwas zusammengehalten, was Experten für Frankreich, besonders die französische Linke, als militantisme bezeichnen würden."

44 Text des „Protokolls über die Sozialpolitik" sowie des zwischen den übrigen elf Mitgliedstaaten geschlossenen „Abkommens über die Sozialpolitik" in Europa-Recht 1993, 328-332. Der Amsterdamer Vertrag gliedert nun, nach dem Wechsel der britischen Regierung zu Blairs Labour Party, wie erwähnt den Bereich der Sozialpolitik in den EG-Vertrag ein, im neu gefaßten Titel VIII (= [nach Inkrafttreten des Amsterdamer Vertrages] neuer Titel XI EGV).

der Kommission und des Parlamentes brachte der Vertrag zwar einige Fortschritte, aber ebenfalls keinen Durchbruch. Die Chancen auch eines führungsstarken Präsidenten der EU-Kommission, die Mitgliedstaaten, die letztlich entscheiden müssen, zu Fortschritten der Integration zu bewegen, sind also begrenzt. Andererseits zeigt Delors' Erfolg doch auch, daß ein Faktor wie persönliche Führungsstärke, und zwar auch auf supranationaler Ebene, doch einen Beitrag leisten kann. Interessanterweise kann man, wie Drake dies tut, gerade in der Schwierigkeit, die die Mitgliedstaaten (aufgrund des Einspruchs von John Major gegen den zunächst von den übrigen bevorzugten Kandidaten Jean-Luc Dehaene, immerhin amtierender belgischer Premierminister[45]) auf ihrem Gipfel von Corfu im Juni 1994 hatten, sich auf einen Nachfolger zu einigen, auch einen Beweis dafür sehen, wie stark (und damit für gewisse Regierungen unangenehm) Delors' Amtsführung war – wie Drake (1995, 157) feststellt möglicherweise ein zweischneidiges Ergebnis: „we end on a paradox: Delors' strong presidency of the Commission may have spelled the end of the style of Commission leadership which he so successfully embodied, and ushered in its antithesis".[46] Wie immer dem sein mag – und der neue Kommissionspräsident Jacques Santer verdient vielleicht doch das Abwarten[47] –, klar ist – und wird auch gerade am Beispiel Delors' –, daß keine Person außerhalb struktureller Grenzen operieren kann.

---

45 Seine Bereitschaft, dieses Amt gegen das des Kommissionspräsidenten einzutauschen, zeigt zugleich, wieviel Prestige es durch die Amtsführung Delors' gewonnen hat.
46 „Wir enden somit mit einem Paradox: Delors' starke Kommissionspräsidentschaft hat womöglich zugleich das Ende des Kommissions-Führungsstils eingeläutet, den er so erfolgreich verkörpert hat, und statt dessen die Antithese herbeigeführt."
47 Schließlich ist es auch schon vorgekommen, daß vermeintlich „graue" Kompromißkandidaten eine unerwartete Entwicklung genommen haben. So schreibt zum Beispiel Josef-Thomas Göllner (1995) in seiner Darstellung der bisherigen UNO-Generalsekretäre, einem dem Kommissionspräsidenten relativ vergleichbaren Posten, rückblickend über Pérez de Cuéllar: „Kein Generalsekretär vor ihm schied so glanzvoll aus dem Amt." (ebd., 168) Dies war überraschend angesichts der Tatsache, daß er bei seiner Wahl eher „blaß" erschien: „Pérez de Cuéllar wirkte zunächst unscheinbar und farblos. Aber einem anderen, selbstbewußt auftretenden Mann hätte der Sicherheitsrat niemals zugestimmt." (173) Schon gleich nach seinem Amtsantritt jedoch kündigte er an, „er wolle nur für eine Amtszeit [...] zur Verfügung stehen. Damit unterliege er nicht dem Zwang, sich die Sympathie aller erhalten zu müssen." (174) Dies war ein „kluger Schachzug", der es erlaubte, etwa in Personalfragen drastische Reformschritte vorzunehmen: eher unfähige hohe Mitarbeiter wurden entlassen, auch gegen den bei der UNO üblichen Regionalproporz („Was ich brauche", so Pérez de Cuéllar, „ist Leistung, sind besondere Qualifikationen. Erst in zweiter Linie wird die Nationalität berücksichtigt." [zitiert ebd., 174f.]), und nach fünf Jahren hatte er es geschafft, „den Apparat von 15.000 auf 11.000 Bedienstete, das sind fast dreißig Prozent weniger, abzuspecken" (175). Er wurde dann doch für eine zweite Amtszeit wiedergewählt, und zwar obwohl – oder weil – er „wie kein anderer den Großmächten die Stirn geboten und ihnen ihre Unzulänglichkeiten vor Augen geführt [hatte]. Es mag paradox klingen, doch genau deshalb war er für sie weiterhin akzeptabel, ja erwünscht. Die persönliche Integrität des stillen Diplomaten verlieh dem Amt des Generalsekretärs jene Statur, die die Mehrheit der UN-Mitglieder so schmählich vermissen ließ. Aber sie brauchten jemanden, der die moralische Fahne hochhielt, bis der Tag kommen würde, an dem sich bei den Vereinten Nationen wieder ‚Worte mit Taten deckten'." (185) Das Verhältnis von Mitgliedstaaten zur führenden Person „ihrer Organisation" und zu deren Autonomie ist also durchaus komplizierter als nur deren völliges Gewähren oder maximale Einschränkung. Genau in dem dadurch eröffneten Spielraum kann eine Person wie der UNO-Generalsekretär oder der EU-Kommissionspräsident manövrieren. Vgl. auch den Artikel „In Santer's style" in: The Economist, 13.7.1996, S.32.

Diese strukturellen Grenzen – anstelle der Rolle von Persönlichkeiten – stehen im Zentrum der im folgenden behandelten theoretischen Ansätze.

3.1.2 Funktionalistischer vs. neorealistischer Ansatz

Bereits im vorausgegangenen Teilkapitel hatten wir den Funktionalismus als politische Methode und als politikwissenschaftlichen Ansatz zur Analyse der europäischen Integration kennengelernt. Wir hatten auch bereits erfahren, daß letzterer sich im Lichte ausbleibender spillover-Fortschritte der europäischen Integration von der Vorstellung dieses Automatismus verabschiedet hatte und sich mehr allgemein dem Wirken von supranationaler Führung und Elitenverhandlungen zugewandt hatte. Im vorliegenden Teilkapitel wird das anhand der Analyse der Entstehung des Binnenmarktprogramms und der Einheitlichen Europäischen Akte bestätigt. Dieser Doppelschritt war – vor dem soeben behandelten Schritt des Maastrichter Vertrages – der bis dato größte der EG-Integration, und vor allem bedeuteten das Binnenmarktprogramm und die EEA die Überwindung der sog. „Eurosklerose", der Erstarrung des Integrationsprozesses. Zwei unterschiedliche Interpretations- und Erklärungsansätze sollen dabei konfrontiert werden: der eher in funktionalistischer Tradition stehende von Wayne Sandholtz und John Zysman sowie der eher in realistischer Tradition stehende von Andrew Moravcsik. Dabei verwende ich hier die einordnenden Attribute „funktionalistisch" und „realistisch" mit großen Bauchschmerzen. Denn, wie bereits gesagt, vertreten Sandholtz/Zysman keineswegs einen reinen Funktionalismus, und Moravcsik keinen reinen Realismus (er selbst nennt die einander gegenüberstehenden Erklärungsansätze „supranationaler Institutionalismus" und – seine eigene Position – „intergouvernementaler Institutionalismus", worin ihm hier gefolgt wird). Zu diesen Begrifflichkeiten gilt es vorab deshalb nochmals (hoffentlich) Klärendes zu sagen.

EEA und Binnenmarktprogramm: zwei konkurrierende Erklärungsansätze

Was oben als politischer bzw. politikwissenschaftlicher Funktionalismus eingeführt wurde, wird häufig auch mit der griechischen Vorsilbe für „neu" versehen und als „Neofunktionalismus" bezeichnet. Seine politischen und analytischen Vertreter (prominenteste Beispiele der letzteren, daran sei erinnert, sind Ernst Haas und Leon Lindberg) konnten nämlich auf Vorgänger aus der ersten Hälfte des 20. Jahrhunderts zurückgreifen. Am prominentesten ist hierbei, gleichsam der „Ahnherr" des Funktionalismus, David Mitrany (1888-1975). Der in Rumänien geborene Mitrany verbrachte den größten Teil seines Lebens in Großbritannien und den USA. Während des Zweiten Weltkriegs begann er, sich Gedanken über die Nachkriegsordnung zu machen, und veröffentlichte sie in dem im Sommer 1943 in London publizierten Buch „A Working Peace System".[48] Er vertrat darin den funktionalistischen Gedanken, daß der Friede nur durch sachbereichsspezifische Kooperation auf niederer Ebene, die die Gräben des Nationalismus und zwischen nationalen politischen Systemen überwinden

nochmal: Funktionalismus und (erstmals) Realismus sowie ihre „Neo-Varianten"

---

48 Das lesenswerte Buch wurde später (1966) neu aufgelegt; ein Textauszug findet sich bei Nelsen/Stubb 1994, 77-97.

würde, gefestigt werden könnte, und zwar weltweit. Obwohl sein Denken also nicht speziell mit europäischer Integration befaßt war, griffen die (nunmehr auch hier so genannten) Neofunktionalisten auf seine Gedanken zurück. Noch älter (dem eigenen Anspruch nach die älteste Tradition politischen Denkens über internationale Beziehungen und von „überzeitlicher" Gültigkeit) ist der (politikwissenschaftliche) Realismus.[49] Kennzeichnend für ihn ist u.a., daß er Staaten als zentrale Akteure internationaler Politik sieht, deren Handeln ganz stark bis ausschließlich von den Zwängen des Überlebens in einem als formal herrschaftslos – anarchisch – bezeichneten internationalen System bestimmt wird. Vertreter des klassischen Realismus sind zwar selbst zum Teil normativ orientiert (am deutlichsten der US-amerikanische Theologe Reinhold Niebuhr, der seit 1928 als Professor für christliche Sozialethik und Religionsphilosophie in New York lehrte, aber vielfach zur Ethik außenpolitischen Handelns Stellung bezogen hat; doch auch bei „dem Klassiker" des Realismus schlechthin, bei Hans Morgenthau, finden sich ethisch-moralische Bezüge und Überlegungen). Analytisch hielten sie die Wirksamkeit von Normen und damit auch von Institutionen in den internationalen Beziehungen jedoch eher für gering.

drei Spielarten des Neorealismus

Von diesem klassischen Realismus kann man nun den Neorealismus, oder genauer: mindestens drei Arten von (selbsternannten) Neorealismen abgrenzen. Die vielleicht uninteressanteste ist die vor allem mit dem Namen Gottfried Karl Kindermanns, Politikwissenschaftler in München, verbundene deutsche Variante.[50] Sie ist nicht deshalb uninteressant, weil ihr gravierende Mängel nachzuweisen wären (obwohl Kritiker das immer wieder behauptet haben). Vielmehr ist der vorgetragene Ansatz so „vernünftig", so eklektizistisch (alle möglichen Faktoren, die andere Ansätze hervorheben, berücksichtigend; gr. eklegein = auswählen), daß er zwar als Ansatz für empirisch-beschreibende Arbeiten taugt, aber theoretisch wenig markant ist und daher auch wenig (fruchtbare) Reibungsmöglichkeiten bietet. Ziemlich das Gegenteil läßt sich von jener zweiten Spielart des Neorealismus behaupten, wie sie – vielleicht in Wirklichkeit einzig – von Kenneth N. Waltz (1979) vertreten wird. Er stellt die Analogie her zwischen einem perfekten Markt, in dem das Verhalten von Firmen nur durch die Marktzwänge beherrscht wird und das somit auch durch diese zu erklären sei (nicht etwa durch einen Blick auf die Verhältnisse in jeder Firma), und dem internationalen System. Das Verhalten jedes Staates im internationalen System sei auf die sparsamste, also am wenigsten Information benötigende Weise durch die von der Struktur des Systems ausgehenden Handlungszwänge zu erklären. Die wichtigste Struktur ist dabei die Machtstruktur. Großmächte unterliegen anderen Zwängen als Kleinstaaten, und in Systemen mit nur einer Großmacht geht es anders zu als

---

49 Zum Realismus vgl. einführend List u.a. 1995, Kap. 1.2.3; als gute Darstellung des Realismus im 20. Jahrhundert bis (ausschließlich) zu den neorealistischen Entwicklungen vgl. Smith 1986, der die „klassischen" Realisten behandelt: E.H. Carr, Reinhold Niebuhr, Hans Morgenthau, George Kennan und Henry Kissinger.

50 Sie wird präsentiert in den Beiträgen des weit verbreiteten Lehrbuchs von Kindermann 1981. Der Kindermannsche Neorealismus übernimmt von seinem Vorbild, dem Realismus Hans Morgenthaus, auch die ausdrückliche (anthropologische) Fundierung in einem Menschenbild, etwas, was die meisten anderen Formen des Neorealismus zugunsten eher (erklärungs-)„technischer" Verhaltensannahmen über die jeweiligen Akteure (meist Staaten bzw. Regierungen) aufgegeben haben.

in solchen mit zweien oder fünfen. All diese Behauptungen haben durchaus eine gewisse intellektuelle Plausibilität. Worin Waltz nur schwer zu folgen ist, ist sein Beharren darauf, daß die Betrachtung des heimischen Kontexts (domestic politics) in den Staaten nicht nur aus „Sparsamkeitsgründen" abzulehnen sei, sondern deshalb, weil sie „reduktionistisch" sei. Waltz bedient sich hier – und man kann sich fragen, ob zu Recht – eines akademischen Buhmanns: des Vorwurfs des Reduktionismus. Damit ist gemeint, daß Phänomene einer Ebene in unzulässiger (weil unzulänglicher) Weise mit Phänomenen auf einer tieferen Ebene erklärt und insofern auf diese zurückgeführt (reduziert) werden.[51] Ein „domestic politics"-Ansatz[52], der Entwicklungen der internationalen Politik mit Faktoren im Innern der beteiligten Staaten erklärt, wird also von Waltz verworfen. Schließlich gibt es eine dritte Variante des Neorealismus, am reinsten vertreten etwa von Joseph M. Grieco (1990)[53]. Interessant an ihr ist zum einen der Rückgriff auf neuere, durch die formale sog. Spieltheorie angereicherte Überlegungen, die durchaus eine Rolle für Institutionen in der internationalen Politik zulassen. Diese Variante des Neorealismus folgt aber dem Realismus darin, daß die Staaten einer durch die Zwänge des internationalen Systems bedingten Orientierung am relativen Nutzen folgen, was ihre Kooperationsbereitschaft und damit die Chance von Institutionalisierung einschränke. Simpel gesagt: Staaten kooperieren nur so lange und so weit, wie es sich für sie lohnt, und zwar mindestens ebenso sehr lohnt wie für ihre Kooperationspartner, die immer auch Konkurrenten bleiben.

Ungeachtet dieser verwirrenden Fülle von Ansätzen gilt es also festzuhalten: Neofunktionalisten glauben nicht länger an ein automatisches spillover, also ein Fortschreiten des Integrationsprozesses allein aufgrund von „Sachzwängen". Sie halten aber Faktoren der supranationalen Ebene (wie etwa die EG-Institutionen, besonders die Kommission) für erklärungskräftig, wenn es um den Fortschritt des Integrationsprozesses geht. Unter den Neorealisten hält zwar nunmehr zu-

---

51 Standardbeispiele sind die biochemische Erklärung (Reduktion) von Lebensprozessen oder die neurobiologische Erklärung psychischer Phänomene; beide waren faktisch in jüngster Zeit recht erfolgreich, was etwa den Astrophysiker und Physiknobelpreisträger Steven Weinberg (1992) zu „Zwei Hurras für den Reduktionismus" (Two cheers for reductionism, ebd. Kap.III) veranlaßt hat und den Wissenschaftsphilosophen Daniel C. Dennett (1995, 80-83) zur Frage: „Who's afraid of reductionism?" (Wer hat Angst vor dem Reduktionismus?). Damit sei nicht behauptet, daß eine Reduktion immer sinnvoll oder möglich ist. Aber, entgegen dem, was Waltz nahelegt, gilt auch nicht das Gegenteil. Ob eine Reduktion sinnvoll und möglich ist, ist nur durch Forschung zu entscheiden. Schlagworte sollten insofern kein Denk- und Forschungsverbot verhängen.

52 Hier wie im folgenden wird die sprachlich leicht unschöne Formulierung „domestic politics"-Ansatz gebraucht, eine (noch) nicht eingebürgerte Neubildung. Gemeint sind damit Ansätze, die traditionellerweise auf die Analyse von politischen Prozessen innerhalb von Staaten angewendet werden. In dem Maße, wie sich die Politikprozesse auf internationaler Ebene diesen Verhältnissen angleichen, was innerhalb der EU besonders weitgehend der Fall ist, werden die vormals nur auf innenpolitische Verhältnisse anwendbaren Analyseansätze auch auf inter- bzw. supranationaler Ebene anwendbar. Die Beziehungen zwischen so eng verknüpften politischen Systemen wie denen der EU-Mitgliedstaaten lassen sich nicht mehr als Außenpolitik im klassischen Sinne verstehen. Vielmehr handelt es sich, wenn man so will, um internationalisierte Innenpolitik. Also sind auch Ansätze zu deren Analyse, eben domestic politics-Ansätze, anwendbar.

53 Zu Grieco und seiner Studie vgl. ausführlich List u.a. 1995, Kap.4.3.2.2.

mindest ein Teil Institutionen für wichtig, sieht aber weiterhin ihre Grenzen in den – systemstrukturell vorgegebenen – Interessen der Einzelstaaten. Diese Vorklärung vor Augen wollen wir uns zwei neuere Erklärungsangebote für das Zustandekommen des Binnenmarktprogramms und der EEA, also des zentralen Schrittes der EG-Politik der Mitte der 1980er Jahre, ansehen.

3.1.2.1 Der Ansatz des supranationalen Institutionalismus (in funktionalistischer Tradition)

„1992" Erklärt werden soll also das Zustandekommen des Binnenmarktprogramms und der EEA. Beide hängen zusammen und werden von Sandholtz/Zysman auch kurz als „1992" apostrophiert. Das Ende des Jahres 1992 war ja das Zieldatum für die Umsetzung der im Weißbuch für den Binnenmarkt vorgesehenen Einzelmaßnahmen, damit – wie geschehen – der Binnenmarkt zum 1.1.1993 in Kraft treten konnte. Die Einheitliche Europäische Akte enthielt hierfür unter anderem zwei – funktionale[54] – Schritte: die Mehrheitsabstimmung auf für die Umsetzung des Binnenmarktprogramms relevanten Gebieten[55] sowie im Bereich der Harmonisierung der Rückgriff auf das Prinzip der wechselseitigen Anerkennung von Standards.[56] „1992" war damit zu einem symbolischen Datum geworden[57], und so, als symbolische Abkürzung für das Gesamtprojekt „Binnenmarkt plus EEA", wird es bei Sandholtz/Zysman denn auch als Kurzbezeichnung gebraucht.

eine Erklärung mit drei Komponenten
Dies vorausgeschickt können wir nun Sandholtz' und Zysmans Erklärungsstrategie zitieren: „to analyze 1992 in terms of elite bargains formulated in response to international structural change and the Commission's policy entrepreneurship."[58] 1992 wird also zu Recht, und hierin sollte später eines der Probleme liegen, als ein im wesentlichen von Eliten[59], also Führungspersonen aus Politik und Wirtschaft, vorangetriebenes Projekt gesehen. Zu seiner Erklärung erscheint

---

54 Aufgrund dieser Funktionalität könnte sich der Funktionalismus durchaus bestätigt sehen: Hat nicht die Notwendigkeit bestimmter Maßnahmen im ökonomischen Bereich zu einem „spillover" in den politischen Bereich geführt? Wie sich gleich zeigen wird, gehen Sandholtz/Zysman aber nicht davon aus, daß sich konkrete Schritte, wie die in der EEA enthaltenen, einfach (und sei es aufgrund funktionaler Zwänge) „ergeben".

55 Womit, wie in Kap.1 erwähnt, die formelle Rechtslage nur wieder bekräftigt wurde, die jedoch durch die politische Lage nach dem Luxemburger Kompromiß faktisch „leer gelaufen" war.

56 Damit wurde aus Gründen der Vereinfachung politischer Prozesse – das Aushandeln von Standardangleichungen für hunderte von Details hätte leicht dem Binnenmarktprogramm jeglichen Elan nehmen können – auf ein Prinzip zurückgegriffen, daß der Europäische Gerichtshof in einer seiner zentralen Entscheidungen, dem sog. „Cassis de Dijon"-Fall, bereits 1978 angewandt hatte. Damals wurde – am konkreten Beispiel des französischen Fruchtsaftlikörs (aus Johannisbeeren) – entschieden, daß jedes in einem Mitgliedstaat verkehrsfähige Produkt grundsätzlich auch in jedem anderen Mitgliedstaat verkehrsfähig sein muß, was implizit die Anerkennung der jeweiligen Zulassungsstandards bedeutet.

57 Auch diese Symbolik und der vom benannten Zeitpunkt ausgehende „Handlungsdruck" war Teil der Kommissionsstrategie unter Delors ebenso wie der detaillierte „Fahrplan" von Maßnahmen hin zum Ziel der Verwirklichung des Binnenmarktes.

58 Sandholtz/Zysman 1989, 97. („1992 zu analysieren als [das Ergebnis von] Verhandlungen zwischen Eliten in Reaktion auf internationalen strukturellen Wandel und die politische Unternehmerschaft der Kommission.")

59 Der politikwissenschaftliche Eliten-Begriff ist ein nicht wertender. „Elite" meint also nicht die nach einem wertenden Maßstab Besten, sondern die aufgrund analytischer Methoden bestimmten Inhaber von Führungspositionen in unterschiedlichen gesellschaftlichen Teilbereichen.

Sandholtz/Zysman ein rein klassisch-funktionalistischer Ansatz, der auf die Selbstverstärkung des Integrationsprozesses (durch spillover) setzt, nicht ausreichend. Er könne nicht erklären, warum der Integrationsprozeß mal stockt und mal – und dann: warum gerade zu diesem Zeitpunkt? – vorangeht. Die Frage nach dem Zeitpunkt könne auch ein reiner domestic-politics-Ansatz, der also nach den Bedingungen im heimischen Kontext der Mitgliedstaaten fragt, nicht erklären. Auch seien zentrale heimische Akteure (Parteien, Gewerkschaften) nicht aktiv an der Propagierung von „1992" beteiligt gewesen. Zentral seien hierfür vielmehr trans- oder supranationale Akteure. Die von ihnen selbst vorgeschlagene Erklärung integriert daher drei Komponenten und weist ihnen je spezifische Aufgaben bei der Erklärung zu.

Der Wandel im internationalen System durch den – relativen – ökonomischen Abstieg der USA und den Aufstieg Japans, die beide heftige ökonomische Konkurrenten der EG sind, ist für Sandholtz/Zysman der auslösende Faktor. Er erklärt das „timing" des EG-Reformschrittes „1992". Die Mitgliedstaaten sahen sich durch die ökonomische Krise sowie die überseeische Konkurrenz Mitte der 1980er Jahre herausgefordert, und Versuche, der Krise über nationale Wachstumsprogramme zu entrinnen, waren weitgehend gescheitert. Was dieser Wandel in der internationalen Wirtschafts- und machtpolitischen Struktur nicht erklären kann, ist der Inhalt der europäischen Reaktion. Hierzu bedarf es der zweiten Komponente. *Komponente 1: Strukturwandel im internationalen System*

Die inhaltliche Reaktion wird bestimmt von Ideen, die politisch von konkreten Akteuren lanciert und durchgesetzt werden: „any explanation of the choice of Europe and its evolution must focus on the actors – the leadership in the institutions of the European Community, in segments of the executive branch of the national governments, and in the business community [...]. The interconnections and interactions among them will almost certainly defy an effort to assign primacy, weight, or relative influence."[60] Ungeachtet des zweiten Satzes halten Sandholtz/ Zysman die von der EG-Kommission ausgehende Führung für besonders bedeutsam. Sie haben wir bereits oben (Kap.3.1.1.2) im Detail betrachtet. Deshalb seien hier die beiden anderen Akteursgruppen angesprochen. Wirtschaftseliten haben sich, politisch und durch ihr Markthandeln (Fusionen im Hinblick auf den Binnenmarkt), im Sinne des 1992-Programms engagiert. Sandholtz/Zysman verweisen auf den sog. „Roundtable of European Industrialists", einer Vereinigung führender westeuropäischer Industrieller (darunter führende Vertreter von Philips, Siemens, Olivetti, GEC, Daimler Benz, Volvo, Fiat, Bosch, ASEA und Ciba-Geigy), die sich im Vorfeld des Weißbuches für eine Binnenmarktstrategie aussprachen. Zum Teil, ein politisch gar nicht unüblicher Vorgang, wurde diese Art von „Lobby" sogar von der Kommission mit angeregt (EG-Kommissar E. Davignon soll die meisten der ursprünglichen Mitglieder der Vereinigung erst rekrutiert haben; EG-Spitzenbeamte waren an den Diskussionsrunden beteiligt). Zusammen wird diesen supra- *Komponente 2: politische Führung*

---

60 A.a.O., 108. („Jede Erklärung der Wahl [der Option Europa] und ihrer Entwicklung muß sich auf die Akteure konzentrieren – die Führung in den Institutionen der Europäischen Gemeinschaft, in Teilen der Exekutive der nationalen Regierungen und in Wirtschaftskreisen [...]. Die enge wechselseitige Verbindung und Wechselwirkung zwischen ihnen wird es allerdings wohl schwierig machen, hierbei eine Priorität zuzuschreiben, eine Gewichtung oder eine relative Bedeutung.")

bzw. transnationalen Akteuren, der Kommission und den multinationalen Firmen, von Sandholtz/Zysman die bedeutendste Rolle in ihrer Erklärung zuerkannt: Nicht nur haben sie inhaltlich die europäische Reaktion definiert; sie haben darüber hinaus „together bypassed national governmental processes and shaped an agenda that compelled attention and action."[61] Die andere genannte Akteursgruppe, besonders empfängliche und unterstützungsbereite nationale Regierungen, werden demgegenüber nur im Sinne einer ermöglichenden Bedingung angeführt und verweisen auf die dritte Erklärungskomponente.

Komponente 3: heimischer Kontext

Die Unterstützung des Binnenmarktprogramms durch eine Reihe von Regierungen der Mitgliedstaaten (Sandholtz/Zysman nennen Frankreich, Großbritannien, Deutschland und Spanien) wird von Sandholtz/Zysman unter Rückgriff auf die dritte Komponente, den heimischen Kontext, erklärt. Als heimische Hintergrundsbedingung für die Binnenmarkt-Unterstützung dieser Regierungen benennen sie zum einen gescheiterte nationale Wachstumsstrategien (etwa das gescheiterte linkskeynesianische Experiment zu Beginn der Amtszeit Mitterrands), zum andern die Schwächung der politischen Linken (in Frankreich durch Verdrängung der Kommunisten durch Mitterrands Parti Socialiste, in Großbritannien und Deutschland durch die konservativen Wahlsiege von Thatcher und Kohl, in Spanien aufgrund der wirtschaftlich liberalen Politik der Sozialisten unter Gonzalez).

Zusammenfassend ergibt sich für Sandholtz/Zysman: „the global setting can be understood in neorealist terms, but the political processes triggered by changes in the system must be analyzed in other than structural terms."[62] Dabei betonen sie, wie gezeigt, insbesondere die Rolle trans- und supranationaler Akteure und Institutionen, weshalb ihr Ansatz von Moravcsik und in der Überschrift hier als „supranationaler Institutionalismus" bezeichnet wurde. Er steht in der funktionalistischen Tradition, insofern er die Rolle der supranationalen Institution Kommission und der von ihr ausgehenden Führung betont. Genau in diesen letzten Punkten meldet Moravcsik Widerspruch an, wie wir als nächstes sehen werden.

3.1.2.2 Der Ansatz des intergouvernementalen Institutionalismus (in realistischer Tradition)

Explanandum und Erklärungsstrategie

Auch für Moravcsik (1991, 20) ist der Erklärungsgegenstand, das sog. Explanandum (lat. = das zu Erklärende), ganz klar: „What accounts for the timing and the content of the reform package that relaunched Europe?"[63] Seine Erklärungsstrategie oder seinen Ansatz, den er selbst als „intergouvernementalen Institutionalismus" bezeichnet, charakterisiert er wie folgt: „This approach [...] stresses the central importance of power and interests [hierin steht er in realistischer Tradition], with the latter not simply dictated by position in the international system [worin er sich von einem rein realistischen Ansatz unterscheidet]."[64]

---

61 Ebd., 116. („zusammen die nationalen Regierungsprozesse umgangen und eine Agenda bestimmt, die zu Aufmerksamkeit und Handeln zwang.")
62 Ebd., 127. („Der globale Hintergrund läßt sich neorealistisch begreifen, aber die durch den Wandel des [internationalen] Systems ausgelösten politischen Prozesse müssen auf andere als strukturelle Weise untersucht werden.")
63 „Was erklärt den Zeitpunkt und den Inhalt des Reformpaketes, das Europa neuen Schwung gegeben hat?"
64 Ebd., 25. („Dieser Ansatz [...] betont die zentrale Bedeutung von Macht und Interessen, wobei

Auch sein Ansatz hat im wesentlichen drei Komponenten.

Das Verhandlungsergebnis der Intergouvernementalen Konferenz, die die EEA hervorgebracht hat, sieht er im wesentlichen als von den Interessen der Regierungen der großen drei Mitgliedstaaten – Frankreich, Großbritannien und der Bundesrepublik – bestimmt. Dies zeige sich am deutlichsten daran, daß – mit der möglichen Ausnahme des dänischen Einsatzes für die Rechte der Arbeiter – keine der zentralen Initiativen von einem der kleineren Staaten gekommen sei oder von ihm mit einem Veto blockiert worden wäre. Um die Interessen der „großen Drei" wiederum zu erklären, genügt allerdings für Moravcsik nicht der Blick auf ihre Stellung im internationalen System. Vielmehr muß dazu der heimische Kontext untersucht werden, in dem sich die von den Regierungen vertretenen Interessen herausgebildet haben.[65] Diese Interessen erklärten auch, warum von den vier von Delors für denkbar gehaltenen Feldern für Integrationsfortschritt: Koordination in Sachen Geldpolitik, politische und Verteidigungskooperation, institutionelle Reform und Liberalisierung des Binnenmarktes die Wahl gerade auf die Kombination der beiden letzten gefallen sei.

„Without a ‚European hegemon' capable of providing universal incentives or threats to promote [integration][66]", schreibt Moravcsik weiter, „and without the widespread use of linkages and logrolling, the bargains struck in the EC reflect the relative power positions of the member states."[67] Da diese Passage zentrale Begriffe und Gedankengänge enthält, müssen wir sie ganz genau betrachten.

Zunächst zeigt sich nochmals der realistische Hintergrund von Moravcsiks Ansatz: EG-Politik wird gemäß seiner Sicht entweder durch einen Hegemon, eine Vormacht, vorangetrieben; oder von den relativ stärksten Staaten bestimmt; oder, gleichsam der einzige die Macht – und zwar unter Einsatz von Gegenmacht – relativierende Mechanismus, es finden „linkages" und „logrolling"[68] statt. Ersteres

drei Komponenten:
1. Intergouvernementalismus

2. Verhandlungen mit „kleinster-gemeinsamer-Nenner"-Ergebnissen außer bei machtbewußter Führung

einige ganz zentrale Begriffe: linkage/ package deal/ Kuhhandel und Reziprozität

---

letztere nicht einfach von der Stellung im internationalen System diktiert werden.")
65 Er diskutiert hierzu vier beispielhafte (paradigmatische) domestic-politics-Erklärungen: 1. die Autonomie der Staatseliten, also ihre Unabhängigkeit von einzelnen Interessengruppen (sie sei in den drei großen Ländern hoch gewesen; insbesondere hätten Kohl und Mitterrand, wie zuvor Adenauer und de Gaulle, die wirtschaftliche Integration als Teil einer geopolitischen Strategie betrachtet); 2. bürokratische Politik (insbesondere auf Ebene der Fachbeamten habe sich Kooperation so eingeschliffen, daß dies auch den Widerständen gegen Souveränitätsaufgabe verringert habe, zumindest im Vergleich etwa zur Ebene der Außenminister); gegen beide Erklärungen sei einzuwenden, daß weder die Autonomie der Regierungen noch die der nationalen Bürokratien total sei und daß, zweitens, beide Erklärungen nicht die „stop-and-go"-Natur des Integrationsprozesses erklären könnten; 3. führt er die parteipolitische Unterstützung an (hier insbesondere den ideologischen Gleichklang in den drei Staaten in Sachen wirtschaftliche Liberalisierung); sowie 4. das auch hier im Text bereits mehrfach erwähnte Scheitern nationaler Wachstumsstrategien.
66 Zur Rolle von Hegemonen bei der Begründung von Kooperation vgl. oben Kap.1 Anm.27.
67 A.a.O., 25. („Ohne einen ‚europäischen Hegemon', der in der Lage ist, allgemeine Anreize oder Drohungen bereitzustellen, um [die Integration] voranzubringen, und ohne den verbreiteten Gebrauch von strategischen Verknüpfungen von Verhandlungsgegenständen und Kuhhändel, spiegeln die in der EG erreichten Verhandlungsergebnisse die relative Machtposition der Mitgliedstaaten wider."
68 Die Metapher des „logrolling" wird vorwiegend für „ich-helfe-Dir, Du-hilfst-mir"-Geschäfte zwischen Mitgliedern der US-amerikanischen Legislative (Kongreß und Parlamente der Einzelstaaten) verwendet; sie stammt von einem Spiel der Holzfäller her: zwei von ihnen stehen auf einem im Wasser treibenden Baumstamm (log) und versuchen, das Gleichgewicht zu halten, während sie – wie ein Hamster im Rad – den Baumstamm mit den Füßen drehen (rolling).

wurde hier übersetzt mit „strategische Verknüpfung von Verhandlungsgegenständen", letzteres mit „Kuhhandel". Linkage, wie in der Fachliteratur auch häufig unübersetzt geschrieben wird, ist in der Tat einer der zentralen Mechanismen, um unter Bedingungen des Verhandelns zwischen formal Gleichen (zum Beispiel gleichermaßen Zustimmungspflichtigen oder Veto-Berechtigten) Kompromißergebnisse zustande zu bringen. Dies gilt nicht nur für den EG-Kontext, sondern ganz allgemein für internationale Verhandlungen. Indem zwei möglicherweise gar nicht sachlich zusammengehörende Gegenstände, bei denen die Rolle des zum Nachgeben Gezwungenen und die des sich inhaltlich Durchsetzenden jeweils spiegelbildlich auf die (Verhandlungs-)Parteien verteilt sind, miteinander verknüpft werden, wird ein „Geschäft" möglich nach dem Motto: „Ich gebe in dieser Sache nach und dafür gibst Du in jener Sache nach." Linkage ermöglicht also, so lästig das sein mag (denn immerhin muß jede Seite irgendwo nachgeben), Geschäfte auf Gegenseitigkeit (Reziprozität), ein ebenfalls sehr wichtiger Begriff, der auf einer noch tieferen analytischen Ebene eine wesentliche Bedingung von Kooperation und Integration benennt.[69] In bezug auf die EG/EU spricht man auch häufig davon, daß ein „Verhandlungspaket" geschnürt wird, ein „package deal" erfolgt. Schließlich nennt man im Deutschen ein solches Tauschgeschäft auch einen Kuhhandel. Daß ein solcher stattgefunden habe, wird also, zumindest von politikwissenschaftlichen Analytikern, nicht zwangsläufig in abwertender, sondern zunächst in rein beschreibender Absicht festgestellt. Ob sie ihn inhaltlich begrüßen oder nicht, ist eine zweite, mit Bewertungen verbundene Frage.

weitere zentrale Begriffe: Entscheidungsverfahren und Abstimmungsregeln, negotiating und bargaining

Verhandlungen sind also für den „Normalbetrieb" wie für die größeren Reformschritte der EG/EU ganz wesentlich. Und völlig zu Recht stellt Moravcsik heraus, daß es dabei auch um Macht geht. Allerdings geht es, erstens, eben nicht um gewaltsame Macht[70]. Zweitens bieten die formellen Entscheidungsverfahren,

---

69 Gegenseitigkeit nach dem Prinzip „tit-for-tat" (wie Du mir, so ich Dir) wurde in einer berühmten, auch für Nicht-Mathematiker gut nachvollziehbaren spieltheoretisch angelegten Arbeit von Robert Axelrod (1984) als hinreichende Bedingung für die Entwicklung (Evolution) von Kooperation aufgezeigt. Er bediente sich dazu eines Ausscheidungsturniers zwischen Computerprogrammen, die auf unterschiedlich raffinierte (oder gemeine) Weise ihre Selbstvermehrung gegenüber anderen Programmen durchsetzen mußten. „Sieger" war das einfachste Programm, eben „tit-for-tat", das kooperativ begann und danach tat, was immer sein Gegenüber getan hatte (also entweder weiter kooperierte oder in der zweiten Runde die Kooperation, wie zuvor sein Gegenüber, verweigerte).

70 Und das, obwohl Gewaltmittel (Waffen) weiterhin vorhanden sind. Allerdings wird ihre Anwendung gegeneinander von den politischen Entscheidungsträgern in keinem der beteiligten Staaten mehr als eine Option betrachtet. Gewalt ist im Kreise der Teilnehmer am Integrationsprozeß sinnlos geworden, oder, wie man mit einem eher häßlichen Fremdwort sagt: dysfunktional. Dies ist nicht nur in bezug auf einige der eingeschlossenen Dyaden (Zweierbeziehungen), etwa die deutsch-französische, erstaunlich (vgl. oben Anm.10 und den zugehörigen Text). Es widerlegt zugleich die eher simple Form des klassischen („Stammtisch"-)Realismus, der Krieg zwischen Staaten aufgrund eines „natürlichen Machttriebs" für unvermeidbar hält. Es bestätigt dagegen eine Reihe von Überlegungen zu den Bedingungen zwischenstaatlichen Friedens: die funktionalistischen Überlegung etwa von David Mitrany, daß Kooperation in einzelnen Sachbereichen wechselseitige Abhängigkeit (Interdependenz) stiftet, die wiederum die Neigung zu Gewaltsamkeit abschwächt; die ältere liberale Ansicht, die dies besonders für die durch Handel gestiftete Interdependenz behauptet (vgl. z.B. die Kapitel über „(Welt-)Frieden durch Freihandel" bei Fetscher 1973, 38-43 bzw. Czempiel 1986, 146-155); sowie schließlich die Kantschen Gedanken über den Frieden zwischen Demokratien (vgl. dazu z.B. List u.a. 1995, Kap. 3.7, mit Bezug auf Kant 1795).

insbesondere die Abstimmungsregeln (wie etwa Zustimmungspflicht und daraus resultierende Vetomacht), auch weniger Mächtigen eine Chance, das Verhandlungsergebnis zu beeinflussen. Die Entscheidungsverfahren, insbesondere die Abstimmungsregeln, treten somit gleichsam, als „intervenierende Variable", wie der Fachbegriff lautet, zwischen die Machtstruktur und das politische Ergebnis. Die Überlegung, daß die Beteiligung an einem Kooperations- oder Integrationsprozeß, der bestimmten Verfahrens- und Abstimmungsregeln folgt, die eigenen Chancen zur Beeinflussung der Ergebnisse erhöhen kann, liegt hinter der Bereitschaft gerade kleinerer Staaten, sich auf einen solchen Prozeß überhaupt einzulassen.[71] Es geht also in solchen formellen Verhandlungen immer auch um das strategische und taktische „Spiel" des Verhandelns. Die englische Sprache hat für diese Unterscheidung zwischen formellem Verhandeln und gleichsam der „Mechanik" substantiellen Verhandelns zwei Wörter parat, für die es so im Deutschen leider kein Äquivalent gibt: „negotiating" und „bargaining".[72] Das Ergebnis, der „bargain", ist von Macht (mit-)bestimmt. Soviel ist richtig (und in der von Konflikten geprägten Realität sozialer Beziehungen wohl auch kaum anders denkbar). Aber auf das Wie und auf das Ausmaß dieser Prägung kommt es entscheidend an.

Kommen wir damit zurück zu Moravcsiks Analyse der Entstehung der EEA. Bezogen auf sie stellt er fest: „The only major exception to lowest-common-denominator bargaining concerned whether to amend the Treaty of Rome to promote majority voting on internal market matters. On this point, the British yielded to Franco-German pressure to convene an intergovernmental conference, at least in part because the Franco-German position was backed by the threat of exclusion."[73] Der wesentliche Verfahrensfortschritt, die (Wieder-)Einführung von Mehrheitsabstimmungen, sei also auf die Anwendung von politischem Druck (und nicht etwa auf erfolgreiches Werben der Kommission) zurückzuführen.

Die dritte, wiederum ganz in realistischer Tradition stehende Komponente von Moravcsiks Ansatz ist die Verhaltensannahme, daß die Staaten auf Wahrung ihrer Souveränität bedacht seien. Die zunehmende Einschränkung der Reformvorschläge (von der Verwerfung des „Vertragsentwurfs für die Errichtung der

3. Wahrung der Souveränität

---

71 Auch für Großbritanniens Beitritt dürfte er ausschlaggebend gewesen sein. Schließlich bedeutete für Großbritannien die Mitgliedschaft, wenigstens die weitere Entwicklung mitbestimmen zu können, statt als außenstehendes Land nur immer faktische Anpassung an die Folgewirkung von EG-Beschlüssen üben zu müssen. Ähnliche Überlegungen gelten für den „Sturm" der ehemaligen EFTA-Mitglieder Finnland, Österreich und Schweden aus dem „EWR-Vorraum" ins EU-Hauptgebäude.
72 Wie diese englischsprachigen Begriffe nahelegen, ist das Gros der einschlägigen Literatur über solche Verhandlungsprozesse ebenfalls in dieser Sprache verfaßt. Dabei ist neben der eher verhaltenswissenschaftlichen (psychologischen) Literatur (z.B. gut lesbar und sogar für den praktisch Alltag nützlich: Fisher/Ury 1981 und Fisher/Kopelman/Schneider 1994) vor allem die spieltheoretisch angeregte bargaining-Literatur politikwissenschaftlich von großer Bedeutung. Zwei Bücher, die diese vorzüglich repräsentieren und zugleich hohen Unterhaltungswert haben, seien hier empfohlen: Raiffa 1982 und, auch ins Deutsche übersetzt, Dixit/Nalebuff 1991.
73 A.a.O., 49. („Die einzige größere Ausnahme von Verhandlungsergebnissen auf dem kleinsten gemeinsamen Nenner betraf die Ergänzung des Römischen Vertrages, um Mehrheitsabstimmungen über Fragen des Binnenmarktes durchzusetzen. In diesem Punkt gab Großbritannien dem französisch-deutschen Drängen nach einer intergouvernementalen Konferenz nach, und zwar zumindest teilweise, weil dieses Drängen von der Drohung, [vom weiteren Verhandlungsprozeß] ausgeschlossen zu werden, unterstützt wurde.")

Europäischen Union" des EP bis zum schließlichen Gehalt der EEA), die insbesondere die Rechte des Parlamentes nicht ausgeweitet haben und auch die Fortschritte in Sachen der Wirtschafts- und Währungsunion keinesfalls einem funktionalistischen spillover überlassen, scheint dies zu bestätigen.

Kritik am Erklärungsansatz des supranationalen Institutionalismus

Der Darlegung seiner eigenen Erklärung und der ihr zugrundeliegenden theoretischen Annahmen stellt Moravcsik eine Kritik des „supranationalen Institutionalismus" zur Seite, wie er von Sandholtz/Zysman vertreten wird. Seine Einwände beziehen sich dabei auf ihre Betonung der Rolle supra- bzw. transnationaler Akteure. Der Vertragsentwurf zur Errichtung der Europäischen Union des Europaparlaments von 1984 sei vom daraufhin vom Rat eingesetzten sog. Dooge-Ausschuß sogleich verworfen worden, der statt dessen auf Grundlage eines französischen Entwurfes verhandelte. Die Aktivität der europäischen Industriellen (Roundtable usw.) sei zum einen auf die Interessen der Nicht-EG-Mitglieder-Industrien gerichtet gewesen. Allgemeinen Druck in Richtung Marktliberalisierung habe es zwar etwa von seiten des europäischen Arbeitgeberverbandes UNICE schon länger gegeben, gerade deshalb jedoch könne er nicht erklären, warum genau zu diesem Zeitpunkt, Mitte der 1980er Jahre, von der Politik darauf reagiert worden sei. Spezifische Industrie-Aktivität sei schließlich zeitlich der „1992"-Initiative eher gefolgt denn vorausgegangen. Abschließend stellt Moravcsik fest: „None of the [...] supranational variables [...] seems to account for the timing, content, and process of negotiating the SEA [Single European Act = EEA]."[74]

Versuch eines Fazits

Wir sind damit am Ende dieses Teilkapitels (3.1.2) in einer scheinbar problematischen Situation: Für das „1992"-Phänomen, also das Zustandekommen der Einheitlichen Europäischen Akte und des Binnenmarktprogramms, liegen uns zwei theoretisch aufwendig ausgearbeitete Erklärungsvorschläge vor, die jedoch einander nicht einfach ergänzen, sondern sich zumindest teilweise auszuschließen scheinen. Was nun? Versuchen wir, uns in drei Schritten einen Reim darauf zu machen.

1. das „Aus" für den Neorealismus à la Waltz

Beide hier behandelten Ansätze bestärken uns darin, zumindest für die Analyse von Integrationsprozessen wie dem der EG/EU, einen rein strukturellen Realismus, wie ihn Kenneth Waltz vertritt, zu verwerfen. Der von ihm gegen domestic-politics-Ansätze erhobene Vorwurf des Reduktionismus ist unsinnig und der Verzicht auf diesen Ansatz ist unangebracht. Der Reduktionismusvorwurf ist unsinnig, da, wie gesagt, 1. Reduktionismus nichts prinzipiell Schlechtes ist, sondern eine Herangehensweise, die sich auf etlichen Fachgebieten als sinnvoll und tragfähig erwiesen hat. Die Behauptung, im Bereich der internationalen Politik sei dies anders, ist eben dies: reine Behauptung. 2. argumentiert Waltz gegen den Reduktionismus mit Hilfe des Argumentes der Sparsamkeit (an benötigter Information; der englische Fachausdruck lautet „parsimony"). Hierzu ist zu bemerken: Entgegen einem – offenbar auch bei Waltz – verbreiteten Irrtum kommt es bei wissenschaftlichen Erklärungen nicht auf Sparsamkeit allein an. Entscheidend ist vielmehr das „Aufwand-Ertrags-Verhältnis": Wieviel kann ich mit wie viel (oder wenig) erklären? Damit sind wir beim zweiten Punkt: der Un-

---

74 Ebd., 47. („Keine der [...] supranationalen Variablen [...] scheint den Zeitpunkt, den Inhalt und den Prozeß des Aushandelns der EEA zu erklären.")

angebrachtheit des Verzichts auf „domestic-politics"-Analyse. Sandholtz/Zysman und Moravcsik sind sich darin einig – und ich möchte mich diesem Urteil anschließen –, daß das Zustandekommen der EEA ohne Rückgriff auf „heimische" Faktoren eben nicht erklärt werden kann. Der Neorealismus Waltzscher Provenienz erklärt allenfalls den Zeitpunkt, nicht aber den Gehalt des Projektes. Ganz allgemein läßt sich sagen: gerade im EG/EU-Kontext, in dem die traditionelle Unterscheidung von Außen- und Innenpolitik zweifellos am weitesten aufgehoben ist, erscheint der Verzicht auf das Analyseinstrumentarium des „domestic-politics"-Ansatzes, den Waltz fordert, besonders unangebracht.

Die Frage nun, wer im Streit zwischen Sandholtz/Zysman einerseits und Moravcsik anderseits „recht hat", hat keine einfache Antwort. Zunächst könnte man sagen: Sie ist eine empirische Frage, muß also durch (weitere) Forschung entschieden werden. Da es dabei im Prinzip um die Gewichtung des Einflusses von supra- bzw. transnationalen Akteuren im Vergleich zu nationalen Akteuren geht, ist darüber hinaus auch klar, welche Art von Information prinzipiell wünschenswert wäre: Solche, die z.B. den Einfluß der transnationalen Industriegruppen auf den politischen Prozeß belegen würden. Wie wir gesehen haben, sind dabei auch Informationen über den zeitlichen Ablauf entscheidend (Waren die Industrievertreter bereits vor den ersten politischen Plänen aktiv, aber auch mit konkreten Forderungen? Kam die Initiative dabei von ihnen, oder wie weit wurden sie als Lobby von der Kommission „aktiviert"?). Klar ist aber auch, daß Fragen nach dem (relativen) Einfluß Information erforderlich macht, die nicht leicht verfügbar ist (es wird nirgendwo „von Amts wegen" eine Statistik des relativen Einflusses auf EG-Entscheidungen geführt). Indizienbeweise sind hier oft erforderlich, wo simple Messung nicht möglich ist. Und schließlich bleibt bei der Frage nach dem *relativen* Einfluß das Problem der Gewichtung. Insofern ist die zitierte Passage von Sandholtz/Zysman interessant, in der sie selbst feststellen: „Die enge wechselseitige Verbindung und Wechselwirkung zwischen [Institutionen der Europäischen Gemeinschaft, Teilen der Exekutive der nationalen Regierungen und Wirtschaftskreisen] wird es allerdings wohl schwierig machen, hierbei eine Priorität zuzuschreiben, eine Gewichtung oder eine relative Bedeutung."[75]

2. Wer hat recht?

Welche Information die weitere Forschung auch immer zugunsten der einen oder der anderen Seite erbringen mag, zunächst gilt es, eine Gemeinsamkeit beider Ansätze zu betonen. Beide, der in funktionalistischer Tradition stehende „supranationale Institutionalismus" wie der in realistischer Tradition stehende „intergouvernementale Institutionalismus", gestehen, wie auch der jeweils zweite Teil ihrer umständlichen Benennungen belegt, internationalen Institutionen durchaus eine Rolle zu. Insofern hat der Institutionalismus in der Forschung über internationale Beziehungen im allgemeinen während der vergangenen 15 Jahre doch dem hartnäckig anti-institutionellen und normenskeptischen Realismus alter Art ein Zugeständnis abringen können, und insofern findet eine gewisse Annäherung zwischen den großen „Paradigmen" der Disziplin, dem Realismus (hier vertreten durch den intergouvernementalen Institutionalismus) und dem

3. (k)ein Hurra für den Eklektizismus

---

75 Vgl. oben Anm.60.

Idealismus[76] (hier vertreten durch Funktionalismus und supranationalen Institutionalismus), statt. Beide Varianten des Institutionalismus leisten zusammen auch zumindest das, was man sich von einer eklektischen Theoriebildung – Eklektizismus ist letztlich ebenso wie Reduktionismus nur ein gerne ge-(und miß-) brauchter „Buhmann" – überhaupt versprechen kann: gleichsam eine Zusammenstellung von Faktoren, die im Prinzip von Bedeutung sein können, mit der Maßgabe, zu untersuchen, wie die Gewichtung im konkreten Einzelfall aussieht. Dies ist gewissermaßen ein mittleres Niveau des Theorieverständnisses im Bereich der Forschung über internationale Politik. Darunter liegen (eigentlich zu Unrecht Theorie genannte) reine Begriffsrahmen (conceptual frameworks), die nur beschreibende Bezeichnungen liefern, darüber liegt die anspruchsvollere Theorie im eigentlichen Sinne, die (verallgemeinerbare) Aussagen über die kausalen Zusammenhänge zwischen genau spezifizierten Variablen (Erklärungsfaktoren) macht. Wie schwer solche anspruchsvolle Theorie zu erreichen ist, zeigen die beiden dahin strebenden hier zugrundegelegten Arbeiten. Und fortgesetzter Streit auf hohem methodischen Niveau, so sei hier hinzugefügt, bevor der Eindruck falscher Verbrüderung entsteht, wird dabei auch weiterhin fruchtbar sein. Im Sinne dieses anspruchsvollen Theorieverständnisses wäre schließlich selbst dann, wenn im konkreten Fall der EEA einer der beiden Erklärungsansätze sich als der zutreffendere erweisen sollte, noch weiter zu fragen: Inwiefern läßt sich das Ergebnis verallgemeinern? Hat es Gültigkeit für alle EG/EU-Politik? Oder gilt der eine Ansatz (z.B. der supranationale Institutionalismus) eher für Entscheidungen im low-politics-Bereich, der andere (intergouvernementaler Institutionalismus) eher für Entscheidungen im high-politics-Bereich bzw. für Integrationsschübe? Über die Frage der Entwicklungsdynamik der europäischen Integration bleibt also noch genügend zu forschen, und auch die Theoriebildung darüber ist weiter ausbaufähig. Dies wird abschließend zu diesem Teilkapitel über die Theoriebildung zur historischen Entwicklung der europäischen Integration am Beispiel eines neueren Synthese-Vorschlags gezeigt, dem „dialektischen Funktionalismus" von Dorette Corbey, bevor wir uns im nächsten Teilkapitel anderen Gegenständen der Theoriebildung in Sachen EG/EU zuwenden.

3.1.3 Dialektischer Funktionalismus als Erklärung für das „Stop-and-Go" der Integration

Zeit als entscheidende Dimension

Die Entwicklung der europäischen Integration, das zeigte bereits der historische Überblick in Kapitel 1, war immer wieder von Vorwärtsschüben und Phasen der Stagnation geprägt. Man kann von einem Stop-and-Go-Muster der Entwicklung sprechen. Theorien über die historische Entwicklung der Integration sollten insbesondere in der Lage sein, dieses Entwicklungsmuster erklären zu können. Genau dieser Aufgabe widmet Dorette Corbey (1995, daraus alle folgenden Zitate) ihren hier zugrundegelegten Artikel über das, was sie – begrifflich etwas aufwendig, aber wie sich zeigen wird, durchaus zutreffend – „dialektischen Funk-

---

76 Vgl. zu diesen Paradigmen (Großtheorien) z.B. List u.a. 1995, Kap.1.

tionalismus" nennt. Dabei weist sie zunächst zu Recht auf die Bedeutung der Zeitdimension für eine Theorie der Integrationsentwicklung hin: „Time is the dimension constituting the stop-and-go rhythm but still waiting to be fully incorporated into integration theory." (261)[77] Wie kommt es zu diesem Stop-und-Go?

Der von Corbey vorgeschlagene Erklärungsansatz umfaßt drei Grundhypothesen:

> „(1) Integration in one policy area leads member states to safeguard adjacent policy areas against EU impact and to protect formal national autonomy.
> (2) In adjacent areas, government intervention and, in time, policy competition increase.
> (3) When state intervention (or policy rivalry) in these neighboring areas becomes counterproductive, policy preferences converge and further integration is demanded by the member states, or they agree to integration supplied by the European Commission, or both." (265)[78]

Bevor wir diese Hypothesen anhand eines Beispiels verdeutlichen, sei der gesamte Erklärungsansatz kurz eingeordnet und erläutert.

drei Grundhypothesen

Der Erklärungsansatz ist in mehrfacher Hinsicht „synthetisch", nimmt also verschiedene Elemente auf. Er ist aber etwas mehr als nur eine eklektische Zusammenstellung, insofern er vor allem aus dem Wechselspiel politischer Mechanismen das zeitliche Muster der Integrationsentwicklung erklärt. Zunächst sieht der Ansatz eine Rolle sowohl für (national-)staatliche Akteure, vor allem Regierungen, als auch für Interessengruppen, als auch schließlich für supranationale Instanzen wie die Kommission. Ihr Zusammenspiel erst ergibt das Stop-und-Go-Entwicklungsmuster: „when European integration proceeds in one sector, deprived interest groups will push member governments to safeguard adjacent policy areas against outside interference and to shift state intervention toward those areas, thus heralding the ‚stop' phase. As governments act, they will generate policy competition among themselves, which eventually will become self-defeating. At that point, states will be motivated to escape the costs of rivalry by turning to renewed European integration – the next ‚go' phase – this time forming a coalition against their own interest groups." (253)[79] Insbesondere dieser letzte Punkt, daß Regierungen Integration gleichsam als Befreiung aus den Zwängen der eigenen nationalen Interessengruppen suchen, aber auch die erste

Charakterisierung des Ansatzes

---

[77] „Zeit ist die Dimension, in der sich der Stop-und-Go-Rhythmus herausbildet, und doch ist sie noch nicht wirklich in die Integrationstheorie einbezogen worden."

[78] „(1) Inegration in einem Politikbereich veranlaßt die Mitgliedstaaten, benachbarte Politikbereiche gegen Einwirkungen der EU zu sichern und ihre formale nationale Autonomie zu schützen.
(2) In benachbarten Politikbereichen nehmen die Regierungseingriffe zu und mit der Zeit auch der Politikwettbewerb.
(3) Wenn Staatseingriffe (oder Politikwettbewerb) in diesen benachbarten Bereichen kontraproduktiv wird, konvergieren die politischen Vorstellungen und die Mitgliedstaaten verlangen nach weiterer Integration oder stimmen von der Europäischen Kommission betriebener Integrtion zu oder beides."

[79] „[W]enn die europäische Integration in einem Sektor voranschreitet, werden benachteiligte Interessengruppen die Mitgliedsregierungen drängen, benachbarte Politikbereiche gegen Einmischung von außen abzusichern und ihre staatlichen Eingriffe in diese Bereiche zu verlagern, wodurch die ‚Stop'-Phase eingeleitet wird. In dem Maße, wie die Regierungen handeln, erzeugen sie einen Politikwettbewerb untereinander, der sich letztendlich selbst unterminiert. An diesem Punkt sind die Staaten motiviert, den Kosten des Wettbewerbs durch erneute europäische Integration zu entkommen – die nächste ‚Go'-Phase –, wobei sie diesmal eine Koalition gegen ihre eigenen Interessengruppen bilden."

Hypothese über das Streben der Staaten nach Erhalt ihrer nationalen Autonomie, hebt die Rolle von Regierungen als nach innen wie nach außen um Handlungsfreiheit Strebende hervor. Hierin wird also eine realistische Politikannahme bewahrt. Andererseits ist der Ansatz in doppeltem Sinne funktionalistisch: er argumentiert mit den sachlogischen Verbindungen zwischen (benachbarten) Politikbereichen, und er erklärt Integration dadurch, daß sie letztlich für die Staaten bestimmte Funktionen erfüllt (Vermeidung kontraproduktiven Wettbewerbs, „Abschütteln" von Zwängen nationaler Interessengruppen, aber natürlich auch bessere Erreichung der eigentlichen, inhaltlichen Politikziele). Schließlich ist der Ansatz „dialektisch", insofern er auf das Wechselspiel zwischen Aktion (Integrationsschritt) und Reaktion (verstärkter Interessengruppendruck für staatliche Intervention in benachbarten Politikbereichen) abhebt, die weitere Nachfrage nach Integration auslösen.

Verdeutlichung am Beispiel — Vielleicht wird die skizzierte Erklärung am besten anhand eines Beispiels deutlich, das Corbey selbst anführt. Auf den der EWG-Integration zugrundeliegenden Abbau von tarifären Handelsschranken, also Zöllen zwischen den Mitgliedstaaten (ursprünglicher Integrationsschritt), reagierten diese, unter dem Druck heimischer Interessengruppen, unter anderem mit „kompensierenden" Maßnahmen in benachbarten Politikbereichen wie der nicht-tarifären Handelspolitik, der Subventionspolitik für heimische Firmen und der Lohn- und Sozialpolitik (Beginn der Stagnationsphase). Während die Zollschranken zu Beginn der 1970er Jahre in der EG praktisch beseitigt waren, nahm etwa das Ausmaß der Regulierung, also nationaler Vorschriften, die grenzüberschreitenden Handel behinderten, zu. Dies galt für öffentliche Beschaffungsaufträge, aber auch im Pharma- und Lebensmittelsektor. Von ausländischer Konkurrenz bedrohte Firmen erhielten vermehrt Subventionen von „ihrer" Regierung, was letztlich zu einem Subventionswettbewerb zwischen den Mitgliedstaaten führte. Die Regierungen versuchten, um sich im Handelswettbewerb zu behaupten, die Gewerkschaften zu moderaten Lohnabschlüssen zu bewegen, was sie mit zusätzlichen sozialstaatlichen Leistungen zu belohnen bereit waren. Zu Beginn der 1980er Jahre wurden die Regierungen jedoch der zunehmenden Kosten dieser Regelungen bewußt, was durch Konkurrenz von außerhalb der EG verstärkt wurde. Subventionen etwa, zumal wenn sie sich im internationalen Wettbewerb hochschaukelten, erreichten gerade deshalb immer weniger ihr Ziel. Zugleich hatten sich nationale Interessengruppen an sie gewöhnt, etwa im Stahlbereich. Hier konnte die EG als entfernte und anonyme Behörde den Rückzug der Regierungen aus der Subventionspolitik betreiben, legitimieren und zugleich einen Gutteil der „Schuld" hierfür auf sich nehmen, was den Regierungen die Befreiung aus nationalen Interessengruppenzwängen ermöglichte. Mit der Einheitlichen Europäischen Akte und dem Binnenmarktprogramm wurde schließlich ein erneuter Integrationsschritt getan, der insbesondere auch die nicht-tarifären Handelshemmnisse überwinden sollte. Dabei spielte die Öffnung der nationalen Märkte für Regierungsaufträge eine zentrale Rolle. Auch sie erfolgte jedoch nicht einfach wie geplant, sondern zeigte, gleichsam eine Ebene tiefer, ihr eigenes Stop-und-Go-Entwicklungsmuster (was Corbey [273ff.] näher schildert, hier aber nicht im einzelnen nachvollzogen werden soll). Nicht nur die „großen" Schübe der Integrationsentwicklung, sondern auch das Stop-und-Go in einzelnen Bereichen wie dem der Öffnung nationaler Märkte für Regierungsaufträge lassen sich also mit dem Ansatz des dialektischen Funktionalismus erklären.

Eine solche Erklärung setzt allerdings, darauf weist Corbey abschließend selbst hin, voraus, daß sich die zentralen Kategorien des Ansatzes empirisch auch anwenden lassen. Insbesondere ist zu klären: *Voraussetzungen des Ansatzes*

1. Welche Politikbereiche sind als jeweils benachbart anzusehen? Nur nach Klärung dieser Frage läßt sich überprüfen, ob es in ihnen zu den gemäß Hypothese 2 zu erwartenden Reaktionen des Interessengruppendrucks und der zunehmenden Regierungsintervention kommt. Andernfalls entzöge sich die Hypothese leicht der Überprüfbarkeit, wenn im Falle des Ausbleibens solcher Reaktionen damit argumentiert würde, daß es sich eben nicht um benachbarte Politikbereiche im Sinne der Hypothese handele.
2. Wann wird – gemäß Hypothese 3 – der in benachbarten Politikbereichen ausgelöste Politikwettbewerb (im Beispiel: der Subventionswettbewerb) als kontraproduktiv wahrgenommen? Bleibt diese Wahrnehmung nämlich aus, oder erfolgt ein Integrationsschritt ohne eine solche vorausgehende Wahrnehmung, spräche dies gegen die Erklärungskraft des „dialektischen Funktionalismus".

Nur weitere empirische Forschung kann zeigen, ob der Ansatz sich auch in anderen als den von Corbey herangezogenen Fälen als fruchtbar erweist. Als Theorievorschlag ist er aus mindestens drei Gründen interessant: *... und abschließende Würdigung seiner Bedeutung*

1. Er macht ausdrücklich das Entwicklungsmuster der Integration zum Erklärungsgegenstand, betrifft also tatsächlich deren historische, im Zeitablauf erfolgende Entwicklung.
2. Er integriert die Rolle aller potentiellen Akteure, stellt diese aber nicht nur eklektisch nebeneinander, sondern erläutert ihr Wechselspiel, sowohl was dessen zeitliche Abfolge als auch die zugrundeliegenden Mechanismen anbelangt.
3. Er macht deutlich, daß Integration kein „Selbstläufer" ist, sondern vom Interesse der beteiligten Regierungen abhängt. Dieses ist im Prinzip auf Wahrung der Handlungsautonomie nach außen (gegenüber anderen Staaten) und innen (gegenüber gesellschaftlichen Interessengruppen) gerichtet. Genau dann, wenn Integration diesem doppelten Interesse der Staaten (Regierungen) dienlich ist, kommt sie voran. Insofern gilt, wie Corbey treffend feststellt: „the EU is not expected to affect the reason for the existence of national states, but ... is seen as a new form of governance [that] displays its own internal dynamics." (268/269)[80] Beides, die Bindung von Kooperation und Integration an Eigeninteressen der Regierungen und die hieraus resultierende spezifische Regierungsform und -dynamik der EU, wird uns auch beschäftigen, wenn wir im folgenden Theoriebildung über das Gesamtphänomen EG/EU und seine Funktionsweise näher betrachten.

---

80 „[E]s wird nicht erwartet, daß die EU die Existenzberechtigung der Staaten berührt, sondern ... sie wird als eine neue Form des Regierens gesehen, [die] ihre eigene innere Dynamik aufweist."

3.2 Theoretisierung des Gesamtphänomens EG/EU

Nachdem wir uns im vorausgegangenen Teilkapitel mit theoretischen Ansätzen zur Erfassung der Entwicklungsdynamik des (west-)europäischen Integrationsprozesses beschäftigt haben, wollen wir uns in diesem Kapitel Versuche ansehen, das Phänomen der institutionalisierten Kooperation einerseits, der Integration im Rahmen der EG/EU andererseits theoretisch „auf den Begriff" zu bringen. Dabei ist, wie bereits gesagt, die Unterscheidung zwischen Theoriebildung zur Entwicklungsdynamik und theoretisch-begrifflicher Erfassung des Gesamtphänomens keine lupenreine, wie vor allem bei der zweiten hier vorgestellten Interpretation der europäischen Integration als einer Strategie zur „Rettung des Nationalstaates" deutlich wird. Zunächst jedoch geht es noch einmal um eine Einordnung der (west-)europäischen Integration, insbesondere im Verhältnis zu sonstigen Formen zwischenstaatlicher Kooperation; damit wird zugleich die begriffliche Grundlage für die Beschäftigung mit europäischen Kooperationsformen im zweiten Teil dieses Buches geschaffen.

3.2.1 Mehr als ein internationales Regime, weniger als eine Föderation

Phänomen „sui generis" und Supranationalität

Es hat unterschiedliche Versuche gegeben, das Gesamtphänomen (west-)europäische Integration auf den Begriff zu bringen. Angesichts des hohen Anteils, den – wie wir sogleich sehen werden – die Existenz einer eigenen Rechtsordnung, des Europäischen Gemeinschaftsrechts, für den (west-)europäischen Integrationsprozeß hat, ist besonders von juristischer Seite die EG bzw. EU als ein Phänomen sui generis (lat. = eigener Art) bezeichnet worden. Das ist insofern richtig, als das Europäische Gemeinschaftsrecht weder eine innerstaatliche Rechtsordnung nach dem Muster etwa der Rechtsordnungen der Mitgliedstaaten ist, noch eine rein völkerrechtliche (obwohl die zugrundeliegenden Verträge im Rahmen des Völkerrechts geschlossen worden sind). Im Unterschied zur weitgehend nicht-hierarchischen, koordinationsrechtlichen Natur des allgemeinen Völkerrechts[1], enthält das Europäische Gemeinschaftsrecht durch die zwingend anerkannte Auslegungskompetenz des Europäischen Gerichtshofes (EuGH) in Luxemburg[2] ein deutliches Element von Subordination (Unterordnung, nämlich der Mitgliedstaaten unter die Interpretationsbefugnis des EuGH), wie es sonst eher für innerstaatliche Rechtsordnungen kennzeichnend ist. Insofern stellt die EU tatsächlich ein Phänomen eigener Art dar. Und obwohl damit sogar etwas ausgesagt ist, hilft es bei der Einordnung des politischen Phänomens nicht recht weiter. Ganz ähnlich verhält es sich mit dem zweiten

---

1 Auch das allgemeine Völkerrecht kennt die, allerdings optionale, also freiwillige und – wenn auch nur mit bestimmten Fristen – widerrufbare Unterwerfung unter ein Gericht, heute den Internationalen Gerichtshof (IGH) in Den Haag. Im Unterschied dazu ist ein Widerruf in den der EU zugrundeliegenden Verträgen nicht vorgesehen.
2 Der EuGH, als Gerichtsorgan der EU, ist nicht zu verwechseln mit dem im Rahmen der Menschenrechtskonvention des Europarates tätigen Europäischen Gerichtshof für Menschenrechte (EGHMR) mit Sitz in Straßburg.

auf die EU gerne angewandten Begriff, dem der Supranationalität. Auch hiermit wird zum Ausdruck gebracht, daß die EU „irgendwie" etwas anderes, vielleicht sogar mehr, als (nur) internationale Kooperation darstellt. Wie Joseph H. Weiler, der heute an der rechtswissenschaftlichen Fakultät der Harvard Universität lehrende Jurist und ob seiner Berücksichtigung der politischen und juristischen Zusammenhänge auch für Politikwissenschaftler lesenswerte Kenner der europäischen Integration, feststellt: „since the new term, supranationalism, derives from, indeed is the explication of, the phenomenon it seeks to define a measure of circularity is inevitable."[3] Um diese Zirkularität zu durchbrechen, müßte die europäische Integration, wenn sie denn einzigartig und supranational ist, mit Phänomenen verglichen werden, die ihr noch relativ am nächsten kommen. Daraus ergäbe sich dann eine Einordnung, die zwar womöglich eher sagt, was die europäische Integration nicht ist, die aber gerade durch den Vergleich erkennen läßt, inwiefern sie dies oder jenes nicht mehr oder noch nicht ist. Genau dies leistet eine Bestimmung des EU-Phänomens, die William Wallace (1983) zu einer Zeit vorgenommen hat, als noch von EG gesprochen werden mußte, die jedoch noch immer sehr brauchbar ist. Er stellte fest, sie sei „Less than a Federation, More than a Regime", weniger als eine Föderation, mehr als ein (internationales) Regime. Unter aus didaktischen Gründen erfolgender Umkehrung wollen wir uns mit dieser Einordnung hier näher beschäftigen und beginnen also mit der Klärung des Begriffs „internationales Regime".

Nachdem während der 1960er Jahre die neofunktionalistischen Analysen den Bereich der politikwissenschaftlichen Analyse internationaler Politik, der sich nicht mit den gewaltsamen, sondern mit den friedlichen Beziehungen zwischen Staaten befaßt, weitgehend dominiert hatten, gerieten sie mit dem Stillstand der EG-Integration selbst ins Stocken. Zugleich machte die einsetzende Wirtschaftskrise und der Zusammenbruch des nach dem Gründungsort sog. Bretton Woods-Währungssystems mit dem Gold-Dollar-Standard auf das Phänomen der gewachsenen wechselseitigen Abhängigkeit, der Interdependenz, der Industriestaaten, also im Kreise der OECD, aufmerksam.[4] Das Phänomen der Interdependenz selbst wurde im Rahmen der Interdependenztheorie damit auch zum Thema der politikwissenschaftlichen Analyse, ebenso wie der aus ihr resultierende Bedarf für zwischenstaatliche Zusammenarbeit auf dauerhafter Grundlage. Für dieses letztere Phänomen, die internationale Kooperation in einzelnen Sachbereichen (engl.: issue areas) auf der Grundlage von den Akteuren (Staaten) geteilter Normen, wurde der Fachbegriff „internationales Regime" eingeführt.[5]

internationales Regime

---

3   Zitiert nach Wallace 1983, 404. („[D]a der neue Begriff, Supranationalismus, von dem Phänomen herstammt, ja geradezu die Erklärung für es ist, das er zu bestimmen sucht, ist ein gewisses Ausmaß an Zirkelhaftigkeit unvermeidlich.")
4   Für die hier nur kurz skizzierte parallele Entwicklung der realen internationalen Beziehungen und ihrer analytischen Aufarbeitung durch die Politikwissenschaft vgl. ausführlicher van der Pijl 1996, Kap. 9 und 11.3; speziell zur Interdependenztheorie vgl. auch einführend List u.a. 1995, Kap.1.2.5.1.
5   Zentraler Ausgangspunkt für die Regime-Diskussion waren die zuerst 1982 in Form eines Sonderhefts der Zeitschrift „International Organization" veröffentlichten Beiträge zweier Tagungen in Los Angeles (1980) und Palm Springs (1981), die in dem von Krasner (1983) herausgegebenen Band versammelt sind. Die Regimediskussion wurde in Deutschland rezipiert (aufgenommen) im Rahmen eines Forschungsprojektes über Regime in den Ost-West-Beziehungen (vgl. u.a. Rittberger 1990) sowie in den Beiträgen zu einer 1988 von der Sektion „Internationale Politik" im Rahmen des Kongresses der Deutschen Vereinigung für Politische

Mit ihm wurde im Grunde ein Gedanke wieder aufgegriffen, der bereits bei David Mitrany angelegt war: die Bedeutung von sachbereichsspezifischer Kooperation. Allerdings wurde er jetzt meist nicht mehr explizit in den Kontext einer „Weltfriedensordnung" gestellt. Dafür wurde, ausgehend von der Erfahrung wirtschaftlicher, aber auch ökologischer Interdependenz, die Notwendigkeit dauerhafter zwischenstaatlicher Kooperation betont und dabei auch die Rolle der solcher Kooperation zugrundeliegenden Normen. Mit anderen Worten wurde die Frage nach der Institutionalisierung kooperativer internationaler Beziehungen gestellt, worin sich das spezielle Interesse der Teildisziplin von der Internationalen Politik mit dem allgemein in der Politikwissenschaft zu dieser Zeit neu entfachten Interesse für die Rolle von Institutionen in der Politik traf.

Regime und EU Wenn Regime also die dauerhafte, normgeleitete Kooperation zwischen Staaten in einzelnen Sachbereichen darstellen[6], ohne daß die Staaten dabei die Ambition hegen, sich zu einer höheren politischen Einheit zusammenzuschließen, so stellt sich natürlich die Frage, inwiefern der Regimebegriff auf die EU, die eine solche Ambition ja verfolgt[7], oder auf Teilbereiche von ihr anwendbar ist. Und genau letzteres scheint möglich. Die EU besteht ja seit Maastricht, wie oben dargestellt, aus drei „Pfeilern": der (supranationalen) EG (= ehemalige EWG, organisatorisch-institutionell fusioniert mit der EURATOM und der EGKS), der intergouvernemental-kooperativen Gemeinsamen Außen- und Sicherheitspolitik (vormals EPZ) und der ebenfalls intergouvernemental-kooperativen Zusammenarbeit auf dem Gebiet der Innen- und Rechtspolitik. Gerade für die letzteren beiden scheint sich eine regimeanalytische Betrachtung anzubieten. So hat sich bereits zur Zeit des GASP-Vorläufers, der Europäischen Politischen Zusammenarbeit, auf der Grundlage einer Reihe von Prinzipien die normgeleitete Zusammenarbeit im Rahmen bestimmter (z.B. Konsultations-)Verfahren eingespielt, für die auch zum Teil eigene institutionelle Formen geschaffen wurden (etwa Außenministertagungen, Politisches Komitee). Eine ähnliche regimeanalytische Betrachtung ließe sich aber auch etwa für das Europäische Währungssystem anstellen. Es zeigt sich also, daß bestimmte Formen der Zusammenarbeit zwischen den Mitgliedern der EU im Grunde genommen Regimecharakter haben und sich damit im Prinzip von anderen Formen zwischenstaatlicher Kooperation, wie sie etwa im Rahmen des weltweiten Handelsregimes des Allgemeinen Zoll- und Handelsabkommens (GATT) unter nunmehriger formeller Aufsicht der Welthandelsorganisation (WTO) stattfinden, nicht wesentlich unterscheiden. Freilich bleibt die Tatsache zu berücksichtigen, daß diese regimeartigen Kooperationsformen im Rahmen der EU eben doch zumindest

---

Wissenschaft veranstalteten Tagung (Kohler-Koch 1989); einen guten Überblick auch über zahlreiche weitere Einzelstudien gibt Müller 1993; einführend vgl. auch List u.a. 1995, Kap.1.2.5.2, 2.2.3 und passim).

6 Diese Formulierung schließt das kooperative Verhalten also als Definitionsmerkmal in den Regimebegriff ein (was impliziert: ohne normgeleitetes Verhalten kein Regime); es gibt auch eine andere, aus der juristischen Literatur stammende Begriffsverwendung, die mit Regime nur die jeweilige Gesamtheit des Normenbestandes auf einem (internationalen) Sachgebiet meint. Der Streit um solche Definitionsfragen gehörte zu den weniger fruchtbaren Aspekten der Regimediskussion, obgleich es natürlich zuweilen einen gedanklichen Unterschied (und damit auch einen in der Sache) macht, welchem Begriffsverständnis man folgt.

7 Zumindest deklarieren die Mitgliedstaaten im Maastrichter Vertrag (Art.A) erneut das Ziel „der Verwirklichung einer immer engeren Union der Völker Europas"; vgl. jedoch unten Anm. 19.

„angelagert" bleiben an ein politisches Unterfangen – die Integration im Rahmen der EG –, das darüber hinaus integrative Absichten verfolgt.

Bereits in unserer historischen Übersicht in Kapitel 1 hatten wir vier wesentliche Elemente der EG-Integration herausgearbeitet, die ihr „supranationalen" Charakter verleihen und die damit zugleich anzeigen, inwiefern die EG (und damit auch die EU als Gesamtheit) mehr ist als ein Regime. Zum einen hatten wir die Vertragswächter- und Integrations"motor"-Funktion der Kommission herausgestellt. Hierzu ist festzustellen: Auch etliche internationale Regime begründen als institutionellen Kern regelmäßige Treffen von Vertretern, die zuweilen Kommission genannt werden, sowie als zuarbeitende Einrichtung für diese Treffen oft ein kleines internationales Sekretariat. Unter aktivem Engagement durch dessen führende Mitarbeiter kann auch dem Verbund von Sekretariat und Kommission, also Mitgliederversammlung, unterstützt vielfach durch die Vorarbeit von Fachausschüssen und Unterkommissionen auf der Ebene von Beamten und sonstigen Fachleuten, eine vorantreibende Kraft zur Fortentwicklung des jeweiligen Regimes zukommen.[8] Gleichwohl besteht innerhalb solcher Regime typischerweise nicht die Möglichkeit, daß – wie die EU-Kommission – eine inter- (bzw. supra-)nationale Kontrollbehörde Mitgliedstaaten wegen Nicht-Umsetzung vereinbarter Normen verklagt. Auch haben die im Rahmen von internationalen Regimen vereinbarten Verhaltensvorschriften nicht unmittelbar Geltungskraft für Individuen und sonstige private Akteure (Firmen) der Mitgliedstaaten, bedürfen vielmehr der jeweiligen Umsetzung in geltendes nationales Recht. An all diesen Bemerkungen wird erneut die Bedeutung des zweiten Faktors, der der EU mehr als Regimequalität verleiht, deutlich: der Existenz einer übergeordneten Rechtsordnung. Es bietet sich an, auf sie hier kurz näher einzugehen. Zuvor sei jedoch an die beiden weiteren Differenzpunkte der EU im Vergleich zu Regimen erinnert: Sie hat, drittes Supranationalitätsmerkmal, einen eigenen Haushalt und eigene Einnahmequellen. Demgegenüber werden die eventuell im Rahmen von Regimen anfallenden Kosten (etwa für den Unterhalt des Sekretariats und seines Personals) nicht aus „Eigenmitteln des jeweiligen Regimes" – solche gibt es gerade nicht –, sondern eben aus Beiträgen der beteiligten Staaten finanziert. Schließlich, viertes Supranationalitätsmerkmal, sind im Rahmen der Gemeinschaft Entscheidungen durch Mehrheitsbeschluß möglich. Auch dies gilt in den rein intergouvernementalen Regimen üblicherweise nicht, die eben nach den Regeln des allgemeinen Völkerrechts funktionieren, nicht nach denen des supranationalen Gemeinschaftsrechts. Dieses Gemeinschaftsrecht ist für das Verständnis der Natur der Gemeinschaft ganz entscheidend.

mehr als ein Regime

Nicht nur ist die EG selbst eine – durch das primäre Gemeinschaftsrecht der Verträge – rechtlich konstituierte Einrichtung. Eine ihrer Haupthandlungsweisen besteht auch darin, Rechtsakte – das sekundäre Gemeinschaftsrecht – zu erlassen (Art.189 EGV). Näherhin erlassen das EP und der Rat gemeinsam oder der Rat oder die Kommission vor allem drei Arten von Rechtsakten:

Europäisches Gemeinschaftsrecht: zugrundeliegende Verträge und Rechtsakte der Gemeinschaft

---

8 All das Gesagte ließe sich etwa behaupten für die Verhältnisse im Rahmen des internationalen Regimes zum Schutz der Meeresumwelt der Ostsee (vgl. z.B. List 1991 und, kürzer, List u.a. 1995, Kap 5.2.3). Den dynamischen, auf Fortentwicklung des Regelbestandes angelegten Charakter von Regimen betont, am Beispiel der internationalen Regime über weiträumige, grenzüberschreitende Luftverschmutzung sowie zum Schutz der Ozonschicht, Gehring 1994.

- Verordnungen (engl.: regulations, franz.: règlements; gleichsam die „Gesetze" der EG),
- Richtlinien (engl./franz.: directives) und
- Entscheidungen (decisions/décisions).

Verordnungen gelten abstrakt-generell, regeln also mehr als einen Sachverhalt und gelten für mehrere Adressaten. Insbesondere gelten sie jedoch unmittelbar als Recht in allen Mitgliedstaaten, bedürfen also keiner zusätzlichen Umsetzung in nationales Recht. Im Falle der Richtlinie sind das oder die Ziele verbindlich, die Wahl der Mittel zur Erreichung liegt jedoch bei den Mitgliedstaaten. Zur Umsetzung, zu der die Staaten verpflichtet sind, wird ihnen eine Frist von meist ein bis zwei Jahren gegeben. Entscheidungen schließlich sind verbindliche Einzelfallregelungen. Neben den genannten drei Arten von verbindlichen Rechtsakten spricht die Gemeinschaft auch unverbindliche Empfehlungen aus und gibt ebenfalls unverbindliche Stellungnahmen ab.

Vorrang, direkte Geltung und Sanktionsbewehrung des Gemeinschaftsrechts

Die Bedeutung des Gemeinschaftsrechts und seiner gemeinschaftsförderlichen Auslegung in einigen zentralen Entscheidungen des EuGH für den Integrationsprozeß resultiert daraus, daß, wie Joseph Weiler (1982) festgestellt hat, rechtliche Integration im Unterschied zu politischer Integration ein „alles oder nichts"-Prozeß ist. Politische Integration mag schrittweise erfolgen, im Falle der rechtlichen Integration geht dies nicht: eine Norm gilt entweder innerhalb einer Rechtsordnung oder sie gilt nicht. Ebensowenig wie im Falle von Schwangerschaft kann es im Falle von Rechtsgültigkeit ein bißchen davon geben. Und die Feststellung der Rechtsgültigkeit einer Norm obliegt im Rahmen der Gemeinschaft dem EuGH. Für die Entwicklung der EG-Integration waren daher einige zentrale Entscheidungen des EuGH von besonderer Bedeutung. So hat in der Frage, was im Falle der Kollision nationaler, mitgliedstaatlicher Normen mit solchen des Gemeinschaftsrechts zu tun sei, der EuGH im berühmten Costa/ENEL-Fall[9] 1964 zugunsten des Vorrangs des Gemeinschaftsrechts entschieden. Widerstreitendes nationales Recht ist zwar nicht nichtig, muß aber im Sinne des Gemeinschaftsrechts geändert werden.[10] Neben und zeitlich vor dem durch Costa/ENEL festgestellten Vorrang des Gemeinschaftsrechts entschied der EuGH im Falle van Gend en Loos 1963, daß Normen des Gemeinschaftsrechts, wenn sie spezifisch und genau genug formuliert sind, auch di-

---

9   Die vor dem EuGH verhandelten Fälle werden meist mit der Kombination Kläger/Beklagter kurz bezeichnet; im vorliegenden Falle klagte der italienische Anwalt Costa gegen das staatliche Elektrizitätsunternehmen ENEL.

10 Dies hat zu mehreren Entscheidungen des deutschen Bundesverfassungsgerichts Anlaß gegeben, in denen dieses Gericht sich mit der Frage abmühte, ob angesichts des Vorrangs des Gemeinschaftsrechts, das keinen eigenen Grundrechtekatalog kennt (wohl aber seit dem EUV [Art.F Abs.2] das Bekenntnis zur Beachtung der Bestimmungen der im Rahmen des Europarats geschlossenen Europäischen Menschenrechtskonvention, speziell auch für die Zusammenarbeit in den Bereichen Inneres und Justiz [Art.K.2 EUV]), den im Grundgesetz gewährleisteten Grundrechten möglicherweise „europäische Aushöhlung" drohe. Im sog. „Solange I"-Beschluß (nach dem ersten Wort des Leitsatzes des Urteils; vgl. Entscheidungen des Bundesverfassungsgerichts [BVerfGE] 37, 271) von 1974 hatte das BVerfG gemeint, noch über die Wahrung der Grundrechte durch die EG wachen zu müssen, *solange* diese keinen eigenen Grundrechtekatalog aufweise. Seit dem „Solange II"-Beschluß von 1986 (BVerfGE 73, 339) verzichtete das BVerfG dann auf die Ausübung (nicht auf das prinzipielle Recht dazu!) einer diesbezüglichen Kontrolle, *solange* die EG einen Grundrechtsschutz gewährleiste.

rekte Geltung und Anwendbarkeit in dem Sinne haben können, daß EG-Bürger unmittelbar aus der Norm Rechte herleiten können. Im Unterschied zum allgemeinen Völkerrecht, das sich (nur) an Staaten richtet, können also einzelne Bürger direkt Adressaten und Begünstigte von Gemeinschaftsrecht sein. Sie werden damit, hierin liegt die politische Bedeutung des Urteils, zugleich auch zu „Wächtern" des Integrationsprozesses, indem sie sich ihr Recht notfalls vor dem EuGH einklagen.[11] Schließlich ist auch die Kommission ein Wächter der Umsetzung des Gemeinschaftsrechts in nationales Recht der Mitgliedstaaten, und seit dem Maastrichter Vertrag hat sie aufgrund von Art.171 Abs.2 EUV sogar die Möglichkeit, bei säumigen Mitgliedstaaten diese Umsetzung unter Androhung von Zwangsgeld vor dem EuGH einzuklagen.[12] Auch wenn dieses Verfahren sehr voraussetzungsvoll ist, ist die schiere Möglichkeit der „Geldstrafe für Staaten" eine Sonderheit des EG-Rechts und damit Ausdruck der Supranationalität der Gemeinschaft.

Unabhängig von der konkreten rechtlichen Form des Handelns der Gemeinschaft und auch unabhängig von der Bedeutung der rechtlichen Integration für den Prozeß der politischen Integration ist schließlich politikwissenschaftlich von Belang, daß die Gemeinschaft inhaltlich-substantiell häufig regulative Politik betreibt. Damit ist nun aber mehr gemeint als die Tatsache, daß sie rechtsförmig handelt. Vielmehr bezeichnet regulative Politik oder Regulation das Vorgehen, mittels Ge- und Verboten, Verordnungen und Normierungen in sozio-ökonomische Bereiche zu intervenieren. Moderne Staaten und auch die EG sehen hierzu vielfach Anlaß: im Bereich der Gewerbeaufsicht ebenso wie im Arbeitsrecht, bei der Flugkontrolle ebenso wie bei der Sicherheit von Atomkraftwerken, und in vielen anderen Bereichen.[13] Davon zu unterscheiden ist eine mittels finanzieller und fiskalischer Leistungen und Anreize vorgehende Politik. Auf den amerikanischen Politikwissenschaftler Theodore Lowi (1972) geht eine hierzu einschlägige, verbreitete begriffliche Dreiteilung zurück sowie eine damit in Verbindung stehende These. In seiner begrifflichen Dreiteilung unterscheidet er neben der regulativen Politik noch distributive Politik (die Geld oder geldwerte Vorteile politisch an unterschiedliche Gruppen „verteilt") und redistributive Politik (die zwischen – deshalb – opponierenden Gruppen solche Werte umverteilt). Die These Lowis besteht nun darin, daß zwischen dem Politiktyp und der Art der auftretenden politischen Prozesse in einem konkreten Sachbereich ein Zusammenhang besteht der Art, daß ersterer (der Politiktyp) letztere (die politischen Prozesse) bestimme (policy determines politics[14]; üblicherweise wird die Kau-

<small>inhaltliche Arten der Gemeinschaftspolitik: regulativ, distributiv, redistributiv und konstitutiv</small>

---

11 Faktisch nutzen diese Möglichkeit nicht so sehr einzelne Bürger, sondern Firmen. Dem Charakter der E(W)G als zunächst vorwiegend auf Wirtschaftsintegration ausgerichtetes Unterfangen entspricht die Dominanz von „Wirtschaftssubjekten", also Firmen, als klagende Vorantreiber der Rechtsintegration; vgl. dazu Joerges 1995, insbes. 74-80, sowie zum Zusammenhang von Recht und Politik in der EG-Entwicklung über das hier Gesagte hinaus den vorzüglichen längeren Artikel von Weiler 1991 sowie die unten in Kapitel 5.2.2, Anm. 28 genannte Literatur.

12 Vgl. zum ersten Fall der Anwendung dieser Bestimmung – gegen Deutschland wegen der schleppenden Umsetzung von EG-Umweltrichtlinien in nationales Recht – unten Kapitel 7.2.

13 Zahlreiche Beispiele (inklusive solche aus dem Bereich der EG), auch für die Analyse regulativer Politik, bietet die (länder-)vergleichende Einführung von Francis 1993.

14 In der Politikwissenschaft hat sich die – nicht ins Deutsche übertragbare – angelsächsische Trias der Politikbegriffe als Fachterminologie eingebürgert. Danach bezeichnet polity den formalen institutionellen und Verfassungsrahmen einer politischen Gemeinschaft; politics die ablaufenden politischen Prozesse (Interessenauseinandersetzungen etc.); und schließlich po-

salität umgekehrt gesehen: politische Prozesse bestimmen den Politikinhalt; beide Sichtweisen schließen sich nicht aus: gegeben einen bestimmten Politik- oder Problemtyp, kann der jeweils gemäß Lowis These zu erwartende konkrete politische Prozeß doch den Inhalt der verfolgten Politik [mit-]bestimmen). Regulative Politik erfolgt oft im engen Zusammenspiel zwischen der regelnden Behörde und den betroffenen Gruppen („Klienten"), die eine Tendenz haben, sich als politische, oft scheinbar rein technische Fragen regelnde „Subsysteme" gegenüber der politischen Beeinflussung von außen abzuschirmen. Beispiele regulativer Politik im EG-Bereich sind etwa die Errichtung der Zollunion oder die Harmonisierung von Rechtsvorschriften. Distributive Politik, für die beispielhaft die EG-Handels- und Landwirtschaftspolitik genannt seien, zeichnet sich durch Verhandlungen (bargaining) zwischen Staat (bzw. EG) und Interessengruppen aus sowie durch massive Lobbytätigkeit. Redistributive Politik schließlich zeichnet sich durch öffentlichen Streit zwischen positiv und negativ betroffenen Interessengruppen aus, der vielfach erst auf höchster Ebene zu schlichten ist. Beispiele hierfür aus dem Bereich von der EG verfolgter Politiken sind (noch) selten. Im Rahmen des Integrationsprozesses jedoch waren z.B. die britischen Forderungen nach Reduzierung des eigenen Beitrags zum EG-Haushalt (der in Großbritannien aufgrund seines hohen Pro-Kopf-Nettobeitrags als umverteilend empfunden wurde) redistributiv, und der sich abzeichnende Konflikt um Mittel für Regionalentwicklung zwischen den südlichen EU-Mitgliedern und den potentiellen östlichen Mitgliedern wäre es. Wir wollen an dieser Stelle Lowis These nicht weiter verfolgen, seine begriffliche Dreiteilung jedoch sei als wichtige zur Aufnahme ins Gedächtnis empfohlen. Beispiele für Aktivitäten der Gemeinschaft, die einem der drei Politik-Typen Lowis entsprechen, werden uns im weiteren Verlauf des vorliegenden Buches begegnen. An dieser Stelle ist ein vierter Politik-Typ von Belang, den Wallace in seinem hier zugrundegelegten Artikel einführt, und der abschließend zu dem Punkt des „weniger als eine Föderation" überleitet. Diesen Typ von politischen Fragen nennt Wallace „constituent" (konstitutiv, also etwa: die Verfassung betreffend).

weniger als eine Föderation

Wir hatten uns bisher, Wallace folgend, darauf konzentriert festzustellen, inwiefern die EU mit einem internationalen Regime zu vergleichen ist und inwiefern sie darüber hinausgeht. Am anderen Pol seiner Einordnung des EU-Phänomens grenzt Wallace sie jedoch auch von einer Föderation, also einem Bundesstaat, ab (lat. foedus = Bund, Bündnis; daher der Begriff Föderalismus für den bundesstaatlichen Aufbau bzw. Föderation für den [Gesamt-]Bundesstaat). Hierfür führt er eine Reihe von Gründen an. Noch immer seien im Rahmen der EU Fragen über die grundsätzliche Kompetenzenverteilung (etwa: Rolle des Parlamentes und der Kommission gegenüber dem Rat) im Vergleich zu dem in bestehenden Bundesstaaten[15] Üblichen zu häufig umstritten: „The differences between a loose confederation, the component governments of which remain ambivalent and divided about the degree of authority and the fields of competence

---

licy eine materiell-inhaltliche Politik, also die Politik, die z.B. vom Staat in einem bestimmten Sachbereich verfolgt wird.

15 Zur vergleichenden Betrachtung von föderalen Bundesstaaten und der EG siehe das umfangreiche, am Europäischen Hochschulinstitut entstandene Werk von Cappelletti/Seccombe/Weiler 1986.

which they should grant to it, and a developed federation in which occasional echoes of ‚states' rights' do not disturb the established authority of the central structure, are wide."[16] Was die redistributive Politik der Gemeinschaft anbelange, so finde sie ihre Grenzen noch immer in der beschränkten transnationalen Solidarität.[17] Dies zeige, daß die Gemeinschaft noch keine voll entwickelte politische sei, was auch daran abzulesen sei, daß bei den Interessensverbänden noch immer die Orientierung an der nationalen Regierung als Anlaufpunkt und „Vertreter" der Interessen „in Brüssel" dominiere.[18] Schließlich, und dieser Punkt sei hier nur noch genannt, seine Diskussion jedoch auf den 3. Teil des Buches verschoben, weise die Gemeinschaft noch immer einen Legitimitätsmangel bei der Bevölkerung auf.

Die EU unterscheidet sich also nicht nur von einem internationalen Regime, sondern auch von einem etablierten Bundesstaat. Mit dieser Feststellung ist übrigens, wie auch Wallace betont, nichts darüber gesagt, ob sie sich von dem einen weg und auf das andere zu bewegt.[19] Der Vorzug der Wallaceschen Einordnung, die hier referiert wurde, besteht nicht darin, daß sie eine Erklärung oder Prognose der EG- bzw. EU-Entwicklung gestattet, sondern darin, daß sie durch Angabe sinnvoller Vergleichsobjekte eine über die rein negative Bestimmung hinausgehende Verortung des Phänomens erlaubt. Wallace liefert also Theorie in dem – minimalen – Sinne eines, in diesem Falle recht nützlichen, Begriffsrahmens (bestehend vor allem aus den Konzepten „internationales Regime" und „Bundesstaat" [Föderation]), der sich auch im weiteren Verlauf des Buches fruchtbar anwenden läßt.

---

16   Wallace 1983, 410. („Die Unterschiede zwischen einem losen Staatenbund, dessen ihn begründende Regierungen uneins und zerstritten bleiben über das Ausmaß an hoheitlicher Befugnis und die Kompetenzgebiete, die sie ihm überlassen sollen, und einem entwickelten Bundesstaat, in dem gelegentliche Echos der ‚[Teil-]Staatenrechte' die etablierte hoheitliche Befugnis der Zentralinstanz nicht stören, sind groß.")
17   Wallace (a.a.O., 420) spricht von einem hierfür notwendigen „sense of common loyalty, of a shared ‚we-feeling' sufficient to persuade groups and citizens to accept recurrent and structural sacrifices of their interests in the furtherance of the interests of others or of the system as a whole." („gemeinsamen Sinn für Loyalität, einem geteilten ‚Wir-Gefühl', das ausreicht, Gruppen und Bürger davon zu überzeugen, wiederholte und institutionalisierte Opfer ihrer Interessen zu erbringen, um die Interessen anderer oder des Gesamtsystems zu befördern.") Was er damit meint, sollte in Deutschland nach der Erfahrung mit dem „Solidaritätszuschlag" leicht nachvollziehbar sein.
18   Vgl. zu dieser Frage auch den Beitrag von Kohler-Koch 1992.
19   Bekanntlich ist unter den Akteuren umstritten, ob ein Bundesstaat das erstrebenswerte Ziel der EU-Integration darstellt. Unter Margaret Thatcher wurde das „F-Wort", also der Föderalismus, geradezu zu einem „dirty word" (vgl. oben Kapitel 3.1.1.2, Anm. 23) und zum Synonym für den abgelehnten „Brüsseler Zentralismus". Dies ist auch insofern bemerkenswert, als Föderalismus im Sinne von horizontaler Gewaltenteilung ansonsten, gerade in Deutschland, als ein Mechanismus zur politischen Dezentralisierung gilt. Föderalismus in Europa wurde also zu einem der Haupt-"Buhmänner" der konservativen Euro-Skepsis in Großbritannien; vgl. zu dieser, mit unnachahmlicher britischer Selbstironie, die humorvolle Gesamtübersicht bei Thatcher/Scott 1994 (Humor und Ironie beginnen hier bereits beim Autoren-Pseudonym: Denis – nicht: Denise – Thatcher ist der Ehemann von Margaret, jetzt Lady, Thatcher) sowie als ebenso wohlinformierten wie klugen, im Stil der Kritik zum Teil beißenden Vertreter der britisch-konservativen EU-Kritik Laughland 1997 (ein ebenso lesenswertes wie provokatives Buch!).

3.2.2 Supranationale „Rettung" des Staates

eine These in zwei Versionen: die Aufhebung des (National-)Staates (im dreifachen Sinne)

Nachdem wir im Verlaufe unserer Beschäftigung mit theoretischen Ansätzen zum Verständnis der (west-)europäischen Integration bereits in Gestalt der Position Moravcsiks eine „realistische Ernüchterung" erfahren haben, wird diese im vorliegenden Teilkapitel verstärkt. Es beschäftigt sich mit einer Sicht dieses Prozesses, die endgültig den Gedanken verwirft, daß dieser Integrationsprozeß etwas mit dem Ende des (National-)Staates zu tun habe. Vielmehr präsentieren die beiden hier behandelten Autoren, Alan Milward (1992) und Wolfgang Wessels (1992), der erstere mehr provokativ (weshalb ich mich im Titel hier an ihm orientiert habe), der letztere mehr eklektisch[20] (er spricht auch weniger drastisch von der „Fusionsthese"), die These, daß die Integration eben nicht als Prozeß der Abschaffung des (National-) Staates zu verstehen ist, sondern als eine von den Staaten (bzw. ihren regierenden Eliten) im (Eigen-)Interesse am Erhalt staatlicher Steuerung(sfähigkeit) eingegangene Verschmelzung von Staatlichkeit zu ihrer Bewahrung. In Anlehnung an Hegel könnte man davon sprechen, daß der (National-)Staat nicht aufgehoben im Sinne von beseitigt, sondern aufgehoben im Sinne von auf eine höhere Ebene gehoben wird, wobei zugleich Elemente der Nationalstaatlichkeit aufgehoben im Sinne von bewahrt bleiben. Die These steht also in stärkstem Kontrast zu naiv-föderalistischen Vorstellungen, welche die europäische Integration als einen vom „Volkswillen" vorangetriebenen Prozeß der Bildung einer Föderation an Stelle der Einzelstaaten sehen. Allerdings muß man schon diese Karrikatur föderalistischer Sichtweise verwenden (die so kaum – noch – von jemandem vertreten wird), um den Kontrast so deutlich erscheinen zu lassen. In Wirklichkeit ist er weniger scharf, und insbesondere Wessels schließt einen „föderalen Quantensprung" keineswegs aus (ebensowenig allerdings ein „Weiter-wie-bisher" oder gar einen Rückfall des Integrationsprozesses; diese „Zukunftsoffenheit" von Wessels' Position ist nicht untypisch für eine eklektische Theorie, wenn auch zugleich „ehrlich").

Milwards Version

„Integration was not the supersession of the nation state by another form of government as the nation-state became incapable, but was the creation of the European nation-states themselves for their own purposes, an act of national will"[21], schreibt Milward (1992, 18; alle Seitenangaben im Rest dieses Abschnitts beziehen sich auf dieses Buch). Warum aber wollten die Nationalstaaten die Integration? „[T]he serious costs of interdependence to a weaker state could be theoretically reduced by the formalization of rules of interdependence, of which one specific example could be the process of European integration." (19)[22] Und weshalb herrschte diese kostenträchtige Interdependenz? Weil der

---

20 Es sei daran erinnert, daß wir den häufig abwertend gebrauchten Begriff des Eklektizismus (ebenso wie den des Reduktionismus) oben bereits „rehabilitiert" hatten; auch an dieser Stelle ist also keine negative Bewertung intendiert.
21 „Integration war nicht die Überlagerung des Nationalstaates durch eine andere Regierungsform, weil der Nationalstaat unfähig wurde, sondern das Geschöpf der europäischen Nationalstaaten selbst, zu ihrem eigenen Zweck, ein Akt nationalen Willens."
22 „Die hohen Kosten der Interdependenz für schwächere Staaten konnten theoretisch gemindert werden durch die Festlegung von Regeln für die Interdependenz, wofür der Prozeß der europäischen Integration ein spezifisches Beispiel ist."

Nachkriegsstaat in Westeuropa, anders als in der Zwischen- oder gar Vorweltkriegszeit, weniger auf Repression als Mittel des Zusammenhalts setzte, sondern auf ökonomisches Wachstum und die (Um-)Verteilung seiner Früchte: er wurde Wohlfahrtsstaat und erwarb (um nicht zu sagen: erkaufte) sich dadurch Massenloyalität[23]. Ihm wuchsen dadurch aber auch zahlreiche neue Aufgaben zu, und er wurde (mit-)verantwortlich für die Gewährleistung stetigen Wirtschaftswachstums. Bei zunehmender ökonomischer Interdependenz über die Grenzen hinweg konnte er dies aber „im Alleingang" nicht mehr schaffen. Aus dieser Klemme zwischen Anspruch und faktischem Vermögen half der Weg in die Integration als ein Mechanismus, Interdependenz zu managen. Abschließend formuliert Milward (44) Frage und Antwort seiner These: „How, in a world of such nationally dominated conceptions [...] could integration and the surrender of national sovereignty be born? [...O]nly as a further stage in the reassertion of the role of the nation-state."[24] Die Grundlage der „Rettung" des Nationalstaates war also eine ökonomische, weshalb auch der Integrationsprozeß auf ökonomischem Gebiet ansetzte. Daneben, so Milward, standen aber auch politische Probleme zur Lösung an, darunter das auch von uns oben bereits angesprochene der – wiederum auch ökonomisch wichtigen – Einbindung Deutschlands.

Wessels entwickelt einen recht ähnlichen Gedanken, trägt ihn in seinem Beitrag, der ja nur der These gewidmet ist und nicht wie im Falle von Milward als Vorwort zu einer umfangreichen historischen Arbeit dient, aber in stärker politikwissenschaftlicher Form vor. Er formuliert die zentrale These wie folgt (Wessels 1992, 40; weitere Seitenangaben in diesem Abschnitt beziehen sich hierauf): „Zur Bewältigung eines zunehmenden (doppelten) Ebenen- und Entscheidungsdilemmas verschmelzen die Regierungen und Verwaltungen interdependenter westeuropäischer Wohlfahrts- und Dienstleistungsstaaten in wachsendem Maße innerhalb und durch die Europäische Gemeinschaft staatliche Handlungsinstrumente. Durch spezifische gegenseitige Beteiligungsformen entsteht ein fusionierter Föderalstaat, der in historischer Perspektive als neue Phase in der Entwicklung westeuropäischer Staaten verstanden werden kann."

<small>Wessels' Version</small>

Die These operiert also, wie bei Milward, vor dem Hintergrund des Aufgabenwandels des westeuropäischen Staates, seiner zunehmenden Wohlfahrtsstaatlichkeit. Sie enthält drei zentrale Elemente.

<small>zentrale Elemente</small>

1. Den Begriff des „fusionierten Föderalstaates". Damit ist gemeint, daß die EU „staatsähnliche Züge" (41) aufweist, als föderales System ein „Mehrebenensystem" (ebd.) ist und, was im Begriff der „Fusion" zum Ausdruck kommen soll, daß „zunehmend staatliche Handlungsinstrumente gemeinsam, das heißt im Rahmen von Verfahren mit hoher Beteiligung mehrerer Ebenen, genutzt werden." (ebd.) Wessels verdeutlicht das an der Verflechtung von Gemeinschafts- und Nationalstaatsinstitutionen auf administrativer Ebene: „Bei der Ausübung ihres Initiativmonopols hat die Kommission über 500

---

23 Diese Formulierung stammt nicht von Milward, sondern vom Titel einer Sammlung eher linkskritischer Aufsätze zu diesem Thema, die in den 1970ern in der westdeutschen Politikwissenschaft viel zitiert wurde: Narr/Offe 1975.
24 „Wie konnte in einer Welt, die so von nationalen Vorstellungen dominiert wurde, Integration und die Aufgabe nationaler Souveränität zustandekommen? [...N]ur als ein weiterer Schritt bei der erneuten Behauptung der Rolle des Nationalstaates."

Expertengruppen eingerichtet, die gleichzeitig zur eigenen Beratung wie zur antizipatorischen Einbindung (‚engrenage') [...] nationaler Verwaltungen dienen. Für die Durchführung der verbindlichen Entscheidungen hat der Rat der Kommission um die 300 Ausschüsse mit nationalen Beamten aufgezwungen [...]. Auch bei der Herstellung von verbindlichen Entscheidungen in den ungefähr 180 Arbeitsgruppen des Rates unterhalb des Ausschusses der Ständigen Vertreter wirken nationale und Kommissionsbeamte intensiv zusammen." (46) Es wird sehr anschaulich deutlich, was Fusion bedeutet.

2. Das Ebenendilemma: Es besteht „darin, daß staatliche Organe zur allgemeinen Stabilisierung ihres politischen Systems wesentliche Elemente des (geschlossenen) parlamentarischen Verfassungsstaates selbst aushölen (müssen)" (43), denn: „Der Wettbewerb in Interdependenzsituationen reduziert die Spielräume (national-)staatlicher Alleingänge und Sonderwege." (ebd.) Die wechselseitige Abhängigkeit der Staaten in immer mehr Politikbereichen zwingt sie also zur Kooperation in immer mehr, auch technisch komplexen Bereichen. Die Entscheidungen werden hierbei in Sach- und Fachgremien vorbereitet, und die Rückbindung der Politik an parlamentarische Kontrolle bleibt dabei auf der Strecke.

3. Schließlich das Entscheidungsdilemma: Zur Bewältigung der Interdependenzfolgen bedarf es „kontrollierbare[r] und sanktionierbare[r] Regeln" (44), was mehr verlange, als bloße internationale Regime zu leisten vermögen: „Das Kalkül nationaler Regierungen, das im Eigeninteresse auf eine erfolgreiche Problemverarbeitung gerichtet ist [weil sonst Legitimitäts- oder Loyalitätverfall droht, ML], muß nach der Fusionsthese über eine Kooperation hinausreichen." (44/45) Hieran ist neben der Betonung des von der Interdependenz ausgehenden Zwangs zu kontrollier- und sanktionierbaren Regeln die des Eigeninteresses der Regierungen von Belang. Darin kommt der Realismus der Sichtweise zum Ausdruck und zugleich die Absage an Vorstellungen einer „basisgetriebenen Integration". Dieses Eigeninteresse der Regierungen setzt zugleich die Grenze für den Integrationsprozeß: „Eine Selbstaufgabe liegt nicht im Eigeninteresse der Regierungen und Verwaltungen." (45) Um gleichwohl im fusionierten Föderalstaat entscheidungsfähig zu bleiben, bedienen sich die Staaten zum einen der Methode der Verhandlungspakete (worauf wir oben bereits eingegangen sind); zum anderen geraten sie dennoch häufig in die „Verflechtungsfalle", die wir unten (3.3.1) behandeln werden. In der Aufnahme dieser und anderer von anderen Autoren herausgearbeiteter Mechanismen beweist sich der Eklektizismus der Wesselschen These.

| Einschätzung der These: Pluspunkte ... | Wir wollen die Darstellung der These hier abbrechen und uns abschließend um eine Einschätzung bemühen. Positiv zu vermerken ist an beiden Versionen ihre Abkehr von naiven Integrationsvorstellungen, die von Aufhebung des Nationalstaates allein im Sinne seiner Beseitigung „träumen". Dies ist sowohl realistisch im landläufigen Sinne als auch realistisch im spezifischen Sinne des gleichnamigen Paradigmas im Bereich der Analyse internationaler Politik. Allerdings geht die Feststellung darüber noch hinaus. Insbesondere Wessels verwendet mehrfach den Begriff des Eigeninteresses. Interessanterweise tut er dies nicht nur – wie es

häufig geschieht, zuweilen in rein polemischer Absicht, aber auch in analytischer – in bezug auf die Kommission. Sie hat zweifellos nach wie vor ein Eigeninteresse an der Ausdehnung ihres Kompetenzbereichs, nicht nur aus hehren Integrationsmotiven heraus, sondern auch, weil dies mehr politische Gestaltungsmöglichkeit oder noch direkter gesagt: mehr Macht bringt, sowie auch mehr Posten und Personal ... Aber dieselben Überlegungen gelten natürlich auch für die nationalen Regierungen und Verwaltungen. Als Hintergrund dieser Teilthese wird neben dem Realismus somit die politikwissenschaftliche Analyse öffentlicher Verwaltungen erkennbar, wie sie etwa im Rahmen der sog. „neuen politischen Ökonomie" betrieben wird. Diese Ansätze gehen grundsätzlich davon aus, daß Akteure im Bereich von Politik (und auch Verwaltung) „rational eigennützig" handeln.[25] Der Rückgriff auf solche aus dem Bereich der Analyse innerstaatlicher Politik stammende Ansätze erscheint, wie am Ende des vorangegangenen Teilkapitels (3.2) festgestellt, sehr sinnvoll.

Schließlich jedoch scheint die vorgestellte These, soweit sie nicht nur eine Beschreibung des Gesamtphänomens sein will, sondern auch eine Erklärung seiner Entwicklungsdynamik liefern will – ein Anspruch, den Wessels explizit erhebt[26] – aus drei Gründen problematisch.

... und Kritik

1. Wessels behauptet, daß zur Bewältigung der Interdependenzfolgen für die Staaten bloße Kooperation im Rahmen eines Regimes nicht ausreiche. Angesichts der oben getroffenen Feststellung, daß die EU-Mitglieder durchaus auch, sogar im Rahmen der EU, regimeförmig miteinander kooperieren, müßte näher begründet werden (was methodisch schwierig sein dürfte), weshalb in bestimmten Bereichen Integration „notwendig" war, bloße Kooperation also nicht ausgereicht hat (immerhin liefert die These von Weiler vom „alles oder-nichts"-Charakter rechtlicher Integration einen Hinweis, in welcher Richtung eine Antwort gesucht werden könnte, obwohl dies die Frage nur eins vorverlagert: Warum empfanden denn die Staaten rechtliche Integration als notwendig?).
2. Wenn die Integration aus Interdependenzzwängen resultiert, so kann damit nicht der „stop-and-go"-Charakter des Integrationsprozesses und sein „Timing" im einzelnen erklärt werden. Wie wir oben (3.1.2.1) gesehen haben, ist hierzu unter Umständen auf Anregungen bzw. Anforderungen zurückzugreifen, die von außerhalb der EU selbst stammen (Wandel im Kräfteverhältnis in der Triade; Krise der Weltwirtschaft).
3. Schließlich legt die soeben verwendete Formulierung – „Integration resultiert aus Interdependenzzwängen" – einen noch fundamentaleren Einwand nahe. Hier wird nämlich, im Stil des allgemeinen sozialwissenschaftlichen

---

25 Der Klassiker dieser Richtung in bezug auf eigennütziges Verhalten von Verwaltungen ist Niskanen 1971; zur Darstellung dieses Ansatzes vgl. z.B. Lehner 1981, 113-133; eine Kritik dieses Ansatzes dahingehend, daß er die Orientierung politischer und administrativer Akteure am öffentlichen Interesse doch zu gering einschätzt, bringt Lewin 1991.

26 „Gesucht wird", so Wessels (a.a.O., 37, meine Herv.) „eine Theorie ‚mittlerer Reichweite' [...], die Entwicklungsprozesse staatlicher Organisationsformen zumindest ortsgebunden – in Westeuropa – und zeitlich begrenzt – nach dem Zweiten Weltkrieg – zu erklären hilft." Dies im Unterschied zu anderen Ansätzen, die „bei allen Unterschieden in der Analyse weitgehend Zustandsbeschreibungen" lieferten (38).

Funktionalismus[27], eine Institution bzw. ein sozialer Prozeß, die EU-Integration, mit ihrer „Funktion" – Interdependenzbewältigung – erklärt. Nur wenn es gelingt, und Wessels Arbeit enthält dafür durchaus Ansätze, diese Funktionserfüllung als von den Akteuren, und sei es unbeabsichtigt, hervorgebrachtes Handlungsergebnis darzustellen, ist diese Erklärung vollständig. Ansonsten greift der Standardeinwand gegen funktionalistische Schein- (bzw., weniger hart formuliert: Teil-) Erklärungen, der lautet: Nicht alles, was „notwendig" ist (zum Systemerhalt, zur Interdependenzbewältigung oder wie immer die Funktion genannt werden mag), wird auch wirklich. Nur Akteure bringen soziale Strukturen hervor – sie „resultieren" bzw. ergeben sich nicht einfach. Die Erklärungslücke wird bei Wessels (und Milward) mittels der Annahme der drohenden schwindenden Massenloyalität im Falle von „Staatsversagen" geschlossen. Nur weil die Regierungen der Nationalstaaten angesichts ihrer neuen Aufgaben, die sie im nationalen Rahmen nicht mehr erfüllen können, von Loyalitätsverlust bedroht sind, sind sie „gezwungen", sich auf den Integrationsprozeß einzulassen. Angesichts der – gegen naiv-föderalistische Vorstellungen gerichteten – Betonung des intergouvernementalen Charakters des Integrationsprozesses durch beide Autoren liegt in diesem indirekten Rückbezug auf die Haltung der Bevölkerung eine besondere Pointe. Die „Massen" mögen zwar die Integration nicht im Stil einer Volksbewegung hervorgebracht haben. Es sind jedoch ihre Ansprüche an die Regierungen, die diese unter Interdependenzbedingungen zu Integration veranlassen. An dieser Stelle erscheint es sinnvoll, eine begriffliche Dreiteilung einzuführen, die Albert O. Hirschman in einer kleinen Studie (1970) getroffen hat, die viel fachliche Beachtung gefunden hat. In ihr unterscheidet er drei politische Strategien, die Mitgliedern von Organisationen oder politischen Gemeinschaften zur Verfügung stehen, um auf unzulängliches Funktionieren bzw. mangelhafte Leistungen der Organisation bzw. Gemeinschaft zu reagieren: 1. die (Drohung mit) Abwanderung (exit; ihr kommt im Falle der EU-Bürger heute praktisch keine Bedeutung mehr zu; anders sieht dies für Firmen aus, die notfalls außerhalb der EU operieren können), 2. sich durch Partizipation (Beteiligung an politischen Prozessen) Gehör zu verschaffen (voice) und 3. Loyalität (loyalty). Unter Anwendung dieser Begriffe scheint es also die – ja nicht wirklich aktiv ausgesprochene, sondern von den Regierungen mehr antizipativ (vorwegnehmend) befürchtete – Drohung mit dem Entzug der Loyalität zu sein, die für den Integrationsprozeß im Hintergrund entscheidend war. Diese skizzierte Kausalkette ist aber einerseits sehr komplex: Staaten erfüllen ihre Aufgaben zunehmend schlecht – Bevölkerungen registrieren das – sie entziehen daraufhin der politischen Führung die Gefolgschaft (Loyalität) – die Eliten registrieren das – sie versuchen daraufhin, durch zwischenstaatliche Kooperation und Integration ihre Chancen zur Aufgabenerfüllung zu erhöhen; bzw., für den Fall der Antizipation: staatliche Eliten fürchten, daß die Bürger ihnen aufgrund mangelnder staatlicher Aufgabenerfüllung die Gefolgschaft aufkündigen und kooperieren deshalb international. Andererseits würde die empirische Überprüfung

---

27 Vgl. oben Kap.3.1, Anm.20.

dieser These, die etwa die Frage aufwirft: Wie mißt man, eventuell nur von den Eliten befürchtete, schwindende Loyalität?, nicht nur den Rahmen von Wessels' Beitrag, sondern auch den hier gegebenen Rahmen sprengen. Statt dessen wollen wir uns abschließend der Theoriebildung über Funktionsmechanismen und -probleme der EU-Integration zuwenden.

3.3 Theoretisierung der Funktionsweise der EG/EU

Wir haben in diesem Kapitel bisher Ansätze zur Theoriebildung sowohl über die historische Entwicklung der europäischen Integration als auch zur Erfassung der Gesamtphänomene europäischer Kooperation und Integration behandelt. Auf dort zum Teil bereits Angesprochenes können wir nun etwas ausführlicher zurückkommen, wenn wir uns abschließend mit Theoriebildung über die Funktionsweise der EG/EU befassen. Dabei wollen wir zwei Themen ansprechen. Fritz W. Scharpf vor allem hat unter dem Stichwort „Politikverflechtungs-Falle" auf die besonderen Funktionsprobleme eines, wie wir mit Wessels sagen können, „fusionierten Föderalstaates" hingewiesen. Seine Überlegungen sollen zuerst vorgestellt werden. Im zweiten Teilkapitel werden wir dann sehen, was in theoretischer Perspektive daraus folgt, daß, wie oben gesagt, die EG/EU schwerpunktmäßig im Bereich regulativer Politik tätig ist.

3.3.1 Politikverflechtung und ihre Falle

Vor nunmehr über zehn Jahren, also noch zu Vor-EEA- und Vor-Maastricht-Zeiten, hat Fritz Scharpf (1985; alle Seitenzahlen im folgenden beziehen sich auf diesen Text) eines der zentralen Funktionsprobleme in föderalen politischen Systemen oder, wie man etwas abstrakter auch sagen kann, in politischen Mehrebenensystemen[28], auf den Begriff der „Politikverflechtungs-Falle" gebracht. Speziell für die EG gelte, „daß die institutionellen Strukturen der Europäischen Gemeinschaft suboptimale [politikwissenschaftlicher ‚Slang' für: weniger als bestmögliche, ML] Politik-Ergebnisse systematisch begünstigen." (324) Zu klären ist also einerseits, was mit Politikverflechtung gemeint ist, und zum andern, inwiefern es sich dabei um eine Falle handelt.

Ausgehend von einem Vergleich des amerikanischen und des deutschen Modells des Föderalismus weist Scharpf darauf hin, daß ersterer eher auf Kom-   Politikverflechtung

---

28 Der Begriff des Mehrebenensystems ist zur zentralen Kategorie neuerer Analysen geworden, welche die Funktionsweise der EU mit der traditionell-föderaler Staaten (wie etwa die USA, Kanada oder die Bundesrepublik Deutschland) vergleichen, ohne dabei davon auszugehen, daß die EU sich auf einen föderalen Staat hinbewegt. Der Vorteil der abstrakten Betrachtung beider, der EU und der föderalen Staaten, als Mehrebensysteme besteht gerade darin, Funktionsmechanismen und -probleme analysieren zu können, ohne Annahmen über ein „Telos", ein Ziel, der Entwicklung der EU hegen zu müssen. Vgl. dazu die Beiträge in Jachtenfuchs/Kohler-Koch (Hrsg.) 1996 sowie in König/Rieger/Schmitt (Hrsg.) 1996.

petenzentrennung zwischen dem Bund (Zentralstaat) und den Einzel-(Bundes-) Staaten angelegt sei, während im deutschen Föderalismus eine Kompetenzenverflechtung zwischen Bund und (Bundes-)Ländern bestehe. Bund und Länder sind also für zahlreiche Aufgaben gemeinsam zuständig (explizit im Falle der sog. Gemeinschaftsaufgaben, Art. 91a GG). Darüber hinaus jedoch sind über den Bundesrat die Länder, und zwar mittels von den Landesregierungen entsandter Vertreter, an der Gesetzgebung des Bundes beteiligt. Gerade hierin besteht eine Analogie der EG eher zum deutschen denn zum amerikanischen Föderalismus. Der Rat, als Versammlung der Vertreter der Mitgliedstaaten, ist ja immer noch zentraler EG/EU-Gesetzgeber. Allerdings „ist die institutionelle Position der [EG] gegenüber den Mitgliedstaaten noch wesentlich schwächer als die des Bundes gegenüber den Ländern im deutschen Föderalismus" (326), da eben keine handlungs- und strategiefähige EG/EU-Regierung besteht (vgl. oben – 3.1.1.2 – die Ausführungen zu J. Delors' Bemühungen, zumindest die Kommission, die ja keine wirkliche Regierung ist, strategiefähig zu machen). Scharpf exemplifiziert die gemeinschaftliche Politikverflechtung am Beispiel der EG-Agrarpolitik, also jenes Politiksektors, der tatsächlich am weitesten vergemeinschaftet ist, und stellt resümierend fest: „Ähnlich wie die deutsche Politikverflechtung erschien auch die Gemeinsame Agrarpolitik ursprünglich als völlig plausible Lösung für die offensichtlichen Koordinationsprobleme zwischen nationalstaatlichen Programmen in einem einheitlichen Agrarmarkt; und ähnlich wie die deutsche Politikverflechtung wird sie heute als ineffizient und ineffektiv kritisiert" (331).

die Falle Inwiefern liegt nun in der Politikverflechtung eine Falle? Sie resultiert daraus, daß Politikverflechtung nicht nur sachlich geboten ist, sondern – so wie sie konkret in der EG/EU institutionalisiert ist – auch eine eigene „Pathologie" (334) aufweist. Die Problemlösungsdefizite der EG-Politikverflechtung lassen sich, so Scharpf, „aus zwei institutionellen Bedingungen ableiten:

– Aus der Tatsache, daß die Entscheidungen auf der höheren Ebene von der Zustimmung von *Regierungen* der unteren Entscheidungsebene abhängig sind, und
– aus der Tatsache, daß diese Zustimmung einstimmig oder fast *einstimmig* erteilt werden muß." (334; Herv. im Org.)

zwei Komponenten: Die Bedeutung der Zustimmungspflicht durch Regierungen wird bei einem Vergleich des US-amerikanischen Senates mit dem deutschen Bundesrat sichtbar. Im Senat sitzen einzelne, vom Volk direkt gewählte Senatoren, nicht, wie im Bundesrat, Regierungsvertreter. In beiden Fällen werden regionale Interessen vertreten. Im Falle der Länderregierungsvertretung jedoch kommt der zusätzliche Aspekt hinzu, daß Landesregierungen eben nicht nur regionale Interessen vertreten, sondern auch Eigeninteressen der Regierung.[29] Außerdem sind die Regierungsvertreter nicht nur solche von Eigeninteressen der entsendenden Regierungen. Diese Interessen werden darüber hinaus auch nicht, wie Scharpf sagt, „durch ein Repräsentationsprinzip gefiltert" (335). Vielmehr werden die Regierungsvertreter gleichsam an der kurzen Leine eines quasi-imperativen Mandates

1. Zustimmungspflicht von Regierungen

---

29 Das heißt natürlich nicht, daß Senatoren nicht auch „Eigeninteressen" haben und vertreten können. Im Falle einer ganzen Regierung mit eigenen zu wahrenden Kompetenzen ebenso wie mit einem erheblichen administrativen Unterbau dürften diese jedoch gewichtiger sein.

geführt.[30] „Alle in der konservativen Demokratietheorie seit Edmund Burke[31] immer wieder hervorgehobenen Nachteile der direkten Demokratie und des imperativen Mandats [...] müßten hier also ihre Wirkung entfalten." (335) Es gibt keine Zentralinstanz (-regierung), die mit Vertrauensvorschuß der Wähler auch unpopuläre Beschlüsse vornehmen kann, die später vergessen oder akzeptiert – oder durch Abwahl sanktioniert werden; vielmehr ist immer die Zustimmung hier und jetzt der Regierungsvertreter der Ebene der Mitgliedstaatenregierungen erforderlich. Diese muß notfalls mit kostspieligen Kompensationsgeschäften „erkauft" werden. Schließlich sorgt diese Art von kollektiv ausgehandelter Beschlußfassung für eine „Diffusion der politischen Verantwortung für Fehlschläge" (336). Auch insofern muß „Brüssel" als „Dumping-Platz für politische Schwarze Peter" herhalten, was die Mitgliedstaatenregierungen jedoch politisch entlastet.

Die Problematik der Einstimmigkeit wirkt zum Teil in eine ähnliche Richtung und verschärfend. Nicht nur macht sie die Beschlußfassung schwerfällig (zeitaufwendig). Ihre Vorzüge (etwa, daß Minderheiten eben nicht einfach überstimmt werden können, mithin alle – organisiert-vertretenen – Interessen auch Gehör finden [müssen]) „lassen sich nur begründen, wenn man stillschweigend unterstellt, daß bei Nicht-Einigung eine kollektive Regelung überhaupt nicht gelten solle und alle Beteiligten frei bleiben, ihre Interessen mit eigenen Mitteln weiter zu verfolgen." (337) Das aber kann gerade in einem auf Integration und Einheit (Union) angelegten Staatenverbund nicht angehen. Einstimmigkeit macht verflochtene Politiksysteme also doppelt verwundbar: „Sie verlieren die eigenständige Handlungsfähigkeit ihrer Mitgliedstaaten und sie müssen mit dem Risiko leben, daß die größere Gemeinschaft durch Schwierigkeiten der Konsensbildung handlungsunfähig wird." (338)

2. Einstimmigkeit

Einfache Wege aus dieser Falle, zur gemeinsamen Politikfindung (und -durchsetzung) gezwungen zu sein und gleichwohl weder eine Diktatur durch eine Zentralinstanz oder auch nur eine „Majorisierung" durch Mehrheitsbeschlüsse noch den Aufschub politischer Entscheidungen zum „Sankt Nimmerleinstag" zulassen zu wollen (und zu können), sind offenbar nicht in Sicht.[32] Die im Rahmen der EEA und des Maastrichter Vertrages vorgesehene Rückkehr zum vermehrten Einsatz von Mehrheitsabstimmungen ist ein Weg, die Einstimmigkeitsblockade zu überwinden. Ein anderer Weg oder Mechanismus, der aber auch seine spezifischen Probleme hat, ist die oben bereits angesprochene Kuhhandel-Methode (linkage), die um den Preis der eventuell selbst-blockierenden oder auch sachfremden Verknüpfung von Fragen funktioniert. Wenn man, wiederum Scharpf folgend, noch einen Schritt weitergeht in Richtung Abstraktion kann man eine Vierfeldertafel von Konsensbildungsmechanismen erstellen. Diese ist aufgrund der hohen Abstraktion zunächst unanschaulich, hat aber den Vorteil, daß sie ganz allgemein auf politische Konsensbildungsprozesse anwenbar ist

Lösungsmöglichkeiten: vier Arten der Konsensbildung

---

30 Im Gegensatz zum etwa grundgesetzlich festgelegten freien Mandat der Bundestagsabgeordneten (Art. 38 I GG) meint „imperatives Mandat" die Bindung eines Abgeordneten (entsandten Vertreters) an Aufträge und Weisungen.
31 Vgl. oben Anm. 31 zu Kapitel 3.1 und den zugehörigen Text.
32 Für eine weitere neuere interessante Untersuchung der Fragen, wie häufig die Verflechtung zur Falle wird und wie sie sich vermeiden läßt, vgl. Peters 1997.

und sich somit auch beispielhaft an den Verhältnissen in der EU verdeutlichen läßt. Zur Konstruktion der Vierfeldertafel kann man in der einen Dimension, der der Entscheidungsregel, zwischen einvernehmlich getroffenen und auferlegten (oktroyierten) Entscheidungen unterscheiden. In der anderen Dimension ist zu unterscheiden zwischen zwei Arten der Interessendefinition: der durch die Entscheidungsberechtigten gemeinsam erfolgenden und der durch jeden Entscheidungsberechtigten für sich (separat) erfolgenden. Kreuzt man beide Dimensionen, ergibt sich folgende Vier-Felder-Tafel (Abb. 3-1).

Abb.3-1: Vier Arten der Konsensbildung

		Dominante Interessen-Definition	
		gemeinsam	separat
Entscheidungsregel	einvernehmlich	(1) Problemlösen	(2) Bargaining
	oktroyiert	(3) Paternalismus	(4) Konfrontation (Adjudikation)

Quelle: Scharpf 1985, 339.

Paternalismus – der Begriff bezeichnet eine wohlwollend-anmaßende Entscheidungsfindung durch eine staatliche Instanz, die „wie ein guter Vater (lat.: pater) für seine Kinder" entscheidet – scheidet in der EG wie auch im allgemeinen zwischen souveränen Staaten weitgehend aus.[33] Die konfrontativ-adjudikative Entscheidung, also die durch einen Richter aufgrund vorangegangenen (Rechts-) Streites, findet im EU-Rahmen zuweilen durch Entscheidungen des EuGH statt, etwa wenn die Kommission einen Mitgliedstaat wegen Nichtumsetzung von Richtlinien verklagt. Daß dieses Verfahren im EU-Rahmen vorgesehen ist und auch zur Anwendung kommt, ist ja einer der Aspekte, der ihr supranationalen Charakter verleiht. Der EuGH kann aber nur bestehendes Gemeinschaftsrecht auslegen; er kann nicht selbst Integrationsfortschritte „herbei-judizieren".[34] Problemlösen wäre zweifellos der Idealmechanismus, der aber, wie ebenfalls bereits oben – 3.1.2.2 – festgestellt, in der Realität meist dem Modus des „bargaining" weicht. Seine Bedeutung wird also durch die hier im Anschluß an Fritz Scharpf unternommene Analyse der „Verflechtungsfalle" nachhaltig unterstrichen.

---

33 Vgl. jedoch oben Kap.1 Anm. 27 zur kooperationsfördernden Rolle „wohlmeinender Hegemonie".
34 Obwohl er dies durch seine bahnbrechenden Entscheidungen zur direkten Anwendbarkeit und zum Vorrang des EG-Rechtes in einem engeren Sinne durchaus getan hat, wie oben – 3.2.1 – festgestellt wurde.

3.3.2 Regulativer Wettbewerb

Wie wir oben (3.2.1) bereits festgestellt hatten, gehört die regulative Tätigkeit zu den Hauptaufgaben der EG/EU. Sie ist zwar nur *eine* Art der Gemeinschaft, politisch tätig zu werden. Da die EU jedoch nur begrenzte Mittel zu verteilen hat, also nur begrenzt zu distributiver Politik in der Lage ist und in noch geringerem Maße zu redistributiver, ist regulative Politik ihr dominanter Politikstil. Nach Einschätzung des Kommissionspräsidenten J. Delors und des deutschen Wirtschaftskommissars M. Bangemann sind heute bereits nahezu 80 % aller Regelungen im Bereich des Wirtschaftsrechts durch das Gemeinschaftsrecht festgelegt und nahezu 50 % aller deutschen Gesetze durch das Gemeinschaftsrecht veranlaßt.[35] Die EU regelt dabei sowohl die Qualität von Produkten (etwa den berühmt-berüchtigten Krümmungsradius der EG-Banane) als auch Fragen von Arbeitsschutz und Arbeitszeit oder, um ein letztes Beispiel zu geben, die Lärmerzeugung von Rasenmähern. Die Beispiele geben eine Vorstellung von der Vielzahl der regulativ erfaßten Sachbereiche. Sie wirken jedoch womöglich aufgrund der vermeintlichen (und zuweilen auch realen) Bedeutungslosigkeit der einzelnen geregelten Sachverhalte insofern irreführend, als der Eindruck entstehen könnte, es würde zwar viel von der EU geregelt, aber das sei inhaltlich unbedeutend. Das Gegenteil ist richtig. Die Regelung von Produktanforderungen wie von Anforderungen an den Produktionsprozeß (Bsp. Arbeitsschutz) sind alles andere als trivial und haben oft Wirkungen über den Einzelfall hinaus. Gerade im Rahmen des Binnenmarktprogramms und der damit vorgegebenen Aufgabe der Angleichung der nationalen Regulationsweisen (durch Harmonisierung oder wechselseitige Anerkennung von Standards) ist regulative Politik innerhalb der EU somit von kaum zu überschätzender Bedeutung. Es sollen deshalb hier anhand des Beispiels des sog. regulativen Wettbewerbs Fragen nach den politischen Prozessen in der EU und nach den Ansatzpunkten für gesellschaftliche Akteure in EU-Politikprozessen behandelt werden. Weitere Beispiele hierfür, auch in bezug auf andere Politiktypen (etwa: distributive Politik) sowie aus konkreten Politikbereichen der Gemeinschaft werden uns in Teil III begegnen.

Wir wollen hier wiederum einen konkreten Beitrag zugrundelegen, den Jacques Pelkmans gemeinsam mit Jeanne-Mey Sun im englischsprachigen „Zentralorgan der EG/EU-Forscher", dem *Journal of Common Market Studies* (das, typisch britisch, tatsächlich noch diesen traditionellen Namen beibehält), veröffentlicht haben (Sun/Pelkmans 1995; alle Seitenangaben im folgenden beziehen sich hierauf). Sie definieren „regulativer Wettbewerb" wie folgt: „Regulatory competition is the alteration of national regulation in response to the actual or expected impact of internationally mobile goods, services, or factors on national economic activity." (68/69)[36] Es geht also um die Änderung von Regulation (etwa: Sicherheitsbestimmungen für bestimmte Produkte oder Mindestqualitätsan-

regulativer Wettbewerb

---

35 Diese Einschätzungen wurden vom Klageführer gegen den Maastricht-Vertrag vor dem BVerfG, M. Brunner, zitiert; vgl. NJW 1993, 3048.
36 „Regulativer Wettbewerb ist die Änderung nationaler Regulation in Antwort auf die tatsächliche oder erwartete Auswirkung von international mobilen Gütern, Dienstleistungen oder [Produktions-] Faktoren auf die nationale Wirtschaftstätigkeit."

forderungen oder Zulassungsvoraussetzungen für die Ausübung eines Gewerbes u.v.a.m.), und zwar unter dem Einfluß von Reaktionen „der Märkte" auf Unterschiede in nationalen Regulationen. Wenn etwa ein Land sein Bier gemäß einem strengen Reinheitsgebot brauen läßt, den Import von unter weniger strikten Standards hergestelltem, dafür aber z.B. billigerem oder haltbarerem Bier jedoch zulassen muß, so kann dies zur Folge haben, daß die Konsumenten das billigere Importbier vermehrt nachfragen und schließlich auch den inländischen Produzenten erlaubt wird, Bier zu brauen, ohne dem Reinheitsgebot zu folgen. Ob dies geschieht, hängt von zahlreichen Faktoren ab, etwa auch davon, ob Konsumenten ganz allgemein lokal oder regional gebrautes Bier bevorzugen, ob ihnen selbst an der Befolgung des Reinheitsgebotes liegt, ob eventuell von ausländischer Konkurrenz bedrohte Brauereien im politischen Prozeß die nationale Regierung zur Anpassung ihrer Regulation (z.B. Aufhebung des Reinheitsgebotes) veranlassen können, oder ob sie selbst sich an der Produktion im Ausland beteiligen und eben als Importeure auftreten.

zwei Lesarten des Phänomens
1. normative ökonomische Politikempfehlung

Es gibt nun gewissermaßen zwei Lesarten des Phänomens regulativer Wettbewerb. Die erste könnte man politikberatend nennen, die zweite politikanalytisch. Die erste Lesart wird vertreten von Forschern, die in politikberatender Absicht zu der Frage Stellung nehmen, welche Verfahren die EU im Bereich der Rechtsangleichung verfolgen soll. Für sie ist regulativer Wettbewerb eine – und zwar die bessere – Alternative zu dem politisch mühsamen Prozeß der Rechtsangleichung durch formelle Verhandlungen zur Harmonisierung von Vorschriften. Und in der Tat gibt es kaum Zäheres als nicht enden wollende Sitzungen zur Frage der Mindestanforderungen für die Überrollbügel von Kleintraktoren oder die Sicherheitsbestimmungen für Zahnarztbohrer.[37] Demgegenüber leistet regulativer Wettbewerb aus Sicht seiner normativen Befürworter ein gleichsam automatisches Herantasten an das optimale Regulationsniveau, vermittelt über die Reaktion der Marktteilnehmer, ohne daß es dazu zäher politischer Verhandlungen bedarf: „When regulatory competition is a substitute for harmonization [...] an iterative process would eventually bring about a ‚market-driven' regulatory convergence. Since market preferences would probably be better revealed by the dynamics of regulatory competition than by bureaucracy-driven and politicized harmonization in the Council, regulatory competition would further be a superior solution on normative economic grounds." (70)[38] Wie das Gewicht ökonomi-

---

37 Im (fiktiven) Falle der letzteren kann der Verfasser aufgrund der eigenen Erfahrungen aus einem mit internationalen Teilnehmern durchgeführten Planspiel am Europa-Kolleg in Brügge berichten, daß selbst bei Beschränkung der Verhandlungsdauer auf einen Arbeitstag die Geduld der Teilnehmer durch anscheinend unbegründeten, aber gleichwohl beharrlichen Widerstand von einer Seite aufs Äußerste strapaziert werden kann (im konkreten Fall bestand für ein Land die – den übrigen Spielteilnehmern nicht bekannte – Vorgabe, daß die Bohrer aus seiner nationalen Produktion die von den übrigen geforderte Mindestdrehzahl nicht unbeschadet erbringen konnten; konsequenterweise legten die [Spiel-]Vertreter dieses Staates unter Einsatz fadenscheinigster Begründungen Knüppel in den Weg der zu verabschiedenden Richtlinie ...).

38 „Wenn regulativer Wettbewerb ein Ersatz für Harmonisierung [der Rechtsvorschriften] ist [...], würde ein wiederholter Prozeß ‚durch den Markt vorangetriebene' regulatorische Konvergenz hervorbringen. Da die Marktpräferenzen [also das, was Kunden bevorzugen, ML] wahrscheinlich eher durch die Dynamik des regulativen Wettbewerbs enthüllt würden als durch von Bürokratien betriebene und politisierte Harmonisierung im Rat, wäre regulativer Wettbewerb darüber hinaus aus normativen ökonomischen Gründen eine überlegene Lösung."

scher Argumente in dieser (normativen) Lesart des Phänomens regulativer Wettbewerb bereits erkennen läßt, wird die hierin enthaltene praktische Empfehlung – regulativer Wettbewerb statt Harmonisierung durch Verhandlungen – vor allem von Ökonomen, und zwar solchen einer bestimmten Richtung, die auch sonst ganz allgemein für Deregulierung und die Zurücknahme staatlichen Einflusses auf die Wirtschaft plädieren, vorgetragen.

Die zweite Lesart des Phänomens regulativer Wettbewerb spricht weniger eine Politikempfehlung in politikberatender Absicht aus. Sie betrachtet vielmehr in politikanalytischer Absicht das Phänomen als einen bestimmten Mechanismus, mittels dessen politische Interessen vertreten werden und sich durchsetzen. Aus dieser Sicht „[i]t is normally taken for granted that regulatory competition is the result of complex business-government interactions which occur at national level, leading Member States to experiment for such strategic reasons as the ‚competitiveness' of local business or the reduction of the adverse effects of its (say, relatively costly) regulations on local business in the single market." (70)[39] Das Argument hier ist also, daß gleichsam die (Mitglied-)Staaten miteinander konkurrieren, z.B. um Arbeitsplätze und Exportanteile, und zwar, indem sie jeweils versuchen, ihre nationalen Standards für alle verbindlich zu machen. Dies würde ihnen den Vorteil dessen verschaffen, der mit den Standards bereits vertraut ist (z.B. standard-gemäße Produkte sofort liefern kann) und die Kosten der Anpassung ihren Konkurrenten aufbürden. Solche Überlegungen sind keinesfalls rein hypothetisch. So heißt es etwa in einem Artikel[40] über die Reaktion des deutschen Umweltministeriums auf den Bericht einer Expertengruppe der EU-Kommission zur Deregulierung im Umweltbereich, die künftig nur noch die „zur Verfügung stehende Technik" als verpflichtende Anforderung vorschreiben möchte (statt wie bisher die „beste verfügbare Technik"), daß dies im Hause Merkel als eine Aushöhlung des Vorsorgeprinzips betrachtet werde. Die Bedenken resultierten jedoch auch noch aus einem anderen Grund: „Die neue Philosophie im Umweltschutz – Qualitätsziele [für die von Emissionen betroffene Umwelt, ML] statt Emissionsstandards [für die die Schadstoffe erzeugenden Anlagen, Fahrzeuge etc.] – würde nämlich auch die Wettbewerbsbedingungen in Europa gründlich durcheinanderwirbeln. Nicht umsonst rühmen sich die Deutschen, Vorreiter im Umweltschutz zu sein [... Ihre strengen Umweltstandards bedeuten] ein[en] Kostennachteil gegenüber der europäischen Konkurrenz. Deshalb machen sich vor allem die Deutschen für den Export ihrer strengen Grenzwerte nach ganz Europa stark."[41]

2. politikwissenschaftliche Analyse eines Mechanismus

---

39 „Es wird gewöhnlich angenommen, daß regulativer Wettbewerb das Ergebnis eines komplexen Wechselspiels zwischen der Wirtschaft und der Regierung auf nationaler Ebene ist, welches die Mitgliedstaaten zu Experimenten veranlaßt aus solch strategischen Gründen wie der ‚Wettbewerbsfähigkeit' der heimischen Industrie oder der Minderung nachteiliger Effekte ihrer (zum Beispiel relativ kostenträchtigen) Regulation für die heimische Industrie im Binnenmarkt."

40 Fritz Vorholz: Unterstes Niveau, in: Die Zeit Nr.36, 1.9.1995, S.27.

41 Ebd. Für eine umfangreiche, aber zugleich sehr gelungene (preisgekrönte) politikwissenschaftliche Arbeit überwiegend jüngerer Nachwuchsforscherinnen und -forscher, die diese Wirkungsweise des regulativen Wettbewerbs anhand der europäischen Luftreinhaltepolitik und für die drei Staaten Deutschland, Großbritannien und Frankreich vergleichend analysieren, vgl. Héritier u.a. 1994. Auf diese Studie wird unten in Kapitel 7.2 noch eingegangen.

politikberatende und politikanalytische Politikfeld-Forschung	Diese hier getroffene Unterscheidung zweier Lesarten des Phänomens regulativer Wettbewerb gibt Anlaß zu einer verallgemeinernden Bemerkung. Im Bereich der politikwissenschaftlichen Beschäftigung mit (von staatlichen Instanzen ausgeführten) Politiken (policies; vgl. oben Anm. 14), also der sog. Policy-Analyse oder Politikfeldanalyse[42], kann man ganz allgemein die beiden hier durch die Lesarten exemplifizierten Stränge unterscheiden: den politikberatenden und den politikanalytischen. Dabei ist, wie so oft, die Trennung keine absolute. Denn natürlich erfolgt die beabsichtigte Beratung politischer Entscheidungsträger aufgrund vorangehender Analyse (und unter Bezug auf normative Vorstellungen, also Bewertungen und Werte), und die vorrangige Befassung mit der Analyse politischer Prozesse schließt im weiteren eine – beabsichtigte oder unbeabsichtigte – Einwirkung auf politische Entscheidungsträger nicht aus. Gleichwohl ist die Nähe zur praktischen Politik und damit auch die Betroffenheit von der Problematik der Wertung in den Sozialwissenschaften im Falle der politikberatenden Policy-Forschung größer als im Falle der – eher „akademischen", an Grundlagenforschung orientierten – analytischen Politikfeld-Forschung.
zwei Wege des regulativen Wettbewerbs	Kehren wir damit zum Phänomen des regulativen Wettbewerbs selbst zurück. Aus dem bereits dazu Gesagten ergibt sich: „regulatory competition [...] will not actually occur unless economic agents react to these differences [im Regulationsniveau, ML]. There are two ways in which the expected reactions can be understood [...]:

In the first case, mobile factors of production (capital and, to a much lower degree, labour) can relocate to the jurisdiction whose regulations are most favourable for the factor.

Alternatively, [...] even if factors of production are immobile [...] [c]onsumers and firms would [...] respond by purchasing the bundle of goods and services which most closely approximates preferences for cost and quality." (76)[43] Regulativer Wettbewerb entsteht also aufgrund der Reaktion der Marktteilnehmer, die entweder in der Verlagerung von Produktion bzw. des Arbeitsplatzes ins Ausland bestehen kann oder in der Wahl der bevorzugten Güter und Dienstleistungen, egal wo diese produziert werden (also zum Beispiel auch als Import aus dem Ausland). Soweit also die Funktionsweise von regulativem Wettbewerb im Prinzip. Im nächsten Schritt wollen wir jetzt anhand eines von Sun/Pelkmans erstellten Schaubildes näher betrachten, wie er sich im institutionellen Gefüge der EU abspielen kann. Dabei werden wir besonders auf die politischen Inter-

---

42 Vgl. dazu aus dem Kursangebot der Fernuniversität Schubert 1991.
43 „Regulativer Wettbewerb [...] tritt nur auf, wenn wirtschaftlich Handelnde auf diese Unterschiede [im Regulationsniveau] reagieren. Es gibt zwei Wege, auf denen diese Reaktion erfolgen kann [...]. Im ersten Fall können mobile Produktionsfaktoren (Kapital und, in weit geringerem Ausmaß, Arbeitskraft) sich in jenes Hoheitsgebiet verlagern, dessen Regulierung für den Faktor am günstigsten ist. Andernfalls [...], selbst wenn Produktionsfaktoren nicht mobil sind [...] würden Konsumenten und Firmen [...] antworten, indem sie dasjenige Bündel von Gütern und Dienstleistungen erwerben, das am ehesten ihren Wünschen in bezug auf die Kosten und die Qualität entspricht." Den ersten Weg könnte man mit der oben (zum Ende des Teilkapitels 3.2.2) eingeführten Terminologie von Hirschman auch als Nutzung der Exit-Option bezeichnen. Der zweite Weg – Waren- und Dienstleistungsimport – ist für offene Märkte spezifisch und insofern in Hirschmans Schema, das sich ja auf unmittelbar politische Reaktionen auf Organisationsversagen beschränkt, nicht enthalten.

ventionspunkte achten, an denen sich die Akteure im Rahmen der EU-Institutionen in den politischen Prozeß einschalten können.

Mit dem in Abbildung 3-2 wiedergegebenen Schaubild haben Sun/Pelkmans ein Flußdiagramm für Prozesse des regulativen Wettbewerbs innerhalb der EU aufgestellt. Ein solches Flußdiagramm stellt die einzelnen Stationen eines Prozesses und ihre Verbindungspfade dar. Indem wir diesen Pfaden zumindest im Ansatz folgen, wollen wir unser Verständnis der politischen Seite des Prozesses regulativer Wettbewerb vertiefen.

1. Pfade zum regulativen Wettbewerb

Ausgangspunkt (die im Schaubild sog. „ex ante-Situation"; lat. ex ante = vorher) ist ein Unterschied in nationalen Rechtsvorschriften. Im Falle der wechselseitigen Anerkennung der Standards, also des Verzichts auf das Handelshemmnis, das im Beharren auf der Erfüllung der jeweils eigenen Standards besteht, kommt es unmittelbar zum regulativen Wettbewerb (linker Pfad). Die wechselseitige Anerkennung führt also direkt zu dem bereits oben (als die zwei Wege des regulativen Wettbewerbs) im Prinzip beschriebenen Spiel der Marktkräfte (im Schaubild „Arbitrage" genannt). Im anderen Fall, in dem der freie Handel und die Anwendung des Prinzips der wechselseitigen Anerkennung nicht gegeben sind, stehen zwei Pfade offen: der über das Gericht, also den EuGH (court track), und der Pfad der regulativen Politik. Aus der Aufsichtsklage gegen einen Staat, der den Handel unter Berufung darauf behindert, daß die Importe seinen Standards nicht entsprechen, kann im Wechselspiel zwischen den Mitgliedstaaten(-regierungen), nationalen Firmen und der Kommission zum einen die Anpassung des nationalen Rechts des beklagten Staates resultieren und damit praktisch die wechselseitige Anerkennung. Es kann aber auch im zweiten Schritt die Kommission vor dem EuGH gegen die Anwendbarkeit des Art. 36 EUV argumentieren. Dieser erlaubt Handelsbeschränkungen, „die aus Gründen der öffentlichen Sittlichkeit, Ordnung und Sicherheit, zum Schutz der Gesundheit und des Lebens von Menschen, Tieren und Pflanzen, des nationalen Kulturguts von künstlerischem, geschichtlichem oder archäologischem Wert oder des gewerblichen und kommerziellen Eigentums gerechtfertigt sind."

Obsiegt die Kommission mit diesem Plädoyer gegen die Ausnahmeregelung, resultiert wieder der regulative Wettbewerb. Verliert die Kommission, so gilt es den regulatorischen Pfad zu beschreiten, denn die Kommission wäre sicher bestrebt, die nunmehr vom EuGH als zu Recht bestehend anerkannten unterschiedlichen nationalen Rechtsvorschriften im Wege von Harmonisierungsverhandlungen anzugleichen. Dieser zweite, regulative Pfad kann natürlich auch gleich beschritten werden, wenn keiner der Akteure den Gerichtshof bemüht. Aus den von Wirtschaftsinteressen beeinflußten Harmonisierungsverhandlungen resultiert dann letztlich eine nach Art. 100 A EGV verabschiedete Richtlinie, vermutlich mit einem Minimalniveau an Regulierung. Da Staaten dieses Niveau individuell überbieten (aber nicht unterschreiten!) dürfen, ist auch danach regulativer Wettbewerb möglich.

Was nun die Reaktion der Marktteilnehmer (Firmen und Konsumenten) anbelangt, so kann sie sich entweder auf den ökonomischen Markt (im eigentlichen Sinne) beschränken oder aber auf den „politischen Markt" (im übertragenen Sinne) überschwappen. Die ökonomische Marktreaktion umfaßt die beiden oben beschriebenen Formen: Produktionsverlagerung bzw. Abzug von Investitionen

2. Auswirkungen des Wettbewerbs

Abb.3-2: Pfade des regulativen Wettbewerbs im EU-Rahmen

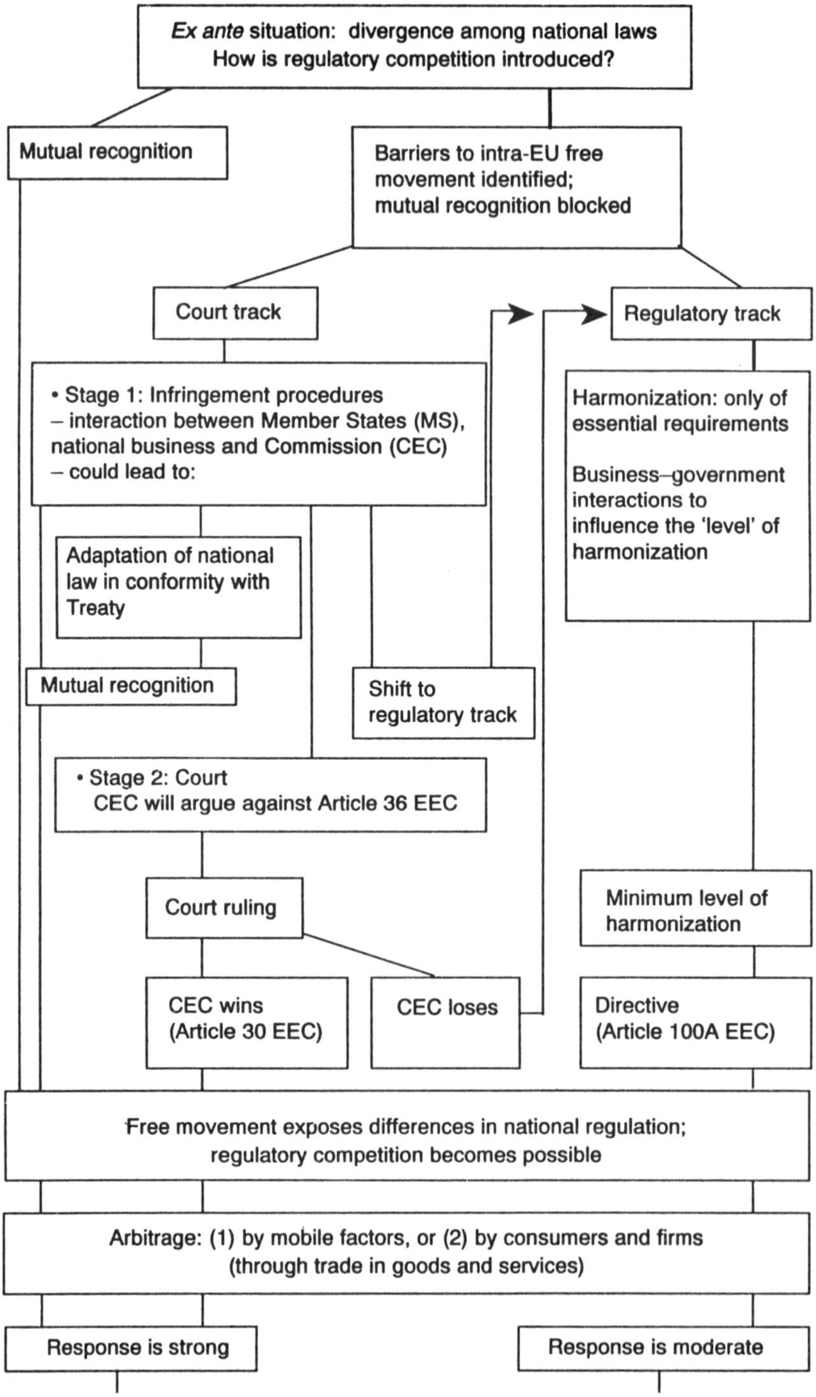

```
┌─────────────────────────────────────────────┐
│ Ex ante situation: divergence among national laws │
│ How is regulatory competition introduced?   │
└─────────────────────────────────────────────┘
         │                      │
┌──────────────────┐   ┌──────────────────────┐
│ Mutual recognition│   │ Barriers to intra-EU free│
│                  │   │ movement identified;  │
│                  │   │ mutual recognition blocked│
└──────────────────┘   └──────────────────────┘
                         │              │
                 ┌──────────────┐  ┌──────────────────┐
                 │ Court track  │  │ Regulatory track │
                 └──────────────┘  └──────────────────┘
```

- **Stage 1:** Infringement procedures
  – interaction between Member States (MS), national business and Commission (CEC)
  – could lead to:

Harmonization: only of essential requirements

Business–government interactions to influence the 'level' of harmonization

Adaptation of national law in conformity with Treaty

Mutual recognition | Shift to regulatory track

- **Stage 2:** Court
  CEC will argue against Article 36 EEC

Court ruling

CEC wins (Article 30 EEC) | CEC loses

Minimum level of harmonization

Directive (Article 100A EEC)

Free movement exposes differences in national regulation; regulatory competition becomes possible

Arbitrage: (1) by mobile factors, or (2) by consumers and firms (through trade in goods and services)

Response is strong | Response is moderate

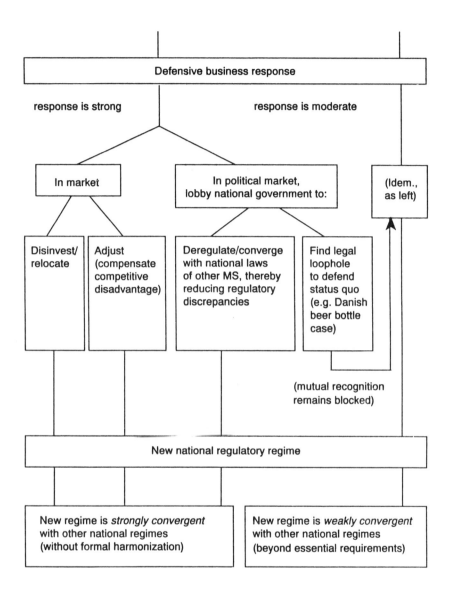

Quelle: Sun/Pelkmans 1995, 74/75.

einerseits, die firmeninterne Anpassung durch den Versuch der Kompensation von (im Vergleich zu ausländischen Konkurrenten) höheren Kosten aufgrund strengerer nationaler Standards andererseits. Von der ersten Reaktion kann aufgrund der implizierten Arbeitsplatzverluste ein starker politischer Druck auf die jeweilige nationale Regierung ausgehen, ihr Regulationsniveau (nach unten) anzupassen. Dies ist auch das Ergebnis des linken Teilpfads im Bereich des politischen Marktes. Hier wird die (angedrohte) Arbeitsplatzverlagerung durch politische Lobbytätigkeit der interessierten Wirtschaft gegenüber ihrer nationalen Regierung unterstützt, wodurch wiederum die Anpassung des nationalen Regulationsniveaus bewirkt werden soll. Alternativ dazu kann sich die (vom Kostennachteil) betroffene Industrie darum bemühen, daß die Regierung ein Schlupfloch in den EU-Bestimmungen findet, das den Erhalt des Status quo ermöglicht, also die Nachteile der Firmen durch zusätzliche Regierungsmaßnahmen ausgleicht. Eine wechselseitige Anerkennung der Standards bleibt dann blockiert, vielmehr werden eventuelle Nachteile unterschiedlicher nationaler Standards von den betreffenden Regierungen den Firmen „erstattet". In diesem Fall wäre das Gesamtbild der nationalen Regulationsniveaus (im Schaubild als „regime" bezeichnet[44]) durch geringe Annäherung (Konvergenz) gekennzeichnet, zumindest jenseits eines Minimums an unverzichtbaren (essentiellen) Bestimmungen. Ansonsten geht vom regulativen Wettbewerb jedoch ein Druck in Richtung starker Konvergenz der nationalen Rechtsvorschriften aus, und dies, wie seine normativen Befürworter betonen, ohne langwierige und „politisierte" Harmonisierungsverhandlungen.

politische „Knackpunkte" Wie jedoch der Durchgang durch das Schaubild bereits verdeutlicht haben sollte – und dies ist auch der Punkt, den Sun/Pelkmans letztlich mit ihrem Artikel hervorheben und den naiven Befürwortern des regulativen Wettbewerbs entgegenhalten wollen – sind zum einen die Pfade hin zum regulativen Wettbewerb lang, verschlungen und keineswegs unpolitisch; und auch die Reaktion der „Marktteilnehmer" auf die Wettbewerbssituation ist keinesfalls unpolitisch, selbst wo sie sich ganz auf Marktreaktionen beschränkt (und erst recht nicht, wo sie im „politischen Markt" erfolgt). Zahlreiche Ansatzpunkte für die Politisierung bestehen: Erhebt ein Staat Klage gegen den andern? Fordert er Harmonisierungsverhandlungen? Inwiefern steht er dabei unter dem Einfluß nationaler Firmen, die dies fordern? Welche Linie verfolgt die Kommission (wie das oben zitierte Beispiel der Empfehlungen der Beratergruppe in Sachen Regulation im Umweltbereich zeigt, „denkt" die Kommission insofern nicht „mit einem Kopf" bzw. spricht sie nicht mit einer Stimme; vielmehr herrscht innerhalb der Kommission eine politische Auseinandersetzung – ein interner regulativer Wettbewerb – zwischen Befürwortern einer neoliberalen Deregulierungs"philosophie" und – im Beispiel – den Anhängern eines zumindest auch regulativen Umweltschutzes). Wie stark ist der Einfluß der Wirtschaftslobby im Falle der regulatorischen Harmonisierungsverhandlungen zur Festlegung eines Mindeststandards durch eine Art.100 A-Richtlinie? Welchen Einfluß nehmen Wirtschaftsinteressen auf die nationale Regierung in Reaktion auf den regulativen Wettbewerb? Gelingt es ihnen, politische Kompensation von Wettbewerbsnachteilen zu erlangen (womit der regulative Wettbewerb weitgehend leerläuft, jedenfalls keine starke Konvergenz der Standards bewirkt)? Alle diese Fragen machen deutlich, „that no reliable mechanism exists to gauge whether the ex post convergence of regu-

---

44 Dies ist der juristische Regimebegriff, der (nur) die Gesamtheit der Rechtsvorschriften auf einem Sachgebiet bezeichnet; vgl. oben Anm. 6 des vorliegenden Teilkapitels (3.2).

lations or market outcomes is likely to result from these processes".(80)[45] Sun/Pelkmans illustrieren diesen Punkt mit zwei empirischen Beispielen aus dem Polstermöbel- und dem Bankensektor – auf die Wiedergabe wird hier aus Platzgründen verzichtet – und stellen fest: „these examples underscore the unpredictable and complex nature of business behaviour in a context of regulatory competition."[46]

Aus den hier referierten Überlegungen von Sun/Pelkmans lassen sich abschließend drei verallgemeinernde Schlüsse ziehen: *drei Schlüsse*

1. Sun/Pelkmans stellen selbst fest: „More detailed case studies are necessary before any definite conclusions can be drawn on the precise nature of business-government interactions [beim regulativen Wettbewerb, ML]."[47] Dies ist nicht nur eine gerne verwendete Schlußformulierung von Fachartikeln, mit der sich weiterer Forschungsbedarf anmelden (und damit ein Forschungsmittelantrag begründen) läßt. Es ist hier auch sachlich zutreffend und könnte eine Anregung sein, sich in eigenen Studien einen Einzelfall von regulativem Wettbewerb auf die wirksamen Mechanismen hin anzusehen oder mehrere Fälle vergleichend zu untersuchen um festzustellen, unter welchen Bedingungen welche Mechanismen (wahrscheinlich) greifen.[48] Derartigen Fragestellungen nachzugehen ist das A und O der grundlagenorientierten (akademischen) Politikfeldanalyse.

2. Sun/Pelkmans ging es aber auch darum zu zeigen, daß die aus ökonomischen Modellüberlegungen mit prinzipieller Stringenz (innerer Logik) abgeleitete ökonomisch-normative Überlegenheit des regulativen Wettbewerbs gegenüber der Harmonisierung durch Verhandlungen so – einfach – in der Realität nicht aufweisbar ist. Sie wollen regulativen Wettbewerb gar nicht prinzipiell verwerfen. Sie zeigen jedoch, daß er nicht ganz so einfach und unpolitisch funktioniert, wie im Modell, seine Ergebnisse in der Praxis also auch nicht garantiert sind; zum andern betonen sie, daß, z.B. durch vermehrte Mehrheitsabstimmung, der Weg der Harmonisierung gar nicht mehr so schwerfällig ist wie vordem. Auch dieser Punkt läßt sich verallgemeinern: Oft ist es so, daß ökonomische Modelle, die aufgrund ihrer „Schlankheit" durch Absehen von empirischen Details gut zur logischen Ableitung von Ergebnissen taugen, bei der Konfrontation mit der Realität um Faktoren ergänzt werden müssen, die schwerpunktmäßig von Politikwissenschaftlern erforscht werden und die das schlanke ökonomische Modell mit störenden, komplizierenden „Schnörkeln" versehen. Dies sollte nicht als ein Konflikt

---

45 „daß kein verläßlicher Mechanismus besteht um einzuschätzen, ob ex post [im nachhinein] Konvergenz der Regulation oder der Marktergebnisse als wahrscheinliches Ergebnis aus diesen Prozessen resultiert."

46 „Diese Beispiele unterstreichen die unvorhersehbare und komplexe Natur des Verhaltens der Industrie im Kontext des regulativen Wettbewerbs."

47 „Mehr detaillierte Fallstudien sind erforderlich, bevor irgendwelche definitiven Schlüsse gezogen werden können über die genaue Natur der Wechselwirkung zwischen Wirtschaft und Regierung[en]."

48 Die von Sun/Pelkmans nur illustrativ verwendeten Fallstudien variieren z.B. absichtlich die Variable „Wirtschaftssektor": hie Produktion von Gütern (Polstermöbel), da von Dienstleistungen (der Banken) um herauszufinden, ob dieser Unterschied für die ablaufenden politischen Prozesse eine Rolle spielt.

zwischen zwei Disziplinen um die „Vorherrschaft im akademischen und politikberatenden Luftraum" verstanden werden (obwohl es sich so zuweilen auch darstellt). Es geht auch nicht um den Konflikt von eleganter, aber realitätsferner Modellbastelei einerseits und komplizierter, aber wenig prognosefähiger Politikanalyse andererseits. Zumindest geht es darum nicht in dem Sinne, daß eines der Verfahren ausschließlich anzuwenden, weil in sich überlegen, sei. Vielmehr kommt es hierbei, wie auch beim eingangs dieses Kapitels angesprochenen Verhältnis von Theorie und Empirie, auf die wechselseitige Befruchtung an.

3. Schließlich bestätigt die Analyse des regulativen Wettbewerbs und der mit ihm verbundenen politischen Mechanismen noch einmal, wie bedeutsam der institutionelle Rahmen (hier der EU und der von ihr bereitgestellten Verfahren) für die ablaufenden politischen Prozesse ist. Er kanalisiert sie und definiert Ansatzpunkte für politische Hebel, derer sich politisch handelnde gesellschaftliche Akteure unter bestimmten, noch näher zu bestimmenden Bedingungen bedienen können. Damit wird zugleich auch die Bedeutung des neuen Institutionalismus innerhalb der Politikwissenschaft[49] als Forschungsprogramm, auch in bezug auf die Politik innerhalb der EU, hervorgehoben, der sich im Unterschied zum alten Institutionalismus nicht auf eine bloße beschreibende Institutionenkunde beschränkt, sondern Institutionen als einen Erklärungsfaktor in die Policy-Analyse mit einbezieht.

3.4   Resümee des Gesamtkapitels

drei Feststellungen zum Abschluß des Kapitels

Wir sind damit nicht nur am Ende eines zugegebenermaßen umfangreichen und auch gehaltvollen Kapitels angelangt, sondern auch am Ende des ersten Teils dieses Buches. Nach der einführenden historischen (Kap.1) und institutionenkundlichen (Kap.2) Übersicht haben uns in diesem Kapitel vor allem unterschiedliche theoretische Herangehensweisen an die Phänomene europäische Kooperation und Integration beschäftigt. Wir wollen dies hier nicht im einzelnen resümieren, aber doch abschließend erneut drei Feststellungen treffen:

Personen und Strukturen

1. Wie wir insbesondere unter Rückgriff auf zwei biographische Arbeiten zeigen konnten, die zeitgenössischen methodischen Anforderungen genügen, ist weder die „Personen-(allein)-machen-Geschichte"-Sichtweise noch ein struktureller Determinismus für die politikwissenschaftliche Analyse ausreichend. Vielmehr besteht deren Aufgabe darin, zwischen der Ebene der allein realiter handelnden Individuen, ihren im übertragenen Sinne handelnden institutionellen und organisatorischen Zusammenschlüssen und den sonstigen Strukturen so zu vermitteln, daß politische Prozesse aus dem Handeln von Individuen unter strukturellen Bedingungen nachvollziehbar und damit auch erklärt werden. Dabei kann es sinnvoll sein, tatsächlich bis auf die

---

49   Vgl. dazu z.B. den Überblick bei Keck 1991 und die oben in Kapitel 2, Anm. 2, genannte Literatur.

Ebene der Einstellungen und politischen Strategien führender Einzelpersonen zurückzukommen. Auch deren in verallgemeinernder Terminologie beschreibbare Führungsstile können relevant sein. Fragen innerorganisatorischer Beziehungen (etwa innerhalb des „Kollektivakteurs" Kommission) und von Netzwerken persönlicher Beziehungen in und zwischen Organisationen sind ebenfalls von Belang. Wir haben etwa Jean Monnet, um ein neuerdings im Bereich der Computertechnik geläufiges Bild anachronistisch zu verwenden[50], als einen „Surfer in Beziehungsnetzwerken" kennengelernt. Solch individuelles Handeln ist aber eingebunden in institutionelle und Interessensstrukturen, die meist leichter auf höherer Abstraktionsebene analysiert werden können. Hier wird dann ganzen Gruppen oder Staaten eine bestimmte Macht- oder Interessenposition zugeschrieben. Dies ist legitim, solange klar bleibt, daß es sich um analytische Zuschreibungen handelt, die im Prinzip – aber nicht in jedem konkreten Forschungsbeispiel auch tatsächlich – in das reale Handeln und die Einstellungen von Individuen auflösbar sein müssen. Es muß klar bleiben, daß es sich bei metaphorischen Ausdrücken wie „das britische Interesse", „Frankreichs Vorgehen" oder auch „die Strategie der Kommission" eben um dies handelt: um Metaphern, die im Prinzip analytisch aufzulösen sind.

2. Es hat sich gezeigt, daß die Analyse gerade der (west-)europäischen Integration mit ihrer hohen Verschmelzung (Fusion) von nationalstaatlicher Innenpolitik mit zwischenstaatlichen Beziehungen, die die klassische Trennung von Innen- und Außenpolitik besonders weitgehend aufgehoben hat, das Heranziehen von Ansätzen aus eben diesen beiden Bereichen erforderlich macht: dem der Analyse von „heimischer Politik" (domestic politics) sowie dem der Analyse zwischenstaatlicher Beziehungen. Neorealismus à la Waltz ist analytisch ungenügend, der Reduktionismusvorwurf greift nicht. Aus beiden Bereichen wurden zahlreiche theoretische Versatzstücke und Ansätze vorgestellt. Im Bereich der domestic-politics-Analyse geht es um Interessen und ihre Organisationsformen und -fähigkeit; um Wechselwirkungen zwischen Wirtschaft und (jeweiligem) Nationalstaat; um Mechanismen wie die von Hirschman beschriebenen Strategien von exit, voice und loyalty sowie um unterschiedliche Politiktypen (nach Lowi: regulativ, distributiv und redistributiv) und ihre Auswirkungen auf die politischen Prozesse. Sowohl im Bereich der innerstaatlichen Policy-Analyse wie bei der Analyse zwischenstaatlicher Beziehungen gilt neuerdings im Zeichen des sog. neuen Institutionalismus den Institutionen und ihrem Einfluß auf politische Prozesse vermehrtes Interesse. Dies gilt unabhängig davon, ob diese internationalen Institutionen den Chrakter eines internationalen Regimes oder, darüber hinaus, den eines supranationalen, fusionierten Föderalstaates haben. Schließlich wurde auf internationaler Ebene auf die Bedeutung von Verhandlungsprozessen, im formellen (negotiating) wie materiellen Sinne (bargaining), und insbesondere den Mechanismus der strategischen Verknüpfung von Verhandlungsgegenständen (linkage) hingewiesen. Die einschlägige Theoriebildung ist für die Analyse von EU-Politikprozessen unverzichtbar.

domestic politics- und internationale Ansätze

---

50 Vgl. z.B. den Slogan, der das Titelblatt von Rheingold 1994 ziert: „Surfing the Internet".

Integration ist mehr als funktionale Kooperation

3. Zwar teilt, was die Analyse von internationaler Kooperation und Integration anbelangt, der (Neo-)Funktionalismus mit der Regimetheorie den Bezug auf einzelne Sachbereiche der Politik. Er erwartet jedoch, daß daraus nicht nur (Bereitschaft zu) Kooperation in anderen Sachbereichen (durch spill-over) erwächst, sondern (Bereitschaft zu) Integration. Das erscheint als eine überzogene Erwartung, insofern Integration offenbar mehr erfordert als bloße funktionale Kooperation. Der Funktionalismus bot als dieses „Mehr" die Übertragung von (Massen-)Loyalität auf supranationale (Funktions-)Eliten und Institutionen an, deren (Verwaltungs-)Leistungen auch den Massen zugute kommen würden und somit deren Loyalität hervorrufen würden. Dies ist einerseits interessant, insofern in dieser Sichtweise eine Konvergenz besteht zur ansonsten eher von linken Analytikern vertretenen Ansicht, daß ein Zusammenhang bestehe zwischen Wohlfahrtsstaat und Massenloyalität.[51] Andererseits zeigt sich, daß ein Zusammengehörigkeitsgefühl und damit echte politische Integration doch auch von anderen, weniger materiellen Faktoren abhängt. Hierzu zählt all das, was etwa die politisch so resistenten (und in Osteuropa neuerdings sogar resurgenten [wieder auferstehenden]) Nationalstaaten zu „aus der Vorstellung entstehenden Gemeinschaften" (imagined communities, wie der von Anderson [1988] glücklich gewählte Begriff im Original lautet[52]) hat werden lassen. So unterscheidet etwa der Soziologe Bernhard Peters (1993, 105) in seiner Studie über „Die Integration moderner Gesellschaften" neben der funktionalen Koordination als Integrationsform noch die moralische Integrität (die sich etwa in der Bereitschaft zu institutionalisierter, nicht bloß ad hoc bewiesener Solidarität zeigt[53]) sowie die expressive Gemeinschaft (in der sich die kollektive Identität ausdrückt, also eben das Gefühl der einzelnen, tatsächlich einen Teil ihrer Identität aus der Zugehörigkeit zu einer größeren Gruppe oder einem politischen Verband zu beziehen). Inwiefern davon auf europäischer Ebene bereits gesprochen werden kann, wird uns im dritten Teil des Buches noch einmal beschäftigen. Zuvor jedoch werden im zweiten Teil unterschiedliche Formen internationaler Kooperation in Europa näher untersucht.

---

51 Erneut sei verwiesen auf die Beiträge in Narr/Offe 1975. Ganz allgemein spricht man neuerdings fachlich gerade in bezug auf die EU von „output"-Loyalität, also Loyalität, die durch die politisch erbrachten Ergebnisse (statt durch partizipative Beteiligung [input-Loyalität]) erworben wird.
52 Vgl. dazu auch einführend List u.a. 1995, Kap.2.3.2.
53 Vgl. dazu oben Anm. 17 (zu 3.2) und den zugehörigen Text.

Einleitung zu Teil II

Nachdem wir in Teil I einen historischen, institutionenkundlichen und theoriebezogenen Überblick zum Thema Integration und Kooperation in Europa erhalten haben, wird sich Teil II ganz dem Phänomen der internationalen Kooperation im Großraum Europa widmen. Wir können dazu auf die in der Einleitung zum gesamten Buch gegebene Definition dieses Begriffs zurückgreifen, die Kooperation als zwischenstaatliche Zusammenarbeit unter Wahrung der formalen Souveränität der beteiligten Staaten erläutert hatte. Dies wurde kontrastiert mit der Integration, die auf einen Zusammenschluß unter deutlicher, wenn auch nicht unbedingt vollständiger Souveränitätsaufgabe zielt und für die in Europa noch immer die heutige Europäische Union das wesentliche Beispiel darstellt. Um sie wird es daher in diesem zweiten Teil nicht bzw. nur insoweit gehen, als im Rahmen der EU Politikfelder auszumachen sind, die (noch) von zwischenstaatlicher Kooperation und (noch) nicht von weitergehender Integration gekennzeichnet sind. Untersucht werden also Kooperationszusammmenhänge zwischen europäischen Staaten, darunter auch die EU-Mitglieder, und zwar in drei Sachbereichen: Sicherheit, Herrschaft und Wohlfahrt, woraus sich die formale Gliederung des Teils II in drei Kapitel ergibt.

Die Begriffe „Sachbereich" und, gleichsam als deren Untergliederung auf einer etwas konkreteren Ebene, der des Politikfeldes (policy area) bezeichnen dabei *eine* mögliche Aufgliederung des Gesamtbestandes an internationalen Beziehungen. Das Kriterium, das dabei zur Anwendung kommt, ist das des „Inhalts" der Politik: es geht entweder um Fragen und Probleme der Sicherheit, der (staatlichen) Herrschaft oder der „Wohlfahrt", wobei mit dieser Eindeutschung des englischen Begriffes „welfare" nicht nur sozialpolitische Fragen, sondern allgemein Fragen von wirtschaftlicher Produktion und Konsumtion sowie darüber hinaus deren Auswirkungen auf die natürliche Umwelt bzw. der langfristigen Vereinbarkeit von Ökonomie und Ökologie im Sinne von nachhaltiger Entwicklung (sustainable development) gemeint sind. Konkret wird es in diesem Teil im Sachbereich Wohlfahrt um Kooperation in Sachen internationaler Wirtschafts- und Umweltpolitik gehen.[54]

drei Sachbereiche

Die hier der formalen Gliederung zugrundegelegte Aufteilung in die drei Sachbereiche Sicherheit, Herrschaft und Wohlfahrt wurde in dieser Form von

Sinn und Problematik der Dreiteilung

---

54 Soweit im Rahmen der EU Sozialpolitik betrieben wird, geht dies über die bloße zwischenstaatliche Kooperation, die Gegenstand des Teils ist, hinaus in Richtung Integration. Deren Behandlung wird, wie gesagt, erst in Teil III wieder aufgenommen.

Ernst-Otto Czempiel (1981, 198) vorgeschlagen und seither vielfach verwendet. Ursprünglich steckt hinter dieser und vergleichbaren anderen Einteilungen der (internationalen) Politik in einzelne Sachbereiche das Grundanliegen der (Politik-)Wissenschaft, nämlich in der Realität bestimmte Muster oder Regelmäßigkeiten zu erkennen, um für die daraus erschlossenen Zusammenhänge Erklärungen zu finden. Bei allen drei Schritten der Wissenschaft: Mustererkennung, Zusammenhangsvermutung und Erklärungskonstruktion können derartige begriffliche Einteilungen „Findehilfe" leisten. Mit einem griechischen Lehnwort spricht man daher von ihrer heuristischen Funktion (gr. heuriskein = finden). So ging mit der Unterscheidung von Sachbereichen und innerhalb dieser wiederum von einzelnen Politikfeldern etwa die Vermutung einher, daß sich Politikprozesse in den einzelnen Bereichen bzw. Feldern deutlich unterscheiden, etwa darin, daß in bestimmten Sachbereichen oder Politikfeldern Kooperation besonders schwierig zu verwirklichen sei. Im Bereich staatlicher Herrschaft etwa, wo es nicht nur wegen der implizierten Machtfragen „ums Eingemachte" gehe, sondern wo aufgrund des Bezugs zu grundlegenden Wertfragen ein Dissens besonders schwer zu überwinden sei, sei Kooperation besonders schwierig. Auch im Bereich der Sicherheitspolitik sei sie – zwischen Gegnern – noch recht schwer zu verwirklichen. Im Bereich Wohlfahrt hingegen sei sie vergleichsweise am einfachsten zu erreichen, da einerseits wirtschaftliche Güter und Gewinne zumindest im Prinzip teilbar seien, zum anderen im Umweltbereich an gemeinsame bzw. überlappende Interessen angeknüpft werden könne. Wir werden in den folgenden Kapiteln diese Hypothesen zum Teil bestätigt finden. Insgesamt aber hat sich in der Forschung gezeigt, daß der *Erklärungs*wert der reinen Einteilung der Politik nach inhaltlichen Kriterien durchaus begrenzt ist. Zum einen liegt dies daran, daß die Einteilung, insbesondere die in nur drei Sachbereiche, noch relativ grob ist und durch Heranziehung weiterer, abstrakterer Kriterien (wie etwa der bereits angedeuteten Frage der Teilbarkeit von Streitobjekten oder Kooperationsgewinnen, des Wertbezugs u.a.m.) verfeinert oder gar ersetzt werden kann. Zum anderen darf die aus analytischen Gründen vorgenommene Unterteilung nicht mit einer Trennung in der Realität verwechselt werden. In der Wirklichkeit internationaler Politik können vielfache Beziehungen und Kopplungen zwischen Fragen aus unterschiedlichen Sachbereichen und Politikfeldern bestehen, was deren Erklärungswert mindert. Auch für solche sachbereichs- und politikfeldübergreifenden Kopplungen von Fragen werden wir im folgenden Beispiele antreffen. Angesichts dieser Problematik der Sachbereichs- und Politikfeldeinteilung für Erklärungszwecke wollen wir ihre Bedeutung im folgenden also „niedriger hängen" und sie vorwiegend als formale Gliederungsgrundlage verwenden.[55] Ihr Erklärungswert wird nur vereinzelt angesprochen werden.

Perspektiven und Grundbegriffe der Analyse internationaler Kooperation

Wenn somit die Einteilung in Sachbereiche weniger analytischen als didaktischen Zwecken dient, so heißt dies gleichwohl nicht, daß auf analytische Perspektiven in diesem Teil des Buches verzichtet würde. Im Gegenteil: Wie immer in diesem Buch geht es neben der eher beschreibenden Präsentation von Fakten, hier über das Tableau der internationalen Kooperationszusammenhänge in Euro-

---

55 Für eine ähnliche gegliederte Übersicht über Kooperationszusammenhänge in der internationalen Politik in Europa vgl. die Beiträge in Teil II von Rees 1993.

pa nach 1945, auch um die Vermittlung von politikwissenschaftlicher Analysefähigkeit. Näherhin soll es um die Bedingungen (erklärenden Faktoren), die Form und die Wirkungen internationaler Kooperation gehen, beispielhaft untersucht anhand der Kooperation in Europa. Insbesondere werden wir dazu im Verlauf der folgenden drei Kapitel auf folgende politikwissenschaftliche Grundbegriffe zurückgreifen:

- Zur analytischen Erfassung der Kooperationsbedingungen werden wir auf die zentralen Begriffe Macht und Interesse zurückgreifen. Dabei wird uns zum einen die Frage beschäftigen, inwiefern die Vormachtstellung (Hegemonie) eines beteiligten Staates eine notwendige oder hinreichende Bedingung für das Zustandekommen von Kooperation ist. Zum andern werden wir Interessen der Akteure als wichtige Erklärungsfaktoren von Kooperation herausarbeiten, aber auch, daß diese nicht als auf Dauer fixiert anzusehen sind, sondern ihrerseits – zum Teil unter dem Einfluß vorausgegangener Kooperation – einem Wandel unterliegen. Schließlich werden wir mit dem wichtigen Begriff der Interdependenz den Versuch kennenlernen, die aus Machtverhältnissen und Interessenslagen resultierende Gesamtsituation analytisch zu charakterisieren. Bedingungen: Macht, Interessen und Interdependenz

- Was die Form internationaler Kooperation anbelangt, werden wir zum einen zwischen formeller, auf völkerrechtlich vereinbarter Grundlage stattfindender Zusammenarbeit zwischen Staaten und eher informeller Kooperation auf der Grundlage von „gentlemen's agreements" unterscheiden. Zum andern werden wir ad hoc, nur zu einem bestimmten Zweck und eher punktuell erfolgende Zusammenarbeit von institutionalisierter Kooperation unterscheiden, wobei letztere in Gestalt sog. internationaler Regime erfolgen kann und auch zur Gründung eigener internationaler Organisationen führen kann (aber nicht muß). Schließlich werden wir von der Form der Zusammenarbeit her zwischen zweiseitiger, bilateraler, und mehrseitiger, multilateraler Kooperation unterscheiden und dabei insbesondere einen gehalt- (und voraussetzungs-)vollen Begriff von Multilateralität einführen. Formen: formell vs. informell, ad hoc vs. institutionalisiert, bi- vs. multilateral

- Schließlich werden wir die Wirkungen internationaler Kooperation in Europa untersuchen. Unter Kooperationsforschern herrscht dabei zuweilen begriffliche Verwirrung, insofern hierunter sowohl die Wirkungsweise – was mit dem Formaspekt überlappt – als auch die Auswirkungen der Kooperation „in der Sache" (z.B. auf die Umweltsituation eines Flusses) und auf das „Klima" für weitere Zusammenarbeit bezeichnet werden. Genau auf dieser Grenze liegt ein zentraler analytischer Begriff, der häufig im Sinne eines Vorwurfs gegen bestehende Kooperationszusammenhänge erhoben wird: es handele sich hierbei „bloß" um symbolische Politik, die real nichts bewirke. Wir werden neben diesem negativen, abwertenden Begriff von „symbolischer Politik" auch eine eher positive oder zumindest neutrale Bedeutung des Attributs „symbolisch" kennenlernen und zeigen, welche Rolle die Einigung auf symbolische Schritte bei der Entwicklung von Zusammenarbeit spielen kann. Des weiteren werden wir sehen, daß internationale Kooperation zwar dazu dienen kann, die Fähigkeit der Staaten zur Bearbeitung von Problemen zu erhöhen, daß dies aber kaum je zu perfekten Problemlösungen Wirkungen: symbolische vs. reale Politik, Problembearbeitung vs. Problemlösung, Autonomieverlust führt (was übrigens für Politik im allgemeinen gelten dürfte). Schließlich wird darauf verwiesen werden, daß und inwiefern für die an Kooperation beteiligten Staaten aus eben dieser Zusammenarbeit zugleich eine Einschränkung ihrer Autonomie, ihrer Handlungsfreiheit, resultiert.

Sie sollten diese hier vorab genannten Perspektiven und zentralen Begriffe der Analyse internationaler Kooperation bei der Lektüre der nachfolgend vorgestellten Einzelfälle im Hinterkopf bewahren. Erst die durch diese Perspektiven und Begriffe angeleitete Querlektüre rechtfertigt die durchaus umfangreiche Präsentation des empirischen Materials über internationale Kooperation in Europa. Um Sie bei der eigenständigen Querlektüre (und beim „Quer-Denken" ...) zu unterstützen, werden zum Abschluß des Teils II einige mögliche Ergebnisse einer solchen Querlektüre in Gestalt eines Zwischenfazits festgehalten.

4 Kooperation im Sachbereich Sicherheit

Unter Sicherheit wird hier, einer andernorts (List u.a. 1995, Kap. 3.1) vorgenommenen Begriffsbestimmung folgend, im wesentlichen die Sicherheit von Staaten vor (anderen) Staaten verstanden, also die Sicherheit ihrer territorialen Integrität, ihrer Autonomie sowie von Leib und Leben ihrer (Staats-)Angehörigen vor sozialen Bedrohungen von außen. Die gegen Ende des Kapitels behandelten Fragen ethno-nationaler Konflikte mit der gerade in ihnen zum Problem werdenden Trennung zwischen „Innen" und „Außen", zwischen Bürgerkrieg und zwischenstaatlichem Krieg, machen die Erweiterung dieser Definition dahingehend erforderlich, daß auch solche Fragen des gewaltsamen Konfliktaustrags zwischen Bevölkerungsgruppen Gegenstand internationaler Sicherheitspolitik und damit auch von Sicherheitskooperation sein können.

Das Kapitel umfaßt zwei Teile, entsprechend den beiden Phasen der internationalen Beziehungen in Europa seit Ende des Zweiten Weltkriegs. Teil 1 umfaßt die Zeit des Ost-West-Konfliktes, Teil 2 behandelt neue sicherheitspolitische Problemstellungen nach seinem Ende. Inhaltlich steht dabei die NATO im Vordergrund als diejenige Organisation, die in beiden Phasen von prägendem Einfluß war.

Gliederung des Kapitels

Die Behandlung von sicherheitspolitischen Fragen im allgemeinen und der NATO im besonderen ist dabei im Rahmen dieses Buches kein reiner Selbstzweck. Vielmehr geht es, insbesondere in Teil 1 des Kapitels, auch darum, am konkreten Beispiel der sicherheitspolitischen Kooperation im Rahmen der NATO Grundprobleme zwischenstaatlicher Zusammenarbeit ganz allgemein aufzuzeigen. Die zur Erfassung und Analyse dieser Grundprobleme eingeführten Begriffe und die hierzu vorgestellten theoretischen Ansätze sind also von Bedeutung weit über den konkreten Fall der hier behandelten Kooperation im Rahmen der NATO hinaus. Auch wird die NATO hier unter dem ganz spezifischen und vielleicht überraschenden Gesichtspunkt thematisiert, daß es sich bei ihr um einen Fall komplexer, langandauernder und relativ erfolgreicher Kooperation von Staaten – den NATO-Mitgliedern – handelt. Die Besonderheit dieser Art Kooperation ist, daß sie, als Verteidigungsbündnis, unter den Bedingungen des Ost-West-Konfliktes aversiv (abwehrend) gegen eine „andere – konkret: die östliche – Seite" gerichtet war. Dies ist bei sicherheitspolitischer Kooperation häufig, wenn auch nicht zwangsläufig der Fall, gab es doch auch Ansätze von Kooperation zwischen dem westlichen und dem östlichen Bündnis,[1] und es ist in anderen

didaktisches Anliegen: Verdeutlichung ausgewählter Grundprobleme internationaler Kooperation und Erörterung methodischer Fragen anhand von Einzelstudien

---

1 Vgl. dazu unten kurz den Beginn von Kapitel 4.2.3.

Politikbereichen eher selten der Fall. Gleichwohl läßt sich am NATO-Beispiel für die internationale Kooperation ganz allgemein Wichtiges aufzeigen, so die Bedeutung der Frage der Form der Kooperation (Kap. 4.1.1) sowie die Problematik der Erzeugung von Kollektivgütern im Wege internationaler Zusammenarbeit (4.1.2). Schließlich erfolgt die Darstellung weitgehend unter Bezug auf einzelne politikwissenschaftliche Studien, was es wiederum erlaubt, am Beispiel dieser konkreten Arbeiten eine Reihe von methodischen Punkten anzusprechen.

4.1 Sicherheitspolitische Kooperation im Zeichen des Ost-West-Konflikts: das Beispiel NATO

Kennzeichen der sicherheitspolitischen Lage in Europa nach dem Ende des Zweiten Weltkriegs und bis zur „Wende" im Systemkonflikt zwischen West und Ost war die sicherheitspolitische Polarisierung zwischen den beiden „Blöcken". Bei inhaltlich unterschiedlichem Spannungsgrad zwischen beiden Seiten, mit Phasen des verschärften „Kalten Kriegs" und der Entspannung, bildeten für den Großteil dieses Zeitraums die 1949 gegründete Organisation des Nordatlantikpaktes, kurz NATO, einerseits, die 1955 gegründete und 1991 aufgelöste Warschauer Vertragsorganisation (WVO, auch als Warschauer Pakt bekannt) andererseits den organisatorischen Kern der sicherheitspolitischen Beziehungen in Europa. Merkmal beider Organisationen war die – inhaltlich durchaus unterschiedliche – zwischenstaatliche Kooperation im Innern des die jeweilige Allianz bildenden Staatenkreises *gegenüber* der jeweils anderen Seite. Als das in mehrerer Hinsicht erfolgreichere Modell einer aversiv-(abwehrend)-außengerichteten sicherheitspolitischen Kooperation in Allianzform steht dabei die NATO im Zentrum dieses Kapitels. Dem für (westliche) Politikwissenschaftler größeren Quellenzugang und Forschungsinteresse entsprechend besteht über sie auch eine größere Anzahl von Studien, von denen einige neuere hier ausgewählt wurden, um anhand des Beispiels der NATO Aspekte anzusprechen, die für die allgemeine Fragestellung nach den Bedingungen und Formen zwischenstaatlicher Kooperation von besonderem Interesse sind.

4.1.1 Multilateralismus als Organisationsform

Multilateralismus: Wortsinn

Ein erster interessanter Punkt an der NATO aus der Perspektive der Analyse zwischenstaatlicher Kooperation betrifft die gewählte Form: die des Multilateralismus. Rein vom Wortsinn her (lat. multi = viele, latus = Seite) ist damit eine vielseitige Zusammenarbeit zwischen drei und mehr Staaten gemeint im Unterschied zur bilateralen Zusammenarbeit zwischen zwei Staaten. Gerade für die Organisation der sicherheitspolitischen Beziehungen ist die bilaterale Allianz oder auch ein Bündel von bilateralen Allianzen durchaus eine denkbare Alternative.

Tatsächlich begann die Sowjetunion nach dem Ende des Zweiten Weltkriegs in ihrem Einflußbereich mit dem Aufbau eines Systems bilateraler Sicherheitsverträge, die sie zwischen 1945 und 1948 als „Verträge der Freundschaft und der gegenseitigen Hilfe" mit Polen, der Tschechoslowakei, Rumänien, Ungarn und Bulgarien in standardisierter Form jeweils bilateral abschloß. Steve Weber (1993, 235f.), dessen Analyse des Multilateralismus der NATO wir hier im wesentlichen zugrunde legen, faßt die Vor- und Nachteile dieses bilateralen Ansatzes wie folgt zusammen:

Alternative: Bilateralismus

„The organizing principle for this alliance system was ‚divide and conquer', and the purpose was to maximize Soviet influence over the subordinate states. Certainly some costs to Moscow were involved in choosing this institutional form. Stalin sacrificed some military efficiency and a good deal of legitimacy and in consequence any serious prospect that his alliance system would serve as a basis for broader cooperation among a ‚socialist community' or as a means of spreading communism throughout the world. But he was willing and able to do this to extract payment for the provision of security and to prevent the development of any East European federation that might challenge exclusive Soviet control."[2]

Wir wollen diese durchaus gehaltvolle Passage zunächst analytisch aufdröseln und sodann einen vergleichenden Blick auf die westliche Allianz werfen.

Zunächst ist anzumerken, daß Weber, ganz im Sinne des realistischen Ansatzes der Analyse internationaler Beziehungen, auch für die Alianzbegründung die Machtfrage stellt, und zwar im doppelten Sinne: in bezug auf die Verhältnisse innerhalb der Allianz(en) sowie in bezug auf den potentiellen Gegner bzw. das internationale System im allgemeinen. Für das Binnenverhältnis erklärt Weber die Wahl des Bilateralismus durch Stalin mit einer divide-et-impera-(teile-und-herrsche)-Strategie gegenüber Osteuropa: in der unmittelbaren Ausbeutung („to extract payment") dieser Staaten habe Stalin wenig Skrupel gehabt; ihren Zusammenschluß untereinander habe er vermeiden wollen. Dies entspricht zunächst den Standardannahmen eines Realismus, der Machtmaximierung als Verhaltensannahme von Staaten im internationalen System zugrundelegt. Einen ins einzelne gehenden Beleg aufgrund historischer Quellen für diese Annahme liefert Weber in seinem Beitrag nicht. Neben der prinzipiellen Frage, ob sich ein solcher in Quellen finden läßt, besteht hier noch immer (bzw., angesichts der nur kurzzeitigen Öffnung Moskauer Archive im Zeichen der „glasnost", schon wieder) ein Problem beim Zugang zu potentiellen Quellen. Der Preis, den Stalin für die Wahl der bilateral-ausbeuterischen Strategie bezahlen mußte, besteht nach Weber im Verlust der Chance einer „breiteren Kooperation" innerhalb der „sozialistischen Gemeinschaft" sowie im „Legitimitätsverlust". Auf letzteren kommen wir sogleich zurück. Betrachten wir zunächst jedoch die Außenwirkung des Bilateralismus.

analytische Gesichtspunkte:
1. Machtmaximierung im Binnenverhältnis

---

2 „Das Organisationsprinzip dieses Allianzsystems war ‚teile und herrsche', und der Zweck bestand darin, den sowjetischen Einfluß auf die untergeordneten Staaten zu maximieren. Zweifellos brachte die Wahl dieser institutionellen Form auch einige Kosten für Moskau mit sich. Stalin opferte einiges an militärischer Wirksamkeit und einen Gutteil an Legitimität und im Gefolge davon jegliche Aussicht darauf, daß dieses Allianzsystem als Grundlage einer breiteren Kooperation einer ‚sozialistischen Gemeinschaft' oder als Mittel zur weltweiten Verbreitung des Kommunismus dienen würde. Aber er war dazu willens und in der Lage, um für die Gewährung von Sicherheit diesen Ländern eine Bezahlung abzuverlangen und einen osteuropäischen Staatenbund zu verhindern, der für die ausschließliche sowjetische Kontrolle eine Herausforderung hätte darstellen können."

2. Verschenkung von Macht und Einfluß im Außenverhältnis

Im Außenverhältnis stellt Weber ein doppeltes Verschenken von Macht und Einfluß durch Stalins Wahl des Bilateralismus fest:

- In den Kategorien des klassischen Realismus opfert er dadurch militärische Stärke – Weber nimmt hier implizit an, daß aus der multilateralen Kooperation ein Kooperationsgewinn in Sachen militärischer Stärke zu ziehen ist. Als Gründe hierfür ließen sich strategisch-taktische (einheitliches Vorgehen und gemeinsame Übungen) sowie militär-ökonomische (Kostensenkung in der Beschaffung durch Standardisierung und Produktion von Rüstung in Großserien) denken.
- Ein etwas anderes Verständnis von Macht und Vorherrschaft (Hegemonie) als das klassisch realistische scheint impliziert zu sein, wenn Weber von den aufgrund des ausbeuterischen Bilateralismus gesunkenen Chancen zur internationalen Verbreitung des Kommunismus spricht. Hier resultiert also ein Verlust an internationalem ideologischem Einfluß und damit an Hegemonie in einem breiteren als dem rein realistischen, auf militärische Stärke fixierten Sinne. Zum einen werden sich die bilateral ausgebeuteten Staaten mit wenig Begeisterung an der weltweiten Propagierung dieses Modells beteiligen.[3] Zum anderen wirkt das durch diesen Bilateralismus verkörperte Modell der zwischenstaatlichen Beziehungen selbst nicht gerade attraktiv.

3. Legitimität

Dies verweist auf den wichtigen dritten Punkt bei Weber. Ausdrücklich spricht er davon, daß der von Stalin zunächst praktizierte sicherheitspolitische Bilateralismus auch einen Legitimitätsverlust mit sich gebracht habe, wie man erläuternd hinzufügen kann: im Innern wie nach außen. Wie im historischen Teil erwähnt, wurde nicht zuletzt hierauf auch im Osten 1955 mit der Institutionalisierung einer formal multilateralen Allianz, des Warschauer Pakts, reagiert. Ob dadurch die faktischen Beziehungen innerhalb der Allianz gleichgewichtiger, weniger hierarchisch geworden sind, mag man bezweifeln – im einzelnen wäre das zu untersuchen. Für die allgemeine Analyse zwischenstaatlicher Kooperation bleibt die Feststellung wichtig: Die Hervorhebung des normativ-ideellen Faktors der Legitimität sprengt das Verständnis zumindest des klassischen Machtrealismus. Ein „nicht-klassischer" Realismus könnte zwar zur Rettung die strikte Annahme, daß Staaten ausschließlich *militärische* Macht maximieren, fallen lassen bzw. dahingehend erweitern, daß die Legitimität einer Staatenbeziehung eben auch ein Machtfaktor sei. Dies räumt aber einerseits den Punkt der Realismus-Kritiker ein, daß es in den Staatenbeziehungen nicht um Macht im militärischen Sinne allein geht. Zum anderen zeigt es, daß die Vorhersage (und dementsprechend die Erklärung) von zwischenstaatlichem Verhalten doch schwieriger ist, von komplexeren Annahmen über das Verhalten der Staaten auszugehen hat.

---

[3] Darüber hinaus ist wiederum im Binnenverhältnis mit verstecktem Widerstand der Allianz-„partner", die der Zentrale als potentiell „unsichere Kantonisten" gelten, zu rechnen. In der Tat kann wohl gesagt werden, daß die sowjetischen Truppen in Osteuropa auch im Rahmen des späteren Warschauer Paktes die doppelte Funktion der Kontrolle nach innen und der Abwehr nach außen hatten, was sich am Einsatz der Truppen im Innern der Allianz zur Niederschlagung von Aufständen und Reformbestrebungen 1953 in der DDR, 1956 in Ungarn, 1968 in der Tschechoslowakei und auch noch bei „auffälligen" Truppenmanövern an der polnischen Grenze zu Beginn der Krise in diesem Staat in den frühen 1980er Jahren zeigte.

Wenn wir an dieser Stelle ein Zwischenfazit ziehen, so lautet es *nicht:* Bilateralismus ist schlecht und Multilateralismus ist gut. Beide können für die Beteiligten spezifische Vor- und Nachteile haben.[4] Im Falle von Kooperationsbeziehungen zwischen deutlich ungleichen Staaten jedoch besteht eine begründete Vermutung, daß Multilateralismus für die jeweils schwächere Seite günstiger ist. Hierfür gibt es rein machtanalytische Gründe: Bilateral sitzt ein schwacher Staat mit einem militärisch und/oder ökonomisch starken „ziemlich allein und ausgeliefert im Boot". Multilateralismus erlaubt zum einen in Grenzen Gegenmachtbildung mehrerer schwächerer Staaten. Auch kann er einseitige Abhängigkeiten mildern. So gilt etwa, um ein Beispiel aus einem ganz anderen Kooperationsbereich zu wählen, in der Entwicklungspolitik, daß im Falle bilateraler Hilfe der ökonomisch schwächere Partner (Nehmer) sehr viel leichter vom stärkeren (Geber) dahingehend zu binden ist, daß die gewährten Finanzmittel wieder zum Kauf von Waren des Geberlandes (und nicht etwa eines seiner Konkurrenten, selbst wenn dieser billiger liefern könnte!) verwendet werden. Rein machtanalytisch hat die multilaterale Organisationsform somit einen gewissen Vorteil für die schwächeren Partner.

Dieser Eindruck verstärkt sich, wenn wir von dem bisher verwendeten, rein formalen und eher blassen Multilateralismus-Begriff im Sinne bloßer Mehrseitigkeit zu einem etwas gehaltvolleren Verständnis des Begriffs übergehen.[5] In diesem gehaltvollen Sinne besteht Multilateralismus nicht einfach in der Kooperation von drei oder mehr Partnern. Hinzu kommt, daß diese Zusammenarbeit auf der Grundlage bestimmter Prinzipien erfolgt, die das Verhalten der Beteiligten bestimmen. Ein gutes Beispiel findet sich im Bereich des internationalen Handels. Im Rahmen des Regelwerks, das dem internationalen Regime in diesem Bereich zugrundeliegt, dem Allgemeinen Zoll- und Handelsabkommen (englisch GATT abgekürzt)[6], gilt zum Beispiel das zentrale Prinzip der Meistbegünstigung. Jeder Handelsvorteil, den ein teilnehmender Staat einem anderen Staat gewährt, muß er *allen* GATT-Teilnehmern gewähren. Wo solche Prinzipien verhaltensbestimmend werden, also gehaltvoller Multilateralismus stattfindet, hat dies zwei Auswirkungen: zum einen stellt sich ein gewisses Maß an Unteilbarkeit unter den Kooperationsbeteiligten ein; zum anderen ergibt sich „diffuse Reziprozität". Letzteres sei zu erst erläutert, und zwar, der Einfachheit halber, am Beispiel des Handelsregimes. Während im Falle des bilateralen Handels die Handelsbilanz in jeder Zweierbeziehung ausgeglichen sein muß, wird der Handel im multilateralen Fall dadurch erleichtert, daß ein Handelsbilanzdefizit mit dem einen Partner mit einem Überschuß mit einem anderen Partner kompensiert werden kann. Im bilateralen Fall ist die Kooperation von kurzfristigem Aufrechnungsdenken bestimmt, im multilateralen Fall wird großzügiger und langfristiger gedacht und dementsprechend gehandelt. Es entsteht so eher ein kooperationsförderlicher Gemeinschaftsgeist.

Die zweite Wirkung des gehaltvollen, also prinzipiengeleiteten Multilateralismus, die Unteilbarkeit, läßt sich sehr schön am Grundprinzip der NATO auf-

Zwischenfazit

Spezifizierung des Multilateralismus-Begriffs

NATO-Grundprinzip: unteilbare Sicherheit

---

4   Für eine kritische Sichtweise der Wirkung des Multilateralismus vgl. z.B., am Beispiel der internationalen Reaktion auf den Zusammenbruch des ehemaligen Jugoslawien, Jakobsen 1995.
5   Vgl. für diese Begriffsbestimmung den Beitrag von Ruggie 1993.
6   Zum GATT, seinen Prinzipien und der politikwissenschaftlichen Analyse des internationalen Handelsregimes vgl. List u.a. 1995, Kap. 4.3.1.2.

zeigen. Es besagt, im Wortlaut des einschlägigen Art.5 des Nordatlantikvertrags[7], „daß ein bewaffneter Angriff gegen eine oder mehrere von ihnen [den Vertragsparteien, ML] in Europa oder Nordamerika als ein Angriff gegen sie alle angesehen werden wird ...". Dies ist das Prinzip der unteilbaren Sicherheit, wobei, das ist anzumerken, diese Unteilbarkeit nicht „naturgegeben" ist, sondern normativ gesetzt. Es ist durchaus nicht faktisch so, daß ein Angriff auf, z.B., Portugal auch einen solchen auf Kanada darstellt. Aufgrund der von den NATO-Partnern anerkannten Verpflichtung durch das Prinzip der unteilbaren Sicherheit würde er aber so betrachtet – und dementsprechend gehandelt. Was aber heißt hier dementsprechend? Betrachtet man die resultierende Verpflichtung genauer, stellt man fest: Das geltende Prinzip stellt eine von den NATO-Staaten selbst gewählte Einschränkung ihrer Handlungsfreiheit dar. Wird einer von ihnen angegriffen, kann ein anderer nicht sagen: betrifft mich nicht.

Dialektik von (Selbst-) Verpflichtung und Einschränkung

Doch waren die Staaten keinesfalls bereit, sich zu einer automatischen Beistandspflicht mit militärischen Mitteln zu verpflichten. Diese Einschränkung ihrer Handlungsfreiheit wäre ihnen offenbar zu weit gegangen. Vielmehr haben sich die Vertragsparteien im erwähnten Art. 5 des NATO-Vertrags nur verpflichtet, daß „jede von ihnen unverzüglich für sich und im Zusammenwirken mit den anderen Parteien die Maßnahmen, *einschließlich* [also nicht automatisch!] der Anwendung von Waffengewalt, trifft, *die sie für erforderlich erachtet,* um die Sicherheit des nordatlantischen Gebiets wiederherzustellen und zu erhalten."[8] Bereitschaft der Staaten zur Selbstbeschränkung der Handlungsautonomie und Zögern hierbei liegen also dicht beieinander, ja bedingen sich gegenseitig: die unbedingte Verpflichtung, die das Prinzip der unteilbaren Sicherheit beinhaltet, wird nur zusammen mit der eingeschränkten Folgeverpflichtung akzeptiert. Gleichwohl ist ersichtlich, daß hiervon die kleinen Staaten besonders profitieren. Der „große Bruder" USA hätte durchaus die Option gehabt, nur selektiv bilaterale Beistandsverpflichtungen einzugehen. Tatsächlich wären auch andere spätere NATO-Staaten mit einem bilateralen Bündnis mit den USA durchaus zufrieden gewesen. Wie Weber (1993, 273, Anm. 6) schreibt: „the British and the French in particular might have been more content to the extent that bilateralism would have saved them from having to countenance and deal directly with a revitalized state and military force in Germany."[9] Es bleibt als letzte Frage dieses Abschnitts somit die nach den Gründen für den Multilateralismus der NATO.

Warum Multilateralismus?

Eine Reihe von Gründen lassen sich, zum Teil Weber folgend, für die Wahl der multilateralen Organisationsform der NATO anführen. Da auch im entstehenden westlichen Bündnis die eigentliche Wahl zwischen Bi- oder Multilateralismus vom stärksten Partner, den USA, abhing, gegen deren Willen keine der beiden Optionen funktionierte, waren die Verhältnisse und die Sichtweise in diesem Land für die Wahl des Multilateralismus ausschlaggebend. Drei Faktoren seien genannt:

---

7   Der Vertragstext ist z.B. abgedruckt als Dokument Nr. 5 in Randelzhofer 1991.
8   Einschübe und Hervorhebungen von mir. Die Einschränkung auf das „nordatlantische Gebiet" verweist bereits auf die später mehrfach akute Problematik des Einsatzes von Streitkräften der NATO-Mitglieder außerhalb des (NATO-)Gebiets, also der sog. „out-of-area"-Einsätze.
9   „Die Briten und die Franzosen insbesondere wären womöglich glücklicher gewesen, insofern Bilateralismus es ihnen erspart hätte, sich mit einem erneuerten Staat und militärischer Macht in Deutschland abzufinden und damit direkt umzugehen."

- Relativ früh wurde den außenpolitischen Eliten der USA klar, daß Roosevelts Vorstellung einer Kooperation mit der Sowjetunion über das Ende des Zweiten Weltkriegs hinaus nicht wahrscheinlich war; ja, darüber hinaus waren Teile dieser Eliten daran gar nicht interessiert. Die sich abzeichnende Konfrontation mit der Militärmacht Sowjetunion ganz allein aufzunehmen, schien aus US-Sicht jedoch in mehrfacher Hinsicht unsinnig und unmöglich: geographisch waren die USA im Vergleich zur Sowjetunion zu weit weg; innenpolitisch mußten die US-Regierungen mit wachsendem Widerstand gegen ein dauerndes größeres eigenes Engagement in Europa rechnen. Schon deshalb mußte den USA an der Stärkung der westeuropäischen Wirtschafts- und Verteidigungskraft gelegen sein. *(Begrenzung des US-Engagements in Europa)*
- Die Stärkung Westeuropas setzte aber aus US-Sicht multilaterale Kooperation, zunächst der Westeuropäer untereinander, dann auch mit den USA, voraus. Ökonomisch zeigte sich dies bereits 1948 im Beharren der USA auf der Gründung der OEEC als multilaterales Forum zur Abwicklung der Marshall-Plan-Hilfe sowie später in der Unterstützung des westeuropäischen Integrationsprozesses im Rahmen von EGKS und EWG. Militärisch sahen die USA früher als die Briten und insbesondere die Franzosen eine Notwendigkeit für einen auch militärischen Verteidigungsbeitrag Westdeutschlands. Ein multilateraler Rahmen schien geeigneter, dies akzeptabel zu machen, und nach dem Scheitern der EVG kam der NATO diese Funktion zu. *(Stärkung Westeuropas durch multilaterale Kooperation)*
- Schließlich diente der wirtschaftliche und militärische Aufbau Westeuropas, getragen auch aus den die Kooperationskosten übersteigenden Kooperationsgewinnen, dazu, im Streit der Ideologien zwischen Ost und West das attraktivere, international vorzeigbarere Modell zu verwirklichen. Ideell unterstützt wurde dies durch das Verbundenheitsgefühl der US-Eliten, aber auch breiter Bevölkerungsschichten, nicht nur mit den „angelsächsischen Vettern" in Großbritannien, sondern auch mit den übrigen westlichen Demokratien in Westeuropa. Eine bilateral-ausbeuterische Unterjochung kam hier ideell kaum in Frage, sie war aber auch nicht nötig. Insofern waren die USA zu einer Politik der wohlmeinenden Hegemonie in der Lage, aber auch daran interessiert. Diese Politik mußte nicht auf kurzfristige bilaterale Anbindung zurückgreifen, sondern konnte, durchaus im wohlverstandenen langfristigen Eigeninteresse der USA, eine multilaterale, prinzipiengebundene Politik verfolgen, auch im Sicherheitsbereich. Im Ergebnis wird man dieser Politik durchaus Erfolg bescheinigen können, insbesondere im Vergleich zur östlichen Allianz. Um es überspitzt zu formulieren: Die von der Sowjetunion verfolgte Politik eines klassischen, aber kurzfristigen Machtrealismus, ob zunächst in bi- oder später in multilateraler Form, erwies sich gegenüber der Strategie der wohlmeinenden Hegemonie im Sinne der Verfolgung des langfristigen Eigeninteresses der USA als unterlegen. Diese, und mit ihnen die westeuropäischen Staaten, profitierten von der multilateral-kooperativ erzeugten Sicherheit lange genug, um ihren nicht-militärischen Vorsprung in der Systemkonkurrenz zum Tragen kommen zu lassen. *(ideelle Faktoren und „wohlmeinende Hegemonie")*

4.1.2 Die Produktion öffentlicher Güter: Lastenteilung und Arbeitsteilung in der Allianz

„umgekehrte Ausbeutung" und das Problem des „burden sharing"

Bei der Besprechung des Multilateralismus als Form der Sicherheitskooperation im Rahmen der NATO wurde angemerkt, daß bei der Zusammenarbeit zwischen ungleichen Partnern die Schwächeren durch den Multilateralismus begünstigt werden, zumal im Falle des prinzipiengebundenen Multilateralismus. Ja darüber hinaus war davon die Rede, daß diese Kooperationsform in Grenzen sogar Gegenmachtbildung der Schwächeren zulasse. Es wurde dann eine Erklärung versucht, warum der „Stärkste im Bunde", die USA, gleichwohl diese Form befürwortet haben. Zugleich sind damit jedoch auch potentielle Probleme für die Kooperation im Rahmen der nordatlantischen Allianz benannt, die sehr schnell aktuell werden sollten. Es kam die These auf und wurde in der US-amerikanischen Innenpolitik immer wieder vertreten, daß im Rahmen der NATO eigentlich die kleineren Partner über Gebühr profitierten, da sie eine kleinere Rüstungslast trügen, als im Falle der individuellen Verteidigung für sie nötig wäre, und dennoch von der Sicherheit profitierten, die die Allianz biete. Politisch ist dieser „Dauerbrenner" der Allianzbeziehungen, die These von der „Ausbeutung des Großen durch die Kleinen", als der Streit um die Lastenteilung, das „burden sharing", innerhalb der Allianz bekannt.

die Theorie öffentlicher Güter

Wissenschaftlich-theoretisch ausgearbeitet wurde diese These zuerst von Mancur Olson und Richard Zeckhauser (1966). In ihrem Artikel griffen sie auf die allgemeine Theorie der Produktion öffentlicher Güter zurück, die Olson im Jahr zuvor in Buchform entwickelt hatte[10] Um sie zu verstehen, ist zunächst der Begriff des öffentlichen Gutes (public good; im Deutschen auch als „Kollektivgut" bezeichnet) zu klären. Man versteht darunter ein Gut, also im Sinne der Ökonomie etwas, das gewünscht wird, das zwei Eigenschaften aufweist: Nicht-Rivalität beim Konsum und Nicht-Ausschließbarkeit. Ersteres meint, daß der Genuß des Gutes durch einen den des Genusses durch einen andern weder ausschließt noch mindert. Ein bekanntes (und vielleicht etwas besitzindividualistisches) Kinderlied beginnt mit der Strophe: „Was nützet mir ein schöner Garten, wenn andre Leute drin spazieren gehen?" Dies ist das Gegenteil von Nicht-Rivalität: Die Nutzung des Gartens durch andere beeinträchtigt die eigene Nutzung. Das muß freilich nicht so sein. Vielleicht gehen die anderen Leute ja nur vorbei, trampeln also das Gras nicht nieder und erfreuen sich nur des Anblicks. Dabei wird dem Gartenbesitzer wohl nichts abgehen, und die Schönheit seines Gartens, an der sich alle erfreuen können, ist dann ein öffentliches Gut. Jedenfalls dann, wenn niemand (z.B. durch Bau eines Zauns oder eine hohe Hecke) vom Genuß ausgeschlossen werden kann. Das wäre dann die Nicht-Ausschließbarkeit. Das simple Beispiel zeigt bereits, daß die Frage, inwiefern ein Gut ein öffentliches ist, durchaus von den Umständen abhängen kann und daß ein Gut eventuell das Charakteristikum „Öffentlichkeit" eher zu einem gewissen Grade denn vollständig aufweist.

---

10 Olson 1965. Das Buch und die in ihm entwickelte Theorie über die „Logik kollektiven Handelns" wurde zu einem Klassiker der modernen Sozialwissenschaft. Die Frage, wie das von Olson in knapper, aber formal schlüssiger Form formulierte Problem jeweils zu überwinden ist bzw. ob es sich jeweils überhaupt so stellt, erwies sich als ausgesprochen anregend für zahlreiche Analysen, insbesondere im Bereich der Organisierung von Interessen.

Der Gedanke, der aus der Definition des Begriffs „Kollektivgut" nun eine Theorie des kollektiven Handelns macht, ist folgender: Wenn das kollektive Handeln der Erzeugung eines öffentlichen Gutes dient, also von etwas, von dessen Nutzung niemand ausgeschlossen werden kann, dann gibt es in großen Gruppen einen starken Anreiz für Egoisten, sich an der Produktion nicht, wohl aber an der Nutzung zu beteiligen (zu „schmarotzen"). Dadurch spart der Egoist die Kosten seines Beitrags, während er – definitionsgemäß – vom Nutzen des (von den anderen) erzeugten Kollektivgutes profitiert. Da aber die anderen, jeder für sich, erstens dasselbe denken können und, zweitens, vielleicht keine Lust haben, sich vom Egoisten ausnutzen zu lassen, sinkt ihr Anreiz, ihrerseits einen Beitrag zur Erzeugung des Kollektivgutes zu leisten. Es besteht daher eine Tendenz dahingehend, daß von Kollektivgütern zu wenig produziert wird. Olson schlug mehrere Auswege aus dieser „Unterproduktionskrise" vor: in kleinen Gruppen kann der Gruppendruck ein „Trittbrettfahren" – das free riding, wie es angelsächsisch heißt – verhindern; in großen Gruppen kann versucht werden, denjenigen, die sich an der Produktion (und nicht nur am Konsum) des Kollektivgutes beteiligen, ein zusätzliches, privates Gut zukommen zu lassen, einen sog. selektiven Anreiz (selektiv, weil nur den Produzenten zukommend; ein Beispiel ist eine Vereinszeitschrift, die nur Mitgliedern zugeht); schließlich kann ein dominanter Akteur, ein Hegemon, einerseits einen überdurchschnittlichen Produktionskostenanteil übernehmen, andererseits die übrigen Teilnehmer zur „Beitragsleistung" anhalten.

das Problem bei der Produktion öffentlicher Güter

Damit sind wir genau wieder beim Streit über das „burden sharing". Seine Einforderung wird als Strategie des Hegemons (USA) bei der Produktion des Kollektivgutes Sicherheit im Rahmen der NATO deutlich. Alle Mitglieder profitieren von der Sicherheitsleistung der Allianz, aber einige, so der Vorwurf, geben zu wenig für Verteidigung aus. Dies war, wissenschaftlich-theoretisch eingekleidet, auch die These, die Olson und Zeckhauser vertraten. Sie lieferten dafür eine stichhaltige wissenschaftliche Erklärung. Bevor wir uns den Einwänden gegen diese These zuwenden, die Mark A. Boyer jüngst erhoben hat, sei hier noch auf eines hingewiesen: Zwar zeigt sich auch an diesem Beispiel wieder einmal der enge Zusammenhang zwischen politik- oder sozialwissenschaftlicher Theoriebildung und der Realität politischer und sozialer Konflikte (hier: innerhalb der nordatlantischen Allianz). Wir wollen hier jedoch betonen, daß sowohl die in der Olson/Zeckhauser-These enthaltenen Überlegungen als auch die in Boyers Gegenthesen enthaltenen Überlegungen von großem Interesse für die Analyse internationaler Kooperation im allgemeinen wie für die im Sicherheitsbereich im besonderen sind. Es geht hier also nicht um eine (nachträgliche) Stellungnahme in einem politischen Streit in der Allianz, sondern um die Gewinnung von Erkenntnissen über die Bedingungen internationaler Kooperation.

Anwendung auf die Sicherheitspolitik

In seiner knappen, aber hoch interessanten Studie erhebt Mark A. Boyer (1993) fünf Einwände gegen die These von Olson/Zeckhauser und entwickelt darüber hinaus den Gedanken der internationalen politischen Arbeitsteilung, den wir abschließend besprechen werden. Zunächst die Einwände[11]:

fünf Einwände

---

11 Die Einwände, die hier nur aufgelistet und kurz erläutert werden, sind von unterschiedlichem Gewicht und setzen auf unterschiedlichen Ebenen an. Das wird hier nicht im einzelnen ausgeführt. Sie könnten jedoch versuchen, dies durch eigenes Nachdenken herauszufinden.

1. Die Verteidigungsleistung der Allianz ist *kein* reines öffentliches Gut. Vielmehr ziehen die NATO-Mitglieder aus ihren Verteidigungsbeiträgen auch je eigenen, privaten Nutzen: Waffen, die für NATO-Zwecke beschafft werden, können auch für andere Zwecke, etwa gegen Aufständische im eigenen Land, eingesetzt werden (man denke an die Bekämpfung der Kurden in der Türkei); der Aufbau großer Verteidigungsindustrien für NATO-Zwecke erlaubt auch Exportgeschäfte mit Nicht-NATO-Staaten; usw.
2. Allianzen erzeugen nicht nur *ein* öffentliches Gut. Vielmehr, das gilt gerade für die NATO, ergibt sich im Kreise der Beteiligten ein allgemeines Kooperationsklima, das auch zu Zusammenarbeit auf wirtschaftlichem, technologischem oder gar Umweltschutzgebiet führt. Auch hierbei entstehen Güter, deren – privater wie öffentlicher – Nutzen womöglich weniger einseitig verteilt ist, als es Olson/Zeckhauser nahelegen.
3. Die „Sicherheitsproduktion" erfolgt nicht in allen Staaten mit gleicher Effizienz. Durch Spezialisierung lassen sich z.B. bei der Rüstungsproduktion Gewinne (Kosteneinsparungen) durch Großserienproduktion erlangen. Gerade die US-Rüstungswirtschaft hat dadurch viel profitiert, indem sie Kunden in den NATO-Partnerstaaten gefunden hat.
4. Die Kosten der Sicherheitsproduktion im Rahmen der Allianz sind nicht nur ökonomische. Vielmehr gibt es auch politische Kosten von allianzpolitischen Beschlüssen. Helmut Schmidt hat diese Kosten z.B. zweimal erfahren müssen, sowohl, als Präsident Carter den geplanten Bau der „Neutronenbombe" 1978 einseitig abbließ, gerade als Schmidt sich, gegen parteiinterne Kritiker, dazu durchgerungen hatte, ihre Stationierung mitzutragen, als auch, im Vorfeld seines Sturzes, als er zu Beginn der 1980er Jahre die Durchführung des von ihm mitinitiierten NATO-Doppelbeschlusses[12] befürwortete, während ihm seine Partei hierfür mehrheitlich die Gefolgschaft aufkündigte.
5. Entgegen der Annahmen von Olson/Zeckhauser erfolgen Rüstungsbeiträge der Allianzpartner nicht ohne vorherige Konsultation. Vielmehr wird durch zum Teil aufwendige Konsultation zumindest versucht, die Beiträge zu koordinieren und auch, und sei es durch wechselseitige Vorhaltungen, auszubalancieren. Dies zeigt übrigens auch, daß es selbst innerhalb der NATO die oben dem Multilateralismus zugebilligte großzügig-langfristige Denkweise nicht immer leicht hat, sich gegenüber dem dem Bilateralismus angekreideten kurzfristigen Aufrechnungsdenken durchzusetzen.

politische Arbeitsteilung

Aus der Kombination des zweiten und des dritten Einwands läßt sich Boyers weitergehende These entwickeln: Wenn es in einer Allianz wie der NATO um

---

12 Der am 12.12.1979 von den Außen- und Verteidigungsministern der NATO gefaßte Doppelbeschluß sah vor, daß ab 1983 neue, treffgenaue Raketen in Westeuropa eingeführt werden sollten, wenn zuvor nicht Verhandlungen mit Moskau den Abbau der sowjetischen Mittelstreckenraketen, vor allem der neuen SS-20, erbrachten. Die Innovation des Beschlusses lag in der bedingten Vorankündigung eines Rüstungsschrittes mit der Option der Nicht-Umsetzung. Das Problem des Beschlusses bestand darin, wie ernst diese Option innerhalb des Bündnisses von allen Beteiligten verfolgt wurde sowie darin, daß Moskau nicht geneigt war, „etwas (SS-20) für nichts (Ausbleiben der Nachrüstung, also von Waffen, die noch nicht vorhanden waren)" einzutauschen, und darüber hinaus der Versuchung nicht widerstehen konnte, die NATO-Allianz über den Nachrüstungsteil des Beschlusses „auseinander zu dividieren". Die Nachrüstung erfolgte schließlich unter Schmidts Nachfolger H. Kohl.

mehr geht als um Sicherheitsproduktion allein mit militärischen Mitteln – und in ihrem berühmten Harmel-Bericht, in dem sie sich zur Entspannungspolitik bekannte, stellte die Allianz dies selbst fest[13] – und wenn es spezifische „Produktionsvorteile" bestimmter Länder für militärische oder nicht-militärische Beiträge zur Sicherheit der Allianz gibt, so läßt sich dies im Sinne einer politischen Arbeitsteilung innerhalb der Allianz nutzbar machen. Boyer (1993, 44ff.) spricht insofern von „politischen komparativen Vorteilen" und „vieldimensionaler Lastenteilung" und versucht zu zeigen, wie diese empirisch für die NATO-Staaten ausgesehen haben, indem er auch die Entwicklungshilfeleistungen der NATO-Staaten sowie ihren Beitrag zur Aufrechterhaltung einer liberalen Handelsordnung in Rechnung zu stellen versucht. Hierauf sowie auf die dabei auftretenden methodischen Schwierigkeiten, eher immaterielle Beiträge zur Kollektivgutererzeugung zu messen, wollen wir hier nicht eingehen. Statt dessen wollen wir im Bereich der Sicherheitspolitik verbleiben und den Gedanken der politischen Arbeitsteilung hierbei noch weiter verfolgen.

Boyer (1993, 45) stellt selbst fest: „Such concepts as political comparative advantage and multidimensional burden sharing spring from a divergence of national priorities and objectives."[14] M.a.W.: die politische Arbeitsteilung erscheint zunächst nicht als geplant, sondern sie resultiert aus unterschiedlichen Zielen und Interessen der Allianzpartner. An dieser Stelle wird vielleicht die Assoziation eines Problems geweckt, das sich in der Nach-Ost-West-Konflikt-Zeit im Zusammenhang mit dem Golfkrieg ergab. Hier wurde gegenüber der Bundesrepublik der Vorwurf laut, sie betreibe „Scheckbuchdiplomatie". Während andere Staaten Soldaten einsetzten, beteilige sich Deutschland nur mit Geld. Wiederum geht es hier nicht um die Sinnhaftigkeit dieses Vorwurfs (und auch die Tatsache, daß er auf eine „out-of-area"-Aktion zielt, ist im gegenwärtigen Zusammenhang unerheblich). Faktisch bestand hier eine Arbeitsteilung, und der wichtige Punkt ist: Sie war in dieser Form durchaus umstritten. Dasselbe läßt sich auch für Begebenheiten aus der Zeit des Ost-West-Konfliktes zeigen. Als Ende der 1970er/Anfang der 1980er Jahre die Beziehungen zwischen den beiden Supermächten zeitweise wieder den Charakter eines (zweiten) kalten Krieges anzunehmen drohten, waren es die West- und Osteuropäer, und insbesondere die West- und Ostdeutschen, die das „zarte Pflänzchen der Entspannungspolitik" retten wollten. Auch diese Rollenverteilung führte zu Divergenzen in der westlichen Allianz. Dabei ließe sich durchaus darüber spekulieren, ob diese Arbeitsteilung durch Rollenverteilung nicht funktional war.[15] Die These wäre, daß sie gegenüber Moskau etwa so wirkte, wie die Rollenverteilung zwischen dem „good cop" und dem „bad cop", dem guten, freundlichen und dem harten, unfreundlichen Polizisten in amerikanischen Kriminalfilmen. Die Funktionalität hätte darin bestanden, Moskau gleichzeitig signalisieren zu können, daß sein Verhalten (etwa der Einmarsch in Afghanistan) vom Westen als unakzeptabel angesehen wurde und

geplant oder nur faktisches Ergebnis?

---

13 Zum Harmel-Bericht vgl. oben Kap. 1, Anm. 42 und den zugehörigen Text.
14 „Solche Begriffe wie politischer komparativer Vorteil und multidimensionale Lastenteilung resultieren aus einer Divergenz der nationalen Prioritäten und Ziele."
15 In ähnlichem Sinne spricht Hacke (1997, 382f.) von „konstruktiver Rivalität" in den transatlantischen Beziehungen; vgl. zur transatlantischen Kooperation unter Demokratien auch die fallstudiengestützte Arbeit von Risse-Kappen 1995.

daß – dennoch – die Entspannung nicht völlig begraben werden soll. Auch hier zeigen die wechselseitigen transatlantischen Vorwürfe innerhalb der NATO, etwa der des durchaus abwertend gemeinten „Genscherismus", daß die Rollenverteilung innerhalb der NATO nicht wirklich konsensual verabschiedet worden ist. Nicht nur die Lastenverteilung, auch die – als Gedanke durchaus raffinierte – politische Arbeitsteilung werfen somit stets Probleme für den Zusammenhalt und das Funktionieren einer Allianz wie der NATO auf. Konsultationsprozesse zur Abstimmung, solange ein ausreichendes Interesse an der Aufrechterhaltung des Kooperationsverbundes bestehen bleibt, sind hier das einzig wirksame Gegenmittel, auch wenn sie die Probleme nie ganz beseitigen können werden. Dies zeigt auch ein Blick auf die rekonstruierte Geschichte der NATO-Kooperation, den wir zum Abschluß dieses Teils des Kapitels werfen wollen.

4.1.3 Die Kooperationsgeschichte der Allianz und ein (Muster-) Beispiel für hypothesentestende Politikwissenschaft

„Lob des Hypothesentests" und Gliederung des Abschnitts

Der Titel dieses Abschnitts verspricht zwangsläufig zu viel. Weder kann hier, auch nur skizzenhaft, die Kooperationsgeschichte der NATO nacherzählt werden[16], noch kann die zugrundeliegende mustergültige Arbeit von Fred Chernoff (1995) in allen Details besprochen werden. Da es sich bei ihr um ein gelungenes Beispiel für eine hypothesentestende Arbeit handelt, sollen vielmehr die *vier Standardschritte,* die eine solche Arbeit ausmachen, zur Gliederung dieses Abschnitts dienen. Bereits diese Gliederung sagt also etwas über das methodische Vorgehen bei solchen Arbeiten aus. Hypothesentestende Arbeiten werden hier herausgehoben, nicht weil sie in der Politikwissenschaft „allein seligmachend" wären; sie stellen jedoch gleichsam das obere Ende politikwissenschaftlicher Forschung dar, soweit es ihr um verallgemeinerbare Aussagen über Zusammenhänge in der politischen Realität geht.

Was heißt „mustergültig"?

Die Studie von Chernoff wird hier als mustergültig im methodischen Sinne vorgestellt. Das heißt, daß sie die methodischen Schritte bis in die – hier allerdings aus Platzgründen nicht alle darstellbaren – Einzelheiten hinein sorgfältig erwägt und ausführt. Das bedeutet natürlich nicht, daß ihre Ergebnisse nicht kritisiert werden könnten. Die Ergebnisse dieser Studie sind ebensowenig wie die irgendeiner anderen (politik-)wissenschaftlichen Arbeit in einem absoluten Sinne wahr und deshalb unanfechtbar. Wahrheit ist für wissenschaftliche Arbeiten eine regulative Idee, ein Leitziel, ohne daß je Gewißheit darüber erlangt werden könnte, ob bzw. wieweit sie erreicht wird. Gerade deshalb ist Chernoffs Arbeit, um es nur scheinbar paradox zu formulieren, mustergültig, *weil* kritisier*bar.* Indem er seine einzelnen methodischen Schritte offenlegt, macht er sie deutlich sicht- und damit leichter kritisierbar. Wie bei einem Fachwerkhaus, dessen tragende Balken offen zutage liegen und deren Tragfähigkeit daher leicht einzuschätzen ist, zeichnet sich eine methodenbewußte Arbeit dadurch aus, daß ihre

---

16 Zwei gute Darstellungen der Entwicklung der Allianz sind die bis in die frühen 1980er Jahre reichenden von Park 1986 sowie die auch noch die frühen 1990er erfassende von Kaplan 1994.

Vorgehensweise transparent ist, also offen zutage und – um im Bild zu bleiben – nicht „unter Verputz" liegt. Die Tragfähigkeit ihrer Argumentation wird dadurch, ebenso wie durch klare Sprache, leichter überprüfbar. Dabei ist jedoch, letzter Punkt, das Vortragen methodischer Überlegungen auch kein Selbstzweck („Vorturnen"), sondern steht in angemessem Verhältnis zum Gehalt der Arbeit, der aber eben deshalb u.a. methodenkritisch eingeschätzt werden kann. Und damit zu den vier angekündigten Hauptschritten von Chernoffs hypothesentestender Arbeit.

1. Schritt: Ableitung der zu testenden Hypothesen — 4 Hypothesen

Aus drei Theorien bzw. Theorietraditionen leitet Chernoff (27ff.) vier zu testende Hypothesen ab: — realistische Hypothesen

- aus der realistischen Tradition:
  R1: In dem Maße, wie die Bipolarität abnimmt, werden die Alliierten ihrem jeweils dominanten Alliierten weniger folgen, wird die Kooperation also abnehmen.
  Erläuterung: Es handelt sich um eine machtrealistische Erwartung über die Auswirkung abnehmender Bipolarität, also der Tatsache, daß im internationalen System die beiden Machtzentren Moskau und Washington immer weniger dominant sind.
  R2: Eine merklich abgesenkte wahrgenommene Bedrohung mindert die Funktionsfähigkeit der Allianz und damit das Ausmaß an Kooperation.
  Erläuterung: Ausgangs des vorangehenden Abschnitts war davon die Rede, daß Allianzen sich auf ein ausreichendes Interesse an Kooperation unter den Beteiligten stützen. Aus bedrohungsrealistischer Sicht resultiert dieses Interesse eben aus der externen Bedrohung. Nimmt diese ab, wird eine Abnahme an Kooperation erwartet bis hin zum Zerfall der Allianz.
- aus der neoliberal-institutionalistischen Tradition: — institutionalistische Hypothese
  L1: Regime mit mehr Konsultation zwischen den Teilnehmern erreichen mehr Kooperation.
  Erläuterung: Die Überprüfung dieser Hypothese würde eigentlich einen Vergleich zwischen mehreren Regimen erforderlich machen. Chernoff betrachtet jedoch nur einen Fall: die NATO. Er testet daher statt dessen eine abgewandelte Hypothese:
  L2: Eine Entscheidung in der Allianz führt zu mehr Kooperation, wenn ihr ein größeres Ausmaß an hochrangiger Konsultation und Information vorausgegangen ist.
- aus einer Theorietradition, die sich unter Verwendung von Begriffen aus der Lehre über die Steuerung technischer Systeme, der Kybernetik, mit politischer Steuerung beschäftigt und die sich mit Namen wie Karl Deutsch (1973) und John D. Steinbruner (1974) verbindet, leitet Chernoff eine kybernetische These ab: — kybernetische Hypothese
  C1: Kooperation ist wahrscheinlicher, wenn die an der Entscheidung beteiligten Regierungen vorausgegangene Erfahrung im Umgang mit ähnlichen Fragen haben.
  Erläuterung: Da in Regierungen konkrete Personen handeln, unterstützt ihre wechselseitige Vertrautheit und ihre Erfahrung im Umgang mit gemeinsamen Entscheidungen spätere Entscheidungsfindungsprozesse.

2. Schritt: Spezifizierung und Operationalisierung der Variablen

abhängige und unabhängige Variablen

In den Hypothesen sind einerseits erklärende Faktoren enthalten (etwa: Niveau der wahrgenommenen Bedrohung; Tiefe und Breite der Kommunikation; (Vor-) Erfahrung der politischen Führer usw.), andererseits soll das Ausmaß an Kooperation erklärt werden. Die erklärenden Faktoren nennt man auch unabhängige Variablen, den zu erklärenden Faktor abhängige Variable. Variable – im Gegensatz zu Konstante – meint dabei eine Größe, die sich im Beobachtungszeitraum, hier also zwischen der NATO-Gründung 1949 und den frühen 1990er Jahren, *verändert* hat. Da ein – variables – Ausmaß an Kooperation erklärt werden soll, kommen als erklärende Faktoren auch nur Variablen, nicht Konstanten in Frage. Konstant war z.B. der organisatorisch-institutionelle Rahmen NATO, weshalb Chernoff statt L1 die Hypothese L2 formulieren mußte, um insofern Variation erfassen zu können. Insgesamt definiert er acht unabhängige Variablen, für die im einzelnen festgelegt wird, wie sie „gemessen" werden sollen – die sog. Operationalisierung der Variablen. Dies kann hier jedoch nicht im einzeln erläutert werden.

Spezifizierung der abhängigen Variablen

Statt dessen soll etwas darauf eingegangen werden, daß auch die abhängige Variable spezifiziert, „aufgedröselt", und operationalisiert wird. Dies kann zugleich dazu dienen, den bisher in diesem Buch verwendeten, recht unspezifischen Kooperationsbegriff zu schärfen. Bei der Erforschung von Kooperation(sbedingungen) nur feststellen zu können: ja, sie liegt vor, oder nein, sie liegt nicht vor, wäre eine eher grobe Unterteilung oder, wie man auch sagt: die Messung der abhängigen Variable wäre wenig genau. Chernoff spezifiziert daher in einem Dreischritt die abhängige Variable, macht sie durch einzelne Elemente komplexer und die Messung damit genauer. Die drei Elemente, also die drei spezifizierten abhängigen Variablen, und ihre Merkmalsausprägungen sind:

- Einverständnis (accord), mit den drei Merkmalsausprägungen: „Einverständnis" gilt als „hoch", wenn niemand dem Beschluß widerspricht; verweigern einige Alliierte die Teilnahme an der Umsetzung, gilt es als „mittel"; kommt aufgrund der Uneinigkeit keine Entscheidung zustande, ist es „niedrig".
- Zusammenhalt (cohesion), mit ebenfalls drei Ausprägungen: er liegt vor, wenn, erstens, Einverständnis gegeben ist und, zweitens, relativ hohe Zufriedenheit auf seiten der ursprünglichen Gegner eines Beschlusses besteht. Ob dies der Fall war, muß natürlich *eingeschätzt* werden. Zur Begründung dieser und der für die übrigen Variablen erforderlichen Einschätzungen referiert Chernoff 21 kurze Fall-Geschichten über wichtige NATO-Entscheidungen – siehe unten Punkt 3!
- Kooperation (cooperation) die dann vorliegt, wenn erstens Zusammenhalt (und damit also Einverständnis) gegeben ist und zweitens in der zu beschließenden Sache einerseits ursprünglich Uneinigkeit herrschte, andererseits die Sache selbst aber als wichtig angesehen wurde. Diese Spezifizierung legt „die Latte hoch" für das Feststellen von „Kooperation": in simplen Fällen, in denen entweder von Beginn an alle einig waren oder die Sache den Beteiligten nicht wirklich wichtig war, soll nicht im gehaltvollen Sinne von Kooperation gesprochen werden.

3. Schritt: Präsentation der Empirie

Im dritten Schritt wird nun „der Realität zu Leibe gerückt". Chernoff rekonstruiert die Umstände und Ergebnisse von 21 Entscheidungsprozessen, die die NATO-Geschichte geprägt haben. Dies ist, wie man sagt, seine Empirie (im Unterschied zu den Hypothesen, die zum Bereich der Theorie gehören), also das „erfahrungswissenschaftliche" Material, das er dem Hypothesentest zugrundelegt. Natürlich können wir hier schon aus Platzgründen diese 21 Fälle nicht, auch nicht als „Ultra-Kurzgeschichten", nacherzählen. In ihnen besteht zwar ein Reiz von Chernoffs Arbeit – aber es soll ja auch ein Anreiz bleiben, diese selbst zur Hand zu nehmen. Da Chernoff Fälle aus vier Entscheidungs*bereichen* wählt, seien zumindest diese angegeben und jeweils mit einem Beispiel illustriert:

— zu den *Entscheidungen über die Stationierung von Waffensystemen* gehört etwa die über die bereits erwähnte „Neutronenbombe" und der ebenfalls erwähnte Doppelbeschluß;
— zu den *Entscheidungen über Rüstungskontrolle* gehörte z.B. die über den Vertrag über die Nichtweiterverbreitung von Atomwaffen, näherhin über die in ihm enthaltenen Bestimmungen im Hinblick auf den Technologietransfer;
— zu den *Entscheidungen über Einsätze außerhalb des NATO-Gebiets* gehören etwa die über die Bedingungen der Unterstützung Israels im Yom-Kippur-Krieg 1973;
— zu den *Entscheidungen über Militärdoktrinen und Konsultationsprozesse* gehört beispielsweise der 1966 erfolgte Beschluß zur Annahme der Doktrin der flexiblen Antwort. Durch sie rückte die NATO von der vorangegangenen Doktrin der massiven Vergeltung eines östlichen Angriffs ab zugunsten einer „abgestuften Reaktion", freilich immer noch unter Einsatz auch von – allerdings zunächst taktischen – Atomwaffen.

Für alle 21 Fälle nimmt Chernoff jeweils eine Einschätzung bezüglich der Ausprägung der unabhängigen und abhängigen Variablen vor.

4. Schritt: Hypothesentest und Auswertung

Der Vergleich des gemäß den Hypothesen zu Erwartenden mit dem tatsächlichen, d.h. von Chernoff aufgrund von Interviews und vorhandenen Studien *rekonstruierten* Verlauf der 21 Entscheidungsprozesse ergibt folgendes:

— Hypothese R1 bestätigt sich nicht: tatsächlich nahm das Ausmaß an NATO-interner Kooperation in der Phase mit verminderter US-Dominanz innerhalb der Allianz (also der ansatzweisen Herausbildung eines westeuropäischen Machtpols und daher zugleich verminderter Bipolarität des internationalen Systems insgesamt) sogar zu;
— auch Hypothese R2 erfährt keine Bestätigung: in 12 der 21 Fälle weist die Variable „Einverständnis" (accord) eine stärkere Ausprägung aus als das Ausmaß der Bedrohung, es ist mit dieser allein also kaum zu erklären;
— bei der Überprüfung von Hypothese L2 erweist sich die Tiefe, also die Ausführlichkeit, der Kommunikation als ein stärkerer Erklärungsfaktor für das Ausmaß an Zufriedenheit mit der Entscheidung und damit auch das Ausmaß an Kooperation als die bloße Breite, die Zahl der beteiligten Staaten;

— im Hinblick auf C1 schließlich ergibt sich, daß „Erfahrung der Führer" und „Tiefe der Kommunikation" tatsächlich in 12 von 21 Fällen positiv miteinander zusammenhängen (korrelieren), was wiederum die Kooperation begünstigt.

Ergebnisse Keine der Hypothesen allein kann also das Kooperations-Ergebnis in den 21 Fällen erklären. Das ist zunächst noch nicht verwunderlich, da für solch komplexe Phänomene wohl kaum nur ein Faktor verantwortlich ist. Interessanter ist bereits, daß die realistischen Hypothesen am schlechtesten abschneiden. Insbesondere ist die äußere Bedrohung offenbar weder eine hinreichende noch eine notwendige Bedingung für das Funktionieren der Allianz. Chernoff zieht hieraus den Schluß, daß die NATO (oder eine ihr vergleichbare Allianz) auch in der Zeit nach Ende des Ost-West-Konfliktes „überleben" kann.[17] Zugleich bestätigen seine Ergebnisse unsere Schlußfolgerung am Ende des vorausgehenden Abschnitts, daß nämlich die Konsultations- und Kommunikationsprozesse für das Ausmaß der Kooperation mitentscheidend sind.

eine komplexere Theorie Schließlich unternimmt es Chernoff, was aber hier aus Platzgründen nicht mehr ausgeführt werden kann, zu zeigen, daß eine Theorie, die auf unterschiedliche Kombinationen seiner unabhängigen Variablen zurückgreift, gegenüber den drei ursprünglichen Theorien (Realismus, Institutionalismus, kybernetische Theorie) erheblich besser die festgestellte Kooperation erklären kann. Kürzen wir das Vorliegen einer Variable bzw. ihre Ausprägung „hoch" mit einem Großbuchstaben ab und verwenden wir die Kürzel B = Bedrohung, T = Tiefe der Kommunikation, H = Unterstützung des Entscheidungsvorschlags durch den Hegemon (konkret also die USA) und E = Erfahrung der politischen Führer, dann läßt sich feststellen: ausgeprägte („hoch") Kooperation ergibt sich aus jeder der folgenden vier Dreierkombinationen: BTH *oder* THE *oder* BHE *oder* BTE. Daß eine solche „komplexe" Theorie, die mehr Variablen (und damit mehr Information) heranzieht, auch mehr erklärt als Theorien mit weniger Variablen, ist wenig verwunderlich. Mit mehr Information läßt sich eben mehr verstehen (erklären). Entscheidend ist, daß Chernoff am Ende seiner Arbeit in der Lage ist, nicht nur zu sagen, daß „mehrere Wege zu Kooperation führen", sondern auch, die Kombination genau welcher Variablen dazu führt. Er geht damit über eine rein eklektische Feststellung der Art: „das und das kann alles eine Rolle spielen" einen entscheidenden Schritt hinaus. Zugleich läßt auch die formalisierte Notation seiner komplexen Theorie die Bedeutung der Variable „Tiefe der Kommunikation" erkennen – drei der vier Kombinationen enthalten ein „T". Dies ist auch für die politische Praxis von Belang, insofern an dieser Variable im Vergleich zu den übrigen am ehesten etwas verändert, nämlich verbessert werden kann. Die Bedeutung einer Schraube, an der sich auch drehen läßt, wurde somit politikwissenschaftlich belegt. Eine theoretisch und methodisch ausgefeilte Arbeit ist in diesem Fall also auch von praktischem Belang – ein Glücksfall.

---

17 Tatsächlich hat die NATO ja Bestand und versucht, sich durch Neudefinition ihrer Aufgaben und Osterweiterung zu wandeln – ein durchaus umstrittener Vorgang (vgl. neben der umfangreichen Zeitschriften-Literatur hierzu die vorzügliche Studie von Gardner 1997).

4.2 Sicherheitspolitische Problemstellungen im „gemeinsamen Haus Europa"

Nachdem wir im vorausgegangenen Teilkapitel vorwiegend die Kooperation innerhalb der nordatlantischen Allianz zu Zeiten des Ost-West-Konfliktes untersucht haben, wollen wir uns in diesem Teilkapitel der neuen sicherheitspolitischen Landschaft in Europa nach dem Ende dieses Systemkonfliktes widmen. Relativ schnell zeigte sich, daß dieses Ende nicht den allgemeinen Frieden bedeutete, daß vielmehr auch weiterhin Konflikte bestehen und zum Teil mit äußerster Gewalt ausgetragen werden. Der Konflikt oder vielmehr das Konfliktbündel im ehemaligen Jugoslawien sollte hierfür ein besonders trauriges Beispiel werden, wobei er die Befürchtung aufkommen ließ, daß es sich bei ihm um nur einen Fall einer ganzen Klasse sog. ethno-nationaler Konflikte handeln könnte. Sie stellen eine der Herausforderungen an eine neue, gesamteuropäische Sicherheits„architektur" dar.

4.2.1 Die NATO im Jugoslawienkonflikt – ein Beispiel für außenpolitische Interessenanalyse

Von den zahlreichen Fragen, die der Krieg im ehemaligen Jugoslawien auch für die politikwissenschaftliche Analyse aufwirft[18], wird hier eine herausgegriffen. Dabei geht es um eine klassische politikwissenschaftliche Fragestellung: die interessenpolitische Analyse von Außenpolitik, in diesem Fall die dreier Staaten – Deutschland, Frankreich und die USA – im Rahmen der NATO und in bezug auf deren Eingreifen in den Krieg in Bosnien-Herzegowina. Im Zentrum der Studie von Gerd Koslowski (1995), die wir dabei zugrundelegen wollen, steht also die Analyse von Außenpolitik aus Akteursperspektive, schwerpunktmäßig die Ermittlung ihrer Interessen.

ein ausgewählter Aspekt, eine ausgewählte Studie

Bereits vor der am 15.10.1991 durch das Republikparlament in Sarajewo erklärten Unabhängigkeit der Republik Bosnien-Herzegowina hatten die Kampfhandlungen von Kroatien aus auf ihr Gebiet übergegriffen. Der Konflikt verschärfte sich, als das selbsternannte Parlament der Serben von Bosnien-Herzegowina am 24.10.1991 eine eigene, serbische Republik ausrief. Die Volksabstimmung am 1.3.1992 ergab – bei einem Abstimmungsboykott der serbischen Bevölkerung – eine deutliche Mehrheit für die Unabhängigkeit von Jugoslawien, die am 7.4.1992 von der EG und den USA anerkannt wurde. Im Verlauf der folgenden fast drei Jahre kam es zu Kriegshandlungen, zum Teil zu äußersten Brutalitäten, wobei die drei Parteien der Serben, Kroaten und Muslime in wechselnden Allianzen und mit unterschiedlicher Unterstützung von außen kämpften, während sich die EG, die UNO und schließlich auch die NATO im UNO-Auftrag mit geringem Erfolg bemühten, friedens- oder zumindest ordnungsstiftend einzugreifen.[19] Erst mit dem im November 1995 unter starkem US-amerika-

Skizze des Konfliktverlaufs

---

18 Vgl. dazu Meyers 1993.
19 Zur problematischen Rolle internationaler Organisationen und des multilateralen Vorgehens in diesem Zusammenhang vgl. die bereits erwähnte Arbeit von Jakobsen 1995.

nischen diplomatischen Einsatz zustandegekommenen Friedensabkommen von Dayton, zu dessen Implementierung (Umsetzung) u.a. 60.000 Soldaten der NATO als sog. Implementation Force (IFOR) in Bosnien-Herzegowina stationiert wurden, konnte der Konfliktaustrag in eine weniger gewaltvolle Phase überführt werden, ohne daß deshalb der Frieden bereits als gesichert gelten kann.

Warum die NATO? Für eine politikwissenschaftliche Analyse des NATO-Engagements stellen sich nun (unter anderem) zwei Fragen, die Koslowski in seiner Studie zu beantworten versucht und die wir, gestützt auf seine Ergebnisse, hier behandeln wollen. Frage 1: Aus welchen Gründen kam es überhaupt zu einem NATO-Engagement? Mit Koslowski (25ff.) lassen sich sechs Gründe ausmachen:

1. Ungenügen anderer Organisationen: Während das gerade erst entwickelte Instrumentarium der KSZE/OSZE zur Konfliktprävention und -schlichtung zu spät kam bzw. nicht griff, zeigte sich bei den Bemühungen der EG und dann auch der UNO, daß gegenüber den Kriegsparteien eine Politik, die sich nur auf deren Absichtserklärungen verließ, zum Scheitern verurteilt war. Zu oft wurden Worte – Waffenstillstandsabkommen – gebrochen, zu oft war nicht klar, für wen Unterhändler verbindlich sprechen können. Klar dagegen wurde, daß Abkommen ohne glaubhafte Sanktionsdrohung für den Fall ihrer Nichteinhaltung eher wertlos waren. Keine der genannten Organisationen jedoch war zu diesem Zweck, also militärisch, handlungsfähig. (Daß auch die NATO, mitbedingt durch das komplizierte Zusammenspiel mit der UNO und eine unzureichende Truppenausstattung, etwa den Schutz von erklärten Schutzzonen nicht wirklich gewährleisten konnte, wodurch diese Zonen zu Menschenfallen wurden, gehört zu den bitteren Erfahrungen des Bosnienkrieges auch nach ihrem Eingreifen.)
2. Drohender Ansehensverlust der NATO: Die NATO sah ihre Glaubwürdigkeit bedroht, wenn sie als im Prinzip allein handlungsfähig und dennoch untätig dastünde. In den Worten des US-Senators Lugar: „NATO must go out of area or it will go out of business."[20]
3. Gefahr der Konfliktausweitung: hier drohte v.a. ein Ausweiten der Kriegshandlungen in das Gebiet des Kosovo, was seinerseits Albanien auf den Plan zu rufen drohte, sowie auf Makedonien, wovon Griechenland, ein NATO-Mitglied, sich berührt gesehen hätte.
4. Rückwirkung auf die türkisch-griechischen Spannungen im Bündnis: die Beziehungen beider NATO-Staaten sind seit Jahren wegen unterschiedlicher Gebietsstreitigkeiten, darunter die Zypernfrage, konfliktreich; da die Türkei sich den Muslimen verbunden sah, während Griechenland traditionelle Bande zu den Serben hat, drohte eine Rückwirkung des Konflikts in Bosnien auf die NATO-internen Beziehungen.
5. Rückwirkung auf die islamisch-westlichen Beziehungen: auf internationaler Ebene wurde von islamischer Seite mehrfach der Vorwurf erhoben, der Westen kümmere sich nicht um Menschenrechtsverletzungen, wenn sie Muslime beträfen. Ein Ausbleiben eines Einschreitens der NATO hätte daher die Beziehungen der westlichen Staaten zu den islamischen Ländern weiter belastet.

---

20 „Die NATO muß aus ihrem Einsatzgebiet hinausgehen oder sie geht Pleite." Zitiert nach Koslowski 1995, 26.

6. Die Menschenrechtsverletzungen und Greuel im Verlauf des Krieges auf allen Seiten waren für die Öffentlichkeit in den NATO-Staaten selbst unerträglich, bedeuteten sie doch eine Verletzung aller eigenen – und im Rahmen z.B. der KSZE auch international anerkannter – Grundwerte und -normen.

Die zweite Frage im Zusammenhang mit dem NATO-Engagement im ehemaligen Jugoslawien betrifft die Interessen ihrer Hauptmitglieder. Wir können hierbei an die gerade gemachte Aussage über die Rolle der Öffentlichkeit anknüpfen. Die gebrauchte Formulierung war noch recht vage. „Die Öffentlichkeit" existiert – als politischer Einflußfaktor – ja nicht als solche, sie will hergestellt und organisiert sein. Dies geschah im internationalen Ländervergleich in Deutschland in besonderem Maße und auch mit einer deutlich anti-serbischen Stoßrichtung. Dies und die Tatsache, daß Deutschland das Hauptkontingent der Bürgerkriegsflüchtlinge aufnehmen mußte, erklären die größere Betroffenheit Deutschlands durch den Balkankonflikt. Das später heftig – zum Teil als den Konflikt mitverschärfend – kritisierte deutsche Drängen auf Anerkennung der Unabhängigkeit ehemaliger jugoslawischer Teilrepubliken in Verbindung mit der Tatsache, daß aus innenpolitisch-verfassungsrechtlichen Streitigkeiten, die zunächst durch das Bundesverfassungsgericht zu klären waren, ein militärischer Einsatz Deutschlands im ehemaligen Jugoslawien nicht bzw. jedenfalls nicht mit Kampftruppen erfolgen konnte, bewirkte im weiteren ein eher reaktiv-vermittelndes Vorgehen der deutschen Außenpolitik, etwa in der Frage des Waffenembargos zwischen den USA, die zunehmend seine Aufhebung forderten, und Frankreich, das strikt dagegen war.

Interessen der drei Staaten: Deutschland

Frankreich war zunächst gegen das Entstehen unabhängiger Kleinstaaten, die aus seiner Sicht leicht den Einflußbereich Deutschlands im Osten vermehren konnten. Auch dachte Frankreich in Fragen der Sezession, also der Abtrennung von Staatsgebieten im Wege der Unabhängigkeit, auch an Minderheiten im eigenen Land (Korsen, Bretonen). Nach den erfolgten Unabhängigkeitserklärungen engagierte sich Frankreich jedoch am stärksten, mit dem größten Blauhelm-Kontingent im ehemaligen Jugoslawien (9.300 von 30.000). Die potentielle Bedrohung seiner Soldaten ließ es auch gegen die Aufhebung des Waffenembargos plädieren. Zugleich setzte sich Frankreich dafür ein, die Federführung des internationalen Engagements auf dem Balkan beim Sicherheitsrat der UNO anzusiedeln, in dem es Mitsprache und Vetorecht besitzt, während seine Mitwirkungsmöglichkeit im Rahmen der NATO, deren militärischer Organisation Frankreich seit 1966 nicht mehr angehörte, geringer war. Gleichwohl erfolgte jüngst eine Hinwendung Frankreichs zur NATO und zur Kooperation auch mit den USA – wohl nicht zuletzt aufgrund der Erfahrung, daß die eigenen Möglichkeiten sich im Jugoslawienkonflikt als begrenzt erwiesen haben.

Frankreich

Kennzeichnend für die Position der USA war zum einen, daß sie realiter aufgrund der geographischen Entfernung vom Balkankonflikt weniger betroffen waren. Das Interesse, das Jugoslawien zu Zeiten des Kalten Krieges als relativ unabhängiges Ostblockland besaß, war weggefallen. Anders als z.B. im Hinblick auf Polen spielte auch keine starke Exilbevölkerung in den USA eine größere Rolle. Kennzeichen der US-Position war daher zum zweiten, daß sie lange Zeit

USA

kaum auszumachen war bzw. innenpolitischen Wahlaussichtskriterien folgte. Dies gilt wahrscheinlich bis hin zur letzten Windung, oder Wendung, der hin zu einem verstärkten Engagement durch den Friedensprozeß im Rahmen des Daytonabkommens – er brachte Bill Clinton den dringend benötigten außenpolitischen Erfolg. Schließlich sahen sich die USA lange Zeit in Sachen Jugoslawien durch Rücksichtnahme auf die pro-serbischen Interessen Rußlands gebremst. Dies ging auch zu Lasten einer Abstimmung mit den NATO-Partnern.

Fazit   Versuchen wir, aus den hier nur skizzierten und vor allem – aus Platzgründen – nicht im einzelnen belegten Interessenanalysen[21] ein Fazit zu ziehen, so ergeben sich politikwissenschaftlich-theoretische und politisch-praktische Schlußfolgerungen:

theoretisch   Politikwissenschaftlich-theoretisch zeigt die Rekonstruktion der Interessen sowohl der NATO insgesamt als auch einiger der wichtigsten ihrer Mitglieder die Bedeutung, die eigeninteressiertes, darunter auch machtpolitisches Denken für die Erklärung des jeweiligen Verhaltens hat. Dies spricht dafür, daß gerade bei der Analyse dieses Verhaltens realistischen Ansätzen eine große Erklärungskraft zukommt. Allerdings nicht ausschließlich. Einerseits gilt es, das zeigen alle drei Länderanalysen, den jeweiligen innenpolitischen Kontext zu berücksichtigen, etwa die Rücksichtnahme auf eigene oder fremde Minderheiten. Andererseits gibt es auch institutionenbezogene Interessen, sowohl der NATO am Selbst(renomée)erhalt als auch etwa Deutschlands am integrierten Vorgehen mit seinen Partnern in EG und NATO, selbst beim und gerade nach dem „Vorpreschen" in der Anerkennungsfrage. Beides spricht dafür, daß ein rein machtstruktureller Realismus als Analyseansatz ergänzungsbedürftig ist.

praktisch   Politisch-praktisch zeigt sich, daß auf das Instrument der glaubhaften Drohung mit notfalls militärischer Durchsetzung von Beschlüssen nur zu einem hohen Preis – in der Sache wie an Glaubwürdigkeit – verzichtet werden kann, daß dieser Verzicht sich also nicht empfiehlt. Andererseits bedeutet dies weder die Absage an nicht-militärische Konfliktlösungsstrategien, die ergänzt, nicht ersetzt werden sollen, noch einen Freibrief für beliebige Militäroperationen. Letzteres schon deshalb nicht, weil ja von *glaubhaften* Drohungen die Rede war. Glaubhaft ist eine Drohung jedoch dann nicht, wenn sie z.B. aufgrund der engen räumlichen Vermengung zwischen Gewalttätern und Opfern erstere nur zum Preis der Vernichtung auch letzterer erreicht. Hier ist das Ende auch der Wirkungsfähigkeit militärischer Mittel erreicht. Glaubhaft ist eine Drohung jedoch auch dann nicht, wenn aufgrund mangelnder Koordination und Kommunikation zwischen den zur Ausführung Vorgesehenen, hier also den NATO-Partnern, ein einheitliches Handeln und Auftreten ausbleibt. Der Bosnienkrieg bietet hierfür zahlreiche Beispiele und untermauert damit nochmals die Bedeutung der allianzinternen Abstimmung.

---

21   Einen Gutteil der hier fehlenden Belege liefert Koslowski in seiner Studie; auf sie sei daher insofern verwiesen.

4.2.2 Die Problematik ethno-nationaler Konflikte

> Doch schweig ich noch von dem, was ärger als der Tod,
> Was grimmer denn die Pest und Glut und Hungersnot:
> Daß auch der Seelenschatz so vielen abgezwungen.
> aus: Andreas Gryphius: Tränen des Vaterlands, Anno 1636[22]

Auch in diesem Abschnitt, der die Problematik ethno-nationaler Konflikte zum Gegenstand macht, wird zwangsläufig von der konkreten, schrecklichen Seite oft äußerst gewaltsam ausgetragener Kriege und Bürgerkriege abstrahiert. Sie wurde gerade bei den Konflikten im ehemaligen Jugoslawien besonders deutlich, und wie eingangs dieses Kapitels festgestellt, besteht die Befürchtung – und hat sich ja auch bereits etwa im Bereich der Gemeinschaft Unabhängiger Staaten (Tschetschenien, Georgien, Armenien und Aserbaidschan u.a.) gezeigt –, daß solche ethno-nationalen Konflikte vermehrt auftreten.[23] Das Potential hierfür ist angesichts von zahlreichen ethnischen Minderheiten in Europa, auch in Westeuropa, vorhanden.[24] Wie aus diesem Potential tatsächlicher gewaltsamer Konfliktaustrag wird, also Krieg, soll uns hier vorwiegend beschäftigen. Abschließend erfolgt ein kurzer Verweis auf Möglichkeiten zum Umgang mit solchen Konflikten.

Bei der Erörterung der Frage nach den Ursachen für den gewaltsamen Austrag von ethnischen Konflikten ist zunächst ein Hinweis fällig: Die bloße Existenz von ethnischen Gruppen, auch solchen, die sich ihrer Ethnizität bewußt sind, ist kein hinreichender Grund für Konflikte oder gar deren gewaltsamen Austrag. Auch ist es nicht so, daß, wie gerade im Hinblick auf das ehemalige Jugoslawien zuweilen argumentiert wurde, jetzt, also nach Wegfall der kommunistischen Herrschaft, „alte Konflikte" einfach wieder auf- oder ausbrechen, die unter dem Kommunismus gleichsam „eingefroren" gewesen seien. Diese Kühlschrank-Theorie[25] legt in ihrer Bildsprache eine Automatik nahe, die so nicht gegeben ist und die von der eigentlichen politikwissenschaftlichen Analyse eher

„Kühlschrank-Theorie" unzureichend

---

22 Das Gedicht „Tränen des Vaterlands" des Dramatikers und Lyrikers Andreas Gryphius (1616-64), dessen letzte Strophe hier zitiert wird, ist eines der beeindruckendsten der deutschen und damit auch europäischen Dichtung (es ist z.B. abgedruckt in: Kurt Fassmann (Hrsg.): Gedichte gegen den Krieg, Frankfurt a.M. 1971, S. 51). Es spiegelt, wie auch Gryphius' Werk insgesamt, das Grauen und die Verzweifelung des Dreißigjährigen Krieges wider. Auch heute rauben (Bürger-)Kriege nicht nur vielen Opfern das Leben, sondern ihre Erlebnisse den Überlebenden „den Seelenschatz". Gryphius, der selbst stark religiös geprägt war, spielt damit wohl auf die Praxis des erzwungen Glaubenswechsels an, doch kann man dabei auch an die Tatsache denken, Greuel miterlebt und überlebt zu haben.

23 Für einen Überblick über solche Konflikte in Europa, aber auch über Beispiele für ihre friedliche und befriedende Bearbeitung, vgl. z.B. die handbuchartige Darstellung von Nowak 1994. Zur politikwissenschaftlich-analytischen Behandlung solcher gewaltsam ausgetragener innerstaatlicher, aber inter-ethnischer Konflikte vgl. den vorzüglichen Lehrbuch-Überblick von Gurr und Harff 1994 sowie, aus Sicht der allgemeinen Kriegsursachenforschung, die profunde Arbeit von Holsti 1996.

24 Als Übersicht über die ethnischen Minderheiten in Europa vgl. Ludwig 1995.

25 Der Begriff fällt bei Schimmelfennig 1995, 353, Anm. 184. Auf derselben Seite stellt Schimmelfennig ebenfalls fest: „Der neue Nationalismus ist auch nicht eine zwangsläufige, schicksalhafte Konsequenz der ethnischen Heterogenität der meisten osteuropäischen Staaten. [Er ist vielmehr] in erster Linie in seiner Funktion als Ersatzideologie für den Kommunismus und als Folge einer Legitimationsstrategie von Herrschaftseliten zu sehen."

ablenkt. Zweifellos haben einige der jetzigen Konflikte eine Vorgeschichte, und sie spielt auch eine Rolle für den jetzigen Konfliktverlauf. Die Aktualisierung „alter" Konflikte erfolgt jedoch nicht von selbst.[26]

<small>Macht„spiel" der Eliten und ermöglichende Bedingungen</small>

Sie wird vielmehr von politischen Akteuren betrieben, vorwiegend von (neuen und überkommenen) Eliten, die ihren eigenen Machtbereich durch Zuspitzung von Konflikten auszuweiten suchen. Wie Aleksa Djilas (1995, 86 und 105) ganz konkret in bezug auf das ehemalige Jugoslawien schreibt: „it was the deliberate mobilization of nationalist sentiments and rivalries by political elites that ensured the outbreak of violence. [...] [I]rresponsible elites – Milosevic and Tudjman led the way – capitalized on these conditions to manipulate public opinion to their own political gain."[27] Es ist also das Zusammentreffen von politischen Macht„spielen" politischer Eliten mit ermöglichenden Bedingungen, das ethno-nationale Konflikte verschärft und ihren Austrag so gewaltträchtig macht. Diese Bedingungen gilt es politikwissenschaftlich näher zu analysieren. Wir wollen dies nicht an einem konkreten Beispiel tun, sondern anhand eines allgemeinen Hypothesen-Sets, das Stephen van Evera (1995) über den Zusammenhang von Nationalismus und Krieg aufgestellt hat. Seine Hypothesen werden hier in leicht abgekürzter Form und zum Teil unter Umbenennung präsentiert, vor allem jedoch – vorwiegend aus Platzgründen – ohne seine näheren Begründungen und Erläuterungen. Sie können – und sollten – deshalb ihre Bedeutung und ihr Gewicht im einzelnen selbst durchdenken.

<small>vier unmittelbare Ursachen</small>

Vier unmittelbare Ursachen erhöhen nach van Evera das Kriegsrisiko, das von Nationalismus ausgeht, wobei er darunter politische Bewegungen versteht, deren Mitglieder sich vorangig über ethnisch-nationale Zugehörigkeit definieren und nach Unabhängigkeit streben. Das Kriegsrisiko ist umso höher,

1. je mehr dieser Staatlichkeit anstrebenden Nationalitäten staatenlos sind, je größer also der Anteil unbefriedigter „Staatswerdungsambitionen" in einer Region (z.B. Osteuropa) ist;
2. je mehr sie nach der Wiedergewinnung von Zugehörigen der eigenen Gruppe, die in anderen Staaten – in der Diaspora – leben, streben und dabei Gebietsannexionen anstreben (statt der weniger konfliktträchtigen Immigration aus der Diaspora, wie sie z.B. heute in Deutschland in bezug auf deutsche Minderheiten – Aussiedler – in Osteuropa und Rußland betrieben wird, oder dem Akzeptieren einer Diaspora-Gemeinde, sofern deren Minderheitenrechte gewahrt werden);
3. je mehr unterschiedliche Nationalitätengruppen nach Vorherrschaft über andere streben;

---

26 Für eine hervorragende Analyse der Logik von Konflikten zwischen (ethischen) Gruppen vor dem Hintergrund einer allgemeinen Sozialtheorie vgl. Hardin 1995.
27 „Es war die absichtliche Mobilisierung nationalistischer Gefühle und Rivalitäten durch politische Eliten, die den Ausbruch von Gewalt garantierte. [...] Unverantwortliche Eliten – Milosevic und Tudjman gingen dabei voran – nutzen diese Bedingungen aus, um die öffentliche Meinung zu ihrem eigenen politischen Nutzen zu manipulieren." Ähnlich formulieren Silber und Little (1997, 25) das Ergebnis ihrer in der Tradition des hochwertigen angelsächsischen Journalismus verfaßten Recherche: „Yugoslavia did not die a natural death. Rather, it was deliberately and systematically killed off by men who had nothing to gain and everything to lose from a peaceful transition from state socialism and one-party rule to free-market democracy."

4. je mehr sie unter ihnen lebende Minderheiten unterdrücken (was wieder mit der zweiten genannten Ursache, der gegenüber Diasporagemeinden verfolgten Politik in Wechselwirkung steht – Minderheitenunterdrückung kann einen „Schutzimpuls" auslösen, etwa im Verhältnis zwischen Rußland und den Russen im „nahen Ausland" oder den baltischen Republiken).

Diese vier Ursachen werden durch drei Faktorengruppen beeinflußt:

1. strukturelle Faktoren:
hierzu zählen die Stärke des Unabhängigkeitswillens ebenso wie die Fähigkeit des Zentralstaates, dem Widerstand zu leisten; die Gemengelage von Minoritäten (je kleinräumiger ihre Durchmischung, desto größer das Gewaltrisiko, da das „inter-ethnische Sicherheitsdilemma"[28] verschärft wird, d.h.: es erscheint verstärkt so, daß die Sicherheit der einen Gruppe zwangsläufig auf Kosten der anderen geht); der Verlauf, die Verteidigbarkeit und die Legitimität von Grenzen;

und drei Gruppen von mittelbaren Ursachen und ermöglichenden Bedingungen

2. Faktoren der „gemeinsamen" Konfliktgeschichte:
hierzu zählen (schlechte) Erfahrungen, die in der Vorgeschichte des Konfliktaustrags von den Nationalitäten miteinander gemacht wurden – gerade dieser Faktor wirkte im ehemaligen Jugoslawien konflikt- und gewaltverschärfend; hieraus ergibt sich die Bedeutung des Umgangs mit der gemeinsamen Geschichte, der Anerkennung – nicht Aufrechnung – von Schuld, aber auch der Frage, *wem* Schuld zugeschrieben wird: einer politischen Formation – etwa der faschistischen kroatischen Ustascha oder „den Stalinisten" –, die aber historisch untergegangen ist, als Objekt gegenwärtiger Aggression also nicht mehr in Frage kommt, oder einer ethnisch-nationalen Gruppe, die fortbesteht (*den* Kroaten, *den* Russen) und gleichsam kollektiv als Haß- und Aggressionsobjekt in Haftung genommen wird.

3. politisch-ökonomische Faktoren:
hierzu zählen der Legitimationsbedarf, den Herrschaftseliten durch Schaffung einer nationalistisch angeheizten Stimmung zu erfüllen suchen (das oben erwähnte Machtspiel); dieser Bedarf wächst wiederum mit dem Ausmaß an Opfern, die der Bevölkerung abverlangt werden; das Machtspiel der Eliten wird verschärft, wenn die Lage ein „Fenster der Gelegenheit" für ein gewaltsam-militärisches Vorgehen gegen andere Nationalitäten zu bieten scheint (wie im Falle Serbiens, das sich für eine kurze Zeit aufgrund der „Erbmasse" der jugoslawischen Bundesarmee militärisch im Vorteil sah); bei Verschlechterung der wirtschaftlichen Lage kommt es vermehrt zur Suche nach „Sündenböcken", wozu sich Minderheiten anbieten; schließlich spielt die institutionalisierte Konstruktion und Verbreitung von Geschichtsbildern (bzw. -mythen) durch Schulen, Hochschulen und Medien eine gewichtige Rolle.

Die hier nur angerissene Thematik der Ursachen ethno-nationaler Konflikte und ihres gewaltsamen Austrags machen zweierlei deutlich: Zum einen war gerade im ehemaligen Jugoslawien eine Vielzahl von konfliktverschärfenden Fak-

Was läßt sich tun?

---

28 Zum hier auf die Verhältnisse zwischen ethno-nationalen Gruppen übertragenen Begriff des Sicherheitsdilemmas, einem Zentralbegriff ursprünglich der Analyse von zwischenstaatlichen Sicherheitsbeziehungen, vgl. z.B. List u.a. 1995, Kap. 3.1.

toren gegeben; auch auf eine Reihe der anderen Konflikte in Osteuropa bzw. der GUS trifft dies zu. Dies erklärt zunächst, warum sie besonders gewaltsam ausgetragen wurden und werden und auch, warum, zumal von außen, einmal ausgebrochene Kriegshandlungen nicht leicht zu stoppen sind. Auf die Problematik, die die Gemengelage von Tätern und Opfern für die gewaltsame Intervention von außen darstellt, wurde bereits hingewiesen. Sodann verweisen die Bedeutung des Machtstrebens von Herrschaftseliten, ihrer Rivalität und der Manipulation ethno-nationaler Gefühle darauf, daß das Machtkalkül zwar, z.B. durch gezielte, glaubhafte Drohungen eventuell beeinflußbar ist, daß die Mobilisierbarkeit nationalistischer Gefühle jedoch eine tiefergehende Verankerung hat, die eher langfristig und unter den Konfliktparteien selbst angegangen werden muß. Die beiden ganz unterschiedlichen Faktoren, Elitenmachtkalküle und Einstellungen der breiten Bevölkerung, werden unter dem häufig verwendeten Begriff des „mangelnden Friedenswillens der Beteiligten" leicht, aber zu Unrecht, in einen Topf geworfen.

Konfliktvorbeugung und Konfliktentschärfung

Die referierten Hypothesen lassen jedoch auch ein Potential zur nicht-gewaltsamen Vorbeugung und Entschärfung von Konflikten sowie zur „Nachsorge" erkennen. Hierbei spielt die Institutionalisierung von Mechanismen des Minderheitenschutzes im Konfliktvorfeld eine entscheidende Rolle: sie baut das inter-ethnische Sicherheitsdilemma ab und mindert ggf. den „Schutztrieb" gegenüber Diasporagemeinden. Auf derartige, international angeregte und unterstützte Mechanismen werden wir unten (Kap.5.2.3) noch eingehen.[29] Für die, zweifellos längerfristige, Nachsorge erweist sich die Erarbeitung eines gemeinsamen, im Hinblick auf wechselseitig angetanes Leid offenen und ehrlichen Geschichtsbildes über die Beziehungen zwischen den ethnisch-nationalen Gruppen als sehr bedeutsam. Daß ein solches mühsam, eventuell auch nur in einem generationenübergreifenden Prozeß zu erreichen ist, daß es aber auch erreichbar ist, zeigt etwa der bis zur Undenkbarkeit des einstmaligen Stereotyps von der „Erbfeindschaft" reichende Wandel im deutsch-französischen Verhältnis. Andere Beziehungen Deutschlands zu seinen Nachbarn, etwa zu Polen und zur Tschechischen Republik, sind insofern zumindest auf dem richtigen, wenn auch – wie zuweilen deutlich wird – keinesfalls einfach zu beschreitenden Weg.

4.2.3 Zur Frage einer gesamteuropäischen Sicherheitsarchitektur

von der Sicherheitskonfrontation zur Kooperation

Im ersten Teil dieses Kapitels hatten wir, vorwiegend am Beispiel der NATO, sicherheitspolitische Kooperationsformen zur Zeit des Ost-West-Konflikts diskutiert. Dies war also allianz*interne* Kooperation, während die Beziehungen zwischen den beiden Allianzen im sicherheitspolitischen Bereich im Prinzip konfrontativ waren, wenngleich im Zeichen der Entspannungspolitik auch erste Elemente von Sicherheitskooperation zwischen Ost und West erfolgten. Hierzu gehören zum einen etwa das Abkommen zwischen den Supermächten über die

---

29 Vgl. auch Nowak 1994, 157ff., der anhand von multiethnischen Staaten West- und Südeuropas (Belgien, deutsch-dänisches Grenzgebiet, Italien/Südtirol, Schweiz und Spanien) institutionelle Lösungsmöglichkeiten beispielhaft präsentiert.

Einrichtung einer direkten Telekommunikationsverbindung zwischen beiden Hauptstädten (das sog. Hotline-Abkommen von 1963), im Bereich der Atomwaffen der allen Staaten offene Atomwaffensperrvertrag von 1968 und wiederum zwischen den Supermächten das SALT I-Abkommen von 1972 zur Begrenzung strategischer Nuklearwaffen. Bezogen auf das gesamteuropäische Gebiet bemühte man sich in Verbindung mit der KSZE im Rahmen der Verhandlungen über eine gegenseitige ausgewogene Truppenverminderung (MBFR-Verhandlungen) zwischen 1973 und 1989 um die konventionelle Rüstungskontrolle und Abrüstung – allerdings ohne Ergebnis. Dafür wurden im Rahmen der KSZE selbst Vereinbarungen getroffen, so etwa zentral die Bekräftigung der Unverletzbarkeit der Nachkriegsgrenzen in Europa, die zumindest auch von sicherheitspolitischem Belang waren. Erst im Zeichen der Gorbatschowschen Reformpolitik sowie der Auflösung der Blockstrukturen wurden dann weitergehende Sicherheitskooperationsschritte wie Abrüstungsabkommen über nukleare Mittelstreckenwaffen (sog. INF-Abkommen, 1987) und konventionelle Streitkräfte (KSE-Vertrag von 1990) erreicht, die auch wirksame Mechanismen zur Überprüfung (Verifikation) durch Vor-Ort-Kontrolle enthielten, wobei gerade die Auflösung der alten Blockstruktur – Westen (NATO), Osten (Warschauer Pakt) und Neutrale – während der Endphase der Verhandlungen zu einem gewissen Problem für die blockweise festgelegten Reduktionsziele wurde. Spätestens mit Auflösung des Warschauer Paktes am 1.4.1991 und der am 19.11.1990 gleichzeitig mit dem KSE-Vertrag verabschiedeten Erklärung der 22 NATO- und Warschauer Pakt-Staaten, die den wechselseitigen Gewaltverzicht bekräftigte, war die Phase der Blockkonfrontation vorüber. Es stellt sich nun die Frage, wie gemeinsame Sicherheit in Gesamteuropa kooperativ erreicht werden kann.

Angesichts des Wegfalls ihres ehemaligen Hauptgegners ließ sich damit für die westliche Allianz die Frage stellen, ob nicht auch sie nach der, wenn man so will: erfolgreichen, Erledigung ihrer Hauptaufgabe, der Verhinderung eines östlichen Angriffs[30], ihre Existenzberechtigung verloren habe. Naturgemäß sahen die Mitglieder und Angehörigen der Organisation dies anders. Naturgemäß heißt hier, mit leicht ironischem Unterton, daß es durchaus ein vertrautes Phänomen der Organisationstheorie ist, daß Organisationen über den Zeitraum der Erfüllung ihres ursprünglichen Zweckes hinaus existieren und sich „notfalls" eher

Was wird aus der NATO?

---

30 Die Formulierung verdeckt einen durchaus strittigen Punkt: drohte denn überhaupt je ein solcher Angriff und war es also (nur) die Existenz der NATO, die den Frieden bewahrt hat? Die Antwort hierauf ist komplex und hätte zu berücksichtigen, daß 1. wohl kein geheimer östlicher Plan (und auch kein westlicher) für einen Überraschungsangriff bestand, daß 2. jedoch mehrfach im Verlauf des Ost-West-Konflikts „brenzlige" Situationen entstanden (Ungarnaufstand 1956, Berlinkrise 1958, Kuba-Krise 1962), in denen eine bewaffnete Konfrontation nicht auszuschließen war, in denen 3. jedoch die Existenz zweier hochgerüsteter Allianzen ambivalent wirkte: einerseits hätten im Falle einer bewaffneten Ost-West-Konfrontation die Waffenarsenale zu einer gegenseitigen mehrfachen Vernichtung ausgereicht, ein Resultat das erfreulicherweise ausgeblieben ist, weshalb man durchaus davon sprechen kann, „wir" (Ost und West) seien noch einmal davongekommen; andererseits hat möglicherweise gerade die Aussicht auf das verheerende Ergebnis einer bewaffneten Konfrontation im Wege der Selbstabschreckung zu einer Mäßigung im Konfliktverhalten der beiden Seiten beigetragen (zur Kritik dieser These und der Gegenthese, daß die Abschreckung den Verlauf zweier der Haupt-Ost-West-Krisen, der Kuba-Krise und des Yom-Kippur-Kriegs zwischen Israel und seinen arabischen Nachbarn 1973, eher verschärft hat, vgl. Lebow/Stein 1994).

neue Aufgaben suchen als sich auflösen. Beides, ein organisationssoziologisch zu verstehendes Bestandsinteresse und auch die Definition neuer Aufgaben, ist im NATO-Fall zu beobachten. Hinzu kommt der Verweis darauf, daß die Abwehr einer östlichen Bedrohung auch zu Zeiten des Ost-West-Konfliktes nicht die einzige Funktion der NATO war. Alle drei Punkte sind noch etwas näher zu erörtern.

Bestandsinteresse, alte Funktionen und neue Funktionen

Zunächst ist das Bestandsinteresse, das Interesse der Organisation „an sich selbst"[31], auf der Ebene der Bediensteten der Organisation selbst greifbar. Auch haben höhere NATO-Militärs zweifellos Prestige und andere Annehmlichkeiten durch ihre Mitarbeit in der Organisation. Dies allein hätte jedoch wohl den Fortbestand der NATO noch nicht garantiert. Hinzu kommt, daß die Mitgliedstaaten in den Aufbau und das Funktionieren dieser Organisation jahrelang investiert haben, nicht nur materiell, sondern auch im Sinne der Pflege von politischen Kontakten und des Erwerbs von Kooperationserfahrung. Wie wir im Abschnitt 4.1.3 gesehen haben, kann man im Sinne der politischen Kybernetik hierin durchaus eine Errungenschaft sehen, die – durch Auflösung der NATO – nicht leichtfertig aufs Spiel gesetzt oder verschenkt werden sollte. Dieses Bestandsinteresse ist also etwas weniger „schnöde", aber nicht minder wirksam. Hinzu kommt, daß die NATO neben dieser Funktion eines (zusätzlichen) westlichen Kooperationsforums ja auch dazu diente, deutsche Streitkräfte organisatorisch einzubinden und damit für die Partner in Europa eher akzeptabel zu machen. Diese Funktion kann die Organisation unter geänderten Bedingungen – einer erarbeiteten „Vertrauenswürdigkeit" der Bundesrepublik einerseits, ihrer Vergrößerung im Zuge der deutschen Einheit andererseits – auch weiterhin wahrnehmen. Sie entlastet dadurch nicht nur Deutschlands Nachbarn von eventuell doch noch vorhandenen Befürchtungen, sondern damit auch die deutsche Außenpolitik. Ebenso wie der Atomwaffenverzicht wirkt die NATO-Mitgliedschaft Deutschlands als eine vertrauenschaffende *Selbstbindung*.[32] Schließlich hat die NATO sich seit 1990 aber auch schrittweise neue Aufgaben zuerkannt – Kritiker würden sagen: ausgedacht. Hierzu gehört neben ihrer Rolle im Rahmen von out-of-area-Einsätzen, auch im Rahmen der Vereinten Nationen (wie gegenwärtig im Rahmen der SFOR in Bosnien), eine verstärkte politische Rolle sowie ein neues Verhältnis zu den Staaten Osteuropas und zu Rußland.

Die neue Architektur: zwei prinzipielle Alternativen

Dies ist nun genau der Punkt, an dem gegenwärtig noch über die neue Sicherheitsarchitektur, wie man bildhaft sagt, für Gesamteuropa diskutiert wird.

---

31 Für einen Verweis auf die sozialwissenschaftliche Theorietradition, die mit dem Eigeninteresse von Organisationen argumentiert, vgl. bereits oben Kapitel 3.2.2, Anm.25.

32 Auf den eminent wichtigen Begriff der Selbstbindung sei bereits an dieser Stelle ausdrücklich hingewiesen. Es handelt sich um ein ganz allgemeines soziales Phänomen, das auch im Bereich der internationalen Politik vielfach anzutreffen ist. Im hier behandelten Zusammenhang geht es darum, daß die NATO-Integration der deutschen Streitkräfte nach innen und außen demonstriert, daß ein unabhängig-einseitiger Einsatz des Militärs, wie er zweimal im 20. Jahrhundert mit verhängnisvollen Folgen für Deutschland und seine Nachbarn erfolgte, weder beabsichtigt noch organisatorisch möglich ist (wobei der Verzicht auf einen eigenen Generalstab der Bundeswehr ein wichtiges organisatorisches Merkmal ist, worin diese Selbstbindung zum Ausdruck kommt). Wichtig ist auch, daß diese Selbstbindung nicht Ausdruck von „Machtvergessenheit" ist, sondern eine kluge Art der langfristigen Wahrung eigener Interessen, die die Wahrung der Interessen anderer mit einschließt.

Prinzipiell kann man hier mit Harald Müller (1995) zwei sicherheitspolitische Orientierungen unterscheiden: die des Machtgleichgewichts und die der Institutionalisierung. Erstere liegt politikwissenschaftlich-theoretisch in einer realistischen Tradition, letztere in der des liberalen Institutionalismus. Politisch-praktisch setzt erstere vor allem auf die NATO. Sie hat, in dieser Sicht, die Aufgabe der Wahrung eines Machtgleichgewichts in der Vergangenheit erfolgreich gespielt. Sie könne, gegebenenfalls erweitert um neue Mitglieder aus Osteuropa, diese Aufgabe auch in Zukunft erfüllen, als „Rückversicherung" gegenüber potentiellen Gefahren eines neo-nationalen Rußland[33], ebenso wie zur Abwehr von Bedrohungen, die sich aus dem Übergreifen von Konflikten im Bereich der GUS ergeben könnten wie schließlich von Bedrohungen der NATO-Staaten aus dem Nahen und Mittleren Osten (der nah genug ist, als daß z.B. von dort gestartete Raketen Europa erreichen könnten). Demgegenüber setzt der Institutionalismus vor allem auf einen Ausbau der OSZE. Sie umfasse alle an der Sicherheit in Europa interessierten Staaten und binde sie in einer Kooperationsstruktur zusammen, ohne ein – gewichtiges – Land, Rußland, auszuschließen. Im Hinblick auf eine Erweiterung der NATO um osteuropäische Staaten, aber unter Ausschluß Rußlands[34], wird argumentiert, daß dies genau das erzeugen könne, was verhindert werden soll: ein „Gefühl" der Unsicherheit, weil Isoliertheit und Ausgeschlossenheit, auf seiten Rußlands. Weniger metaphorisch und ohne Zuschreibung von Gefühlen an Staaten formuliert, könnte eine solche NATO-Erweiterung jene Kräfte in Rußland stärken, die ohnehin anti-westlich eingestellt sind. Nicht nur kann dies nicht im westlichen Interesse liegen. Sicherheitspolitisch könnte es auf eine sich selbst erfüllende Prophezeihung in dem Sinne hinauslaufen, daß die aus westlicher Furcht vor einer möglichen Gefahr aus Rußland ergriffene Maßnahme der NATO-Erweiterung genau erst diese Gefahr real werden läßt.[35]

Eine weitergehende politikwissenschaftliche Analyse dieses gegenwärtigen Prozesses der Herausbildung einer neuen gesamteuropäischen Sicherheitsordnung könnte und müßte nun im Wege einer Interessenanalyse der beteiligten Staaten erfolgen, so wie dies oben (4.2.1) beispielhaft für die Frage des NATO-Engagements im ehemaligen Jugoslawien vorgeführt wurde. Wiederum erlaubt dies das Knappheitsgebot an dieser Stelle nicht. Einige Stichworte müssen genügen: Rußland ist, wie gesagt, wohl weder an einem eigenen Beitritt zur NATO interessiert noch daran, daß die NATO neue osteuropäische Mitglieder aufnimmt. Genau spiegelbildlich verhält es sich mit diesen Staaten, vor allem Polen, das seit Jahren geradezu in die NATO drängt. Die NATO selbst war hierüber zunächst uneins und versuchte, mit abgestuften Kooperationsangeboten an die osteuropäischen Staaten und Rußland im Rahmen des neu eingerichteten NATO-

Interessen der einzelnen Staaten

---

33 Eine Reihe von Beobachtern erkennen eine solche Gefahr bereits für jene Staaten, die von Rußland neuerdings als „nahes Ausland" bezeichnet werden, vgl. Westphal 1995.
34 Ein Beitritt auch Rußlands zur NATO ist zwar gelegentlich diskutiert worden, ist jedoch wohl nicht wahrscheinlich. Für Rußland hätte dies den symbolischen Nachteil, gleichsam beim einstigen Gegner „Unterschlupf" erbitten zu müssen. Institutionell böte sich dann gleich der Ausbau der OSZE zu einer Organisation an, die auch mit militärischen Mitteln *kollektive Sicherheit* gewährleisten würde, also jedes Mitglied vor einem Angriff durch ein anderes durch Beistand aller übrigen schützen würde.
35 Zur Problematik der NATO-Osterweiterung nochmals der Hinweis auf Gardner 1997.

Kooperationsrates sowie der Partnerschaft für Frieden auf Zeit zu spielen.[36] Inzwischen hat sie sich zu Beitrittverhandlungen mit drei der östlichen Aspiranten, Polen, Tschechien und Ungarn, entschlossen. NATO-intern zeigen sich Interessendivergenzen zwischen den USA und Frankreich über die Rolle der Westeuropäischen Union als eigenständigem Pfeiler einer europäischen Verteidigung. Hier stellt sich die Frage des Verhältnisses von WEU und NATO und der konkreten Abstimmung. Als praktischer Parameter ist dabei zu berücksichtigen, daß die WEU ohne Rückgriff auf NATO-Inventar kaum operationell handlungsfähig ist. Die USA sind immer noch in dem Dilemma befangen, daß sie einerseits einen starken Verteidigungsbeitrag der (West-)Europäer schätzen und schon aus Kostengründen ihr europäisches Engagement gerne verringern würden, daß sie andererseits aber weder gerne die Europäer zu unabhängig sähen, noch gar „allein" auf dem Kontinent mit Rußland, das immer den Vorteil der geographischen Nähe hat.

Resultat: komplexe Architektur – institutionelle Arbeitsteilung oder Institutionengewirr?

Als Ergebnis sowohl dieser hier nur im Ansatz skizzierten Interessenlagen wie auch der prinzipiellen Orientierungen (Machtbalance/Institutionalisierung) wird sich wohl, soviel zeichnet sich ab, eine komplexe Sicherheitsarchitektur für das neue Gesamteuropa ergeben, in der mehrere Organisationen zusammenspielen und auch Elemente beider theoretischen Orientierungen enthalten sein werden. Die NATO mit ihren erwähnten alten und neuen Aufgaben bleibt bestehen. Die erste (?), „kleine" Osterweiterung der NATO ist so gut wie ausgemacht. Sie arbeitet zusammen mit der OSZE, die selbst keine militärischen Mittel zur Verfügung hat. Die OSZE ist insofern noch kein Fall von kollektiver Sicherheit, der gemeinsamen Verteidigung aller gegen einen potentiellen Angreifer aus den eigenen Reihen. Sie gibt aber einerseits einen Rahmen für den sicherheitspolitischen Dialog ab, fungiert andererseits als beauftragendes und legitimierendes Organ für Einsätze sowohl von NATO- und WEU- als auch von GUS-Truppen, dies ggf. im Rahmen von Beschlüssen der Vereinten Nationen, in den die OSZE sich wie erwähnt als „regionale Organisation" selbst gestellt hat.[37] Ob hieraus eine harmonische und funktionsfähige Arbeitsteilung oder ein organisatorisches Durcheinander mit wechselseitiger Konkurrenz und Blockaden wird, ist dabei durchaus noch offen. Der Abstimmungsbedarf im Detail ist noch groß[38], das Potential für Interessenkonflikte ebenso. Die – berechtigte – Erleichterung darüber, daß „der große Knall" im Ost-West-Konflikt ausgeblieben ist, tritt zunehmend gegenüber der Einsicht in den Hintergrund, daß auch die Organisation friedlicher Beziehungen ohne Systemkonkurrenz und der gemeinsam-kooperative Umgang mit „kleinen", aber im Konkreten nicht minder grausam ausgetragenen Konflikten eine durchaus komplizierte und beständige Aufgabe ist. Der Auf- und Ausbau eines funktionierenden Institutionengefüges, das möglichst alle Betroffenen einschließt, ist dabei neben der Wahrung einer notfalls auch militärischen Handlungsfähigkeit von gleichem Rang.

---

36 Als Überblick für den jüngst erfolgten Strategiewandel der NATO sowie zu ihren Kooperationsangeboten an die osteuropäischen Staaten vgl. den knappen Überblick von Karadi 1994.
37 Vgl. oben Kap.2, Anm.15 und zugehörigen Text. Zur Rolle der OSZE bei friedensbewahrenden Maßnahmen vgl. auch Nowak 1996.
38 Vgl. dazu als relativ detaillierte Momentaufnahme aus dem Prozeß der inter-institutionellen Abstimmung den Beitrag von Peters 1995.

5 Kooperation im Sachbereich Herrschaft

Im Sachbereich Herrschaft geht es um internationale Zusammenarbeit im Hinblick auf die Ausübung *inner*staatlicher Herrschaft. Dazu ist zweierlei anzumerken. Erstens geht es hier um staatliche Herrschaft im Innern. Im Unterschied zu den Beziehungen zwischen Staaten, die keine formale Herrschaftsstruktur aufweisen,[1] denen also nicht eine formale Unterordnung einzelner Staaten unter andere zugrunde liegt, besteht innerhalb eines staatlich organisierten Herrschaftsverbandes eine formale Hierarchie, eine Unterordnung – von Bürgern, Organisationen und evtl. Teilstaaten – unter eine gemeinsame Rechtsordnung mit sanktionsbewehrter Durchsetzungsgewalt. Die Beziehungen zwischen Staaten sind, wie man auch sagt, koordinationsrechtlich organisiert, die innerhalb von Staaten subordinationsrechtlich. Staaten haben als höchste Rechtsnormen daher eine Verfassung, zwischenstaatliche Beziehungen kennen eine solche Verfassung im eigentlichen Sinne nicht. Freilich wird zuweilen die Charta der Vereinten Nationen als „Verfassung" der Staatengemeinschaft bezeichnet. Dies ist jedoch eine bildhafte Ausdrucksweise, mit der der Rang der Charta betont werden soll. Noch weiter auf dem Weg hin zu einer Verfassung und damit zu einer verfaßten Herrschaftsordnung ist die Europäische Union, insbesondere die supranationale EG. Genau hierin besteht ja aber auch ihr besonderer – supranationaler – Charakter, der sie von anderen – internationalen – Kooperationszusammenhängen zwischen Staaten unterscheidet.

formale Herrschaft im Innern von Staaten vs. formale Herrschaftslosigkeit zwischen ihnen

Die zweite einleitende Anmerkung betrifft das, worauf sich diese staatliche Herrschaft im Innern bezieht. Der traditionellen Staatsrechtslehre folgend kann man Staatlichkeit an den drei Elementen Staatsgebiet, also Territorium, Staatsvolk, also dem jeweiligen Staat formal angehörende Bevölkerung, und Staatsgewalt, also die tatsächliche und als legitim und formal höchstrangig anerkannte Macht des Staates, unterscheiden. Auf alle drei Elemente kann sich nun – heutzutage[2] – internationale Kooperation beziehen. In Teilkapitel 5.1 werden wir

3 Elemente von Staatlichkeit

---

1 Die Betonung liegt hier auf „formal". Niemand bestreitet, daß die Beziehungen zwischen Staaten von Macht geprägt sind und daß die Staaten in materieller (im Gegensatz zu formal-völkerrechtlicher) Hinsicht ungleich sind. In einem anderen, nicht-formalen Sinne des Begriffs „Herrschaft" können internationale Macht*strukturen*, die Ungleichheit auf Dauer aufrechterhalten, als Ausübung von Herrschaft bezeichnet werden und dann herrschaftskritisch untersucht werden.

2 Während die äußere Abgrenzung von Territorium und Bevölkerung von Beginn des modernen Staatensystems an gleichsam aus der Natur der Sache heraus äußere, also internationale

Formen der internationalen Zusammenarbeit im Hinblick auf Territorialfragen und solche der Personalhoheit und inneren Sicherheit betrachten, in Teilkapitel 5.2 Fragen der internationalen Kooperation im Hinblick auf die Wahrung und Ausübung von Grundrechten, mithin der innerstaatlichen Herrschaftsausübung.

Formen und Foren der Kooperation

Im Laufe des Kapitels werden wir dabei unterschiedliche Formen der Kooperation betrachten: solche, die ad hoc (= lat. zu diesem [Zweck], also eher einmalig-punktuell) erfolgt, und vor allem solche, die institutionalisiert erfolgt, also auf Dauer angelegt ist. Dabei werden uns eine Reihe von Foren, also Organisationen oder internationale Verhandlungszusammenhänge begegnen, in denen solche Kooperation ausgehandelt wird und in deren Rahmen sie zum Teil erfolgt. Im einzelnen wird es um die Europäische Union, näherhin ihren dritten Pfeiler, ebenso gehen wie um den Europarat und die KSZE/OSZE. Schließlich wird jeweils ein Kooperationsfall aus der Zeit des Ost-West-Gegensatzes (in 5.1.1 und 5.1.2) kontrastiert mit Kooperationsformen in der Zeit nach seinem Ende. Insgesamt soll somit ein inhaltlich wie formal differenziertes Bild von der zwischenstaatlichen Zusammenarbeit im Sachbereich Herrschaft, von ihren Bedingungen und Grenzen sowie von politikwissenschaftlichen Möglichkeiten ihrer Analyse gezeichnet werden.

5.1 Kooperation in Fragen der Gebiets- und Personalhoheit sowie der inneren Sicherheit

5.1.1 Der kooperative Umgang mit Territorialkonflikten

Grundbegriffe der Konfliktanalyse

Unser erster Gegenstand in diesem Kapitel ist also der kooperative Umgang mit Territorialkonflikten. Um uns ihm zu nähern, müssen zuerst einige Grundbegriffe der Konfliktanalyse geklärt werden. Diese sind weit über den gegenwärtigen Zusammenhang hinaus von grundlegender politikwissenschaftlicher Bedeutung, weshalb Sie sich mit diesen begrifflichen Unterscheidungen genau vertraut machen sollten. Zunächst wird in der Konfliktanalyse strikt unterschieden zwischen dem Konflikt als solchem und der Form, in der er ausgetragen wird. *Konflikt* ist eine *unvereinbare Positionsdifferenz* in einer bestimmten oder über eine bestimmte Sache, den *Konfliktgegenstand*. Dies kann ein realer Gegenstand sein, wie der sprichwörtliche Zankapfel, oder eine abstrakte Streitfrage, etwa die Regelung des Zugangs zu einem bestimmten Gebiet. Neben der „objektiven" Seite des Konflikts, der unvereinbaren Positionsdifferenz[3], wird die subjektive Seite

---

Aspekte aufweist, ist die Ausübung der staatlichen Herrschaftsgewalt im Innern, also gegenüber der eigenen Bevölkerung, erst im Laufe des 20. Jahrhunderts, verstärkt nach 1945, zum legitimen Gegenstand auch internationaler Regelungen geworden; vgl. dazu List u.a. 1995, Kap. 2.4.

3 Objektiv wird hier verwendet, um die Positionsdifferenz von der klar subjektiven Einstellungskomponente zu unterscheiden. Es steht in Anführungszeichen, da die Unvereinbarkeit nicht, zumindest nicht immer, in der Natur der Sache liegt, sondern natürlich von der – letztlich auch subjektiven – Position, den Interessen, der beteiligten Akteure abhängt. Ein Teil des

unterschieden, die Einstellung oder *Attitüde* der Konfliktparteien zu dieser Positionsdifferenz und den übrigen Akteuren. Schließlich wird der Konflikt erst sichtbar, manifest, durch das *Konfliktverhalten* mindestens einer Konfliktpartei. Aus dem Konfliktverhalten aller Beteiligten resultiert der *Konfliktaustrag,* bei dem vor allem die Form – gewaltsam oder friedlich – von Bedeutung ist. Mittels dieser Begrifflichkeit läßt sich unser Thema reformulieren: es geht um die Bedingungen kooperativen, das heißt nicht gewaltsamen, sondern bestimmten Regeln folgenden Austrags von Territorialkonflikten. Dies ist, wohl gemerkt, weniger als eine Konflikt*lösung,* was eine Beseitigung der Positionsdifferenz bedeuten würde, aber angesichts des Zerstörungspotentials zwischenstaatlicher Gewaltanwendung pragmatisch dennoch sehr erstrebenswert.

Miteinander unvereinbare Gebietsansprüche sind eine der häufigsten Formen internationaler Konflikte. Zudem zeichnen sie sich dadurch aus, daß sie häufig gewaltsam ausgetragen werden.[4] Die Frage nach dem kooperativen Umgang mit ihnen ist deshalb von erheblichem Belang. Ihr geht Gudrun Schwarzer (1994a, hieraus die folgenden Zitate; ausführlich: 1994b) in ihrer hier zugrundegelegten Arbeit an Hand dreier europäischer Territorialkonflikte der Nachkriegszeit nach: dem Konflikt um das Saarland, um Berlin sowie um den Status von Österreich. Die beiden ersten Fälle sollen hier als Beispiele dienen. Die kooperative Form des Konfliktaustrags, die sie interessiert, bezeichnet sie als friedliche Konfliktregulierung. Diese „stellt eine Form der Deeskalation dar, die sich dadurch auszeichnet, daß die Konfliktparteien sich bei Weiterbestehen grundsätzlicher Differenzen auf bestimmte Prinzipien, Normen und Regeln einigen, die in Zukunft ihr Verhalten hinsichtlich des Konfliktgegenstandes anleiten." (243) Wie, unter welchen Bedingungen, sich diese Austragsform und damit ein kooperativer Umgang mit Territorialkonflikten ergibt, ist Gegenstand der Analyse. Um ihre Ergebnisse diskutieren zu können, ist zunächst die Geschichte beider hier behandelten Konflikte kurz zu skizzieren.

Territorialkonflikte, ihre Problematik und zwei europäische Beispiele

Nach Ende des Zweiten Weltkriegs machte Frankreich, wie schon am Ende des Ersten Weltkriegs, Ansprüche auf das Saarland geltend. Seine Position als Siegermacht verhalf zur Durchsetzung dieser Ansprüche. 1947 erfolgte der wirtschaftliche Anschluß des Saarlandes an Frankreich, 1950 die politische Trennung von Deutschland: das Saarland erhielt autonomen Status, wurde z.B. auch assoziiertes Mitglied im Europarat, überließ ansonsten jedoch die außenpolitische Vertretung Frankreich. Die neugegründete Bundesrepublik war jedoch nicht bereit, diese Lage hinzunehmen. Befördert durch Einigungsdruck der angelsächsischen Siegermächte kam es zu zähen deutsch-französischen Verhandlungen. Frankreich verknüpfte seine Zustimmung zur NATO-Mitgliedschaft der Bundesrepublik mit einer Regelung der Saarfrage, die 1954 in Form des sog. Saarstatuts gefunden wurde. Es enthielt inhaltlich weitgehende Konzessionen der Bundesrepublik: Bestätigung der Wirtschafts- und Währungsunion des Saarlan-

Fall Saarland

---

kooperativen Umgangs mit Konflikten kann deshalb darin bestehen, auszuloten, inwiefern die Positionen denn tatsächlich unvereinbar sind, d.h. der Konflikt nur ein scheinbarer ist. Es ist jedoch von der Existenz echter Unvereinbarkeiten und damit von realen Konflikten auszugehen. Dies erscheint in der sozialen Welt sogar geradezu als Normalfall. Gerade deshalb ist der kooperative Austrag solcher Konflikte so wichtig.

4 Vgl. List u.a. 1995, Kap. 2.2.1.

des mit Frankreich, keine Zulassung prodeutscher Parteien im Saarland, jedoch auch Regeln für eine Volksabstimmung über den Status des Saargebiets unter internationaler Kontrolle. In dieser Abstimmung sprach sich die Bevölkerung wider Erwarten im Oktober 1955 mit Zwei-Drittel-Mehrheit gegen das Saarstatut, also den internationalisierten Status des Saarlandes, und damit indirekt für eine Wiedereingliederung in die Bundesrepublik aus, die 1957 vollzogen wurde. Dies stellte dann eine Lösung des Konflikts dar, da Frankreich das Ergebnis akzeptierte. Die friedliche Konfliktregulierung war jedoch davor im Saarabkommen vom 24.10.1954 angelegt.

Fall Berlin

Auch Berlin, am Ende des Zweiten Weltkriegs zwischen den Siegermächten viergeteilt, wurde im Zeichen des Ost-West-Konflikts zum Gegenstand ost-westlicher Konflikte, die zeitweilig am Rande des gewaltsamen Austrags waren (Berlinblockade 1948/49, Berlinkrise 1958). Ziel des Westens war es, störungsfreien Zugang zu den westlichen Teilen der Stadt zu erhalten, der aufgrund der geographischen Lage mitten in der DDR von östlicher Seite leicht zu behindern war. Erst durch das Viermächteabkommen von 1971 gelang die Überführung aus einer Phase des zwar nicht offen gewaltsamen, aber ungeregelten Konfliktaustrags in eine Phase des regulierten Konfliktaustrags mit Regeln für den Zugang nach Berlin, die Bindung Westberlins an die Bundesrepublik sowie die Bewegungsfreiheit innerhalb Berlins. Auch in diesem Falle stellen die Regelungen aus Sicht zumindest einer Seite, der sowjetischen, ein deutliches Nachgeben gegenüber den Ausgangspositionen dar. Im Zuge der deutschen Einheit wurde 1990 der Konflikt schließlich gelöst.

Hypothesen zur Erklärung des regulierten Konfliktaustrags

Zur Erklärung des Zustandekommens des geregelten Konfliktaustrags stellt Schwarzer ein Prozeßmodell auf, wie es unter bestimmten Bedingungen und durch – zähe – Verhandlungen zu einem Abkommen über geregelten Umgang mit dem Konflikt kommt. In diesem Modell integriert sie Hypothesen über die Rolle der Macht sowie die Kosten-Nutzen-Erwägungen der beteiligten Akteure. Dies soll hier nicht im einzelnen nachgezeichnet werden. Statt dessen sei ihr zusammenfassendes Ergebnis zitiert und kurz erläutert. Die integrierte Hypothese zur Erklärung von reguliertem Austrag von Territorialkonflikten lautet (272, Einschübe in eckigen Klammern von mir, ML), daß er zustandekommt, wenn

„(a) militärische Ressourcen aufgrund eines Kräftegleichgewichts [so im Berlin-Fall] oder aus anderen Gegebenheiten [so im Saar-Fall, wo Frankreich zumindest durch die angelsächsischen Alliierten gebremst wurde] heraus nicht einsetzbar sind";

Erläuterung: die Nichteinsetzbarkeit militärischer Mittel ist einerseits eine – für den Verlauf des Konfliktaustrags positive – Besonderheit der behandelten Fälle; sie verweist andererseits auf die Bedeutung des Faktors Machtgleichgewicht.

„(b) im Problemfeld ein für beide Seiten ‚schmerzhafter' Zustand eingetreten ist";

Erläuterung: Die „Schmerzhaftigkeit"[5] bestand im Saar-Fall auf deutscher Seite von Beginn des Konfliktes an aufgrund der mit der Abtrennung des Saargebiets verbundenen Souveränitätsverletzung, für Frankreich ergab sie sich aus der zu-

---

5 Die Bezeichnung „schmerzhaftes Patt" ist die Eindeutschung des von angelsächsischen Konfliktforschern geprägten Ausdrucks „hurting stalemate". Anführungszeichen sind angebracht, weil Staaten natürlich nicht im eigentlichen Sinne empfindungsfähig sind.

nehmenden Erstarkung der Bundesrepublik, deren ökonomischer und militärischer Beitrag zum Westen vor allem von den USA erwünscht war. Im Berlin-Fall bestand sie von Beginn an für den Westen, für die Sowjetunion erwuchs sie erst Ende der 60er Jahre aus der Drohung von Konflikten an zwei Fronten, im Westen (u.a. Berlin) und im Osten (Grenzkonflikt mit China). Erst allseitige Schmerzhaftigkeit erzeugt auch allseitigen Bedarf für ein Übereinkommen, die notwendige Voraussetzung für regulierten Konfliktaustrag.

„c) eine der Konfliktparteien [und zwar die in bezug auf den eigentlichen Konfliktgegenstand nachgebende, ML] in dieser Situation aus der Regulierung des Konfliktes Gewinne für ihre akut bedrohte Sicherheit ziehen kann";

Erläuterung: Erst die Bedrohung des hochrangigen Gutes Sicherheit – das offenbar noch höher veranschlagt wird als Ansprüche zumindest auf begrenzte Gebiete – macht die Konfliktparteien kooperationsgeneigt. Sie resultierte im Saar-Fall für die Bundesrepublik aus der drohenden Ablehnung seiner NATO-Mitgliedschaft durch Frankreich, im Berlin-Fall für die Sowjetunion aus dem erwähnten Grenzkonflikt mit China. Die beiden bedrohten Staaten wurden dadurch bereit, inhaltlich Zugeständnisse im jeweiligen Problemfeld (Saar/Berlin) zu machen.

„(d) zudem die Realisierung dieser Gewinne nur in einem begrenzten Zeitraum [...], also unter Zeitdruck möglich ist."

Erläuterung: Die Variable Zeitdruck befördert häufig (internationale) Verhandlungen. Er resultierte im Saar-Fall aus der Koppelung der Saarfrage mit der für Oktober 1954 vorgesehenen Unterzeichnung der Pariser Verträge über den NATO-Beitritt Westdeutschlands, im Berlin-Fall aus der Tatsache, daß die Entspannungspolitik u.a. durch das Viermächteabkommen während der Amtszeit der Regierung Brandt vorangebracht werden mußte, da nicht sicher war, wie lange deren – knappe – Mehrheit bestehen würde.

Die Untersuchung dreier Territorialkonflikte (von denen hier nur zwei präsentiert wurden) durch Gudrun Schwarzer ergibt also zunächst, daß in Europa solche Konflikte im Prinzip auch friedlich reguliert werden können, also ein kooperativer Umgang mit ihnen möglich ist. Allerdings sind die Bedingungen hierfür restriktiv und herbe „realistisch" (im Sinne des realistischen Ansatzes). Wie sie selbst feststellt, besteht angesichts der Ergebnisse „wenig Anlaß zum Optimismus, da die Regulierung dieser drei ‚territorialen Machtkonflikte' unter Bedingungen erfolgte, die nur äußerst schwer herzustellen oder zu beeinflussen sind." (244) Sie gelangt zu dieser Feststellung freilich auch, weil sie die Bedeutung der strukturellen Machtgegebenheiten, die sich in der Tat der kurzfristigen Manipulation entziehen, als hoch veranschlagt. Andererseits zeigt gerade das Saar-Beispiel doch auch – und mit einer eher diplomatiegeschichtlichen denn hypothesentestenden Herangehensweise wäre dies wohl noch stärker herauszuarbeiten gewesen –, daß im Einzelfall der Einfluß eines gewichtigen Akteurs, hier der USA, von erheblicher Bedeutung auch für die Manipulation scheinbar struktureller Faktoren, in diesem Fall der Unanwendbarkeit von Gewalt seitens Frankreichs ebenso wie der Zunahme an politischem Gewicht seitens der Bundesrepublik, war. Für die Regulierung, den kooperativen Umgang mit Territorialkonflikten oder gar ihre Lösung mag der Spielraum der internationalen Politik

Aus- und Bewertung der Ergebnisse

also klein sein. Doch gerade, wenn dies der Fall ist, ist seine volle Nutzung, jetzt normativ gesprochen, umso wichtiger. Was sich dabei unter Einsatz geschickter Diplomatie herausholen läßt, zeigt wohl nicht zuletzt die jüngste Lösung zumindest der territorialen Aspekte eines der größten Konflikte nicht erst der Nachkriegszeit: der deutschen Frage im Wege der international abgestimmten deutschen Vereinigung.[6]

5.1.2 Kooperation in Fragen der Personalhoheit und der inneren Sicherheit: das Beispiel des dritten Pfeilers der EU

international vs. supranational: juristische Unterscheidung mit politischer Bedeutung

In Kapitel 1 hatten wir unter anderem folgende drei Merkmale der Supranationalität herausgearbeitet: die Begründung eigenständiger Organe, die zum Teil mit eigenem, nicht von den Mitgliedstaaten delegiertem Personal ausgestattet sind (so die Kommission und der EuGH) bzw. direkt gewählte Vertreter versammeln (so das EP) und dabei aus eigenen Mitteln finanziert werden; die Kompetenz, für die Mitgliedstaaten unmittelbar geltendes Recht zu schaffen (durch Verordnungen, Richtlinien und Entscheidungen), ohne den Umweg über völkerrechtliche Verträge, die erst von den Mitgliedstaaten in nationales Recht umgesetzt werden müssen; schließlich die Befugnis eines übergeordneten Gerichtshofs – hier des EuGH –, über die Auslegung des so geschaffenen (Sekundär-) Rechts wie auch der zugrundeliegenden primärrechtlichen Verträge verbindlich zu entscheiden. Vor allem das Nichtzutreffen der letzten beiden Punkte markiert juristisch klar den Unterschied zwischen dem supranationalen ersten Pfeiler der EU, also den drei Gemeinschaften, und den beiden international-kooperativen Pfeilern: der Gemeinsamen Außen- und Sicherheitspolitik (GASP) sowie der Zusammenarbeit in den Bereichen Justiz und Inneres (ZBJI). Auf die GASP, den zweiten Pfeiler der EU, werden wir erst im dritten Teil zu sprechen kommen. Hier geht es um den dritten Pfeiler: die ZBJI. An ihrem Beispiel soll gezeigt werden, daß die juristische Unterscheidung zwischen Internationalität und Supranationalität nicht nur „eine Formalität" ist, sondern auch von politischer (und damit politikwissenschaftlicher) Bedeutung.

Einschränkung der Thematik: Asylrecht als ein Teilgebiet, Datenschutz als ein Teilaspekt

Zunächst ist zu klären, was hier konkret unter dem Stichwort Kooperation in Fragen der Personalhoheit und der inneren Sicherheit behandelt werden soll. Beides sind potentiell sehr weite Felder. Was die Personalhoheit anbelangt, so wird zwar durch Art. 8 EUV eine Unionsbürgerschaft eingeführt[7], die auch eine Reihe von Rechten mit sich führt (Freizügigkeit innerhalb der EU; Wahlrecht bei Kommunalwahlen sowie zum EP auch in einem EU-Staat, dessen Angehöriger man nicht ist; Recht auf diplomatische Vertretung und konsularischen Schutz

---

6 Vgl. hierzu die diplomatiegeschichtliche Rekonstruktion der Ereignisse durch Zelikow und Rice 1995, die nicht ohne Grund im Untertitel von „Staatskunst" sprechen. Auch wenn politikwissenschaftliche Analyse bestrebt ist, solche „Kunst" (des Möglichen, wie häufig gesagt wird) zu entmystifizieren und durch Erklärung faßbar zu machen, bedeutet dies doch nicht zu leugnen, daß diplomatische Verhandlungen mehr oder weniger geschickt geführt werden können, oder zu behaupten, daß „handwerkliche" Erfahrung der politischen Akteure unerheblich wäre (vgl. auch die Bedeutung der „kybernetischen Hypothese" in Kap. 4.1.3 oben).
7 Vgl. hierzu Jessurun d'Oliveira 1995 sowie eine Reihe weitere Beiträge in Rosas/Antola 1995.

außerhalb der EU durch Vertretungen jedes EU-Staates; Petitionsrecht beim EP). Die Unionsbürgerschaft wird jedoch nicht direkt verliehen oder erworben. Vielmehr hat sie automatisch, wer die Staatsangehörigkeit eines EU-Mitgliedsstaates besitzt. Die Mitgliedstaaten haben insofern also weiterhin die uneingeschränkte Personalhoheit und folgen in Sachen Staatsangehörigkeit auch weiterhin unterschiedlichen Prinzipien, in Frankreich etwa dem ius soli (lat. = Recht des Bodens; Franzose wird man, vereinfacht gesagt, also durch Geburt auf französischem Territorium), in Deutschland dem ius sanguinis (lat. = Recht des Blutes; Staatsangehörigkeit bestimmt sich also nach Abstammung).[8] Problematischer als diese Uneinheitlichkeit des Staatsangehörigkeitsrechts war jedoch, vor allem nach Wegfall der Binnengrenzkontrollen, der unterschiedliche Umgang mit Angehörigen dritter, also Nicht-EU-Staaten, die nur zeitweiligen Aufenthalt in der Union suchen. Dies gilt neben Touristen und Migranten vor allem für Asylsuchende, weshalb hier exemplarisch auf die Probleme der Vereinheitlichung des europäischen Asylrechts eingegangen werden soll. Dieses Teilgebiet der Personalhoheitsfragen ist auch deshalb von Belang, weil sich an ihm zeigt, wie offen die Union sich künftig gibt oder wie sehr die Befürchtung einer „Festung Europa" zur Realität wird. Daneben wird kurz die Frage des Datenschutzes als *ein*, ebenfalls bedeutender, Teilaspekt der Kooperation in Sachen innere Sicherheit angesprochen. Mehr als ein Antippen dieser beiden Komplexe aus dem umfangreichen Spektrum der ZBJI ist hier nicht möglich.[9]

Vorläufer der heute, also seit dem Vertrag über die Europäische Union, als „Zusammenarbeit in den Bereichen Justiz und Inneres" bezeichneten internationalen Kooperation von Mitgliedstaaten der EG finden sich seit Mitte der 1970er Jahre. Damals wurde als Form der informellen Zusammenarbeit der Innen- und Justizminister der EG-Staaten die sog. *TREVI-Gruppe* geschaffen, wobei dieses Akronym (Kunstwort aus den Anfangsbuchstaben einer Abkürzung; die EU spielt dieses Sprachspiel mit Vorliebe und häufig, so auch hier, durchaus mit Erfolg) zugleich den Anlaß der Entstehung der Gruppe zu erkennen gibt: TREVI steht für die französische Bezeichnung „Terrorisme, Radicalisme, Extrémisme, Violence Internationale". 1986, im Lichte neuer Problemlagen, wurde dann die „*Ad-hoc-Gruppe Einwanderung*" geschaffen, im Vorgriff auf die in der Einheitlichen Europäischen Akte[10] vorgesehene schrittweisen Verwirklichung eines Binnenmarktes, der einen „Raum ohne Binnengrenzen" darstellen sollte. Ebenfalls im Zusammenhang mit dem Problem der wegfallenden Binnengrenzkontrollen und der dadurch vielfach befürchteten Erleichterung grenzüberschreitender Kriminalität schlossen 1985 zunächst fünf Staaten (Deutschland, Frankreich und die BeNeLux-Staaten) das nach dem Unterzeichnungsort benannte *Schengener Abkommen*. Heute haben es 13 der 15 EU-Mitgliedstaaten unterzeichnet (nicht aber Großbritannien und Irland), angewandt wird es bereits von sieben

Schritte auf dem Weg zur ZBJI

---

8 Zu den historischen Wurzeln dieser beiden Prinzipien in Frankreich und Deutschland vgl. Brubaker 1994.
9 Als Überblick zur Politik der ZBJI vgl. auch den Boer 1996.
10 Art.13 der EEA fügte in den EWGV den neuen Art.8 A mit der Zielformulierung grenzenloser Binnenmarkt ein; heute, nach Inkrafttreten des Maastrichter Vertrages (EUV), ist dies Art.7 A des nunmehr EGV genannten Vertrages zur Gründung der Europäischen Gemeinschaft, der vormaligen Europäischen Wirtschaftsgemeinschaft (vgl. oben Kap.1, Anm. 59).

dieser Staaten. Es wurde 1990 durch das sog. *Schengener Durchführungsübereinkommen* ergänzt, das zahlreiche gemeinsame und einheitliche Sicherheitsmaßnahmen zum Ausgleich des durch den Abbau der Grenzkontrollen befürchteten Sicherheitsverlusts vorsieht. Wie schon im Falle des ursprünglichen Schengener Abkommens erweist sich die tatsächliche Umsetzung jedoch als schwieriger denn erhofft, und der vollständige Abbau der Grenzkontrollen erfolgt für einige Länder mit Verzögerung. Andere, der EU neu beigetretene Staaten wie auch „Altmitglieder", die der ZBJI aus unterschiedlichen Gründen skeptisch gegenüberstehen, wollen ihre Grenzkontrollen beibehalten (Großbritannien, Irland, Dänemark, Schweden und Finnland). Für alle Mitgliedstaaten bindend ist dagegen das *Dubliner Abkommen* von 1990, das den für die Prüfung eines Asylantrages zuständigen Staat – nämlich der erste von einem Asylsuchenden erreichte EU-Staat – bestimmt. Es enthält in Art.3 (5) auch die sog. Drittstaatenregelung, die die (Zurück-)Verbringung von Asylsuchenden in als sicher geltende, also ein rechtsstaatliches Asylverfahren gewährleistende (und also nicht einfach weiter abschiebende) dritte (auch Nicht-EU-) Staaten, vorsieht, ohne daß ihr Asylantrag in einem EU-Staat überhaupt geprüft werden müßte. Im Wege der auch in diesem Punkt durchaus kontroversen Verhandlungen der Intergouvernementalen Konferenz über die Politische Union wurde schließlich die Zusammenarbeit in den Bereichen Justiz und Inneres durch Art. K (und K.1 bis 9) des Vertrags über die Europäische Union deren dritter, intergouvernementaler (auf der Zusammenarbeit zwischen *Regierungen* beruhender) Pfeiler.[11]

inhaltliche und organisatorische Vorgaben der ZBJI

Gemäß diesen Artikeln des EUV „betrachten", wie es in Art. K.1 heißt, die EU-Mitgliedstaaten „folgende Bereiche als Angelegenheiten von gemeinsamem Interesse" (wobei diese „weiche" Formulierung bereits zum Ausdruck bringt, daß eine echte Vergemeinschaftung dieser Politikbereiche im Sinne ihrer Supranationalisierung nicht stattfindet): Asylpolitik, Einwanderungspolitik, Bekämpfung von Drogenabhängigkeit und -handel, internationalem Betrug, Terrorismus und Kriminalität sowie Zusammenarbeit im Zollwesen und in Zivil- und Strafsachen. Der Rat kann in diesen Bereichen gemeinsame Standpunkte festlegen, Maßnahmen annehmen oder (völkerrechtliche!) Übereinkommen ausarbeiten und den Mitgliedstaaten zur Annahme empfehlen, wobei außer für die Bereiche Zoll, Strafrecht und Bekämpfung grenzüberschreitenden Terrorismus, Drogenhandels und von Kriminalität auch die Kommission neben den Mitgliedstaaten ein Initiativrecht hat. Das Europäische Parlament ist an der ZBJI nicht wirklich beteiligt, wird gemäß Art. K.6 vielmehr nur „unterrichtet" und seine Auffassungen „gebührend berücksichtigt". Die Ansicht des EP, verteten in einem Bericht

---

11 Zur aktuellen Entwicklung im Bereich der ZBJI vgl. Schelter 1996; der Amsterdamer Vertrag sieht, wie erwähnt, mit allerdings großzügigen Fristen die „Vergemeinschaftung" der Visa-, Asyl- und Einwanderungspolitik sowie des Schengener Abkommens vor (Art.2 Nr.15 AV, der den neuen Titel III a in den EGV einfügt), wobei – daher die Anführungszeichen – allerdings für künftige Beschlüsse nur für den Visabereich der automatische Übergang zu Mehrheitsentscheidungen und der Beteiligung des Europäischen Parlamentes im Wege des Mitentscheidungsverfahrens vorgesehen ist. Vorgesehen ist, immerhin, auch eine gewisse Zuständigkeit des EuGH für die vergemeinschafteten Bereiche des dritten Pfeilers. Zunächst jedoch, bis zum Inkrafttreten des Amsterdamer Vertrages, bleibt es für den dritten Pfeiler bei der internationalen Kooperation, und auch danach wird er nicht sofort und vollständig in den supranational-integrierten Bereich überführt.

seines Ausschusses für bürgerliche Freiheiten und innere Angelegenheiten, daß die ZBJI insgesamt wegen ihrer unmittelbaren Bedeutung für Grundrechte in die gemeinsame Verantwortung des EP und der nationalen Parlamente gehöre, hat unter den Staatenvertretern also keine Mehrheit gefunden. Vielmehr bedurfte es gegen den Widerstand vor allem der britischen Regierung schon erheblichen Aufwandes, um die jetzt vorgesehene Kooperation zwischen den Regierungen überhaupt im Vertrag zu verankern. Für diese Kooperation wird nach Art. K.4 EUV ein System von Ausschüssen eingerichtet, geleitet von dem entsprechend K.4-Ausschuß genannten Gremium von Regierungsvertretern der nationalen Innen- und Justizministerien, dem drei hochrangige Steuerungsgruppen (SG) zuarbeiten: SG I in Immigrations- und Asylfragen, SG II in Sachen der Durchsetzung des Rechts (worunter auch die früher von der TREVI-Gruppe behandelte Materie fällt) sowie SG III für die Bereiche Straf- und Zivilrecht. Aus den Anfängen von Ad-hoc-Regierungskooperation ist somit ein dichtes Netz von Institutionen der intergouvernementalen Kooperation geworden, das aber eben, und hier setzt die Kritik an, praktisch gänzlich ein „Spiel" zwischen Regierungen geblieben ist.

Wie bereits angedeutet, weist die ZBJI und ihre Umsetzung in die Praxis zahlreiche Probleme auf. Dabei soll es hier weniger um die praktischen Probleme gehen, die sich etwa bei der Umsetzung der Schengener Abkommen beim Aufbau internationaler Computersysteme aus der Verwendung von griechischen Schriftzeichen ergeben. Vielmehr soll es um die politische Problematik des Aufbaus solcher Systeme wie der im wesentlichen intergouvernementalen Zusammenarbeit in diesen Bereichen allgemein gehen. Probleme auf drei Ebenen seien dabei – ohne Anspruch auf Vollständigkeit – hier hervorgehoben:

politische Probleme der ZBJI

Wie in vielen Bereichen der EU-Politik, auf denen eine Angleichung von Bestimmungen und Verfahren angestrebt wird, stellt sich auch für die ZBJI das Problem, daß die Mitgliedstaaten hier ganz unterschiedliche Traditionen aufweisen. Anders als im Zusammenhang der Harmonisierung von Produktstandards ist hier jedoch eine Lösung über den Mechanismus des regulativen Wettbewerbs durch wechselseitige Anerkennung (vgl. oben Kap. 3.3.2) nicht möglich. Auch sind die Traditionen, betreffend etwa das Verhältnis von Polizei und Gesellschaft, die Verbreitung von Schußwaffen oder auch die Drogenpolitik, nicht nur zum Teil lange gewachsen, sondern dementsprechend auch in der „Grundphilosophie" der Staaten verwurzelt, was eine Annäherung nicht erleichtert. So wurden etwa die Niederlande wegen der von ihnen verfolgten liberalen Drogenpolitik sowohl von Frankreich als auch von Deutschland kritisiert, und Frankreich hat 1993 unter Hinweis darauf auch den gemäß dem Schengener Abkommen vorgesehenen Abbau der Grenzkontrollen zunächst ausgesetzt.[12]

das Problem unterschiedlicher nationaler Traditionen

Ein zweites Problem, das aus der internationalen und näherhin intergouvernementalen Form der Kooperation in den Bereichen Justiz und Inneres resultiert, betrifft die – eher beschränkte – Beteiligung an Beschlußprozessen. Wie ausgeführt, ist das Europäische Parlament nicht in einer Form an der ZBJI beteiligt, die ihm im Konfliktfall auch Durchsetzungschancen gegenüber den Regierungs-

das Problem der Beteiligung an Beschlußprozessen

---

12 Es ist vielleicht daher kein Zufall, wenn gerade ein niederländischer Kollege den Versuch unternommen hat, die Kooperation zwischen Staaten mit unterschiedlicher Staats- und Polizeitradition in den Kategorien der soziologischen Zivilisationstheorie Norbert Elias' zu erfassen, vgl. Kapteyn 1996.

vertretern im Rat verschaffen würde. Die Kommission hat zwar gemäß Art. 100c EUV im Bereich der Visapolitik das Vorschlagsrecht zur Bestimmung der Länder, deren Angehörige zur Einreise in die EU ein Visum benötigen. Auch hat sie in den oben genannten Bereichen der ZBJI ein Initiativrecht – nicht jedoch, wie im Rahmen der EG, das alleinige Initiativrecht; vielmehr können auch die Mitgliedstaaten die Initiative ergreifen. Auch liegt das weitere und letztendliche Beschlußrecht beim Rat, also bei den Regierungen. Die Kommission hat sich daher im Vorfeld des EUV – wie übrigens auch Deutschland, Belgien und Luxemburg – gegen den Parallelismus von supranationalen Gemeinschaften und internationaler Kooperation gewendet, in dem sie die Gefahr der Uneinheitlichkeit der Regelungen in Pfeiler 1 und 3 erblickte. Darüber hinaus sehen Kritiker, zu denen – wie erwähnt – auch das Europäische Parlament gehört, auch die Gefahr, daß das überwiegend zwischen Regierungen, auf der Ebene höherer Beamter und in Ausschüssen abgewickelte Beschlußverfahren nicht wirklich transparent und damit kontrollfähig ist. Es gehe nicht an, daß über Grundrechtsfragen ohne Beteiligung parlamentarischer Gremien entschieden werde, sei es das EP oder die nationalen Parlamente. Von letzteren wurde etwa nur dem niederländischen das Schengener Abkommen zur Ratifikation vorgelegt, und auch hier erfolgte sie ohne Debatte.

das Problem des Schutzes von Grundrechten

Damit zusammen hängt auch die dritte Problematik. Für die Auslegung internationaler Vereinbarungen zwischen den Regierungen ist der EuGH nicht zuständig – es sei denn, die Regierungen beschließen dies ausdrücklich (was nach Art. K.3 (2) EUV möglich ist). Dies gilt auch für die Kooperation zwischen weniger als allen EU-Staaten, etwa im Rahmen des Schengener Abkommens. Dessen Exekutivausschuß hat 1992 auf Drängen Belgiens, der Niederlande und Italiens zumindest die Prüfung der Frage versprochen, dem EuGH Kompetenzen einzuräumen. Frankreich freilich war strikt dagegen.[13] Doch nicht nur die weitgehend fehlende richterliche Kontrolle ist problematisch. Problematisch für den Gehalt von Grundrechten kann auch eine von jeweils einseitig aus Regierungsperspektive wahrgenommenem Problemdruck vorangetriebene Politik sein. Dies sei abschließend anhand der Beispiele Asylrecht und Datenschutz skizziert.

Beispiel Asylrecht

Zwar verpflichten sich die Mitgliedstaaten durch Art. K.2 EUV bei der ZBJI zur Beachtung sowohl der im Rahmen des Europarates 1950 verabschiedeten Europäischen Menschenrechtskonvention als auch des Genfer UNO-Flüchtlingsabkommens von 1951. Nicht nur – aber aufgrund seiner aus Regierungssicht in diesem Zusammenhang „günstigen" geographischen Mittellage gerade – in Deutschland stellt sich allerdings die Frage, was faktisch nach den im Rahmen des Dubliner Abkommens beschlossenen Regeln von einem Grundrecht auf Asyl bleibt, wenn potentiell Asylsuchende das Asylland entweder gar nicht mehr erreichen können[14] oder ohne eigentliche Prüfung wieder in einen Drittstaat abge-

---

13 Für diesen ganzen Abschnitt ist als eine der wenigen kritischen, gut dokumentierten Studien zur ZBJI die Arbeit von Spencer 1995 zu empfehlen. Dort, S. 63, auch die soeben gemachten Angaben.

14 Insbesondere für Deutschland gilt, daß der – legale – Landweg praktisch abgeschnitten ist, da jeweils ein „sicheres Drittland" zu durchqueren ist. Die Visumspflicht ist für potentielle Asylanten aus naheliegenden Gründen in ihren Heimatstaaten häufig kaum zu erfüllen. Der Luftweg schließlich wird durch die in sich nicht unproblematische Heranziehung Privater, der

schoben werden können. Auf Kritik stoßen auch die eher vagen Gründe (Bedrohung der öffentlichen Ordnung, der nationalen Sicherheit oder der internationalen Beziehungen eines Landes), die gemäß der Schengener und Dubliner Abkommen zum Ausschluß von Personen von der Einreise führen können: so wies Griechenland etwa einen Auslandskorrespondenten wegen seiner kritischen Berichterstattung über die griechische Weigerung, die ehemals jugoslawische Republik Mazedonien anzuerkennen, aus. Er hätte so leicht auf die gemeinsame Liste der von der Einreise in die EU ausgeschlossenen Personen kommen können, hätte diese bereits bestanden.[15]

Obwohl der Binnenmarkt mit seiner Vorstellung eines „Raums ohne Grenzen" eigentlich die interne Bewegungsfreiheit zum Ziel hatte, hat sich durch die Ausführungsbestimmungen des Schengener Abkommens der Akzent doch stark in Richtung Kontrolle verschoben: „only two Articles in the Convention [gemeint ist das Schengener Durchführungsübereinkommen] give guarantees to travellers, while most of the remaining 140 are devoted either to tightening external border controls or to a comprehensive system of internal surveillance."[16] Zu diesem Kontrollsystem im Innern gehört der Aufbau mehrerer Datensysteme, im Rahmen des Schengener Abkommens wie für die geplante Europäische Polizeibehörde (EUROPOL), als deren Vorläufer seit 1994 eine EUROPOL-Drogenstelle mit Sitz in Den Haag aufgebaut worden ist. Hier besteht die Gefahr, daß der theoretisch gewährleistete Datenschutz praktisch weniger ernst genommen wird, als es der Fall sein sollte. Zwar haben alle EU-Mitglieder die Datenschutzkonvention des Europarates von 1981 unterzeichnet, sind also an sie gebunden. Diese Konvention sieht aber keine internationalen Kontrollmechanismen zum Datenschutz vor, und die Schengener und EUROPOL-Datenbanksysteme stünden als solche außerhalb des Rahmens der Konvention. Auch haben die Konvention und die Empfehlung des Europarats über die Verwendung von persönlichen Daten im Polizeisektor von 1987 Lücken, während im Rahmen der EU eine allgemeine Datenschutzrichtlinie erst als Entwurf vorliegt. Die grenzüberschreitende Weitergabe von Daten, zumal wenn sie nicht nur etablierte Tatsachen, sondern auch Vermutungen umfaßt, ist für den einzelnen nicht unproblematisch, insbesondere, wenn er über den Inhalt der gespeicherten Daten nicht Bescheid weiß. Die Probleme bei der praktischen Umsetzung des Datenschutzes – daß das Interesse an ihm institutionell vertreten sein muß (etwa über Datenschutzbeauftragte) und der Schutz notfalls einklagbar sein sollte, was Kenntnis über die Speicherung und Verwendung von Daten voraussetzt – können bei dieser Art grenzüberschreitender Datenweitergabe gehäuft auftreten. Dem im Prinzip nicht unberechtigten Interesse an der Weiterleitung sachdienlicher Information, das von den Regierungen bzw. ihren Polizeibehörden gut vertreten ist, steht

Beispiel Datenschutz

Fluggesellschaften, zur Kontrolle von Einreisedokumenten unter der Drohung, sie sonst privatrechtlich für Folgekosten haftbar zu machen, erschwert. Zur europäischen Immigrations- und Asylpolitik vgl. neben den kritischen einschlägigen Kapiteln bei Spencer 1995 auch Bunz/Neuenfeld 1994, Philip 1994, Geddes 1995, Hailbronner 1995, Ireland 1995 sowie Nuscheler 1995, insbesondere Kapitel 6 von Teil III.

15 Spencer 1995, 68.
16 Ebd., 56. („nur zwei Artikel des Übereinkommens geben Reisenden Garantien, während die meisten der 140 übrigen der Verschärfung von Kontrollen an den Außengrenzen gewidmet sind oder einem umfassenden System von Kontrolle im Innern.")

das schwach vertretene Interesse der vielen einzelnen gegenüber, keine unzutreffenden Angaben über sich zirkulieren zu sehen. Ein angemessenes institutionelles Gleichgewicht von Datennutz- und Datenschutzinteressen erscheint im Bereich der intergouvernementalen ZBJI noch nicht gefunden.

Bilanz Auch wenn hier auf die komplizierten Fragen und Zusammenhänge des in sich weiten Bereichs der Zusammenarbeit in Sachen Justiz und Inneres als dem dritten Pfeiler der EU nicht im Detail eingegangen werden konnte, sollte dreierlei deutlich geworden sein:

1. Im Zeichen der ZBJI hat sich ein komplexes Gefüge zwischenstaatlicher Kooperation herausgebildet, das das anfängliche Stadium der Ad-hoc-Zusammenarbeit weit hinter sich gelassen hat. Angesichts der Tatsache, daß diese Kooperation klassische innere Angelegenheiten von Staaten betrifft, ist dies zunächst erstaunlich und wohl entscheidend von den – von den Regierungen wahrgenommenen – funktionalen Zwängen abhängig, die sich gleichsam als spill-over aus dem im Binnenmarktprogramm implizierten Abbau der inneren Grenzkontrollen ergeben haben.
2. Aufgrund von Eigeninteressen eben der nationalen Regierungen wie der tiefen Verwurzelung einzelner nationaler Traditionen in den Bereichen Justiz und Inneres ist die Kooperationsbereitschaft der Staaten jedoch nicht nur im einzelnen jeweils begrenzt; sie hat auch insgesamt bisher nicht ausgereicht, sie tatsächlich als supranationale Gemeinschaftspolitik zu betreiben.
3. Dies wiederum hat in einem für die Wahrung der Grundrechte von EU-Bürgern wie Nicht-EU-Bürgern so sensitiven Bereich die unangenehme Konsequenz, daß die Beschlußfassung bisher ohne direkte parlamentarische Beteiligung in eher wenig transparenten intergouvernementalen Foren erfolgt, in denen eine spezifisch von Regierungswarte geprägte Problemsicht dominiert. Institutionaslisierte Chancen zur Durchsetzung des Interesses an Grundrechtsschutz durch parlamentarische Beteiligung an der Beschlußfassung oder durch gerichtliche Kontrolle einzelner Maßnahmen sind demgegenüber bisher in der ZBJI unterentwickelt.

5.2 Kooperation in Fragen der Ausübung und Wahrung von Grundrechten

Von dem zuletzt angesprochenen Aspekt des Datenschutzes bei der Kooperation in Sachen innere Sicherheit läßt sich leicht ein Bogen schlagen zum Gegenstand des zweiten Teils des vorliegenden Kapitels, in dem es um die Wahrung und Ausübung von Grundrechten als Gegenstand internationaler Zusammenarbeit geht. Zunächst blicken wir dabei nochmals zurück in die Zeit des Ost-West-Gegensatzes und damit der KSZE. Sodann folgt ein Blick auf gegenwärtige Kooperationszusammenhänge zum Schutz von Menschenrechten im allgemeinen und Minderheitenrechten im besonderen.

5.2.1 Begrenzte Kooperation unter Bedingungen des Ost-West-Konfliktes: das Beispiel journalistische Berichterstattung

Im Titel dieses Abschnittes ist, wie vielfach in der Literatur, von *dem* Ost-West-Konflikt die Rede. Es handelt sich um eine kaum vermeidbare Kurzbezeichnung für ein komplexes, mittlerweile historisches Phänomen, die insgesamt konflikthaften Beziehungen zwischen den kommunistischen Staaten des Ostens und denen des liberaldemokratisch-kapitalistischen Westens.[17] Das Phänomen ist unter anderem deshalb komplex, weil der Ost-West-Konflikt im Grunde ein Bündel von einzelnen Konflikten um verschiedene Konfliktgegenstände darstellte. So haben wir bereits den macht-territorialen Konflikt um den Status von und Zugang nach Berlin und die kooperative Regelung des Konfliktaustrags behandelt (vgl. oben 5.1.1). Hier soll uns ein anderer Konflikt interessieren, der im Rahmen des KSZE-Prozesses einer Konfliktregulierung zu unterziehen versucht wurde: der um die Arbeitsbedingungen von Auslandskorrespondenten. Daß sich die Konflikregulierung hierbei als so schwierig erwies, hat auch damit zu tun, daß in diesem Bereich die konfligierenden menschenrechtlichen Grundpositionen beider Systeme aufeinandertrafen und damit jener Wertekonflikt manifest wurde, der vielfach als der eigentliche Grund des Ost-West-Konfliktes angesehen wird. Freilich war die KSZE auch gerade der Versuch, solche „Fundamentalkonfrontation" beider Seiten durch Kooperation im Detail aufzubrechen.[18] Bedingungen und Grenzen dieses Unterfangens werden daher am hier gewählten Beispiel besonders deutlich, wobei wir uns inhaltlich auf eine Studie von Martin Mendler (1990) stützen können.

ein Konflikt aus dem Bündel „des" Ost-West-Konfliktes

Für das Problemfeld „Arbeitsbedingungen ausländischer Journalisten" stellte Mendler Wertekonflikte zwischen Ost und West bezüglich fünf Gegenständen fest:

5 Gegenstände von Wertekonflikten

– unterschiedliche Menschenrechtsvorstellungen: der Westen sah sie als individuelle, unveräußerliche Grundrechte, der Osten lehnte diese „bürgerliche" Konzeption der Menschenrechte als Naturrecht ab[19];
– das Prinzip der Informationsfreiheit wurde im Westen, auch in den meisten Verfassungen, anerkannt, im Osten nicht; auch die im Rahmen des UN-Paktes über bürgerliche und politische Rechte von 1966, der von Ost und West unterzeichnet wurde, enthaltene Bestimmung über die Informationsfreiheit (Art.19, Abs.2) wurde vom Osten nur dank der in Abs. 3b enthaltenen Einschränkungen dieses Rechtes (im Hinblick u.a. auf den Schutz der nationalen Sicherheit und der öffentlichen Ordnung) akzeptiert;
– unterschiedliche Vorstellungen in Ost und West über die Rolle der Presse: sah der Westen eine freie Presse als Beitrag zum demokratischen Entscheidungsprozeß, war ihr im Osten die Funktion eines Erziehungs- und Mobilisierungsinstrumentes unter Kontrolle der Staatspartei zugedacht;

---

17 Über Ansätze der Interpretation des Gesamtphänomens der Ost-West-Beziehungen vgl. das gleichlautende Handbuch-Stichwort von Efinger/List 1994 sowie das einschlägige Kapitel 8 über „Inter-Systemic Conflict" in Halliday 1994.
18 Zur KSZE im Ost-West-Konflikt vgl. den Überblick von v.Bredow 1992.
19 Vgl. auch oben Kap.1, Anm. 49.

- Dissens über die Organisation intersystemarer Kommunikation: während der Westen bewußt im Zeichen der Entspannung auf den Ausbau auch von Kontakten auf nicht-staatlicher Ebene setzte, sah der Osten – wie sich im Nachhinein sagen läßt: zu Recht – hierin die Gefahr der Unterminierung seines Systems;
- schließlich bestand Dissens in der Frage der nationalen Umsetzung internationaler Verpflichtungen: während sie für den Westen keine reine innere Angelegenheit mehr war, verbat sich der Osten auch weiterhin jede Einmischung in das, was er dafür hielt.

begrenzte Konfliktregelung

Dementsprechend begrenzt war der Grad der Regelung, die der Konfliktaustrag in diesem Bereich erreichte. Ein internationales Regime, das Übereinstimmung über Prinzipien und Normen sowie detaillierte Regeln voraussetzt, die tatsächlich das Verhalten der Akteure anleiten, kam nicht wirklich zustande. Zwar enthielt die KSZE-Schlußakte in ihrem sog. Korb 3 über „Zusammenarbeit in humanitären und anderen Bereichen" unter Punkt 2 auch Bestimmungen über die „Verbesserung der Verbreitung von, des Zugangs zu und des Austausches von Information" sowie über die „Verbesserung der Arbeitsbedingungen für Journalisten". Über die Festlegung, daß diese verbessert (also jedenfalls nicht verschlechtert) werden sollten, hinaus erbrachten jedoch auch die KSZE-Folgekonferenzen von Madrid (1980-83) und Wien (1986-89) nur begrenzte Fortschritte für diesen Bereich. Immerhin machte Mendler fünf Gruppen von Normen aus, die sich auf folgende Einzelkonfliktgegenstände bezogen:

- Visabeantragung und Akkreditierung;
- Reisen im Gastland;
- Zugang zu Quellen (also u.a. persönliche Gespräche mit einzelnen Bürgern des Gastlandes);
- technische Unterstützung bei der journalistischen Tätigkeit (Im- und Export von technischen Geräten, Zurverfügungstellung von Leitungen etc.);
- das Recht der Ausweisung von Ausländern.

differenzierte Umsetzung

Was die Umsetzung dieser Normen und der wenigen konkreten Regeln anbelangt, so stellt Mendler fest, daß sie für den Westen schon deshalb eher unproblematisch war, weil er zum Teil weitergehende Rechte bereits verfassungsmäßig gewährleistete. Im Osten ergab seine Untersuchung des Staatenverhaltens eine Dreiteilung: Zu den Staaten mit (relativ) hoher Normakzeptanz und Regeleinhaltung gehörten Ungarn und Polen; im Mittelfeld lagen die Sowjetunion und die DDR; das Schlußlicht bildeten Bulgarien, die Tschechoslowakei und Rumänien.

Erklärung für den Befund

Wie läßt sich dieser Befund von begrenzter Regelung des Konfliktaustrags und unterschiedlich ausgeprägter Normkonformität im Osten erklären und was läßt sich daraus für die Bedingungen intersystemarer Kooperation lernen?

mangelnde Reziprozität, Überwindung durch linkage

Zunächst bestätigt sich, daß Wertekonflikte offenbar besonders schwierig zu regulieren sind. Im konkreten Fall der Arbeitsbedingungen für Auslandskorrespondenten bestand zunächst der aus der Natur der Sache resultierende Vorteil, daß, da es ja um Rechte von Auslandskorrespondenten ging, die Angelegenheit in sich einen internationalen Aspekt aufwies, im Unterschied zur internationalen Kooperation zum Schutz der Menschenrechte von Inländern. Ähnlich wie in diesem Bereich bestand jedoch auch im Problemfeld Arbeitsbedingungen für Journalisten nur bedingt Reziprozität in dem Sinne, daß der Osten vom Westen in gleichem Ausmaß etwas wollte wie umgekehrt. Dies heißt auch, daß die Vorenthaltung eigener, westlicher Leistungen im Problemfeld zur Ermunterung östlicher Normeinhaltung kaum eine Option war. Konkret: die Behinderung westlicher Journalisten im Osten war sinnvollerweise nicht durch die Behinderung östlicher Journalisten im Westen zu erwidern. Erst die Verknüpfung (engl.: linkage) zunächst sachfremder Regelungsmaterien, die der KSZE ja als Gesamtpaket zugrundelag – Anerkennung der Nachkriegsgrenzen für den Osten gegen Verbesserung z.B. der Arbeitsbedingungen von Auslandskorrespondenten für den Westen – ermöglichte hier ein politisches „Tauschgeschäft". materielle und symbolische Sanktionen sowie internationale Sozialisation

Die differenzierte Umsetzung der Normen und Regeln im Osten weist jedoch auch darauf hin, daß für das Ausmaß der tatsächlich erreichten Verbesserungen in der Sache, für die Journalisten, das jeweilige innergesellschaftliche Verhältnis von Staats- und Parteiapparat zum eigenen gesellschaftlichen Umfeld entscheidend war. Die allgemein liberaleren Ost-Staaten zeigten auch die deutlichste Verbesserung der Arbeitsbedingungen für ausländische Journalisten. Bedeutung innergesellschaftlicher Faktoren

Im Ergebnis zeigt der hier behandelte Fall, daß im Rahmen der KSZE durch Institutionalisierung eines kooperativen Konfliktaustrags auch der Umgang mit schwer regulierbaren Wertekonflikten verbessert werden konnte, daß dieser Verbesserung jedoch kurzfristig deutliche Grenzen durch die Natur des östlichen Herrschaftssystems gesetzt waren, die mittelfristig nur durch dessen Reform und schließliche Auflösung überwunden werden konnten. Daß gerade die im Rahmen der KSZE, auch für Journalisten, erreichte schleichende Verbesserung von Kontakten auf nicht-staatlicher Ebene hierzu einen Beitrag leisten würde[20], haben die östlichen Machteliten zwar frühzeitig erkannt, aber in der Gesamtwirkung wohl doch – glücklicherweise – unterschätzt. Ergebnis

5.2.2 Internationaler Menschenrechtsschutz in Europa

Wir haben soeben einen Ausschnitt aus der Problematik der internationalen Kooperation zum Schutz und zur Wahrnehmung von Grundrechten zu Zeiten des Ost-West-Gegensatzes betrachtet. Wenden wir uns nun zunächst Westeuropa und nach Ende des Ost-West-Gegensatzes zunehmend auch Gesamteuropa zu, so finden wir hier das weltweit dichteste Geflecht von Institutionen der grenzüberschreitenden Zusammenarbeit zum Schutz von Menschenrechten. Das heißt freilich nicht, daß dessen Wirksamkeit unbegrenzt oder voraussetzungslos wäre, was hier unter Rückgriff auf einen Beitrag von Andrew Moravcsik (1995) sowie des Verfassers (List 1992) gezeigt werden soll.

Moravcsik unterscheidet drei Mechanismen zur grenzüberschreitenden Förderung der Achtung von Menschenrechten, die er als Sanktionierung, Beschämung (shaming) und Kooptation bezeichnet und zur Gliederung seiner Darstel- 3 Mechanismen zur internationalen Förderung der Achtung von Menschenrechten:

---

20 Zur Analyse der Rolle nicht-staatlicher, transnationaler Akteure beim Wandel der östlichen Systeme vgl. z.B. Chilton 1995.

materielle und symbolische Sanktionen sowie internationale Sozialisation

lung verwendet. Hierin, jedoch nicht in der Wahl der Bezeichnung der drei Mechanismen, wollen wir ihm hier folgen.[21] Wir wollen hier von materiellen Sanktionen, von symbolischen Sanktionen, konkret der Beeinflußung der Reputation, also des internationalen Rufes eines Staates, sowie vom internationalen Sozialisationsmechanismus sprechen. Dies sei zunächst kurz erläutert. Ein eher in der Tradition von Real- und Machtpolitik stehender Ansatz internationaler Menschenrechtspolitik knüpft ökonomische Vorteile bzw. Nachteile an menschenrechtliches Wohlverhalten bzw. Fehlverhalten von Zielstaaten, arbeitet also mit positiven bzw. negativen *materiellen* Sanktionen. Mit eher *symbolischen* Sanktionen, die auf den Ruf eines Staates als Menschenrechtsachter oder -mißachter zielen, arbeitet die Reputationsstrategie. Hierzu gehört etwa die Veröffentlichung von Berichten über Menschenrechtsverletzungen in einem Staat. Schließlich wirkt ein dritter Mechanismus, der der internationalen Sozialisation, dadurch, daß relevante Institutionen und Akteure im Zielstaat, vor allem im Rechtswesen, unter Parlamentariern, aber auch im Kreise von Menschenrechts-„aktivisten" in internationale Bezüge so eingebunden werden, daß innerstaatlich der Menschenrechtsschutz mehr Gewicht bekommt. Es findet dadurch eine Einführung in eine internationale (Rechts-)Kultur statt, was man mit dem soziologischen Fachbegriff als „Sozialisation" bezeichnen kann.[22]

materielle Sanktionen: Zuckerbrot und Peitsche der EG

Die realistische Strategie der materiellen Sanktionen setzt zweierlei voraus: erstens ein ökonomisches Gefälle, das die eine Seite in die Lage versetzt, der anderen überhaupt mit der Gewährung bzw. Vorenthaltung von ökonomischen Vorteilen zu begegnen. Dies war bzw. ist einerseits im Verhältnis des Westens zum (ehemaligen) Osten der Fall, andererseits im Verhältnis der EG zu ihren Partnern unter den Entwicklungsländern. Die zweite Voraussetzung dieser Strategie besteht darin, daß die Zielstaaten auf äußeren Druck tatsächlich mit verbessertem menschenrechtlichem Verhalten reagieren. Ohne daß hier die gesamte Problematik der Wirtschaftssanktionen eingehend behandelt werden kann, sei doch an zweierlei erinnert. Unmittelbare Versuche der Beeinflussung des ehemaligen Ostblocks durch negative Wirtschaftssanktionen sind weitgehend gescheitert, zum Teil an der mangelnden Einigkeit des Westens, zum Teil, weil der Osten lieber auf einzelne ökonomische Vorteile verzichtet hat als sich äußerem Druck zu beugen. Auch die mit der EG im Rahmen der entwicklungspolitischen sog. Lomé-Abkommen verbundenen Staaten Afrikas, der Karibik und des Pazifiks (AKP-Staaten) haben darauf gedrängt, daß diese Beziehungen streng wirtschaftlich-unpolitisch und von menschenrechtlichen Auflagen frei bleiben. Dennoch hat die EG etwa gegen das Regime Idi Amins Sanktionen verhängt, ohne daß dies allerdings zu seiner Unterminierung geführt hätte. Als eher, wenn auch langfristig, wirksam hat sich schließlich die konstant angewandte Strategie der Knüpfung einer Aufnahme in die EG an die Achtung der Menschenrechte erwie-

---

21 Wie Moravcsik wollen wir von der Option des militärischen Eingreifens zum Schutz vor massiven Menschenrechtsverletzungen, also der sog. humanitären Intervention, an dieser Stelle absehen. Vgl. dazu das oben (4.2.1) kurz behandelte Beispiel des Jugoslawienkonfliktes sowie List 1996 und die übrigen Beiträge in Schmidt 1996.

22 Unter Sozialisation versteht man in Soziologie und Sozialpsychologie jenen Lern- und Erziehungsprozeß, durch den ein Individuum in den sozial-kulturellen Kontext einer Gesellschaft eingeführt und damit erst zu einem echten Mitglied dieser Gesellschaft wird.

sen, was man als positive Sanktion bezeichnen könnte. So wurde einstmals in bezug etwa auf Spanien zur Zeit Francos verfahren, dessen Assoziierungsantrag jahrelang – mangels Demokratie und Wahrung der Menschenrechte – blockiert wurde und dessen Rückkehr zur Demokratie seit Mitte der 1970er Jahre mit Mitteln der Europäischen Investiosbank unterstützt und 1986 mit der Vollmitgliedschaft in der EG „belohnt" wurde. Ähnlich steht es heute in bezug auf potentielle Beitrittskandidaten in Osteuropa, wo nicht nur eine Anpassung an den Regelungsbestand der EG betrieben wird, sondern unterstützt aus Mitteln des PHARE-Programms auch eine Verbreitung demokratischer politischer Kultur und von demokratischen Institutionen.[23] Die Strategie der positiven ökonomischen Anreize wirkt also eher langfristig und in Verbindung mit den übrigen Mechanismen.

Das Mittel der symbolischen Sanktionen, also der Beeinflussung der Reputation, kommt vor allem im Rahmen zweier Institutionen der europäischen Zusammenarbeit zum Schutz der Menschenrechte zum Tragen, dem Europarat und der OSZE. Dabei findet sich im Rahmen des Europarats, auf der Grundlage der Europäischen Menschenrechtskonvention (EMRK) von 1950, das weltweit höchst entwickelte internationale Menschenrechtsschutzsystem, das neben einem politischen Mechanismus eine international gerichtliche Überprüfung von Beschwerden einzelner betroffener Menschen, also eine Individualklage auf internationaler Ebene, vorsieht (Art. 25 EMRK). Der Europäische Gerichtshof für Menschenrechte (EGHMR) in Straßburg (nicht zu verwechseln mit dem EuGH im Rahmen der EG mit Sitz in Luxemburg) kann somit für diejenigen – heute praktisch alle – Mitgliedstaaten des Europarats, die durch Zeichnung des entsprechenden Zusatzprotokolls sich seiner Gerichtsbarkeit unterworfen haben, verbindliche Urteile fällen, was in der Praxis vor allem für Angehörige solcher Staaten von Belang ist, die auf nationaler Ebene kein Verfassungsgericht mit individueller Appelationsmöglichkeit haben (dies gilt etwa für Großbritannien). Die Schaffung einer für zunächst West-, nunmehr ganz Europa verbindlichen Auslegung von Grundrechten durch den EGHMR hat im Laufe der Zeit so etwas wie eine öffentliche rechtliche Ordnung in Sachen Grundrechtschutz für den gesamten Kontinent geschaffen. Dabei besteht die eigentliche „Sanktion" für einen verurteilten Staat letztlich vor allem im Urteilsspruch selbst, ebenso wie im politischen Verfahren im Rahmen der Europäischen Menschenrechtskommission nur die Veröffentlichung eines Berichts oder maximal der Ausschluß aus dem Europarat durch Beschluß des Ministerkomitees droht. Letzterer war Griechenland 1969, als dort ein Militärregime die Macht übernommen hatte und es zu massiven Menschenrechtsverletzungen, unter anderem Folter, kam, angedroht, als es dem Ausschluß durch seinerseitigen Austritt zuvorkam.[24] Dieser Fall zeigte auch, daß diese Maximalsanktion zugleich praktisch weitere Einflußmöglichkeiten von außen auf die Lage im Land verspielte, weshalb im Falle des Militärregimes in der Türkei nach 1980 der Ausschluß zwar gelegentlich erwogen, jedoch nicht beschlossen wurde. Vielmehr arbeiteten die Europaratsstaaten gegenüber

symbolische Sanktionen: Lob und Tadel durch Europarat ...

---

23 Vgl. für den Fall Ungarns die Studie von Pickel 1997.
24 Nach Rückkehr zur Demokratie trat Griechenland 1974 dem Europarat wieder bei. Vgl. zum Griechenland-Fall sowie zum im folgenden angesprochenen Fall der Türkei ausführlicher List 1992.

dem „schwarzen Schaf" in ihren Reihen mit Sanktionen minderen Grades, etwa der Einschränkung der Mitwirkung türkischer Abgeordneter an der Arbeit der Parlamentarischen Versammlung des Europarates, vor allem aber mit Vor-Ort-Kontrollen z.B. in türkischen Gefängnissen mit anschließender öffentlicher Berichterstattung hierüber. Während so einerseits an das Reputationsbedürfnis des Landes appelliert wird, wird andererseits im Sinne des internationalen Sozialisationsmechanismus der Kontakt zu türkischen Behörden und Abgeordneten weiter gepflegt, um innerhalb des Landes die Kräfte zu stärken, die sich für Menschenrechte einsetzen. Schließlich wird auch von EG-Einrichtungen, etwa dem Europäischen Parlament, zum Teil unter Berufung auf Berichte des Europarates, eine Anreizstrategie gegenüber der Türkei „gefahren", deren Beitrittsgesuch zwar derzeit auf Eis liegt, dessen potentieller Erfolg jedoch klar von menschenrechtlichen Verbesserungen im Lande abhängig gemacht wird.

und OSZE   Die KSZE und insbesondere ihr organisatorischer Nachfolger, die OSZE, hat zwar keine weitere internationale Gerichtsinstanz eingerichtet. Dafür hat sie im Wege ihrer Institutionalisierung eine Reihe von menschenrechtlichen Mechanismen ausgebildet, die über Vor-Ort-Kontrolle, Berichte und damit unter Appell an die Reputation der Mitglieder die Achtung der Menschenrechte zu erreichen versuchen. Von hoher symbolischer Bedeutung war bereits die in der „Charta von Paris für ein neues Europa" vom 21.11.1990 enthaltene Passage zu den Menschenrechten, die deshalb hier im Wortlaut zitiert sei, wobei die von mir in eckigen Klammern gesetzten Ausrufungszeichen signalisieren sollen, in welchen Formulierungen die Überwindung der einstmaligen Divergenz zwischen Ost und West bezüglich ihrer Auffassung der Menschenrechte besonders zum Ausdruck kommt:

> „Menschenrechte und Grundfreiheiten sind allen Menschen von Geburt an eigen [!]; sie sind unveräußerlich [!] und werden durch das Recht gewährleistet. Sie zu schützen und zu fördern ist vornehmste Pflicht jeder Regierung. Ihre Achtung ist wesentlicher Schutz gegen staatliche Übermacht [!]. Ihre Einhaltung und uneingeschränkte [!] Ausübung bilden die Grundlage für Freiheit, Gerechtigkeit und Frieden."[25]

Auch wenn dieses Dokument wegen der eingangs von den Staats- und Regierungschefs in eher seltenem Überschwang des historischen Augenblicks getroffenen Feststellung, es breche „in Europa ein neues Zeitalter der Demokratie, des Friedens und der Einheit an", des übermäßigen, wenn nicht gar naiven Optimismus geziehen worden ist, sollte insbesondere im Kontrast zu dem oben (5.2.1) nochmals in Erinnerung gebrachten vormaligen Wertekonflikt zwischen Ost und West die Bedeutung dieser gemeinsam verabschiedeten Formulierung deutlich werden. Institutionell hat die KSZE/OSZE in Sachen internationaler Menschenrechtsschutz durch die Einrichtung eines Büros für Demokratische Institutionen und Menschenrechte mit Sitz in Warschau reagiert (bis 1992 hieß es, einen der Hauptaspekte seiner Tätigkeit zum Ausdruck bringend, „Büro für freie Wahlen", deren internationale Überwachung in den östlichen Mitgliedstaaten es organisier-

---

25 Der Text der Charta von Paris ist z.B. enthalten als Dok. 19 in Schweisfurth 1993, die zitierte Passage findet sich zu beginn des (2.) Absatzes der Charta über „Menschenrechte, Demokratie und Rechtsstaatlichkeit", a.a.O., S. 441f.

te).²⁶ Daneben wurde, beginnend mit dem Wiener Folgetreffen, ein in seinem Ablauf im einzelnen recht – womöglich: zu – komplizierter „Mechanismus der Menschlichen Dimension" beschlossen, der ebenfalls ein System von Vor-Ort-Kontrollen durch Berichterstatter sowie im Maximalfall als Reaktion auf Fälle von eindeutigen, groben Menschenrechtsverletzungen auch den Beschluß von Maßnahmen durch den Rat der Außenminister bzw. den Ausschuß Hoher Beamter vorsieht, und zwar, innovativ gerade im KSZE/OSZE-Rahmen, im Wege des „Konsens-minus-eins"-Verfahrens, also notfalls auch gegen den beschuldigten Staat. Allerdings erschöpfen sich solche Maßnahmen in „politischen Erklärungen" sowie anderen politischen Schritten, die außerhalb (!) des Territoriums des betroffenen Staates anwendbar sind. Zumindest räumlich ist also eine „Intervention in die inneren Angelegenheiten" auch weiterhin nicht vorgesehen.²⁷

Gerade daran wird letztlich auch deutlich, daß im Wege dieser Institutionalisierung von internationaler Zusammenarbeit zum Schutz der Menschenrechte im Rahmen von Europarat und OSZE nicht nur auf, und sei es symbolische, Sanktionen gegen hartnäckig menschenrechtsverletzende Mitgliedsstaaten gesetzt wird, sondern auch auf einen Sozialisierungseffekt, auf ein Eingewöhnen in eine bestimmte Rechtskultur, was freilich ein letztlich nicht erzwingbares Bekenntnis zu dieser Kultur bereits voraussetzt. Dieses Bekenntnis stand ja gleichsam am Beginn des Europarates als „Club der westlichen Rechtsstaaten", und es hat, symbolisch ausgedrückt in der zitierten Charta von Paris, nunmehr im Prinzip für Gesamteuropa Geltung. Aufbauend auf diesem Grundkonsens läßt sich die Rechtskultur und damit die Chance zur Achtung der Menschenrechte weiter ausbauen. Dies kann, wie oben festgestellt, einerseits im Wege der Herausbildung eines Fall-Rechts einzelner Entscheidungen des EGHMR erfolgen. Zum anderen, darauf wurde oben (5.1.2) bereits kurz am Beispiel des Datenschutzes Bezug genommen, ist der Europarat auch ein Forum für die Ausarbeitung von Empfehlungen an die Mitgliedstaaten sowie von Konventionen zur Ratifikation durch sie, die Menschenrechte auf einzelnen Gebieten spezifisch schützen (darunter die Europäische Sozialcharta von 1961 mit Mindestnormen für wirtschaftliche und soziale Rechte, die Konvention gegen Folter und entwürdigende Behandlung von 1987 und die Rahmenkonvention zum Schutz nationaler Minderheiten von 1994).

internationale Sozialisation: im Rahmen von Europarat und OSZE ...

Ein ganz anderer Sozialisationsmechanismus zeigt sich im Rahmen der drei supranationalen Europäischen Gemeinschaften. Ihnen liegt, wie eingangs dieses Kapitels festgestellt wurde, in Gestalt der Gründungsverträge so etwas wie eine internationale Verfassung zugrunde. Diese Verfassung kannte und kennt jedoch keinen eigenen Grundrechtekatalog, wenngleich inzwischen nicht nur alle EG-Mitglieder die EMRK des Europarates ratifiziert haben, sondern auch die EU sich (Art. F Abs. 2 EUV) dazu bekennt, die Grundrechte der EMRK zu achten (ohne daß die EG der EMRK selbst beigetreten wäre). Hier hat sich nun aber im Laufe der Jahre aufgrund eines letztlich fruchtbaren Zusammenspiels zwischen

sowie durch Wechselspiel zwischen EuGH und nationalen Verfassungsgerichten

---

26 Vgl. dazu Hurlburt 1995.
27 Vgl. Punkt 16 des Prager Dokumentes über die weitere Entwicklung der KSZE-Institutionen und -Strukturen, das auf dem Zweiten Treffen des Rates der Außenminister am 31.1.1992 angenommen worden ist (Dok. 27 in Schweisfurth 1993) sowie als Darstellung Schlotter, Ropers und Meyer 1994, 42ff.

nationalen obersten Gerichtshöfen und dem EuGH[28] ein internationaler Sozialisierungseffekt eingestellt, der die Wahrung der Grundrechte wohl auch auf Gemeinschaftsebene garantiert. Gemäß Art. 177 EGV ist der EuGH ja von nationalen Gerichten im Wege des sog. Vorabentscheidungsverfahrens[29] dann anzurufen, wenn es um die Auslegung von Gemeinschaftsrecht geht. Seine Entscheidungen haben dabei auch Vorrang vor nationalem Recht. Freilich haben nationale oberste Gerichte, so vor allem das Bundesverfassungsgericht in seinen sog. „Solange"-Beschlüssen (vgl. oben Kap.3.2, Anm. 10), darauf beharrt, daß bei dieser Auslegung die national gewährleisteten Grundrechte gewahrt bleiben müßten. Nicht zuletzt diese Urteile haben den EuGH veranlaßt, seinerseits im Wege der EG-Vertragsauslegung eine Rechtsprechung in Grundrechtsangelegenheiten zu entwickeln, wobei er sich auf die in nationalen Verfassungen allgemein anerkannten Grundrechte ebenso stützen konnte wie auf die ja von allen EG-Mitgliedstaaten anerkannte EMRK.

Zusammenfassung   Insgesamt hat unser Blick auf drei Mechanismen der internationalen Zusammenarbeit zum Schutz von Menschenrechten gezeigt, daß zunächst mit Kern in Westeuropa, heute aber bezogen praktisch auf Gesamteuropa ein ausgesprochen ausdifferenziertes, tatsächlich das weltweit am weitesten entwickelte Institutionengeflecht und Instrumentarium zu diesem Zweck besteht. Es zeigte sich freilich auch, daß die Wirkungen dieses Instrumentariums gegenüber den „harten Fällen" systematisch die Menschenrechte verletzender Staaten durchaus begrenzt ist, während es dort, wo die anspruchsvollen Voraussetzungen von Rechtsstaatlichkeit und Demokratie auf nationaler Ebene bereits erfüllt sind, zur weitestgehenden Form internationaler Institutionalisierung kommt: der individuellen Klagebefugnis gegen den eigenen Staat im Rahmen der EMRK. Dies könnte nun, in Analogie zu einem Vorwurf, der gegen den Gedanken der kollektiven Sicherheit erhoben wurde (vgl. oben 4.2.3), zu dem Urteil führen, internationale Kooperation zum Schutz der Menschenrechte sei – auch in Europa – dann unmöglich, wenn sie wirklich nötig wäre, und dann unnötig, wenn sie wirklich möglich ist. Dabei würde jedoch zweierlei übersehen:

Zum einen die Tatsache, daß es, politisch pragmatisch gesprochen, keinen Grund gibt, gegenüber hartnäckigen Menschenrechtsverächtern auf irgendein Instrumentarium zu verzichten, und sei es auf das eher langfristig wirksame der Einbindung in internationale Kooperation. Dies zeigt gerade die schleichende Unterminierung der östlichen Systeme *auch* – wenn auch nicht allein – durch die für sie korrosive Wirkung der Propagierung westlicher Menschenrechtsstandards im Rahmen der KSZE und der dadurch (mit)herbeigeführte Wandel hin zu einem echten Konsens in dieser Sache, wie er in der Charta von Paris zum Ausdruck kommt.

---

28   Zur politikwissenschaftlichen Interpretation der Wirkung der EuGH-Rechtssprechung auf die (Rechts-)Integration der Gemeinschaft vgl. auch Burley/Mattli 1993 sowie, kontrovers dazu, Garrett 1995 mit der Antwort von Burley/Mattli 1995; zur Stellung des EuGH und seiner Wechselwirkung mit den nationalen Gerichten vgl. Alter 1996 und Golub 1996a; vgl. auch die oben in Kap. 3.2, Anm. 11, genannte Literatur.
29   Es heißt so, weil der EuGH dabei über die Auslegung des Gemeinschaftsrechtes vorab entscheidet, bevor dann das ihn jeweils anrufende nationale Gericht in der Sache (und auf der Grundlage der Auslegung des EuGH) entscheidet.

Zum andern aber, dies zeigten die Ausführungen hier sowie die im kritisch gemeinten vorausgegangenen Abschnitt über Asylrecht und Datenschutz, besteht auch im Kreise demokratischer Rechtsstaaten kein Anlaß zu Selbstgefälligkeit oder Unachtsamkeit, wenn es um die Wahrung von Grund- und Menschenrechten geht. Auch unter ihnen kann, dies zeigt die Entfaltung einer auf Einzelentscheidungen des EGHMR gestützten europaweiten Grundrechtskultur im Rahmen des Europarates sowie die Ausarbeitung detaillierter Menschenrechtsstandards in Einzelbereichen im Rahmen desselben Forums sowie auch die internationale Sozialisation durch Wechselspiel zwischen EuGH und nationalen obersten Gerichten, internationale Zusammenarbeit eine für den Schutz der Menschenrechte heilsame Aufwärtsdynamik bewirken und ein Zurückgleiten hinter bereits akzeptierte Standards verhindern helfen. Angesichts der Bedeutung der – permanenten! – Aufgabe des Menschenrechtsschutzes für jeden einzelnen ist dies nicht gering zu schätzen.

5.2.3 *Kooperation zum Schutz von Minderheiten*

Zum Abschluß dieses Kapitels wollen wir auf ein Thema zurückkommen, das bereits in Abschnitt 4.2.2 angeklungen war: den Beitrag internationaler Kooperation zum Schutz von ethnisch-nationalen Minderheiten. Die Problematik in diesem Bereich ist der im Bereich des allgemeinen Menschenrechtsschutzes durchaus verwandt; es gibt jedoch auch Spezifika. Während der Schutz der allgemeinen Menschenrechte nach mittlerweile in Europa vorherrschendem westlichen Verständnis auf die Wahrung der unveräußerlichen Rechte jedes einzelnen zielt, geht es beim Minderheitenschutz darüber hinaus um den Schutz des einzelnen als Mitglied einer ethnisch-kulturell bestimmten Gruppe. Die Zugehörigkeit zu solchen Gruppen, die Selbstidentifikation als Angehöriger einer solchen, hängt wesentlich mit den kollektiven kulturellen Traditionen und Institutionen zusammen. Solche Institutionen überdauern, so hatten wir oben (Kap.2) gesehen, zwar nur, indem einzelne sie ausfüllen bzw. „leben"; sie gewinnen dadurch jedoch zugleich Unabhängigkeit von jedem konkreten einzelnen und somit gleichsam einen überindividuellen Charakter. Minderheitenschutz hat deshalb nicht nur mit dem Schutz von Individualrechten zu tun, sondern auch mit der Wahrung von Rechten, die nur kollektiv wahrgenommen werden können, etwa das Recht auf Weitergabe und Pflege einer eigenen Sprache.

Menschenrechtsschutz im allgemeinen und Minderheitenschutz im besonderen

Die in den vergangenen Jahren vor allem im Zuge des Aufbrechens ethnonationaler Konflikte in Osteuropa wieder verstärkt aktuell gewordene Frage des Minderheitenschutzes hat nicht zum ersten Mal in diesem Jahrhundert zur Etablierung internationaler Normen zu diesem Zweck geführt. Vielmehr wurde bereits am Ende des Ersten Weltkriegs im Rahmen des Völkerbundes der Versuch unternommen, Minderheitenschutz grenzüberschreitend zu gewährleisten. Die hier im wesentlichen zugrundegelegte Arbeit von Sebastian Bartsch (1995) hat nun den Vorzug, daß sie beide internationalen Minderheitenschutzsysteme, das des Völkerbundes und das gegenwärtige, vor allem im Rahmen der KSZE/OSZE etablierte, vergleichend betrachtet. Das Gebot der Knappheit wie der thematische

eine vergleichende Studie und die doppelte Funktion des Vergleichs

Schwerpunkt dieses Buches auf der Zeit nach dem Zweiten Weltkrieg erlauben es allerdings nicht, hier auf das Völkerbundssystem näher einzugehen. Es sei aber die doppelte Funktion hervorgehoben, die ein solcher Vergleich hier wie ganz allgemein in der Politikwissenschaft haben kann: Zum einen erbringt der Vergleich für die Bewertung von Politik(ergebniss)en Maßstäbe dafür, was sinnvoller- oder realistischerweise erwartet werden kann.[30] Zum andern trägt der Vergleich zur Überprüfung von Vermutungen über Ursachen und Zusammenhänge bei: Faktoren, die im einen Fall als erklärungskräftig erkannt wurden, können auf ihre Tragfähigkeit bei der Erklärung des anderen, in relevanter Hinsicht ähnlichen Falles überprüft werden. Im folgenden wollen wir uns aber, wie gesagt, auf den Minderheitenschutz im Rahmen der KSZE/OSZE konzentrieren.[31]

Minderheitenschutznormen im Rahmen der KSZE/OSZE – Stationen der Entwicklung und Gehalt

Minderheitenschutz spielte in der Schlußakte von Helsinki von 1975, dem „Urdokument" der KSZE, nur eine geringe Rolle. Neben der Feststellung im siebten dem KSZE-Prozeß zugrundegelegten Prinzip, daß die Teilnehmerstaaten „das Recht von Personen, die zu solchen [nationalen] Minderheiten gehören, auf Gleichheit vor dem Gesetz achten" und „ihnen jede Möglichkeit für den tatsächlichen Genuß der Menschenrechte und Grundfreiheiten gewähren", findet sich nur ein weiterer Passus. Im sog. Korb 3 („Zusammenarbeit in humanitären und anderen Bereichen") bekannten sich die unterzeichnenden Staaten dazu, den Beitrag nationaler Minderheiten zur internationalen Zusammenarbeit „unter Berücksichtigung der legitimen Interessen ihrer Mitglieder" zu erleichtern. Erst im Zeichen des sich auflösenden Ost-West-Gegensatzes konnten weitere Normen in diesem Bereich vereinbart werden, mit folgenden wichtigen Stationen: im Abschließenden Dokument des Wiener KSZE-Folgetreffens von 1989 wurden erstmals Verfahrensregeln für einen zwischenstaatlichen Informationsaustausch in diesem Bereich aufgestellt, der sog. Mechanismus für die Menschliche Dimension (MMD); diese wie auch die substanziellen Normen zum Minderheitenschutz wurden auf den Treffen zur menschlichen Dimension in Kopenhagen (1990) und Moskau (1991) sowie auf dem Folgetreffen in Helsinki 1992 weiter ausgebaut. Dennoch blieben die Normen einerseits mit einer Reihe von Vorbehalten befrachtet – um ein Beschwerderecht etwa würden sich die Staaten nur

---

30 Die vergleichende Bewertung veranlaßt Bartsch vor allem dazu, das Minderheitenschutzsystem im Rahmen des Völkerbundes als wesentlich positiver zu sehen – er spricht von einer „‚Rehabilitierung' der Arbeit des Völkerbunds" (16) –, als dies in der bisherigen Literatur der Fall war (der, was Bartsch [24, Anm.23] zutreffend feststellt, insofern in List u.a. 1995, Kap. 2.4.1, gefolgt wurde). Im Lichte dessen, was unter damaligen Bedingungen in Sachen Minderheitenschutz möglich war (und was unter heutigen Bedingungen möglich ist), erscheint ihm das Völkerbundssystem als bisher zu negativ gesehen, weil allein am Maßstab des völkerrechtlich idealerweise Wünschbaren gemessen. Es handelt sich hier um den in der Politik(wissenschaft) gar nicht so seltenen Fall, daß das Glas im Lichte des Ideals als halb leer, im Lichte des real Möglichen jedoch als halb voll bezeichnet werden kann.

31 Wenigstens nochmals erwähnt sei aber, daß auch der Europarat in diesem Bereich aktiv ist, wenngleich er bisher über die Verabschiedung einer Rahmenkonvention (1994), kaum mehr als eine wenig verbindlichen Prinzipienerklärung, nicht wesentlich hinausgekommen ist. Die Parlamentarische Versammlung des Europarats hat allerdings beschlossen, die Maßstäbe, die in dem bisher vom Ministerkomitee nicht verabschiedeten Zusatzprotokoll zur EMRK über den Schutz von Minderheitenrechten enthalten sind, zumindest bei der Prüfung von Beitrittsgesuchen zum Europarat aus Staaten Osteuropas anzuwenden.

„bemühen", und zwar „in Einklang mit den nationalen Rechtsvorschriften". Andererseits enthalten die KSZE-Dokumente kaum Vorschriften über Fördermaßnahmen, die für eine materielle Gleichberechtigung von Minderheiten wichtig sind. Darin zeigt sich auch, daß zwischen den KSZE/OSZE-Staaten divergierende Auffassungen über die Ziele des Minderheitenschutzes bestehen. Wie Bartsch (203f., das innere Zitat stammt von Hofmann 1992) schreibt:

> „Jene Staaten, die – wie in erster Linie Ungarn, aber auch die skandinavischen Staaten und Österreich – auch kollektive Rechte der Minderheiten einschließlich Autonomieregelungen normieren und die vielen vagen Absichtserklärungen in explizite Rechte transformieren wollen, stoßen auf den prinzipiellen Widerstand von Staaten wie Rumänien, Bulgarien, der Türkei, Griechenland und Frankreich, die eine ‚schon fast als traditionell zu bezeichnende ‚Ablehnungsfront' bilden."

Bartsch spricht von einer Konfrontation zwischen einem eher restriktiven und einem eher konzilianten Minderheitenschutzansatz, was sich an zentralen Punkten zeigt. Zu nennen sind etwa: Schulen und Kultureinrichtungen für Minderheiten (finanzielle Unterstützungspflicht des Staates?), Sprachunterricht und -gebrauch (Zulässig? Förderungspflicht?), politische Mitwirkungs- und Gestaltungsmöglichkeiten (Territorial- oder Personalautonomie? Privilegierter Zugang, etwa „reservierte" Abgeordnetensitze?) sowie schließlich das Staatsbürgerschaftsrecht (Bestimmung der Staatsbürgerschaft nach Neugründung von Staaten).

Neben den substantiellen Minderheitennormen sind solche über Verfahren zu deren internationaler Wahrung von Belang. Hier sind im Rahmen der KSZE/OSZE vor allem zwei Punkte anzusprechen. Eher konventionell ist die Etablierung eines Systems von Informationsaustausch zwischen den Staaten inklusive Experten- und Berichterstattermissionen, das unter der Bezeichnung „Mechanismus der Menschlichen Dimension" (MMD) läuft (vgl. zum MMD bereits oben 5.2.2). Drei Haupttypen solcher Expertenmissionen sind zu unterscheiden: solche auf Einladung des „Problemstaates", solche, die aufgrund eines Ersuchens eines Staates vom Ausschuß der Hohen Beamten oder vom Ständigen Ausschuß eingesetzt werden und schließlich solche, die auf Antrag eines Staates und unter Unterstützung von mindestens fünf weiteren in einem anderen Staat *auch gegen* dessen Willen durchgeführt werden können. Vor allem diese letzte Art von Missionen hat „Biß", wie generell in der Zulassung von Vor-Ort-Missionen eine Überwindung der vormaligen Einrede (politischen Ausrede) der „Einmischung in die inneren Angelegenheiten" gesehen werden kann. Eine Schwäche der Verfahren liegt freilich darin, daß mögliche Folgen eines negativen Berichts nicht festgelegt werden – es mangelt also an vorgesehenen Sanktionen. Dies deutet andererseits, wie eine Reihe weiterer Verfahren (etwa OSZE-Seminare über Minderheitenschutz) darauf hin, daß auch hier im Sinne der im vorausgehenden Abschnitt getroffenen Unterscheidung eher eine internationale Sozialisationsstrategie denn eine Sanktionsstrategie verfolgt wird.

Relativ innovativ ist dagegen die zweite im Rahmen der KSZE/OSZE geschaffene Einrichtung: der Hohe Kommissar für nationale Minderheiten. Er hat seinen Dienstsitz in Den Haag, erster Amtsinhaber ist seit 1993 der ehemalige

Marginalien:
KSZE/OSZE-Verfahren zum Schutz von Minderheiten: Mechanismus der Menschlichen Dimension

... und Hoher Kommissar für nationale Minderheiten

niederländische Außenminister van der Stoel.[32] Der Hohe Kommissar ist weder eine Art „internationaler Staatsanwalt", noch eine Art internationaler Ombudsman. Er hat weder Anklagefunktion noch ist er mit allen Minderheitenschutzproblemen befaßt. Vielmehr ist sein Mandat eher auf eine Vermittlerrolle zugeschnitten, wobei er vor allem als Instrument der Frühwarnung und der präventiven Diplomatie fungieren soll. Kennzeichnend für seine Vorgehensweise sind vor allem vier Aspekte:

- ein relatives Maß von Unabhängigkeit, insofern er zwar gegenüber den OSZE-Gremien berichtspflichtig ist, jedoch ohne deren Zustimmung eine Reihe von erkundenden und vermittelnden Maßnahmen ergreifen kann[33];
- die strikte Unparteilichkeit, die ihm in seiner Tätigkeit obliegt;
- die Vertraulichkeit seiner Tätigkeit wie seiner Berichte, die nicht dazu gedacht sind, Staaten an den Pranger zu stellen, sondern mit ihnen in einen Dialog einzutreten;
- sowie schließlich eine Reihe von Beschränkungen, die – leider – in der Auslegung auch restriktiv deutbar sind: Es ist ihm einerseits verwehrt, Fälle von Einzelpersonen aufzugreifen, und andererseits, sich mit Minderheiten zu befassen oder zu Personen Kontakt aufzunehmen, die mit Terrorismus in Verbindung stehen – wobei nicht klar geregelt ist, was unter „Terrorismus" zu verstehen ist. Insgesamt ist diese Einrichtung der präventiven Diplomatie somit zwar innovativ, sie ist jedoch deutlich weniger als das seinerzeit im Rahmen des Völkerbundes etablierte formalisierte Petitionsverfahren für Minderheiten.

vergleichende Bewertung und erklärende Faktoren

Vergleicht man, wie Bartsch es tut, das hier nicht näher geschilderte Minderheitenschutzsystem des Völkerbunds mit dem der KSZE/OSZE, so ergibt sich: ersteres kannte sowohl eine Reihe deutlicher formulierter und bindender Schutznormen als auch ein stärker formalisiertes Schutzverfahren (insbesondere ein internationales Petitionsverfahren für Minderheiten, die ihre Rechte für verletzt hielten). Allerdings war beides nur deshalb durchzusetzen, weil zum einen die Normen und Verfahren von den Siegern des Ersten Weltkriegs den Besiegten (bzw. deren Nachfolgestaaten) auferlegt werden konnten, also unter Ausnutzung eines Machtgefälles. Diese Lage ist heute so im Rahmen der OSZE nicht gegeben. Zum andern wurde die Akzeptanz und damit die Funktion des Völkerbundssystems gerade durch seine Einseitigkeit beeinträchtigt, empfanden die

---

32   Zum Hohen Kommissar vgl. neben Bartsch (206ff.) Zaagman/Bloed 1995 und den Beitrag von Rönquist 1995, dem im selben Band auch Darstellungen zu zwei weiteren analogen Einrichtungen auf internationaler Ebene, dem seit 1994 amtierenden UN-Hochkommissar für Menschenrechte sowie dem ebenfalls 1994 eingerichteten Kommissar des Rates der Ostseestaaten für Demokratische Institutionen und Menschenrechte einschließlich der Rechte von Personen, die Minderheiten angehören, beigegeben sind.

33   Der Hohe Kommissar war bisher mit konkreten Fällen in elf Staaten befaßt: in Estland, Lettland, der Slowakei, Ungarn, Rumänien, der ehemals jugoslawischen Republik Mazedonien, Albanien, der Ukraine, Moldau, Kasachstan und Kirgistan. Er hat dabei unter anderem die Einrichtung von Minderheitenräten und allgemein die Beteiligung von Minderheitenvertretern an politischen Beschlußverfahren gefördert sowie Änderungen in der gesetzlichen Regelungen der Staatsangehörigkeit von Minderheiten in neuen Staaten, konkret etwa der Russen in Estland, bewirkt.

zum Schutz verpflichteten Staaten das System doch als einseitigen Oktroi. Hier geht die OSZE explizit einen anderen Weg: durch freiwillige und vor allem allseitige Verpflichtung soll eine Diskriminierung bestimmter Staaten vermieden werden. Freilich hat dies seinen Preis: Normen und Verfahren können nur im Konsens vereinbart werden, und dieser ist angesichts von Interessengegensätzen nicht leicht erreichbar. Die divergierenden Minderheitenschutzvorstellungen einzelner Staaten wurden bereits oben zitiert. Abschließend bleibt zu Fragen, wie sich diese erklären lassen.

Um die Interessenpositionen einzelner Staaten empirisch zu erklären, wären unter Umständen recht aufwendige Untersuchungen in einer Vielzahl von Staaten zu unternehmen. Gerade für einen historischen Fall wie den des Völkerbundes wäre das recht schwierig. Bartsch (47ff.) verfährt daher bei seiner Erklärung des Staatenverhaltens anders, nicht induktiv, durch empirische Interessensermittlung, sondern deduktiv, indem er plausible Hypothesen über staatliche Interessen aus allgemeinen Verhaltensannahmen herleitet. Er geht von der realistischen Annahme aus, das Staaten an Handlungsautonomie und nationaler Sicherheit interessiert sind und diese Autonomie und unter Umständen auch die Sicherheit durch eine Stärkung der Position interner Minderheiten beeinträchtigt sehen, je mehr, je wirksamer die entsprechenden internationalen Schutzverfahren sind. Sodann nimmt er – plausiblerweise – an, daß die Interessen der Staaten an solchen internationalen Schutzsystemen davon bestimmt werden, ob sie, erstens, intern Minderheiten aufweisen oder nicht sowie, zweitens, ob sie eigene ko-nationale Minderheiten im Ausland (also Diasporagemeinden im Sinne von Abschnitt 4.2.2 oben) haben oder nicht. Kreuzt man beide Merkmale, so ergibt sich eine Vierfeldertafel mit ebensoviel Gruppen von Staaten (vgl. Abbildung 5-1).

einfache Hypothesen über staatliche Interessen in Sachen Minderheitenschutz

Abbildung 5-1: Staaten, interne und externe Minderheiten

Staaten	ohne interne Minderheiten	mit internen Minderheiten
mit externen Minderheiten	A	B
ohne externe Minderheiten	C	D

Quelle: Bartsch 1995, 55.

Mittels dieser Einteilung der Staaten kann man folgende Hypothesen (ebd., 55f.) aufstellen:

„(1) Staaten ohne interne Minderheiten und mit externen Minderheiten (A) werden ein sehr großes Interesse an einer Institutionalisierung des Minderheitenschutzes haben";

„(2) Staaten mit internen Minderheiten und ohne externe Minderheiten (D) werden dagegen einer Institutionalisierung des Minderheitenschutzes ablehnend gegenüberstehen";

„(3) Die Interessenlage der Staaten der beiden anderen Kategorien (B und C) sind auf diese Weise nicht so eindeutig herzuleiten. Sie sind hier aber nicht von wesentlicher Bedeutung, da der entscheidende Interessengegensatz ... zwischen den Staaten der beiden anderen Kategorien (A und D) besteht."

Mit relativ sparsamen Annahmen erhält man somit auf deduktivem Wege Hypothesen, denen, wie Bartsch feststellt, das Verhalten der wesentlichen Akteure sowohl im Völkerbunds- wie im KSZE/OSZE-Fall entspricht. Ohne eine aufwendige Interessenanalyse auf innerstaatlicher Ebene ist damit das Staatenverhalten zu einem Gutteil erklärbar. Freilich macht diese Erklärung zugleich erneut deutlich, wo die Grenzen der internationalen Institutionalisierung von Minderheitenschutz liegen: in den Interessen der potentiell am meisten betroffenen Staaten. Unter Vermeidung von Einseitigkeit und Zwang führt hier mittel- bis langfristig wohl nur eine internationale Sozialisierungsstrategie weiter, der es, wie oben (5.2.2) ausgeführt, wesentlich darum geht, die Position derjenigen innerstaatlichen Kräfte zu stärken, die bereit sind, sich für den Schutz interner nationaler Minderheiten einzusetzen. Insofern sind Chancen und Grenzen in den Problemfeldern internationaler Menschenrechtsschutz und Minderheitenschutz recht ähnlich gelagert.

6 Kooperation im Sachbereich Wohlfahrt

Im Rahmen dieses dritten Kapitels des zweiten Teils soll mit der Behandlung von Fragen der internationalen Zusammenarbeit in den Bereichen von Wirtschaft und Umwelt das Tableau der internationalen Kooperationsformen in Europa seit 1945 vervollständigt werden. Neben der inhaltlichen Abrundung dieses Überblicks geht es dabei wiederum auch um die politikwissenschaftliche Herangehensweise an die Analyse von Kooperation. Dabei läßt sich zum Teil auf in den vorangegangenen Kapiteln Gelerntes zurückgreifen, wodurch die Anwendbarkeit zentraler Kategorien der Kooperationsanalyse auf andere Fälle demonstriert wird. Da es das Kernanliegen dieses Teils ist, solche Analysefähigkeit zu vermitteln, werden wir abschließend einige wichtige Punkte, die sich aus dem gesamten zweiten Teil ergeben, resümieren.

Obwohl sich in der Sache in neuerer Zeit die Erkenntnis langsam durchzusetzen beginnt, daß Fragen von Ökonomie und Ökologie nicht getrennt, sondern im Sinne von auf Dauer tragfähiger Entwicklung (sustainable development) im Zusammenhang gesehen werden müssen, ist es doch pragmatisch sinnvoll, die in Europa nach 1945 institutionalisierten internationalen Kooperationszusammenhänge für beide Bereiche getrennt vorzustellen.

6.1 Kooperation im Wirtschaftsbereich

Wir beginnen also mit Fragen der Wirtschaftskooperation und unterscheiden dabei sinnvollerweise die Phase des in zwei Gesellschafts- und vor allem eben auch Wirtschaftssysteme getrennten Europas von der seit 1989/90 bestehenden Phase der Wirtschaftskooperation im Zeichen der vorherrschenden Marktwirtschaft.[1]

---

[1] Wie erinnerlich, hatten alle europäischen Staaten 1990 im Rahmen der (KSZE-)Charta von Paris beschlossen, „daß die wirtschaftliche Zusammenarbeit *auf der Grundlage der Marktwirtschaft* ein wesentliches Element unserer Beziehungen darstellt" (meine Herv.).

6.1.1 Das geteilte Europa

Die Teilung Europas nach 1945 und bis 1989/90 im Zeichen des Systemkonfliktes zwischen Ost und West bedeutete auch eine wirtschaftliche Teilung. Versuche, Kooperation im Wirtschaftsbereich über die Systemgrenzen hinweg aufzubauen, blieben auch in Zeiten der Entspannung von begrenztem Erfolg. Das Schicksal der im Korb 2 der KSZE-Schlußakte enthaltenen Bestimmungen über „Zusammenarbeit in den Bereichen der Wirtschaft, der Wissenschaft und der Technik sowie der Umwelt" belegt das: Sie führten zwar zu einer ganzen Reihe von bilateralen Abkommen in den genannten Bereichen, die faktisch erreichte Kooperation blieb aber insgesamt deutlich vor allem hinter den auf östlicher Seite damit verknüpften Erwartungen zurück. Verantwortlich dafür war neben den objektiven Schwierigkeiten, intersystemare Wirtschaftsbeziehungen zu organisieren – dazu zählte neben der Devisenknappheit im Osten, die häufig nur Tauschgeschäfte zuließ, auch die nahezu Unmöglichkeit privater ausländischer Direktinvestitionen im Osten, was erst Ende der 1980er Jahre unter dem Stichwort „joint ventures" vermehrt möglich wurde –, auch die von westlicher Seite aus sicherheitspolitisch-strategischen Erwägungen heraus betriebene Politik des in bezug auf Hochtechnologie politisch limitierten Handels, die seit 1950 im Rahmen des sog. Koordinationskomitees für Ost-West-Handel, kurz CoCom, betrieben wurde. Ähnlich wie im oben (Kapitel 4.1) behandelten Fall der NATO und gleichsam parallel zu ihr (wenn auch institutionell von ihr getrennt) handelte es sich dabei um eine Kooperationsform zwischen westlichen Industriestaaten, die gegen eine außenstehende Seite, in diesem Fall die Mitglieder des Rates für Gegenseitige Wirtschaftshilfe, des RGW (nach der englischen Abkürzung auch als COMECON bekannt), gerichtet war, also jene institutionalisierte Form, die die Wirtschaftskooperation der Staaten des Ostens seit 1949 angenommen hatte. Beide Kooperationszusammenhänge, CoCom und RGW, sollen in diesem Teilkapitel kurz aus einer politikwissenschaftlichen Perspektive analysiert werden.

6.1.1.1 Strategische Wirtschaftskooperation gegen Dritte: CoCom

Das Koordinationskomitee (CoCom) wurde im November 1949 gegründet und nahm zu Beginn des Jahres 1950 seine Tätigkeit auf. Unter Führung der USA waren darin seit 1953 bis zu seiner offiziellen Auflösung Ende März 1994 alle jeweiligen NATO-Mitglieder (ohne Island) sowie Australien (seit 1989) und Japan zusammengeschlossen. Bereits der Sitz des CoCom in einem kleinen Anhang der US-Botschaft in Paris verweist auf seine beiden Hauptcharakteristika: die informelle Natur dieser Zusammenarbeit und das Ausmaß, in dem sie durch die Dominanz der USA bestimmt war. Zweck der Zusammenarbeit war, wie erwähnt, die Verhinderung des Exports von aus sicherheitspolitischen Erwägungen heraus als „sensitiv" angesehener Technologie in die Staaten des östlichen Bündnisses. Insofern war CoCom nicht eigentlich eine Form der Wirtschaftskooperation, sondern der sicherheitspolitischen Kooperation im Bereich der Wirtschaft. Hierzu wurden Regeln vereinbart und insbesondere Listen mit Produkten geführt, deren Export in den Osten unterbunden werden sollte. Soweit man aufgrund des zeitlichen Bestandes der Kooperation und den etablierten Regeln hierfür in der politikwissenschaftlich-analytischen Terminologie von einem CoCom-Regime sprechen kann (so z.B. Zürn 1989), handelt es sich also um ein informelles Regime, dem kein völkerrechtlicher Vertrag zugrundelag, sondern politische Absprachen der beteiligten Staaten, gleichsam ein „gentlemens' agreement". Drei Fragen bezüglich des CoCom-Regimes sind politikwissenschaftlich und kooperationstheoretisch von besonderem Interesse: 1. Wie funktionierte die informelle Zusammenarbeit in seinem Rahmen? 2. Was war seine Wirkung im Hinblick auf das beabsichtigte Ziel? 3. Welche „Nebenwirkungen" zeitigte es? Es kann an dieser Stelle keine umfassende Antwort auf diese drei Fragen gegeben werden. Unter Bezug auf die neueste umfassende Studie über CoCom, die Michael Mastanduno 1992, also gleichsam in der Endphase des Regimes, vorgelegt hat, und die sich vor allem mit der ersten Frage beschäftigt, soll hier dennoch jeweils eine kurze Antwort skizziert werden.

Wenn wir die zweite Frage als die nach der Wirksamkeit des CoCom-Regimes verstehen, so gibt es hierzu, wie auch in bezug auf die Wirksamkeit anderer Regime, keine einfache Antwort. Um *prinzipiell* eine Antwort geben zu können, müßte dreierlei vorliegen: 1. ein klares Erfolgskriterium, anhand dessen sich Wirksamkeit in der Sache bemessen läßt; 2. empirische Daten, die geeignet sind, Erfolg oder Mißerfolg zu belegen; sowie 3. der Nachweis, daß dieser Erfolg tatsächlich auf die im Rahmen des Regimes erfolgte Kooperation zurückzuführen ist und nicht andere, ebenfalls plausible oder gar plausiblere Erklärungen möglich sind.

Wirksamkeit des Regimes: prinzipielle Fragen

Bezogen auf die Wirksamkeit des CoCom-Regimes bedeutet dies folgendes. Das Erfolgskriterium hängt davon ab, welche Ziele die Akteure sich selbst setzen. (Darüber hinaus wäre denkbar, daß der Analytiker unter kritischer Betrachtung der Akteursziele eigene Erfolgskriterien definiert.) Für CoCom gilt, daß unter den Akteuren weniger Einigkeit über das Ziel herrschte, als unsere bisherigen Formulierungen suggerieren: ein strategisches Embargo war allenfalls das von allen Mitgliedern akzeptierte Minimalziel. Phasenweise versuchten vor allem die USA jedoch darüber hinaus, CoCom im Sinne einer Strategie der ökonomischen Kriegsführung gegenüber „dem Osten" zu verschärfen. Während im Sinne des Minimalziels die Unterbindung einzelner Technologieexporte bereits ein Erfolg gewesen wäre, hätte im Sinne der ökonomischen Kriegsstrategie als wirklicher Erfolg erst der ökonomischen Kollaps des Gegners gegolten. Trotz dieser Konflikte über die Zielorientierung unter den CoCom-Teilnehmern, die uns sogleich nochmals unter dem Aspekt des Funktionierens der Zusammenarbeit beschäftigen werden, ist es wohl sinnvoll, mit dem einfachen Zielkriterium der Unterbindung strategischer Exporte zu arbeiten. Inwiefern war CoCom gemessen hieran erfolgreich? Die Antwort muß wohl lauten: nur sehr bedingt, aber doch zu einem gewissen Maße. Zwar konnte immer wieder in oftmals spektakulären Einzelfällen der versuchte illegale Technologieexport aufgedeckt und verhindert werden. Gerade der informelle Charakter des Regimes setzte aber seiner Effektivität Grenzen. Der von den westeuropäischen CoCom-Partnern betriebene Kontrollaufwand wurde von den USA häufig als zu gering empfunden, sie konnten Verschärfungen jedoch nicht „einklagen". Für die Sowjetunion taten sich Schlupflöcher für Technologieimporte über am CoCom-Regime nicht beteiligte Staaten wie Schweden und vor allem Finnland auf. Auch hatte die effek-

... bezogen auf den konkreten Fall

tive Exportkontrolle, wie im Falle jeden Embargos, gerade die Wirkung, Schmuggel ökonomisch wirklich lohnend zu machen. Schließlich wurde das im Sinne der ökonomischen Kriegführung weitergehende Ziel der nachhaltigen Schwächung der Wirtschaftsentwicklung im Osten insofern nur bedingt erreicht, als der Osten, vor allem die Sowjetunion, dadurch letztlich in militärisch wirklich besonders wichtigen Bereichen nur umso mehr zur Eigenentwicklung gezwungen wurde. Diese war häufig möglich, dauerte allerdings (was dem Westen einen Vorsprung auf Zeit sicherte) und verlangte die Umlenkung knapper ökonomischer Ressourcen in den Militärbereich. Allerdings, selbst wenn das östliche System auch wirtschaftlich gescheitert ist, ist das sicher nicht auf das CoCom-Regime zurückzuführen. Als Instrument des Wirtschaftskriegs war es also eher untauglich. Doch in dem Maße, wie allgemeine Entwicklungen etwa der Mikroelektronik und der Computertechnologie für den militärischen Bereich relevanter wurden, konnte ein hier ansetzendes Embargo größere Wirksamkeit entfalten. Nicht zuletzt läßt sich das sowjetische Bestreben, das Embargo zu umgehen, auch als Indiz dafür werten, daß es als durchaus schmerzhaft und wirksam empfunden wurde.

Funktionsweise

Aus dem Gesagten ergeben sich bereits wichtige Anhaltspunkte zur Funktionsweise des Regimes. Es stand unter hegemonialer Leitung der USA. Wie Mastanduno im einzelnen zeigt, variierte deren Durchsetzungsfähigkeit vor allem gegenüber ihren europäischen Partnern jedoch im Verlauf der Zeit. Phasen starker und relativ erfolgreicher Führung (1980-89 und vor allem 1958-68) wechselten mit weniger erfolgreichen (1955-57 und vor allem 1969-79). Neben den inneramerikanischen Bedingungen der organisatorischen Zersplitterung oder Vereinheitlichung der Exekutive war hierfür auch die verfolgte Stoßrichtung ausschlaggebend[2]: Versuche der USA, die Zielvorgabe in Richtung ökonomische Kriegführung zu ändern und dabei vor allem Versuche der exterritorialen Anwendung von US-Gesetzgebung auf amerikanische Firmen in Europa oder gar europäische Firmen, die mit US-Produkten oder -Lizenzen arbeiteten, stießen ebenso auf europäischen Widerstand wie als unbegründet angesehene Erweiterungen der Listen der vom Embargo betroffenen Güter oder Verschärfungen der Kontrollanforderungen. Obwohl in den USA nicht zu Unrecht der Verdacht auftauchte, daß hier auch ökonomische (Export-)Eigeninteressen der Europäer eine Rolle spielten – neben dem politischen Interesse am Erhalt von Entspannung, die kaum mit ökonomischer Kriegführung vereinbar war –, erlaubte der informelle Charakter des Regimes doch nur begrenzt die Feststellung von Regelverstößen durch Regimeteilnehmer und deren Sanktionierung. Das kooperationsinterne „Spiel" blieb eines von informellem Druck und Gegendruck, woran nochmals deutlich wird, daß Kooperation Konflikte auch unter den Kooperationspartnern nicht ausschließt.

Nebenwirkungen: Druck auf Neutrale und europäische Technologiekooperation

Den mehr oder minder informellen Druck, darin besteht eine erste Nebenwirkung des Regimes, bekamen gerade auch die neutralen Staaten Europas, Schweden, Finnland und Österreich zu spüren, deren Firmen öfters Lieferschwierigkeiten und -verzögerungen aus CoCom-Staaten hinnehmen mußten. Auch gegenüber den Regierungen wurde, etwa von der US-Regierung unter

---

2   Für einen interessanten Versuch, den unterschiedlichen US-Erfolg in Sachen Technologietransfer-Restriktion mit der – variablen – Abhängigkeit der US-CoCom-Partner in drei Technikbereichen (Pipelines, Computer, Telekommunikation) zu erklären, vgl. Shambaugh 1996.

Präsident Reagan gegenüber der schwedischen Regierung, deutlich mit der Beschränkung von Technologielieferungen gedroht, falls nicht der (Weiter-)Export gen Osten strikter unterbunden werde. Die Möglichkeit, solchen Druck auszuüben, folgte letztlich auch einem Gefälle der ökonomisch-technischen Abhängigkeit, und in dem Maße, wie die USA diese Karte zu spielen versuchten, wurde für die Europäer, CoCom-Beteiligte wie Neutrale, diese Abhängigkeit umso deutlicher sichtbar. Das wiederum erklärt mit[3], hierin besteht eine weitere Nebenwirkung des regime-internen Embargodrucks, das zunehmende Bestreben der Europäer, sich durch Kooperation untereinander technologisch selbständiger zu machen. Diese europäische Technologiekooperation nahm, auch in Reaktion auf das mit Nachdruck vorgetragene „Angebot" der US-Regierung unter Reagan zur Beteiligung an ihrem Programm zur Forschung über strategische Raketenabwehr (Strategic Defense Initiative, SDI[4]) – unter damit einhergehender Bindung an US-Export- und Verwertungsbeschränkungen der Forschungsergebnisse –, schließlich 1985 die Gestalt des für EG- und EFTA-Staaten offenen europäischen Forschungsprogramms EUREKA (European Research Coordination Agency) an, das seit Ende des Ost-West-Konflikts auch für die Staaten Osteuropas offen ist (inzwischen erfolgt eine Beteiligung Ungarns, Rußlands und Sloweniens).[5]

Das Ende des Ost-West-Systemkonfliktes brachte also nicht nur zunächst die Auflockerung der CoCom-Bestimmungen – 1991 wurde Polen, Ungarn und der Tschechoslowakei ein begünstigter Sonderstatus unter den CoCom-Regeln eingeräumt –, und später, wie erwähnt, dessen endgültige Auflösung im Jahre 1994.[6] Es eröffnete auch die Möglichkeit der Ausdehnung bislang nord-westeuropäischer Technologiekooperation auf Gesamteuropa.

6.1.1.2 Wirtschaftskooperation im Zeichen östlicher Hegemonie: der RWG

Der Rat für Gegenseitige Wirtschaftshilfe (RGW) ist der zweite Kooperationszusammenhang aus der Zeit des Ost-West-Systemkonfliktes, der hier betrachtet werden soll. Auch er ist „ein Kind seiner Zeit", wurde er doch 1949 in Reaktion auf das US-amerikanische Marshall-Plan-Hilfsprogramm gegründet, das zwar

vom Interesse an Toten

---

3 Die Hauptursache für die europäische Technologiekooperation lag sicher nicht in den Versuchen der USA, Technologieexporte gen Osten restriktiv zu fassen, sondern in der allgemein zunehmenden technologisch-ökonomischen Konkurrenz zwischen Europa, den USA und Japan. Gleichwohl wurde gerade an der Frage der exterritorialen Anwendung von US-Gesetzen in Europa die politische Wirkung technologisch-ökonomischer Abhängigkeit besonders bewußt.
4 Vgl. zu SDI kurz List u.a. 1995, Kap.3.4.
5 Zur politikwissenschaftlichen Analyse der europäischen Hochtechnologie-Kooperation im Rahmen von EUREKA und anderer Programme vgl. Ridinger 1991, Sandholtz 1992 und Peterson 1993.
6 Die Politik des Technologieembargos seitens der westlichen entwickelten Staaten gegenüber als potentielle Bedrohung angesehenen Staaten wird in anderem Rahmen fortgesetzt, so im Rahmen der 1974 gegründeten Nuclear Suppliers Group, an der 26 Staaten beteiligt sind, die Nukleartechnologie exportieren, oder des Missile Technology Control Regimes, das 1987 gegründet wurde und dem 1991 15 Staaten angehörten, die Raketen(antriebs)technik zu exportieren in der Lage sind. Vgl. auch Cupitt/Grillot 1997.

formell auch Staaten Osteuropas offen stand, die jedoch unter Druck der Sowjetunion die Teilnahme hieran ausschlugen.[7] Daß der RGW im wesentlichen eine von Moskau auferlegte Veranstaltung war, ist denn auch die herrschende Sichtweise, die durch seine 1991 im Zeichen des Systemwandels der osteuropäischen Staaten erfolgte Selbstauflösung bestätigt zu werden scheint. Gleichwohl erscheint es zumindest kooperationstheoretisch etwas vorschnell, den RGW einfach so abzuschreiben. Immerhin wickelten seine Mitglieder, neben der Sowjetunion und den osteuropäischen Staaten (Albanien bis 1962; Jugoslawien seit 1964 als assoziiertes Mitglied) auch die Mongolische Volksrepublik (seit 1962), Kuba (1972) und Vietnam (1978), rund 55 Prozent ihres Außenhandels untereinander ab. Wie neuere Studien, die so allerdings auch erst aufgrund des durch den Systemwandel eröffneten Zugangs zu Quellen und Expertenbefragungen möglich wurden, zeigen, war der RGW auf einzelnen Gebieten also ein durchaus funktionierender Kooperationszusammenhang, der allerdings sowohl spezifische Funktionsweisen und -probleme aufwies als auch mit anderen Kooperationszusammenhängen durchaus vergleichbar. Beides ist aus kooperationstheoretischer Sicht von Interesse, und insofern lohnt sich ein Blick auf den RGW „post mortem". Er soll hier unter Rückgriff auf William M. Reisingers (1992) Studie erfolgen, die die energiepolitischen Beziehungen im Rahmen des RGW zum Gegenstand hat.[8]

Grundgegebenheiten östlicher Kooperation

Zu den Grundgegebenheiten der östlichen Kooperation gehört zweifellos die dominante, hegemoniale Stellung der UdSSR. Im Vergleich zur US-Hegemonie im westlichen Kontext ist wohl auch richtig, daß diese Hegemonie weniger „wohlwollend" war, unter anderem deshalb, weil gerade unter den realsozialistischen Staaten, die private grenzüberschreitende, vor allem wirtschaftliche Kontakte ja nicht kannten, bestimmte Formen der „weichen" hegemonialen Einflußnahme nicht zur Verfügung standen. Zwar bestanden formal nicht-staatliche Beziehungen zwischen den Parteieliten – was jedoch ihren unmittelbar politischen Charakter nicht verbergen konnte. Dem entsprach die in den Gründungsdokumenten des RGW festgeschriebene unantastbare Rolle der Souveränität der Mitgliedstaaten. Der RGW sollte – im Unterschied zur E(W)G – gerade keine supranationale Integration begründen. Die Form der RGW-internen Kooperation in den ersten Jahren war daher die der rein bilateralen Verträge zwischen Moskau und den osteuropäischen Staaten. Erst seit 1956 fanden jährliche Treffen aller RGW-Premierminister statt, seit 1962 bestand das Exekutivkomitee auf Ebene der stellvertretenden Ministerpräsidenten, dessen alle zwei Monate stattfindende Treffen vom Sekretariat vorbereitet wurden. Und erst das 1971 nach durchaus zähen Verhandlungen beschlossene umfassende Programm zur Integration der sozialistischen Wirtschaften führte schließlich zu einem richtigen Institutionalisierungsschub. Mehr als 20 ständige Kommissionen in einzelnen Wirtschaftssektoren sollten den Intrablockhandel organisieren und Investitionsvorhaben und die Produktionsplanung koordinieren.[9] Auch hierbei erwies sich die Furcht eini-

---

7 Zum RGW vgl. z.B. den kurzen Überblick bei Jordan/Feld 1985, 104-108.
8 Für eine weitere theoretisch hoch interessante Studie zu den Intra-RGW-Beziehungen auf der Basis neu zugänglicher Empirie vgl. Stone 1996.
9 Gleichwohl kam noch 1985 ein kundiger Beobachter aus der DDR, Hermann v. Berg (1985, 213f.), der selbst für die DDR die EG-RGW-Verhandlungen koordiniert hatte, im Vergleich

ger Osteuropäer, etwa Rumäniens, zum reinen Zulieferanten degradiert zu werden, als Integrationshemmnis. Auf ihre Souveränität pochend konnten einzelne Länder durchaus hinhaltenden Widerstand gegen RGW-Beschlüsse leisten. Und wie eine Analyse der Energiekooperation zeigt, war Souveränität nicht die einzige Karte im RGW-Spiel.

Die Energiekooperation im RGW bezog sich im wesentlichen auf fünf Bereiche: 1. die Herstellung von Netzverbünden für die Verteilung von Öl, Gas und Elektrizität; 2. die Verbesserung der Abbau- und Verarbeitungstechnik für Energierohstoffe; 3. die Verbesserung der Technik zur Elektrizitätserzeugung; 4. seit Mitte der 1960er Jahre die Zusammenarbeit bei der Nutzung der Kernenergie zur Energieerzeugung; sowie 5. Forschungskooperation in Energiefragen. Nach Reisinger lassen sich dabei fünf Phasen unterscheiden: 1956-63, bis zum Kampf um supranationale Planung; 1963-71, bis zur Aushandlung des erwähnten umfassenden Programms; 1971-74, bis zum Wechsel der Verrrechnungspreisformel im Januar 1975; 1975-81, bis zum Verfall der weltweiten Energiepreise während der frühen 80er Jahre; und schließlich die Schlußphase bis 1991. Auf die einzelnen Bereiche und Phasen kann hier nicht näher eingegangen werden. Wichtig sind jedoch einige summarische Feststellungen, die sich aufgrund von Reisingers Darstellung treffen lassen.

Energiekooperation im RGW: Bereiche und Phasen

1. Zunächst bedeutete, wie Reisinger (13) feststellt, die Energielieferung nach Osteuropa für die Sowjetunion insgesamt, wenn auch nicht in allen Phasen, wohl einen ökonomischen Verlust, erhielt sie doch als Bezahlung häufig im Vergleich zum Weltmarktstandard nur zweitbeste Produkte. Auch lag etwa nach dem Ölpreisschock von 1973 der RGW-interne Verrechnungspreis des Öls zunächst deutlich unter Weltmarktpreisen. Zumindest im Energiebereich kann also von Ausbeutung durch den Hegemon eher nicht gesprochen werden.
2. Wie die oben erwähnten Phasen und die in ihnen stattfindenden Verhandlungen zeigen, waren die RGW-Beziehungen von echtem „bargaining", also politisch-taktischem Feilschen und Ringen geprägt. Die Osteuropäer waren in Sachen Energiepolitik weder bereit noch gezwungen, „alles zu essen, was (in Moskau) auf den Tisch kam". Die Verhandlungsergebnisse zeigen, „that potential Soviet economic advantage was not the only Soviet consideration." (68) „Of the many energy agreements, those most beneficial to the East European parties were the ones that established a price for future oil or gas deliveries from the Soviet Union, and only Czechoslovakia and East Germany reached such agreements." (ebd.)[10]
3. Die Sowjetunion konnte also einerseits nicht umhin, die Osteuropäer durchaus auch zu begünstigen, sie begünstigte sie jedoch selektiv. Dies führt zum vierten, Reisingers zentralem Ergebnis.

einige kooperationstheoretisch relevante Ergebnisse

---

beider Organisationen zum Schluß: „Sowohl in der ökonomischen Basis wie im Überbau vollziehen sich in der EG revolutionäre Entwicklungsprozesse, die den angeblich historisch-progressiven Integrationsblock RGW als historisch zurückgeblieben ausweisen."

10 „... daß der mögliche wirtschaftliche Vorteil für die Sowjetunion nicht ihr einziger Gesichtspunkt war." „Von den vielen Energieabkommen waren diejenigen für die Osteuropäer am günstigsten, die einen Preis für künftige Öl- und Gaslieferungen aus der Sowjetunion festlegten, und nur die Tschechoslowakei und Ostdeutschland erreichten solche Abkommen."

4. Wie er vor allem durch eine Korrelation der Verteidigungsausgaben und dem politisch-strategischen Verhalten der osteuropäischen Staaten mit ihrem jeweiligen günstigen oder ungünstigen Status in der Energiekooperation mit der Sowjetunion zeigt, nutzte diese ihre Energielieferungen nämlich dazu, um blockkonformes Wohlverhalten insbesondere strategisch wichtiger Staaten (wie des „Frontstaates" DDR) zu belohnen. Mit anderen Worten: Innerhalb des östlichen Wirtschaftskooperationsverbundes, der ja ohnehin die im Westen übliche Trennung von Staat und Privatwirtschaft (die nur durch politische Kontrolle des Handels, wie im Rahmen von CoCom versucht, einschränkbar war) nicht kannte, konnte der Handel mit Energieträgern unmittelbar politisch instrumentalisiert werden. Dabei ergab sich aber gerade keine einseitige Abhängigkeit (und damit Ausbeutung) der Osteuropäer, sondern ein bargaining der Beteiligten, bei dem die Sowjetunion insbesondere die Bereitschaft der Osteuropäer, im Ringen um die Lastenverteilung (burden sharing) der militärischen Kooperation im Rahmen des östlichen Bündnisses ihren Teil beizutragen, mit energiepolitischen Konzessionen belohnte. „Even though it primarily sought other than economic gain, the Soviet Union did use its energy as a form of economic statecraft, creating an energy-defense nexus with a strong influence on Soviet-East European relations." (110) [11]

5. Der RGW-Fall zeigt also, wie im Rahmen einer unter Vorzeichen des staatlich organisierten Handels erfolgenden internationalen Zusammenarbeit durch direkte Verknüpfung (linkage) von Energie- und Verteidigungsfragen Kooperationsprobleme wie die Lastenverteilung (burden sharing) gelöst werden können – Probleme übrigens, die uns von der Analyse des westlichen Bündnisses bereits vertraut sind (vgl. oben 4.1.2). Darüber hinaus ist jedoch nicht zu vergessen, daß auch in den übrigen Bereichen der RGW-Energiekooperation jahrelang nicht ganz erfolglos kooperiert wurde: „Thirty years of such functionally motivated cooperation produced much disagreement and conflict, but it also produced a regional energy complex that facilitated the shipment of oil and gas from the Soviet Union to Eastern Europe and beyond, allowed transshipments of electricity to meet peak demands in different regions, and involved a division of labor in constructing and operating nuclear power plants."[12]

Tatsächlich wurde dies gerade nach 1990 mit dem Zusammenbruch des östlichen Wirtschaftssystems und seiner internationalen Kooperationsstrukturen deutlich:

– der osteuropäische Energiebedarf war künftig nur gegen harte Devisen zu decken, und gerade diese waren und sind knapp;
– gerade im Elektrizitätsbereich hat die Teilung Europas physische Gestalt angenommen in Form eines östlichen und eines westlichen Energieverbunds-

---

11 „Obwohl sie vor allem anderes als wirtschaftlichen Gewinn suchte, nutze die Sowjetunion ihre Energie als Form wirtschaftlicher Staatsmacht und schuf so eine Verbindung von Energie und Verteidigung, die die sowjetisch-osteuropäischen Beziehungen stark beeinflußte."
12 „Dreißig Jahre dieser funktional begründeten Zusammenarbeit erzeugten viele Meinungsverschiedenheiten und Konflikte, aber sie erzeugten auch einen regionalen Energiekomplex, der die Lieferung von Öl und Gas aus der Sowjetunion nach Osteuropa und darüber hinaus erleichterte, die Durchleitung von Elektrizität zur Deckung von Spitzenbedarf in unterschiedlichen Regionen erlaubte und eine Arbeitsteilung beim Bau und Betrieb von Kernkraftwerken bedeutete."

netzes, zwischen denen zunächst nur wenige Übergänge bestanden und die auch aufgrund ihrer technischen Parameter nicht ohne weiteres kompatibel und zusammenschaltbar sind[13];
- schließlich hat sich im Gefolge von Tschernobyl die Kernernergie-Kooperation als durchaus zweischneidiges Schwert erwiesen – worauf unten noch eingegangen wird.

Dennoch bleibt festzuhalten – was gerade die Probleme nach der abrupten Auflösung des RGW zeigen, vor denen heute Gesamteuropa steht[14] –, daß im Rahmen des RGW jahrelang durchaus funktionale Kooperation erfolgt ist, auch wenn er im historischen Vergleich zur E(W)G als deutlich weniger erfolgreicher Zweiter abgeschnitten hat.

6.1.2 Gesamteuropa

Werfen wir also einen Blick auf die nunmehr mögliche, und nötige, gesamteuropäische Wirtschaftskooperation[15] und die bisherigen Versuche ihrer Institutionalisierung.

6.1.2.1 Von der Hilfe zur institutionalisierten Kooperation

„Die Euphorie, die 1989 mit dem Fall des eisernen Vorhangs in Europa ausbrach, war verständlich. Aber schon bald schlug die Stimmung in Verwirrung, Überraschung und Ärger um. Auf der mittel- und osteuropäischen Seite lagen praktisch keine Erfahrungen mit Demokratie oder Marktwirtschaft vor, trotzdem glaubten viele, daß deren Einführung sofort den erwünschten Wohlstand bringen würde. Auf westli-

---

13 Vgl. dazu z.B. Harms 1991, 150f.
14 Für den Bereich der Energiegewinnung hat dies in Gestalt der Europäischen Energiecharta zur Grundlegung dessen geführt, was im Prinzip ein gesamteuropäisches Energie(politik)-Regime werden könnte. Der im Dezember 1994 verabschiedete Energiecharta-Vertrag enthält Normen für den Handel mit Energieträgern, für Auslandsinvestitionen im Energiesektor sowie auch zu Nebenaspekten wie Umweltschutz und Energieeinsparung. Er enthält auch die Bestimmungen zur Institutionalisierung eines Regimes (Konferenz der Vertragsstaaten, Sekretariat u.a.m.). Allerdings ist der Vertrag ein Regime nur im juristischen Sinne des Wortes, als Normenbestand für einen bestimmten inhaltlichen Bereich. Da der Vertrag bis Ende 1997 noch nicht in Kraft getreten war – die 30. dafür notwendige Ratifikation erfolgte im Dezember 1997, der Vertrag tritt 90 Tage danach in Kraft –, erfolgte bisher auch noch kein von diesen Normen geleitetes Verhalten der Staaten, so daß im politikwissenschaftlichen Sinne des Wortes, der Umsetzungsverhalten voraussetzt, noch kein Regime vorliegt. Problematisch für das prospektive Regime ist auch, daß die USA den Vertrag nicht ratifiziert haben. US-Konzerne, mit Rückendeckung der US-Regierung, schreiten unabhängig davon voran und nehmen ihre geschäftlichen Interessen im Bereich der GUS wahr, so daß fraglich ist, ob der „große Wurf", den die Energiecharta darstellen wollte, nicht faktisch zu spät kommt. Der flexiblere private Sektor, in Gestalt der US-Firmen, überholt hier die große – und schwerfällige – internationale Politik. Vgl. zu diesem gesamten komplexen Zusammenhang die Beiträge in Wälde 1996; dort im Anhang auch der Text der Energiecharta-Erklärung, des Vertrages und der Zusatzprotokolle.
15 Vgl. für einen aktuellen Gesamtüberblick auch Hartwig/Welfens 1998.

cher Seite bestand wenig Verständnis für das Ausmaß an Problemen und die Kosten der Umstrukturierung der Länder Mittel- und Osteuropas. Niemand war auf das plötzliche geopolitische Erdbeben gefaßt; Probleme der Integration der beiden Hälften des Kontinents waren weder bedacht noch eingeplant worden."
Cameron 1995, 432f.

geteilter Kontinent und erste Wachstumsbranche

Das einleitende Zitat von Fraser Cameron ist nicht nur die geschickte Selbstrechtfertigung eines Mannes, der als außenpolitischer Berater der EG-Kommission selbst in die beschriebene Lage gekommen ist; es ist auch eine durchaus realistische Schilderung dieser Lage. Tatsächlich traf der Systemwechsel im Osten die Entscheidungsträger unvorbereitet, und tatsächlich war der Kontinent in zwei Hälften geteilt. Dies läßt sich mit einigen Zahlen, die Kalypso Nicolaidis (1993, 202, Tab. 7.2) anführt, gerade auch für den Handel zeigen. Betrachtet man die drei osteuropäischen Staaten Tschechoslowakei, Ungarn und Polen, so betrug der Anteil ihrer Importe aus der EG (bzw. den Ländern, die später die EG bildeten) vor dem Zweiten Weltkrieg (1928) 55, 32 und 54 Prozent; 1984 waren die entsprechenden Werte auf 23, 20 bzw. 18 Prozent gesunken (während der Importanteil aus der Sowjetunion auf 40, 30 bzw. 37% gestiegen war, von – im Jahre 1928 -1, 0,3 bzw. 1%); 1990 schließlich waren die Zahlen für den Importanteil aus der EG bereits wieder auf 31, 30 bzw. 46% angestiegen, und Prognosen sahen einen Anstieg auf um oder über 50% voraus. Die Umlenkung der Handelsströme im Laufe des Jahrhunderts durch den Wechsel im Wirtschafts- und Gesellschaftssystem werden deutlich. Deutlich wurde freilich nach dem Systemwandel auch, daß angesichts der durch ihn ausgelösten Orientierungslosigkeit die politische und ökonomische Beratung zur ersten Wachstumsbranche bei der Organisation der neuen gesamteuropäischen Kooperation gehören würde.[16] Es gehört zu den Standardkritikpunkten der anlaufenden Hilfsprogramme – gerade auch von Osteuropäern vorgetragen, aber auch vom EG-Rechnungshof –, daß diese zunächst vor allem westlichen Beratungsfirmen zugute kamen und wegen mangelnder Koordination zu erheblicher Doppelarbeit und damit Resourcenverschwendung geführt haben.

der Leuchtturm

Im Juli 1989 beauftragten die in der Gruppe der Sieben (G 7) versammelten Staats- und Regierungschefs der führenden westlichen Industrieländer die EG-Kommission mit der Koordinierung der anlaufenden westlichen Hilfsprogramme für Osteuropa. Die Kommission konnte dies als deutlichen Prestigegewinn verbuchen und reagierte mit einem eigenen Hilfsprogramm: „Pologne, Hongrie: activité pour la restructuration économique" (Polen, Ungarn: Tätigkeit für die wirtschaftliche Umstrukturierung) – die Abkürzung hierfür (PHARE) hat im Französischen zugleich die Bedeutung „Leuchtturm". Das PHARE-Programm, das im Prinzip zeitlich begrenzt ist (ursprünglich bis 1992, jetzt erst einmal bis 1999), vergibt Mittel der EU ohne Rückzahlungspflicht, 1996 in Höhe von 1 146 Mio. ECU. Seine Haupttätigkeitsfelder und deren finanzielle Anteile zeigt Tabel-

---

16 Für einige frühe Beispiele vgl. politikberatend Bonvicini u.a. 1991, populär Merritt 1991, sowie eine nicht enden wollende Flut von Gutachten, Strategiepapieren und Machbarkeitsstudien (feasability studies) für einzelne Projekte, die im Rahmen der anlaufenden EG-Hilfsprogramme und für diese verfaßt wurden.

le 6.1. PHARE wurde im Lauf der Jahre finanziell und in der Reichweite der beteiligten Länder auf insgesamt 13 osteuropäische Empfängerländer ausgedehnt. Es wird für die Mitglieder der Gemeinschaft Unabhängiger Staaten (englisch: CIS) von einem technischen Hilfsprogramm (technical assistance), TACIS, ergänzt.[17]

Tabelle 6-1: Tätigkeitsbereiche und ihr finanzieller Anteil (1990-93) in Prozent des PHARE-Programms

Entwicklung des privatwirtschaftlichen Sektors und Unternehmensförderung	23,5
Allg. u. berufl. Bildung, Gesundheitswesen und Forschung	14
Humanitäre u. Nahrungsmittelhilfe	13
Umstrukturierung der Landwirtschaft	11,5
Umwelt und nukleare Sicherheit	9
Infrastruktur (Energie, Transport, Telekom.)	9
Soziale Entwicklung u. Beschäftigung	6,5
Reform der öffentl. Institutionen und Verwaltung	1,5
Sonstige	12

Quelle: EG-Kommission, DG I: What is Phare?, Brüssel 1994, 7.

Trotz der breit angelegten Hilfe, die erkennbar einen Schwerpunkt beim Aufbau privatwirtschaftlicher Strukturen hat, wurde und ist klar, daß solche Hilfsprogramme, auch wenn sie über rund zehn Jahre bestehen, nur eine Übergangslösung darstellen können. Dies gilt ebenfalls für weitere Hilfsmaßnahmen der EU, wie etwa die Kreditvergabe durch die Europäische Investitionsbank (EIB), aus Mitteln der EGKS oder der eigens neu eingerichteten Europäischen Bank für Wiederaufbau und Entwicklung (EBRD, vgl. dazu unten 6.1.2.2) sowie für die von den übrigen der 24 führenden Industrieländern (G 24, vormals identisch mit der Mitgliedschaft der OECD) ergriffenen Maßnahmen, die neben der Marktöffnung für Importe aus Osteuropa und technischer Hilfe für die wirtschaftliche Umstrukturierung vor allem auf Hilfe bei der makroökonomischen Stabilisierung zielen. Institutionen sind hier neben dem sogenannten Pariser Club der Hauptkreditgeberländer die internationalen Finanzinstitutionen wie Weltwährungsfonds und Weltbank.[18] Selbst wenn die EU, das heißt die Kommission, diese vielfältigen Hilfsmaßnahmen zu koordinieren versucht, wobei der EU (das heißt den EU-Leistungen plus denen ihrer Mitgliedsstaaten) ein Anteil an der westlichen Gesamthilfe für Osteuropa von rund zwei Dritteln zukommt, bedarf es für die weitere Zukunft der weitergehenden Institutionalisierung der gesamteuropäischen (Wirtschafts-)Kooperation, die zugleich für einige der osteuropäischen Staaten die Perspektive der Mitgliedschaft in der EU eröffnet.

„What the Community needed was in fact strengthened cooperation which was given the name of ‚regime' by political scientists" (Guggenbühl 1995, 229).[19] Auf dem Weg hin zu diesem Assoziierungsregime war es eine kleine

weitere Hilfe aus dem Kreis der G 24

ein Assoziierungsregime: die Europa-Abkommen

---

17 Zu PHARE und TACIS sowie den begünstigten Staaten vgl. bereits oben Kapitel 1.3, Anm. 44 und zugehörigen Text. Zu diesem ganzen Abschnitt vgl. auch den knappen, aber guten Überblick von Kramer 1993 und von Sedelmeier/Wallace 1996 sowie die Arbeit von Baylis 1994.
18 Zur Rolle der „IFIs" (internationalen Finanzinstitutionen) beim Transformationsprozeß in Osteuropa vgl. Jakobeit 1993.
19 „Was die [Europäische] Gemeinschaft brauchte war in der Tat verstärkte Kooperation, die von Politikwissenschaftlern als ‚Regime' bezeichnet worden ist."

Sensation, als die EG und der (noch existierende) RGW 1988 endlich offizielle Beziehungen aufnahmen[20] und im Juni eine gemeinsame Erklärung über künftige Zusammenarbeit verabschiedeten. Bis 1991 wurden insgesamt acht bilaterale Abkommen zwischen der EU und einzelnen RGW-Mitgliedern, darunter der Sowjetunion, abgeschlossen. Das eigentliche Assoziierungsregime nahm jedoch erst nach dem Systemwechsel im Osten mit Abschluß der sogenannten Europa-Abkommen im Jahre 1991 mit Polen, Ungarn und der damaligen CSFR Gestalt an, gefolgt von weiteren mit Rumänien und Bulgarien, Estland, Lettland und Litauen, die ebenso wie die mit den CSFR-Nachfolgern Tschechien und Slowakei seit 1995 in Kraft sind, sowie jüngst mit Slowenien. Technisch handelt es sich bei den Europa-Abkommen um eine besondere Art der Assoziierungsabkommen mit der EU, wie sie Art. 238 EGV vorsieht. Die Besonderheit liegt unter anderem darin, daß die Abkommen nicht nur weitreichende Vereinbarungen zur Wirtschaftskooperation enthalten, vor allem über eine stufenweise, im Laufe von zehn Jahren, zwischen der EG und den assoziierten Staaten zu begründende Freihandelszone. Darüber hinaus werden politische Anforderungen wie ein demokratisches politisches System und die Achtung der Menschenrechte festgeschrieben. Schließlich wird der Beitritt zur EG zwar als Zielperspektive genannt, ohne daß die EG insofern jedoch irgendwelche Verpflichtungen eingegangen wäre.

begrenzte ökonomische Konzessionen — Wie erwähnt sehen die Europa-Abkommen im Prinzip die Errichtung einer Freihandelszone zwischen der EU und den assoziierten Staaten vor. Nach und nach sollen also zunächst die (Zoll-)Schranken für den Warenhandel abgebaut werden, später, in dem Maße wie die östlichen Staaten es „verkraften" können, soll auch der Handel mit Dienstleistungen liberalisiert und Kapitalbewegungsfreiheit hergestellt werden. Die Freizügigkeit von Personen dürfte angesichts des wohl noch sehr lange fortbestehenden ökonomischen Gefälles zwischen West- und Osteuropa eher ein Problem für ersteres darstellen und daher geringe Realisierungschancen haben. Diesem Gefälle von wirtschaftlicher Leistungsfähigkeit und Verwundbarkeit entsprechen auch die substantiellen Bestimmungen der Verträge. Generell gilt, daß die EU im Bereich der Industriegüter ihre Zölle schneller abbauen wird als die östlichen Partner. Hierin besteht eine Konzession der EU. Anderseits sind gerade für jene Bereiche, in denen die östlichen Partner aufgrund ihrer komparativen Vorteile (u.a. der vergleichsweise billigen Arbeitskraft) die größten Exportchancen hätten, also die Bereiche Agrargüter, Textilien und Kohle und Stahlprodukte, längere Übergangsfristen und ein verzögerter Abbau von Importbarrieren seitens der EU vorgesehen. Tatsächlich läßt sich für den Zeitraum zwischen 1989 und 1992 für die fünf mit der EG kooperierenden Staaten Osteuropas (Polen, CSFR, Ungarn, Rumänien und Bulgarien) ein Anstieg der Exporte in die Gemeinschaft zwischen 54% (Ungarn) und 116,4% (CSFR) feststellen – nur im Falle Rumäniens sank er um 44,8%. Dem steht aber eine Zunahme der Importe aus der EG zwischen 106,7% (Polen) und 169,5% (Rumänien) gegenüber (sowie ein Sinken der Importe um 24,7% im Falle Bulgariens), was insgesamt auf eine noch deutlich negative Handelsbilanz Osteuro-

---

20 Jahrelang hatte der RGW die Aufnahme solcher Beziehungen mit der als „kapitalistische Schau- und Pseudo-Veranstaltung" eingeschätzten E(W)G verweigert. Dies erklärt mit die Verbitterung eines teilnehmenden Beobachters wie v.Berg (vgl. oben Anm. 9)

pas mit der EU hinausläuft.[21] Zugleich haben die östlichen Staaten jedoch von einer Zunahme der Direktinvestitionen aus der EU profitiert. Institutionell wird durch die Europa-Abkommen ein Assoziationsrat begründet, der das Forum der – wie zu erwarten ist: durchaus zähen – Verhandlungen zur weiteren Liberalisierung des Handels darstellt, und auf den östlichen Staaten lastet ein erheblicher Druck zur Anpassung ihrer nationalen Rechtssysteme an die Standards der Gemeinschaft, weit im Vorfeld einer potentiellen Mitgliedschaft.[22]

Die politikwissenschaftliche Erklärung dieser asymmetrischen Konzessionen läßt sich mit zwei Begriffen der Kooperationstheorie erfassen. Sie entspricht zum einen der Struktur der Beziehungen zwischen der EU und den assoziierten osteuropäischen Staaten. Sie ist von asymmetrischer Interdependenz gekennzeichnet. Unter Interdependenz, wörtlich „Zwischen-Abhängigkeit", versteht man ein Verhältnis wechselseitiger Abhängigkeit.[23] Dieses ist asymmetrisch, wenn zwar nicht eine Seite von der anderen vollständig und einseitig abhängig ist – dies würde als Dependenz bezeichnet –, es aber doch so ist – wie weitgehend im Verhältnis der EU zu ihren Assoziationspartnern –, daß die eine Seite deutlich mehr auf die andere angewiesen ist als umgekehrt. Konkret: die Öffnung der EU-Märkte sowie weitere Unterstützung durch die EU ist für das ökonomische (und wohl auch politische) „Wohlergehen" der östlichen Staaten weit wichtiger als die – durchaus nicht uninteressante! – Exportmöglichkeit für die EU. Auch diese findet ja letztlich ihre Grenze in der Zahlungsfähigkeit der östlichen Staaten, welche wiederum vor allem von deren Exportchancen gen Westen bestimmt wird. Handel ist hier Ausdruck – asymmetrischer – Interdependenz. Indem diese rein ökonomische Interdependenz durch die, zum Teil umgekehrt gelagerte, wechselseitige Abhängigkeit in Bereichen wie (drohender) Massenwanderung (Migration), Umweltschädigung (bzw. -schutz) oder auch politisch-militärischer (In-)Stabilität ergänzt wird, die sich aus der geographischen Nähe zwischen West- und Osteuropa ergibt, entsteht ein komplex motiviertes Eigeninteresse der EU an der Kooperation mit Osteuropa.

... und ihre Erklärung: asymmetrische Interdependenz

Dieses langfristige Eigeninteresse „der" EU an Kooperation mit Osteuropa findet freilich vor allem im wirtschaftlichen Bereich seine Grenze in den kurzfristigen Folgen dieser Kooperation für einzelne Sektoren und Gruppen innerhalb der EU, die insofern – daher die Anführungszeichen zu Beginn des Satzes – nur bedingt als Einheit zu betrachten ist. Zum einen ist zwar die Kommission in Sachen Außenhandelsverhandlungen gemäß Art.113 EGV für die Führung der Verhandlungen zuständig. Sie braucht dazu jedoch einen Auftrag, ein inhaltlich bestimmtes Mandat, das ihr der Ministerrat einstimmig (!) erteilen muß. Dies wiederum eröffnet das Einfallstor für die – mehr oder weniger schlagkräftig organisierte – Vertretung nationaler Interessengruppen und damit das, was politikwissenschaftlich-analytisch als ein Zwei-Ebenen-Spiel bezeichnet wird.[24]

... und Zwei-Ebenen-Spiele

---

21 Angaben nach Guggenbühl 1995, 223, Tabelle 2.
22 Vgl. z.B. für Ungarn Madl/Müller-Graff 1996, für Polen Müller-Graff/Stepniak 1997..
23 Der Klassiker der politikwissenschaftlichen Analyse von Interdependenz in internationalen Beziehungen ist der Band von Keohane/Nye 1977; zur Entwicklung der Interdependenz-Theorie vgl. den Überblick von Kohler-Koch 1990.
24 Der die Diskussion über Zwei-Ebenen-Spiele auslösende Artikel stammt von Robert Putnam (1988); weitere theoretische Entwicklungen sowie zahlreiche Fallstudien zur Anwendung des

Damit ist folgendes gemeint: die Verhandlungsführer, hier also die Kommission, führen nicht nur Verhandlungen mit ihren formalen Verhandlungspartnern (den Staatenvertretern aus Osteuropa). Sie haben zugleich im Binnenverhältnis Verhandlungen im eher informellen Sinne von „bargaining" zu führen über die Ausgestaltung ihres Mandates sowie die interne Akzeptabilität der Ergebnisse der formellen (Außen-)Verhandlungen. Dies gilt bereits im einfachen Falle der bilateralen Verhandlungen zwischen zwei Staaten (die jeweils an ihrer „Heimatfront" für Akzeptanz sorgen müssen). Durch die institutionelle Struktur der EU, mit der formellen Zuständigkeit der supranationalen, also weder einzelnen staatlichen Interessen noch der Gesamtheit der rein national definierten Interessen verpflichteten Kommission, wird dieses Zwei-Ebenen-Spiel nur noch komplexer, fast zu einem „Zwei-ein-halb-Ebenen-Spiel". Der in diesem Spiel von nationalen und eventuell auch transnationalen Interessengruppen innerhalb der EU ausgeübte Druck erklärt zu einem Gutteil die oben skizzierten Ergebnisse der Verhandlungen über die Europa-Abkommen und damit die Struktur des Assoziierungsregimes, etwa die beschränkte Marktöffnung der EG im Agrarbereich.[25] Da diese binnengesellschaftlichen Interessengruppen bisher besser im Zwei-Ebenen-Spiel vertreten sind als die formalen östlichen Verhandlungspartner, ist zu erwarten, daß sie auch den weiteren Verlauf der Verhandlungen innerhalb des Regimes, im Rahmen des Assoziationsrates, stark beeinflussen werden.

Es hat also in Gestalt des Assoziierungsregimes der Europa-Abkommen eine deutliche Institutionalisierung der gesamteuropäischen Wirtschaftskooperation stattgefunden, über die ad hoc im Rahmen des PHARE-Programms erfolgende Hilfe hinaus. Ob und für welche Staaten diese Kooperation auf mittlere Sicht in einen Beitritt zur Gemeinschaft münden kann, ist gegenwärtig schwer zu prognostizieren.[26] Die spezifische Funktionsweise dieser Kooperation und ihre inhaltlichen Grenzen lassen sich einstweilen unter Zuhilfenahme abstrakter Begriffe, wie sie die politikwissenschaftliche Theorie über internationale Kooperation zur Verfügung stellt, analysieren. Dies gilt auch für einzelne Institutionalisierungsschritte, die zur Gründung neuer internationaler Organisationen führen, wie wir abschließend zu diesem Teil des Kapitels am Beispiel der Europäischen Bank für Wiederaufbau und Entwicklung zeigen wollen.

6.1.2.2 Die Geburt einer internationalen Organisation: das Beispiel der EBRD

gestiegene Zahl von IO, Neugründung gleichwohl nicht alltäglich

Wir haben bisher über die Institutionalisierung gesamteuropäischer Wirtschaftskooperation in Gestalt von Ad-hoc-Hilfsprogrammen (PHARE und TACIS, bei denen sich allerdings angesichts ihrer mehrjährigen Laufzeit auch fragt, inwiefern noch zu Recht von Ad-hoc-Hilfe zu sprechen ist) sowie des durch die Europaverträge begründeten Assoziierungsregimes der EU mit Staaten Osteuropas gesprochen. Zu Beginn von Kapitel 2 hatten wir darüber hinaus internationale

---

Konzeptes finden sich in dem Band von Evans/Jacobson/Putnam 1993.
25 Vgl. die eingehende politisch-ökonomische Analyse der Assoziierungsverhandlungen der EU mit den osteuropäischen Staaten von Guggenbühl 1995.
26 Vgl. dazu zum Beispiel Nötzold 1995, Leiphold 1995 und Welfens 1995.

Organisationen als eine besondere Form der Institutionalisierung von internationaler Kooperation herausgestellt, durch die formal eine eigene Körperschaft begründet wird, der analytisch auch eigenständige Handlungsfähigkeit zugeschrieben werden kann (z.B., weil internationale Organisationen eigenes Personal haben, das – neben Staatenvertretern – an der Fassung und Umsetzung von Beschlüssen beteiligt ist). Die Zahl solcher internationaler Organisationen hat weltweit in den vergangenen rund 150 Jahren deutlich zugenommen, allein in der Nachkriegszeit von rund 80 auf über 300.[27] Dennoch kommt die Neubegründung einer internationalen Organisation nicht alle Tage vor, und von daher lohnt es sich, einen solchen Fall im Zusammenhang mit der Reetablierung gesamteuropäischer Kooperationsstrukturen näher zu betrachten[28], den der Gründung der Europäischen Bank für Wiederaufbau und Entwicklung (European Bank for Reconstruction and Development, EBRD). Wir stützen uns dabei im wesentlichen auf die Studie, die Steven Weber (1994) dazu veröffentlicht hat.

Die EBRD, deren Bezeichnung durchaus absichtlich im Anklang an die größte, globale, internationale Finanzinstitution, die Weltbank oder International Bank for Reconstruction and Development (IBRD) gewählt wurde, wurde am 29.5.1990 von 40 Staaten und zwei europäischen Organisationen, der EG und ihrer Europäischen Investitionsbank (EIB), gegründet. Bereits hierin liegt eine Besonderheit: zwar ist es üblich, daß internationale Organisationen sich wechselseitig Beobachterstatus einräumen; eine formelle Mitgliedschaft von internationalen Organisationen in anderen ist jedoch eher unüblich und bringt insofern die Sonderstellung der EG und den absichtlich verstärkt europäischen Charakter der EBRD zum Ausdruck. Gemäß ihrer Satzung hat sie die Aufgabe, „to foster the transition towards open market-oriented economies and to promote private and entrepreneurial initiative in the Central and Eastern European countries committed to and applying the principles of multiparty democracy, pluralism, and market economies."[29] Die in diesem Nachsatz zum Ausdruck kommende klare politische Konditionalität der EBRD Unterstützung ist eine zweite Besonderheit, die so bei anderen regionalen Entwicklungsbanken nicht anzutreffen ist.

Besonderheiten und Aufgaben der EBRD

Ein erster, die inhaltlichen Aufgaben der Bank weit fassender Vorschlag zur Gründung der EBRD wurde im Oktober 1989 von Frankreichs Präsident Mitterrand unterbreitet. Damit wandte er sich implizit gegen drei denkbare andere Möglichkeiten zur Organisierung internationaler Finanzhilfe für Osteuropa: ihre rein bilaterale Abwicklung zwischen einzelnen Staaten aus Ost und West, ihre Abwicklung im Rahmen der G 24 sowie die vollständige Überantwortung der Aufgabe an bestehende internationale Finanzorganisationen, etwa die Weltbank. Zugleich sah dieser maximalistische Vorschlag jedoch vor, daß die zu gründende Bank die Aufgaben der EG-Kommission sowohl bei der Koordination der G 24-

der französische Gründungsvorschlag

---

27 Vgl. zu Verlauf und Ursachen dieses Wachstums der Zahl internationaler Organisationen Rittberger 1995 Kapitel 3, und, ausführlicher, Murphy 1994.
28 Wie wir bereits gesehen haben, hat derselbe Prozeß auch zum Zerfall und formellen Ende bestehender internationaler Organisationen geführt, etwa des RGW und der Warschauer Vertragsorganisation, nicht dagegen der NATO.
29 „den Übergang zu offenen Marktwirtschaften zu fördern und die private unternehmerische Initiative voranzubringen in denjenigen Ländern Zentral- und Osteuropas, die den Prinzipien der Mehrparteiendemokratie, des Pluralismus und der Marktwirtschaft verpflichtet sind und sie anwenden." Articles of Agreement der EBRD, Art.1, zitiert nach Weber 1994, 1.

Hilfe als auch ihr PHARE-Programm übernehmen sollte. Verständlicherweise traf dieser Vorschlag nicht auf die Gegenliebe der Kommission.

Interessenspositionen   Das organisatorische Eigeninteresse der Kommission war jedoch nur eines der Interessen im Spiel. Für Frankreich selbst stand im Vordergrund, daß es im Rahmen einer europäischen Bank eine bedeutendere Rolle spielen würde als in einer globalen (wie der Weltbank); zugleich würde es im Vergleich zu einer rein bilateralen Lösung gegenüber Deutschland mit seinen größeren Wirtschaftskontakten gen Osten besser dastehen. Großbritannien lag vor allem an einer Beteiligung der USA, diese ihrerseits waren mit Skepsis bereit, sich an Verhandlungen zu beteiligen, die japanischen Interessen an einer institutionalisierten Hilfe für Osteuropa waren, der geographischen Entfernung entsprechend, begrenzt. Auch Deutschland hielt eine neue Bank im Prinzip nicht für nötig, war aber ebenfalls gesprächsbereit.

Gründungs-   Die in insgesamt drei Runden verlaufenden Gründungsverhandlungen der
verhandlungen: EBRD drehten sich um eine Reihe zentraler Streitpunkte:
Streitpunkte und
Ergebnisse

1. Im Streit zwischen der EG-Kommission und Frankreich über die minimalistische oder maximalistische Aufgabendefinition setzte sich erstere durch. Wie wir oben bereits gesehen haben, hat die Kommission die Zuständigkeit für die G 24-Koordination wie ihr PHARE-Programm behalten.
2. Ein zweiter wichtiger Streitpunkt betraf die Mitgliedschaft und ihre Gewichtung, das heißt die Kapitalanteile. Die von uns zu Beginn der Einleitung zum vorliegenden Buch kurz eher akademisch behandelte Frage: Was ist Europa? wurde hier tatsächlich politisch virulent. Zum einen konfligierten das französische mit dem britischen und US-Interesse in der Frage der Beteiligung der USA – eine Neuauflage des franko-angelsächsischen Konfliktes um ein atlantisches oder europäisches Europa. Im Ergebnis kam es zur Beteiligung der USA. Diese wiederum hatten jedoch Probleme mit der Beteiligung der (noch existenten) Sowjetunion und wollten sie, wenn überhaupt, nur dann beteiligt und von EBRD-Leistungen begünstigt sehen, wenn diese maximal die Höhe der von der Sowjetunion in harten Devisen einbezahlten Beträge erreichten. Dies war auch das letztlich erreichte Ergebnis. Die Mitgliedschaft ist also einerseits dominant europäisch, insofern die EG, die EIB und die EG-Mitgliedstaaten zusammen mehr als 50% des Einlagekapitals der EBRD stellen, andererseits wurden die USA mit 10% der größte Einzelkapitalgeber (gefolgt von Deutschland, Frankreich, Großbritannien, Italien und Japan mit jeweils 8,5%), die Sowjetunion schließlich steuerte mit der genannten Auflage 6% bei.
3. Ein dritter Streitpunkt betraf schließlich die Art der Tätigkeit der Bank: Sollte sie nur an Private Kredite vergeben oder auch an den öffentlichen Sektor? Und: Sollte sie in die Lage versetzt werden, zu begünstigten Bedingungen Kredite zu vergeben („soft loans") oder nur zu marktüblichen Bedingungen? Großbritannien und die USA befürworteten eine rein private Kreditvergabe, Frankreich wollte auch den öffentlichen Sektor bedienen können. Der entscheidende Kompromiß bestand hier in der sog. 40-60-Formel: maximal 40% der Kredite kann die EBRD an öffentliche Einrichtungen vergeben, 60% ihrer Geschäfte muß sie mit der Privatwirtschaft ab-

wickeln. Begünstigte Kredite darf die EBRD nicht vergeben, eine der Weltbank oder dem Weltwährungsfonds vergleichbare Rolle im Bereich von makrowirtschaftspolitischen Strukturanleihen darf die EBRD ebenfalls nicht spielen, vielmehr ist sie im Prinzip auf Kredite für konkrete Projekte beschränkt.

Versucht man, diese Ergebnisse zu erklären, so zeigt sich dreierlei: *Erklärungsansätze*

1. Eine dominante oder hegemoniale Macht war am EBRD-Gründungsspiel nicht beteiligt (zwar hätten die USA die Verhandlungen verlassen können, doch wäre dann die Gründung auch ohne sie erfolgt). Die These, daß ein Hegemon notwendige Voraussetzung für Kooperationsschritte sei, wird also erneut widerlegt.
2. Auch die reine Interessenanalyse kann nur einen Beitrag zur Erklärung der Ergebnisse leisten – sie definiert gleichsam die Rand- und Ausgangsbedingungen. Erst der Verlauf der konkreten Verhandlungen ergab jedoch, welche Interessenpositionen sich wie weit durchsetzten. Dies war weder durch den Inhalt der Interessenspositionen noch durch die Machtposition der Akteure allein im voraus bestimmt.
3. Es zeigt sich vielmehr, und diesen Punkt betont Weber besonders, daß die Verhandlungen in einem institutionellen Umfeld stattfanden, dessen ideelle und normative Strukturen den Verhandlungsverlauf und ihre Ergebnisse mitprägten, stärker als rein technische Anforderungen. Dieser Punkt ist näher auszuführen.

Obwohl, wie oben gezeigt, auch in einigen (finanz-)technischen Fragen das Mandat, der Tätigkeitsauftrag, der EBRD festgelegt wurde, lag hier offenbar nicht der Schwerpunkt. Vielmehr wurde intensiv um politische Fragen im weiteren Sinne gerungen, die mit finanztechnischen Details eher nichts zu tun hatten. Hierzu gehört zum einen die Frage, wie Art und Ausmaß der europäischen Natur der Organisation festgelegt werden sollten. Für das Zustandekommen der Bank unter US-Beteiligung war wichtig, daß innerhalb der US-Regierung einer Europabank in politischer Hinsicht größere Bedeutung eingeräumt wurde, so daß nicht maximal auf technischen Details beharrt wurde. Ähnlich war es für die (west-)europäischen Staaten wichtig, daß der Charakter einer wesentlich auch europäischen, gesamteuropäischen Einrichtung deutlich wurde. Schließlich herrschte Einigkeit darin, daß mit der politischen Konditionalität – Demokratie als Voraussetzung für EBRD-Unterstützung – ein geteilter Normenbestand festgeschrieben und untermauert werden sollte.[30] Zusammengefaßt kann man sagen, daß die Gründung der EBRD, mit ihrem speziellen Mandat, wesentlich auch ein Akt politischer Symbolik war, für alle Beteiligten. Rein (finanz-)technische Anforderungen standen demgegenüber im Hintergrund. Dabei bestand die Symbolik in der Festschreibung normativer Standards für Gesamteuropa sowie in der Etablierung einer Organisation für gesamt(!)europäische Wirtschaftskooperation. *ein politisch-symbolisches mehr denn ein technisches Baby*

In der Gründung der EBRD kommt somit zugleich zum Ausdruck, daß, wie Weber (34) schreibt, „there may indeed be something special about Europe as a *Europa – eine besondere Region*

---

30 Ähnlichen Zwecken diente, wie mehrfach erwähnt, im Rahmen der KSZE die Charta von Paris, allerdings ohne den „Hebel" der unmittelbaren Verknüpfung mit Kreditzusagen.

region."³¹ Und diese Besonderheit besteht in der Dichte des bereits geknüpften internationalen Kooperationsnetzwerkes, auch auf anderen als dem wirtschaftlichen Gebiet, dem zudem zunehmend ein normativer Konsens zugrundeliegt. Erst dieses stark institutionalisierte Kooperationsumfeld bringt es mit sich, daß neue Institutionalisierungsschritte von vorangegangenen stark geprägt werden. In Webers Worten: „The birthright for the new bank was one of institutional legitimacy more than any technical criteria, as it is still unclear to many of the participants what the bank, now officially formed, would do in practice." (23)³²

die EBRD in der Praxis   In Webers Nachsatz kommt denn auch das zentrale Problem der EBRD zum Ausdruck. Nicht nur waren die ersten Jahre ihrer Existenz vom in negativem Sinne medienwirksamen Ausgabeverhalten ihres ersten Präsidenten – mit Jacques Attali wurde ein enger Mitarbeiter von Präsident Mitterrand in dieses Amt berufen – begleitet (etwa für den Marmor der Eingangshalle der Bank in London). Gewichtiger war, daß die 40:60-Formel in Verbindung mit der Auflage, nur Kredite zu Marktbedingungen vergeben zu können, die Frage aufkommen ließ, wie es denn der Bank gelingen sollte, rentable Projekte aufzuspüren, die private Banken nicht bereits fördern, und zwar für die Kreditnehmer ohne zusätzliche politische Auflagen. Tatsächlich erwies sich die Zahl solch rentabler Projekte in Osteuropa als der entscheidende Engpaß für die Mittelvergabe. Dies heißt zwar nicht, daß die Bank bisher nicht gewisse nützliche Aufgaben erfüllen konnte, etwa durch besondere Unterstützung für kleine und mittlere Unternehmen, Hilfe beim Aufbau eines funktionierenden Privatbankensystems in Osteuropa oder auch durch Verwaltung des Fonds für Nuklearsicherheit (vgl. unten 6.2.3). Es bedeutet aber doch, daß ihre praktische Wirksamkeit geringer geblieben ist, als angesichts des symbolischen Schrittes ihrer Einrichtung erhofft wurde.

Der EBRD-Fall bestätigt also nochmals, daß in Europa, auch im Bereich wirtschaftlicher Kooperation, ein zunehmend dichtes Netzwerk institutionalisierter Kooperation geknüpft worden ist, das die aus dem Zeitalter des Systemantagonismus stammende Spaltung des Kontinents zu überwinden beginnt. Zugleich wird aber deutlich, daß auch in Form neuer Organisationen vorgenommene Institutionalisierung internationaler Kooperation nur ein, zum Teil begrenzter, Beitrag sein kann zu einem Wandlungsprozeß, der letztlich in und von den beteiligten Gesellschaften getragen werden muß. Dies gilt, wie das nächste Teilkapitel zeigen wird, ebenfalls für Fragen des Umweltschutzes.

6.2 Kooperation im Umweltbereich

Symbolische Politik, nicht wie gegen Ende des vorausgehenden Teilkapitels im positiven Sinne als Ausdruck eines dichten, normativ unterfütterten Kooperationsnetzes, sondern im Sinne von politischer Oberflächenaktivität ohne tieferge-

---

31 „...es an Europa als Region durchaus etwas besonderes gibt."
32 „Das Geburtsrecht der Bank war mehr eines von institutioneller Legitimität als irgendwelche technischen Kriterien, und so war manch einem Beteiligten auch noch unklar, was genau die nunmehr formell gegründete Bank eigentlich in der Praxis tun würde."

hende Wirkung in der Sache, ist auch bei Kooperationszusammenhängen der internationalen Umweltpolitik weit verbreitet. Wenn wir uns zum Abschluß dieses Kapitels drei solchen Kooperationszusammenhängen in Europa zuwenden, werden wir es mit beiden Arten von symbolischer Politik zu tun haben. Zugleich wird damit das Kooperationsformen-Tableau für Europa nach 1945 abgerundet. Die Auswahl[33] fiel dabei auf drei Fälle, die unterschiedliche Umweltmedien und Akteurskonstellationen betreffen: die Kooperation zum Schutz des Rheins, im wesentlichen zwischen westeuropäischen Industriestaaten; die Kooperation zum Schutz der Ostsee, wo im west-östlichen Staatenkreis der Systemwechsel inhaltliche Folgen für die Kooperation zeitigte; und die Frage der Nuklearsicherheit, an der Aspekte einer gesamteuropäischen Risikogemeinschaft deutlich werden.

6.2.1 Pflege für den Vater? Die internationale Zusammenarbeit zum Schutz des Rheins

Die internationale Kooperation zum Schutz des Rheins, die hier im wesentlichen der Darstellung von Durth 1996 folgend dargestellt wird, ist eines der ältesten Umweltschutzregime für Fließgewässer.[34] Die Situation an solchen ist paradigmatisch für die asymmetrische Situationsstruktur, die als Oberlieger-Unterlieger-Problematik bekannt ist: Wer oben am Flußlauf sitzt, hat wenig Anlaß, sich um Reinhaltung des Flusses zu kümmern, wer Unterlieger ist, bekommt die Abwässer und sonstigen Belastungen der Oberlieger „gratis" – als (negative) Externalität – mit. Angesichts dessen verwundert es nicht, daß die Niederlande jahrelang wenig Interesse bei den Rheinoberliegern fanden, über Gewässerschutz gemeinsam zu beraten.

<small>schwierige Kooperation angesichts asymmetrischer Situationsstruktur</small>

Immerhin wurde 1950 die Internationale Kommission zum Schutz des Rheines vor Verunreinigungen (IKSR) mit Sitz in Koblenz von den fünf Anliegerstaaten (Schweiz, Österreich, Bundesrepublik Deutschland, Frankreich und Niederlande) gegründet, allerdings recht informell, durch Notenwechsel der Regierungen. Erst 1963 führten lange Verhandlungen in Gestalt der Berner Vereinbarung zu einer völkerrechtlichen Grundlage, auf der 1976 zwei weitere spezielle Abkommen über chemische Verunreinigungen und Chloridverschmutzung geschlossen wurden. Die Kommission setzt sich aus Vertretern der Mitgliedstaaten und der EU-Kommission zusammen, ihr arbeiten rund 20 technische Arbeitsgruppen zu, koordiniert von einem Sekretariat. In der Sache kam die Kooperation jedoch jahrelang nur äußerst schleppend voran.

<small>vom informellen zum formellen Regime ...</small>

Einen Durchbruch brachte erst das im Oktober 1987 unter dem Eindruck der zahlreichen Rheinkatastrophen (u.a. in der schweizerischen Chemiefabrik Sandoz) des Vorjahres und des daraus resultierenden Drucks der Öffentlichkeit[35]

<small>... und zur Wiederentdeckung der Informalität</small>

---

33 Es kann sich wieder nur um eine Auswahl der möglichen Fälle handeln. Weitere Fälle, die andere Umweltmedien betreffen, hätten behandelt werden können, so vor allem die internationale Zusammenarbeit zum Schutz gegen weiträumige grenzüberschreitende Luftverschmutzung in Europa; vgl. dazu z.B. Levy 1993, Gehring 1994 und ders. 1997.
34 Vgl. auch Bernauer/Moser 1996. Umweltschutzregime mit internationaler Beteiligung bestehen inzwischen auch für die Donau, die Elbe und die Oder.
35 Durth (40) schreibt hierzu: „Alle Oberliegerregierungen standen zu diesem Zeitpunkt unter stark angestiegenem politischen Handlungsdruck", und erläutert: „Auch in Frankreich und in

verabschiedete „Aktionsprogramm Rhein". Es setzte drei zentrale Ziele: die Regenerierung des Ökosystems Rheins soweit, daß früher vorhandene Arten (u.a. Lachse) wiederkehren können; Erhalt der künftigen Nutzbarkeit des Rheins zur Trinkwassergewinnung; Verringerung der Schwebstoffe. Allein zur Umsetzung des Programms in seiner zweiten Phase (bis 1995) waren hierfür insgesamt 25 Milliarden DM vorgesehen. Zumindest in bezug auf den Lachs stehen die Chancen einer Wiederansiedlung nicht schlecht, aber auch im Hinblick auf die allgemeine Wassersituation ist inzwischen im Vergleich zu den 1980er Jahren eine merkliche Verbesserung der Umweltqualität des Rheins eingetreten.

symbolische Politik   Gerade die im Aktionsprogramm erfolgte Herausstellung des Lachses als Symbol einer erfolgreichen Rheinsanierung zeigt nochmals die Bedeutung von symbolischer Politik im Bereich der Umweltpolitik. Zum einen war es Symbolik im eher negativen Sinne der Ablenkung auf (nur) einen Schritt (zumal der Lachs im Rhein faktisch bereits ausgestorben war und erst wieder angesiedelt werden mußte). Zum anderen aber ermöglichte die symbolische Verbrämung der Zielformulierung doch einen sachlichen Fortschritt: „Nicht zuletzt durch die Reduzierung komplexer naturwissenschaftlicher, technischer und wirtschaftlicher Zusammenhänge auf dieses einfache Ziel [der Wiederansiedlung von Lachsen, ML] wurde es den Regierungen möglich, die bisherigen Interessengegensätze zu überwinden." (Durth, 41) Tatsächlich fungieren symbolische Zielformulierungen, etwa das Ziel der Reduktion der Schadstoffbelastung „um 50 Prozent", bei internationalen Umweltschutzverhandlungen häufig als „fokaler Punkt", der den Stillstand endloser technischer Zieldiskussionen überwinden hilft.

und Nicht-Regierungsebene   Daneben liefert der Rhein-Fall jedoch auch Anschauungsmaterial für die Wirksamkeit von Aktivität unterhalb der Ebene der Staatsregierungen, freilich in einem Umfeld, das – wie Westeuropa – von einem dichten inter- bzw. supranationalem Netz der Kooperation und Integration überzogen ist.

privatrechtliche Klagen   Gegen eine Punktquelle der Rheinverschmutzung, die vor allem von den französischen Mines de Potasse d'Alsace (MDPA) ausgehende Chloridbelastung, klagten niederländische Gärtnereien auf Schadensersatz – mit Erfolg in letzter Instanz 1988. Daraufhin kündigte die niederländische Regierung ihre Bereitschaft auf, die Umsetzung des Chloridabkommens mitzufinanzieren. Unter Verletzung des Verursacherprinzips war hierfür ein Finanzierungsschlüssel von NL: 34%, D: 30%, F: 30% und CH: 6% vorgesehen gewesen. Das über Jahrzehnte ausgehandelte, in der Sache wenig effektive Abkommen war damit weiter geschwächt.[36] Dem Musterprozeß folgend bestand künftig der Klageweg mit Erfolgsaussicht offen. Andererseits erlangten die Gärtnereien in einem Vergleich mit den MDPA nur ein Sechstel des geforderten Schadensersatzes, und die

---

der Schweiz wuchs in den Wochen nach der Brandkatastrophe bei Sandoz der Druck auf die Politiker. Frankreich – im Hinblick auf die Schweiz Unterlieger des Rheins – litt zum ersten Mal an der Rheinverschmutzung, und das Fischsterben hatte gerade im relativ ökologisch orientierten Elsaß viele Proteste hervorgerufen. Die Schweizer Öffentlichkeit im allgemeinen und die schweizerischen Chemieunternehmen im besonderen fürchteten um ihr sauberes und effizientes Image. Am stärksten nahm jedoch der Druck auf die christlich-liberale Regierung der Bundesrepublik Deutschland zu, die mitten in einem Wahlkampf stand, in dem Umweltschutz zu einem zentralen Thema geworden war."

36   Zum Chloridabkommen als Fall internationaler Finanztransfers für Umweltschutzzwecke vgl. auch Bernauer 1996.

Chloridfracht des Rheins wurde weder dadurch, noch durch das Chloridabkommen entscheidend vermindert, sondern durch den ökonomisch bedingten Rückgang des Kalibergbaus der MDPA und anderer Firmen. Insofern waren das Regime wie die es begleitende Klageaktivität nur bedingt wirksam. Ebenfalls unter Klageandrohung erreichte die Stadt Rotterdam mit einigen Einleitern, darunter deutschen Chemiefirmen, Vereinbarungen über die Reduktion der Schadstoffeinleitung.

Einen anderen Mechanismus stellt die Mobilisierung transnationaler Interessenallianzen dar. Im Falle des Rheins waren es die Wasserwerke der Anliegerstaaten, die sich ab den 1950er Jahren grenzüberschreitend zu organisieren begannen und 1970 den Dachverband „Internationale Arbeitsgemeinschaft der Wasserwerke im Rheineinzugsgebiet" (IAWR) gründeten. Der IAWR gehören derzeit 110 Wasserwerke aus fünf Ländern an, und sie hat in der Vergangenheit unter anderem durch sog. Rhein-Memoranden sowohl die Öffentlichkeit informiert als auch auf die Regierungen Druck ausgeübt. Die Gemeinsamkeit ihres Interesses an einer Priorität der Rheinnutzung zur Trinkwassergewinnung erleichterte das koordinierte Vorgehen. — *transnationale Interessengruppenallianz*

Insgesamt gibt der hier skizzierte Fall der internationalen Zusammenarbeit zum Schutz des Rheins ein recht typisches Bild ab für die Bedingungen, Formen und die Wirksamkeit internationaler Umweltkooperation in Europa (und darüber hinaus). Zu den erschwerenden Bedingungen gehören Interessendivergenzen, die z.B. aus der asymmetrischen Oberlieger-Unterlieger-Situationsstruktur resultieren. Begünstigend wirkt transnational mobilisierbare Interessenkonvergenz (hier: der Wasserwerke). Eine hegemoniale Rolle eines Staates beim Zustandekommen ist weder erforderlich noch ersichtlich. Von der Form her ist die organisatorische Struktur – Kommission, technische Arbeitsgruppen, Sekretariat – ebenso typisch wie die Mischung formeller, völkerrechtlicher Normen mit nur politisch verbindlichen Aktionsprogrammen. Was schließlich die Wirksamkeit anbelangt, so steht neben begrenzten Erfolgen in der Sache (die zum Teil aber eher auf ökonomischen Strukturwandel – hier verringerter Kaliabbau – zurückzuführen sind, also nicht eigentlich die Effektivität des Regimes belegen) die „Entdeckung" neuer Probleme wie etwa der Stickstoff- und Phosphatbelastung oder der ebenfalls durch menschliche Tätigkeit, nämlich Landschaftsbau, bewirkten und somit als Umweltproblem anzusehenden Hochwasserkatastrophen, die am Rhein in den vergangenen Jahren gehäuft auftreten. Auch im Hinblick auf seine Wirksamkeit ist das Rhein-Regime keinesfalls untypisch für die internationale Umweltkooperation, wie auch ein Blick auf den Meeresumweltschutz zeigt. — *Fazit: ein typischer Fall*

6.2.2 Gehen die Meere baden? Die internationale Zusammenarbeit zum Schutz der Ostsee

Der europäische Kontinent wird von drei Meeresgebieten begrenzt: dem Mittelmeer[37], der zum Nordost-Atlantik gehörenden Nordsee[38] und der Ostsee.[39] Alle — *besondere Lage der Ostsee*

---

37 Zur internationalen Kooperation zu seinem Schutz vgl. Haas 1990.

207

drei sind starken Umweltbelastungen ausgesetzt, die nur noch zu rund einem Viertel aus mariner Aktivität (Schiffahrt, Verklappung, Off-Shore-Bohrungen) resultieren. Das Gros der Verschmutzungsbelastung resultiert aus landseitiger Aktivität und erreicht die Meere über Flüsse – insofern besteht z.B. ein sachlicher Zusammenhang zwischen Rhein-Schutz und Nordsee-Schutz – oder über die Atmosphäre.[40] Die Ostsee ist von der Größe her der Nordsee vergleichbar, die allerdings als Teil des Atlantiks ein offenes Meeresgebiet ist. Ähnlich dem Mittelmeer, daß allerdings bedeutend größer an Fläche und Wassermasse ist, ist die Ostsee ein halbgeschlossenes Meer mit einer schmalen Verbindung zum offenen Ozean. Aus der Summe von geringer Fläche und Volumen und Abgeschlossenheit, also lange dauerndem Austausch der Wassermasse mit dem Atlantik, ergibt sich die besondere Sensibilität des Ökosystems der Ostsee.

frühe Begründung eines umfassenden Regimes

Diese ökologische Empfindlichkeit der Ostsee veranlaßte Finnland 1972, im Vorfeld der KSZE, die Zusammenarbeit zu ihrem Schutz als entspannungspolitisches Versuchsfeld vorzuschlagen. Auf der Basis der 1974 unterzeichneten und 1980 in Kraft getretenen sogenannten Helsinki-Konvention entstand so das erste umfassende, im Prinzip alle Verschmutzungsquellen erfassende Regime zum regionalen Meeresschutz. Organisatorisch wurde wie oben im Rhein-Fall beschrieben eine Kommission aus Staatenvertretern mit technischen Arbeitsgruppen und einem Sekretariat eingerichtet. Die weitere Regelsetzung im Rahmen des Regimes erfolgte dann, der Form nach eine Besonderheit, durch sogenannte Empfehlungen, politisch (nicht völkerrechtlich) verbindlichen Festlegungen etwa zur Ausstattung von Schiffen, von Grenzwerten für die Abwassereinleitung u.a.m.

Grenzen der Wirksamkeit

Die politische Wirksamkeit der Zusammenarbeit als entspannungspolitisches Symbol war hoch – das Regime, das heißt die Zusammenarbeit zwischen Ost und West (und den neutralen Anrainern), funktionierte über die Krisenphasen der allgemeinen Ost-West-Beziehungen hinweg gut. Die Wirksamkeit in der Sache blieb jedoch trotz einzelner Erfolge, vor allem im Bereich der Verschmutzung durch Schiffsverkehr, begrenzt. Dabei erwies sich als eines der Hauptprobleme das Kapazitätenproblem auf seiten der östlichen Anrainer. Diese verfügten über weniger ökonomische und zum Teil auch technische Mittel, so daß die Verbesserung des Gesamtzustandes der Ostsee durch marginale Fortschritte auf dem Gebiet der westlichen oder nördlichen Anrainer bei konstantbleibend hoher Belastung von seiten der östlichen Anrainer kaum noch möglich war.

Regimewandel durch Systemwechsel

Hier ergab der Systemwechsel in den östlichen Anrainerstaaten zu Beginn der 1990er Jahre auch die Möglichkeit für einen Wandel im Ostseeschutz-Regime. Rein äußerlich wandelte sich der Teilnehmerkreis: zunächst verschwand die DDR vom Verhandlungstisch, dann kamen die baltischen Republiken hinzu und statt der Sowjetunion saß nunmehr Rußland mit am Tisch. Ein zweiter Effekt in der Sache ergab sich aus dem ökonomischen Zusammenbruch vieler Industriebetriebe, der mit dem Systemwechsel verbunden war. Er entlastete die Flüsse, etwa Elbe und Oder, und damit auch die Meere, in die sie fließen, also Nord- und Ostsee, von einer erheblichen Schmutzfracht. Drittens aber, und

---

38   Vgl. dazu List 1990, Haas 1993 und Cron 1995.
39   Die folgenden Ausführungen stützen sich neben eigenen Arbeiten (List 1990 und 1997) auf Haas 1993.
40   Also auf dem Wege der weiträumigen Luftverschmutzung, vgl. dazu Anm.32 oben.

kooperationstheoretisch am interessantesten, eröffnete der Systemwechsel die Möglichkeit, ganz neue Kooperationschancen zu nutzen.

Bereits gegen Ende der 1980er Jahre war, wie gesagt, deutlich geworden, daß – ökonomisch gesprochen – der zusätzliche oder Grenznutzen jeder weiteren im Norden oder Westen in Umweltschutzmaßnahmen investierten Krone oder Mark im Vergleich zu im Osten investiertem Geld gering war. Es lag also nahe, einen internationalen Finanztransfer zu Umweltschutzzwecken einzuleiten.[41] Dieser scheiterte unter Bedingungen des Systemgegensatzes zwischen Ost und West sowohl an westlichen Vorbehalten gegenüber einer Unterstützung des Ostens – Würde sie sachgerecht verwendet? –, als auch umgekehrt an östlichen Vorbehalten gegenüber an westliche Hilfe geknüpfte (politische) Auflagen, die im Zweifelsfall als „Einmischung in innere Angelegenheiten" erschienen. Dies änderte sich 1992 im Zusammenhang mit der Neufassung der formellen Grundlage des Regimes und seiner Ziele. Im Rahmen des 1990-92 ausgearbeiteten „Gemeinsamen umfassenden Umweltaktionsprogramms" wurde erstmals die finanzielle Unterstützung des (neuen) Ostens durch den Nord-Westen vorgesehen. An den Verhandlungen waren daher erstmals auch Vertreter internationaler Finanzinstitutionen beteiligt, neben der EBRD und der EIB auch der Nordischen Investitionsbank und der Weltbank. Aus ihren Mitteln sowie bilateral vergebenen Mitteln nord-westlicher Regierungen wurden inzwischen Projekte in Estland, Rußland und in geringem Umfang auch in Polen mit ausländischen Mitteln kofinanziert, etwa der Ausbau von Kläranlagen oder ein Managementplan für umweltfreundlichen Tourismus. Insgesamt sind die transferierten Mittel, so innovativ die Tatsache selbst ist, jedoch deutlich spärlicher ausgefallen als erhofft. Die Gründe liegen neben der Finanzknappheit in den Geberländern wiederum in den Nehmerländern. Allerdings resultieren sie nicht mehr aus politischen Vorbehalten, sondern daraus, daß viele ökologisch sinnvolle Projekte ökonomisch kurzfristig nicht rentabel sind, also kaum durch rückzahlbare Kredite, sondern nur durch geschenkte Zuschüsse finanzierbar sind. Gerade diese aber können sich auch die westlichen Geber kaum noch leisten.

Angesichts dessen erscheint es bereits wieder fraglich, ob die in anfänglicher Aufbruchstimmung neu formulierten Ziele tatsächlich erreichbar sein werden. Zunächst wurde die Helsinki-Konvention selbst 1992 neu gefaßt und in ihren rechtlichen Bestimmungen dem inzwischen erreichten Stand des internationalen Umweltrechts angepaßt (etwa durch explizite Verankerung des Vorsorgeprinzips, des Stands der Technik als Maßstab für zu ergreifende Maßnahmen u.a.m.). Sodann wurde das bereits erwähnte Aktionsprogramm beschlossen, das 132 „hot spots", also Schwerpunkte für prioritäre Maßnahmen, ausgemacht hat (von denen inzwischen bereits zehn, allerdings alle in den nord-westlichen Anrainern, erfolgreich angegangen werden konnten). Schließlich hatten sich die versammelten Umweltminister bereits 1988 – und hier treffen wir wieder auf politische Symbolik – in einer Erklärung zum Schutz der Ostsee darauf geeinigt, die Belastung durch besonders schädliche Substanzen wie Schwermetalle, aber auch Nährstoffe, deutlich zu verringern, „for example in the order of 50 per cent of

neue Mittel ...

... und neue Ziele

---

41 Insofern ist der Ostsee-Fall Teil der neuen innereuropäischen Finanztransfers zum Zweck des Umweltschutzes, wie sie im jetzigen Gesamteuropa stattfinden; vgl. dazu den Überblick von Connolly/Gutner/Bedarff 1996.

the total discharges ... as soon as possible but not later than 1995."[42] Dieses Datum ist verstrichen, und soweit das Ziel überhaupt konkret genug formuliert ist, bleibt auch weiterhin fraglich, ob es demnächst erreicht werden wird.

Ähnlich wie im Bereich der Wirtschaftskooperation zeigt also der hier behandelte Ostsee-Fall, daß im Gefolge des Systemwechsels in Osteuropa zwar gesamteuropäische Kooperationsstrukturen neu auf- oder ausgebaut werden können, daß aber, um ein ökologisches Bild zu verwenden, die Bäume deshalb nicht gleich in den Himmel wachsen. Das zeigt schließlich auch unser letztes Beispiel für gesamteuropäische Umweltkooperation: die Frage der Sicherheit der Kernkraftwerke.

6.2.3 Strahlende Zukunft? Die internationale Zusammenarbeit für die Sicherheit der Kernkraftwerke

In der Reaktorkatastrophe im ukrainischen Tschernobyl vom 26.4.1986 zeigte sich paradigmatisch die grenzüberschreitende Natur anthropogener, aus menschlicher Tätigkeit resultierender, Risiken. Auch wenn die physischen Auswirkungen nicht global, sondern primär lokal und sekundär, der zufällig vorherrschenden Windrichtung folgend, europäisch-regional waren, wurde deutlich, daß in bezug auf solche technischen Großrisiken zumindest eine europaweite Risikogemeinschaft besteht. Darüber hinaus, im geographischen wie im übertragenen Sinne, ging die psychologische Wirkung der drohenden Delegitimierung der Kernkraft als Energiequelle und als einträgliches Geschäft. Sie mobilisierte Kernkraftgegner wie -betreiber, wobei letztere politisch sehr wirksam letztlich den größeren Einfluß auf die Gestaltung staatlicher Hilfsprogramme nahmen. Die enge Verzahnung von innergesellschaftlichen Interessen und internationaler Politik soll daher ein weiteres Mal in diesem Teilkapitel im Vordergrund stehen, wobei auf eigene Arbeiten (List 1993, 1995 und Connolly/List 1996) zurückgegriffen werden kann.

Vorgeschichte Zur Vorgeschichte der Tschernobyl-Katastrophe gehört die, wie oben (6.1.1.2) gesagt, Mitte der 1960er Jahre einsetzende RGW-interne Kooperation in Sachen Kernenergie. Sie führte dazu, daß Reaktoren sowjetischer Bauart (und zwar ausschließlich vom Typ WWER, in unterschiedlichen Baureihen, also gleichsam technischen „Jahrgängen") in Länder Osteuropas geliefert wurden, und zwar die DDR (wo sie nach der deutschen Vereinigung stillgelegt wurden), Bulgarien, die CSSR (also heute die Tschechische Republik und die Slokakei) sowie Ungarn. Die im Zeichen der Auflösung der UdSSR erfolgende Neuziehung internationaler Grenzen hat weiterhin dazu geführt, daß heute auch Reaktoren des zweiten sowjetischen Typs, RBMK, der wegen seiner Eignung zur Entnahme waffentauglichen Materials ursprünglich nicht exportiert wurde, auf nicht-russischem Territorium stehen, außer der Ukraine (wo neben dem ausgebrannten, in einen – offenbar bereits brüchigen – „Sarkophag" gehüllten Reak-

---

42 „zum Beispiel in der Größenordnung von 50 Prozent der Einleitungen ... so bald wie möglich, aber nicht später als 1995." (zitiert nach List 1991, 157)

torblock drei weitere stehen und mit störfallbedingten Auszeiten auch noch betrieben werden) auch in Litauen (das zu nahezu 80 Prozent seiner Stromversorgung von den beiden RBMK-Blöcken im Kernkraftwerk [KKW] Ignalina abhängig ist).

Unter den internationalen Reaktionen auf den Störfall in Tschernobyl können solche auf Regierungsebene und solche auf der Ebene nicht-staatlicher Akteure unterschieden werden. *internationale Reaktionen*

Gleichsam von Amts wegen zuständig für Fragen der Reaktorsicherheit war auf internationaler Ebene die 1957 gegründete, weltweit tätige Internationale Atomenergiebehörde (International Atomic Energy Agency, IAEA). Freilich hatte sie aufgrund des Souveränitätsvorbehalts ihrer Mitgliedstaaten auch bei Störfällen nur begrenzte Handlungsmöglichkeiten, war auf die Duldung und Einladung der betreffenden Staaten angewiesen. Der IAEA-Generalsekretär besuchte wenige Tage nach dem Störfall den Ort der Katastrophe, im Rahmen der IAEA fanden später Konferenzen zu den Ursachen und Folgewirkungen der Katastrophe statt. Seit 1988 besuchten auch Expertenmissionen der IAEA östliche Reaktoren zur Überprüfung der Betriebssicherheit. Im Rahmen der IAEA wurden schließlich 1986 zwei Konventionen zur Information bzw. Hilfeleistung bei Reaktorunfällen unterzeichnet. *IAEA*

Auf nichtstaatlicher Ebene sind zum einen die kommerziellen Akteure aktiv. Hierzu zählen die (westlichen) Konstrukteure von KKW – wenige Großfirmen wie Siemens-KWU (Deutschland), Framatome (Frankreich), ABB (Schweiz-Schweden) und Westinghouse (USA) – sowie die Betreiber von KKW, überwiegend große Energiekonzerne. Die Betreiber organisierten sich 1989 weltweit selbst im Rahmen der World Association of Nuclear Operators (WANO), die in Paris und Moskau je ein Regionalzentrum eröffnet und ihr eigenes transnationales Störfall-Berichtssystem aufgebaut hat. *nichtstaatliche Akteure: Reaktorbauer und -betreiber ...*

Die zweite Art nicht-staatlicher Akteure stellen Gruppen dar, die sich nicht für kommerzielle, sondern für aus ihrer Sicht im allgemeinen Interesse liegende Anliegen einsetzen (im Englischen als „public interest groups" bezeichnet). Hierzu zählte auch im konkreten Fall Greenpeace, das mittels Publikationen im Westen[43] und der Eröffnung von Büros im Osten (u.a. in Moskau) auf den Gang der Ereignisse Einfluß zu nehmen suchte. *und „public interest groups"*

Schließlich reagierten auch die (westlichen Industrie-)Staaten auf den Tschernobyl-Störfall, indem sie im Rahmen der regelmäßigen Jahrestreffen der sieben führenden Industriestaaten (G 7) 1992 ein multilaterales Aktionsprogramm beschlossen, das kurz- und langfristige Hilfsmaßnahmen vorsah. Hierfür wurden Finanzmittel zur Verfügung gestellt, und zwar sowohl bilateral von den Regierungen als auch im EU-Rahmen des PHARE-Programms sowie, nach einigem Streit über den zuständigen „Verwalter" – die USA hätten bilaterale Vergabe oder Kontrolle durch die Weltbank bevorzugt –, in Gestalt eines von der EBRD verwalteten Fonds für Nuklearsicherheit (Nuclear Safety Account, NSA). *Staaten: bilateral, EU und G 7*

Der Gesamtumfang der Hilfsgelder blieb, den Erfahrungen mit anderen Hilfsprogrammen entsprechend, hinter den Erwartungen zurück, reichte weder für eine „Totalsanierung" des östlichen Energiesektors noch für Ersatz- *Hilfe in Zahlen und Taten*

---

43 Vgl. z.B. Rosenkranz/Meichsner/Kriener 1992.

Kraftwerke für eventuell stillzulegende KKW. In bezug auf die tatsächlich zur Verfügung gestellten Mitteln läßt sich fragen, ob sie sinnvoll eingesetzt worden sind. Bis Ende 1993 hatten westliche Regierungen rund 874 Mio US-Dollar an Hilfsgeldern zur Verfügung gestellt, davon stammten fast zwei Drittel (560 Mio $) von der EU. Außer den Geldern aus dem NSA sind praktisch alle diese Mittel für „software" und technische Hilfe (Sicherheitsstudien, Training des Betriebspersonals, Hilfe beim Aufbau von Aufsichtsbehörden) ausgegeben worden, wobei der Löwenanteil der PHARE-Ausgaben der Nachrüstung der WWER-Reaktoren im bulgarischen Kosloduj diente; ebenfalls, mit schwedischer Hilfe, nachgerüstet wurden die litauischen RBMK-Reaktoren. Die Abschaltung irgendeines östlichen Reaktors wurde nicht erreicht, auch der Versuch, die künftige Abschaltung zur Auflage westlicher Hilfe zu machen, ist bisher, selbst für das ukrainische Tschernobyl, gescheitert. Östliche Energieabhängigkeit von einzelnen KKW sowie „Pokern" in den Verhandlungen ist hierfür ebenso verantwortlich wie innerwestliche kommerzielle Konkurrenz um Nachrüstungsaufträge. Angesichts dieser freiwillig-unfreiwilligen Lebensverlängerung östlicher Anlagen, auch solcher, die zumindest einige, auch Regierungsstellen, im Westen lieber stillgelegt gesehen hätten, ist die Investition in ihren sicheren Betrieb und vor allem die korrekte Aufsicht darüber wohl noch zu den sinnvollsten Investitionen zu rechnen, auch wenn gerade die Nachrüstungsinvestitionen eventuell zur Lebenverlängerung östlicher KKW beitragen.[44]

Erklärung der Ergebnisse

Zur Erklärung der Ergebnisse läßt sich am besten auf eine Skizze der Interessen der beteiligten Akteure und ihr Durchsetzungspotential verweisen.

1. Unter den westlichen Regierungen reduzierte sich das Hilfsinteresse mit zunehmender Entfernung vom Ort des Geschehens auf ein kommerzielles: den Verkauf von Nachrüst- oder Ersatztechnik. Dies galt für Japan wie die USA. Auch europäische Regierungen hatten neben dem Interesse der Wahrung ihrer Sicherheit sowohl kommerzielle Interessen im Auge als auch die Wahrung der Akzeptanz ihrer eigenen KKW (eine Ausnahme, deutlich sichtbar an der verfolgten inhaltlichen Linie wie der Veröffentlichung von Meinungsäußerungen und Dokumenten, bildete insofern Österreich, das selbst auf KKW-Betrieb verzichtet hat und zugleich von grenznahen tschechischen KKW bedroht ist[45]). Vor allem die russischen KKW-Bauer hatten schließlich ein Interesse daran, auch künftig ihre Reaktoren zu verkaufen und Nachrüstung selbst durchzuführen. Darüber hinaus erschien ihnen die westliche Beurteilung ihrer KKW als inhärent unsicher als „rein geschäftsorientierte (für sie: geschäftsschädigende) Propaganda".
2. Als besonders geschickt muß die Reaktion der westlichen KKW-Erzeuger und -Betreiber gelten. Ihnen gelang es, aus der Not – dem drohenden Akzeptanzverlust auch westlicher KKW – eine (Geschäfts-)Tugend zu machen: Indem

---

44 Die Frage der Kritiker lautet: Wie wahrscheinlich ist es, daß östliche Reaktoren abgeschaltet werden, wenn sie gerade (mit westlichen Geldern) nachgerüstet worden und damit angeblich „sicherer" geworden sind? Die Verteidiger der offiziellen Politik argumentieren umgekehrt: Wenn östliche Reaktoren ohnehin nicht abgeschaltet werden, soll dann der Westen nicht helfen, sie wenigstens so sicher wie möglich zu machen?

45 Was österreichische Energieversorgungsunternehmen jedoch nicht am Import östlichen Stroms hindert, dessen Herkunft aus KKW nicht ausgeschlossen werden kann.

sie behaupteten, und westliche Regierungen zur Übernahme dieser Sicht veranlaßten, daß westliche Technik überlegen und sicher sei, konnten sie nicht nur ihre Kompetenz für Nachrüstungsaufträge im Osten – bezahlt vom Westen – belegen. Zugleich wurde damit implizit bekräftigt, daß „so etwas wie Tschernobyl" im Westen nicht möglich sei. Die enge Verzahnung der Planung staatlicher westlicher Hilfsprogramme mit der anlaufenden Tätigkeit der WANO gab die institutionelle Basis ab für den erfolgreichen Transfer dieser Sichtweise von kommerziell-nicht-staatlichen zu staatlichen Akteuren im Westen.

3. Dieser Sichtweisen-Transfer, das heißt die offiziell im Westen vorgenommene Problemdefinition, wurde schließlich unterstützt dadurch,
   - daß angesichts real bestehender Energieabhängigkeit (extrem in Litauen) kurzfristige Alternativen zur Kernkraft im Osten oft nicht sichtbar waren;
   - daß eine mittelfristige energiepolitische Umorientierung im Osten auf Energiespartechnik[46], wofür das östliche Potential groß ist, wie nicht nur Greenpeace hervorhob, oder auf Gaskraftwerke vom dortigen Nuklearestablishment (vor allem im Bereich der GUS) nicht gewollt war und eine neue Energieabhängigkeit von Importen bedeuten würde, die zudem mit Devisen bezahlt werden müßten (während bestehende KKW sich durch Weiterbetrieb amortisieren).

4. Schließlich ließ sich das reale Problem der Kontrolle der Verwendung von West nach Ost transferierter Mittel dadurch am einfachsten lösen, daß die Nachrüstung im wesentlichen durch westliche Firmen ausgeführt wird, das Geld also gleichsam direkt rezykliert wird. Für die westlichen KKW-Bauer hatte dies zugleich den Vorteil eines „warmen Regens" in der im Westen herrschenden KKW-Auftragsdürre. In erheblichem Maße haben also westliche KKW-Erzeuger und -Betreiber mit der Problemdefinition und der Struktur der Hilfsprogramme ihre Interessen durchgesetzt, nicht nur gegenüber Alternativ-Energiesparplänen grüner Provenienz, sondern auch gegenüber einer an Förderung von mittelständischer Spartechnik-Industrie oder von nicht-nuklearen Kraftwerk-Bauern[47] orientierten Ausrichtung der westlichen Hilfsprogramme – um den Preis der Lebensverlängerung östlicher, westlich nachgerüsteter KKW.

Ein solch inniges Verhältnis von Regierungspolitik und politisch gut organisierten, zahlenmäßig konzentrierten privaten Interessen läßt sich öfter bei Politikfeldanalysen ausmachen; im angelsächsischen Bereich spricht man von „capture" (der Gefangennahme[48]) oder auch von „highjacking" (der Entführung) des Staates durch private Interessengruppen. Auch solches, das sollten die obigen Ausführungen zum Abschluß unseres Kapitels über internationale Kooperation in Europa zeigen, kann also der Struktur internationaler Kooperation zugrundeliegen.

Fazit: „entführte" Kooperation

---

46 In begrenztem Umfang werden hierfür Mittel im Rahmen des PHARE-Programms zur Verfügung gestellt.
47 Die interessanterweise zum Großteil auf Konzernebene identisch sind mit den KKW-Bauern. Insofern hat hier konzernintern das nukleare Geschäftsinteresse gegenüber dem nicht-nuklearen obsiegt.
48 Zum „capture"-Phänomen vgl. Francis 1993, 27-29.

Zwischenfazit zu Teil II: Bedingungen, Formen und Wirkungen internationaler Kooperation in Europa

Wir sind damit am Ende des zweiten Teils angelangt, der sich mit internationaler Kooperation in Europa beschäftigt hat, in den drei Sachbereichen Sicherheit, Herrschaft und Wohlfahrt. Bevor wir uns im folgenden dritten Teil des Buches vertieft den Fragen der europäischen Integration im Rahmen der Europäischen Union zuwenden, wollen wir, durchaus auch im Hinblick darauf, einen kurzen Rückblick tun, läßt sich doch manches zur Kooperation Gesagte auf die Integration übertragen. Dabei geht es um die Bedingungen, die Formen und die Wirkungen von Kooperation in Europa (wobei die zu ziehenden Lehren, mit einer wesentlichen Ausnahme, auf diesem Abstraktionsniveau von Europa auf andere Regionen des Globus oder die globale Ebene insgesamt übertragbar, also von allgemeiner Gültigkeit sind). Ohne damit Anspruch auf Vollständigkeit zu erheben, wollen wir je drei „Lehren" über Bedingungen, Formen und Wirkungen internationaler Kooperation ziehen, wobei wir auf elementare Kategorien der Politikwissenschaft wie Macht, Interesse und Autonomie zurückverwiesen werden.

Beginnen wir mit den *Bedingungen internationaler Kooperation*. Der realistischen Tradition der Analyse internationaler Politik zufolge ist die Macht von Staaten, verstanden als die wichtigsten, einheitlichen Akteure der internationalen Politik, entscheidend. Diese Macht bemißt sich an traditionellen Maßstäben wie militärische, ökonomische oder auch bevölkerungsmäßige Stärke, und sie verleiht einigen Staaten, nach 1945 den USA und zeitweilig der Sowjetunion, eine vorherrschende, hegemoniale Stellung. Gemäß der These von der hegemonialen Stabilität als Voraussetzung erfolgreicher internationaler Kooperation ist eine so verstandene Hegemonie notwendige und/oder hinreichende Bedingung für Kooperation. Dies hat sich in unserer Übersicht der Kooperationszusammenhänge in Europa nach 1945 nicht bestätigt. Zwar wurden eine Reihe solcher Zusammenhänge (NATO, CoCom-Regime bzw. Warschauer Pakt und RGW) unter hegemonialer Leitung einer Supermacht (USA bzw. UdSSR) gegründet und aufrechterhalten. Dies gilt jedoch nicht für zahlreiche andere Kooperationsfälle (Europarat, dritter Pfeiler der EU, OSZE, Rhein- und Ostseeschutz-Regime u.a.m.). Das heißt nicht, daß Macht für die internationale Kooperation in Europa keine Rolle mehr spielt. Ihre plumperen, vor allem militärischen Formen jedoch sind weitgehend dysfunktional geworden, können das erstrebte Ziel – Zusammenarbeit – nicht erreichen.

Macht: realistische Hegemonie

Ein anderes Verständnis von Hegemonie[1] geht auf die ursprünglich auf innergesellschaftliche Lagen bezogene Analyse des italienischen kommunistischen

... und Gramscianische Hegemonie

---

[1] Für eine knappe, klare Gegenüberstellung beider Fassungen des Hegemonie-Begriffs vgl. Gill 1993.

Theoretikers Antonio Gramsci (1891-1937) zurück. Ihm und in Anlehnung an ihn mit einem Gramscianischen Hegemoniebegriff arbeitenden Analytikern der internationalen Politik geht es nicht um die Vorherrschaft von Staaten als Einheiten im Staatensystem, sondern um die Vorherrschaft gesellschaftlicher Kräfte, von Klassen oder Klassenfraktionen. Sie erreichen Hegemonie, wenn andere Klassen ihre Sichtweise und grundlegenden Ideen zur Gestaltung von Staat und Gesellschaft übernehmen. Innergesellschaftliche Herrschaft oder auch Gramscianische Hegemonie im Bereich der internationalen Politik kann dann in „weicher" Form ausgeübt werden, weil auf Seite der Herrschaftsunterworfenen mit einer gewissen Folgebereitschaft gegenüber der hegemonialen Klasse zu rechnen ist. Eine solche Vorherrschaft einer politisch-ökonomischen Grundidee ist nun seit 1990 in Gesamteuropa zu verzeichnen: die Prizipien (westlicher) Demokratie und Marktwirtschaft werden allenthalben akzeptiert, symbolisch festgehalten in der Charta von Paris. Als zentraler Institution, die diese Ideen verkörpert, kommt der EU eine kollektiv-hegemoniale Stellung zu: die übrigen Staaten Europas beginnen, ihre Standards zu übernehmen, wobei das wirtschaftliche Potential der EU ihre hegemoniale Stellung untermauert. Allerdings gilt es zu bedenken, daß die von der EU verkörperte Synthese von demokratischem Staat und Markt in einzelnen ihrer Mitglieder sehr unterschiedliche Ausformungen kennt: sie reichen von minimalistischen Staatskonzeptionen wie in Großbritannien[2] bis zu etatistischen Vorstellungen, wie sie in Frankreich herrschen[3]; dazwischen steht das deutsche Modell[4] des „rheinischen Kapitalismus"[5], der sozialen Marktwirtschaft, daneben das inzwischen unter dem Einfluß von Globalisierung und EU-Mitgliedschaft bereits revidierte „schwedische Modell"[6] eines umfassenden Wohlfahrtsstaates. Welches dieser Modelle für das Verhältnis von Politik (Staat) und Markt sich letztlich im Rahmen der EU durchsetzt und damit auch für die gesamteuropäische Kooperation prägend wird, ist derzeit noch offen. Um die Erlangung einer Gramscianischen Hegemonie für eines der Modelle wird noch gerungen. Gleichwohl haben sich, wie wir gesehen haben, durch die allgemeine Übernahme des Modells demokratische Marktwirtschaft als Geschäftsgrundlage die Bedingungen für gesamteuropäische Kooperation drastisch verändert.

Interessen: wichtig, aber nicht fix Eine zweite politikwissenschaftliche Grundkategorie ist die des Interesses. Staaten in der internationalen Politik, genauer staatliche Eliten, vertreten gleichsam „von Amts wegen" die – von ihnen wahrgenommenen und definierten – „nationalen" Interessen. Die Interessenanalyse, die durch subjektive Indikatoren (Verlautbarungen staatlicher Vertreter) oder aufgrund „objektiver" Indikatoren[7],

---

2 Vgl. dazu Abromeit 1994, Sturm 1991 und Döring 1993, 72 ff. und 161 ff.
3 Vgl. dazu Schild/Uterwedde/Lassere 1995, 120 ff. sowie diverse Beiträge in Flynn 1995.
4 Vgl. Simonis u.a. 1996.
5 Der Begriff stammt von Albert 1992, der drei Modelle von Kapitalismus vergleichend betrachtet, neben dem deutschen „rheinischen Kapitalismus" der sozialen Marktwirtschaft den US-amerikanischen und den französischen. Er steht damit für einen ganzen Strang neuerer Literatur über rivalisierende Kapitalismen; zu dieser Literatur zählen etwa auch Garten 1992 und Hart 1992.
6 Vgl. Milner 1989, Lane 1991 und Lewin 1994.
7 Eine solcher „objektiver" Indikator ist z.B. die Struktur der Situation: es ist plausibel, daß etwa Oberlieger und Unterlieger an einem Fluß je spezifische, zum Teil gegensätzliche Interessen haben.

also gleichsam Mittels „Indizienbeweis" erschlossen, die von den einzelnen Staaten im Hinblick auf konkrete Kooperationsschritte vertretenen Interessen untersucht, gehört daher zum Standardwerkzeug der Analyse internationaler Kooperation. Diese kommt, allgemein gesprochen, zustande, wenn sie in der Schnittmenge der geteilten Interessen der Akteure liegt. Die Interessen der Akteure definieren also gleichsam die Randbedingungen möglicher Kooperation. Sie kommt auf freiwilliger Basis, und nur von so begründeter Zusammenarbeit ist hier die Rede[8], nur zustande, wenn die Akteure ihnen wichtig erscheinende Interessen erfüllt und gewahrt sehen. Allerdings sind diese Interessen nicht statisch, sondern gerade im Wege der Verhandlungen zur Begründung eines Regimes oder auch in seinem Rahmen einem Wandel ausgesetzt.[9] Die Kommunikation der Kooperationspartner über ihre Interessen und Ziele trägt dazu ebenso bei wie diverse „bargaining"-Techniken: das Bereitstellen von Information, politischer Druck und Kopplungsgeschäfte („package deals", analytisch gesprochen: linkage).

Für die Wirksamkeit von Macht und Interessen(swandel) als Bedingung von Kooperation bildet nun das institutionelle Umfeld eine wichtige weitere Rahmenbedingung. Als geronnenes, eben institutionalisiertes, Ergebnis vorausgegangener Aushandlungsprozesse verkörpern Institutionen sowohl relativ stabile Interessenskonstellationen als auch darüber hinaus geteilte Werte. Dies gilt insbesondere in einer Region der Weltpolitik, die, wie der Großraum Europa, von einer einzigartigen Dichte und Tiefe von Kooperationszusammenhängen geprägt ist. Hierin liegt auch die wesentliche kooperationstheoretische Besonderheit der Situation in Europa, die so auf andere Regionen des Globus nur bedingt übertragbar ist. In Europa hat sich seit 1990 auf der Grundlage vorhandener Institutionen wie der EU, dem Europarat (mit seinem normativen Grundkonsens in Menschenrechtsfragen) und der KSZE/OSZE ein Ausbau gesamteuropäischer Kooperation ergeben, der einerseits von ebendiesem Grundkonsens getragen ist (die Aufnahme etwa in den Europarat fungiert insofern als „Gütesiegel", weshalb sie im Falle Rußlands und Kroatiens auch umstritten war), der es andererseits den beteiligten Akteuren erlaubt, von einer maximal strikten, engen Interessenvertretung zu einer erweiterten, langfristigen Interessenvertretung überzugehen und dabei auch Schritte mitzutragen, von deren Notwendigkeit oder Sinnhaftigkeit sie, etwa im Falle der Gründung der EBRD, nur bedingt überzeugt sind, die sie aber um des Symbolwertes willen unterstützen.

Bedeutung des institutionellen Umfelds: das Besondere an der Region Europa

Kommen wir damit zu den *Formen internationaler Kooperation.* Hier haben wir drei unterschiedliche Grade der Institutionalisierung kennengelernt. Der zunächst gar nicht wirklich institutionalisierten Ad-hoc-Hilfe, die, das PHARE-Programm zeigt es, aber doch Dauer und damit stärker institutionalisierte Form erlangen kann, steht die Kooperation auf der Grundlage formeller oder informeller Prinzipien, Normen und Regeln und unter Anwendung vereinbarter Entscheidungsverfahren gegenüber, die politikwissenschaftlich-analytisch mit dem Begriff „internationales Regime" belegt worden ist. Schließlich kann es, als Sonderform der Institutionalisierung, zur Herausbildung einer internationalen

unterschiedliche Grade der Institutionalisierung

---

8 Das Ausmaß der „Freiwilligkeit" differiert allerdings. Internationale Politik ist für die meisten Staaten ein Management von Zwängen.
9 Diesen Punkt betont besonders Gehring 1994, 401 ff. und ders./Oberthür 1997.

217

Organisation kommen, also einer Körperschaft mit eigenen „Organen". Diesen Prozeß sahen wir beim Übergang der KSZE, einer losen Konferenzabfolge, zur OSZE, mit ihren Organen wie Ministerrat, Parlamentarischer Versammlung, Hohem Kommissar für nationale Minderheiten u.a.m., sowie bei der Neugründung der EBRD.

bi- vs. multilaterale Kooperation

Eine zweite wichtige Unterscheidung hinsichtlich der Form der Kooperation war die zwischen bilateraler und multilateraler Kooperation. Letztere, vor allem wo sie im Sinne gehaltvollen Multilateralismus auf Prinzipien gestützt ist, kann zum Ausgleich von Machtpositionen führen, wie wir anhand der NATO sahen, in deren Rahmen die hegemoniale Stellung der USA gegenüber ihren einzelnen europäischen Partnern abgemildert wurde, ja sogar die Organisierung von „Gegenmacht" der kleineren Allianzpartner möglich war. In Grenzen gilt dies, so sahen wir, sogar für die Verhältnisse im RGW, der jedoch erst spät zu multilateralen Formen überging. Ein anderes Beispiel der hegemonie-mildernden Wirkung von Multilateralismus betrifft die Institutionalisierung der Hilfsprogramme für Osteuropa: die aufgrund ihrer geographischen Nähe und wirtschaftlichen Potenz potentiell dominante Rolle Deutschlands im Falle bilateral organisierter Hilfe wird, im Interesse der östlichen und westlichen Partner, durch die Multilateralisierung im EU-(PHARE-)Rahmen und durch die EBRD abgemildert.

Was heißt Kooperation konkret?

Schließlich ist anzumerken, daß Kooperation, anders als die deutsche Wiedergabe als „Zusammenarbeit" nahelegt, nicht immer wirklich gemeinsames Umsetzungshandeln bedeutet. Wirklich gemeinsam ausgeführt von Angehörigen der beteiligten Staaten werden etwa NATO-Manöver, oder Übungen zur Ölbekämpfung in der Ostsee. Ansonsten zielt Kooperation jedoch häufig auf etwas Abstrakteres, nämlich die Vereinbarung von Regeln, deren Umsetzung in die Tat (Implementation) jedoch jeder für sich und „zuhause" vornimmt: Grenzwerte für die Abwassereinleitung werden festgelegt, aber die Kläranlagen werden auf nationaler Ebene gebaut und betrieben. Um es bildhaft auszudrücken: Man einigt sich auf Links- oder Rechtsverkehr, fährt aber weiterhin im eigenen PKW, nicht kollektiv im Bus (und erst recht nicht gemeinsam auf einem Mehrpersonenrad). Dies hat zwei Weiterungen: Der Effekt des „gemeinsam-macht's-mehr-Spaß", der sich bei gemeinsamem Tun, Zusammenarbeit, auf der Ebene zwischen Personen einstellen mag, spielt für internationale Kooperation zwischen Staaten keine Rolle. Der „feel-good"-Faktor entfällt.[10] Die zweite Weiterung betrifft die aus der überwiegend nationalen Implementation international-kooperativ vereinbarter Normen und Maßnahmen resultierende Effektivitätsgrenze für Regime, leitet also zum dritten Punkt der Wirksamkeit von Kooperation über: diese Grenze liegt oft in nationalen Umständen, etwa der Struktur und Kultur der Polizeikräfte im Falle der Menschenrechtsschutzkooperation oder in nationalen administrativen, technischen und finanziellen Kapazitäten in der internationalen Umweltschutz-Kooperation. Diese aus nationalen Umständen resultierende Effektivitätsgrenze ist selbst wiederum nur bedingt durch internationale Kooperation angehbar (etwa: Organisierung von Schulungsseminaren für angehörige von Po-

---

10 Dies schließt nicht aus, daß im Kreise der kooperierenden Staatenvertreter eine gute Atmosphäre herrscht (wie dem Autor in Interviews von Teilnehmern des Ostsee-Regimes bestätigt wurde). Dies ist aber nie der Grund zwischenstaatlicher Kooperation – dazu fehlt Staaten, als Großinstitutionen, die Empfindungsfähigkeit.

lizei und Justiz, um ihnen die Bedeutung von Menschenrechtsschutz zu vermitteln; Finanztransfers, um nationale umweltpolitische Kapazitäten aufzubauen, etwa nukleare Aufsichtsbehörden).

Wir sind damit bereits bei den *Wirkungen internationaler Kooperation* angelangt. Zu ihren beabsichtigten und vielfach auch erreichten Wirkungen gehört die Erhöhung der Problembearbeitungsfähigkeit. Kein einzelner Staat kann die Ostsee reinhalten, hierzu ist die Beteiligung aller Anrainer erforderlich. Kein einzelner Staat vermag sich ausreichend Sicherheit zu verschaffen, doch gemeinsam können sie das Kollektivgut „Schutz durch die Allianz" (etwa: die NATO) erzeugen. Kooperation ist also immer dort angebracht, wo unkoordinierte Einzelaktionen zur Problembewältigung nicht ausreichen, und im Beitrag zu dieser Problembewältigung, unter Wahrung der Eigenstaatlichkeit, besteht die wesentliche Wirkung internationaler Kooperation.

erhöhte Problembearbeitungsfähigkeit

Internationale Kooperation, wie Politik im allgemeinen, ist jedoch kaum je in der Lage, Probleme wirklich perfekt zu lösen. Die Ostsee (der Rhein) mag sauberer sein, als ohne Regime, aber beider Umweltsituation läßt auch weiterhin zu wünschen übrig. Zum Teil, wie erwähnt, resultiert diese Wirksamkeitsgrenze internationaler Kooperation aus mangelnden nationalen Kapazitäten. Es gibt jedoch auch andere Ursachen für eine weniger als perfekte Problemlösung. Allianzkooperation mag das Gefühl der Sicherheit aufgrund des kollektiven Schutzes erhöhen; sie mag jedoch, indem sie auf den potentiellen Gegner bedrohlich wirkt, diesen erst recht zu Aufrüstung veranlassen und damit letztlich zur Verminderung der Sicherheit beitragen (sog. Sicherheitsdilemma: defensive Maßnahmen erscheinen dem Gegener als offensiv, veranlassen ihn zu einer entsprechenden Reaktion und mindern somit die Sicherheit für alle Beteiligten).

... aber nicht perfekte Problemlösung

Schließlich bringt Kooperation, der Zwang zu koordiniertem Handeln und zur Befolgung international vereinbarter Regeln unter der mehr oder minder kritischen „Aufsicht" durch das Kollektiv der Kooperationspartner, auch immer einen Autonomieverlust mit sich. Man, das heißt die politische Elite jeden einzelnen Staates, kann nicht mehr „schalten und walten, wie sie will". Oder mit unserem oben eingeführten Bild vom privaten und öffentlichen Verkehr: wer Bus fährt, ist nicht mehr so unabhängig, wie der Autofahrer. Allerdings zeigt dieses Bild auch, daß der Autonomieverlust häufig bereits aufgrund der der Kooperation zugrundeliegenden Problemsituation entsteht: Manch einer kann sich kein Auto leisten, es bleibt ihm nur der Bus; wenn zuviele Autos alle Straßen verstopfen, wird Busfahren vergleichsweise attraktiver. Angewandt auf internationale Kooperation: für viele, insbesondere kleine Staaten, ist der Alleingang ohnehin kein gangbarer Weg; und für bestimmte Probleme ist kooperatives Vorgehen tatsächlich die bessere, oder einzige, Lösung. Gleichwohl bleibt festzuhalten: nicht nur hat internationale Kooperation keinen „Unterhaltungswert" (im Sinne des erwähnten „feel-good"-Effekts); sie ist auch häufig nur die einzig verbleibende, also eher aus Einsicht in die Notwendigkeit „freiwillig" gewählte Alternative. Dies gilt möglicherweise erst recht für die die Handlungsfreiheit der beteiligten Staaten noch deutlicher einschränkende supranationale Integration. Sie wird uns im dritten Teil beschäftigen.

Autonomieverlust

Einleitung zu Teil III

Nachdem wir uns im vorausgehenden zweiten Teil ausführlich und ausschließlich mit internationaler Kooperation in Europa nach 1945 beschäftigt haben, wollen wir uns im dritten Teil wieder der Integration im Rahmen der Europäischen Union zuwenden. Genauer: Wie wir inzwischen wissen, bestehen unter dem Dach der EU sowohl supranationale Integrationszusammenhänge – die drei Europäischen Gemeinschaften (= 1. Pfeiler der EU), als auch internationale Kooperationszusammenhänge – GASP (= 2. Pfeiler) und ZBJI (= 3. Pfeiler). In diesem Teil geht es vorwiegend um die Politik im Rahmen des ersten Pfeilers, näherhin der EG (vormals EWG); auch behandelt wird, in Kapitel 9, die GASP, sowie die im Maastrichter Vertrag als „immer engere Union" (Art. A EUV) bezeichnete Gesamtzielsetzung der EU. Während wir in Teil I die historische, institutionenkundliche und theoretische Gesamtschau auf die EU vorgenommen haben, soll in diesem Teil mehr das Wirken und Funktionieren der EU/EG in einzelnen Politikfeldern im Vordergrund stehen. In politikwissenschaftlicher Fachterminologie: Im vorliegenden Teil wird vorrangig die Perspektive der Politikfeldanalyse (policy analysis) verfolgt, oder nochmals anders formuliert: es geht vor allem um die Politik"produktion" unter Integrationsbedingungen.[1] Allerdings sind dabei zwei Einschränkungen zu machen. Sie betreffen die Unmöglichkeit detaillierter Fallstudien und die notwendige Auswahl nur einiger Politikfelder.

inhaltlicher Schwerpunkt: Politik-„produktion" unter Integrationsbedingungen

Der Zwang zur Kürze wird es nicht erlauben, detaillierte Policy-Studien zu präsentieren. Die Untersuchung der Entstehung und Umsetzung konkreter einzelner Maßnahmen der Gemeinschaft (etwa einer bestimmten Richtlinie), die der Gegenstand echter Policy-Analysen ist, ist hier nicht möglich. Statt dessen werden hier gleichsam die Grundstrukturen und -probleme ausgewählter Politikfelder aufgezeigt. Zugleich, dies ist das methodische Anliegen des dritten Teils, wird dabei auch die Anwendbarkeit einiger zentraler analytischer Kategorien demonstriert, die zum Teil bereits im Theorieüberblick von Kapitel 3 und zum Teil bei der Analyse internationaler Kooperation in Teil II eingeführt wurden. Hierzu gehören Begriffe wie: „Verflechtungsfalle", „regulativer Wettbewerb", „spillover", „linkage", „symbolische Politik", „Selbstbindung" u.a.m.

keine detaillierten Policy-Analysen, sondern Grundstrukturen von Politikfeldern

---

[1] Für eine gute Übersicht policy-analytischer Ansätze und ihrer Anwendung bei der Untersuchung der EU-Politikproduktion vgl. die Arbeit von Schumann 1996, für die empirische Darstellung einzelner EU-Politikfelder den Band von Wallace und Wallace 1996; beide Bände stellen insbesondere für den vorliegenden Teil III eine hervorragende Ergänzung dar.

Auswahl der Politikfelder: drei Kriterien

Die zweite Einschränkung ergibt sich daraus, daß angesichts der Vielzahl von Politikfeldern, auf denen die Gemeinschaft inzwischen tätig ist, eine Auswahl getroffen werden mußte. Drei Kriterien haben im wesentlichen die Auswahl bestimmt:

– Angestrebt wurde zum einen eine Mischung aus „traditionellen" Zuständigkeitsbereichen der EU/EG und neueren „Eroberungen".
– Sie bieten zugleich eine gewisse Varianz hinsichtlich des Grades der Vergemeinschaftung des jeweiligen Politikfeldes: er reicht von weitgehender Vergemeinschaftung im Falle der (zu Recht so genannten) Gemeinsamen Agrarpolitik (GAP) über solche Felder, auf denen die Gemeinschaft nur eine subsidiäre Kompetenz hat bis zur Gemeinsamen Außen- und Sicherheitspolitik, die als intergouvernemental-kooperatives Unterfangen das Attribut „gemeinsam" jedenfalls nicht im Sinne der GAP verdient.
– Schließlich ging es darum, solche Politikbereiche anzusprechen, die für das Zusammenwachsen zu einer Union als besonders wichtig erscheinen. Insgesamt ergeben sich so drei inhaltliche Blöcke, die ebensoviele Kapitel füllen.

Gliederung von Teil III: drei Fragen, die in eine übergeordnete münden

Anders als im zweiten Teil, in dem die einzelnen Kapitel gleichsam wie Perlen auf den Leitfaden der Frage nach den Kooperationsformen, -bedingungen und -wirkungen gezogen wurden, stehen die Kapitel von Teil III zunächst je für sich und unter einer eigenen Leitfrage, die im Titel jeweils formuliert wird. Sie stehen zugleich jedoch auch in einem Zusammenhang insofern, als letztlich alle drei dazu beitragen, die übergeordnete Frage nach den Aussichten einer „immer engeren Union der Völker Europas", wie seit dem Maastrichter Vertrag die Zielformulierung des Integrationsprozesses lautet (Art.A EUV), einzuschätzen.

Grün und zukunftsfähig?

In Kapitel 7 wird unter der Fragestellung „Grün und zukunftsfähig?" dreierlei behandelt: die „alt-grüne" Dimension der Agrarpolitik, die „neu-grüne" Dimension der Umweltpolitik sowie die Forschungs- und Technologie(FuT)-Politik. Alle drei sind für die Zukunftsfähigkeit der Union von Belang:

– Die Agrarpolitik hat noch immer einen Anteil an den Ausgaben der Gemeinschaft von rund 50%. Sie ist damit der finanziell gewichtigste Politikbereich der Gemeinschaft und zugleich einer mit dem höchsten Grad an Vergemeinschaftung. Ihre Bedeutung für die Zukunftsfähigkeit der Gemeinschaft resultiert – ex negativo – vorwiegend daraus, daß durch ihre Umstrukturierung finanzieller Spielraum für neue Aufgaben der EU geschaffen werden muß.
– Die Umweltpolitik ist für die Zukunftsfähigkeit wichtig in dem umfassenderen Sinne von auf Dauer tragbarer Wirtschaftsentwicklung (sustainable development) – die EU hat sich hier, unter ihren spezifischen Bedingungen, ebenso zu bewähren wie andere politische Systeme und Gesellschaften, in Industrie- und Entwicklungsländern.
– Die FuT-Politik schließlich wird auch offiziell als jenes Feld betrachtet, auf dem sich die Zukunftsfähigkeit der EU im wirtschaftlichen Sinne, in der globalen Konkurrenz mit anderen Großwirtschaftsräumen (wie der Nordamerikanischen Freihandelszone um die USA oder dem südostasiatischen Wirtschaftsraum mit den Polen Japan und künftig China) wird behaupten müssen.

In Kapitel 8 geht es unter der Frage „Ein Markt und mehr?" um den Zusammenhang von Markt und Staat auf inter- bzw. supranationaler Ebene. Wie die Analyse der Wettbewerbspolitik der Gemeinschaft, speziell der Beihilfenaufsicht durch die Kommission, und des im Maastrichter Vertrag enthaltenen prinzipiellen Beschlusses einer Währungsunion zeigen, fallen Märkte „nicht vom Himmel", sondern bedürfen politisch organisierter Rahmenbedingungen. Eine rein wirtschaftswissenschaftliche Betrachtung reicht daher analytisch nicht aus, was politikwissenschaftlich geboten ist, ist eine politisch-ökonomische Perspektive, die das Wechselspiel von im engeren Sinne politischen und ökonomischen Faktoren zu erfassen vermag.

Im zweiten Teil des Kapitels wird anhand der Sozialpolitik der EG im allgemeinen und ihrer Frauenpolitik im besonderen gezeigt, inwieweit die Gemeinschaft durch supranationale Regulierung des Binnenmarktes seine weiteren gesellschaftlichen Auswirkungen zu steuern versucht und vermag. Letztlich geht es in diesem Kapitel also darum, ob und inwiefern der zunächst im wesentlichen als Marktbildungsmechanismus begonnene Integrationsprozeß im Lichte der Zielsetzung einer „Union der Völker (und nicht nur der Firmen ...) Europas" einer (sozial-)politisch-regulativen Ergänzung bedarf.

Schließlich wird in Kapitel 9 mit der Gemeinsamen Außen- und Sicherheitspolitik zunächst – und ausnahmsweise in diese Teil – auf einen weiteren Kooperationszusammenhang unter dem Dach der EU eingegangen, der – über den Weg der Außenwahrnehmung – zu einer Union potentiell Besonderes beizutragen vermag. Die GASP wird dabei als Außenpolitikkoordinations-Regime betrachtet. Im zweiten Teilkapitel geht es um die Legitimationsgrundlagen einer politischen Union sowie darum, inwiefern deren Strukturen mit denen eines nationalen politischen Systems vergleichbar sind und analog ausgestaltet sein sollen.

7 Grün und zukunftsfähig?

Wir beginnen die Darstellung ausgewählter EU/EG-Politikfelder mit einem Blick auf die Gemeinsame Agrarpolitik, die Umweltpolitik der Gemeinschaft und ihre Forschungs- und Technologiepolitik. Aller drei Beitrag zur Zukunftsfähigkeit der Union ist dabei die Leit-, ihr Beitrag zu deren Zusammenwachsen die übergeordnete Fragestellung.

7.1 Agrarpolitik

Mit der Gemeinsamen Agrarpolitik (GAP)[1] zu beginnen ist sinnvoll, auch wenn sie nicht zu den zeitlich ersten Politiken der Gemeinschaft gehört. Obwohl im EWG-Gründungsvertrag (Art.38 EGV) angelegt, wurde erst 1962 mit der GAP begonnen. In diesem Jahr erfolgte die erste Marktordnung, die Festlegung der Grundzüge der Finanzierung und die Einrichtung des Europäischen Ausrichtungs- und Garantiefonds für die Landwirtschaft (EAGFL) als zentraler „Kasse" für die GAP. Gleichwohl kommt der GAP unter allen Politikfeldern der Gemeinschaft ein besonderer Rang zu. Wie Rieger (1995, 401) feststellt:

nicht erstes, aber besonders bedeutendes Politikfeld

„Die Gemeinsame Agrarpolitik ist die am weitesten entwickelte und durchstrukturierte Politik der Europäischen Gemeinschaft. Der Umfang der von ihr ausgehenden supranationalen Regulierung eines Wirtschaftssektors, die Intensität der agrarwirtschaftlichen Integration und nicht zuletzt die finanziellen und administrativen Ressourcen, die dieser Politikbereich nach wie vor bindet, verschaffen ihr einen Ausnahmestatus im politischen System der Gemeinschaft."

Art.39 EGV enthält die Formulierung der Ziele der GAP – Produktivitätserhöhung, dadurch Gewährleistung einer „angemessenen Lebenshaltung" für die in der Landwirtschaft Tätigen, Stabilisierung der Märkte, Sicherstellung der Versorgung sowie Belieferung der Verbraucher „zu angemessenen Preisen". An dieser Zielformulierung, die ein wenig nach dem Motto „jedem wohl und keinem wehe" klingt, fällt vor allem die Widersprüchlichkeit der Einzelziele auf. Sie verweist, wie Rieger (1995, 408) feststellt, „eher auf das gemeinsame Interesse der Mitgliedstaaten an einem großen Interpretationsspielraum und weniger auf

Ziele und Mechanismen der GAP

---

1 Für einen aktuellen Gesamtüberblick vgl. auch Schmitt 1998.

ein schlüssiges agrarpolitisches Konzept." Theoretisch gibt es für die Stützung landwirtschaftlicher Einkommen zwei Wege: die Stützung künstlich hoher Preise, die von den Verbrauchern zu tragen sind, oder direkte Unterstützung der Landwirte aus dem Staatsbudget, getragen also von den Steuerzahlern. Die EG (wie die meisten Staaten, außer den USA) hat den Akzent stark auf die Preisstützung gesetzt. Hierzu werden für einzelne Produkte sogenannte Marktordnungen erlassen, die einen (über dem Weltmarktpreis liegenden) Richt- oder Orientierungspreis festlegen sowie einen zwischen diesem und dem Weltmarktpreis liegenden Interventionspreis. Erzielen Agrargüter im Binnenmarkt nur einen Preis unterhalb dieses Interventionspreises, beginnt die Gemeinschaft mit Stützungskäufen. Einfuhren in die Gemeinschaft werden durch Abschöpfungen, die faktisch wie Einfuhrzölle wirken, auf das Niveau des sog. Schwellenpreises gebracht, Ausfuhren durch Ausfuhrerstattungen auf den Weltmarktpreis herabsubventioniert. Gegenüber einem System weltweiten Freihandels mit Agrarprodukten wirkt die GAP also protektionistisch, im Innern durch Preisgarantie einerseits als Produktionsanreiz, andererseits als – wenn auch ungezielte, im Prinzip Großbetriebe begünstigende – Einkommensstützung. Die Kosten für dieses System stiegen im Lauf der Jahre erheblich und nahmen jahrelang einen Großteil des EG-Haushalts in Anspruch (1968 bis 1975 zwischen 72 und 93% der Gesamtausgaben, was bis 1992 auf 51% gesenkt werden konnte[2]). Gemessen an ihren Zielen hat, so die überwiegende Meinung, die GAP eigentlich nur eines erreicht: die Produktivität wurde gesteigert – mit ihrerseits negativen Folgen wie Lagerungskosten und Umweltbelastung durch Intensivlandwirtschaft.[3] Es erhebt sich die politikwissenschaftlich interessante Frage, wie dieser Befund – hohe Ausgaben für eine Politik, die ihre selbstgesetzten Ziele weitgehend verfehlt und erhebliche negative Auswirkungen hat – erklärt werden kann.

zur Erklärung

Die vollständige Erklärung des Phänomens GAP ist, dem Gegenstand entsprechend, eher komplex. Was hier beansprucht wird ist daher nicht, diese Erklärung wirklich zu geben. Statt dessen wollen wir Elemente der möglichen Erklärung diskutieren, zum Teil unter Rückgriff auf vertraute Konzepte der Kooperations- und Integrationstheorie, wobei wir uns an der Darstellung von Rieger (1995) orientieren.[4] Ihm folgend lassen sich zwei Erklärungsansätze unterscheiden.

Interessengruppen-Ansatz

Ein erster Erklärungsansatz für die GAP betont die Rolle der Interessengruppen. Der Blick auf Interessgruppen und Verbände liegt deshalb nahe, weil ihr Einfluß bei der Politikproduktion unter Integrationsbedingungen besonders groß ist. Da auf EG-Ebene Parteien, die ansonsten in westlichen demokratischen Sy-

---

2 Angaben nach Peffekoven 1994, 46.
3 Vgl. den „Klassiker" der kritischen Einschätzung der GAP von Priebe (1988), der seine Kritik im Titel griffig auf den Punkt gebracht hat: „Die subventionierte Unvernunft". Eine weitere negative Auswirkung des GAP-Subventionssystems ist die dadurch eröffnete Möglichkeit des Mißbrauchs, vor allem des Subventionsbetrugs. Schätzungen des Umfangs dieses Betrugs liegen bei 10% des Gesamthaushalts der Gemeinschaft, schwerpunktmäßig im Zusammenhang mit dem größten Posten der EG-Ausgaben, also der GAP; vgl. zu dieser Angabe und als Überblick zu diesem Thema Clarke 1993.
4 Ein ebenfalls anregendes, stärker formalisiertes und in der – allerdings voraussetzungsvollen – Terminologie der Wohlfahrtsökonomie und der Public-Choice-Theorie formuliertes Modell der GAP präsentiert Nedergaard 1995.

stemen die Aufgabe der Artikulation und Bündelung von Interessen mit übernehmen, noch immer schwach ausgeprägt sind, wird die Input-Seite der EG-Politik weniger von konkurrierender Parteiprogrammatik als von Verbändeinteressen bestimmt. Man kann geradezu von einer – im Hinblick auf die demokratische Transparenz nicht unproblematischen – „Ver-Verbandlichung" der EG-Politik sprechen, mit der zugleich zunehmend eine Europäisierung der Verbandsaktivität einhergeht.[5] Die Interessenorganisation im Bereich der GAP ist hierfür geradezu ein Musterbeispiel. Die Agrarproduzenten sind gut organisiert. Ihr Organisationsgrad liegt deutlich über dem etwa der Arbeitnehmer in der Industrie (Nedergaard 1995, 125). Ihre Verbände können ihren Mitgliedern selektive Anreize[6] bieten (Beratungsdienste, Verwaltung der Anträge auf öffentliche Unterstützung oder Produktionsquoten), ein Gutteil der Arbeit der Führung der Verbände wird von Großagrariern übernommen (die sich dies, anders als Kleinbauern, zeitlich und finanziell leisten können; im gewichtigen Comité des Organisations Professionnels Agricoles, COPA, dem europäischen Dachverband, besitzen z.B. die meisten Mitglieder mehr als 100 ha Land [ebd., 126]). Dem stehen als Träger der Kosten der GAP die zwar zahlreichen, aber schlecht organisierten (weil schwierig organisierbaren) Konsumenten gegenüber, die Preise über Weltmarktniveau zahlen. Schließlich haben es die Agrarinteressen verstanden, durch Ausdehnung der GAP-Garantien auf die ersten Verarbeitungsstufen der landwirtschaftlichen Produkte Teile der sonst als Gegenlobby fungierenden Nahrungsmittelindustrie (die ja im Prinzip ein Interesse an niedrigen Preisen ihrer Vorprodukte hat) „mit an Bord zu nehmen". Eine wichtige Konsequenz hiervon ist, „daß die Nahrungsmittelindustrie zu keiner einheitlichen Politik gegenüber der GAP fähig und ihr Einfluß entsprechend gering ist." (Rieger 1995, 416/17) Insgesamt führt dies dazu, daß der Politikbereich GAP weitgehend von den einschlägigen Agrarinteressen „gefangengenommen" worden ist, also das „capture"-Phänomen auftritt.[7]

Ein zweiter Ansatz zur Erklärung der GAP und ihrer Resultate ist uns bereits aus der Theorieübersicht in Kapitel 3 vertraut. Nach Fritz Scharpf (1985) ist die GAP geradezu das Paradebeispiel für das Wirken der Verflechtungsfalle: die aus dem Zwang zur Einstimmigkeit bei Ratsbeschlüssen resultierende Vetomacht einzelner Staaten zementieren gleichsam die GAP in ihrer Struktur, ungeachtet der Kosten und Zielverfehlungen.

Verflechtungsfalle

In seiner Kritik beider Ansätze hebt Rieger vor allem hervor:

Kritik der Ansätze

– Der Interessensgruppenansatz greife zu kurz und zeitlich zu spät. Er greife zu kurz, da er, nicht untypisch für Argumente der rational und public choice-Schule, die GAP zu einseitig am Maßstab der radikalen Marktwirtschaft messe. Er verkenne, daß die GAP historisch ihren Ursprung nicht im

---

5   Vgl. zur Rolle organisierter Interessen bei der EG-Integration den Überblick von Kohler-Koch 1992, speziell zum virulenten Phänomen des Lobbying die Beiträge in Mazey/Richardson 1993.
6   Die Bedeutung selektiver Anreize bei der Organisation von Interessengruppen bzw. allgemeiner für die Produktion öffentlicher Güter wurde von Mancur Olson hervorgehoben, dessen Theorie kollektiven Handelns uns in Kapitel 4.1.2 bereits begegnet ist.
7   Für ergänzende Überlegungen, warum Eigeninteressen der Staaten und der Kommission diese Ausgestaltung der GAP zusätzlich begünstigen und unterstützen, vgl. Nedergaard 1995.

Druck von Interessenverbänden gehabt habe, sondern in einem weitgehenden Konsens der politischen Führungen der Staaten Nachkriegseuropas, daß die Landwirtschaft der Unterstützung bedürfe, nicht zuletzt um sie in das sich entwickelnde System der Wohlfahrtsstaatlichkeit einzubinden. Erst im Rahmen der so konsensuell aufgebauten Förderstrukturen hätten die Interessengruppen ihre bedeutende Stellung erlangen können.

Hierzu ist festzustellen: der Hinweis darauf, daß radikale Marktfreiheit nicht das – alleinige – Maß aller Dinge sein muß, ist erstens normativ und zweitens, so scheint mir, berechtigt. Für die Erklärung ist jedoch das (selbst nicht normative!) Faktum von Belang, daß ein breiter (normativer) Konsens zur wohlfahrtsstaatlichen Einbindung der Landwirtschaft bestand. Freilich erklärt er nicht die Wahl von Preisstützung an Stelle von direkter Einkommensstützung. Zweitens kann auch Rieger nicht leugnen, daß im System der GAP die skizzierten Überlegungen des Interessensgruppen-Ansatzes erhebliche Erklärungskraft haben.

Der Erklärung mittels der Verflechtungsfalle hält Rieger entgegen, daß sie die Bedeutung der Einstimmigkeitsregel überschätze. Hierfür läßt sich anführen:

- Zum einen wird in GAP-Fragen, die nicht die Preisstützung betreffen, gewohnheitsgemäß mit qualifizierter Mehrheit entschieden.
- Zum zweiten bedeutet Einstimmigkeit nicht, daß beliebige Begründungen für ein Veto akzeptiert werden (die „Beweislast", daß es ihm wirklich um zentrale Interessen geht, liegt also bei dem das Veto einlegenden Staat) und daß ein Veto zuweilen nur aufschiebende Wirkung hat, da
- zum dritten in besonders wichtigen Fällen Agrarfragen aus dem Landwirtschaftsministerrat herausgenommen und auf die Ebene des Europäischen Rats, der Runde der Staats- und Regierungschefs, gehoben werden. Dies eröffnet dann die im Rahmen der reinen Agrarministerrunde so nicht gegebene Möglichkeit von Kuhhandeln, also der Verknüpfung von Agrarbeschlüssen mit anderen Themen (linkage), so daß ein ausgleichendes Geben und Nehmen auf unterschiedlichen Politikfeldern möglich wird. Die Gefahr hierbei ist freilich, daß auch unsinnige Agrarbeschlüsse möglich werden, die als „Kompensation" der Zustimmung zu anderen Beschlüssen von den Regierungschefs und Außenministern, also gleichsam als „Spielmasse", gebraucht werden.

Schließlich kann Rieger zu Recht auf die 1992 erfolgte Agrarreform verweisen, die belege, daß die Unbeweglichkeit nicht so groß sei, wie vom Verflechtungsfallen-Ansatz behauptet.

... und sie bewegt sich doch: die GAP-Reform von 1992 und ihre Erklärung

Die 1992 nach heftigem Ringen erreichte GAP-Reform sieht unter anderem eine Akzentverschiebung von der Preisstützung zur direkten Einkommensstützung vor. Hierzu ist die gestufte Senkung von Interventionspreisen ebenso vorgesehen wie der vermehrte Einsatz von Stillegungsprämien (also die Honorierung von Nicht-Produktion, was u.a. die Kosten für die Lagerung von Überschüssen einspart). Insbesondere die Notwendigkeit der Berechnung der direkten Zuwendungen bedeutet jedoch zugleich eine weitere Verbürokratisierung der GAP, so daß nicht klar ist, ob und inwieweit tatsächlich die Gesamtkosten der GAP sinken werden. Möglicherweise werden sie künftig nur stärker von den

Steuerzahlern im allgemeinen und nicht nur von den Konsumenten getragen werden müssten.

Die Freisetzung von für die GAP gebundenen EG-Haushaltsmitteln war jedoch eines der Hauptargumente für eine Reform.[8] Mit über 50% der Ausgaben in diesem Bereich verbaut sich die Gemeinschaft ihren finanziellen Handlungsspielraum, um andere für die Zukunft wichtige Investitionen (z.B. in die „transeuropäischen Verkehrs- und Informationsnetze") vorzunehmen. Im Zuge des Maastricht-Prozesses haben verstärkte Integration und geänderte Beschlußregeln die Reform begünstigt, unter anderem, indem sie neue linkage-Möglichkeiten geschaffen haben. Entscheidend für das Zustandekommen der Reform war jedoch der von außen, aus den weltweiten Verhandlungen im Rahmen des Allgemeinen Zoll- und Handelsabkommens (GATT) kommende Druck zur GAP-Reform. Vor allem die USA (die zugleich für andere Agrarexportländer, auch des Südens, sprachen) drangen auf eine verstärkte Liberalisierung des weltweiten Handels mit Agrargütern, was einen Abbau des GAP-Protektionismus bedeutet. Dies wiederum führte dazu, daß in der Bundesrepublik die am GATT-Ergebnis interessierte (Export-)Industrie erstmals Druck auf die Regierung ausübte, GATT nicht an der unreformierten GAP scheitern zu lassen. Die komplexe Verzahnung nationaler, EG- und globaler Politik wird an diesem Beispiel deutlich.

Gründe für die Reform

Die GAP-Reform von 1992 brachte jedoch nicht nur eine begrenzte Marktöffnung. Sie beinhaltet auch eine Verstärkung der nationalen, also nicht wirklich gemeinschaftlichen Institutionen und Maßnahmen der Agrarpolitik. Denn selbst im Bereich der GAP, der – wie eingangs vermerkt – vielleicht am stärksten vergemeinschafteten Politik, haben die Mitgliedsstaaten sich gewisse Handlungsspielräume bewahrt und durch die 1992er Reform sogar wieder erweitert. So spielen etwa „nationale und regionale Beihilfen für die Einkommen der landwirtschaftlichen Erwerbsbevölkerung immer noch eine überragende Rolle." (Rieger 1995, 423) Und während so selbst die am weitesten „vergemeinschafteten Agrarmarktbürger" nicht wirklich ein Gemeinschaftsbewußtsein entwickeln, wächst zugleich der Mißmut in breiten Kreisen der Bevölkerung über eine GAP, die nicht nur Skandale wie den um die Rinderwahnsinn-Seuche (BSE) zuläßt, sondern auch in Sachen Tier- und Umweltschutz zu sichtbar negativen Auswirkungen führt.[9] Der Beitrag der GAP zur Zukunftsfähigkeit der EU, sei es durch Freisetzung von Finanzmitteln, durch Erreichung der gesetzten Ziele oder im Hinblick auf ihre Auswirkungen auf andere Politikfelder ist also eher skeptisch einzuschätzen. Einem dieser Politikfelder, der Umweltpolitik der Gemeinschaft, wollen wir uns als nächstes zuwenden.

Beitrag der GAP zur Vergemeinschaftung?

---

8 Darüber hinaus spielt der Gedanke eine Rolle, daß das bisherige System der GAP-Subventionen im Falle der Osterweiterung der EU angesichts der großen Bedeutung der Landwirtschaft in den potentiellen Beitrittsstaaten endgültig unfinanzierbar zu werden droht.
9 Zur Reformdiskussion der GAP vgl. auch die Beiträge in Hartenstein/Priebe/Köpke 1997.

7.2 Umweltpolitik

warum die EG eigentlich zu Umweltpolitik prädestiniert ist...

Eigentlich erscheint eine supranationale Organisation wie die EG geradezu dafür prädestiniert, sich auch der Problematik des Umweltschutzes anzunehmen, besteht doch einer der Hauptgründe dafür, Umweltschutzprobleme auf internationaler Ebene anzugehen, darin, „daß die Grenzen ökologischer Wirkungszusammenhänge und die Grenzen der Staatsgebiete nicht deckungsgleich sind."[10] Darüber hinaus ist eines der Hauptprobleme internationaler Bestrebungen zum Umweltschutz, daß es keine Instanz gibt, die den Staaten einschlägige Regeln verbindlich vorschreiben und unter Androhung von Sanktionen deren Einhaltung überwachen kann. Auch insofern ist die EG im Prinzip handlungsmächtiger als man es von den Bedingungen bloßer *inter*nationaler Regime kennt (da die EG, wie in Kapitel 3.2.1 ausgeführt, gerade aufgrund ihrer Supranationalität ja mehr ist als ein Regime).

... und warum sie sich dieser Aufgabe gleichwohl erst spät angenommen hat

Dennoch ist die EG eigentlich erst 1973, mit der Annahme ihres Ersten Umweltaktionsprogramms, auf dem Gebiet des Umweltschutzes aktiv geworden. Hierfür gibt es mehrere Gründe. Zunächst einmal war und ist die E(W)G ein Kind ihrer Zeit. Die späten fünfziger Jahre, der Gründungszeitraum der EG, war keine Zeit, in der Umweltschutz als Aufgabe bereits in weiten Kreisen bewußt war. Das drängende Problem und die dominante Ideologie der Zeit war vielmehr noch immer das vorwiegend quantitativ verstandene Wirtschaftswachstum. Art.2 E(W)GV formulierte daher ursprünglich als Ziel der Gemeinschaft auch nur „ein beständiges Wachstum". Erst der Maastrichter Vertrag fügte hier das Attribut „umweltverträglich" ein und benennt in seinem Art.B als Ziel der Union „die Förderung eines ausgewogenen und dauerhaften [sustainable!, ML] wirtschaftlichen und sozialen Fortschritts".[11] Maßnahmen der E(W)G von umweltpolitischer Bedeutung blieben in der Phase bis 1973 daher isolierte Einzelschritte und standen, wie etwa die 1967 erlassene Richtlinie über die einheitliche Klassifikation und Verpackung von Gefahrgütern, im Zusammenhang der primär am freien Warenverkehr orientierten Politik der Gemeinschaft.

formale Kompetenz, aber subsidiär

Dies hatte seinen Grund auch darin, daß bis zur Einheitlichen Europäischen Akte (EEA) von 1986 die EG formal keine Kompetenz, keine juristische Zuständigkeit, für den Umweltschutz hatte. Erst die EEA fügte mit Art.130 r und s den Umweltschutz in den EG-Vertrag in breiter Zielformulierung ein. Dabei wurden zugleich (Art.130 r (2)) das Vorsorgeprinzip, das Prinzip der Bekämpfung von Umweltverschmutzung an der Quelle sowie das Verursacherprinzip als

---

10 List u.a. 1995, Kap.5.2, 254. Dort wird darüber hinaus auf den grenzüberschreitenden kommerziellen Export von umweltbelastender Technik und gefährlichen Abfällen sowie auf das lokal verursachte Auftreten gleichartiger Umweltprobleme in verschiedenen Staaten, was Anlaß zu wechselseitigem Lernen im Umgang mit solchen Problemen gibt, als weitere Gründe für *internationales* Handeln in Sachen Umweltschutz verwiesen. Auch insofern erscheint die EG als hoch einschlägiger Handlungsrahmen.

11 Der Amsterdamer Vertrag (Art.2 Nr.2) schließlich ändert die in Art.2 EGV enthaltene Zielformulierung der EG dahingehend, daß nun nicht mehr nur eine „harmonische und ausgewogene Entwicklung des Wirtschaftslebens" angestrebt wird. Vielmehr wird dies um das Attribut „nachhaltig" ergänzt, womit zumindest verbal der Forderung nach „sustainable development" endlich Genüge getan wird.

Leitlinien der EG-Umweltpolitik festgeschrieben. Die Gemeinschaft erhielt somit zwar eine Kompetenz für Umweltschutz, aber keinesfalls eine ausschließliche. Im Gegenteil, es wurde durch die EEA in Art.130 r (4) – dessen Gehalt durch den Maastrichter Vertrag dann in Gestalt des Art.3 b EGV gleichsam „vor die Klammer gezogen wurde" – erstmals das Subsidiaritätsprinzip formuliert, also der Grundsatz, daß die Gemeinschaft nur dann tätig wird, „sofern und soweit die Ziele der in Betracht gezogenen Maßnahmen auf Ebene der Mitgliedstaaten nicht ausreichend erreicht werden können und daher wegen ihres Umfangs oder ihrer Wirkungen besser auf Gemeinschaftsebene erreicht werden können." (Art.3b EGV). Dieser Grundsatz, der künftig für alle Politikbereiche der Gemeinschaft gilt, auf denen sie nicht die ausschließliche Zuständigkeit hat, erhöht auch im Umweltbereich die Chancen für ein wieder verstärkt nationales, einzelstaatliches Vorgehen.[12]

Diese eher schwache Form der Vergemeinschaftung der Umweltpolitik zeigt sich auch an der durch die EEA eingeführten Beschlußgrundlage: Sie sah in Art.130 s nämlich den einstimmigen Beschluß des Rates, auf Vorschlag der Kommission (Initiativrecht) und nach Anhörung des Parlaments (sowie des Wirtschafts- und Sozialausschusses) vor. Das bedeutete gegenüber dem ursprünglichen Zustand des EWG-Vertrages, der für Umweltschutzbeschlüsse im Grunde nur die Auffang-Beschlußgrundlagen der Art.100 (Angleichung von Rechtsvorschriften, die der Errichtung des Gemeinsamen Marktes dient) bzw. 235 (ergänzende Kompetenz für Beschlüsse, die zur Verwirklichung der Ziele des Gemeinsamen Marktes erforderlich sind) zur Verfügung stellte, zwar einen Fortschritt. Mit der Anforderung der Einstimmigkeit wurde die „Latte für Beschlüsse" jedoch hoch gelegt. Die Kommission versuchte daher, im Ringen mit dem Rat, in der Zeit nach Inkrafttreten der EEA sich einen anderen durch die EEA eingeführten Artikel für umweltpolitische Beschlüsse zunutze zu machen: Art. 100 a. Er sieht vor, daß Beschlüsse zur Realisierung des Binnenmarktprogramms mit qualifizierter Mehrheit gefaßt werden können. Allerdings hieß dies eben auch, daß Umweltbeschlüsse als binnenmarktförderlich „verkauft" werden mußten. Erst der Maastrichter Vertrag brachte schließlich mit dem revidierten Art.130 s EGV für die meisten Umweltbeschlüsse die Möglichkeit der Verabschiedung mit qualifizierter Mehrheit, und zwar zusätzlich unter Beteiligung des Parlamentes nach dem Verfahren der Zusammenarbeit (Art.189 c EGV).

... und Rechtsgrundlage für Beschlüsse

Parallel zur Entwicklung der formalen Kompetenz und der Rechtsgrundlage für Beschlüsse hat die EG inhaltlich ihre Umweltpolitik im Lauf der Jahre deutlich ausgebaut.[13] Neben der Verabschiedung von inzwischen fünf Umweltaktionsprogrammen, die seit dem Vierten auch ausdrücklich die Integration des

Entwicklung der EG-Umweltpolitik

---

12 Zum Subsidiaritätsprinzip in der EG-Politik im allgemeinen vgl. Neunreither 1993 und Reichardt 1994, zur Wirkung des Subsidiaritätsprinzip auf die EG-Umweltpolitik vgl. Golub 1996b. Er kommt zu dem Schluß (703), „that subsidiarity has already returned a significant amount of sovereignty to the states by curtailing the number of new EU proposals, removing certain proposals from the agenda, and amending others to allow greater national leeway." („daß die Subsidiarität bereits ein beträchtliches Ausmaß an Souveränität an die Staaten zurückgegeben hat, dadurch daß die Zahl der EU-Vorschläge reduziert, einige Vorschläge von der Tagesordnung genommen und andere dahingehend ergänzt wurden, größeren nationalen Spielraum zu geben.")
13 Vgl. hierzu z.B. den Überblick von Hildebrand 1993 sowie Kronsell 1997.

Umweltschutzaspektes in die anderen Sektorpolitiken der Gemeinschaft fordern, also den Umweltschutz als „Querschnittsaufgabe" verstehen, sind inzwischen über 200 Verordnungen und Richtlinien zum Umweltschutz ergangen. Sie betreffen unter anderem die Bereiche des Gewässerschutzes, der Luftverschmutzung, des Lärmschutzes, der Abfallbeseitigung u.a.m. Eine detaillierte Übersicht oder eine eigentlich notwendige Aufgliederung des Politikfeldes Umweltschutz in seine einzelnen Bereiche ist hier nicht möglich.[14] Auch kann hier auf die jeweils im Einzelfall zu prüfende Frage der Umsetzung dieser Normen und die Frage der Kontrolle der Normeinhaltung auf seiten der Mitgliedstaaten durch die Kommission nicht näher eingegangen werden.[15] Wenigstens erwähnt sei als weiterer institutioneller Schritt der EG-Umweltpolitik die 1994, nach langem Streit um den Sitz, erfolgte Einrichtung der Europäischen Umweltagentur in Kopenhagen sowie die Tatsache, daß für die Entwicklung der EG-Umweltpolitik auch die der Umweltbewegung in den Mitgliedstaaten von erheblicher Bedeutung ist.[16] Sie hat nicht nur die parlamentarische Repräsentation Grüner Parteien in den Parlamenten einzelner Mitgliedstaaten sowie im Europaparlament gebracht. Sie hat auch zur zunehmend grenzüberschreitenden Organisation der Umweltverbände geführt, auch wenn, wie Jachtenfuchs (1996, 256) feststellt, „die Umweltverbände lange Zeit auf EU-Ebene sehr schlecht vertreten waren", wofür er vor allem ihre „Basisgruppen-Orientierung" sowie ihre „grundlegenden Bedenken ... gegen professionellen Lobbyismus" verantwortlich macht (mit der Folgewirkung, daß EG-Umweltpolitik vielfach unter dem dominanten Einfluß einschlägiger Industrie- und Agrarverbände steht). Politikfeldanalytisch wäre dies anhand einzelner Fallstudien aufzuzeigen.[17] Uns soll es hier unter Verweis auf eine groß angelegte Studie zur Luftreinhaltepolitik der EG und eine Skizze zum Fall der Energiesteuer um andere wichtige Aspekte der Umweltpolitik unter Integrationsbedingungen gehen.

regulativer Wettbewerb in der Luftreinhaltepolitik

Wie aufwendig selbst noch die politikfeldanalytische Untersuchung nur eines Teilbereichs der EG-Umweltpolitik ist, zeigt die groß angelegte Studie über die Luftreinhaltepolitik im Rahmen der EG von Adrienne Héritier und ihren Mitarbeiterinnen und Mitarbeitern (1994). Solche Studien sind schon allein deshalb groß, und arbeitsteilig, angelegt, weil sie nicht nur die Erfassung der Entwicklungen auf EG-Ebene erfordern, sondern, und zwar für den Entstehungskontext von EG-Regelungen wie für die Phase ihrer Umsetzung auf Mitgliedstaatenebene, das Studium auch zumindest ausgewählter Mitgliedstaaten, ihres heimischen politischen Kontextes und ihrer im Rahmen der EG verfolgten Politik erforderlich machen. Angesichts von heute 15 Mitgliedstaaten ist die – an und für sich wünschenswerte – „Vollerhebung" etwa der Implementation einzelner Richtlinien auch bei internationaler Arbeitsteilung der Analytiker kaum noch zu leisten. Von daher, so auch im Falle der Studie von Héritier u.a., erfolgt meist eine Konzentration auf die großen und/oder für den jeweiligen Fall besonders interessanten Mitgliedstaaten. Im Falle der Studie von Héritier u.a. sind dies

---

14 Vgl. dazu den kritischen Überblick von Hey 1994, der die Einzelbereiche Klimaschutz, Verkehr, Abfall, Agrarpolitik und Strukturpolitik näher betrachtet.
15 Vgl. dazu Collins/Earnshaw 1993.
16 Vgl. dazu die Beiträge in Teil II des von Judge 1993 herausgegebenen Bandes.
17 Vgl. dazu die Beiträge in Hey/Brendle 1994.

Deutschland, Großbritannien und Frankreich.[18] Wiederum ist es nicht möglich, diese umfangreiche und preisgekrönte Arbeit hier im einzelnen zu referieren. Ihr zentraler Punkt ist jedoch einer, der uns bereits aus der Theorieübersicht in Kapitel 3 (Teilkapitel 3.3.2) vertraut ist. Im Rahmen der vorwiegend regulativ, durch Setzung von Normen, vorgehenden EG-Luftreinhaltepolitik kam es nämlich zu einem regulativen Wettbewerb zwischen den beteiligten (untersuchten) Staaten. „Die Gründe, warum einzelne Mitgliedstaaten bestrebt sind, ihre Regulierungsvorschriften, ihre Regulierungskultur und -praxis auf die europäische Ebene zu übertragen, sind vielfältiger Natur: Im wesentlichen liegen diese in dem Bestreben, nationale Problemlösungstraditionen und -institutionen zu wahren und damit einhergehend rechtliche Anpassungskosten an die europäische Gesetzgebung zu minimieren sowie Wettbewerbs- und Standortvorteile zu schaffen oder zu sichern." (Héritier u.a. 1994, 2) Interessant dabei ist zweierlei:

– Die Ursache für das Beharren einzelner Mitgliedstaaten auf der von ihnen verfolgten Linie liegt nicht nur in ökonomischen Interessen im engeren Sinne, sondern auch an der Bedeutung bürokratisch-kultureller Traditionen. So zeigte sich etwa im Falle der Luftreinhaltepolitik (ähnlich wie im Falle der Meeresumweltschutzpolitik, vgl. List 1991) erneut der Konflikt zwischen einer pragmatischen, an der Wirkung der Schadstoffe orientierten und eher mit Umweltqualitätszielen (environmental quality objectives, EQOs) arbeitenden britischen Herangehensweise und der eher technisch-perfektionistischen deutschen Herangehensweise, die auf strikte (technische Neuerungen begünstigende und erfordernde) Emissionsgrenzwerte setzte.
– Weiterhin ist jedoch interessant, daß die Rollenverteilung von umweltpolitischen Vorreitern und Bremsern nicht in jeder Hinsicht gleich oder über Zeit konstant ist. Zunächst gelang es während der 1980er Jahre der Bundesrepublik, ihren Ansatz im Rahmen der EG weitgehend durchzusetzen, was in Großbritannien zu erheblicher Anpassung der nationalen Luftreinhaltepolitik zwang. „Seit einigen Jahren jedoch hat sich diese Entwicklung teilweise umgekehrt. Die Bundesrepublik wird ihrerseits mit erheblichen regulativen Neuerungen konfrontiert, die mit der britischen Praxis kongruent [sind] und deshalb von Großbritannien maßgeblich vorangetrieben und unterstützt werden." (Héritier u.a. 1994, 2) Dies gilt vor allem für Verfahrensneuerungen wie die integrierte Umweltkontrolle oder den freien Zugang zu Umweltinformationen.

Hieraus ergibt sich auch das zweite wesentliche Ergebnis der Studie von Héritier u.a. Im Wege des regulativen Wettbewerbs kommt es nämlich nicht nur zu einem Wandel der Umweltpolitik auf EG-Ebene. Vielmehr wandeln sich im Wechselspiel mit dieser auch die Bedingungen und institutionellen Strukturen der nationalen Umweltpolitiken der Mitgliedstaaten. Begrifflich etwas hochgehängt sprechen Héritier u.a. insofern von einer „Veränderung von Staatlichkeit in Europa", die durch die Politikproduktion unter Integrationsbedingungen bewirkt werde. Diese Veränderung erfolge in fünf Dimensionen:

... und der resultierende Wandel von EG- und Mitgliedstaaten-Politik im Wechselspiel

---

18 Vgl. die einschlägigen Kapitel von Susanne Mingers, Christoph Knill und Martina Becka in Héritier u.a. 1994.

1. in bezug auf die grundlegenden politisch-organisatorischen Strukturen und die Kompetenzverteilung, wobei weder „Brüssel" einseitig gewinne, noch die Mitgliedstaaten einseitig verlören – vielmehr erlangten z.B. Kommunen und Regionen neuen Einfluß, indem sie neue Ansprechpartner auf EG-Ebene gewinnen;
2. in bezug auf die staatlichen Steuerungsinstrumente und rechtlichen Regelungen – deutlich etwa an der Übernahme des Emissionsgrenzwerte-Ansatzes durch Großbritannien;
3. in bezug auf die dominante Problemlösungsphilosophie, die zwar in den Mitgliedstaaten nicht radikal geändert, aber doch ergänzt werde – etwa im Falle Großbritanniens durch verstärkte Akzeptanz des Vorsorgeprinzips, das der ursprünglichen britischen Philosophie des harten wissenschaftlichen Schadensnachweises als Regelungsvoraussetzung entgegenstand;
4. in bezug auf die „Schnittstelle von Staat und Gesellschaft", also dadurch, daß z.B. für Umweltverbände neue Artikulations- und Einflußmöglichkeiten eröffnet werden – freilich auch für ihre Gegner aus Industrie und Wirtschaft;
5. schließlich in bezug auf den Einfluß von (nationalen) Parteien auf die Politikproduktion, der dadurch gemindert werde, daß ein Teil der Kompetenzen nach Brüssel verlagert wird und daß ihre Zusammenschlüsse auf europäischer Ebene vergleichsweise schwache Organisationen sind. Dies führt zu der bereits im Vorspann zu diesem Teil konstatierten „Ver-Verbandlichung" der Politikproduktion unter Integrationsbedingungen. Im Vergleich zur herkömmlichen nationalen Politik, die zumindest durch Parteienwettbewerb verdeutlichte Politikalternativen kennt, verliert die Politikproduktion unter Integrationsbedingungen also an „politischen Konturen", verliert sich also im Dickicht der scheinbar, das heißt nur vermeintlich unpolitischen Aktivität von Experten und Verbänden.

der Fall (im doppelten Sinne) der Energiesteuer

Daß sich in diesem Dickicht auch sinnvolle Politikinitiativen verlieren, soll anhand des Falls (im doppelten Sinne) der Energiesteuer abschließend kurz skizziert werden. Sie ist auch deshalb interessant, weil sie auf EG-Ebene gegenüber der auch im Umweltbereich dominanten regulativen Politik eine Instrumenteninnovation dargestellt hätte, entsprechend der in der Umweltdiskussion der vergangenen Jahre zunehmend erkannten Grenze der Leistungsfähigkeit regulativ-nachsorgenden Umweltschutzes und der Forderung nach Umweltpolitik, die sich marktkonformer Anreizsysteme bedient. Entsprechend einfach ist der Grundgedanke der Energiesteuer: durch Verteuerung des Verbrauchs von Energie soll ein ökonomischer Anreiz geschaffen werden, sparsamer mit ihr umzugehen.[19] In der für Umweltpolitik zuständigen Generaldirektion XI der Kommission begann in der ersten Hälfte des Jahres 1990 die Arbeit an einem Energiesteuerkonzept. In dieser Phase bestand vor allem ein Gegensatz zwischen Frankreich und Deutschland, die sich für eine nur auf CO2-Ausstoß bezogene Steuer bzw. eine allgemeine Energiesteuer aussprachen (wodurch die jeweils dominanten nationalen Energieträger, Kernkraft bzw. Kohle,

---

19 Dem Folgenden liegt im wesentlichen der informative Hintergrundsartikel von Dirk Kurbjuweit und Fritz Vorholz zugrunde, den sie unter dem Titel „Die Wettermacher vom ‚La Truffe Noire'" in der Wochenzeitung Die Zeit vom 24.3.1995, S.17-19, veröffentlicht haben. Alle Zitate im folgenden stammen aus diesem Artikel.

begünstigt werden sollten). Der im September 1991 unterbreitete Kommissionsvorschlag sah eine kombinierte Kohlendioxid/Energiesteuer vor und wurde zunächst vom Rat der Umweltminister begrüßt.

Auf der Ratstagung im November 1991 erhob sich dann jedoch Widerstand von seiten der Briten, Spanier und Portugiesen. „Denkbar ist", schreiben Kurbjuweit/Vorholz (18), „daß einige Staaten [im September, ML] nur zum Schein zugestimmt hatten." Widerstand erhob sich auch innerhalb der Kommission, und zwar von der Generaldirektion für Industrie unter Martin Bangemann, sowie von seiten der Industrielobby, die im Vorfeld der Rio-Konferenz der Vereinten Nationen über Umwelt und Entwicklung verstärkt aktiv wurde, unterstützt durch die erdölproduzierenden Staaten. Im „Zangenangriff" bot die europäische Industrie einerseits freiwillige, aber eben selbst gewählte Maßnahmen zur Senkung des Energieverbrauchs an und plädierte andererseits gegen einen „Alleingang" der EG (ohne daß Japan und die USA ähnliche Steuern einführten). Im Laufe des Mai 1992 wurde Umwelt-Kommissar Ripa di Meana dann klar, daß eine Energiesteuer kaum noch Durchsetzungschancen haben würde, und er beschloß, gar nicht zur Rio-Konferenz zu fahren. Die Kommission übernahm die Vorbedingung, daß die USA und Japan mitziehen müßten, was angesichts der negativen Haltung der USA praktisch auf das „Aus" für die Energiesteuer hinauslief. Sie scheiterte am von ihren Gegnern geschickt herbeigeführten „linkage" mit der US-Beteiligung sowie an der mangelnden Unterstützung ihrer potentiellen Befürworter. Einzelne EG-Mitgliedstaaten haben inzwischen unterschiedliche Formen von Energiesteuern eingeführt, etwa Schweden und Großbritannien, wobei letzteres seinen Widerstand gegen eine EG-Energiesteuer nun zusätzlich damit begründen kann, diese sei inzwischen „überflüssig". Großbritannien brachte damit auch den vorerst letzten Anlauf zu einer solchen Steuer im Vorfeld des Essener EG-Gipfels vom Dezember 1994 zum Scheitern. Damit ist auch das ursprünglich, im Oktober 1991, verabschiedete Ziel des Einfrierens des CO_2-Ausstoßes der Gemeinschaft bis zum Jahr 2000 auf dem Niveau von 1990 in weite Ferne gerückt.

Eine Gesamtbilanz der EG-Umweltpolitik ist, auch im Lichte solcher Erfahrungen, nicht leicht zu ziehen. Programmatisch und institutionell hat sie sich, parallel zur Entwicklung auf der Ebene der einzelnen Staaten, im Lauf der vergangenen 25 Jahre deutlich weiterentwickelt – nicht nur, wie Hildebrand (1993) schreibt, „from incidental measures to an international regime"[20], sondern darüber hinaus auch zur Verankerung im supranationalen Rahmen der EG, wenn auch mit dem Vorbehalt der Subsidiarität. Wesentlich schwerer zu beurteilen ist die Implementation dieser Politik und damit ihre Effektivität in der Sache. Es liegen hierzu nur wenige vergleichende Studien vor. Auf allgemeiner Ebene läßt sich sagen, daß der formale Unterschied zwischen einem internationalen Regime und einer supranationalen Organisation mit der Möglichkeit zur Setzung unmittelbar geltenden Rechts und potentieller Sanktionen hier geringer ist, als er abstrakt gesehen erscheint.[21] Dies liegt zum einen daran, daß selbst bei Möglichkeit supranational-mehrheitlicher Regelsetzung auf die „Folgebereitschaft" von widerstrebenden Mitgliedstaaten (z.B. durch Übergangsfristen oder die Duldung

Zukunftsfähigkeit der EG-Umweltpolitik

---

20 „von Einzelmaßnahmen zu einem internationalen Regime"
21 Vgl. dazu List/Rittberger 1998 und Hanf/Underdal 1998.

von Säumnis bei der Umsetzung von Richtlinien) Rücksicht genommen wird (und wohl auch werden muß). Ähnlich wie im Bereich der internationalen Umweltkooperation läßt sich Mitmachen einzelner Staaten nur im begrenzten Umfang erzwingen. Allerdings gibt es zwei Mechanismen, mittels derer ein gewisser Zwang innerhalb der EG auf Mitgliedstaaten ausgeübt werden kann, eingegangene rechtliche, auch umweltrechtliche Verpflichtungen umzusetzen, zumindest in nationales Recht, wenn schon nicht in effektive Taten.

<small>zwei supranationale Zwangsmechanismen</small>

Zum einen ist im Rahmen der EG denkbar, daß mittels Schadensersatzforderung gegen säumige Mitgliedstaaten, eingeklagt von Privaten vor nationalen Gerichten unter Verweis auf im Prinzip längst in nationales Recht umzusetzendes EG-Recht, doch Druck auf die Mitgliedstaaten ausgeübt wird, z.B. Richtlinien termingerecht umzusetzen.

Zum andern besteht die Möglichkeit, daß die Kommission gegen einen umweltpolitisch säumigen Mitgliedstaat eine sog. Aufsichtsklage vor dem EuGH (gemäß Art.169 EGV) erhebt, und, falls der verurteilte Staat dem Urteil nicht rechtzeitig Folge leistet, kann die Kommission den Staat erneut mit der Drohung der Verhängung von Zwangsgeld (nach Art.171 Abs.2 EGV) verklagen. Tatsächlich war es eine Klage im Bereich des EG-Umweltrechts, wegen der nicht rechtzeitigen Umsetzung dreier Richtlinien (zum Schutz des Trink- und Oberflächenwassers sowie von Vogelarten), mit der dieses erst durch den Maastrichter Vertrag eingeführte Verfahren erstmals im Januar 1997 von der Kommission in Anspruch genommen wurde, und zwar mit Deutschland als Beklagtem.[22] Die angedrohten Zwangsgelder beliefen sich dabei auf rund 900.000 DM – täglich!

Auch wenn solche Verfahren selten und langwierig sind und im Ergebnis nicht automatisch zu Sanktionen, sondern unter dem Druck vor allem des Prestigeverlustes zu einem Einlenken der betreffenden Staaten führen, ist die Möglichkeit solcher Sanktionen doch ein supranationales Unikum der EG. Ebenso wie die erwähnte private Schadensersatzklage ist Vergleichbares im Falle nur international-kooperativer Regime nicht möglich. Andererseits gilt, dies legen die Erfahrungen mit solcher internationalen Umweltkooperation nahe, daß weiche Steuerungsformen wie das schrittweise Annähern von Umweltschutzvorstellungen und -standards oft sinnvoller ist als die eben nur vermeintlich einfache Sanktionsdrohung. Ein solches Annähern findet unter den besonderen Bedingungen integrierter Politikproduktion im Rahmen der EG, wie gezeigt, durchaus statt. Ob es schnell und weit genug geht und also Zukunftsfähigkeit verleiht, erscheint dabei aber ebenso fraglich wie im Falle der einzelstaatlichen Umweltpolitik innerhalb und außerhalb der EG.

<small>gemeinschaftsstiftende Wirkung der EG-Umweltpolitik</small>

Bleibt als letztes die Frage nach dem Beitrag der EG-Umweltpolitik zum Zusammenwachsen einer „immer engeren Union". Auch hier ist Skepsis angebracht. Die Umweltpolitik selbst ist eher partiell integriert, der nationale Handlungsspielraum vergleichsweise groß – übrigens auch zum „Voranschreiten" über das Ge-

---

22 Vgl. den Artikel „Eine Sechs dem Musterschüler" von Christian Wernike in der Wochenzeitung Die Zeit vom 31.1.1997, S.30. Dabei wurde auch publik, daß Deutschland jüngst generell zu den säumigsten Umsetzern von EG-Recht in nationales Recht gehört, mit über 200 Beschwerden und Ermittlungen der Kommission gegen Deutschland und, nach Zählung des deutschen Wirtschaftsministeriums, 123 längst umzusetzenden, aber noch nicht umgesetzten Richtlinien.

meinschaftsniveau hinaus –, abgesichert durch die Geltung des Subsidiaritätsprinzips. Die Umsetzung von EG-Recht nicht nur in nationales Recht, sondern in faktische Taten, also die Implementation, bleibt ohnehin weitgehend eine nationale Angelegenheit. Von einem gemeinschaftsweiten Umweltbewußtsein kann kaum die Rede sein, und auch das gemeinsame Auftreten der EG auf globalen Umweltkonferenzen im Sinne einer gemeinsamen Umweltaußenpolitik vermittelt kaum Gemeinschaftsgefühl, wird vielmehr, das Beispiel Energiesteuer zeigte es, zur Anhebung des Bremsmechanismus „kein Alleingang" auf die nächsthöhere Ebene verwendet. Daß die EG selbst von ihren Mitgliedstaaten in diesem Sinne genutzt wird – „kein nationaler Alleingang, erst bedarf es gemeinschaftlicher Regeln der EG" –, war lange Zeit ein Verdacht umweltpolitisch Engagierter. Daß die EG inzwischen nicht mehr nur als Bremsmechanismus in diesem Sinne wirkt, sondern sich aus dem Zusammenspiel supranationaler Instanzen (v.a. der Kommission) mit der Ebene der nationalen Umweltpolitik auch umweltpolitische Fortschritte durch wechselseitige Beeinflussung beider Ebenen ergeben (wie in der Studie von Héritier u.a. gezeigt), gehört noch mit zum Erfreulichsten, was sich über die Umweltpolitik-Produktion unter Integrationbedingungen sagen läßt.

7.3 Forschungs- und Technologiepolitik

Die Forschungs- und Technologie-(FuT-)Politik gehört, ähnlich wie die Umweltpolitik, zu den späten, aber als strategisch wichtig angesehenen „Eroberungen" unter den Kompetenzen der Gemeinschaft. Dies gilt selbst dann, wenn man berücksichtigt, daß in Gestalt der Europäischen Atomgemeinschaft ja 1957 eine eigene Gemeinschaft gegründet wurde, der der Gedanke der vergemeinschafteten Förderung einer Technologie, eben der zivilen Nutzung der Kernenergie, zugrundelag, die seinerzeit als ausgesprochen zukunftsträchtig galt. Aus unterschiedlichen Gründen, unter anderem weil die einschlägig tätigen Mitgliedstaaten doch weiterhin eine nationale Entwicklung der Nukleartechnik bevorzugten, aber auch, weil die tatsächliche Entwicklung der Kernkraftnutzung anders verlaufen ist als vorausgesehen, hat die EURATOM eine weniger bedeutende Rolle gespielt als geplant, auch wenn in ihrem Rahmen in Gestalt der acht Institute umfassenden Gemeinsamen Forschungsstelle der EG noch immer *ein* Ast der FuT-Politik der Gemeinschaft, ihre sog. direkte Aktion, besteht. Dementsprechend war die FuT-Politik im Rahmen der EURATOM kaum Gegenstand bisheriger politikwissenschaftlicher Forschung und bleibt auch hier im weiteren unberücksichtigt.[23]

trotz EURATOM: eine späte Eroberung

Versuche der Kommission, in den späten 60er und frühen 70er Jahren eine Kompetenz auf dem Gebiet der FuT-Politik zu erobern, wurden als zu eigeninteressiert, an Kompetenzerweiterung orientiert, von den Mitgliedstaaten abgeblockt.[24] Erst Anfang der 1980er Jahre und im Kontext der Vorbereitung der

Durchbruch mit der EEA: Rahmenprogramme als zweiter Ast der FuT-Politik der EG

---

23 Zu den wenigen nicht rein beschreibenden Arbeiten zur Thematik der EURATOM gehört die Studie von Howlett 1990, die sich allerdings überwiegend mit der – durchaus spannenden – Frage nach der Rolle der USA bei der Nuklearpolitik im Rahmen der EURATOM beschäftigt.
24 Wie Peterson (1991, 275) schreibt: „If anything, the Commission's tactics backfired," („Sofern die Taktik der Kommission überhaupt etwas bewirkte, ging sie nach hinten los.")

Vertragsreform durch die Einheitliche Europäischen Akte (EEA) gelang der Kommission in Sachen FuT-Politik der Durchbruch. In als strategisch angesehenen Technologiebereichen wie der Informationstechnologie war die Handelsbilanz der EG zu Beginn der 1980er Jahre ins Negative gerutscht. 1985 hatten EG-Firmen nur noch einen Anteil am Informationstechnologie-Markt der EG von 40% und von 10% am Weltmarkt (Peterson 1991, 275). Die Kommission begann, in Zusammenarbeit mit Vertretern führender europäischer Konzerne, eine Lobby für eine FuT-Politik der Gemeinschaft aufzubauen. Ein erster Erfolg, der zugleich den zweiten Ast der gemeinschaftlichen FuT-Politik darstellt, war die 1983 erfolgte Verabschiedung des ersten Gemeinschaftlichen Rahmenprogramms im Bereich Forschung und technologische Entwicklung. Diese Rahmenprogramme, deren viertes 1994 verabschiedet wurde (mit einem Volumen von 12,3 Mrd. ECU bis 1998), stellen seither die zentrale Aktivität der Gemeinschaft im FuT-Bereich dar. Sie werden ergänzt durch Formen der – über die Gemeinschaft hinausreichenden – internationalen FuT-Kooperation, an denen sich auch die Gemeinschaft (neben ihren Mitgliedstaaten) beteiligt, wie etwa die EUREKA-Initiative.[25] Der zweite Erfolg der Kommission bestand in der Aufnahme der FuT-Politik als Bereich der Gemeinschaftspolitik durch die EEA, in Gestalt der Art.130 f-q EGV.

Rahmenprogramme, Programme in ihrem Rahmen (z.B. ESPRIT) und deren Merkmale

Die Rahmenprogramme geben, wie der Name besagt, den Rahmen für spezifische Förderprogramme der gemeinschaftlichen FuT-Politik ab, und zusammen entfallen auf diese Programme rund 80% der FuT-Ausgaben der Gemeinschaft. Zu den bedeutendsten spezifischen FuT-Programmen der Gemeinschaft gehört das seit 1984 laufende European Strategic Programme for Research and Development in Information Technology (ESPRIT; esprit = franz. „Geist, Verstand") sowie das 1985 begonnene Research and Development in Advanced Communication Technologies for Europe (RACE; race = engl. „Wettlauf")-Programm.[26] Sie bilden, zusammen mit mehreren Biotechnologie-Programmen, die Flaggschiffe der Gemeinschafts-FuT-Politik. Sie weisen drei wesentliche Merkmale auf:

- Gefördert wird Forschung, die im sog. „präkompetitiven" Bereich angesiedelt ist, also dort, wo als Forschungsresultat noch nicht unmittelbar vermarktbare Produkte entstehen. Hierdurch wird die Zusammenarbeit unter wirtschaftlich miteinander kooperierenden Partnern, etwa Firmen, erleichtert.[27]
- Zweitens fördert die Gemeinschaft nur Projekte, an denen Partner aus mindestens zwei Mitgliedstaaten beteiligt sind. Hierdurch soll die europäische

---

25 Zu diesen internationalen FuT-Kooperationszusammenhängen in Europa vgl. die oben, in Kapitel 6, Anm. 5, genannte Literatur.
26 Sie verdeutlichen zugleich das inzwischen recht routinierte Spiel der Gemeinschaft mit „griffigen" Akronymen (ein Akronym ist eine Abkürzung, deren Buchstaben, als Wort gelesen, einen Sinn ergeben; ein weiteres Beispiel ist das kooperative EUREKA-Programm, dessen Titel auf den Ausruf des Archimedes anspielt, als er in seiner Badewanne das Prinzip des Auftriebs entdeckt hatte und, so die Legende, unbekleidet auf die Straße lief und dabei „Heureka!" [gr. = „ich hab's gefunden!"] rief).
27 Andererseits besteht eines der Hauptprobleme europäischer Firmen in der globalen Konkurrenz gerade darin, daß ihnen der Übergang von grundlegenden neuen Ideen zum vermarktbaren Produkt schwerer fällt als etwa japanischen Konkurrenten. Berühmt etwa ist der Fall der Laser-Disk-Technologie, die zwar von Philips erfunden, aber zuerst von japanischen Firmen zu einem Massenprodukt (CD-Player) gemacht wurde.

Forschungsvernetzung gefördert werden, und insofern ist den Programmen der Gemeinschaft auch ein gewisser Erfolg zu bescheinigen.
- Schließlich handelt es sich bei der Förderung durch die EG immer nur um eine Teilförderung – in der Regel 50% der Kosten –, so daß ein entsprechnder Eigenanteil von den jeweiligen Kooperationspartnern (Firmen, Forschungseinrichtungen, Universitäten) aufgebracht werden muß. Dies entspricht dem subsidiären Charakter der gemeinschaftlichen FuT-Politik, die nationale Politik in diesem Bereich ergänzen, nicht ersetzen soll, also der eingeschränkten Kompetenz der Gemeinschaft im FuT-Bereich.

Nach Art.130f gehört es nunmehr zu den Aufgaben der Gemeinschaft, „die wissenschaftlichen und technologischen Grundlagen der Industrie der Gemeinschaft zu stärken und die Entwicklung ihrer internationalen Wettbewerbsfähigkeit zu fördern". Hierzu verabschiedet der Rat gemäß Art.130 i nach dem Verfahren der Mitentscheidung (Art.189 b EGV) die Rahmenprogramme – das erste mußte noch auf der Basis des allgemeinen Auffangkompetenz-Artikels 235 EGV verabschiedet werden. Die Regeln zur Durchführung dieser Programme sowie eventuelle Zusatzprogramme, an denen nur einzelne Mitgliedstaaten beteiligt sind, werden, so Art.130 o, gemäß dem Verfahren der Zusammenarbeit (Art.189 c) festgelegt. Schließlich gilt für die FuT-Politik seit Anfang der 80er Jahre informell und seit dem Maastrichter Vertrag nunmehr auch formell das Subsidiaritätsprinzip des Art.3 b EGV. Für die FuT-Politik der Gemeinschaft ergeben sich somit gleichsam drei Ebenen (nach Peterson 1991, 274):

subsidiäre Kompetenz und Ebenen der gemeinschaftlichen FuT-Politik

- Auf der obersten Ebene steht die FuT-Politik der Gemeinschaft als ganze. Gerungen wird dabei um die Anteile der gemeinschaftlichen bzw. nationalen Politik zum einen (wobei das Subsidiaritätsprinzip das Problem eher benennt als wirklich löst), zum andern innerhalb der Kommission um die Abstimmung mit und das Verhältnis zu anderen Politiken der Gemeinschaft, etwa der Wettbewerbspolitik, der Industriepolitik oder auch der Außenhandelspolitik.
- Auf mittlerer Ebene erfolgt die Festlegung der Rahmenprogramme. Hierbei geht es vor allem um die Anteile für die einzelnen Mitgliedstaaten (mit einer Tendenz zum Beharren auf dem „juste retour" [= franz. „gerechter Rücklauf"], also ein Anteil des jeweiligen Mitgliedstaaates an den EG-Ausgaben nicht deutlich unterhalb der von ihm einbezahlten Mittel) und/oder für einzelne Industrien.
- Schließlich gibt es auf unterer Ebene, bei der Umsetzung einzelner Teilprogramme wie etwa ESPRIT, RACE etc., ein recht enges Verhältnis zwischen der Kommission und der beteiligten Industrie, das weitgehend von geteilten Zielen und parallelen Interessen bestimmt wird.[28]

Während auf unterster Ebene der FuT-Politik also relative Eintracht herrscht, ist die FuT-Politik als ganze von mehreren Konfliktlinien geprägt. Nach Grande (1995, 467ff.; nachfolgende Zahlenangaben entstammen diesem Artikel) lassen sich drei Konfliktdimensionen unterscheiden:

Konfliktlinien der FuT-Politik der Gemeinschaft

---

28 Das Verhältnis ist schon wieder so eng, daß sich dem Politikanalytiker der Verdacht der „Gefangennahme" (capture) aufzudrängen beginnt (vgl. auch Anm. 34 unten).

institutionelle Konflikte —	Institutionelle Konflikte bestehen zwischen Rat, Kommisssion und Parlament, die alle drei am Erhalt bzw. Ausbau ihrer Kompetenz im Bereich der FuT-Politik interessiert sind. Dabei geht es auch um nationale Souveränität, administrative Effizienz und parlamentarische Kontrolle – m.a.W.: Eigeninteressen und hehre, durchaus legitime Prinzipien können sich aufs engste vermengen, was die Auflösung der sich hieraus ergebenden Konflikte nicht erleichtert.
materielle Konflikte —	Materielle Konflikte ergeben sich aus der Ungleichheit der Mitgliedstaaten in bezug auf ihre nationale FuT-Kapazitäten und damit auch ihre Möglichkeit, auch außerhalb des EG-Rahmens FuT-Politik zu betreiben. So stehen etwa die drei großen Mitgliedstaaten Deutschland, Frankreich und Großbritannien für 75% der FuT-Ausgaben in der EG. Auch variiert der Staatsanteil an den Forschungsausgaben (und damit indirekt der Beitrag der jeweils nationalen Industrien) zwischen 28,2% im Falle Irlands und 61,8% im Falle Portugals. Während eine weitere Vergemeinschaftung für die großen FuT-starken Staaten daher eine Einschränkung ihrer national (noch) gegebenen Handlungsmöglichkeiten darstellt, betonen die kleineren Staaten, daß eine Verstärkung des Gemeinschaftsanteils an der FuT-Politik nicht nur in ihrem Interesse liegt, sondern auch in dem des sozialen Zusammenhalts, der Kohäsion, wie der EG-terminus technicus lautet, der Gemeinschaft.
ideologische Konflikte —	Schließlich treffen im Bereich der FuT-Politik auch unterschiedliche Konzeptionen der FuT-Politik aufeinander, was zu ideologischen Konflikten führt. Ordnungspolitisch etwa besteht ein Kontrast zwischen dem französischen Ansatz eines „Techno-Merkantilismus" (der aktiven staatlichen Unterstützung nationaler bzw. gemeinschaftlicher Spitzentechnologie, auch unter Einsatz außenhandelsprotektionistischer Mittel[29]) und dem „ordnungspolitische[n] Rigorismus" (Grande 1995, 469) der Bundesrepublik[30]. Aber auch innerhalb der Kommission findet sich dieser Konflikt, etwa „between the more interventionist ethos of DG XIII (Electronics and Telecoms) and the laissez-faire ethos of DG IV (Competition)." (Sharp/Pavitt 1993, 137)[31] Andererseits stellen dieselben Autoren auch fest, daß „the increasingly tough line being taken by the Commission on aids and subsidies in recent years ... has begun to provide real constraints on such [national] subsidy programmes, which in turn has helped to shift the locus of action from national governments towards the Commission." (ebd., 136)[32] Die Auswirkung der

---

29 Für eine Darstellung dieser französischen Herangehensweise in Sachen FuT-Politik vgl. Cohen 1992.
30 In der ein Befürworter aktiver nationaler und gemeinschaftlicher Technologiepolitik wie Seitz (1991) wenn schon nicht als einsamer Rufer in der Wüste, so doch auch nicht als Angehöriger des „Chors der herrschenden Meinung" erscheint
31 „zwischen dem eher interventionistischen Ethos der Generaldirektion XIII (Elektronik und Telekommunikation) und dem Laissez-faire-[= franz. = „laßt machen, gewähren", also einem Ansatz, der für den Staat eine nur geringe Rolle sieht, dafür mehr auf das Tun der Industrie setzt, ML]Ethos der GD IV (Wettbewerb)."
32 „die zunehmend harte Linie, die die Kommission in jüngerer Zeit in bezug auf Beihilfen und Subventionen eingenommen hat ... zunehmend echte Schranken für diese [nationalen] Subventionsprogramme darstellt, was wiederum dazu beigetragen hat, den Handlungsschwerpunkt von den nationalen Regierungen zur Kommission zu verschieben."

gemeinschaftlichen Wettbewerbspolitik auf die FuT-Politik ist also ambivalent und kann der Vergemeinschaftung dieser Politik durchaus dienlich sein.

Angesichts der inzwischen recht komplexen Struktur, der Vielzahl der Programme und der auftretenden Konflikte ist eine bilanzierende Gesamtbetrachtung des Erfolgs der gemeinschaftlichen FuT-Politik wiederum schwierig. Wie Grande (1995, 476, Kursiv im Org.) feststellt: „Die *staatliche Handlungsfähigkeit* scheint folglich auch auf der europäischen Ebene gegeben zu sein ... Über die *Problemlösungsfähigkeit* europäischer FuT-Politik ist damit allerdings noch wenig gesagt." „Die Evaluation [also die Bewertung, ML] der verschiedenen industrieorientierten Förderprogramme", so schreibt Grande (ebd., 479) weiter, kam bisher regelmäßig zu dem Ergebnis, daß die von der EG in den Unternehmen geförderten Forschungsprojekte zwar für sich genommen wissenschaftlich-technisch erfolgreich sind, das prioritäre Ziel der Programme – die Verbesserung der Wettbewerbsfähigkeit der Industrie – jedoch verfehlt wird." Allerdings sei bei dieser Beurteilung die grundsätzlich begrenzte Leistungsfähigkeit staatlicher FuT-Politik zu berücksichtigen.[33] Über diese grundsätzliche Grenze hinaus sieht Grande jedoch eine EG-spezifische Erklärung dieses Befundes. Er greift dazu auf den analytischen Begriff der Verflechtungsfalle zurück. Die FuT-Politik, so stellt er zu Recht fest, ist angesichts ihrer nur subsidiären Vergemeinschaftung und der skizzierten Interessendivergenzen nur im Wege der mühsamen und zeitraubenden Verhandlungen mit dem unvermeidlichen Kompromißcharakter der meisten ihrer Ergebnisse möglich. Gerade im Bereich der High-Tech-Konkurrenz, in der sich diese Politik ja behaupten soll und muß, ist Zeit aber ein knappes und kostbares Gut. Verhandlungsergebnisse der gemeinschaftlichen FuT-Politik kommen daher womöglich zu spät, und ihr Kompromißcharakter verhindert eine sinnvolle Linie (etwa dann, wenn Förderung von Spitzentechnik einen Kompromiß eingeht mit Ausgaben, die eher Kohäsionszwecken dienen). Angesichts dessen stellt Grande (ebd., 479) fest, „daß sich die FuT-Politik der EG in einer Problemkonstellation befindet, die der ... ‚Politikverflechtungs-Falle' sehr ähnlich ist."

Erfolg oder Verflechtungsfalle?

Allerdings stellt sich hier die Frage, ob und inwiefern dies zutrifft. Die Verflechtungsfalle hat ja neben dem dominieren von Verhandlungen als Entscheidungsmechanismus, insbesondere unter dem Gebot der Einstimmigkeit, als zweite wesentliche Voraussetzung, daß außerhalb des Verhandlungssystems kein alternativer Handlungsweg für einzelne Beteiligte besteht. Im Falle der FuT-Politik der Gemeinschaft gilt aber, wie gezeigt, zum einen nur das Erfordernis von qualifizierten Mehrheiten (nicht Einstimmigkeit). Und der Zwang zu Verhandlungen reicht für die Diagnose „Verflechtungs-Falle" allein nicht aus, wenn ein außergemeinschaftlicher Alleingang (oder positiv: die Nutzung autonomer nationaler Handlungsspielräume) nach wie vor eine Option ist. Dies aber ist für die großen, FuT-starken Mitgliedstaaten zumindest in einigen Technologiebereichen

Einwände gegen die Anwendung des „Fallen"-Konzepts

---

33 Sie wird vor allem von interventionsskeptischen Kritikern staatlicher FuT-Politik darin gesehen, daß es fraglich sei, inwiefern der Staat besser als viele Firmen in der Lage sei, zukunftsträchtige Technologien rechtzeitig auszumachen. Es drohe vielmehr, und die Realität hält hierfür Beispiele parat, daß umfangreiche staatliche Mittel in Bereiche gelenkt würden, die sich im Nachhinein als Irrwege erwiesen.

der Fall, und sie können sich dabei sogar auf das Subsidiaritätsprinzip berufen. Es gilt aber ebenso für einzelne europäische Firmen, die faktisch zuweilen lieber gleich, im Wege von Forschungskonsortien mit Firmen aus Japan oder den USA, einen anderen als den EG-Rahmen suchen, also auf außereuropäische Kooperation ausweichen. Es mag also aus EG-Sicht eine Falle der FuT-Politik im Gemeinschaftsrahmen geben, aber einige Akteure können ihr entkommen.

<small>Problematik des Mitnahmeeffekts</small>

Die FuT-Politik der EG hat jedoch noch eine weitere Wirksamkeitsgrenze: Selbst wenn Firmen im Rahmen von EG-Förderprogrammen mitwirken, kann es sein, daß sie nur Subventionen „mitnehmen" für Forschung, die sie ohnehin betrieben hätten. Dieses aus der Subventionspolitik im allgemeinen vertraute Phänomen wird als Mitnahmeeffekt bezeichnet. Er bedeutet, daß erwünschte Forschung zwar stattfindet, aber nicht wirklich durch die FuT-Politik herbeigeführt wurde.[34] Insofern wäre diese nicht wirklich effektiv.[35]

<small>Vergemeinschaftungswirkung der FuT-Politik</small>

Diese letzten Feststellungen sind auch für die abschließende Frage nach der Vergemeinschaftungswirkung der FuT-Politik, nach ihrem Beitrag zu einer „immer engeren Union der Völker Europas", von Belang. Zunächst erscheint von der Beschwörung einer „gemeinsamen Bedrohung" durch technologische Konkurrenz von außen ein gewisser Vergemeinschaftungseffekt auszugehen, der ja mit dazu beigetragen hat, daß die FuT-Politik überhaupt in den EG-Vertrag aufgenommen wurde. Zugleich bedeutet jedoch die Geltung des Subsidiaritätsprinzips ein Reservat für nationale Alleingänge, während das gemeinschaftsorientierte Kohäsionsgebot aus den nachvollziehbaren erwähnten Gründen eher die Unterstützung der FuT-schwachen Staaten findet und sich möglicherweise – wenn auch nicht zwangsläufig – mit der aus Konkurrenzgründen gebotenen Förderung von Spitzentechnologie „beißt". Letzteres gilt selbst dann, wenn die FuT-Politik von der in den 60er und 70er Jahren verfolgten Strategie der Unterstützung einzelner „Champions" (Spitzenfirmen und -projekte) auf nationaler bzw. EG-Ebene abgeht zugunsten einer stärker an Infrastruktur und Humankapital orientierten Förderung der breiten Grundlagen für Spitzentechnologie. Denn auch diese Grundlagen sind, wie gezeigt, innerhalb der EG sehr ungleich verteilt. M.a.W.: Während einzelne Projekte der EG (etwa ESPRIT) oder unter EG-Beteiligung (etwa EUREKA) durchaus dazu beitragen, daß EG-Firmen technologische Zukunftsfähigkeit erreichen, ist damit über deren Verteilung in der EG und den davon ausgehenden Vergemeinschaftungseffekt noch nichts gesagt.

<small>kurzes Fazit des Kapitels – Evaluation: Zukunftsfähigkeit</small>

Ziehen wir ein kurzes Fazit unseres Überblicks über drei Politikfelder der Gemeinschaft. Eine der Leitfragen war die nach der Evaluation, wie der politikfeldanalytische terminus technicus für die Bewertung der Umsetzung von Politiken und politischen Programmen lautet. Inwiefern verleihen die betrachteten Politiken der Gemeinschaft Zukunftsfähigkeit? Eine wirkliche Evaluation wäre

---

34 Auch wenn ein Mitnahmeeffekt im strengen Sinne dadurch nicht belegt wird, fällt doch auf, daß die 12 großen Firmen, die mit der Kommission für das ESPRIT-Programm stritten, anfangs über 80% der Verträge aus dm Programm erhielten, ein Prozentsatz, der auch 1985 noch bei 62% lag (Peterson 1991, 277).

35 Bezüglich dieser Effektivitätsfrage besteht eine Parallele zur oben, Kapitel 6.1.1.1, angesprochenen Problematik der Wirksamkeit internationaler Regime: in beiden Fällen kann es sein, daß das gewünschte Verhalten eintritt, ohne daß es seine Ursachen in den Anreizen (der FuT-Politik) bzw. den Geboten (der Regimenormen) hätte. Im Falle des Mitnahmeeffektes ist dies insofern ärgerlich, als öffentliches Geld gleichsam an Private (Firmen) verschenkt wird.

höchst schwierig, nicht zuletzt wegen des zugegebenermaßen vagen, schwer genau zu fassenden Begriffs der „Zukunftsfähigkeit". Unsere Kriterien hierfür waren im Bereich der GAP die Freisetzung von Haushaltsmitteln, für die beiden anderen Felder der Beitrag der EG-Politik zur Bearbeitung von Umweltproblemen bzw. zum Erhalt der Konkurrenzfähigkeit, insbesondere in der Triade (EG-Japan-USA). Allen drei Politiken ist insofern ein gewisser, allerdings recht begrenzter Erfolg zu bescheinigen, wobei zweifelhaft ist, ob rein nationale Politken – so überhaupt möglich – erfolgreicher gewesen wären. Strahlende Erfolge hat die EG also in den behandelten Politikfeldern eher nicht vorzuweisen.

Das allein trägt dazu bei, daß der gemeinschaftsstiftende Effekt dieser Politiken, unsere zweite Leitfrage, eher schwach ist. Selbst die am weitesten vergemeinschafteten Agrarmarktbürger entwickeln kaum eine besondere Loyalität gegenüber der Gemeinschaft, zumal selbst die Zuwendungen an die Landwirtschaft noch überwiegend national bestimmt werden. Ähnlich sieht es im Verhältnis der FuT-starken Staaten zur Gemeinschaft aus. Gleichwohl ist in allen drei Bereichen ein begrenzter Ausgleichs- und damit Kohäsionseffekt feststellbar dadurch, daß jeweils „schwächere Parteien" durch EG-Programme eine gewisse Unterstützung erfahren (etwa durch gezielte Förderung von Kleinbauern und solchen, die auf marginalen Böden wirtschaften; durch Sonderprogramme für FuT-schwache Staaten u.a.m.). Zumindest im Umweltbereich ist des weiteren durch den „Wandel der Staatlichkeit" eine gewisse Annäherung und Verzahnung nationaler Politiken feststellbar.

gemeinschafts-
stiftende Wirkung

Für die politikwissenschaftlich-analytische Betrachtung einzelner EG-Politikfelder konnte schließlich gezeigt werden, daß die in Kapitel 3 eingeführten theoretischen Konzepte des regulativen Wettbewerbs und der Verflechtungsfalle sich durchaus eignen, Grundstrukturen einzelner Politikfelder zu erfassen. Auch konnten eine Reihe von Problemen, die wir bei der Betrachtung internationaler Kooperation in Teil II analysiert haben, in ähnlicher Weise bei der EG-Politikfeldanalyse ausgemacht werden – wohl auch ein Hinweis darauf, daß die Integration, obwohl sie besondere Bedingungen schafft, sich noch nicht allzu weit vom Modell der internationalen Kooperation entfernt hat.

analytischer Ertrag

8 Ein Markt und mehr?

Anhand von vier Politikfeldern der EG: der Wettbewerbspolitik, der Politik zur Begründung einer Währungsunion, der Sozialpolitik im allgemeinen und der Frauen- bzw. Geschlechterpolitik[1] im besonderen soll in diesem Kapitel über das Verhältnis von Markt und Staat auf supranationaler Ebene nachgedacht werden – von daher die in der Überschrift formulierte Leitfrage. Ihr liegen einige weitere Gedanken zugrunde, die weit in den Bereich der allgemeinen Sozialtheorie führen und die deshalb kurz vorab skizziert seien, um die Dimension des hier insgesamt nur anzureißenden Themenkomplexes zu verdeutlichen.

Markt, Staat und ihr Verhältnis auf supranationaler Ebene

Der Markt als Institutionenbündel[2] zum Zweck der gesellschaftlichen Koordination, wie man ihn sozialtheoretisch bestimmen könnte[3], hat in jüngster Zeit durch den Zusammenbruch der ausdrücklich nicht marktförmig organisierten Gesellschaftssysteme der realsozialistischen Staaten Osteuropas gleichsam neuen Auftrieb erhalten[4]. Parallel dazu waren die 1980er Jahre im Westen Europas (bzw. im Westen im allgemeinen, also unter Einschluß insbesondere der USA) von einer Kritik am Staat und seiner Tätigkeit und einer Euphorie für die marktförmige Erledigung gesellschaftlicher Aufgaben geprägt, was in vielen Staaten zu einer Politik der Deregulierung, des – geplanten[5] – Abbaus staatlicher

einige sozialtheoretische Vorüberlegungen:
1. Markt

---

1 Wie bereits kurzes Nachdenken zeigt, ist die Bezeichnung „Frauenpolitik" zwar erstens gebräuchlich und zweitens für eine Reihe von Maßnahmen, die auf die Stellung der Frauen zielen, auch zutreffend; sie ist aber drittens insofern irreführend, als sie davon auszugehen scheint, daß ein notwendiger Wandel im Verhältnis der – beiden! – Geschlechter durch Maßnahmen, die nur auf die eine, weibliche Hälfte der Bevölkerung zielen, zu erreichen sei. Dies dürfte ein Irrtum sein, und insofern erscheint „Geschlechter-Politik" (als Eindeutschung des angelsächsischen gender politics) als angemessenere Bezeichnung.

2 Im Sinne der in Kapitel 2, Anm. 8, getroffenen Feststellung ist der Markt wohl eher als ein „multidimensionales Gebilde" und mithin als ein Bündel von Institutionen denn als eine einzige Institution zu verstehen.

3 Zur Sozialtheorie des Marktes besteht eine umfangreiche, zum Teil auf hohem gedanklichen Niveau verfaßte Literatur. Da hier auf die Sozialtheorie des Marktes nicht wirklich eingegangen werden kann, sei stellvertretend auf zwei Publikationen verwiesen: Peter Koslowski (1991) betont in der Tradition der sog. Historischen Schule der deutschen Nationalökonomie den Charakter des Marktes als einer historisch-kulturellen Einrichtung; Allen Buchanan (1988) gibt einen vorzüglichen knappen Überblick über die philosophische Diskussion der Bewertung des Marktes unter ethischen und Effizienzgesichtspunkten.

4 Abermals sei an die bereits mehrfach zitierte Kernaussage der (KSZE-)Charta von Paris hierzu erinnert.

5 Geplant, aber nur teilweise realisiert, wurde dieser Abbau von Regeln auch deshalb, weil vielfach deutlich wurde, daß die neu zu setzende Ordnung für Märkte, etwa der privaten Post- und Telekommunikationsdienste, durchaus neue Regelwerke (und Aufsichtsgremien) erforderlich machte.

notwendige Ordnung

Regeln zugunsten der Freisetzung der Marktkräfte, von denen insbesondere größere Effizienz erwartet wurde, geführt hat. Unbeschadet dieser Renaissance des Marktes wird gerade hieran zweierlei deutlich:

Zum einen entstehen Märkte heutzutage kaum spontan, sind sie nicht einfach in der Natur anzutreffen. Vielmehr setzen sie gewisse (Spiel-)Regeln voraus, die heutzutage und in komplexen Ökonomien überwiegend von staatlichen Instanzen gesetzt und garantiert werden. Hierzu gehören etwa (private) Eigentumsrechte ebenso wie die Vertragsfreiheit sowie die notfalls gerichtliche Durchsetzung hieraus resultierender Rechte. Gerade bei der Organisation von Märkten gibt es also, dies wußte bereits der Ahnherr der Marktwirtschaft, Adam Smith, und es wurde auch in Deutschland von der sog. Freiburger Schule des Ordo-Liberalismus[6] betont, eine Rolle für den Staat.

notwendige Rechtfertigung

Zum andern verweist die Betonung der Effizienz auf die zentrale Legitimation des Marktes – in der Tat erweist er sich häufig als die effizienteste Form gesellschaftlicher Koordination –, macht damit aber zugleich auch auf den prinzipiellen Bedarf nach einer solchen Rechtfertigung aufmerksam. Sozialtheoretisch bedeutet dies, daß die Frage nach weiteren Beurteilungskriterien, insbesondere nach der Verteilungsgerechtigkeit, legitim ist, politisch bedeutet es, daß die Option für den Markt eben eine zu verantwortende – und zu begründende – Entscheidung ist. Dies gilt insbesondere angesichts der mit Marktprozessen häufig einhergehenden Ungleichheit. Auch hier gilt, daß bereits die Begründer der modernen bürgerlichen Gesellschaft die Notwendigkeit zur Legitimation solcher Ungleichheit gesehen haben, etwa, wenn es in der Erklärung der Menschen und Bürgerrechte von 1789 (im ersten Artikel) heißt:

„Les distinctions sociales ne peuvent être fondées que sur l'utilité commune."[7]

Dieser Gedanke findet sich, in technisch etwas aufwendigerer Formulierung, auch in einem der meistdiskutierten Werke der zeitgenössischen Sozialphilosophie, in John Rawls' „Theorie der Gerechtigkeit" (1979), wenn er als zweiten Gerechtigkeitsgrundsatz formuliert (81):

„Soziale und wirtschaftliche Ungleichheiten sind so zu gestalten, daß (a) vernünftigerweise zu erwarten ist, daß sie zu jedermanns Vorteil dienen, und (b) sie mit Positionen und Ämtern verbunden sind, die jedem offen stehen."

---

6   Ordo = lat. Ordnung. Gemäß dem zentralen Gedanken des Ordo-Liberalismus bedarf der Markt also zu seinem Funktionieren einer – staatlich gesetzten – Ordnung (was übrigens nicht mit der Markt als Mechanismus zugunsten von Preis- und Absatzgarantie eher aufhebenden Marktordnung im Rahmen der Gemeinsamen Agrarpolitik zu verwechseln ist), insbesondere zum Erhalt des Wettbewerbs (also zur Verhinderung von Monopolbildung). Wichtigste Vertreter der Freiburger Schule sind Walter Eucken und Franz Böhm. Die Freiburger Schule bildete einen der geistigen Nährböden für die Konzeption der sozialen Marktwirtschaft.

7   „Die sozialen Unterschiede können nur auf den gemeinsamen (!) Nutzen gegründet (!) werden." Sie müssen also erstens ge-, das heißt begründet werden, und zweitens taugt dazu ein egoistischer Standpunkt nicht, da der Maßstab der gemeinsame Nutzen (utilité commune) ist. Auch wenn diese Formulierung gegen die – aus Sicht des aufstrebenden Bürgertums – ungerechtfertigten traditionellen Privilegien des Adels gerichtet war, ist nicht ersichtlich, warum dieselbe Frage nicht auch bezüglich sozialer Unterschiede gestellt werden kann, die sich aus dem Funktionieren der bürgerlichen Ökonomie ergeben.

Dieser letztgenannte Umstand, der Zwang zur Legitimation, besteht natürlich auch in bezug auf den Staat, also staatliches Tätigwerden. Dementsprechend alt, wiederum mindestens so alt wie die moderne bürgerliche Gesellschaft, ist die Diskussion darum, wie es Wilhelm von Humbodt (1978) in seinem 1792 verfaßten Beitrag hierzu formuliert hat, „die Grenzen der Wirksamkeit des Staats zu bestimmen."[8] Und aus Sicht der radikalen Vertreter der Marktwirtschaft ist kaum mehr zu legitimieren als ein Minimalstaat, der die Grundbedingungen für das Funktionieren für Marktwirtschaft (Schutz des äußeren und inneren Friedens, Garantie der Eigentumsrechte) gewährleistet, insbesondere wird ein in die Verteilung der wirtschaftlichen Erträge intervenierender Sozial- oder gar Wohlfahrtsstaat abgelehnt. Auch diese Diskussion ist aus den vergangenen Jahren wohl vertraut.

2. Staat: Legitimation seiner Aufgaben

Zugleich wurde bereits oben festgestellt, daß einerseits beim Vergleich der EU-Mitglieder mit außereuropäischen Staaten doch eine gewisse Gemeinsamkeit eines „europäischen Gesellschaftsmodells"[9] ausgemacht werden kann, innerhalb dessen dem Staat, zumal in der Zeit seit dem Zweiten Weltkrieg, doch mehr Aufgaben als die des Minimalstaates zugesprochen wurden. Andererseits wurde auch auf die unterschiedliche Ausprägung dieser Sozial- oder Wohlfahrtsstaatlichkeit in einzelnen Mitgliedstaaten der EU hingewiesen.[10] Die Unterschiede in Sachen Staatlichkeit gehen jedoch über diese Differenzen in puncto Wohlfahrtsstaat hinaus. Der zentralistische bzw. (eigentlich nur in Deutschland ausgeprägte, und auch historisch gewachsene) föderalistische Staatsaufbau ist ein weiterer solcher Unterschied, wie denn ganz generell von unterschiedlichen Staatstraditionen in Westeuropa gesprochen werden kann (vgl. Dyson 1980). Diese Unterschiede bilden den – erschwerenden – Hintergrund für den Versuch, überstaatliche – supranationale – politische Steuerung im Rahmen der EU zu erreichen oder gar eine politische Union zu begründen.

Gemeinsamkeiten und Unterschiede der Staatlichkeit

Von daher ist es erklärlich, und zugleich bedeutsam, daß im Kern des europäischen Integrationsprojektes die Begründung eines Gemeinsamen, oder wie es heute heißt, eines Binnenmarktes stand und steht. Entsprechend war (und ist noch immer weitgehend) das quasi-staatliche oder autoritativ-verbindliche Handeln der Gemeinschaft auf die Realisierung dieses Marktes gerichtet. Die vier Grundfreiheiten der Gemeinschaft sind wirtschaftliche, die E(W)G-Bürger waren (und sind auch nach ihrer „Ernennung" zu Unionsbürgern) vorwiegend in ihrer Eigenschaft als Wirtschaftssubjekte angesprochen. Soweit auf EG-Ebene von Staatlichkeit also überhaupt gesprochen werden kann, handelt es sich dem Ursprung nach um – minimale[11] – Minimalstaatlichkeit. Die entscheidende Frage,

3. Markt und „Staat" in der E(W)G

---

8 Zur gegenwärtigen Diskussion über Entwicklung und Legitimation der Staatsaufgaben vgl. beispielhaft die Beiträge in dem von Grimm 1996 herausgegebenen Band.
9 Vgl. in Kap. 3.1.1.2 die Bemerkungen zu Jacques Delors' Projekt der Bewahrung des europäischen Gesellschaftsmodells.
10 Vgl. den Passus über Gramscianische Hegemonie im Zwischenfazit zu Teil II und die dort genannte Literatur.
11 Da die klassischen Aufgaben der Wahrung von äußerer und innerer Sicherheit ebenso wie die Steuererhebung zunächst nicht im Bereich der EG-Kompetenz lagen (und auch heute im Rahmen der EU nur kooperativ institutionalisiert sind) und auch im Bereich der Wirtschaft grundlegende Rahmenbedingungen (wie Eigentumsrechte und Vertragsfreiheit) weiterhin primär von den Mitgliedstaaten gewährleistet werden, kann man nur von minimaler Minimalstaatlich-

247

auch im Lichte des graduellen Ausbaus von Elementen der Sozialstaatlichkeit auf EG-Ebene, lautet daher, ob dies, wenn tatsächlich eine immer engere Union der Völker Europas angestrebt werden soll, so bleiben kann, und falls nein, was daraus im Hinblick auf die politischen Anforderungen an das langsam an Staatlichkeit gewinnende politische Systems der EU folgt.

Vor diesem hier nur skizzierten breiteren sozialtheoretischen Hintergrund wollen wir uns im vorliegenden Kapitel mit vier Politikfeldern etwas näher befassen. Bei den ersten beiden Feldern (8.1) geht es um die Funktion der EG bei der Setzung von Rahmenbedingungen für die Marktwirtschaft. Wir werfen dazu einen kurzen Blick auf die Wettbewerbspolitik der Gemeinschaft, insbesondere die Aufgabe der Beihilfenaufsicht, und einen etwas ausführlicheren, aber keinesfalls erschöpfenden Blick auf die komplexe und politikwissenschaftlich ausgesprochen facettenreiche Problematik der Einführung der Europäischen Währungsunion. Im zweiten Teil des Kapitels (8.2) geht es dann um die politische Regulierung der sozialen Begleiterscheinungen von Marktwirtschaft im Rahmen der EG, also ihre Ansätze von Sozialpolitik im allgemeinen und speziell zur Förderung der Lage von Frauen. Insgesamt wird dabei deutlich, daß die EG einerseits zunehmend markt-ordnend und -ergänzend politisch steuert, daß gerade deshalb aber auch der Bedarf an politischer Fundierung, an demokratischer Legitimation, steigt.

8.1 Wirtschafts- und Währungspolitik

Werfen wir also zunächst einen kurzen Blick auf die Wettbewerbspolitik und sodann einen etwas ausführlicheren auf die Problematik der Währungsunion.

8.1.1 Wettbewerbspolitik

vier Aufgaben der EG-Wettbewerbspolitik

Die Wettbewerbspolitik der Gemeinschaft umfaßt auf der Basis der einschlägigen Artikel 85-94 EGV vor allem vier Aufgaben:

– die Durchsetzung des Verbots wettbewerbsbeschränkender Vereinbarungen, einfacher gesagt von Kartellen und kartellartigen Absprachen zwischen Firmen im Binnenmarkt;
– die Verhinderung des Mißbrauchs einer marktbeherrschenden Stellung, also die Kontrolle der Marktmacht von Monopolen oder Oligopolen (einem einzigen oder wenigen dominanten Anbietern);
– die Kontrolle von Firmenzusammenschlüssen (Fusionskontrolle) dann, wenn sie von „gemeinschaftweiter Bedeutung" sind (was nach derzeitigen Kriterien einen Gesamtumsatz der beteiligten Firmen von 5 Mrd. ECU, einen Umsatz von mehr als 250 Mio ECU bei mindestens zwei der beteiligten Firmen

---

keit der EG sprechen, falls überhaupt. Dies würde sich mit Einführung der Währungsunion, also der Vergemeinschaftung der zentralen Staatsfunktion der Geldpolitik, zweifellos ändern.

sowie nicht mehr als zwei Drittel des Gesamtumsatzes auf seiten einer der beteiligten Firmen voraussetzt) – für Fusionen, für die das nicht gilt, bleibt subsidiär die Zuständigkeit bei nationalen Aufsichtsbehörden wie dem deutschen Bundeskartellamt;
- schließlich die kontrollierende Aufsicht über Beihilfen (Subventionen) der Mitgliedstaaten (nicht: der Gemeinschaft selbst) an einzelne Firmen.

Die Wettbewerbspolitik der Gemeinschaft ist also ganz im Sinne des Ordo-Liberalismus eine Politik zum Erhalt des Wettbewerbs im Binnenmarkt. Tatsächlich hat sie, wie der derzeit zuständige Kommissar van Miert (1995, 219) feststellt, „(m)ittelbar ... auf diese Weise zur Verbreitung ordoliberalen Gedankenguts in Europa ganz entscheidend beigetragen", und zwar nicht nur durch die Vergemeinschaftung der Zuständigkeit für die oben angeführten Aufgaben, sondern auch durch die Angleichung nationaler Institutionen (auch in diesem Fall: an das deutsche Vorbild): „Während es bei der Gründung der Gemeinschaft praktisch nur einen Mitgliedstaat mit eigener Wettbewerbsgesetzgebung und Kartellbehörde gab, nämlich die Bundesrepublik Deutschland, haben heute fast alle Mitgliedstaaten ein nationales Wettbewerbsrecht und Behörden zu dessen Durchsetzung. Bei diesem Prozeß der Erweiterung stand zumeist das gemeinschaftliche Wettbewerbsrecht Pate." (ebd., 221) Mit anderen Worten: Auch hier ist jener Prozeß zu beobachten, der am Beispiel der Luftreinhalepolitik von Héritier u.a. (1994; vgl. Kap. 7.2 oben) als „Wandel der Staatlichkeit in Europa" im Wechselspiel zwischen Gemeinschaft und Mitgliedstaaten beschrieben wurde.

auch hier: Wandel der Staatlichkeit

Wir können uns hier aus Platzgründen nicht mit der Wettbewerbspolitik in ihrer ganzen Breite beschäftigen.[12] Es müssen einige allgemeine Feststellungen und die beispielhafte Vertiefung anhand der Beihilfenaufsicht genügen. Zu ersteren gehört, daß die Kommission im Bereich der Wettbewerbspolitik direkt Entscheidungen mit verbindlicher Gültigkeit für einzelne Firmen fällt, wobei ihr die ungeteilte Aufsicht über den Vollzug der Wettbewerbsregeln durch öffentliche Unternehmen, staatliche Monopole sowie im Bereich der Beihilfen zukommt. Dies liegt natürlich an der unmittelbaren Beteiligung der Mitgliedstaaten in diesen Fällen, wie van Miert (1995, 222) feststellt: „Jede andere Aufgabenverteilung kann nur zur Folge haben, daß der ‚Bock zum Gärtner gemacht' würde."

Beihilfenaufsicht

Die von der Kommission zu beaufsichtigenden Beihilfen nehmen dabei die unterschiedlichsten Formen an: direkte Regierungssubventionen, staatliche Zinsvergünstigungen für Firmenkredite, Steuerbefreiungen, Forschungs- und Entwicklungshilfe im Rahmen nationaler FuT-Politik, Befreiung von Abgaben, Minderung von Sozialversicherungsbeiträgen, staatliche Kapitalbeteiligungen und staatliche Anleihengarantien. Die Vielfalt der Formen allein macht klar, daß die genaue Bestimmung der Höhe von Subventionen (und damit ihre internationale Vergleichbarkeit) eine schwierige Aufgabe darstellt.[13] Hierzu tritt die Kommission regelmäßig in Dialog mit den Staaten, die häufig bereits im Vorfeld beabsichtigter Beihilfen die Kommission konsultieren. Man kann also von einem

Formen und Ziele der Beihilfen, Politik-Dialog über sie

---

12 Darstellungen zur Wettbewerbspolitik, auch zu einzelnen prominenten Fällen der Kartell-, Fusions- und Beihilfenkontrolle, finden sich z.B. bei Middlemas 1995, 500-529, und Ross 1995, 176-180. Als neuere Überblicke vgl. auch Schmidt/Binder 1998 und Püttner/Spannowsky 1998.
13 Was die Höhe der Beihilfen anbelangt, so gilt die sog. „de minimis" (= lat. über kleine [Beträge])-Regel: die Kommission kümmert sich nicht um Beihilfen unter 50.000 ECU.

Politik-Dialog zwischen Kommission und Mitgliedstaaten in Sachen Beihilfen sprechen. Neben der Höhe ist das Ziel der Beihilfen ein wichtiges Kriterium. Auch hier herrscht Vielfalt: Hilfe für wirtschaftsschwache Regionen, FuT-Politik, Rettung oder Umstrukturierung von Firmen in finanziellen Schwierigkeiten, Stützung expandierender Unternehmen in dynamischen Sektoren (evtl. als „nationale Champions" im internationalen Wettbewerb), Strukturhilfen für Problemsektoren u.a.m. Generell „(t)he Commission looks favourably upon aid for research and development and aid to small and medium enterprises, but is especially critical of sectoral aids." (Smith 1996, 571)[14] Für einschlägige Lobbyaktivität besteht dabei eine Vielzahl von Kanälen zur Beeinflußung der Entscheidungen der Kommission, unter anderem deshalb, weil Entscheidungen über Beihilfen von der Kommission kollektiv, unter Beteiligung aller Kommissare, getroffen werden und nicht etwa durch den Wettbewerbskommissar alleine. Die faktische Unabhängigkeit der formal übernationalen, aber doch aus je konkreten Mitgliedstaaten stammenden Kommissare wird bei für ihr Ursprungsland besonders wichtigen Entscheidungen leicht prekär.

Konfliktlinien: Staaten vs. Staaten

Damit wird bereits eine der Konfliktlinien im Bereich der Wettbewerbs-, speziell der Beihilfenpolitik deutlich. Sie verläuft primär zwischen den Mitgliedstaaten, die zum Beispiel durch Beihilfen um Marktanteile und Industrieansiedlung (und also Arbeitsplätze) konkurrieren. Aufgabe der Kommission ist es, darüber zu wachen, daß es hierbei nicht zu Verzerrungen des Wettbewerbs kommt. Einge, große Staaten, haben ja im Prinzip sehr viel mehr Mittel zur Verfügung, um Beihilfen zu geben. Der unbeschränkte Gebrauch dieser Möglichkeiten würde freilich schwächere Staaten benachteiligen. Insofern ist die Feststellung nicht unbedenklich, daß im Durchschnitt der Jahre 1990-92 die EU-Staaten Subventionen in Höhe von 173,5 Mrd. DM zahlten, davon, auch im Zuge der deutschen Einheit, über ein Drittel die Bundesrepublik. Sie lag damit vor Italien und Frankreich ganz vorn, am zurückhaltendsten waren Briten, Niederländer und Dänen.[15]

Staaten vs. Kommission – aber kein Nullsummenspiel

Sekundär verläuft die Konfliktlinie deshalb im Einzelfall auch zwischen der Kommission und dem Mitgliedstaat, dem eine Beihilfe nicht oder nur mit Einschränkung genehmigt wird. Allerdings wird diese Darstellung des Beihilfestreits als Null-Summen-Spiel (was die Kommission gewinnt, verliert der Mitgliedstaat, und umgekehrt) der Komplexität der Gesamtsituation nicht gerecht: „The relationship between the Commission and member-states is more complex than this adversarial perspective implies." (Smith 1996, 565)[16] Dies liegt daran, daß eine weitere potentielle Konfliktlinie im Hintergrund besteht.

Firmen vs. Staaten – Schutz staatlicher Kompetenzen durch „Pooling"

Auch – und gerade ... – Firmen sind schließlich eigennützige, gewinnorientierte Organisationen, und Gewinne lassen sich nicht nur am wirtschaftlichen Markt machen, sondern auch auf dem „politischen Markt". Im Zusammenhang

---

14 „Die Kommission betrachtet Beihilfen für Forschung und Entwicklung sowie für kleine und mittlere Unternehmen mit Wohlwollen, ist dagegen besonders kritisch bei sektoralen Beihilfen." Für eine Reihe von Branchen (Landwirtschaft, Fischerei, Textil- und Bekleidungsindustrie, Kunstfasern, Kraftfahrzeug- und Schiffbau) gelten besondere sektorale Bestimmungen. Zur empirischen Untersuchung von Subventionsgründen in der EG vgl. auch Zahariadis 1997.
15 Angaben nach Die Zeit, 30.8.96, S.17.
16 „Die Beziehung zwischen der Kommission und Mitgliedstaaten ist komplexer, als es diese Gegenerschaftsperspektive erscheinen läßt."

mit der FuT-Politik der Gemeinschaft hatten wir schon auf einen solchen Fall, den sog. Mitnahmeeffekt, hingewiesen. Für die Beihilfenpolitik gilt darüber hinaus, daß vor allem kleinere staatliche Einheiten, etwa deutsche Bundesländer, gegenüber großen Firmen leicht erpreßbar werden: Industrieansiedlung erfolgt nur „gegen Kasse", also gegen kräftige Subventionen. Dieses „Spiel" läuft im Rahmen globalisierter Märkte ja nicht nur EG-, sondern praktisch weltweit. Das wechselseitige „Überbieten" (und durch die implizierten staatlichen Einnahmeverzichte oder Ausgaben: der ruinöse Wettbewerb) der Staaten im Buhlen um die Firmen kann hier nur unterbunden werden, indem eine höher angesiedelte staatliche Instanz, für die EG eben die Kommission, darüber wacht, daß Firmen Staaten nicht grundlos Beihilfen abpressen. Das „Pooling" (Zusammenlegen) staatlicher Entscheidungs-(hier: Beihilfenaufsichts)kompetenz ist somit für die einzelnen Staaten nicht einfach nur ein Kompetenzverlust. Es ist auch ein Schutz vor industrieller „Erpreßbarkeit" für jeden einzelnen Staat. Dieser Mechanismus der Kompetenzwahrung durch Kompetenz-Pooling ist von großer Bedeutung, verweist er doch darauf, daß die übliche Null-Summen-Betrachtung der Kompetenzverteilung zwischen Einzelstaat und Gemeinschaft nicht immer korrekt sein muß. Die pro-integrative Behauptung ist vielmehr, daß der Pooling-Mechanismus durchaus häufiger auftritt. Letztlich kennen wir diese Argumentationsfigur auch bereits aus dem Theorieüberblick des Kapitels 3: Der von Milward und Wessels vertretene Ansatz der „supranationalen Rettung des Staates" verallgemeinert genau diesen Befund.

Eine letzte Konfliktlinie der Wettbewerbspolitik ist abschließend zu benennen. Sie besteht im Verhältnis zu anderen Politikfeldern der Gemeinschaft, vor allem der Industriepolitik der Gemeinschaft und ihrer FuT-Politik.[17] Bei der Besprechung letzterer war bereits darauf hingewiesen worden, daß es innerhalb der Kommission zu ideologischen Konflikten zwischen den Generaldirektionen für einzelne Industriesektoren und der Wettbewerbsgeneraldirektion kommen kann. Soweit es dabei um EG-Beihilfen geht, ist dies jedoch, wie gesagt, kein Fall für die Wettbewerbspolitik – wohl aber möglicherweise ein Zielkonflikt auf EG-Ebene. Soweit und solange jedoch Mitgliedstaaten eine Politik der Förderung von nationalen Champions betreiben oder aber der Zusammenschluß von großen Konzernen mit dominanter Stellung im Binnenmarkt geplant ist, um auf globaler Ebene bestehen zu können (beispielhaft sei der Flugzeugbau erwähnt, wo der Weltmarkt gegenwärtig noch Platz für zwei Giganten hat, Boing und das europäische Airbus-Konsortium), ergeben sich Konfliktmöglichkeiten zwischen der Wettbewerbspolitik und anderen Politiken der Gemeinschaft.

Konflikte zwischen Politikfeldern

Abschließend wollen wir mit einem kurzen Verweis auf jenes jüngere konkrete Beispiel, das der aufmerksame Zeitungsleser ohnehin schon zwischen obigen Zeilen erkennen konnte: den Fall der sächsischen Subventionen für VW zeigen, daß die angeführten Überlegungen durchaus einen realen Hintergrund haben. Die Kommission hatte in diesem Falle von 142 Mio. DM, die das Land Sachsen VW als Beihilfe für den Bau zweier Fabriken in Chemnitz und Mosel bei Zwickau zahlen wollte, über 90 Mio. DM als illegale Subventionen angesehen. Gleichwohl zahlte das Land, unter Berufung auf Art.92 Abs.3 EGV, der

ein konkretes Beispiel: sächsische Subventionen für VW

---

17 Vgl. zum Verhältnis von EG-Wettbewerbs- und Industriepolitik Tsoukalis 1993, 102-117.

Beihilfen für strukturschwache Regionen als mit den Wettbewerbsregeln vereinbar erklärt, den gesamten Betrag aus. Da dies nun aber ein klarer Bruch der EG-Verfahrensbestimmungen ist – zumindest wäre die Entscheidung der Kommission gerichtlich zu bestreiten und ein Urteil abzuwarten gewesen (wobei allerdings VW drohte, dann den Bau einzustellen) –, erschien der Fall erneut als ein EG-unfreundlicher Akt deutscher staatlicher Stellen (die Bundesregierung hätte insofern für Sachsen einstehen müssen) – erneut nach dem kurz vorher bekannt gewordenen Mißbrauch (der Umlenkung von Ost- nach Westdeutschland) EG-genehmigter Subventionsmittel für den Bremer Vulkan. Die Kommission drohte damit, Sachsen (und die Bundesregierung) vor dem EuGH zu verklagen. Eine gütliche Einigung, die zunächst erfolgte, sah ein Einfrieren der umstrittenen Beihilfebeträge bis zur endgültigen gerichtlichen Entscheidung in der Sache vor. Inzwischen haben sich die streitenden Parteien, also die EG-Kommission und der Freistaat Sachsen/die Bundesregierung, außergerichtlich geeinigt, daß VW die aus Sicht der Kommission zuviel gezahlten Mitteln zurückzahlt und im Gegenzug die Kommssion ihre Klage zurückzieht. Der Fall zeigt drei der vier oben skizzierten Konfliktlinien: die „erpresserische" Haltung eines großen Konzerns, das daraus zunächst resultierende Nachgeben eines Staates, hier Sachsen, unter Berufung auf die schlechte ökonomische Lage der Region, der daraus drohende Konflikt zwischen Sachsen (vertreten durch die Bundesregierung) und der Kommission, sowie, angesichts der Tatsache, daß Sachsen im Rahmen der EG ökonomisch nicht am schlechtesten dasteht (und die Kommission im Prinzip ja auch etliche Beihilfen für die neuen Bundesländer genehmigt hat), der latente Konflikt zwischen einzelnen Staaten, die in einen Subventionswettlauf eintreten.

Erfolge der Beihilfenaufsicht — Trotz der oben geschilderten sachbedingten Schwierigkeiten der Beihilfenpolitik ist festzustellen, daß die Kommission insofern durchaus Erfolge erzielt hat: die Gesamt-Subventionen wurden von 1988/90 auf 1990/92 von 40,7 auf 37,8 Mrd. ECU gesenkt, der Anteil der besonders kritischen Sektorbeihilfen wurde von 21 auf 12% gesenkt, die Zahl der Entscheidungen stieg von 294 (1987) auf 527 (1994, davon 206 deutsche Fälle betreffend) und durch den Ausbau des Dialogs zwischen Kommission und Staaten konnte die Zahl der negativen Entscheidungen von 14 (1990) auf 3 (1994) gesenkt werden.[18] Daran wird nochmals deutlich, wie Smith (1996) betont, daß die Zahl dieser negativen Entscheidungen allein kein geeigneter Indikator für die Strenge oder Wirksamkeit der Beihilfenaufsicht ist. Ebenso entscheidend ist der geführte Politikdialog. Die Bedeutung der Wettbewerbspolitik im allgemeinen zur Kontrolle von Marktmacht kann hier abschließend nur nochmals betont, wenn auch nicht mehr im einzelnen aufgezeigt werden.

8.1.2 Währungsunion

„Betrachten wir das Europäische Währungssystem (EWS) von 1979. Es war formal so aufgebaut, daß es keine ‚Leitwährung' hatte. Das System entwickelte sich aber so, daß die D-Mark ‚automatisch' die Rolle einer Leitwährung und die Bundesbank die Rolle eines ‚Stabilitätsfüh-

---

18 Alle Angaben nach Smith 1996.

rers' für das System übernahmen. [Dies führte zum] Wunsch einiger Mitglieder des EWS nach Schaffung einer Europäischen Währungsunion (EWU) [...] Motiviert war dieser Vorschlag einer Strukturveränderung vermutlich durch den Wunsch mancher Mitgliedstaaten, eine monetäre Vorherrschaft Deutschlands zu verhindern. Damit hatte er natürlich eine politische und nicht eine ökonomische Ursache." Furubotn/Richter 1996, 28[19]

„The Bundesbank in Frankfurt has become Europe's de facto central bank. Other EMS participants have to ape a German monetary policy in which they have no formal say." Colchester/ Buchan 1990, 160f.[20]

„Perhaps the greatest irony about the initiative that culminated in the Treaty signed at Maastricht is the fact that, although the old idea of EMU was resurrected by France ... in order to correct what it perceived as asymmetries of influence and benefit in the EMS that favored Germany and its Bundesbank, the negotiations resulted in an agreement that ,reflects most fully the position of Germany.'" Cameron 1995, 46[21]

[Im Geldwesen eines Volkes spiegelt sich alles] „was dieses Volk will, tut, erleidet, ist, (...), zugleich (geht) vom Geldwesen eines Volkes ein wesentlicher Einfluß auf sein Wirtschaften und sein Schicksal überhaupt aus (...). Der Zustand des Geldwesens eines Volkes ist Symptom aller seiner Zustände." Schumpeter 1970, 1[22]

„Das Gefühl der persönlichen Sicherheit, das der Geldbesitz gewährt, ist vielleicht die konzentrierteste und zugespitzteste Form und Äußerung des Vertrauens auf die staatliche und gesellschaftliche Organisation und Ordnung." Simmel 1900, 150[23]

Aus der Fülle der politikwissenschaftlich spannenden Fragen, die sich im Zusammenhang mit der Einführung der Wirtschafts- und Währungsunion stellen[24], sollen in diesem Kapitel nur zwei ausgewählt werden: (1) die Frage nach der institutionellen Ausgestaltung der Währungsunion, insbesondere im Hinblick auf

---

19 Auf das Lehrbuch der neuen Institutionenökonomik von Furubotn und Richter sei an dieser Stelle mit Nachdruck hingewiesen. Die zitierte Bemerkung zum EWS hat in seinem Rahmen zwar mehr den Charakter eines obiter dictums (= lat. eines „im Vorbeigehen Gesagten", das heißt einer Nebenbemerkung). Der eigentliche Inhalt des Buches jedoch, eben die Darstellung der neuen Institutionenökonomik, macht es sowohl für Politikwissenschaftler empfehlenswert, die sich für den neuen sozialwissenschaftlichen Institutionalismus im allgemeinen (vgl. auch oben Kap.2, Anm. 2) interessieren, als auch für Studierende der Wirtschaftswissenschaft, die den Brückenschlag zu politikwissenschaftlicher Fragestellung suchen.

20 „Die Bundesbank in Frankfurt ist faktisch zur Zentralbank Europas geworden. Andere EWS (Europäisches Währungssystem, ML)-Mitglieder müssen eine deutsche Geldpolitik nachäffen, bei der sie nicht mitreden können." Nicholas Colchester/David Buchan: Europower: The Essential Guide to Europe's Economic Transformation in 1992, London 1992, zitiert nach Cameron 1995, 44.

21 „Die größte Ironie an der Initiative, die in den in Maastricht unterzeichneten Vertrag mündete, ist vielleicht die Tatsache, daß obwohl die alte Idee der WWU (Wirtschafts- und Währungsunion, ML) von Frankreich wiederbelebt wurde ... um zu korrigieren, was ihm als Asymmetrie des Einflusses und des Nutzens im EWS (Europäischen Währungssystem, ML) erschien, das Deutschland und seine Bundesbank begünstigte, die Verhandlungen ein Übereinkommen zum Ergebnis hatten, das ,am meisten die Position Deutschlands widerspiegelt.'" Das innere Zitat stammmt aus der Financial Times vom 30.10.1991, S.22.

22 Joseph A. Schumpeter: Das Wesen des Geldes. Aus dem Nachlaß herausgegeben und mit einer Einführung versehen von Fritz Karl Mann, Göttingen 1970, zitiert nach v.Harder 1997, 94 (von ihr auch der Einschub und die Auslassungen).

23 Georg Simmel: Die Philosophie des Geldes, Leipzig 1900, zitiert nach Furubotn/Richter 1996, 29.

24 Als leicht verständlicher, einführender Überblick hierzu empfiehlt sich Tolksdorf 1995, zur Geschichte der monetären Integration im EG-Rahmen vorzüglich Apel 1998.

die Unabhängigkeit der Zentralbank sowie (2) die Frage nach den Ursachen dafür, daß die EG-Staaten im Rahmen des Maastrichter Vertrages den weitreichenden Schritt der Verpflichtung zur Errichtung einer Währungsunion eingegangen sind.[25] Vorab sind jedoch wieder einige allgemeinere Bemerkungen sinnvoll.

die Institution Geld – Verbindung zwischen Staat und Gesellschaft

Selbst wenn man die Bedeutung der Institution Geld nicht ganz so hoch ansiedelt, wie es vor allem im einleitenden Zitat des Ökonomen Schumpeter zum Ausdruck kommt, muß man zunächst feststellen, daß Geld in der modernen Gesellschaft eine zentrale Institution ist.[26] Interessant ist dabei, wie der Philosoph Simmel andeutet, die enge Verbindung von Staat und Gesellschaft durch die Institution Geld. Einerseits gehört die Schaffung des für sein Territorium legalen Zahlungsmittels zu den zentralen Aufgaben des modernen Staates. Insofern ist Geld eine essentielle Staatsangelegenheit. Andererseits ist der Staat als „Autor" des Geldes darauf angewiesen, daß er dafür „Abnehmer" bzw. Verwender findet, was wesentlich eine Frage des Vertrauens der Geldverwender in die Stabilität des Geldes ist. In manchen Gegenden Spaniens, so berichtet der französische Historiker Fernand Braudel, zirkulierten noch zu Beginn dieses Jahrhunderts römische Münzen – und so lange alle Anwender dieses „Spiel" mitspielen, funktioniert es auch.[27] In vielen Staaten der Gegenwart gilt die offizielle Landeswährung fast nichts, der US-Dollar (noch nicht der Euro ...) dagegen viel. Aufgrund dieser engen Verbindung von zentraler politischer Geldschaffung und gesellschaftlicher Akzeptanz, die sich in der Verwendung zeigt, ist erklärlich, warum gerade aus Anlaß der geplanten Währungsunion der jahrelang zugunsten des Integrationsprozesses angenommene „permissive consensus", wie Politikwissenschaftler die stillschweigende Zustimmung zum Integrationsprozeß genannt haben, prekär zu werden scheint, selbst dann, wenn man aus politischen Gründen geschürte Ängste vor dem „Esperanto"-Geld als das erkennt, was sie sind, nämlich Populismus der übleren Art.[28]

---

25 Eine weitere politikwissenschaftlich spannende Frage ist z.B. die der Auswahl der Mitglieder der Währungsunion; vgl. dazu Müller 1997.
26 Dem entspricht nicht unbedingt die Aufmerksamkeit, die ihm von einschlägigen Disziplinen gewidmet worden ist, was möglicherweise auch mit dem inzwischen zum Teil recht „technischen" Charakter des Themas zu tun hat; vgl. jedoch als gute Übersicht über die neuere soziologische Literatur zur Institution Geld Dodd 1994, von ökonomischer Seite z.B. Richter 1990.
27 Ähnlich wie im Märchen ist der König Geld so lange bekleidet (gültig), wie nicht jemand die Tatsache ausspricht, daß er nackt (eigentlich wertlos) ist. Die Abhängigkeit der „Gültigkeit" einer Institution von ihrer immer wieder erfolgenden „Instanziierung", im Falle des Geldes: seines – akzeptierten – Gebrauchs, ist ein typisches Merkmal von Institutionen, wie wir oben in Kapitel 2 bereits festgestellt haben.
28 Es handelt sich um Populismus, da statt mit Argumenten mit Emotionen gearbeitet wird – was freilich in der Debatte um die Währungsunion von Gegnern und Befürwortern in gleichem Maße geschieht (etwa, wenn im Falle des Scheiterns des Projekts die Gefahr neuer Kriege in Europa beschworen wird). Tatsächlich erscheint eine inflationäre Geldwertzerrüttung (im Unterschied zu einer möglicherweise leicht höheren durchschnittlichen Inflationsrate) aufgrund der Einführung des Euro, eine in Deutschland leicht zu nährende Angst, als eher unwahrscheinlich, jedenfalls nicht als größte Sorge des Währungsunionsprojektes. Daß dabei mit dem Begriff „Esperanto" (vgl. oben Kapitel 2, Anm.7) Schindluder getrieben wird, kommt erschwerend hinzu, auch wenn zur Verteidigung der Polemik darauf hingewiesen werden könnte, daß die beiden Fälle – Esperanto und Währungsunion – insofern parallel liegen, als eine gute Absicht an mangelnder Akzeptanz scheitern kann.

Da Geld, wie gesagt, eine essentielle Staatsangelegenheit ist, gingen auch die Mitgliedstaaten der EU mit mehreren nationalen Währungen in den Integrationsprozeß. Nach der Auflösung der Goldeinlösepflicht des Dollars und damit dem Ende des sog. Bretton Woods-Systems der am goldgestützten Dollar orientierten festen Wechselkurse kam es nach einer Phase der freien Wechselkursbildung zwischen den westlichen, auch europäischen Währungen 1979 auf gemeinsamen deutsch-französischen Vorschlag hin zur Gründung des Europäischen Währungssystems. In seinem Rahmen wurde, gestützt auf den Kern des sog. Wechselkursmechanismus (exchange rate mechanism, ERM) und die auf einem Korb mit (gewichteten) Anteilen der beteiligten Währungen beruhende Europäische Währungseinheit (European Currency Unit, ECU), ein System relativ stabiler, aber in Grenzen flexibler Wechselkurse eingerichtet.[29] Dieses wurde bis zur Krise von 1992 allgemein als Erfolg betrachtet, da die erstrebte Wechselkursstabilisierung weitgehend erreicht und die Abwertung einzelner Währungen immer seltener wurde. Im Gefolge der deutschen Kreditaufnahme zur Finanzierung der deutschen Einheit und der von der Bundesbank weiter verfolgten Politik der Geldwertstabilität, die hohe Zinsen verlangte, kam es jedoch zu erheblichen wirtschaftlichen Problemen in anderen europäischen Ländern wie Italien (das zusätzlich unter „hausgemachten" Inflationsproblemen litt), Spanien und Großbritannien (mit leichten Inflationsproblemen) und Frankreich, Belgien, Dänemark, Irland und Portugal, die alle von einer Aufwertung der D-Mark profitiert hätten. Sie hätte ihre Waren verbilligt und sie dadurch mit vom durch die deutsche Einheit bedingten Nachfragesog profitieren lassen. Zu einer solchen Abwertung ihrer Währungen waren jedoch die jeweiligen Regierungen, die innenpolitisch Wechselkursstabilität zum deklarierten Ziel gemacht hatten, nicht willens, und eine Paritätsänderung im Rahmen des EWS wäre nur einstimmig möglich gewesen.[30] Demzufolge wurde ein Spekulationsdruck gegen einzelne Währungen ausgelöst, dem sich Italien und Großbritannien im September durch Austritt aus dem ERM entzogen, während der französische Franc nur durch massive Stützungskäufe der Bundesbank zu halten war. Letztlich, im Juli/August 1993, beschlossen die verbliebenen EWS-Mitglieder die Erweiterung der Schwankungsbandbreite im ERM von bisher +/- 2,5 auf künftig +/- 15%, was faktisch einer Auflösung des bisherigen EWS nahekam.

Die Idee einer Europäischen Währungsunion (EWU), die letztlich 1992 Eingang in den Maastrichter Vertrag und damit als Kapitel 2 bis 4 des Titel VI in den EG-Vertrag (Art.105-109) fand, ist zwar älter als die eben geschilderte Entwicklung des EWS, ihre Wiederbelebung hängt jedoch, wie die Eingangszitate deutlich machen, auch mit der faktischen Entwicklung des EWS zusammen. Bereits der sog. Werner-Plan von 1970 enthielt ein Konzept für eine EWU, das jedoch scheiterte. Der eine Punkt, der uns daher in diesem Teilkapitel als zu erklärendes Phänomen, als Explanandum (= lat. das zu Erklärende, Plural: Explananda) wie es in der Wissenschaftstheorie heißt, beschäftigen soll, ist die Re-

Pluralität der Währungen im Binnenmarkt, EWS und seine Krise

Explananda: die Renaissance der Idee einer Währungsunion und ihre Ausgestaltung

---

29 Der ERM besteht aus einem „Paritätsgitter" der EWS-Währungen, für die jeweils ein Leitkurs in ECU festgelegt wir; um diesen sind Schwankungen um +/- 2,5% erlaubt, wird diese Grenze überschritten, müssen die betroffenen Zentralbanken durch Devisen An- bzw. Verkauf intervenieren.

30 Die Darstellung hier folgt der von Sandholtz 1996, der die in sich interessante Verhinderung einer Wechselkursanpassung im Rahmen des EWS durch die innenpolitisch begründete Unwilligkeit der Regierungen näher untersucht.

naissance der EWU-Idee: Was erklärt, daß seit der zweiten Hälfte der 1980er Jahre die EWU-Idee wieder lanciert wurde und daß die Staaten im Rahmen des Maastrichter Vertrages eine juristische Verpflichtung zu einem solch weitgehenden Schritt – nach v.Harder (1997, 97) bedeutet er immerhin für die „teilnehmenden Staaten den Verlust ihrer Währungssouveränität und ... damit eines wesentlichen Teils ihrer nationalstaatlichen Hoheit" – eingegangen sind? Wie sich zeigen wird, gibt es dazu keine einfache Antwort: „EC governments favored monetary union for different reasons, at different times." (Sandholtz 1993, 2)[31] Zuvor wollen wir jedoch einen anderen Aspekt, den der geplanten Ausgestaltung der EWU, insbesondere der Europäischen Zentralbank, beleuchten.[32] Wir erfahren dabei auch etwas näher, was mit der EWU eigentlich gemeint ist.

drei Stufen zur EWU   Die Verwirklichung der EWU oder, wie sie offiziell heißt, der Wirtschafts- und Währungsunion erfolgt bekanntlich in drei Stufen. Stufe I begann 1990 und beinhaltete bis Ende 1993 vor allem eine Liberalisierung des Kapitalverkehrs zwischen den EU-Staaten. Darüber hinaus begann die engere Koordinierung der Wirtschaftspolitiken dieser Staaten – daher Wirtschafts- *und* Währungsunion. Stufe II, seit 1994, begann mit der Errichtung des Europäischen Währungsinstituts mit Sitz in Frankfurt a.M. als Vorläufer der Europäischen Zentralbank (EZB). Die dritte Stufe hätte bereits 1997 beginnen können, wenn die EU-Mitglieder die erforderlichen Konvergenzkriterien erfüllt hätten, sie wird gemäß Art.109j (4) nun am 1.1.1999 beginnen.[33]

Konvergenzkriterien – drei Aspekte   Über die Konvergenzkriterien und ihre Erfüllung oder Nicht-Erfüllung ist jüngst so viel berichtet worden, das ihre bloße Nennung kaum noch Neuigkeitswert hat: (1) Anstieg der Verbraucherpreise nicht höher als 1,5 Prozentpunkte über der Teuerungsrate der drei preisstabilsten Mitgliedstaaten – also ein relatives Kriterium; (2) Staatsverschuldung und Budgetdefizit nicht mehr als 60 bzw. 3% des Bruttoinlandsproduktes; (3) Einhaltung der ERM-Bandbreiten des EWS seit mindestens zwei Jahren – was nach der Bandbreitenerweiterung von 1993 allerdings leichter fällt als zuvor, andererseits für das ausgeschiedene Großbritannien gar nicht mehr anwendbar ist[34]; (4) die langfristigen Zinssätze dürfen nicht mehr als 2 Prozentpunkte über dem Durchschnitt der drei stabilsten Länder liegen. Dreierlei sei aus politikwissenschaftlicher Sicht zu diesen Kriterien festgestellt:

Kompromißcharakter   (1) Die Kriterien erwecken zunächst den Eindruck, hart und präzise zu sein. Dies war erforderlich, um überhaupt den im Vorfeld des Maastrichter Ver-

---

31 „Die EG-Regierungen befürworteten die Währungsunion – zu unterschiedlichen Zeitpunkten – aus unterschiedlichen Gründen."
32 Vgl. dazu auch, in (mit deutscher Bundesbank und US-„Fed") vergleichender Perspektive auch Gleske 1996 .
33 Ob sie tatsächlich zu diesem Zeitpunkt beginnt, hängt von zahlreichen politischen Faktoren ab; für einen insofern eher skeptischen, aber klugen Überblick über die „politische Mechanik" des Beschlusses zum Übergang in die dritte Stufe der Währungsunion vgl. den Beitrag von Vaubel 1996.
34 Großbritannien wie auch Dänemark haben ohnehin durch Protokolle zum Maastrichter Vertrag die Option offengehalten, sich an der dritten Stufe der EWU nicht zu beteiligen; für Deutschland hat der Bundestag in seiner Entschließung vom 2.12.1992 zur Ratifikation des Maastrichter Vertrags sich vorbehalten, vor dem Übergang zur dritten Stufe erneut zuzustimmen, und das Bundesverfassungsgericht hat durch seine in diesem Punkt eher unkonventionelle Vertragsauslegung die Ablehnung eines Automatismus insofern bekräftigt.

trages ausgetragenen Konflikt zwischen Vertretern einer wirtschaftlichen Annäherung als Voraussetzung einer Währungsunion und Vertrern einer eher umgekehrten Reihenfolge zu überbrücken. Eine genauere Textanalyse, als sie hier aus Platzgründen möglich ist, zeigt aber auch, daß für die meisten Kriterien ein gewisser „Beurteilungsspielraum" bleibt. Während Gegner der Währungsunion hierin ihre Furcht vor möglicher Aufweichung der Geldwertstabilität bestätigt sehen (was, unter Führung der insofern besonders sensitiven deutschen Regierung zur „Nachbesserung" in Gestalt eines Stabilitätspaktes geführt hat), ist politikwissenschaftlich wohl doch einzuräumen, daß eine absolut starre Festschreibung zukünftiger Handlungsweisen erstens vertragstechnisch schwierig wäre und zweitens wohl auch die Zustimmung der Regierungen zum Vertrag erschwert, wenn nicht verhindert, hätte. *Keine* Regierung legt sich letztlich gerne für die Zukunft absolut unverrückbar fest.[35] Wer die im Vertragstext enthaltene „Flexibilität" wie nutzen wird, ist durchaus noch offen.

(2) Zu Recht wurde vielfach darauf hingewiesen, daß die jetzt festgelegten Kriterien stark monetaristisch geprägt sind. Eine Konvergenz etwa im Hinblick auf Arbeitslosenraten oder überhaupt eine Festlegung in Sachen Arbeitsmarktpolitik wird zum Beispiel nicht getroffen. Insofern sind die Kriterien eben nicht „rein sachliche", sondern sie stellen eine (wirtschafts-)politische Entscheidung, kurz: ein Politikum dar. Dies kann zwar gar nicht anders sein (und ist also als solches nicht etwa „verwerflich") – es muß aber politikwissenschaftlich auch festgehalten werden.   *Politikum*

(3) Schließlich wurde gerade an den festen Zahlenwerten wie „60%" und „3%" zuweilen ihre Willkürlichkeit kritisiert. Diese Kritik erscheint im Lichte dessen, was oben (Kapitel 6.2) über die Bedeutung symbolischer Zahlenwerte im Rahmen internationaler Verhandlungen gesagt wurde, nur bedingt berechtigt. Freilich mag die Wahl zwischen 60% und etwa 61% keine höhere sachliche Rechtfertigung haben – die zwischen 60% und 40% (oder 80%) dagegen schon. Der Mechanismus, daß eine (eben nicht ganz) „beliebige" Zahl herausgegriffen wird, gehört, wie festgestellt, eher zu den positiven und im Prinzip vertretbaren Seiten symbolischer Politik.   *symbolische Politik*

Zentrales Merkmal der im Rahmen der dritten Stufe vorgesehenen EWU ist die Unabhängigkeit der Zentralbank. Inspiriert durch die einschlägigen Regelungen für die deutsche Bundesbank im Bundesbankgesetz – insofern spricht Cameron im Eingangszitat davon, daß sich ironischerweise die deutsche Position durchgesetzt habe – ist die EZB bewußt unabhängig gestaltet.[36] Art.107 EGV stellt ausdrücklich die Unabhängigkeit der EZB von „Weisungen von Organen oder Einrichtungen der Gemeinschaft, Regierungen der Mitgliedstaaten oder anderen Stellen" fest sowie die Verpflichtung der letztgenannten, „nicht zu versuchen, die Mitglieder der Beschlußorgane der EZB" zu beeinflussen. Untermauert wird   *Unabhängigkeit der EZB – drei Aspekte*

---

35 Auch das allgemeine Völkerrecht relativiert den strikten Grundsatz des „pacta sunt servanda" (Verträge sind einzuhalten) sinnvollerweise durch die „clausula rebus sic stantibus", die Klausel, daß (wesentliche) Rahmenbedingungen so bleiben, wie sie bei Vertragsschluß waren. Allerdings kann die Behauptung der Änderung der Umstände nicht einfach einseitig aufgestellt werden, sondern unterliegt ihrerseits der Begründungspflicht.
36 Vgl. dazu auch Berger 1997.

dies durch die lange Amtszeit des EZB-Präsidenten, Vizepräsidenten und der Direktoriumsmitglieder: sie beträgt (gemäß Art.109a EGV) acht Jahre, eine Wiederernennung ist nicht zulässig.

(1) „irdische" Unabhängigkeit

Mit diesen Bestimmungen wird das durchaus auch in anderen Kontexten (z.B. Richter, Professoren u.a.) relevante Problem angegangen, wie unter „irdischen" – also nie idealen und perfekten – Bedingungen Unabhängigkeit gewährleistet werden kann. Neben der angemessenen materiellen Versorgung spielt dabei die Auswahl – sie erfolgt im Falle der EZB-Führung „auf der Ebene der Staats- und Regierungschefs auf Empfehlung des Rates, der hierzu das Europäische Parlament und den EZB-Rat anhört, aus dem Kreis der in Währungs- oder Bankfragen anerkannten und erfahrenen Persönlichkeiten einvernehmlich" (Art. 109a EGV) – und die lange Amtsdauer (doppelt so lange wie die meisten Regierungen) eine Rolle sowie der Ausschluß der Wiederernennung, der verhindern soll, daß Amtsinhaber im Vorfeld der gewünschten Wiederernennung politisch willfährig werden. Viel mehr läßt sich kaum zur Unabhängig-Stellung tun.

(2) Begründung: Selbstbindung

Die sachliche Begründung für die Unabhängig-Stellung der Zentralbank, im Falle der Bundesbank wie der EZB, liegt darin, daß die Zentralbank als festsetzende Instanz für die Geldmenge von der Regierung, die (im Verbund mit dem Parlament) über die Staatsausgaben bestimmt, getrennt werden soll, damit die Staatsausgaben nicht einfach im Wege des „Gelddruckens" beglichen werden, mit zwangsläufig inflationären Folgen. In der Tat scheinen Untersuchungen des Zusammenhangs zwischen Geldwertstabilität und Unabhängigkeit der Zentralbank zu bestätigen, daß letztere erstere begünstigt. Da die Unabhängig-Stellung der Zentralbank selbst jedoch durch die Politik – im Falle Deutschlands den Bundestag, der das Bundesbankgesetz erlassen hat – erfolgt, nimmt das ganze den Charakter einer Selbstbindung der Politik an.[37] Da sie befürchten muß, durch politische Prozesse und eigene „Willenschwäche" zu inflationären Ausgaben gezwungen zu werden, begibt sie sich dieser Möglichkeit, indem sie die Geldmengensteuerung einer unabhängigen Instanz überantwortet.

(3) Dosierung der Unabhängigkeit

So einleutend diese durchaus sachliche Begründung sein mag, auch ihr zu folgen stellt natürlich eine politische Entscheidung, ein Politikum, dar. Dieses liegt darin, daß der Geldwertstabilität dadurch eine sehr hohe Priorität eingeräumt wird (dies gilt wiederum für die Bundesbank wie die EZB – beider Hauptziel ist die Geldwertstabilität[38]). Auch hierzu läßt sich dreierlei sagen:

- Wie die noch während der Stufe II der EWU aufgebrochene Diskussion um die EWU und vor allem die sichtbar werdenden Differenzen zwischen Frankreich und Deutschland zeigen, setzt eine Prioritätensetzung auf Geldwertstabilität einen gesellschaftlichen Konsens hierfür voraus. Er ist in Deutschland, mit seiner historischen Erfahrung mit Inflationen wie der positiven Erfahrung mit der „harten" D-Mark, gegeben, nicht jedoch im gleichem Maße in anderen EU-Staaten, etwa Frankreich.
- Dort und aus vergleichbarer Sicht erscheint die Unabhängig-Stellung der Zentralbank nämlich leicht als „Technokratie", als Herrschaft der „Geld-Ex-

---

37 Vgl. zum Konzept der Selbstbindung bereits oben Kapitel 4.2.3.
38 Vgl. § 3 Bundesbankgesetz und Art.105 EGV.

perten"³⁹. Weniger polemisch formuliert stellt sich hier die Frage nach der „demokratischen Legitimation der Unabhängigkeit von Zentralbanken" (v. Harder 1997, 101).⁴⁰
– Dies verweist schließlich darauf, daß im Sinne des Selbstbindungsargumentes die Unabhängigkeit der Zentralbank dann das probate Mittel ist, wenn Inflationsbekämpfung politische Priorität hat, daß es dabei jedoch um Unabhängigkeit von kurzfristigen, gleichsam „konjunkturellen" Einflüssen der Politik geht, nicht darum, daß Geldpolitik außerhalb jeglicher politischer Bedingungen und Kontexte steht. Vielmehr wird die Unabhängigkeit dann erträglich und funktional, wenn sie erstens einen breiten gesellschaftlichen Konsens zur Grundlage hat und zweitens im Kontext eines funktionierenden politischen Systems erfolgt.⁴¹ Dies ist im Falle etwa der Bundesbank im deutschen politischen System gegeben. Es fragt sich jedoch, ob gleiches für die EZB im Rahmen des „minimalen Minimalstaats", den die gegenwärtige Europäische Union darstellt, auch gilt.

Im Ergebnis zu diesem ersten Aspekt unseres Themas halten wir also fest, daß bei der Ausgestaltung der EWU die Frage der Dosierung der Unabhängigkeit der Zentralbank ein zentraler institutioneller Aspekt ist.

Kommen wir damit zu unserem zweiten Hauptthema, den Ursachen für den Beschluß zur Währungsunion. Wie bereits angekündigt, ist hierbei keine einfache Antwort zu erwarten. Um über eine im schlechten Sinne eklektische Auflistung von Faktoren, „die eine Rolle gespielt haben könnten", hinauszukommen, ist zweierlei sinnvoll: der Rückbezug auf größere politikwissenschaftliche Theoriezusammenhänge und die systematische Erörterung des Zusammenspiels der Faktoren, wodurch auch erkennbar wird, wozu genau sie jeweils einen Erklärungsbeitrag leisten.

Ursachen für den EWU-Beschluß

In seiner anregenden Diskussion zur Frage der Entstehung des EWU-Projekts greift Ostrup (1995) auf den politikwissenschaftlichen Theoriezusammenhang des sog. rational choice-Ansatzes zurück. Er ist erstens akteursorientiert, argumentiert also mit den Handlungsstrategien und -möglichkeiten einzelner Akteure, nicht zum Beispiel mit zum Erhalt sozialer Systeme notwendigen Funktionen. Zweitens gehen rational choice Ansätze, daher die Bezeichnung, davon aus, daß Akteure rational im Sinne von Zweck-Mittel-Beziehungen optimierendem Eigennutzen handeln. Der Kern der Erklärung, die Ostrup für die EWU gibt, lautet somit: „policy-makers find it convenient, to increase their prospects of remaining in power, to transfer the monetary competence to European institutions." (146)⁴² Wie häufig hat dieser rational choice-Ansatz der Erklärung auch im EWU-Falle zunächst den Charm der erfrischend unkonventionellen Perspektive. Während es zunächst, wie zitiert etwa v.Harder, so erscheint, daß die Kompetenzabgabe ein Verlust für die Politiker sein müßte, wird hier behauptet, daß sie ein Eigeninteresse daran haben könnten. Wir haben bereits einen anderen

ein rational choice-Ansatz

---

39 Oder, wie es in der französischen Debatte mit Bezug auf den Bundesbank-Chef genannt worden ist, als „système Tietmeyer".
40 Vgl. hierzu neben v.Harder 1997, 98ff. und passim, auch Smithin 1995.
41 So das zentrale Argument von v.Harder 1997.
42 „Um an der Macht zu bleiben, befinden es Politiker für günstig, Geldkompetenzen an europäische Institutionen abzugeben."

Ansatz kennengelernt, der ähnlich argumentiert: den der supranationalen Rettung des Staates. Auch er vertritt die Auffassung, daß es gute Gründe für einen Kompetenzentransfer an europäische Einrichtungen gibt. Die Differenz liegt darin, für wen und inwiefern aus Sicht beider Ansätze der Kompetenztransfer jeweils günstig ist. Für die Theoretiker der supranationalen Rettung des Staates geht es um dessen Handlungsfähigkeit im allgemeinen; für die rational choice-Theoretiker geht es um die Optimierung der Machterhalt-(z.B. Wiederwahl-) Chancen von Politikern.

<small>Machterhalt durch Kompetenzverzicht?</small>

Der rational choice-Ansatz muß dann natürlich erklären, inwiefern die Politiker annehmen können, daß geldpolitischer Kompetenzverzicht zum Machterhalt beiträgt. Die abstrakte Antwort hierauf lautet: „national competence with respect to monetary and exchange rate policies involves large political costs which exceed the benefits derived from the exercise of such competence." (163)[43] Das löst natürlich die Nachfrage aus: Inwiefern? Ostrup stellt hierzu vier Hypothesen auf:

- Abwertungen der Landeswährung führen innenpolitisch für die Regierung zu Ansehensverlust und mindern die Wiederwahlchancen; ein System fester Wechselkurse oder gar eine einheitliche Währung (wie der Euro) beseitigt dieses Risiko.
- Auch im Falle des Erfolges (gemessen an der Stabilität der Währung) ergibt sich aus Geldpolitik für den rational-eigennützigen Politiker nichts, was er an spezifische Wählergruppen zu verteilen hat; die niedrige Inflation gilt für alle gleichermaßen, Wahl-Geschenke lassen sich hier nicht machen.
- Die Ziele der Geld- und Wechselkurspolitik seien weniger eindeutig als in anderen Politikfeldern, da von einer Abwertung manche Sektoren (importierende) negativ, andere (exportierende) positiv betroffen seien.
- Eine zentrale Instanz für Geldpolitik mindere die Spannungen zwischen Regierungen, wie sie, etwa im Rahmen des EWS, im Gefolge des Gerangels zum Beispiel um die „unterlassene Hilfeleistung" (den Wechselkurs stützende Intervention) oder die Neufestsetzung von Wechselkursen auftreten.

Der Vorzug des rational choice-Ansatzes wird deutlich: Seine Stärke liegt in der Aufdeckung öffentlich eher nicht benannter oder auch nicht offensichtlicher Motive. Für die Erklärung der EWU-Verpflichtung gerade im Jahre 1992 besteht das Problem des Ansatzes darin, daß er gerade wegen seiner Allgemeinheit zu unspezifisch ist: alle die angeführten Erwägungen waren, wenn sie denn stichhaltig sind, doch auch 1970 schon gültig – warum also scheiterte die EWU des Werner-Plans, kam es aber zur bindenden EWU-Verpflichtung im Rahmen des Maastrichter Vertrags? Um dies zu erklären, erscheint es doch erforderlich, Erklärungen zu formulieren, die näher auf die Bedingungen des konkreten Falls eingehen. Diese können jedoch zum Teil vom rational choice-Ansatz abstrakt formulierte Argumente aufnehmen.

<small>kurze Chronologie</small>

Der konkrete Vorschlag, erneut über eine EWU nachzudenken, erfolgte zu Beginn des Jahres 1988 von seiten des französischen Wirtschafts- und Finanz-

---

43 „Nationale Zuständigkeit für Geld- und Wechselkurspolitik beinhaltet hohe politische Kosten, die den Nutzen, der aus der Ausübung dieser Kompetenz zu ziehen ist, übersteigen." Die Argumentation mit (politischen, nicht nur ökonomischen) Kosten-Nutzen-Kalkülen ist zentrales Kennzeichen des rational choice-Ansatzes.

ministers Balladur. Er führte über den noch im selben Jahr vom EG-Gipfel in Hannover eingesetzten sog. Delors-Ausschuß, der unter Beteiligung der zwölf Zentralbankchefs der Mitgliedstaaten sowie anderer Experten im wesentlichen den Drei-Stufen-Plan zur EWU ausarbeitete[44], und schließlich die Intergouvernementale Konferenz (seit Dezember 1990) zum Maastrichter Vertrag mit seinen Bestimmungen über die Wirtschafts- und Währungsunion. Soweit die kurze Chronologie, die für den Beitrag der einzelnen Erklärungen nicht unerheblich ist. Er soll hier, Sandholtz (1993) folgend, in fünf Schritten erörtert werden.

Zunächst ließe sich die EWU-Verpflichtung im Sinne des Funktionalismus als spill-over der Realisierung des Binnenmarktes verstehen. Das setzte allerdings voraus, daß tatsächlich ein zwingender funktionaler Zusammenhang zwischen Binnenmarkt und Einheitswährung bestünde. Obwohl die Kommission zur Unterstützung der EWU dafür argumentiert hat, daß der Binnenmarkt eine einheitliche Währung erforderlich mache, ist dieser Zusammenhang jedoch ökonomisch nicht wirklich zwingend. Es bleibt ein bescheidener Zusammenhang: die Hochstimmung nach rechtzeitiger Vollendung des Binnenmarkt-Projektes schwappte gleichsam über in den Versuch, einen weiteren großen Integrationsschritt zu tun. Zumindest das Timing dieses Versuches wird hierdurch (mit) erklärt.

spill-over des Binnenmarkt-Prozesses?

Zu den innenpolitischen Faktoren, die zur Erklärung der EWU-Verpflichtung beitragen könnten, zählt die – zum Teil transnational organisierte – Tätigkeit von Interessengruppen, die sich für eine EWU einsetzen, sowie eine EWU-freundliche öffentliche Meinung. Die pro-EWU-Interessengruppen gab es in der Tat, etwa in Gestalt der 1987 gebildeten Assoziation für eine Währungsunion in Europa, der Führungskräfte solch illustrer Firmen wie Philips, Fiat, Rhône-Poulenc und Agfa-Gevaert angehörten. Freilich gab es solche Interessengruppen auch schon früher, so daß dieser Faktor wiederum das Timing des Erfolgs der Initiative nicht erklären kann. Was die öffentliche Meinung anbelangt, so wurde sie in bezug auf die EWU eigentlich erst systematisch erhoben, nachdem die Initiative bereits gestartet war. Sie trägt zur Erklärung also nichts bei.

innenpolitische Faktoren

Anders sieht es mit dem nächsten Faktor aus. Praktisch alle politikwissenschaftlichen Analytiker billigen ihm erhebliche Erklärungskraft zu.[45] Es geht dabei um eine Anwendung des uns bereits aus Kapitel 3.2.2 vertrauten Konzepts der „voice" im Sinne der von Albert Hirschman (1970) getroffenen Unterscheidung der drei Reaktionsweisen auf die Unzufriedenheit mit Insitutionen: Abwanderung (exit), die Forderung nach Gehör bzw. stärkerer Mitsprache (voice) oder Duldung (loyalty). Offenbar war Frankreich mit der faktischen Wirkungs-

die Forderung nach mehr „Gehör" (voice) im Rahmen des EWS

---

44 Zur Rolle des Delors-Ausschusses als transnationalem, nicht supranationalem (da ja nicht als Einrichtung im Rahmen der EG tätigen) Gremium vgl. Cameron 1995.
45 Neben Sandholtz gilt dies, wie das obige Einleitungszitat zeigt, auch für Cameron (und Furubotn/Richter). Auch Grieco (1995) kommt als klug argumentierender Neorealist bei der Diskussion der EWU-Erklärung zunächst nicht umhin festzustellen, „that the Maastricht Treaty's elements regarding EMU do indeed pose a serious challenge to neo-realist arguments about international institutions." (23; „daß die auf die WWU bezogenen Elemente des Maastricht-Vertrages eine ernsthafte Herausforderung für die neo-realistische Argumentation bezüglich internationaler Institutionen darstellen") Er landet dann ebenfalls bei einer (von ihm als „voice-opportunity"-These – also etwa: These von der Gelegenheit, sich Gehör zu verschaffen – bezeichneten) Erklärung, die sich mit der hier diskutierten im wesentlichen deckt.

weise des EWS, die darauf hinauslief, daß die Geldpolitik für Westeuropa im wesentlichen in Frankfurt gemacht wird, und zwar von der Bundesbank, unzufrieden. Andere Länder schlossen sich der französischen Forderung nach mehr „Mitsprache" an. Einfach, aber deutlich gesagt: wenn die Geldpolitik schon in Frankfurt gemacht werden soll, dann wenigstens nicht von der Bundesbank „im Alleingang", sondern von einem Gremium (wie der EZB), in dem alle betroffenen Staaten repräsentiert sind. Dieser Faktor erklärt sowohl die ursprüngliche französische Initiative, als auch, warum sie bei anderen EG-Staaten Anklang fand. Schließlich paßt er in zeitlicher Hinsicht, insofern eine gewisse Laufzeit des EWS vorausgesetzt wird, bis sich seine faktische Wirkungsweise (und ihre als negativ wahrgenommenen Konsequenzen) zeigen konnte. Zwei Probleme löst dieser Erklärungsfaktor nicht – aber die beiden noch anzuführenden komplettieren das Bild.

deutsche Selbstbindung

Nicht erklärt wird zunächst, warum Deutschland auf den französischen Vorschlag eingegangen ist. Zumal die Bundesbank selbst mußte eine „Vergemeinschaftung" ihrer Alleinzuständigkeit doch im Sinne des rational-choice-motivierten organisatorischen Eigeninteresses als deutlichen Verlust ansehen – und die öffentlichen Stellungnahmen ihres Präsidenten lassen denn auch keinen EWU-Enthusiasmus erkennen.[46] Was also hat die deutsche Regierung bewogen, der Währungsunion zuzustimmen? Zwei politische Erwägungen scheinen hierbei dominant.[47] Die eine wurzelt in der europapolitischen Tradition deutscher Politik seit 1949. Die – freiwillige – Einbindung in europäische Integrationszusammenhänge war immer auch als Selbstbindung gedacht, um einerseits diese Integration zu stärken und andererseits damit Deutschland als zuverlässigen, wenn auch ökonomisch zunehmend starken Partner auszuweisen. Im Zuge der deutschen Einheit, dies ist die zweite Erwägung, wurde Deutschland auch bevölkerungsmäßig zum größten Staat der Gemeinschaft. Damit bestand erneut und verstärkt Bedarf, die Zuverlässigkeit und Bindungsbereitschaft Deutschlands zu demonstrieren. Vielfach wird von Beobachtern auch geradezu ein informelles deutsch-französisches gentlemen's agreement vermutet, bei dem Zustimmung zur deutschen Einheit und Zustimmung zur EWU verknüpft wurden.

kollektive Selbstbindung

Das letzte fehlende Glied der Erklärung schließlich beantwortet die Frage, warum nicht einfach ein reformiertes EWS gewählt wurde, sondern der drastischere Schritt hin zur EWU getan wurde. Das Argument insofern ist eine Ausweitung des oben im Zusammenhang mit der Unabhängig-Stellung der EZB diskutierten Selbstbindungs-Argumentes, gekoppelt mit Ostrups Argument bezüglich der innenpolitischen Kosten von Währungspolitik. Wie Sandholtz (1993, 35) formuliert:

– „European governments favored EMU because it would provide the highest possible level of credibility; monetary union would once and for all ‚tie their

---

[46] Auch hier ist die (organisations-)eigennützige Erklärung nicht die einzig denkbare. Neben dem organisatorischen Eigeninteresse der Bundesbank an der Wahrung ihrer Alleinzuständigkeit ist auch das Motiv zu vermuten, daß die für inhaltlich richtig gehaltene Stabilitätspolitik im erweiterten EZB-Gremium aus Sicht der Bundesbank einfach schwieriger durchzuhalten ist. Die genau Trennung beider Motive ist – zumindest analytisch – praktisch kaum möglich.

[47] Das heißt nicht, daß nicht auch ökonomische Gründe aus Sicht der Regierung für die EWU sprechen; freilich hätten diese auch bereits früher (z.B. 1970) gegolten.

hands'"[48] – die EWU ist also die stärkste, und damit glaubwürdigste, Form der kollektiven Selbstbindung.
- „[M]onetary union would provide price stability for governments that would be unable, for domestic political reasons, to achieve it on their own".[49] Dies gilt insbesondere für Länder wie Italien, dessen Zentralbank immer wieder von einer „willensschwachen" Regierung zur inflationären Finanzierung von Politik gezwungen wurde.
- Schließlich: „[N]ational leaders could escape electoral punishment when restrictive policies caused economic distress by pointing out that they had no control over those policies."[50]

Vor allem dieser letzte Punkt, der ein erweitertes „Schwarzer-Peter-nach-Brüssel (bzw.: Frankfurt)"-Spiel impliziert – ein Spiel, das ja heute bereits von etlichen Regierungen gespielt wird – ist aber problematisch. Zum einen könnten sich die Regierungen verrechnen, wenn ihnen nationale Wähler diese Ausrede nicht (mehr) abnehmen. Zum andern könnte, und bereits die Entwicklung während der zweiten Stufe der EWU deutet darauf hin, in dem Maße, wie die Regierungen von der Ausrede gebrauch machen, der Integrationsprozeß als solcher für die ökonomische Misere verantwortlich gemacht werden – zumal, wenn eine monetaristische Politik weder durch ein supranationales politisches System eingerahmt, noch durch eine verstärkte gemeinschaftliche Sozialpolitik abgefedert wird. Hier scheinen die tatsächlichen Probleme des Projekts EWU zu liegen, gerade auch im Falle seines Funktionierens. Zugleich verweist das auf die Bedeutung der Sozialpolitik der Gemeinschaft und der politischen Union, denen wir uns im zweiten Teil dieses bzw. im nächsten Kapitel zuwenden wollen.

politische Rückwirkungen der EWU

8.2 Sozial- und Frauenpolitik

Wie wir im vorausgehenden Teilkapitel gesehen haben, war der Prozeß der (zunächst west-)europäischen Integration historisch und ist es auch gegenwärtig noch in hohem Maße ein – freilich politisch gewollter und auch innerhalb politisch gesetzter Rahmenbedingungen ablaufender – Marktbildungsprozeß. Ähnlich wie im Falle der Entwicklung auf nationalstaatlicher Ebene, allerdings zeitlich viel enger verbunden, kam es mit dieser Marktbildung auch zur Forderung nach deren sozialpolitischer Ergänzung und Abfederung. Hieraus entstanden zum einen Gemeinschaftspolitiken, die allgemein sozial regulierend und auch umverteilend wirken, zum anderen spezielle Politiken zur Förderung bestimmter Gruppen der Bevölkerung. Unter letzteren wollen wir hier speziell die Frauen-

---

48 „Europäische Regierungen zogen die WWU vor, weil sie das höchste Ausmaß an Glaubwürdigkeit bot; die Währungsunion würde ein für alle Mal den Regierungen ‚die Hände binden'."
49 „Die Währungsunion würde Preisstabilität für diejenigen Regierungen bringen, die sie aus innenpolitischen Gründen nicht erreichen könnten."
50 „Nationale Regierungen könnten der Bestrafung durch die Wähler für die wirtschaftlichen Schwierigkeiten, die restriktive Politik auslöst, entkommen indem sie darauf hinweisen, daß sie keine Kontrolle mehr über diese Politiken haben."

politik der EG etwas näher betrachten, um damit wenigstens ansatzweise eine Geschlechter-Perspektive[51] auf den Integrationsprozeß zu eröffnen.

8.2.1 Sozialpolitik

Sozialpolitik i.w.S. und i.e.S.

Sozialpolitik im weiteren Sinne bezeichnet die Gesamtheit der Regelungen, Prozesse und Maßnahmen, die der sozialen Sicherung der Bevölkerung oder spezieller Teile von ihr dienen. Insbesondere zählen hierzu Maßnahmen der Umverteilung zwischen Lebensphasen von Individuen, aber auch zwischen Generationen, den Geschlechtern, Klassen und Regionen. Faßt man Sozialpolitik enger, im Sinne der Sozialversicherungspolitik, „so kommt der EG eine begrenzte sozialpolitische Kompetenz zu" (Leibfried/Kodré 1996, 244) – europäische Sozialpolitik dient dann vor allem dazu, Sozialleistungen über Mitgliedstaatengrenzen hinweg „mitnehmbar" (portable) zu machen. Nach einem kurzen Aufriß der Sozialpolitik im weiteren Sinne soll dieses Kapitel zeigen, daß und wie auch im Bereich der Sozialpolitik im engeren Sinne ein Wandel von (Sozial-)Staatlichkeit durch den Prozeß der Integration erfolgt.

geschichtliche Entwicklung der EG-Sozialpolitik: 3 Phasen, zentrale Dokumente und Probleme

Neben dem allgemeinen Bekenntnis in der Präambel des EG-Vertrages zum „wirtschaftlichen und sozialen (!) Fortschritt" hatte die bescheidene EG-Sozialpolitik der ersten Phase, von 1958 bis 1972, auch nur eine bescheidene Vertragsgrundlage in den Art. 117 und 118 EGV, die für die Gemeinschaft, näherhin die Kommission, nur die Aufgabe vorsehen, „eine enge Zusammenarbeit zwischen den Mitgliedstaaten in sozialen Fragen zu fördern" (Art. 118 EGV). Die Verwirklichung der Freizügigkeit und einige Gesundheits- und Sicherheitsstandards konnten immerhin erreicht werden. In der zweiten Phase, beginnend mit dem Pariser EG-Gipfel von 1972, legte dann die Kommission 1974 ihr erstes „Sozialpolitisches Aktionsprogramm" vor, das die drei Ziele der verbesserten Beschäftigungslage, Lebens- und Arbeitsbedingungen sowie der Zusammenarbeit der Sozialpartner hatte. Auch sein Erfolg war, in Gestalt einiger Richtlinien über Arbeitnehmerrechte und über gleiche Bezahlung von Männern und Frauen, eher bescheiden. Wise und Gibb (1993, 145f.) verweisen bei der Beantwortung der selbst gestellten Frage: „Why did the 1974 Social Action Programmme achieve so little?"[52] auf die eher nationalstaatliche als gemeinschaftliche Reaktion der Mitgliedstaaten auf die Wirtschaftskrise seit Beginn der 1970er Jahre. Der Konflikt zwischen reicheren Staaten mit ausgebauter Sozialstaatlichkeit (aber nicht der Bereitschaft, diese Standards gemeinschaftsweit zu finanzieren) und den ärmeren Staaten, die sich durch gemeinschaftsweite hohe Sozialstandards nicht einen ökonomischen Konkurrenzvorteil nehmen lassen wollten, wurde deutlich. Der von der Kommission unternommene Versuch, am deutschen und niederländischen Beispiel orientierte Standards der betrieblichen Mitbestimmung zu vergemeinschaften, scheiterte ebenfalls. Die Vereinheitlichung zum Teil historisch lange gewachsener unterschiedlicher Systeme der Sozialpolitik und der indu-

---

51 Zur Begrifflichkeit vgl. bereits oben Anm.1 zu diesem Kapitel.
52 „Warum hat das Soziale Aktionsprogramm von 1974 so wenig erreicht?"

striellen Beziehungen erwies sich als weit schwieriger denn geahnt. Immerhin brachte die Einheitliche Europäische Akte mit den neuen Artikeln 118 a und b zum einen die Möglichkeit des Erlasses von Richtlinien – mit qualifizierter Mehrheit – mit Mindestvorschriften zum Schutz von Sicherheit und Gesundheit von Arbeitnehmern, zum andern den Auftrag für die Kommission, den sozialen Dialog zwischen Arbeitgebern und Arbeitnehmern auf EG-Ebene zu fördern. Seit 1988, dem Beginn der dritten Phase, rückte dann das Projekt des Binnenmarktes und seiner Ergänzung um eine „soziale Dimension" in den Vordergrund. Ausfluß war die 1989 – allerdings nur in nicht verbindlicher Form – angenommene „Gemeinschaftscharta der sozialen Rechte der Arbeitnehmer"[53] (kurz auch Sozialcharta genannt[54]). Auch ihre Umsetzung erwies sich, trotz eines ergänzenden Aktionsprogramms der Kommission mit 47 Maßnahmen, als problematisch, nicht zuletzt angesichts des deutlichen britischen Widerstandes. Dieser konnte sich neben der mangelnden Bindungskraft des Dokumentes auch auf seinen Wortlaut stützen, stellte die Charta zu ihrer Anwendung doch selbst fest: „Für die Gewährleistung der sozialen Grundrechte dieser Charta und die Durchführung ... sind die Mitgliedstaaten .... zuständig."[55] Es war daher nur konsequent, daß sich Großbritannien dem 1992 in Gestalt eines Protokolls zum EU-Vertrag von den übrigen elf Mitgliedstaaten angenommenen „Abkommen über die Sozialpolitik"[56] fernhielt. Dies wirft formalrechtlich die Problematik der künftigen Uneinheitlichkeit des Regelungsbestandes für die EG-Mitgliedstaaten im Bereich der Sozialpolitik auf. Inhaltlich hat das Sozialabkommen im Vergleich zur Charta von 1989 eine Reihe von Bestimmungen nicht übernommen, etwa deren Punkt 5 über „ein gerechtes Entgelt" oder die Aussagen zur Koalitionsfreiheit und zum Streikrecht.

Diesem historischen Kurzüberblick läßt sich ein systematischer beigesellen. Danach kann die Sozialpolitik der Gemeinschaft im weiteren Sinne in drei Bereiche unterteilt werden: 1. die Strukturfonds, 2. die Beteiligung der Tarifpartner und die Mitbestimmungspolitik sowie 3. die Sozialpolitik im engeren Sinne, anknüpfend vor allem am Status des Arbeitnehmers sowie darüber hinaus mit dem Ziel der Übertragbarkeit (portability) von Sozialleistungen über Staatsgrenzen hinaus. Die ersten beiden seien hier kurz charakterisiert, anhand der dritten soll, der Darstellung von Leibfried/Pierson 1995 folgend, die Bedeutung der Sozialpolitik für den Wandel der Staatlichkeit im Integrationsprozeß trotz der inhaltlichen Beschränkung der Sozialpolitik aufgezeigt werden.

EG-Sozialpolitik: systematischer Aufriß

---

53 Ihr Text findet sich z.B. in Weidenfeld 1991, 440-448; für eine politikwissenschaftliche Studie, die die Entstehung der Sozialcharta als Testfall verwendet für einen integrationstheoretischen Ansatz, der auf die Rolle der innerstaatlichen Politikbedingungen (domestic politics) abhebt, vgl. Huelshoff 1994.
54 Dies führt leicht zur Verwechslung mit der im Rahmen des Europarates als völkerrechtlich bindendem Vertrag am 18.10.1961 verabschiedeten „Europäischen Sozialcharta". Obwohl inhaltlich Überschneidungen und Berührungspunkte zwischen beiden Dokumenten bestehen, sind sie vom Kontext, der Rechtsnatur wie der Verbindlichkeit strikt zu unterscheiden.
55 Titel II, Punkt 27 der Charta.
56 14. Protokoll zum EUV: Protokoll über die Sozialpolitik, abgedruckt z.B. in Europa-Recht, 328-332; wie bereits erwähnt wird der Gehalt des Abkommens durch den Amsterdamer Vertrag (Art.2 Nr.22) in Gestalt der neu gefaßten Art.117-120 EGV in den Gemeinschaftsvertrag übernommen.

(1) die vier Strukturfonds

Die Gemeinschaft verfügt heute über insgesamt vier sog. Strukturfonds, die zusammen bis 1999 jährlich rund 30 Mrd. ECU zur Verfügung haben. Mittels dieser zentralen Kassen nimmt die Gemeinschaft eine durchaus erhebliche Umverteilungspolitik zwischen Regionen und Klassen vor.

ESF – Der älteste der Strukturfonds ist der Europäische Sozialfonds, der in Art.123-125 EGV zur Förderung der Beschäftigungsmöglichkeiten vorgesehen und 1960 eingerichtet wurde. Er ist das wichtigste Instrument echter gemeinschaftlicher Sozialleistungen und fördert u.a. Maßnahmen zur Berufsbildung, Umschulung und Schaffung von Arbeitsplätzen. Allerdings ist seine Funktionsweise nicht ohne Kritik geblieben.[57] Zwar hat er eine simple Subventionspolitik vermieden. Gleichwohl stieg zwischen 1986 und 1991 in den vom ESF geförderten Regionen die Beschäftigtenzahl langsamer als im EG-Durchschnitt. Die Zwei-Schritt-Vorgehensweise des ESF: erst Festlegung des Gesamtbudgets (immerhin 47 Mrd. ECU für 1994-99, mithin 8% des EG-Haushaltes – gegenüber noch nur 2% im Jahre 1977), dann der konkret zu fördernden Projekte, führte dazu, daß 1994 28% der vorhandenen Mittel gar nicht ausgeschöpft wurden. Bei anderen Mitteln, die verausgabt wurden, besteht dagegen der Mißbrauchsverdacht: da Ausbildungsorganisationen öffentlich anerkannt sein müssen, besteht die Gefahr des zu engen Zusammenspiels zwischen Antragstellern und Bewilligungsbehörden – ohne daß eine effektive Verwendungskontrolle besteht. Auch tut sich wiederum die Gefahr des „Mitnahmeeffekts" dann auf, wenn Ausbildungsmaßnahmen unterstützt werden, die Firmen ohnehin vorgenommen hätten. Bei der direkten Unterstützung von Lohnzahlungen für Firmenneugründungen ist nicht sicher, ob die entstehenden Arbeitsplätze nach Wegfall der Unterstützung zu halten sind. Letztlich gilt, auch wenn der ESF durchaus Nützliches tut, daß er angesichts der gemeinschaftsweiten Arbeitsmarktlage „has been given a job it cannot hope to do."[58]

EAGFL – Der Europäische Ausrichtungs- und Garantiefonds für Landwirtschaft ist der zweite, 1962 eingerichtete Strukturfonds. Auch aus ihm erfolgt eine Reihe von Ausgaben, die nicht der allgemeinen Produktivitätssteigerung im Bereich der Landwirtschaft dienen, sondern, etwa die Programme zur Stützung von Kleinbauern oder solchen, die auf marginalen Böden produzieren müssen, umverteilenden Charakter haben und mithin zur Sozialpoitik im weiteren Sinne zu rechnen sind.

EFRE – Der 1975 eingerichtete Europäische Fonds für regionale Entwicklung ist das zentrale Instrument der EG-Regionalpolitik. Wie der Titel andeutet, bewirkt er vor allem eine Umverteilung von Mitteln zugunsten wirtschaftlich benachteiligter Regionen.[59]

Kohäsionsfonds – Schließlich wurde mit dem EUV (Art.130 d) ein sog. Kohäsionsfonds (Kohäsion = lat. [sozialer] Zusammenhalt [der Gemeinschaft]) begründet, aus dem vor allem Projekte im Umweltbereich sowie der sog. Transeuropäischen Netze gefördert werden sollen.

---

57 Zum folgenden vgl. den Bericht „Fund of disappointment" in The Economist, 27.1.1996, 30.
58 „einen Job bekommen hat, den er nicht zu erledigen hoffen kann"; ebd.
59 Vgl. für einen aktuellen Problemaufriß Student 1998.

Die Politik der Gemeinschaft mittels der Strukturfonds[60] ist von vier Prinzipien und fünf Zielen geleitet. Es gelten das Prinzip

- der Partnerschaft: die Kommission soll jeweils auf das engste mit den zuständigen Stellen auf nationaler Ebene zusammenarbeiten;
- der Zusätzlichkeit: Mittel der Gemeinschaft sollen solche der Mitgliedstaaten ergänzen, nicht ersetzen;
- der mehrjährigen Programmplanung: nicht einzelne unkoordinierte Projekte, sondern zusammenhängende mehrjährige, evtl. auch mehrere Regionen umfassende Programme sollen gefördert werden (hieraus sich ergebende Probleme wurden oben bei der Besprechung des ESF erwähnt);
- schließlich der Konzentration auf prioritäre Ziele.

vier gemeinsame Prinzipien und fünf gemeinsame Ziele

Diese fünf Ziele sind:

- Förderung von Regionen mit einem BIP von 75% oder weniger des Gemeinschaftsdurchschnitts; das Kriterium wurde jüngst weniger strikt interpretiert, so daß z.B. alle fünf neuen deutschen Bundesländer EG-Förderung erhalten (womit Deutschland nicht mehr nur größter Netto-Beiträger zum EG-Haushalt, sondern auch zweitgrößter Empfänger von EG-Mitteln geworden ist);
- Förderung von Regionen im industriellen Abstieg mit Arbeitslosenraten über EG-Durchschnitt;
- Förderung von Maßnahmen gegen Langzeitarbeitslosigkeit und für die Beschäftigung Jugendlicher;
- Förderung von Maßnahmen in der Landwirtschaft zur Entwicklung ländlicher Regionen.

Als jüngstes Ziel wurde mit der „Norderweiterung" von 1995 die Förderung dünn besiedelter Regionen in Nordeuropa hinzugefügt.

Diese letzte Bemerkung verweist bereits auf ein eher informelles Ziel der EG-Sozialpolitik durch die Strukturfonds und damit zugleich auf einen ihrer Entstehungs- bzw. Erweiterungsgründe. Die Strukturfonds, die letztlich alle offiziell dem sozialen Zusammenhalt der Gemeinschaft dienen, werden inoffiziell oft als „side payment", als Zahlung nebenbei, an jeweils begünstigte Staaten (insbesondere des Südens) erklärt, die erfolgt sind, um im Rahmen großer EG-Verhandlungsrunden ihre Zustimmung zu anderen Fragen zu „erkaufen". Auch wenn in der Tat davon ausgegangen werden kann, daß dieser Mechanismus in der Vergangenheit eine Rolle gespielt hat, sind dem für die Zukunft doch Grenzen gesetzt. Zum einen ist mit Deutschland der Haupt-Nettozahler inzwischen selbst zu einem der größten Empfänger geworden, und seine Zahlungsfähigkeit wie die der übrigen reicheren Staaten ist begrenzt. Zum andern droht im Falle der Osterweiterung der Gemeinschaft bei Beibehaltung der jetzigen Förderkriterien eine Erschöpfung der Strukturfonds oder aber ein Kampf zwischen vor allem dem Süden und dem dann neuen Osten um die Umverteilung der Fondsmittel. Vermutlich wird die Regelung dieser Frage im Vorfeld einer Erweiterung zu einem der schwierigsten Punkte werden.

Fonds als „side payment" und Problematik der Erweiterung

---

60 Vgl. dazu Allen 1996a; für eine monographische politikwissenschaftliche Analyse der Politikprozesse der Strukturfonds-Politik vgl. Staeck 1997.

267

(2) die Tarifpartner und die industriellen Beziehungen

Arbeitgeber und Arbeitnehmer der EG-Staaten waren von Beginn der Gemeinschaft an neben anderen gesellschaftlichen Gruppen in beratender Funktion im Rahmen des Wirtschafts- und Sozialausschusses (Art. 4 (2) und 193-198 EGV) der Gemeinschaft beteiligt. Im Zeichen der Wirtschaftskrise seit den 1970er Jahren wurden von der Kommission weitere Versuche unternommen, Foren für „tripartistische" Gespräche zwischen Arbeitgebern, Arbeitnehmern – auf europäischer Ebene vertreten durch ihre Dachverbände EGB (Europäischer Gewerkschaftsbund; engl.: ETUC – European Trade Union Confederation) und UNICE (Europäische Vereinigung der Industrie- und Arbeitgeberverbände) – und der Politik zu institutionalisieren. Mit der EEA erhielt die Kommission hierzu in Gestalt des Art.118 b auch den offiziellen Auftrag, sich um den „sozialen Dialog" zu bemühen. Nach wie vor fehlt es ihr jedoch an spezifischer eigener arbeitsmarkt- und wirtschaftspolitischer Kompetenz, um hier als mehr denn als anregender Gastgeber zu fungieren. Im Lichte einer tatsächlichen Wirtschaftsunion könnte und müßte sich dies wohl ändern.

Ebenfalls problematisch, weil leicht ihre Kompetenzen überschreitend, ist die Rolle der Gemeinschaft in der Frage der betrieblichen Mitbestimmung von Arbeitnehmern. Die Mitgliedstaaten weisen hier national recht unterschiedliche Systeme auf, so daß es bisher nur zu einer seit 1983 als Entwurf vorliegenden Strukturrichtlinie für die Mitbestimmung in Aktiengesellschaften mit mehr als 1000 Beschäftigten gekommen ist sowie 1994, auf der Grundlage des Sozialabkommens (und mithin ohne Beteiligung Großbritanniens) zu einer Richtlinie über über die Einsetzung europäischer Betriebsräte zur Information und Konsultation der Arbeitnehmer in europäischen multinationalen Konzernen.[61]

(3) Wandel der Staatlichkeit im Bereich der Sozialpolitik

3 Mechanismen

Obwohl, wie die bisherigen Ausführungen zeigten, die Kompetenzen der Gemeinschaft im Bereich der Sozialpolitik trotz mannigfaltiger Tätigkeit letztlich noch sehr beschränkt sind, hat die Sozialpolitik der Gemeinschaft im engeren Sinne doch zu einem Wandel der Sozialstaatlichkeit durch Verzahnung von nationaler und Gemeinschaftsebene und deren wechselseitige Anpassung geführt. Dies soll hier abschließend, Leibfried/Pierson 1995 folgend, dargestellt werden. Sie unterscheiden zunächst drei Mechanismen, durch welche die EG-Sozialpolitik voranschreitet: *positive,* aktive Reformprogramme der Gemeinschaft; *negative* Reformen durch vom EuGH ausgesprochene Auflagen mit der Begründung, Marktkonformität herzustellen bzw. Wettbewerbsverzerrungen zu verhindern, und schließlich Reformen nicht aufgrund politischer oder rechtlicher Vorgaben, sondern aufgrund eines *vom Binnenmarkt ausgehenden Anpassungsdrucks.* Bezüglich der aktiven Reformprogramme stellen auch sie fest, es handele sich um eine „saga of high aspirations and modest results"[62] (46). In bezug auf die Sozialcharta sprechen sie davon, daß viele der auf ihr beruhenden Vorschläge „have been watered down or stalled, but the combined impact of what has been passed is far from trivial."[63] So wurde z.B. im Oktober 1992 eine Richtlinie zum Mutterschaftsurlaub mit qualifizierter Mehrheit verabschiedet. Die im EG-

---

61   Veröffentlicht im Amtsblatt der EG, L 254 v. 30.9.1994; vgl. dazu Dörrenbacher/Wortmann 1994.
62   „eine Erzählung von hohen Erwartungen und bescheidenen Ergebnissen"
63   „verwässert oder blockiert worden sind, aber die Gesamtwirkung der verabschiedeten Maßnahmen ist keinesfalls trivial."

Vertrag angelegten vier Freiheiten, jüngst insbesondere die Dienstleistungsfreiheit, zeigen den zweiten Mechanismus. Ihre Auslegung im einzelnen hat „far-reaching consequences for national social policy regimes"[64], folgt aus ihnen doch sowohl die Anbieterfreiheit für grenzüberschreitende Sozial(versicherungs) dienstleistungen als auch das Recht der Kunden der grenzüberschreitenden Anbieterauswahl. Was schließlich den dritten Mechanismus, den faktischen Anpassungsdruck durch den Binnenmarkt anbelangt, so fällt hierunter zum einen das befürchtete „Sozialdumping", also das Unterbieten sozialrechtlicher Standards durch einige Mitgliedstaaten im Vergleich zu anderen, wovon ein – wirtschaftlicher – Konkurrenz- und Anpassungsdruck auf Länder mit höheren Sozialstandards ausgeht. Aber auch andere Anpassungs- und Angleichungszwänge beeinflussen die Sozialpolitik. Eine Vereinheitlichung des Mehrwertsteuersatzes etwa verringert den Spielraum, durch höhere nationale Sätze mehr Sozialleistungen zu finanzieren.

Aus der Wirksamkeit dieser Mechanismen ergibt sich ein durchaus beachtlicher – wenn auch nicht unbedingt leicht zu entdeckender[65] – Wandel in der Sozialstaatlichkeit durch das Wechselspiel von Gemeinschaftsebene und der Ebene der Mitgliedstaaten. Leibfried/Pierson fassen ihn in sechs Punkten zusammen:

sechs Auswirkungen im Sinne eines Wandels von Sozialstaatlichkeit

1. Mitgliedstaaten können ihre sozialen Dienstleistungen nicht mehr auf ihre Staatsangehörigen beschränken, müssen vielmehr unter bestimmten Bedingungen diese auch für EG-Angehörige anderer Staaten erbringen (ein Ausfluß des Diskriminierungsverbots, wie es der EuGH strikt ausgelegt hat).
2. Mitgliedstaaten verlieren die räumliche Kontrolle über die Inanspruchnahme von Sozialleistungen. Wo ein Berechtigter diese in Anspruch nimmt (etwa: seine Rente bezieht – und dann auch ausgibt!), läßt sich innerhalb der Gemeinschaft nicht vorschreiben. Diese „Exportierbarkeit" von Sozialansprüchen bleibt nicht ohne Rückwirkung auf die Ausgestaltung der Sozialsysteme. Da sich Systeme auf der Basis des „(durch eigene Einzahlungen) verdienten Anspruchs" leichter über Staatsgrenzen hinweg koordinieren lassen als steuerfinanzierte Grundanspruchssysteme, entsteht ein Anreiz zum Wandel der Systeme in erstere Richtung: „Policymakers are thus encouraged to follow the program design of Bismarck (benefits based on contribution) rather than Beveridge (universal, flat-rate benefits)."[66] (57)
3. Die Mitgliedstaaten verlieren jedoch auch das Recht, ausschließlich zu bestimmen, welche sozialen Regelungen auf ihrem Gebiet Gültigkeit haben.

---

64 „weitreichende Auswirkungen auf die Gestaltung der nationalen Systeme der sozialen Sicherung"
65 Leibfried/Pierson schreiben dazu, nicht ganz zu Unrecht: „Political scientists have paid scant attention to this area of ‚low politics' ... The topic has been left to a small set of European welfare lawyers who have monitored another center of policymaking: the courts." (51) In der Tat zeigt sich ein Wandel von Staatlichkeit oft nicht in dramatischen Schritten auf großer Ebene, sondern ergibt sich aus vielen kleinen Schritten, die der beruflich damit befaßte Anwalt eher bemerkt als der politikwissenschaftliche Makro-Analytiker. Ein Grund mehr, warum es fruchtbar ist, wenn beide miteinander reden.
66 „Für die Politik entsteht so ein Anreiz, eher dem Programmdesign Bismarcks (Leistungen aufgrund von Beiträgen) als dem Beveridges (allgemeine, gleiche Leistungen für jedermann) zu folgen." Der britische Ökonom William Beveridge wurde mit dem nach ihm benannten Bericht von 1942 zum geistigen Vater des britischen Wohlfahrtsstaates und seinem System für aller gleicher, steuerfinanzierter Leistungen.

Problematisch wurde dies jüngst im Bereich der Leiharbeiter im Baugewerbe, für die zunächst die arbeits- und tarifrechtlichen Bestimmungen des Entsendestaates Geltung hatten, wodurch sie zu einer starken Konkurrenz für Arbeiter in Staaten mit höheren Standards, etwa in Deutschland, wurden. Die Gemeinschaft hat hierauf durch die Setzung von Mindeststandards in der sog. Entsenderichtlinie reagiert.

4. Weiterhin verlieren die Mitgliedstaaten die verwaltungsmäßige Kontrolle über einzelne Fälle dort, wo sie zu Leistungen auch an solche EU-Bürger verpflichtet sind, deren Anspruch von einer Verwaltungsbehörde eines anderen Staates anerkannt worden ist. Wie Leibfried/Pierson formulieren: „Thus doctors in other member states become administrative gatekeepers for German welfare state benefits."[67] (62)
5. Die Wahlfreiheit der Staaten bei der marktförmigen oder durch den Staat erfolgenden Erbringung von Sozialleistungen wird eingeschränkt, wenn die Betrauung staatlicher Monopole mit solchen Aufgaben zunehmend unter die Kritik an der wettbewerbsverzerrenden oder -verhindernden Wirkung solcher Monopole gerät.
6. Schließlich können die Mitgliedstaaten nicht länger allein festlegen, wer bestimmte Dienstleistungen (etwa in heilenden Berufen) ausüben darf, wenn durch die Anerkennung der Diplome und Ausbildungsbescheinigungen auch in diesem Bereich die Freizügigkeit hergestellt wird.

Insgesamt wird an diesen Ausführungen deutlich, daß im Bereich der Sozialpolitik von der Gemeinschaft selbst dann eine erhebliche Wirkung ausgeht, wenn sie einerseits nur beschränkte Kompetenzen hat und andererseits mit ihren Programmen der aktiven Sozialpolitik auf hinhaltenden Widerstand einiger Mitgliedstaaten trifft. Dies resultiert zum einen aus der Fall für Fall wirkenden Rechtsprechung des Gerichtshofes, zum anderen aus dem sozialpolitischen „spill-over" der – zum Teil auch vom EuGH unterstützten – Umsetzung der zentralen vier Freiheiten (vor allem der Niederlassung und der Dienstleistung) des Binnenmarktes. Die Sozialpolitik der Gemeinschaft und ihrer Mitgliedstaaten beginnt sich dadurch durch das Wechselspiel zwischen beiden im Mehrebenensystem der EG zu wandeln. Fortschritten durch gemeinschaftliche Setzung von hohen oder zumindest von Mindeststandards steht dabei eine Nivellierung nach unten durch Sozialdumping als Risiko gegenüber. Keine der beiden Richtungen ist vorprogrammiert, wenn es auch besonders für erstere des konzentrierten politischen Einsatzes zum Erhalt und Ausbau der „sozialen Dimension" dessen bedarf, was zunächst und zuerst ein Binnenmarkt ist.

Dieser Markt, das kennzeichnet alle Märkte, operiert zunächst „ohne Ansehen der Person", also auch des Geschlechts. Auch insofern jedoch, in bezug auf die Geschlechter, führt er nicht von alleine zu einem sozialen Ausgleich und zur Gleichstellung, wo Ungleichheit auf zum Teil Jahrhunderte alten Strukturen und Voreinstellungen beruht. Vielmehr bedarf es auch hierzu des aktiven korrigierenden politischen Eingriffs, wie er im Rahmen der Geschlechter- bzw. Frauenpolitik versucht wird. Ihr wollen wir uns abschließend kurz zuwenden.

---

67 „Ärzte in anderen Mitgliedstaaten werden somit zu verwaltungsmäßigen Türstehern für deutsche wohlfahrtsstaatliche Leistungen."

8.2.2 Frauenpolitik

„Es kommt darauf an, sich soziale Bürgerrechte für die Erwachsenen vorzustellen, die Erwerbsarbeit, Betreuungsarbeit, Aktivitäten für die Gemeinschaft, Mitwirkung am politischen Leben und Engagement in der Zivilgesellschaft miteinander verbinden – und noch Zeit für vergnügliche Dinge ermöglichen. Dies ist die einzige vorstellbare postindustrielle Welt, die die volle Gleichheit der Geschlechter verspricht." Nancy Fraser 1994, 372

„Kurz, wir haben hier mitten in der christlichen Zivilisation eine Sklaverei schlimmster Art."
August Bebel 1879 (1972, 229)[68]

Die beiden einleitenden Zitate, zwischen denen ein gutes Jahrhundert liegt, markieren auch inhaltlich die Pole des hier behandelten Themas des Geschlechterverhältnisses und der Frauenpolitik im Rahmen der EU. Das Zitat von Fraser verdeutlicht den heutigen, durchaus hohen Anspruch an eine Politik des gerechten und ausgeglichenen Geschlechterverhältnisses. Zweifel mögen auftauchen, „ob denn eine Frauenpolitik der Europäischen Union sinnvoll, notwendig, in der Sache effizienzsteigernd und gewinnbringend sein könnte, beziehungsweise welche Aspekte von Frauenpolitik kompetenzrechtlich gegebenenfalls bei der Europäischen Union angesiedelt werden sollten." (Piepenschneider 1996, 7) Aber nicht nur die, wie zu zeigen sein wird, begrenzte Zuständigkeit der EG weckt Skepsis bezüglich ihrer Frauenpolitik. Wie andere Beobachterinnen feststellen, ist sie nämlich „ein ‚gouvernemental verformter Staatsfeminismus' mit geringem Handlungsspielraum" (Holland-Cunz/Ruf/Sauer 1994, 13). Neben die kompetenzrechtliche Beschränkung der EU tritt somit ihre institutionell-ideologische.

<small>Frauenpolitik unter Integrationsbedingungen</small>

Ostner/Lewis (1995) sprechen von einem doppelten Nadelöhr oder, wie hier gesagt werden soll, Filter, den EU-Frauenpolitik zu passieren hat: „gender-related policies must pass through two seperate ‚needles' eyes' to be discussed, adopted, and implemented. Supranationally, such policy generally has to be cast as employment-related, limiting it to individuals in the world of paid work. The welfare regime of each member state and the gender order underlying it constitute the other needle's eye that influences how EU directives are implemented."[69] (161) Auf den kompetenz-rechtlichen Filter der Arbeitsbezogenheit werden wir sogleich noch eingehen. Vorab noch ein Wort zum zweiten Filter.

<small>der doppelte Filter</small>

Die Tatsache, daß die EU-Frauenpolitik den zweiten Filter der nationalen Geschlechterordnungen kennt, womit hier die Gesamtheit der ideologischen und institutionellen Gegebenheiten auf Mitgliedstaaten- und Gesellschaftsebene bezeichnet werden sollen, ist zunächst nicht auf den Bereich der Frauenpolitik beschränkt. Auch in anderen Politikfeldern, etwa der Umwelt-, Drogen- oder auch Steuerpolitik wirkt ein analoger Filter, und zwar sowohl auf dem Weg zu EG-

<small>unterschiedliche nationale Geschlechterordnungen</small>

---

[68] August Bebel: Die Frau und der Sozialismus, Wiederauflage, Frankfurt a.M. 1972, zitiert nach Riecker 1995, 76.
[69] „[G]eschlechtsbezogene Politik muß zwei Nadelöhre passieren, um diskutiert, angenommen und durchgeführt zu werden. Auf supranationaler Ebene muß diese Politik als auf das Beschäftigungsverhältnis bezogen formuliert werden, was sie auf Individuen beschränkt, die einer bezahlten Arbeit nachgehen. Das wohlfahrtsstaatliche System und die Geschlechterordnung jedes einzelnen Mitgliedstaates bildet das zweite Nadelöhr, das bestimmt, wie EU Richtlinien umgesetzt werden."

Beschlüssen als auch bei ihrer Umsetzung in Taten auf nationaler Ebene. Spezifisch ist jeweils die inhaltliche Ausgestaltung des Filters. Für die Frauenpolitik der EG wirkt sich nach Ostner/Lewis vor allem aus, daß die Mitgliedstaaten bezüglich des Geschlechterverhältnisses deutlich unterschiedliche Standardannahmen hegen. Sie unterscheiden strenge, moderate und schwache „männlicher Brotverdiener"-Staaten, je nachdem, wie stark in einem Staat die Arbeits-, Sozial- und Geschlechterpolitik davon ausgeht, daß das männliche Familienoberhauptes allein durch seine Erwerbsarbeit für den Unterhalt sorgt, von dessen Einkommen Frau und evtl. Kinder also abhängen. Danach können Deutschland, Großbritannien und Irland als strenger, Frankreich und Belgien als moderater und Dänemark als schwacher „männlicher Brotverdiener"-Staat gelten. Je nach Ausfallen dieses Merkmals wird man z.B. für die EG-Frauenpolitik eine stärkere oder schwächere Unterstützung für weibliche Erwerbsarbeit und die Verbesserung ihrer Bedingungen erwarten können. Ähnliches gilt für die damit verbundenen ideologischen Konzeptionen bezüglich des Geschlechterverhältnisses. Hier kann man mit Schunter-Kleemann (1994, 34f.) eine sozialdemokratisch/sozialistische, eine konservative und eine neoliberale Konzeption der Geschlechterpolitik unterscheiden. Während erstere Konzeption am Leitbild der Vereinbarkeit von Berufstätigkeit und Familie, primär (wenn auch nicht ausschließlich) für Frauen, orientiert ist[70], gilt für die zweite die klassische Konzeption der Familie als Keimzelle der Gesellschaft (mit weiblicher Hauptverantwortung für ihren Erhalt) sowie für die dritte Konzeption die formal-rechtliche Gleichstellung von Mann und Frau als Arbeitskraft (und primär nur als solche) als Leitbild.

kurze Geschichte der EG-Frauenpolitik In ihrer Beschränkung der Politik des Geschlechterverhältnisses auf das der Gleichstellung männlicher und weiblicher Arbeitnehmer kommt die neoliberale Position der Grundlage der EG-Frauenpolitik am nächsten. In ihrer ersten Phase, 1958-72, bestand der wesentliche Schritt dieser Politik nämlich in der Aufnahme des Art.119 in den EG-Vertrag. Er verlangt von den Mitgliedstaaten gleiche Bezahlung von Männern und Frauen für gleiche Arbeit. Frankreich hatte sich, vor allem um aufgrund bestehender nationaler Regelungen hierzu keinen Wettbewerbsnachteil im Gemeinsamen Markt zu erleiden, für diesen Artikel stark gemacht. Er hat sich im Lauf der Jahre als zentrales Springbrett für die EG-Frauenpolitik erwiesen, obwohl an ihm zugleich die thematische Beschränkung auf das Geschlechterverhältnis im Erwerbsleben deutlich wird. In der zweiten Phase der EG-Frauenpolitik, 1973-83, wurde zum einen, wie erwähnt, 1974 das Sozialpolitische Aktionsprogramm der Kommission verabschiedet, dessen Abschnitt über die Gleichbehandlung von Frauen auf dem Arbeitsmarkt nach Auslaufen des Programms einer der weniger war, der voll umgesetzt worden war (Hoskyns 1994, 232). Insgesamt fünf Gleichstellungsrichtlinien wurden zwischen 1975 und 1986 verabschiedet sowie zwischen 1982 und 1995 drei Aktionsprogramme zur Chancengleichheit. Während der dritten Phase, 1983-91, ge-

---

70 Dadurch, daß solche Leitbilder in Mitgliedstaaten als ganzen dominieren, wie es etwa für die sozialdemokratische Konzeption in den nordeuropäischen Mitgliedstaaten gilt, können sie auch für die Entwicklung der EU-Integration insgesamt von Bedeutung werden. So ist die hohe Ablehnungsquote des Maastricht-Vertrags unter Dänemarks Frauen (57% von ihnen stimmten gegen den Vertrag [Holland-Cunz/Ruf/Sauer 1994, 7]) wohl nicht zuletzt mit einer befürchteten Verschlechterung der Chancen aktiver Frauenpolitik zu erklären.

schah dies vorwiegend im Zeichen der sozialen Dimension des Binnenmarktprogramms. Allerdings zeigte sich hier – bei notwendiger Einstimmigkeit – zunehmend, daß das „predictable U.K. veto" (also das erwartbare Veto Großbritanniens; Ostner/Lewis 1995, 165) zu einem Schutzschild für andere Staaten wurde, die ihre eigene Unwilligkeit zu weitergehenden Schritten dahinter verstecken konnten. Auch die gegenwärtige, vierte Phase, ist von gebremstem Fortschritt gekennzeichnet, der sich unter anderem darin zeigt, daß der Sozialfonds Frauen nicht mehr als solche als Zielgruppe betrachtet. Immerhin konnte, wie erwähnt, 1992 eine Richtlinie über Mutterschaftsurlaub verabschiedet werden – allerdings nicht unter der Rubrik der Gleichheit der Geschlechter, sondern der Arbeitsbedingungen, und zwar der Regelungen für den *Krankheitsfall*.

Das Ergebnis der bisherigen Frauenpolitik der EG besteht somit im wesentlichen aus einer Reihe von Richtlinien, die sich auf die Zentralnorm des Art.119 EGV stützen. Sie wird ergänzt durch eine Reihe von vom EuGH im Wege des Richterrechts geschaffene Vorschriften, auf die sogleich noch etwas eingegangen wird. Zuvor muß jedoch erwähnt werden, daß der Liste der erfolgreich verabschiedeten Richtlinien zur Gleichstellung (immer: im Arbeitsbereich) von Frauen und Männern eine Liste von Richtlinien bzw. Richtlinienentwürfen gegenübersteht, die in der Vorberatung zwischen Kommission und Mitgliedstaaten zu bloßen (unverbindlichen) Mitteilungen oder Empfehlungen abgeschwächt wurden (so zu den Themen Frauenarbeitslosigkeit, Gleichbehandlung in der Einkommensbesteuerung, Familienpolitik, Kinderbetreuung und sexuelle Belästigung am Arbeitsplatz) bzw. ganz scheiterten (so zur Teilzeitarbeit, zum Elternurlaub, u.a.m.; vgl. Schunter-Kleemann 1994, 28). Dies hat vermutlich auch damit zu tun, daß die entsprechenden Verhandlungen, vor allem im Rat, wie Schunter-Kleemann (1994, 27) zugespitzt formuliert, im Wege der „kameralistischen Geheimdiplomatie" erfolgen. Die frauenpolitisch motivierte Kritik deckt sich hier mit der allgemeinen Kritik an der mangelnden Transparenz vor allem der Beschlußfassung im Rat, Teil dessen, was das Demokratiedefizit der Union ausmacht.

Umso erfreulicher ist es, daß der EuGH, wenn auch wiederum für den engeren Bereich der Gleichheit der Geschlechter am Arbeitsplatz – eine Einschränkung, die der EuGH auch relativ strikt befolgt hat –, eine Reihe von fortschrittlichen Urteilen gefällt hat. Wie Hoskyns (1994, 230/31) schreibt, übernimmt der EuGH zuweilen, wenn auch nicht immer, diese Vorreiterrolle in Sachen Gleichstellung der Geschlechter „partly because the Court sees itself as involved in creating something new rather than in protecting the status quo, and partly because when faced with a range of different jurisdictions it may be easier to achieve harmonization by moving boldly forward than by staying in the same place."[71] Beispielhaft führt sie die Entscheidungen in der Rechtssache Bilka aus dem Jahre 1986 an (das deutsche Kaufhaus wurde verurteilt, auch seine – überwiegend weiblichen – Teilzeitkräfte in den zusätzlichen Rentenplan des Betriebes aufzunehmen; auch diese Berufsrente wurde also als – gleich zu handhaben-

der policy-output der EG-Frauenpolitik

Urteile des EuGH

---

71 „zum Teil, weil der Gerichtshof sich selbst mehr als Schöpfer von etwas Neuem denn als Bewahrer des status quo versteht, zum Teil, weil es angesichts einer Reihe von unterschiedlichen nationalen Rechtssprechungen einfacher ist, Rechtsangleichung zu erreichen, indem er mutig voranschreitet anstatt auf der Stelle zu treten."

des – Entgelt im Sinne des Art.119 EGV angesehen) sowie die Entscheidung im Dekker-Fall von 1990 (hier entschied der EuGH, daß jegliche Benachteiligung in der Beschäftigungssituation aufgrund von Schwangerschaft, gleichgültig aus welchem Grunde, eine direkte Diskriminierung darstellt).

Ausmaß und Formen der politischen Beteiligung von Frauen: Ämter

Zweierlei wird an diesem kurzen Überblick zum Normsetzungs- und -interpretations-output der EG-Frauenpolitik deutlich: die inhaltliche Beschränkung auf die Rolle der Frau als (Arbeits-)Marktteilnehmerin, aber auch, daß in diesem engen Bereich durchaus wichtige Entscheidungen für das Geschlechterverhältnis im Rahmen der EG fallen. Die Frage erhebt sich, in welchem Ausmaß Frauen selbst an diesen Entscheidungsprozessen beteiligt sind. Auch hier zeigt sich, daß die EU kaum besser dasteht als der Durchschnitt ihrer Mitgliedstaaten. Was die Zusammensetzung des Ministerrates anbelangt, ist dies logisch – schließlich sind es Minister und – seltener – Ministerinnen der Mitgliedstaaten, die sich hier versammeln. Der wichtige, dem Ministerrat zuarbeitende Ausschuß der ständigen Vertreter (alias COREPER) hat sage und schreibe bisher kein einziges weibliches Mitglied gehabt.[72] Etwas günstiger sieht es bei der Kommission aus, zumindest an der Spitze: fünf der gegenwärtig 20 Mitglieder der Kommission sind Frauen. Im administrativen Unterbau jedoch betrug das Verhältnis von Frauen zu Männern „am 1. Januar 1996 beispielsweise 149 zu 1106 bei den leitenden Angestellten, 11 zu 210 in führenden Funktionen".[73] Was das Europäische Parlament anbelangt, so sind derzeit 75% seiner Mitglieder männlich (171 von 626 Abgeordneten sind Frauen; Haller-Block 1996, 11), was immerhin gegenüber dem Prozentsatz der Frauen im ersten direkt gewählten EP von 1979 – damals waren 16,8% der Abgeordneten weiblich (Jacobs/Corbett 1990, 40) – einen gewissen Fortschritt bedeutet. Von den Richtern des EuGH schließlich waren bisher alle eben dies: Richter (und nicht Richterinnen).

Rollentypen

Die Besetzung von Ämtern ist freilich nicht allein ausschlaggebend.[74] Wichtig ist auch, in welcher Rolle Frauen bestimmte Ämter bekleiden. Hoskyns (1994, 234) liefert hierzu die nützliche Unterscheidung zwischen „Systemfrauen", alleinstehenden Frauen und unterstützten Frauen (system women, lone women und supported women). Systemfrauen identifizieren sich weitgehend mit den herrschenden, im Zweifelsfall männlich bestimmten „Regeln des Systems". Alleinstehende Frauen – gemeint ist ihre relativ isolierte politisch Position, nicht ihr Ehestatus – können durchaus durch persönlichen Einsatz Entscheidungen zugunsten einer fortschrittlichen Geschlechterpolitik beeinflussen (ebenso wie einzelne Männer). Unterstützte Frauen, die auch über eine frauenpolitische Hausmacht verfügen, sieht Hoskyns vor allem im Rahmen des EP, das unter anderem einen Frauenpolitischen Ausschuß unterhält. Wie wir in Kapitel 3.1.1 am Bei-

---

72 Vgl. den Beitrag „The power-house" über das COREPER in: The Economist, 8.3.1997, S.38.
73 Elaine Vogel-Polsky: Für ein Europa der Bürgerinnen, in: Le monde diplomatique (dt. Ausgabe), Juli 1996, S.10/11. Der Artikel berichtet auch über die am 18.5.1996 von einer Konferenz der Ministerinnen der EU-Regierungen in Rom angenommenen Charta mit der Forderung, in allen europäischen Institutionen und Politikbereichen die Kategorie „Geschlecht" einzuführen. Ähnlich wie im Falle der Umweltpolitik spiegelt sich hierin die Schwierigkeit, „Querschnittsaufgaben" in bestehende, etablierte Politikfelder zu integrieren.
74 Auch deshalb nicht, weil, wie der EuGH zeigt, auch reine Männergremien durchaus Entscheidungen fällen können, die nicht nur Frauen sondern – im Sinne des einleitenden Zitats von Fraser – beiden Geschlechtern und ihrem Verhältnis zugute kommen.

spiel zweier Männer gesehen haben, sind solche Faktoren der Persönlichkeit und des Knüpfens politischer Netzwerke von erheblicher Bedeutung für das politische Tagesgeschäft.

Das gilt schließlich auch für den zweiten von Hoskyns angeführten Aspekt: den der (mikro-)politischen Mechanismen.[75] Hoskyns benennt zwei solcher Mechanismen, denen frauenpolitische Initiativen zum Opfer fallen können: die Auferlegung von Hierachie und die Ghettoisierung. Ersteres meint, wie oben bereits mit dem Stichwort der „kameralistischen Geheimdiplomatie" belegt, den Vorgang, daß ursprünglich ambitionierte Projekte auf dem Wege „nach oben" in der Entscheidungshierarchie, also letztlich zum Ministerrat, zurechtgestutzt werden, und zwar durch zunehmend männerdominierte Gremien.[76] Ghettoisierung meint das Abschieben der Frauenpolitik auf ein eigenes – sogar mit eigenem Haushaltstitel und eigenen Institutionen (wie der Einheit für Frauenpolitik der Generaldirektion V der Kommission) versehenes – Nebengleis. Statt der Integration in andere Politiken erfolgt dadurch die Isolation von ihnen.

... und mikropolitische Mechanismen

Wir haben bisher, dem Schwerpunkt dieses Teils entsprechend, auf die „Produktion" von Frauenpolitik unter Integrationsbedingungen geschaut. Das Thema Geschlechterverhältnis und EU kann jedoch nicht abgeschlossen werden, ohne auf einen weiteren Problemkreis zumindest hinzuweisen. Er betrifft den im Gebiet der EU stattfindenen Frauenhandel, mit Frauen sowohl (und neuerdings verstärkt) aus osteuropäischen (Noch-)Nicht-Mitgliedstaaten als auch aus Staaten vor allem der sog. Dritten Welt. Sie kommen, dem Gefälle des ökonomischen Entwicklungsstandes folgend, sowohl als – illegale – Haushaltkräfte wie auch für einen eher grauen Heiratsmarkt oder zum Zwecke der Prositution in die EU-Staaten.[77] Die Lebensumstände für diese Frauen, gerade auch im zuletzt genannten Bereich, sind zum Teil erschreckend. Hierauf, vor allem auf die zugrundeliegende ökonomische (und, wie heute für die EU hinzugefügt werden muß, auch durch die prekäre [Aufenthalts-]Rechtslage begründete) Abhängigkeit von Frauen zielte auch das Eingangszitat von Bebel – und es erschreckt auch, wie wenig sich hier in über hundert Jahren geändert hat. Problematisch erscheint dabei nicht unbedingt die Prostitution als solche[78], und auch das zugrundeliegende ökonomische Gefälle liegt – zumindest kurz- bis mittelfristig – jenseits dessen, was die Union beeinflussen kann. Umso deutlicher werden die Versäumnisse der Union, und sei es ihres kooperativen Astes der Zusammenarbeit im Bereich der Justiz und des Innern, wo die Abhängigkeit von Frauen von – fast ausschließlich

Festung mit Sklavinnenkeller?

---

75 Mit Mikropolitik bezeichnet man die Politik auf der Ebene der interpersonalen Beziehungen in Entscheidungsprozessen beliebiger (Groß-)Organisationen; vgl. für eine vorzügliche Übersicht hierzu Neuberger 1995.
76 Hoskyns (1994, 235) führt das Beispiel der 1976er Richtlinie über Gleichbehandlung am Arbeitsplatz an. Sie wurde, ausnahmsweise, von einer überwiegend aus Frauen bestehenden Arbeitsgruppe entwickelt. Als der Entwurf schließlich im Ministerrat landete, war nur noch eine Frau, die britische Sozialministerin, beteiligt.
77 Vgl. dazu Hummel 1994.
78 Jedenfalls geht es hier nicht um eine konventionell-moralische Verdammung dieser „Institution" (vgl. zur ethischen Bewertung die im Ergebnis widerstreitenden Auffassungen von Primoratz 1994 und Archard 1994) und insbesondere nicht der einschlägig tätigen Frauen – schon eher um die Zurückweisung der Doppelmoral einer Gesellschaft, die menschenunwürdige Zustände erst ermöglicht.

– männlichen EU-Bürgern durch den prekären Rechtsstatus, der diesen Frauen gewährt wird, noch unterstützt wird. Hier gäbe es, im Innern der EU und ihrer Mitgliedstaaten, noch viel zu verbessern, auch zur Bekämpfung der mit dem organisierten Frauenhandel oft einhergehenden weiteren Kriminalität. An ihren Außengrenzen, insbesondere den östlichen Landesgrenzen, bleibt der EG kaum mehr, als aus PHARE-Mitteln die Verteilung von Kondomen und Information über Geschlechtskrankheiten auf dem grenznahen Straßenstrich jenes Osteuropas zu unterstützen, das, wie man mit Verbitterung und unter Zitat des Kabarettisten Wolfgang Neuss[79] sagen kann, „unter das Glücksrad des Kapitalismus" zu geraten droht.

Resümee   Wir sind damit am Ende eines Kapitels angelangt, das unter der Frage stand: Ein Markt und mehr? Gerade die zuletzt angesprochene Thematik macht deutlich, daß ein Mehr tatsächlich geboten ist. Aber auch die – vermeintlich – salonfähigeren Themen der Kontrolle von Marktmacht und der Setzung wirtschafts- und währungspolitischer Rahmenbedingungen wie schließlich der sozialpolitischen Ergänzung des zunehmend realisierten Binnenmarktes haben deutlich gemacht, daß eine politische Steuerung dieses Marktbildungsprozesses, nicht im Detail, wohl aber im Sinne einer – auch ethisch vertretbaren – Ordnungspolitik, geboten ist. Bestrebungen in diese Richtung können sich auf zweierlei berufen: die Tatsache, daß die Existenz von Märkten, ihre Freisetzung, selbst auf politischen Entscheidungen beruht, zumal bei einem Markt, der wie der EU-Binnenmarkt, als politisches Projekt realisiert wird und nicht einfach „naturwüchsig" entsteht. Zum andern aber können sich solche Bestrebungen der politischen Einbindung des Marktes darauf berufen, daß es der im „europäischen Gesellschaftsmodell" – in all seinen nationalen Varianten – geronnenen historischen Erfahrung der europäischen Staaten entspricht, daß der Marktmechanismus zwar oft für eine effiziente „Allokation von Produktionsfaktoren" und damit auch hohe Produktivität sorgt, was Verteilungsspielräume erst eröffnet, daß ungezügelte Märkte jedoch drastisch negative Nebenwirkungen haben können und Effizienz nicht das einzige Kriterium ist, nach dem selbst wohlgeordnete Märkte zu beurteilen sind. Freilich setzt politische Steuerung oder Setzung von Rahmenordnungen für Märkte politische Handlungsfähigkeit hierzu voraus. Für die EU wirft nicht zuletzt dies die Frage nach der politischen Union auf – Thema des nächsten und letzten Kapitels.

---

79   Neuss hatte diese Formulierung anfangs der 1960er Jahre in bezug auf den *deutschen* Osten, die damalige DDR, verwendet – manch einer mag ihn für weitsichtig halten.

9 Eine immer engere Union?

In den vorausgegangenen beiden Kapiteln haben wir uns die Grundstrukturen und -probleme einer Reihe von Politikfeldern der Europäischen Union angesehen. Dabei haben wir immer auch danach gefragt, explizit oder implizit, welchen Beitrag die Politikproduktion unter Integrationsbedingungen im jeweiligen Politikfeld zur Verwirklichung des Integrationsziels leistet, das der Maastrichter Vertrag (Art.A) mit der „Verwirklichung einer immer engeren Union der Völker Europas" umreißt. Obwohl wir dabei, im Fall der Währungsunion, so essentielle Staatsaufgaben wie die Geldpolitik angesprochen haben, waren die behandelten Politikfelder doch allesamt solche, wie man mit einer geläufigen politikwissenschaftlichen Unterscheidung sagt, der „niederen Politik" (low politics).[1] Demgegenüber wollen wir uns im vorliegenden letzten Kapitel von Teil III mit Fragen der sog. „hohen" Politik beschäftigen, näherhin mit der Zusammenarbeit der EU-Staaten im Bereich der Außen- und Sicherheitspolitik, der seit Maastricht so genannten Gemeinsamen Außen- und Sicherheitspolitik (GASP), sowie mit dem Themenkomplex einer politischen Union. In beiden Bereichen geht es wiederum darum, Grundstrukturen und -probleme (ohne Anspruch auf Vollständigkeit) aufzuzeigen sowie Möglichkeiten des politikwissenschaftlich-analytischen Herangehens an diese Themen.

9.1 Die Gemeinsame Außen- und Sicherheitspolitik

Wenn wir mit der GASP beginnen, so ist zunächst zu begründen, warum diese, obwohl sie von der Form her ein Fall der intergouvernementalen Kooperation und nicht der supranationalen Integration ist, also verbal „Gemeinsam", aber eben nicht im Sinne des Gemeinschaftsrechts vergemeinschaftet ist, hier, in der Analyse von Politikproduktion unter Integrationsbedingungen gewidmeten Teil III, behandelt wird. Der eine Teil der Begründung wurde bereits gegeben: Außen- und insbesondere Sicherheitspolitik sind geradezu die Standardfälle dessen, was als „hohe Politik" bezeichnet wird, und deren Behandlung haben wir uns für dieses letzte Kapitel aufgehoben. Damit ist die Rechtfertigung für das ausnahmsweise Eingehen auf einen Kooperationsfall zur Hälfte gegeben.

<small>Warum hier ein Fall von Kooperation behandelt wird: hohe Politik</small>

---

[1] Spätestens jetzt sollte klar sein, daß „nieder" hier, erstens, nicht abwertend gemeint ist und, zweitens, auch keinesfalls mit „unbedeutend" übersetzt werden darf.

... und Beitrag zur Identitätsstiftung	Die andere Hälfte der Begründung ergibt sich aus der Überlegung, daß das gemeinsame Außenverhalten der EU-Mitglieder auf doppelte Weise einen besonderen Beitrag zur Verwirklichung der Union leisten kann, zumindest potentiell: Ähnlich wie im Bereich der „nach Innen" gerichteten Gemeinschaftsaktivität kann im Falle der Außenpolitik – erfolgreiches – Zusammenarbeiten zur Identitätsstiftung mit beitragen. Darüber hinaus aber besteht im Falle des Außenverhaltens ein zusätzlicher identitäts- und damit auch integrationsstiftender Effekt über die Rückwirkung der Wahrnehmung der Union von außen, also durch andere Akteure des internationalen Systems, Staaten und Organisationen, auf die Union selbst. Die Sozialpsychologie lehrt, daß das Bild, das sich andere von einem machen, gleichsam als Spiegelbild dient und zur Identitätsstiftung nicht unerheblich beiträgt. Simpel gesagt: eine eigene Identität wird auch in dem Maße bewußt, wie sie einem von anderen zugeschrieben wird.[2] Bezogen auf die EU: in dem Maße, wie von außen, von anderen Staaten, die Erwartung geäußert wird, daß die EU-Staaten im Rahmen der GASP kollektiv handeln, trägt dies mit dazu bei, daß sich diese, auf Ebene der Regierungen wie der Bevölkerung, einer gemeinsamen Identität – eben als Angehörige einer Union – bewußt werden.[3]
vier Bereiche, Probleme der Koordination	Mit Bedacht war soeben vom „gemeinsamen Außenverhalten" der EU-Mitglieder die Rede, umfaßt es doch mehr als nur den Bereich der GASP. Zum Außenverhalten der EU muß darüber hinaus auch ihre Außenwirtschaftspolitik, insbesondere die Handelspolitik, gerechnet werden, sowie ihre Beziehungen speziell zu potentiellen Beitrittsstaaten und schließlich ihre Entwicklungs(hilfe)politik (vgl. Piening 1997). Probleme der Koordination zwischen diesen einzelnen Bereichen wie auch mit der sonstigen Politik der Gemeinschaft ergeben sich hierbei bereits auf der Ebene der Kompetenzen und institutionellen Zuständigkeiten.
GASP	– Vertagsgrundlage der GASP, als Nachfolgerin der 1970 begonnenen Europäischen Politischen Zusammenarbeit (EPZ[4]) sind seit dem Maastrichter Vertrag dessen Art.J und J.1-11. Sie weisen die GASP als intergouvernemental-kooperativen zweiten Pfeiler der EU aus, wobei dem Europäischen Parlament ein Anhörungs- und Unterrichtungsrecht zuerkannt wird (Art.J.7), der Kommission das – nicht näher bestimmte – Recht der Beteiligung „in vollem Umfang" (Art. J.9). Faktisch hat die Kommission für die Auswärtigen Politischen Beziehungen eine eigene Generaldirektion (DG I A) eingerichtet.[5]
Außenwirtschaftspolitik	– Ganz anders sieht es im Bereich der Außenwirtschafts- und v.a. der Außenhandelspolitik aus. Hier ergibt sich die Kompetenz der Kommission zur Vertretung der EG nämlich aus der Vergemeinschaftung der (Binnen-)Handelspolitik. Die Kommission hat hier gemäß Art.113 die ausschließliche Kompe-

---

2 Vor allem in der Theorie von George H. Mead (1968) über die Entwicklung persönlicher Identität spielt die – generalisierte – Haltung der anderen (von ihm als „me" bezeichnet) für die Entwicklung des Ich („I") eine entscheidende Rolle.
3 Vor allem ihre Stärke als Partner der Wirtschaftskooperation hat dazu geführt, daß rund 150 Staaten diplomatische Beziehungen zur EG unterhalten; die EG ihrerseits ist bei rund 100 Drittländern bzw. internationalen Organisationen akkreditiert. Der Komissionspräsident nimmt als achtes Mitglied an den Wirtschaftsgipfeln der sieben führenden Industrienationen (G 7) teil.
4 Zur geschichtlichen Entwicklung von EPZ bzw. GASP vgl. kurz bereits oben Kapitel 1.2, den Text zur Marginalie „kooperative Ergänzung der EG-Integration: EPZ".
5 Zur Entwicklung der Rolle der Kommission bei der EPZ bzw. der GASP vgl. Nuttall 1996.

tenz, gemäß Abs.3 dieses Artikels führt sie einschlägige Verhandlungen (z.B. im Rahmen des früheren GATT bzw. heute der Welthandelsorganisation) „im Benehmen mit einem zu ihrer Unterstützung vom Rat bestellten besonderen Ausschuß nach Maßgabe der Richtlinien, die ihr der Rat erteilen kann." Die originäre auswärtige Generaldirektion der Kommission, DG I, ist dementsprechend die für „auswärtige Wirtschaftsbeziehungen".

Koordinationsbedarf zwischen beiden Bereichen ergibt sich etwa dann, wenn Außenhandelssanktionen als Mittel der allgemeinen Außenpolitik eigesetzt werden sollen. Hierzu regelt der Art.228a EGV: „der Rat beschließt [über solche Sanktionen, ML] auf Vorschlag der Kommission mit qualifizierter Mehrheit."

- Wiederum anders sieht es für den Fall des Abschlusses von Assoziierungsabkommen aus, solchen (mit europäischen Staaten), die auf Beitritt zielen[6], oder solchen, die der allgemeinen Entwicklungspolitik dienen. Hierfür regelt Art. 238 EGV nur, daß die Gemeinschaft solche Verträge schließen kann. Zwischen Rat und Kommission ist umstritten geblieben, ob hierdurch eine (ausschließliche) Gemeinschaftskompetenz errichtet wird, weshalb in der Praxis die Assoziierungsabkommen als sog. gemischte Abkommen von der Gemeinschaft und ihren Mitgliedstaaten geschlossen werden. Das Europaparlament muß solchen Verträgen (im Unterschied zu den Außenwirtschaftsabkommen nach Art. 113 EGV, zu denen es nur angehört wird) im Wege des Zustimmungsverfahrens zustimmen (Art. 228 Abs. 3 EGV). Beitritts- und Entwicklungsassoziierung
- Entwicklungsassoziierungsabkommen sind schließlich die hauptsächliche Form der EU-Entwicklungspolitik[7], für die organisatorisch auf Ebene der Kommission jedoch eine weitere, dritte, Generaldirektion (DG VIII – Entwicklung) zuständig ist, wobei faktisch noch eine geographische Aufteilung zwischen zwei Kommissaren erfolgt (zwischen Kommissionsvizepräsident und eigentlichem Entwicklungskommissar). Die bekanntesten dieser Abkommen sind die, die mit den sog. AKP-Staaten Afrikas, der Karibik und des Pazifik, ehemaligen Kolonien der EG-Staaten, geschlossen wurden und ein umfangreiches System von Beziehungen (u.a. ein System zur Stabilisierung der Erlöse aus Mineralienexporten [SYSMIN] sowie von Agrarexporten [STABEX]) errichtet haben. Diese AKP-Abkommen sind der Kern der EU-Entwicklungspolitik, die seit 1968 aber auch z.B. im Wege der Nahrungsmittel- und Katastrophenhilfe betrieben wird. Vor allem diese, oft kurzfristig – und auch kurzsichtig – angelegte Hilfe, die auch zum Export eigener Agrarüberschüsse und damit zur Entlastung der Gemeinsamen Agrarpolitik ge- bzw. mißbraucht wurde, ist vielfach ob ihrer negativen Auswirkung auf einheimische Produzenten in den Nehmerländern, die durch die EG-„Hilfe" vom Markt gedrängt wurden, kritisiert worden. Hier zeigt sich weiterer Koordinationsbedarf zwischen EG-Binnen-(in diesem Fall: Gemeinsamer Agrar-)Politik und Außen-(in diesem Fall: Entwicklungs-)Politik.[8] Entwicklungspolitik

---

6 Vgl. dazu oben Kapitel 6.1.2.1.
7 Vgl. zu dieser Nuscheler/Schmuck 1992, Grilli 1993 und Pedersen 1993.
8 Für ein anderes Beispiel der Binnen-Außen- (speziell: Entwicklungs-)Politik-Wechselwirkung, den zwischen Binnenmarkt und Bananenimport der EG, vgl. Stevens 1996.

Vor allem die organisatorische Aufsplitterung der Zuständigkeit für auswärtige Beziehungen auf drei Generaldirektionen (und vier Kommissare) auf Ebene der Kommission hat zu verstärkten Forderungen nach Koordination und Zusammenlegung geführt. Der im Amsterdamer Vertrag als Minimalversion des Vorschlags für einen „Monsieur GASP", der personalisierten Repräsentation der EU nach außen oder gar „EU-Außenminister, vorgesehene Hohe Vertreter der GASP – in Personalunion der Generalsekretär des Rates – wird hier eher symbolische Funktion haben. Seine Rolle ist mit der etwa des UNO- oder NATO-Generalsekretärs, die je eigenes Gewicht haben, nicht vergleichbar, selbst wenn ihm die in der Erklärung zur Amsterdamer Schlußakte enthaltene „Strategieplanungs- und Frühwarneinheit" zuarbeiten wird. Zugleich macht die Ansiedlung beider auf seiten des Rates deutlich, daß die Mitgliedstaaten in der zweiten Säule auch weiterhin das Heft in der – intergouvernementalen – Hand behalten wollen.

Interessenvielfalt

Dem intergouvernemental-kooperativen Charakter der GASP entspricht auch die bisher eher beschränkt erscheinende Gemeinsamkeit der GASP. Sie resultiert aus den unterschiedlichen Interessen, die die einzelnen Mitgliedstaaten im Bereich der Außen- und Sicherheitspolitik vor dem Hintergrund unterschiedlicher Traditionen der Außenpolitik und ihrer Beziehungsmuster haben. Auch – und gerade – wenn man diese jeweiligen „nationalen Interessen" der Außen- und Sicherheitspolitik nicht im Sinne eines bestimmten, traditionalen Verständnisses von Realismus als Ansatz der Außenpolitikanalyse für evident und gleichsam natürlich gegeben ansieht, sondern als Produkt jeweils gesellschaftlicher Kräfte versteht, wären diese unter Umständen divergierenden Interessen der EU-Mitgliedstaaten jeweils in bezug auf konkrete von ihnen im Rahmen der GASP verfolgte „gemeinsame Aktionen" zu untersuchen.[9] Dies kann hier auch nicht exemplarisch geleistet werden.[10] Statt dessen sei hier auf die prinzipiellen Quellen einer solchen Interessensanalyse bzw. der Interessen selbst verwiesen.

Prinzipien der Interessensanalyse: subjektive und objektive Indikatoren

Unter den Quellen, mittels derer sich Interessenpositionen einzelner Staaten ermitteln lassen, sind subjektive und objektive zu unterscheiden. Erstere umfassen Stellungnahmen außenpolitischer Entscheidungsträger ebenso wie die veröffentlichte Meinung von außenpolitischen Meinungsführern (Kommentatoren und Analytikern von Rang) sowie ggf. Ergebnisse von außenpolitischen Meinungsumfragen. Zu den objektiven Indikatoren, die eine bestimmte Interessensposition eines Staates plausibel machen können, gehören Fakten über geographische Nähe, wirtschaftliche Verflechtung, Bündnismitgliedschaft u.a.m.[11] Mittels solcher

---

9 Gemeinsame Aktionen der EU wurden bisher etwa für das ehemalige Jugoslawien (humanitäre Hilfe für Bosnien-Herzegowina, Verwaltung der Stadt Mostar), Rußland (Beobachtung der Parlamentswahlen vom 12.12.1993), Südafrika (Wahlbeobachtung und Wirtschaftshilfe) sowie für den Nahen Osten (ebendies) beschlossen und durchgeführt; vgl. jeweils das Kapitel über die GASP im jährlich von der Kommission herausgegebenen „Gesamtbericht über die Tätigkeit der Europäischen Union", Brüssel.

10 Für zwei neuere Arbeiten hierzu vgl. die Studien in Stavridis/Hill 1996 zur europäischen Reaktion auf den Falkland/Malvinas-Konflikt von 1982 sowie, am Beispiel der Haltung der EU im Nahost-Konflikt, Glöckler-Fuchs 1997; vgl. auch oben, Kapitel 4.2.1, für eine Skizze einer außenpolitischen Interessenanalyse für Frankreich und Deutschland im Hinblick auf die (NATO-)Intervention im ehemaligen Jugoslawien, sowie für „cross-pressures" in der Entwicklungshilfepolitik der EU Brown/O'Connor 1996.

11 Neben der „aggregierten" Interessensanalyse auf Ebene des jeweiligen Gesamtstaates ist ggf. eine Desaggregierung auf die Ebene wichtiger gesellschaftlicher Interessensgruppen erforder-

subjektiver und objektiver Indikatoren lassen sich die jeweiligen Interessenspositionen der EU-Mitgliedstaaten zu einzelnen Fragen ermitteln und dadurch die Problematik der Herbeiführung tatsächlich gemeinsamer Standpunkte und Aktionen im Rahmen der GASP nachzeichnen.

Hierbei auftretende Interessendivergenzen stützen sich typischerweise auf[12]

- Unterschiede in der *historischen Tradition der gepflegten Beziehungen* (solche wurden etwa sichtbar zwischen Deutschland einerseits, Frankreich und England andererseits in bezug auf die Kroaten bzw. Serben im ehemaligen Jugoslawien);
- Unterschiede aufgrund von *Beziehungsmustern aus der Kolonialzeit* (wiederum stehen hier Großbritannien und insbesondere Frankreich mit seiner noch immer aktiven Afrikapolitik Deutschland gegenüber, das seine Kolonien bereits am Ende des Ersten Weltkriegs verlor);
- Unterschiede des *militärischen Potentials* (großen Mächten wie Frankreich und Großbritannien – beide auch Nuklearmächte – sowie Deutschland stehen hier Kleinstaaten wie Dänemark und Österreich gegenüber) wie auch der *sicherheitspolitischen Orientierung* (NATO-Mitglieder unter den EU-Staaten stehen hier traditionell neutrale Staaten wie Finnland, Irland, Österreich und Schweden gegenüber), was Probleme auch in der Abstimmung zwischen der NATO und der im Prinzip gemäß Art.J.4 Abs.2 EUV als sicherheitspolitischem „Arm" der GASP vorgesehenen Westeuropäischen Union schafft[13];
- Unterschiede in den *ökonomischen Beziehungen* (etwa zwischen Deutschland, mit einer starken ökonomischen Orientierung auf die neuen Beitrittsstaaten in Ostmitteleuropa[14] und den südlichen EU-Mitgliedern, die hier weniger Interessen haben, aber auch Frankreich und Großbritannien).

Quellen für Interessendivergenzen

Angesichts dieser und anderer Quellen für Interessendivergenzen zwischen den nunmehr fünfzehn EU-Mitgliedern ist leicht verständlich, daß und warum die im Rahmen der GASP vorgesehene Festlegung gemeinsamer Standpunkte und Aktionen, die auch nicht durch unabhängige nationale Außenpolitik konterkariert werden sollen[15], und erst recht deren Umsetzung in Taten sich als so schwierig erweist. Angesichts dieses Befundes verfällt nun bereits traditionellerweise die politikwissenschaftliche Bewertung der EPZ und nunmehr der GASP in den „das Glas-ist-halb-voll"-Modus: Versäumnisse der EPZ bzw. GASP werden eingeräumt, zum Teil auch deutlich benannt. Gleichwohl wird das Glas nicht als halb leer, sondern, in optimistischerer Perspektive, als halb voll bezeichnet. Auch hier soll in diesen Chor eingestimmt werden, wobei allerdings die Anwendung zen-

---

lich, welche die nationale außenpolitische Position beeinflussen und damit indirekt und – gerade in Außenwirtschaftsfragen – auch zunehmend direkt die auswärtige Politik der EU.

12 Für eine knappe Gesamtschau der in die GASP eingehenden nationalen Positionen der alten zwölf EU-Mitglieder vgl. die einschlägigen Länderbeiträge in Hill 1996.
13 Vgl. dazu etwa Jopp 1993 und Peters 1993 sowie Peters 1995.
14 Für die Tschechische Republik, Ungarn und Polen ist Deutschland mittlerweile Haupt-Im- und Exportpartner, vgl. „Germany's eastward urge", in: The Economist, 15.3.97, S.29f.
15 Gemäß Art.J.1 Abs. 4 enthalten sich die EU-Mitgliedstaaten „jeder Handlung, die den Interessen der Union zuwiderläuft oder ihrer Wirksamkeit als kohärente Kraft in den internationalen Beziehungen schaden könnte."

traler Kategorien und Gedanken der Analyse internationaler Regime einen gewissen theoretischen Halt vermitteln soll.

die GASP als Außenpolitikkoordinations-Regime

Wie bereits in Kapitel 3.2.1 angedeutet, erscheint es möglich und sinnvoll, die GASP als ein internationales Regime zur Koordination von Außenpolitik zu begreifen.[16] Die Regimeanalyse stellt hierbei zunächst Kategorien für die – Vergleiche zu anderen internationalen Kooperationszusammenhängen erlaubende – Beschreibung der Grundstrukturen der GASP bereit. Dies gilt vor allem für die vier zentralen Identifikationsmerkmale eines Regimes: Prinzipien, Normen (allgemeine Verhaltensvorschriften), Regeln (spezielle Verhaltensvorschriften) und Prozeduren (Verfahrensvorschriften und faktisch eingespielte Verfahrensroutinen). Dies soll sogleich skizziert werden (1). Sodann werden im Vergleich die Spezifika der GASP als Regime deutlich (2). Schließlich ergibt sich aus der allgemeinen Theorie über die Wirkungsweise von Regimen eine Erwartung über die Wirkungsweise der GASP (3). Die Einschätzung, daß das Glas halb voll ist (mit potentiell steigender Tendenz), erhält hierdurch ein stärkeres Fundament als die Hoffnung allein.

(1) die vier Elemente des GASP-Regimes

Ohne es ausführlich dokumentieren zu können[17], soll wenigstens skizziert werden, wie eine Identifizierung des GASP-Regimes anhand der vier Standard-Elemente eines internationalen Regimes möglich wäre. Der zusätzlich zu führende Nachweis, daß und wie die hier skizzierten Verhaltensvorschriften und -routinen tatsächlich die Praxis der EU-Staaten bestimmen, wäre ohnehin nur anhand vertiefter, sinnvoll auszuwählender Einzelfallstudien zu erbringen.

Prinzipien

Axt (1993, 257) meldet bezüglich der Identifikation von Prinzipien des GASP-Regimes eine doppelte Skepsis an: die Beliebigkeit ihrer Identifikation im allgemeinen und ihre mangelnde Verbindlichkeit im Fall der GASP im besonderen. Dem könnte man eine zu mechanistische Auffassungsweise in vielen Regimeanalysen bezüglich der „Umsetzung" von Prinzipien in Normen und Regeln (und dieser wiederum in konkretes Verhalten) als weiteres Problem hinzufügen. Es gilt also zu bedenken, daß Prinzipien kaum mehr sind – aber auch nicht weniger – als normative Bezugspunkte, mit denen in politischen Argumentationen[18] operiert werden kann. Dies vorausgeschickt, ist immerhin festzustellen, daß Art. J.1 Abs. 2 EUV „erstmalig einen ausführlichen Zielkatalog [für die GASP, ML] aufweist" (Jürgens 1994, 339). Danach können die „Wahrung der gemeinsamen Werte, der grundlegenden Interessen und der Unabhängigkeit der Union" als prinzipielle Ziele aufgefaßt werden, was im zitierten Artikel noch um weitere, ähnlich vage Zielformulierungen ergänzt wird. Wichtiger erscheint das in Abs.4 enthaltene Prinzip der Loyalität und Solidarität der Mitgliedstaaten in ihrer Außenpolitik gegenüber der GASP der Union.[19]

Normen

Normen im Sinne allgemeiner Verhaltensvorschriften beziehen sich z.B. auf die Pflicht der Mitgliedstaaten

- zur gegenseitigen Unterrichtung und Abstimmung in wichtigen Fragen (Art.J.1 Abs.1);

---

16 Vgl. in ähnlicher Perspektive Axt 1993.
17 Für eine sorgfältige juristische Analyse des EPZ/GASP-Normenbestandes vgl. die Arbeit von Jürgens 1994; eine nützliche Quellen- und Dokumentensammlung ist GASP 1994.
18 Mangels Zuständigkeit des EuGH für Fragen der GASP kommt juristischer Auslegung hier eine begrenzte faktische Zusatzwirkung über politische Argumente hinaus zu.
19 Vgl. Anm.15 oben.

- zur Harmonisierung ihrer nationalen Außenpolitik mit den gemeinschaftlich festgelegten Standpunkten (als Konkretisierung des Loyalitätsprinzips);
- zur Koordination ihres Handelns in internationalen Organisationen;
- zur Kooperation bei der Umsetzung gemeinsamer Aktionen (Art.J.3 Abs.4 und 5).

Die von Axt (1993, 248, Anm.20) für problematisch erachtete Unterscheidung von Normen und Regeln läßt sich nach dem Maastrichter Vertrag so treffen, daß letztere durch Verhaltensvorschriften gebildet werden, wie sie bei der Festlegung gemeinsamer Aktionen zustandekommen. Sie sind also nicht dem Text des EU-Vertrages, sondern den entsprechenden Beschlüssen des Rates zu entnehmen. [Regeln]

Schließlich ist das Element der Verfahrensvorschriften und eingespielten Verfahrensroutinen zweifellos eines der am deutlichsten entwickelten Elemente des GASP-Regimes. Hierher gehören etwa [Prozeduren]

- die Bestimmungen des EUV zur Festlegung gemeinsamer Standpunkte und Aktionen (Art.J.2 und 3);
- die Einrichtung des Politischen Komitees aus den Politischen Direktoren der beteiligten Außenministerien als Gremium zur Vorbereitung von Ratsbeschlüssen in GASP-Angelegenheiten wie zur Überwachung der Durchführung der vereinbarten Politiken (Art.J.8 Abs.5 EUV); wie schließlich
- das bereits aus EPZ-Zeiten eingeübte Verfahren der Troika, also der Kooperation auf Minister- und Beamtenebene zwischen der (halbjährlich wechselnden) abgetretenen, gegenwärtigen und folgenden Ratspräsidentschaft.

Zwei Spezifika des GASP-Regimes sind hervorzuheben. Der eine hat mit der Anbindung der GASP an das supranationale Projekt der EG-Integration (1. Pfeiler der EU) zu tun. Er hat zwar, wie festgestellt, nicht die Supranationalisierung der GASP als solcher zur Folge – sie bleibt intergouvernemental –, aber doch die Beteiligung von Kommission (die z.B. einen Vertreter in der Troika hat) und EP, mithin von supranationalen Akteuren. Die zweite Besonderheit des GASP-Regimes ergibt sich aus der inhaltlichen Offenheit von Außen- und Sicherheitspolitik als Politikfeldern. Anders als andere Regime, die auf ein inhaltlich enger begrenztes Gebiet (im geographischen und/oder übertragenen Sinne) zugeschnitten sind (etwa: den Schutz der Ozonschicht; oder: den Schutz der Antarktis), handelt es sich bei der GASP wesensmäßig um ein Verfahrens-Regime, das, wie eingangs gesagt wurde, der Außenpolitik-Koordination dienen soll. Dementsprechend sind im GASP-Regime die Verfahrensbestimmungen (Prozeduren) von noch größerem Belang als es bei internationalen Regimen ohnehin der Fall ist. Erst dadurch, daß diese Verfahren auch ge- und benutzt, also aktiv angewandt werden, wird ja aus dem reinen Normenbestand tatsächlich ein Regime im Sinne einer immer wieder instanziierten Institution.[20] [(2) Spezifika des GASP-Regimes: Beteiligung supranationaler Akteure und besondere Bedeutung des Verfahrensaspektes]

Hieraus, aus der Bedeutung der Verfahrenskomponente des GASP-Regimes, resultiert auch die Erwartung hinsichtlich der Funktionsweise des GASP-Regimes. Seine Wirksamkeit, die angesichts – relativ kurzfristig gesehen – eher bescheidener Erfolge in der Abstimmung auf eine tatsächlich gemeinsame Außenpolitik als oftmals gering veranschlagt wird, ist vermutlich erst über längere [(3) Wirkungsweise der GASP]

---

20 Vgl. zum hier implizierten Institutionenbegriff Kapitel 2 oben.

Frist erkennbar. Durch die Dynamik des allmählichen Herantastens an gemeinsame Standpunkte und Handlungsweisen, unter dem Zwang äußerer Ereignisse[21] und von außen an die EU herangetragener Anforderungen[22], beginnen sich die Interessen der Mitgliedstaaten zu wandeln, beginnt sich vor allem der Prozeß der Definition der jeweiligen Interessen durch die Mitgliedstaaten zu wandeln: diese Definition erfolgt zunehmend unter dem Einfluß des Wissens um die Position der anderen Mitgliedstaaten – m.a.W.: die Interessensdefinition wird international-inklusiv statt exklusiv-national. Dies zumindest ist eine Erwartung, die sich nicht nur normativ formulieren läßt, sondern auch faktisch aus der Analyse der Funktionsweise anderer internationaler Regime ergibt.[23] Interessen sind ja nicht unverrückbar festgelegt[24], und gerade deshalb kommt der prozeduralen Dimension ihrer (immer wieder erfolgenden Neu-)Definition solche Bedeutung zu. Hier ist das Einfallstor für eine Internationalisierung, freilich eher auf mittlere Sicht denn kurzfristig.

immer engere Union durch Aufhebung (im 3-fachen Sinne) der nationalen Interessen

Ohne daß im Rahmen des GASP-Regimes also die unmittelbare „Überwindung der nationalen Interessen" in der Außenpolitik erfolgt wäre oder kurzfristig bevorsteht, kann doch erwartet – nicht nur erhofft – werden, daß auch in diesem Bereich so etwas wie eine „Rettung der nationalen Außenpolitik"[25] erfolgt, eine Rettung vor den die Außenpolitik der einzelnen EU-Staaten überfordernden Anforderungen eines zunehmend globalisierten internationalen Systems, und eine Rettung die, wie oben (Kapitel 3.2.2) anläßlich der Erläuterung der These von der supranationalen Rettung des Nationalstaates gesagt wurde, auch eine Aufhebung ist: Nationale Außenpolitik wird zum Teil aufgehoben (im Sinne von bewahrt), aber auch aufgehoben im Sinne von beseitigt und schließlich aufgehoben im Sinne von angehoben auf das intergouvernemental-kooperative Niveau der Interessensdefinition und -umsetzung. Bereits mittelfristig – sagen wir im Zeithorizont von 20 Jahren – dürfte hiervon, diese Prognose sei hier gewagt, ungeachtet jüngster Enttäuschungen auch eine Rückwirkung auf die (Selbst-)Wahrnehmung der EU-Mitglieder, der Staaten und der „Völker", im Sinne einer immer engeren Union ausgehen.

9.2 Politische Union

zwei Leitfragen

Die Außenpolitik ist auch auf nationaler Ebene jener Bereich der „hohen Politik", auf dem die Exekutive im Verhältnis zur Legislative einen gewissen Primat

---

21 In ihnen vor allem ist auch der Regimebedarf begründet, dem im Rahmen des Spielraums, den die national, aber zunehmend auch im intergouvernementalen Prozeß definierten Interessen lassen, Rechnung getragen wird.
22 Von seiten etwa der USA, die in Europa nach einer Teilentlastung ihres traditionell nach 1945 aufrechterhaltenen Engagements suchen, aber auch, wie jüngst, von Staaten „in Not" wie etwa Albanien.
23 Vgl. insbesondere Gehring/Oberthür 1997 und Gehring 1994.
24 So bereits unsere Schlußfolgerung im Zwischenfazit zu Kurseinheit II oben.
25 Vgl. Allen 1996b.

hat.²⁶ Im Fall der EU kommt die Besonderheit hinzu, daß die Exekutive im Bereich der GASP nicht die Kommission, sondern der Rat (der Außenminister) ist.²⁷ In diesen beiden Feststellungen sind bereits die zwei Leitfragen enthalten, unter denen die Thematik der politischen Union hier behandelt werden soll:

1. die Frage der demokratischen Rückbindung und Legitimation exekutiver Gewalt im Rahmen der EU, mit anderen, vertrauteren, Worten: ihr Demokratiedefizit²⁸;
2. die Frage, inwiefern die EU als politisches System mit anderen, nationalstaatlichen Systemen vergleichbar, genauer: ihnen ähnlich ist (oder nicht) und also nicht nur an der selben „Elle" – dem Demokratiegebot – gemessen werden muß, sondern auch ähnlich strukturiert sein muß (bzw. kann).

In seiner vorzüglichen Sichtung des politikwissenschaftlichen Diskussionsstandes zum Thema der Legitimation von Herrschaft in der EU unterscheidet Schimmelfennig (1996, 18ff.) dreierlei Grundlagen, die in der Literatur zur Legitimation von Herrschaft angeführt werden: dreierlei Legitimationsprinzipien

1. Output-Legitimation: die Rechtfertigung von Herrschaft über ihr Ergebnis, ihren „output". Die im Rahmen der EU ausgeübte Herrschaft erscheint in dieser Sicht dann und soweit als legitim, wie von ihr Leistungen erbracht werden, die für die Unionsbürger nützlich sind, und zwar effektiv (mit tatsächlichem Erfolg) und effizient (mit hohem Wirkungsgrad).²⁹
2. Input-Legitimation: die Rechtfertigung von Herrschaft durch die – bestimmten Kriterien der Gleichheit und Informiertheit genügende – Beteiligung der Bürger am Beschlußprozeß.
3. Soziale Legitimation: die Rechtfertigung der Herrschaft insofern, als sie für eine Gemeinschaft erfolgt, die sinnvollerweise als politische betrachtet werden kann. Hierfür sind vor allem drei Kriterien ausschlaggebend:
   - das Vorhandensein eines gesellschaftlichen Umfeldes, das Institutionen und Akteure der politischen Beteiligung umfaßt, also das, was politikwissenschaftlich neuerdings gerne unter den etwas vagen Begriff der „Zivilgesellschaft" (civil society) gefaßt wird³⁰;
   - die gesellschaftliche Homogenität: inwiefern sind sich die Bürger ähnlich z.B. im Hinblick auf kulturelle Merkmale (Sprache, Religion u.dgl.); deutliche Inhomogenität, an der sich politische Konfliktlinien (cleavages) auftun, bilden eine Grenze für die Anwendung von Mehr-

---

26 Dies gilt für allem für den Bereich der klassischen Außen- und Sicherheitspolitik, abnehmend mit der Internationalisierung von Bereichspolitiken wie der Außenhandelspolitik oder der Umweltaußenpolitik.
27 Anders, wie oben dargestellt, verhält es sich im Bereich der Außenwirtschaftspolitik der EU, wo die Kommission eine bedeutendere Rolle spielt.
28 Vgl. als einführende Zusammenschau Newman 1997, insbes. Kap.7.
29 Effektivität von EU-Maßnahmen ist vor allem dann zu erwarten, wenn eine Problemlösung auf niedrigerer Ebene, der der Mitgliedstaaten oder ihrer Untereinheiten (z.B. Bundesländer), nicht möglich ist. Hieran wird erkennbar, daß die Frage der angebrachten Regelungsebene, auf die das Subsidiaritätsprinzip zielt, eng mit der Demokratiefrage verknüpft ist.
30 Hierzu gehören Vereine und Verbände, in der weiteren Fassung des Zivilgesellschafts-Begriffes auch Parteien, schließlich all das, was eine politische Öffentlichkeit ausmacht, in der politisch bedeutsame Fragen diskutiert werden können.

heitsdemokratie: eine kultutelle (z.B. sprachliche und/oder auch regionale) Minderheit könte sonst permanent majorisiert werden; Mechanismen der Konsens-(statt Mehrheits-)Demokratie können hier eine Lösung darstellen;
- schließlich als gleichsam die subjektive Seite der Homogenität das Vorhandensein einer kollektiven Identität, etwa eines Nationalbewußtseins.

<small>Anwendung auf die EU: Output-Legitimation</small>

Wendet man diese Legitimationsprinzipien auf die EU an, so läßt sich kurz folgendes konstatieren: Die Output-Legitimation war (und ist noch immer) das primäre Prinzip, auf das sich die EU beruft und auch berufen kann. Die ursprünglich auf den sektoralen Bereich der Wirtschaftskooperation beschränkte EWG und auch die hier noch immer einen deutlichen Schwerpunkt setzende EG beruft sich vor allem darauf, daß der funktionierende Binnenmarkt Wohlfahrtsgewinne für das Gros der EU-Bürger erbringt. Empirische Untersuchungen der Einstellung der EU-Bürger zur Union bestätigen, daß deren Unterstützung der Integration tatsächlich eine deutlich utilitaristische, also am Nutzen der Vergemeinschaftung orientierte Komponente aufweist.[31] Auf diese eher „schweigende Unterstützung", den sog. permissive consensus, stützte sich denn auch die europäische Integration den Großteil ihrer bisherigen Geschichte.

<small>Input-Legitimation: via EP</small>

Bereits in den 1970er Jahren jedoch kam die Forderung nach verstärkter Beteiligung an EG-Beschlußprozessen auf, über die immer gegebene doppelt indirekte[32] Beteiligung durch die im Rat versammelten Vertreter nationaler Regierungen hinaus. Die 1979 eingeführte Direktwahl der Mitglieder des Europäischen Parlamentes wie der Ausbau seiner Beteiligung an den Entscheidungsprozessen der EG war die erste Konsequenz. Diese Beteiligungsform leidet unter zwei Begrenzungen:

<small>Probleme: Zweitrangigkeit der EP-Wahlen</small>

1. Die Wahl zum EP erfolgt zwar nunmehr direkt, jedoch nach unterschiedlichen, national festgelegten Wahlsystemen.[33] Auch dadurch sind die EP-Wahlen stark national geblieben[34], die Beteiligung an ihnen liegt im vergleich zur jeweils vorausgegangenen nationalen Parlamentswahl im Schnitt der Jahre 1976-94 um 18,5 Prozentpunkte tiefer (bei 63,2 statt 81,7%), die Parteien, die die jeweils nationale Regierung stützen, erleiden einen durchschnittlichen Verlust von 5,5% (was mehr auf nationale „Denkzettel"-Wahlen denn auf europabezogene Stimmabgabe schließen läßt) und große Parteien schneiden bei EP-Wahlen im Vergleich zu nationalen Wahlen schlechter ab als kleine (was auf eine gewisse „Experimentierfreude" der Wähler bei

---

31 Vgl. z.B. Eichenberg/Dalton 1993 und Gabel/Palmer 1995.
32 Sie ist doppelt indirekt, da zunächst nach nationalen Verfahren eine Regierung bestellt wird – auf der Grundlage einer Mehrheit im nationalen Parlament –, die sodann Vertreter in den Ministerrat der EG entsendet. Dieses Verfahren der Entsendung von Regierungsvertretern in ein Organ, das dann an der Normensetzung beteiligt ist, ergibt eine gewisse Analogie von EG-Ministerrat zum deutschen Bundesrat.
33 Vor allem das in Großbritannien im Unterschied zu allen anderen EU-Mitgliedstaaten angewandte einfache Mehrheitswahlsystem führt dabei zu einer Überrepräsentation der dort siegreichen Partei, bisher der Labour Party, die damit überproportional die sozialistische Fraktion im EP verstärkt (die ihren Status als größte EP-Fraktion diesem „britischen Verstärkungseffekt" verdankt).
34 van der Eijk/Franklin 1996 (10) gehen soweit zu sagen, die EP-Wahlen seien „neither really European nor really elections."

EP-Wahlen schließen läßt, die nicht so sehr wie bei nationalen Wahlen fürchten, daß eine wichtige Stimme, an eine Kleinpartei gegeben, eventuell verloren geht).[35] Summa summarum: die EP-Wahlen machen in vielerlei Hinsicht den Eindruck von „zweitrangigen" Wahlen.

2. Unter den genannten Einschränkungen weist zwar das EP eine direkte demokratische Legitimation auf – es steht damit aber nicht als allein als legitim da. Vielmehr hat auch der Rat, als Versammlung indirekt legitimierter Regierungsvertreter, seine Legitimität – wenn auch seine eigenen demokratietheoretischen und -praktischen Probleme. Zunächst einmal jedoch gilt es dieses Aufeinandertreffen zweier unterschiedlich vermittelter Legitimationen zu konstatieren – und bei eventuellen Reformvorschlägen zu bedenken.[36]

_{und konkurrierende Legitimität}

Die beiden Hauptprobleme des Rates als Vermittler von Input-Legitimation bestehen, wie gesagt, nicht darin, daß er keine Legitimation vermitteln kann. Sie ergeben sich vielmehr aus folgendem:

_{Input-Legitimation: Probleme des Rates}

1. Eines der Hauptprobleme des Rates als – bisherigem – Hauptbeschlußorgan der EG ist uns bereits begegnet: in Kapitel 8.2.2 war in bezug auf seine Entscheidungsfindung bereits kritisch von „kameralistischer Geheimdiplomatie" gesprochen worden. Es geht also um das Problem der – mangelnden – Transparenz. Die Beschlußprozesse im Rat und den ihm zuarbeitenden Gremien wie dem COREPER sind nicht durchschaubar, da im Prinzip nicht öffentlich. Auch die schüchternen Ansätze der größeren ex-post-(im Nachhinein erfolgenden) Öffentlichkeit durch Freigabe von Ratsdokumenten zur Einsichtnahme (für Forscher und Journalisten) lassen noch zu wünschen übrig. Insbesondere bei Abstimmungen mit Mehrheit wird so nicht mehr nachvollziehbar, welches Land (mit welcher Begründung) für oder gegen einen Beschluß gestimmt hat. Die Sanktionierung einer Regierung „an der Heimatfront" für ihr Verhalten im Rat kann dadurch unterlaufen werden, womit ein weiterer Weg demokratischer Legitimation, der über die Beteiligung der nationalen Parlamente, unterminiert wird.[37] Wiederum sprechen drei Politikwissenschaftler, die die bisher größte multinationale Studie zu den EP-Wahlen mitgeleitet haben, eine deutliche Sprache, wenn sie sich für eine Reform des Rates im Sinne seiner größeren Öffentlichkeit aussprechen: „By making it more difficult for governments to leave their parliaments and voters in the dark about actions taken in the Council of Ministers, the reform would also remove a cancer from the heart of the body politic in most European countries. The Council of Ministers today often functions as a legislature, and a legislature that conducts its meetings in private has no place in a democracy. [...] The present system promotes deception, and deception puts democracy into disrepute."[38]

_{mangelnde Transparenz}

---

35 Zahlenangaben nach ebd., 14.
36 Ein Reformmodell sieht etwa die Transformation des Rates in eine Zweite Kammer (neben dem EP) der EG-Legislative vor – hier wird die Analogie zum deutschen Bundesrat also voll ausgezogen (vgl. z.B. das Szenario 4 in Tindemans Gruppe 1996).
37 Zur – indirekten – Beteiligung der nationalen Parlamente der EU-Mitgliedstaaten an den Beschlußprozessen der EU vgl. die Beiträge in Norton 1996.
38 „Indem sie es für die Regierungen schwieriger machen würde, ihre Parlamente und Wähler

Repräsentativitäts-
problem

2. Das andere Hauptproblem des Rates als Weg der Input-Legitimation ergibt sich aus der Klemme zwischen der territorialen Repräsentativität, die jedem Staat eine Stimme zuerkennen würde, und der Repräsentativität in bezug auf die Bevölkerungsstärke eines Staates, die im – demokratischen – Idealfall strikt proportional wäre. Faktisch erfolgt gemäß Art.148 EGV eine Gewichtung der Stimmen der Ratsmitglieder, wenn eine qualifizierte Mehrheit erforderlich ist, die den Staaten 10 (D, F, I, UK), 8 (Spanien), 5 (B, GR, NL, P), 4 (S, A), 3 (DK, IRL, Finnland) und 2 Stimmen (Luxemburg) gibt, wodurch die Bevölkerungsstärke zwar berücksichtigt wird, allerdings nicht strikt proportional.[39] Die nicht strikt proportionale Gewichtung der Stimmen hat zur Folge, daß die Bürger großer Staaten gleichsam unter-, die Bürger kleiner Staaten überrepräsentiert werden. Deutschland etwa hat zwar die 80-fache Bevölkerung Luxemburgs, aber nur fünfmal so viele Stimmen, und Großbritannien hat (nur) die doppelte Stimmenzahl Belgiens, obwohl seine Bevölkerung zehnmal so groß ist (Hayes-Renshaw 1996, 148f.).

und Ab-
stimmungsmacht

In Verbindung mit dem jeweils anzuwendenden Entscheidungsverfahren ergibt sich aus der Stimmengewichtung eine jeweils unterschiedliche Abstimmungsmacht für jeden Staat, die sich mathematisch danach berechnen läßt, wie oft die Stimme(n) eines Staates unter allen denkbaren Mehrheitskonstellationen dazu beitragen, eine Mehrheit zu bilden, mit anderen Worten: wie „erforderlich" die Stimme(n) eines Staates zur Bildung von Mehrheiten ist (sind).[40] Zieht man eine solche Maßzahl, den sog. Banzhaf-Machtindex, heran, so läßt sich feststellen, daß durch die Erweiterungen der Gemeinschaft die Abstimmungsmacht jedes einzelnen Staates – erwartungsgemäß – abnimmt.[41] Insbesondere die großen Staaten haben besonders an Abstimmungsmacht verloren. Hatten 1958 die drei Großen (D, F, I) jeweils noch über 20% der Abstimmungsmacht im Rat, war dieser Wert 1995 auf 10% gesunken. Eine weitere Erweiterung würde sie unter

---

über die im Ministerrat ergriffenen Maßnahmen im Dunkeln zu lassen, würde die Reform auch einen Krebs vom Herzen des politischen Körpers in den meisten europäischen Ländern entfernen. Der Ministerrat fungiert heute oftmals als Legislative, und eine Legislative, die hinter verschlossenen Türen tagt, hat in einer Demokratie keinen Platz. [...] Das gegenwärtige System fördert die Täuschung, und Täuschung setzt den Ruf der Demokratie aufs Spiel." Mark Franklin, Cees van der Eijk und Michael Marsh, in: van der Eijk/Franklin 1996, 387.

39 Dieses Gewichtungsproblem ergibt sich auch bei den jedem Mitgliedstaat zustehenden Sitzen im EP; allerdings ist die Bevölkerungsproportionalität bei deren Verteilung stärker angenähert als im Rat (Lane/Maeland/Berg 1996, 168).

40 Hierzu gibt es unterschiedliche sog. Machtindizes; für interessante Anwendungen solcher Indizes auf die hier angesprochenen Fragen vgl. neben dem soeben zitierten Beitrag von Lane/Maeland/Berg 1996 die von Hosli 1995 und König 1996. Es ist wichtig sich klarzumachen, daß sich Aussagen über die Abstimmungsmacht rein logisch aus der Stimmenzahl der jeweiligen Staaten und der Abtimmungsregel (Einstimmigkeit, einfache oder – unterschiedlich – qualifizierte Mehrheit) ergeben, die Abstimmungsmacht daher auch mittels mathematischer Formeln berechenbar ist. Ganz anders (und deshalb nicht zu verwechseln!) ist dies im Falle der nur empirisch, durch sehr aufwendige Forschung beleg-(nicht: berechen-!)bare Macht einzelner Staaten im Sinne von Einfluß auf konkrete Entscheidungen.

41 Eine Ausnahme besteht in der Beseitigung der „Dummy-Position" (König 1996, 82), die Luxemburg zwischen 1958 und 1973 einnahm, durch die Erweiterung von 1973. Zuvor waren die Stimmen Luxemburgs in keinem denkbaren Fall geeignet oder erforderlich, um eine Mehrheit der Mitgliedstaaten zu bilden oder zu verhindern; daher die uncharmante Bezeichnung als „dummy" (Strohmann, Attrappe; schlimmstenfalls auch: Dummkopf).

zehn Prozent absenken (Lane/Maeland/Berg 1996, 170). Dieser Abstimmungsmacht-Verlust für die Großen mag zunächst begrüßenswert erscheinen (als „Ausgleich" für die ohnehin schon – zumindest bevölkerungsmäßig – Schwachen). Dies wäre jedoch auch demokratietheoretisch ein Trugschluß, führt er doch zu einer Verringerung der Repräsentation der Bürger der bevölkerungsstarken Staaten. Während mit einer gewissen Disproportionalität insofern immer zu rechnen ist, ist sie in beliebiger Größe nicht vertretbar.

Ein weiteres interessantes Ergebnis der mittels des Machtindexes gemessenen Entwicklung der Abstimmungsmacht ist übrigens, daß der Unterschied zwischen der einfachen Mehrheitsabstimmung und der mit qualifizierter Mehrheit, gemessen mit dem Banzhaf-Index, stark abgenommen hat und für die großen Mitglieder nurmehr drei Prozent beträgt (ebd., 171). Nurmehr drei Prozent aller denkbaren Mehrheitskonstellationen hängen also von den Stimmen jeweils eines der großen Mitgliedstaaten ab (für die kleineren Staaten ist der Prozentsatz noch geringer). Hier deutet sich die Möglichkeit zur Vereinfachung der Abstimmungsregeln an: einfache Mehrheit genügt als Anforderung, Einstimmigkeit bleibt als „Reserve"anforderung in ganz wichtigen Fällen, die Abtimmung mit qualifizierter Mehrheit könnte als Verfahren entfallen.

ein weiteres interessantes Ergebnis: qualifizierte Mehrheit entbehrlich

Insbesondere seit dem Maastrichter Vertrag wird versucht, eine Reihe weiterer Kanäle für Input-Legitimation von EU-Entscheidungen zu öffnen. Neben der bereits traditionellen Existenz des – allerdings nur beratenden – Wirtschafts- und Sozialausschusses als Forum der Repräsentation funktionaler Gruppen ist zur Repräsentation territorialer Untereinheiten mit Art.198a-c EGV der Ausschuß der Regionen eingerichtet worden, auch er freilich nur mit beratender Funktion.[42] Über andere Formen, etwa der direktdemokratischen Beteiligung durch Volksabstimmungen auf EU-Ebene, ist bisher nur, und noch wenig, diskutiert worden.[43] Da alle diese Verfahren außerhalb des Hauptverfahrens der Beschlußfassung im EU-Rahmen liegen, können sie auch nicht den Hauptstrom von den Legitimationsquellen darstellen.

Input-Legitimation: weitere Kanäle

Als dritte Legitimationsgrundlage wurde oben die soziale Legitimation benannt und dabei auf die drei Aspekte: zivilgesellschaftliche Strukturen, gesellschaftliche Homogenität und kollektives Bewußtsein verwiesen. Unter diesen drei Aspekten sei kurz das Projekt einer politischen Union im Rahmen der EU betrachtet.

soziale Legitimation

Unter dem Stichwort zivilgesellschaftliche Strukturen sollen hier wiederum drei Elemente angesprochen werden.

(1) zivilgesellschaftliche Strukturen

Zunächst wird zu den Strukturen der Zivilgesellschaft allgemein das Vereins- und Verbändewesen gerechnet, und zwar aus zwei Gründen. Zum einen kommt der Teilnahme am Leben solcher Organisationen so etwas wie eine „Schul-Funktion" für Beteiligung überhaupt, auch politischer Art, zu. Das Wissen darum, wie Organisation möglich ist, wird dadurch verbreitet, und es kann hierauf auch zu im engeren Sinne politischen Zwecken zurückgegriffen werden.

Verbände

---

42 Vgl. dazu den einführenden Überblick von Hrbek/Weyand 1994.
43 Vgl. Erne 1995, Zürn 1996. Die bisherige Erfahrung mit Refernden in der Außenpolitik, auch in bezug auf die EG, scheint allerdings zu einem komplexeren Bild über deren Wirksamkeit zu führen, als es prinzipielle Befürworter oder Gegner direkter Demokratie in solchen Fragen zugestehen wollen; vgl. die Schlußfolgerung in Rourke/Hiskes/Zirakzadeh 1992, 171ff.

Zum andern sind zahlreiche Verbände natürlich selbst politisch aktiv in dem Sinne, daß sie politische Entscheidungen – auf allen Ebenen – zu beeinflussen suchen. Sie übernehmen dabei eine wichtige Rolle bei der Artikulation und Integration von Interessen. Wie wir in den vorausgegangenen Kapiteln dieses Teils gesehen haben, nehmen Verbände, nationale und transnational – auf EU-Ebene – organisierte, tatsächlich einen starken Einfluß auf die Politik „in Brüssel". Man kann geradezu von einer „Ver-Verbandlichung" der EG-Politikprozesse sprechen, und in jüngerer Zeit, insbesondere im Gefolge der Realisierung des Binnenmarkts, auch von einer Europäisierung der Verbandstätigkeit.[44] In dieser Hinsicht beginnen sich also tatsächlich so etwas wie EG-weite zivilgesellschaftliche Strukturen herauszubilden, auch wenn sie noch eine deutliche „Schlagseite" hin zu Wirtschaftsverbänden haben und dabei Produzenteninteressen schlagkräftiger organisiert sind als etwa Konsumenteninteressen.

Parteien

Der Eindruck der Ver-Verbandlichung der EG-Politik ergibt sich auch daraus, daß jener andere Kanal der Willensbildung, der auf nationaler Ebene in westlichen Demokratien eine so zentrale Rolle spielt: die Parteien, auf europäischer Ebene eher schwach ausgeprägt ist.[45] Zwar haben sich seit der Direktwahl des EP auf europäischer Ebene transnationale Parteienföderationen herausgebildet, insbesondere die der Sozialdemokraten/Sozialisten (1974), der Europäischen Volkspartei/Christdemokraten (1976) und der Liberalen und Demokraten (1976), die neben den Grünen noch durch eine Reihe weitere Fraktionen im EP ergänzt werden. Die interne Struktur weist diese Parteienföderationen aber deutlich als Verbünde nationaler Parteien auf, eine einheitliche Programmatik, die auch bei EP-Wahlen zum Tragen käme, weisen sie nicht auf – was den Charakter der EP-Wahlen als zweitrangige ebenso widerspiegelt wie mitbedingt. Auch werden die Parteien seit dem Maastrichter Vertrag nunmehr im neuen Art.138a EGV erstmals genannt und ihnen die Aufgabe zuerkannt, „dazu bei[zutragen], ein europäisches Bewußtsein herauszubilden und den politischen Willen der Bürger der Union zum Ausdruck zu bringen." Wie dies geschehen soll und daß dies tatsächlich geschieht, ist aber bisher kaum erkennbar. Die Dominanz der nationalen Orientierung der Parteien, in Programmatik wie bei Karrierechancen, erscheint noch weitgehend ungebrochen.

Öffentlichkeit

Parteien und Verbände tragen auf nationaler Ebene, zusammen mit anderen Institutionen wie den Medien, dazu bei, daß sich in politischen Angelegenheiten das herausbildet, was man Öffentlichkeit nennt. Es handelt sich bei dieser um das Ergebnis der komplexen Wechselwirkung verschiedener Akteure und Institutionen, auf jeden Fall eher um ein Institutionenbündel als eine einfache Institution. Der – kritischen – Öffentlichkeit kommt dabei entscheidende Kontroll- und Anregungsfunktion bei der Formulierung und Umsetzung von Politik zu. Zu ihren Voraussetzungen gehören neben rechtlichen wie der in allen EG-Mitgliedern ja verfassungsmäßig gewährleisteten Rechte auf frei Rede und Information auch faktische, worunter vor allem eine gemeinsame Sprache und der – aktive, also Beiträge leistende, wie passive, rezeptive (aufnehmende) Zugang zu Foren der veröffentlichten Meinung fallen. Hier wird nun eines der Hauptprobleme für

---

44 Vgl. Kohler-Koch 1992.
45 Vgl. Hix 1995 und Pedersen 1996.

die Herstellung grenzüberschreitender Öffentlichkeit deutlich: Die Voraussetzung einer international gängigen Verkehrssprache stellt eine deutliche Bildungshürde für echte transnationale Öffentlichkeit dar, ebenso wie, selbst im Zeitalter der Computerkommunikation, der Zugang zu Kanälen der Kommunikation, die nicht von Angesicht zu Angesicht erfolgt (und bei dieser fallen Reisekosten an) eine finanzielle Barriere darstellt. Diese praktischen und faktischen Hürden transnationaler Öffentlichkeit werden wiederum ergänzt durch eine nationale Vorstrukturierung der Bedeutsamkeitsskala: Information über nationale Angelegenheiten dominiert hier noch deutlich die über europaweite. Die Relevanz (Bedeutung) europaweiter Themen wird vielfach noch nicht gesehen, erst langsam entsteht ein Markt für Themen der politischen Öffentlichkeit auf Europaebene.

Bei all diesen zivilgesellschaftlichen Strukturen einer potentiellen europäischen politischen Union, deren Problematik hier nur angedeutet werden konnte, wird eines deutlich: Die mangelnde Ausprägung dieser Strukturen hat etwas damit zu tun, daß die europäische Dimension von Politik – noch – nicht ausreichend wahrgenommen wird. Und das Gewicht dieser europäischen Politik im Vergleich zur nationalen Politik, obwohl, wie die vorangegangenen Politikfeldanalysen zeigten, zum Teil im Bereich der niederen Politik bereits recht deutlich, leidet seinerseits darunter, daß der begleitende und stützende transnational-zivilgesellschaftliche Unterbau fehlt. Die Katze beißt sich also gleichsam in den Schwanz: Europäischer Politik mangelt es an Beteiligung, weil sie als wenig relevant erscheint, und sie ist weniger relevant, als sie sein könnte, weil es ihr an partizipativem Unterbau fehlt. Die Verwirklichung einer politischen Union wird entscheidend davon abhängen, diesen negativen Zirkel aufzubrechen. *die Katze beißt sich in den Schwanz*

Das soeben angesprochene Sprachproblem ist ein Ausdruck der großen Heterogenität der Unionsbürgerschaft und der Gesellschaften der EU zusammengenommen im Vergleich zu jeder einzelnen nationalen Bürgerschaft und Gesellschaft. Die größere Heterogenität transnationaler Gesellschaften im Vergleich zu nationalen Gesellschaften ergibt sich als rein statistisches Phänomen bereits fast zwangsläufig.⁴⁶ Fünfzehn EU-Staaten haben eben zusammen mehr Sprachen als selbst die sprachvielfältigsten unter den EU-Mitgliedern. Und diese Heterogenität bezieht sich ja nicht nur auf die praktische Seite der Sprachenvielfalt. Sie bezieht sich auch auf die Divergenz der nationalen historischen Erfahrungen, Sichtweisen, Institutionen, Kulturen u.a.m.⁴⁷ Angesichts der hieraus resultierenden Integrationsprobleme – sei es in der Steuerpolitik, Drogenpolitik, der Asylpolitik, der Außenpolitik usw. – ist aber auch zweierlei festzustellen. *(2) gesellschaftliche Homogenität*

1. Wie unter anderem der an dieser Stelle oft erfolgende Verweis auf multinationale oder pluri-ethnische Gesellschaften und politische Systeme wie die USA, Kanada oder auch die Schweiz belegen soll – und zum Teil auch kann –, setzt eine politische Union keinesfalls völlige Homogenität der Gesellschaft voraus. Vielmehr besteht unter Bedingungen unterschiedlicher Hete- *keine absolute Homogenität erforderlich*

---

46 Je nachdem, wie Heterogenität bzw. Homogenität gemessen wird, ergibt sich bei der Aggregation (Zusammenfassung) in sich unterschiedlich hetero- bzw. homogener Gesellschaften ein größeres, eventuell jedoch auch ein kleineres Maß an Heterogenität.
47 Vgl. hierzu die humorvoll-ironische Darstellung in Hill 1995.

rogenität die „politische Kunst" gerade darin, Institutionen so zuzuschneiden, daß ohne Unterdrückung das notwendige Maß an politisch koordinierter einheitlicher Handlungsfähigkeit resultiert. Verfahren der Konsensdemokratie sind hier u.U. angebrachter als solche schlichter Mehrheitsdemokratie, auch wenn sie um den Preis der „Reaktionsgeschwindigkeit" des politischen Systems erfolgen.

politische Union durch politische Kontroverse

2. Gerade im Hinblick auf die politische Kultur[48] zumindest EG-Europas lassen sich auch interessante bestehende Homogentitäten aufzeigen, die eine politische Union begünstigen. Dies gilt etwa für das Spektrum der politischen Grundorientierungen, wie sie sich in der (in den EP-Fraktionen widergespiegelten) „europäischen Parteienfamilie" aus Liberalismus, Konservatismus, christlicher Demokratie und sozialdemokratisch-sozialistischen Arbeiterparteien zusammensetzt.[49] Die Grundkategorien, in denen Politik in den europäischen Ländern wahrgenommen werden, sind offenbar sehr ähnlich. So auch das Ergebnis der bereits zitierten bisher größten multinationalen Studie zu den EP-Wahlen: „Europeans may speak many languages, but they evidently use the same forms of discourse when talking about politics. This finding implies ... that the conditions are met within the countries of the European Union for a meaningful electoral contest transcending national borders."[50] So ließe sich etwa die Frage der Ausgestaltung eines sozialen Europa durchaus politisch aufwerfen und kontrovers diskutieren, entlang dem europaweit üblichen Links-rechts-Schema der Politik – vorausgesetzt, es besteht ein Anreiz für „politische Unternehmer", also auch parteipolitisch Aktive, diese Frage auf europäischer Ebene zu stellen.[51] Um es nur scheinbar paradox zu formulieren: Die politische Union erwächst vielleicht gerade aus der politischen Kontroverse, nämlich aus einer europaweit ausgetragenen um die anstehenden politischen Probleme und Entscheidungen auf dieser Ebene. Auf europaweit geteilte politische Grundkategorien kann dabei zurückgegriffen werden, aktiviert (und von der Fokussierung auf die nationale Ebene gelöst) werden muß der Prozeß der politischen, auch parteipolitischen, Interessenartikulation.

---

48 Hier ist der nicht-wertende, beschreibende Begriff der politischen Kultur gemeint, wie er allgemein der einschlägigen politikwissenschaftlichen Forschung zugrundeliegt. Sie versucht, politische Einstellungen und Verhaltensweisen beschreibend zu erfassen, um sie als abhängige (zu erklärende) oder unabhängige (erklärende) Variable in politikwissenschaftliche Erklärungszusammenhänge einzuführen; es geht ihr nicht (zumindest nicht primär) um eine Bewertung der politischen Kultur im Sinne einer „politischen Etikette", wie dies häufig in der Tagespresse geschieht, wenn etwa vom „Verfall der politischen Sitten" in einem Lande gesprochen wird.
49 Vgl. hierzu knapp Immerfall 1994, 99 ff.
50 „Die Europäer mögen viele Sprachen sprechen, aber sie verwenden offenbar die gleichen Redeweisen, wenn sie über Politik sprechen. Dieser Befund impliziert ..., daß innerhalb der Länder der Europäischen Union die Bedingungen für einen bedeutungsvollen Wahlkampf über Ländergrenzen hinweg gegeben sind." Franklin, van der Eijk und Marsh in van der Eijk/Franklin 1996, 366f.
51 Wie dieselben Autoren feststellen (ebd., 369): „The strange thing is that this lack of controversy over European affairs is not due to any lack of potentially divise issues." (Das Merkwürdige ist, daß dieses Fehlen von Kontroversen über europäische Angelegenheiten nichts mit dem Fehlen von potentiell kontroversen Themen zu tun hat.)

Dies leitet schließlich über zur dritten Quelle sozialer Legitimation: der kollektiven Identität. Auch hier besteht eine Neigung, die Voraussetzungen hierfür unnötig „hoch zu hängen", indem sie geschichtlich über Gebühr tief verwurzelt werden. Dies zeigt sich an der auch vom Bundesverfassungsgericht in seinem Urteil zum Maastrichter Vertrag aufgegriffenen Vorstellung vom Fehlen eines „europäischen Volkes". In Kombination mit dem deutscher historischer Tradition entsprechenden historisch tief-schürfenden Verständnis von „Volk" nicht nur als gewachsene Kulturgemeinschaft, sondern als – eher fiktive – Abstammungsgemeinschaft (kenntlich etwa auch an der Geltung des Abstammungsprinzips – ius sanguinis [lat. wörtlich: Recht des Blutes] – im Staatsangehörigkeitsrecht), ergibt sich daraus nahezu – und zumindest auf sehr lange Zeit – bereits rein begrifflich die Unmöglichkeit eines „europäischen Volkes". Das demokratietheoretisch und -praktisch begrüßenswerte Beharren des höchsten deutschen Gerichtes auf der Notwendigkeit, politische Herrschaft auch auf europäischer Ebene demokratisch zu legitimieren, erhält dadurch einen spezifisch anti-integrationistischen „Drall" (der englische Fachterminus hierfür lautet: bias), dessen Sinnhaftigkeit politisch diskussionsbedürftig ist.[52] Saalfrank (1995, 207) faßt dies zum Beispiel in bezug auf die (potentielle) Rolle des EP dahingehend zusammen, „daß das deutsche Volk, solange sich eine europäische Gefahren- und Verantwortungsgemeinschaft noch nicht entwickelt hat, in gleichberechtigter Weise mit den anderen Mitgliedsvölkern bei den Entscheidungen der übernationalen Gemeinschaft zu beteiligen ist. Eine Beteiligung erfolgt in erster Linie durch die Entsendung der Regierungsmitglieder in das Staatenvertreterorgan", also den Rat, woraus sich die oben erwähnte konkurrierende Legitimität von Rat und EP ergibt. Für letzteres folgt gemäß Saalfrank (209) daraus: „Der Grundsatz der Volkssouveränität steht der Ausstattung des Europäischen Parlaments mit umfassenden Rechtssetzungs- und Gestaltungsbefugnissen entgegen, solange es ein europäisches Volk noch nicht gibt."[53]

Angesichts der Komplexität der sich in bezug auf die Herausbildung und den Wandel kollektiver Identität stellenden Fragen[54] seien hier nur wiederum zwei notwendigerweise verkürzende Feststellungen getroffen:

(3) kollektive Identität

auf der Vorstellung basierende Gemeinschaft

---

52 In den Leitsätzen des Urteils spricht das Bundesverfassungsgericht einerseits zu Recht von der Voraussetzung, „daß eine vom Volk ausgehende Legitimation und Einflußnahme auch innerhalb des Staatenverbundes [der EU, ML] gesichert ist." Andererseits stellt es (nur zeitlich auf die Gegenwart eingeschränkt) fest: „Vermitteln – wie gegenwärtig – die Staatsvölker [Plural! ML] über die nationalen Parlamente demokratische Legitimation, sind der Ausdehnung der Aufgaben und Befugnisse der Europäischen Gemeinschaften vom demokratischen Prinzip her Grenzen gesetzt." Um möglichen Mißverständnissen vorzubeugen, sei zweierlei hier hinzugefügt: 1. Das BVerfG hat sich nicht auf eine weitere Integration ausschließende Konzeption des Begriffes „Volk" festgelegt. 2. Auch ohne Rückgriff auf eine solche, eher deutscher Tradition entsprechende Konzeption kann man zu ähnlich, wenn nicht noch stärker „euro-skeptischen" Schlüssen gelangen, etwa, wenn man, wie zum Teil in Großbritannien, von einem bestimmten Verständnis von Parlamentssouveränität – womit dann das britische Parlament gemeint ist! – ausgeht, die europäischer Integration jenseits einer intergouvernementalen Kooperation kaum mehr Raum läßt. Vgl. zu diesen nationalen Souveränitätsvorstellungen auch Schauer 1997.
53 Der doppelte Anklang bei Saalfrank an die „Solange"-Beschlüsse des BVerfG (vgl. oben Kapitel 3.2, Anm.10) ist dabei wohl kein Zufall, und er weckt dieselbe Skepsis, wenn mit dem Hinweis auf berechtigte Vorbedingungen ohne Hinweis auf Wege zu ihrer möglichen Erfüllung im Ergebnis nur der Status quo auf Dauer gestellt wird.
54 Vgl. dazu auch die Texte in Simonis 1997.

fehlendes Volk als sich selbst erfüllende Prophezeiung	1. In der glücklich gewählten Formulierung von Benedict Anderson (1988) lassen sich Nationen (als das von ihm behandelte Kollektiv, der Gedanke ist aber übertragbar) als „imagined communities", als auf der Vorstellung der Beteiligten beruhende Gemeinschaften, verstehen. Diese Vorstellungen sind weder unwandelbar, noch – das sei zugestanden – beliebig formbar.[55] Auch hier spielt der Faktor Zeit eine Rolle: Identitäten wandeln sich nicht „im Augenblick". Entscheidend ist jedoch nicht der Zeitablauf allein, sondern was in dieser Zeit geschieht, welche Erfahrungen gemacht werden. Und dazu tragen nicht zuletzt wiederum die vorhandenen Strukturen der gemeinsamen Entscheidungsfindung und der Gebrauch, der davon gemacht wird, bei. Eine allzu restriktive Auslegung des Spielraums für diese Prozesse kommt also einer sich selbst erfüllenden Prophezeiung gleich: keine vertiefte Integration ohne Volk, aber auch kein „Volk" ohne gemeinsame Erfahrung beim aktiven Gebrauch von Integrationsstrukturen. Wird letzterer zu sehr behindert, erweist sich das Fehlen eines „Volkes" als (zirkulär) selbst erzeugt.
politische Union als *politische* Gemeinschaft	2. Gerade dann, wenn es um eine politische Union geht, ist darauf hinzuweisen, daß die Mitgliedschaft in, auch das Bewußtsein der Zugehörigkeit zu einer politischen Gemeinschaft eben auch wesentlich auf der Einnahme einer politischen Rolle beruht – nicht nur auf „statischen" Kriterien der Volkszugehörigkeit und der Homogenität bezüglich im wesentlichen invariabler Eigenschaften.[56] Die angesprochene Rolle ist die des Bürgers, der an einem politischen Projekt eher aktiven Anteil nimmt. Insofern hat die Legitimation der EU aufgrund einer kollektiven Identität etwas mit ihrer Legitimation durch Input in Form von Beteiligung zu tun, da letztere erstere mit erzeugen hilft. Wir sind wieder bei der Katze, die sich in den Schwanz beißt, diesmal in der eher optimistischen Perspektive, daß sie sich dabei, um im Bilde zu bleiben, immerhin zum Laufen animieren kann. Freilich sollte sie sich dabei, wie auch die EU-Integration, nicht nur im Kreis bewegen ...
die Isomorphie-Frage	Wir wollen damit die Diskussion unserer ersten Leitfrage, der nach der demokratischen Legitimation, verlassen und kurz auf die – inhaltlich aber in engem Bezug dazu stehende – zweite Leitfrage, die nach der „Isomorphie", der Gleichheit hinsichtlich Form und Struktur (gr. isos = gleich; morphe = Gestalt), zwischen der sich zur „immer engeren", auch politischen, entwickelnden Europäischen Union und nationalen politischen Systemen.
Vergleich, Vergleichbarkeit und Gleichsetzung	Die Isomorphie-Frage ist die nach dem Vergleich von EU und Nationalstaat als politischen Systemen. Ein solcher Vergleich wird alltagssprachlich oft damit zurückgewiesen, daß – mit indigniertem Unterton – darauf verwiesen wird, X sei mit Y doch nicht vergleichbar, womit eigentlich jedoch eine Gleich*setzung* zurückgewiesen werden soll. Dieser Formulierung liegt ein doppeltes Mißverständnis zugrunde, das zunächst ausgeräumt sei. Zum einen heißt vergleichen, rein von der Wortbedeutung her, eben nicht gleichsetzen. Zum andern kann sich die Behauptung, zwei Gegenstände seien „unvergleichbar" – also sehr unterschiedlich –, doch selbst nur durch einen bereits ausgeführten Vergleich legitimieren! Der Vergleich ist eine wissenschaftliche Grundoperation und hat als sol-

---

55 Vgl. für die EU-Identität unter Bezug auf die empirische Forschung Immerfall/Sobisch 1997.
56 Vgl. dazu auch Howe 1995.

che seine eigene methodische Legitimität. Wie sinnvoll er ist, hängt vom jeweiligen Vergleichsgesichtspunkt ab, dem sog. tertium comparationis (lat. = das Dritte des Vergleichs; das Dritte, weil eben A mit B hinsichtlich C verglichen wird). Wird dieser Gesichtspunkt geeignet gewählt, notfalls sehr abstrakt, lassen sich auch sehr unähnliche Dinge sinnvoll vergleichen, etwa Äpfel mit Birnen um festzustellen, daß es sich bei beiden um Früchte handelt.

Bei solchen Vergleichen geht es zunächst um Vergleiche in beschreibender (deskriptiver) bzw. auch in erklärender, jedenfalls erfahrungswissenschaftlicher (empirischer) Absicht. Sie dienen wissenschaftlich auch dazu, unbekannte oder noch nicht genau bestimmte Gegenstände einzuordnen. So wurde die EG lange Zeit juristisch aufgrund der Einmaligkeit der von ihr begründeten Rechtsordnung – weder reines Völkerrecht, noch nationales Verfassungsrecht – durchaus zutreffend als ein Phänomen sui generis (lat. = eigener Art) eingeordnet. Die letztere Feststellung allein ist jedoch nie sehr hilfreich. Auf die Frage danach, was ein Gegenstand sei, nur zu erfahren, es handele sich um einen Gegenstand eigener Art, ist nicht sehr aussagekräftig. Juristisch sagt die Einordnung durch Vergleich(!) mit nationalen und völkerrechtlichen Rechtsordnungen bereits mehr, ähnlich wie die in Kapitel 3.2.1 vorgestellte politikwissenschaftliche Einordnung der EG zwischen einem internationalen Regime und einem Bundesstaat (einer Föderation). Eine andere, auf abstrahierendem Vergleich beruhende politikwissenschaftliche Perspektive auf die EG, die uns in Kapitel 3.3.1 begegnet ist, ist ihre Betrachtung als ein Mehrebenensystem, wodurch sie mit anderen solchen, etwa dem deutschen Föderalismus, vergleichbar wird. Dies führte zur wichtigen Einsicht, daß die Verflechtungsfalle ein mögliches Funktionsproblem eines solchen Mehrebenensystems darstellt.

deskriptiver Vergleich

Obwohl also auch bei Anwendung der Mehrebenen-Perspektive als tertium comparationis die EG faktisch mit bundestaatlichen Strukturen verglichen wird, hat diese Betrachtungsweise den Vorteil, daß, anders als bei einer direkten bundesstaatlichen (föderalistischen) Betrachtungsweise der EG, klarer zum Ausdruck kommt, daß eben nicht bereits mit einer normativen Zielvorstellung – dem Bundesstaat Europa – im Hinterkopf verglichen wird, sondern zum Zweck der empirischen Erfassung von Funktionsbedingungen und -problemen. Der zielorientierte, teleologische, Vergleich dagegen, wie er gerade von den Vertretern der politischen Strömung des Föderalismus in der Europabewegung häufig angestellt wurde (und wird), geht darüber hinaus. Er ist ein Vergleich in präskriptiver, ein bestimmtes Ziel vorschreibender, Perspektive. Auch dies ist natürlich völlig legitim und keinesfalls negativ. Politisch hat eine föderalistische Perspektive ihren Sinn darin, daß sie gleichsam eine konkrete Utopie europäischer Einigung entwirft, wobei mit konkret nicht so sehr die unmittelbare Realisierbarkeit gemeint ist, sondern die vergleichsweise deutliche institutionelle Ausmalung der Zielvorstellung. Von Kritikern wird dies zuweilen zwar als – unzeitgemäße und im Ergebnis unfruchtbare – „Verfassungsbastelei" bespöttelt. Verteidiger des föderalistischen Ansatzes dagegen würden darauf verweisen, daß sie eben ihrer Zeit etwas voraus sind, und zwar genau so weit, wie es eine politische Diskussion über Zielvorstellungen, die ja über den aktuellen Stand immer hinausgehen muß, erfordert.

präskriptiver Vergleich

Die soeben getroffene Unterscheidung von deskriptivem und präskriptivem oder empirischem und normativem Vergleich macht auch nochmals auf ein methodisches Grundproblem aufmerksam, das uns im ganzen vorliegenden Buch

politikwissenschaftliche Wertfreiheit angesichts eines politischen Projektes

295

begleitet hat: das der politikwissenschaftlichen Wertfreiheit angesichts eines Gegenstandes der Analyse, der, wie die Integration im Rahmen der EU, selbst als politisches Projekt ausgesprochen wertbesetzt ist (und zwar für seine vehementen Vertreter wie für seine nicht minder vehementen Gegner). Auch und gerade Politikwissenschaftler kann ein solches Projekt kaum „kalt" lassen. Letztlich wird auch kein einzelner Wissenschaftler seine wertende Einstellung zu diesem Projekt völlig verbergen können – oder wollen.[57] Individuell ist jedoch darauf zu achten, daß Wertungen möglichst deutlich als solche ausgewiesen werden, und die spezifische Leistung des Wissenschaftlers besteht nicht darin, einen wertenden Standpunkt zu beziehen, sondern in der Qualität der Argumentation, die er zu seiner Untermauerung anführen kann. Kollektiv wird in der (Politik-)Wissenschaft darüber hinaus die Einseitigkeit von Wertungen am ehesten durch einen Pluralismus der Herangehensweisen, der Perspektiven und letztlich auch der normativen Voreinstellungen vermieden.

Vergleichsergebnisse: gemeinsamer normativer Anspruch

Kommen wir nach diesen methodologischen Vorbemerkungen auf den deskriptiven Vergleich zurück und auf einige – keinesfalls alle! – seiner Ergebnisse zu sprechen. Eine zentrale Gemeinsamkeit der EU-Integration und der politischen Systeme ihrer Mitgliedstaaten wurde ausgemacht, und es ist interessanterweise eine deskriptiv ermittelte normative Gemeinsamkeit: Sowohl der EU wie ihren Mitgliedstaaten liegt der normative Anspruch zugrunde, Herrschaft in demokratisch legitimierter (und darüber hinaus rechtsstaatlich gezähmter) Weise auszuüben. Aus dieser faktischen Feststellung ergeben sich eine Reihe normativer Kritikpunkte und präskriptiver Forderungen, etwa die Kritik am Demokratiedefizit, konkret zum Beispiel an der „kameralistischen Geheimdiplomatie" des Rates, aber auch an der mangelnden demokratischen und gerichtlichen Kontrolle bei der intergouvernementalen Zusammenarbeit im Bereich der Justiz und des Innern. Der eigentliche Kern der Isomorphie-Frage besteht nun darin zu überlegen, inwiefern institutionelle Lösungen, die für solche Fragen auf nationaler Ebene gefunden wurden, in gleicher Form auf EU-Ebene anwendbar sind. Insofern sind eine Reihe von deskriptiv ermittelten Unterschieden zwischen EU und Nationalstaat als politischem System von Belang, die darauf verweisen, das die Übertragbarkeit von institutionellen Problemlösungen durch zum Teil divergierende Bedingungen der beiden Ebenen begrenzt ist.

und divergierende Bedingungen

Drei institutionelle Unterschiede, die aus den divergierenden Bedingungen auf nationaler und trans- bzw. supranationaler Ebene resultieren, seien hier angesprochen.

EP kein nationales Parlament

Das Europäische Parlament hat zwar eine Reihe von Eigenschaften (direkt gewählte Mitglieder, bedingtes Haushaltsrecht u.a.m.), die es einem Parlament auf nationaler Ebene ähnlicher machen als jedes andere nominell parlamentarische Forum auf internationaler Ebene (etwa die Parlamentarischen Versammlungen des Europarates oder der OSZE). Gleichwohl weist es auch Unterschiede

---

57 Auch im vorliegenden Kurs wurde an der einen oder anderen Stelle wertend Stellung bezogen, immer im Bemühen freilich, dies deutlich und unter Angabe von Gründen zu tun. Es ist sicher auch kein Zufall, daß wir in diesem letzten Kapitel, das der noch weitestgehend unverwirklichten Zielvorstellung der Union auch als politischer Union gilt, auf die Wertungsfrage zu sprechen kommen. Zur Frage der Werturteilsfreiheit sei nochmals hingewiesen auf die Interpretation der diesbezüglichen These von Max Weber durch Ott (1997, Kapitel III).

zu nationalen Parlamenten auf, und zwar nicht nur solche, die sich etwa auf der Arbeitsebene aus dem Zwang zur Vielsprachigkeit ergeben. Bedeutender sind in unserem Zusammenhang hier gleichsam „systematische" Unterschiede, die sich aus der Stellung des EP im Organisationsgefüge der EU ergeben und wohl auch auf längere Frist nicht änderbar sind. Hierzu gehört, was etwa vom Bundesverfassungsgericht (und ihm folgend von Saalfrank) als das „Fehlen eines europäischen Volkes" beschrieben wurde. Auch das direkt gewählte EP hat nicht den Alleinanspruch auf die demokratische Vertretung des Willens der EU-Bürger. Vielmehr artikuliert sich dieser mit mindestens gleicher Legitimität über die nationalen Parlamente und indirekt über die von diesen gestützten Regierungen. Das EP wird sich also immer mit nationalen, unter demokratietheoretischer Perspektive ebenbürtigen Parlamenten ins Benehmen zu setzen haben – und umgekehrt. Eine Erklärung zum Masstrichter Vertrag sieht hierfür die Abhaltung von Konferenzen von Vertretern des EP und der nationalen Parlamente, den sog. Assisen, vor.[58] In dieser konkurrierenden – oder, um es weniger konfliktorisch zu formulieren – komplementären Legitimation von nationalen Parlamenten und EP besteht eine Besonderheit des EP, die auch künftig bei der Ausgestaltung seiner Möglichkeiten zu berücksichtigen ist, die aber auch bedeutet, daß ein Zurückbleiben der Kompetenzfülle des EP hinter der klassisch-nationaler Parlamente kein prinzipielles Manko ist, sondern Ausdruck der besonderen institutionellen Situation des EP im Gesamtgefüge der EU.

Auch der Rat nimmt im Rahmen der EU eine besondere, nicht unproblematische Rolle ein. Er ist einerseits das Gremium, in dem sich die national aggregierten Interessen durch die entsandten Regierungsvertreter Gehör verschaffen. Andererseits fungiert er noch immer als zentrales Normsetzungsorgan, dem das Parlament bisher allenfalls den Zwang zur Einstimmigkeit (im Verfahren der Zusammenarbeit) oder ein Veto-Recht (im Mitentscheidungsverfahren) abtrotzen konnte. Störend wirkt sich dabei nicht der prinzipielle Mangel an Legitimation des Rates aus – sie ist, wie gesagt, indirekt gegeben. Aus demokratietheoretischer Sicht „stört" jedoch die mangelnde Transparenz der Ratsbeschlußfassung, die sich aus seiner nicht öffentlichen Arbeitsweise ergibt. Eine Öffnung des Ministerrates im Sinne größerer Transparenz könnte hier zu mehr Demokratie beitragen und auch die Bereitschaft erhöhen, den Rat stärker als zweite Kammer, neben einem aufgewerteten Europäischen Parlament, der EU-Legislative zu betrachten. Freilich setzte dies, wie häufig bei solchen Reformen, die Bereitschaft der im Rat versammelten Vertreter voraus, eine solche Selbsteinschränkung ihrer Macht zu beschließen.[59]

problematische Zwitterstellung des Rates

---

58 Erklärung Nr.14 zum Maastrichter Vertrag, abgedruckt in Europa-Recht 1993, Dokument 10c, Nr.14.

59 Um nochmals Franklin, van der Eijk und Marsh (in: van der Eijk/Franklin 1996, 381) zu zitieren: „Members of the European Parliament might not be hard to persuade; but the European Council consists of the leaders of the governments of EU member states who in turn are party leaders within those states. It is hard to see national party leaders voluntarily taking steps that we hypothesize would be needed to remedy the democratic deficit." (Die Mitglieder des EP wären wohl leicht zu überzeugen; aber der Europäische Rat besteht aus Regierungschefs der EU-Mitgliedstaaten, die zugleich Parteiführer in diesen Staaten sind. Es fällt schwer sich vorzustellen, daß nationale Parteiführer freiwillig Schritte einleiten, die nach unserer Hypothese zum Abbau des Demokratiedefizits erforderlich wären.") Gerade insofern versprechen sie sich

Kommission als schwache Exekutive

Schließlich stellt die Kommission, trotz ihrer ausschließlichen Zuständigkeit in einzelnen Bereichen der niederen Politik, noch immer eine relativ schwache Exekutive dar. Als einzigem der drei hier angesprochenen Organe der EU fehlt es ihr an demokratischer Legitimation, sieht man davon ab, daß sie von indirekt legitimierten Regierungsvertretern eingesetzt wird, nach Anhörung des EP und unter seiner Zustimmung zur Kommission als Kollegium (Art.158 EGV). Dieser Unterschied zu einer nationalen Regierung, die zumindest indirekt, durch die eigene Mehrheit im Parlament, legitimiert ist, ist wohl doch größer, als er sein müßte und auch auf Dauer bleiben kann. Nicht zuletzt führt er dazu, daß die Kommission („Brüssel") häufig als Buhmann erscheint, wo doch der Rat die richtige Adresse für die Artikulation von Unzufriedenheit (über „EG-Regelungen") wäre. Die Kombination von ernannter – also nicht durch Abwahl sanktionierbarer – Exekutive (Kommission)[60] und auf intransparente Weise als Legislativorgan fungierendem Rat (also einem Gremium nationaler Exekutivenvertreter) läßt politische Verantwortlichkeit auf EU-Ebene bisher weitgehend leerlaufen. Auch dies trägt zum mangelnden Interesse an europäischer Politik bei.

Fazit: politikwissenschaftlich informiertes Engagement

Die Antwort auf die Isomorphie-Frage ist also eine geteilte: Der Vergleich der EU als politischem System mit nationalen politischen Systemen ist empirisch-deskriptiv durchaus sinnvoll und auch normativ unverzichtbar, liegt doch beiden Arten von Systemen derselbe normative Anspruch auf demokratisch legitimierte Herrschaft zugrunde. Allerdings muß der normative Vergleich die Ergebnisse des empirischen Vergleichs auch insofern berücksichtigen, als auf die Besonderheiten der Bedingungen demokratischer Herrschaft auf supranationaler Ebene Rücksicht genommen wird. Hieraus ergeben sich auch langfristig Unterschiede in der institutionellen Ausgestaltung der politischen Systeme auf nationaler und supranationaler Ebene. Gerade aber auch unterhalb der – sinnvollerweise nicht anzustrebenden – völligen Angleichung beider Systeme im Sinne eines Bundesstaates Europa *nach nationalem Muster* bleibt noch erheblicher Spielraum zum Ausbau demokratischer Strukturen und Mitgestaltungsmöglichkeiten in der Europäischen Union, damit diese tatsächlich zu einer immer engeren, auch politischen Union der Völker Europas werden kann. Politikwissenschaft kann hierzu nützliche institutionelle Vorschläge im Lichte ihrer Ergebnisse über Funktionsweise und -probleme überstaatlicher Herrschaftsausübung unterbreiten.[61] Sie kann und soll jedoch das aktive Engagement der EU-Bürgerinnen und EU-Bürger für das, was zumindest ihre Sache werden könnte, nicht ersetzen.

---

von einer größeren Transparenz der Arbeit des Rates Druck auf seine Mitglieder in Richtung weitergehender Reformen.

60 Immerhin hat jüngst im Zusammenhang mit dem Skandal um die Rinderseuche BSE das EP erstmals von der Drohung mit seinem Recht Gebrauch gemacht, die Kommission kollektiv zum Rücktritt aufzufordern (Mißtrauensantrag gemäß Art.144 EGV).

61 Nachdrücklich sei insofern nochmals auf den mustergültig klaren Diskussionsbeitrag der Tindemans Gruppe (1996) verwiesen.

Schluß, Abschluß und Anschluß

„Die europäische Idee ist eng mit dem spezifisch europäischen Konzept der Moderne verbunden, das in Europa immer in einer Synthese aus technologischer Findigkeit und Produktivität, Vertrauen in einen öffentlichen Bereich mit einer starken Staatsgewalt und der gesetzlichen, verfassungsmäßigen Garantie der Grundrechte des einzelnen bestanden hat. Vermutlich ist Europa der einzige Kontinent, auf dem diese drei Elemente eine produktive Beziehung und wechselseitige Abhängigkeit eingegangen sind." Bercusson u.a. 1996, 18.

„... la Communauté, cette troisième forme de système politique issue de la pensée européenne, après la Cité et l'Etat."[1]   Duverger 1995, 15.

Wir sind nun am Ende unserer umfangreichen, in die empirische Breite wie in die theoretische Tiefe gehenden Einführung in die politikwissenschaftliche Analyse europäischer Kooperation und Integration angelangt. Trotz des Bemühens um Verständlichkeit und hie und da auflockernde Formulierungen mag der eine oder die andere auch einen Kontrast zwischen dem eher kolloquialen, an ein Alltagsgespräch erinnernden Stil der Einleitung zum gesamten Buch und seinem eigentlichen Text empfunden haben. Darüber hinaus mag es so erscheinen, daß die dort, in der Einleitung, angekündigten Leitperspektiven unterwegs abhanden gekommen seien. Wenn wir sie hier zum Abschluß wieder aufgreifen, dann hat dies eine doppelte Funktion: zu zeigen, daß dies tatsächlich nur so scheint (aber nicht so ist), und damit zugleich den Rückblick zu strukturieren.

Schluß: Abschluß als Rückblick

Angeschlossen wird hier also zum einen an die in der Einleitung formulierten Leitperspektiven. Zum andern jedoch soll letztlich auch ein Anschluß an Ihre eigene Situation erfolgen, die mit hoher Wahrscheinlichkeit die einer Bürgerin bzw. eines Bürgers der Europäischen Union ist, womit Sie an einem der großen politischen Projekte Europas, der „immer engeren Union" seiner Völker, ja selbst beteiligt sind.

... und als Anschluß

Mit „Europa" ist hier wie im folgenden nicht primär eine geographische Region gemeint. Gemeint ist vielmehr jeweils ein politisches Projekt bzw. sind unterschiedliche politische Projekte, wie sie sich etwa mit der formal ausgerufenen Europäischen Union oder dem informell propagierten gemeinsamen europäischen Haus, auf dessen Baustelle wir uns umgesehen haben, verbinden. Europa im Sinne eines solchen politischen Projektes war historisch und ist gegenwärtig auch als Problemlösung anzusehen.

Leitperspektive 1: Europa als Problemlösung

Europa, die zunächst nur westeuropäische Integration, war, damit hatten wir dieses Buch begonnen, nach dem Ende des Zweiten Weltkriegs auch die Lösung für das Problem, einen dritten großen Krieg zu verhindern. Auch wenn der sog.

Krieg undenkbar machen

---

1   „... die Gemeinschaft, jene dritte Form von politischem System, die aus dem europäischen Denken hervorgegangen ist, nach der Stadt und dem Staat."

299

Kalte Krieg, der im Gefolge der Teilung des Kontinents zwischen zwei Gesellschaftssystemen zeitweilig die internationalen Beziehungen in diesem Raum – und darüber hinaus – bestimmt hat, nicht verhindert werden konnte, so sollte das nicht über die große Leistung hinwegtäuschen, die die europäische Integration für die dauerhafte Befriedung der Beziehungen zwischen den Staaten in Europa gespielt hat. Deutschland und die deutsch-französischen Beziehungen stehen hier im Zentrum. Das konfliktträchtige Problem der Verwaltung der Kohle- und Stahlindustrie konnte dank der von Monnet und Schuman lancierten Europäischen Gemeinschaft für Kohle und Stahl nicht nur gelöst, sondern zum Kern einer zunehmenden supranationalen Einbindung beider Staaten in die spätere EWG, dann EG und schließlich EU gemacht werden. Die Dichte der dabei erreichten Beziehungsnetzwerke hat es mit sich gebracht, daß Krieg als Form des gewaltsamen Konfliktaustrags zwischen den Mitgliedern dieses Staatenverbandes heute geradezu undenkbar geworden ist, in einem Ausmaß, das die darin zu sehende historische Befriedungsleistung einstmals durchaus konflikt- und auch kriegsträchtiger Staatenbeziehungen und damit den Erfolg des politischen Projektes Europa in Gestalt der EG/EU leicht übersehen läßt.

Konfliktbearbeitung institutionalisieren

Aber auch dort, wo internationale Kooperation (und nicht gleich Integration) nicht die Lösung von Konflikten brachte, wie etwa zu Zeiten des Ost-West-Systemgegensatzes, erlaubte sie doch, etwa im Rahmen der Konferenz für Sicherheit und Zusammenarbeit in Europa, den gewaltfreien Umgang mit fortbestehenden Konflikten, solchen, die auf gegensätzlichen Interessen und solchen, die auf unterschiedlichen Werten beruhten. Auch wenn gerade im Falle letzterer, das in Kapitel 5.2.1 behandelte Beispiel der Arbeitsbedingungen für ausländische Journalisten zeigte das, der Erfolg hierbei begrenzt war, ging indirekt von den im KSZE-Rahmen etablierten Normen doch eine Wirkung aus, die zum Wandel des östlichen politischen, wirtschaftlichen und gesellschaftlichen Systems mit beigetragen hat, sowohl durch die Aufnahme der KSZE-Normen durch die zivilgesellschaftlichen Kräfte Osteuropas als auch durch die im Gewaltverzicht enthaltene „Garantie" für die realsozialistischen Führungen, daß zumindest von außen keine Grenzveränderungen angestrebt werden würden. Was schließlich allfällige Interessenskonflikte anbelangt, so fanden und finden sich diese in allen Kooperationszusammenhängen, in Ost und West[2], und die jeweiligen Institutionen stellen für sie – in unterschiedlichem Maße geeignete – Mechanismen zur „Kleinarbeitung" solcher Konflikte zur Verfügung.

politische Skalenerträge

Schließlich resultiert aus der europäischen Kooperation und Integration auch das, was man mit einer Anleihe bei der Wirtschaftswissenschaft als politische Skalenerträge bezeichnen könnte. Mit Skalenerträgen (economies of scale) bezeichnet man die Tatsache, daß aus der gestiegenen Größe eines Betriebes, zum Beispiel aufgrund möglicher Rationalisierung bei der Fertigung großer Stückzahlen eines Produktes, Gewinne zu ziehen sind. Politische Skaleneträge ergeben sich dort, wo Problemzusammenhänge eine Zusammenarbeit in größerem Kreis erforderlich und sinnvoll machen. Typisches Beispiel ist der Schutz der Umwelt dort, wo die Ursachen der Verschmutzung den Hoheitsbereich einzelner Staaten

---

2 Erinnert sei etwa an die Parallelität der Konflikte um die Lastenverteilung (burden sharing) sowohl im westlichen Bündnis (der NATO) als auch im östlichen (dem Warschauer Pakt) – vgl. Kapitel 4.1.2 und 6.1.1.2.

überschreitet. Beispielhaft wurde dies (in Kapitel 6.2) für den Schutz von Rhein und Ostsee, aber auch vor den Gefahren maroder Kernkrafttechnik, gezeigt, und gezeigt wurden auch die inhärenten Probleme solcher Kooperation. Ein ganz anderer Fall von politischen Skalenerträgen zeigte sich bei der innerhalb der EG unter Integrationsbedingungen, insbesondere unter Entscheidungskompetenz der Kommission erfolgenden Wettbewerbspolitik (Kapitel 8.1.1). Hier wurde durch Anhebung des politischen Entscheidungsniveaus auf die EG-Ebene das leicht zu Erpressbarkeit führende Verhältnis von multinationalen Firmen und regionalen Regierungen, etwa in Subventionsfragen, ausgeglichener gestaltet.[3] Schließlich besteht eines der einleuchtendsten Argumente für die im Rahmen der Wirtschafts- und Währungsunion vorgesehene Zusammenlegung europäischer Währungen zu einer einheitlichen Währung, dem Euro, darin, daß damit im globalen Kontext gegenüber dem Dollar, der als Reservewährung dominiert (und damit auch die Europäer von fiskalischen und geldpolitischen Entscheidungen in Washington, an denen sie nicht beteiligt sind, abhängig macht), ein währungspolitischer Skalenertrag durch Rückgewinnung europäischer Steuerungsfähigkeit zu realisieren ist, auch wenn dies, wie manches in diesem Zusammenhang, noch plausible Vermutung bleibt und wohl erst längerfristig realisierbar wird.[4]

Die beiden zuletzt angeführten Beispiele, das der bereits realisierten Beihilfenaufsicht im Rahmen der EG und der geplanten Währungsunion im Rahmen der EU zeigen auch, daß Europa als politisches Projekt nicht nur Problemlösung ist, sondern auch selbst zum Problem für beteiligte Akteure werden kann. Dabei, dies wurde von Beginn des Buches an betont, ist es wichtig, Kritik oder auch Ablehnung eines konkreten europäischen Projektes nicht vorschnell mit „anti-europäischer" Haltung zu identifizieren, auch wenn dies zu den Standardpfeilen im Köcher rhetorisch-politischer Auseinandersetzungen um solche Projekte gehört.[5]

Leitperspektive 2: Europa als Problem

Eines der Hauptprobleme, die europäische Kooperation und noch mehr Integration aus mancher Sicht aufwerfen, ist das des Verlustes nationaler Souveränität und Autonomie. Beide sollten nicht einfach synonym gehandelt werden. Souveränität bezeichnet einen rechtlichen Status, Autonomie im Sinne von politischer Steuerungs- und Handlungsfreiheit eher faktische Verhältnisse.[6] Vom Standpunkt der politischen Philosophie ist erstere von letzterer abzuleiten, das heißt, rechtliche Souveränität ist dadurch zu legitimieren, daß und soweit sie zur tatsächlichen Autonomie einer politischen Gemeinschaft beiträgt[7], die zwar ih-

Verlust von Souveränität und Autonomie

---

3   Das Beispiel zeigte auch, daß dies nicht immer auf die begeisterte Zustimmung der betroffenen regionalen Regierung (hier: der Sachsens) trifft, daß Problemlösung also subjektiv durchaus auch als Problem empfunden werden kann.

4   Vgl. „Why non-Europeans should care about EMU. The international implications of a single currency for Europe are difficult to anticipate, but too big to ignore", in: The Economist, 29.3.1997, S.92.

5   Allerdings sind auch weitestgehend tatsächlich „anti-europäische" Kräfte, die einen (heutigen grenzüberschreitenden Problemlagen kaum mehr gerecht werdenden) Nationalismus propagieren, inzwischen rhetorisch geschickt genug, ihre blockierende Haltung als (nur) „alternative" Sicht Europas zu verkaufen. Heuchelei ist, wie man sagt, der Tribut, den das Laster an die Tugend zahlt.

6   Die Sache wird dadurch kompliziert, daß auch ein rechtlicher Status faktische Konsequenzen hat, Souveränitätsauf- oder -abgabe also auch Autonomie betrifft.

7   Ähnlich Chwaszczka 1995, 105, die feststellt: „eine partielle Übertragung der staatlichen Souveränität auf eine zwischenstaatliche Institution [beeinträchtigt] nicht die Rechte der Bürger,

rerseits auch begründungsbedürftig ist, im Sinne des Strebens nach Selbstbestimmung aber eine erhebliche Grundlegitimität hat. Das Beharren auf rechtlicher Souveränität, wo faktische Autonomie schon nicht mehr möglich ist, erweist sich leicht als kontraproduktiv, verhindert nämlich die Realisierung politischer Skalenerträge dort, wo sie nur durch ein Zusammenlegen (pooling) von Souveränität (und also Einschränkung der einzelstaatlichen Souveränität) möglich ist.[8] Ob bzw. ob nur durch solches Zusammenlegen von Souveränitätsrechten Autonomie zu wahren ist oder ob sie dadurch noch mehr beeinträchtigt wird, als es aufgrund der faktischen Verhältnisse bereits der Fall ist, wird im Einzelfall immer umstritten sein. Die im Rahmen der EU für dieses Problem gefundene grundsätzliche Lösung des Subsidiaritätsprinzips, das die Entscheidungsfreiheit auf der niedrigstmöglichen Ebene belassen will, bedarf jeweils selbst der konkreten Anwendung.

Demokratiedefizit und mangelnde Transparenz

Was etliche Beobachter (und Teilnehmer) des Projektes Europa in seiner Gestalt als EU darüber hinaus skeptisch macht, ist das in Kapitel 9.2 diskutierte sog. Demokratiedefizit. Die Diskussion dort hat auch gezeigt, daß für die damit benannte Problematik – die im Grunde mehrere Probleme unter einem Begriff zusammenfaßt – keine Patentrezepte zur einfachen Auflösung bestehen. Auch bei Durchführung von Reformen, die zumindest die Transparenz (etwa von Ratsbeschlüssen) erhöhen, was schon die zumindest gegenwärtig vorhandene Reformbereitschaft der beteiligten Regierungen zu überfordern scheint, bleiben die grundlegenden Probleme, die sich aus dem Mangel einer europäischen politischen Öffentlichkeit und der Schwierigkeiten ihrer Realisierung ergeben. Auch wird, selbst im Falle organisatorischer und institutioneller Reformen, etwa einer Reduktion und damit übersichtlicheren Gestaltung der EU-Beschlußverfahren, die heute bereits gegebene Komplexität des Gebäudes der EU – das vorliegende Buch dürfte einen Eindruck von ihr vermittelt haben – kaum wesentlich zu mindern sein. Diese Komplexität der EU hat mehrere Autoren jüngst veranlaßt, sich an ein Wort Samual Pufendorfs zu erinnern, das er in bezug auf das Heilige Römische Reich Deutscher Nationen gebraucht hat: es erschien ihm seinerzeit als „einem Monstrum gleich"[9], und auch ein etwas transparenter gestaltetes Mon-

---

denn die Souveränität staatlicher Organe stellt in erster Linie eine notwendige Bedingung zur Etablierung einer Rechtsordnung dar, jedoch keinen Wert an sich." Diese Arbeit stellt übrigens einen der ganz wenigen deutschsprachigen Beiträge zur normativen Theorie, mit anderen Worten: zur politischen Philosophie internationaler Kooperation dar.

8   In juristischem Gewande geht es um diese Souveränitätsproblematik z.B. bei der Frage, wer die höchstrichterliche und letztinstanzliche Interpretationskompetenz in europarechtlichen Fragen haben soll, der EuGH oder nationale Verfassungsgerichte wie etwa das Bundesverfassungsgericht. Letzteres hat hierzu in seinen Solange-Beschlüssen (vgl. Anm. 10 zu Kapitel 3.2) unterschiedlich Position bezogen und steht jüngst erneut, ausgerechnet aus Anlaß der EG-Bananenmarktverordnung, vor der Frage, wie es sein Verhältnis zum EuGH regeln soll (vgl. den treffend „Ausgerechnet Bananen" überschriebenen Artikel von Uwe Wesel in: Die Zeit Nr.15, 4.4.97, S.44).

9   In seinem Werk „De Statu Imperii Germanici" schreibt Samuel Pufendorf (1667/1996, 6. Kapitel, § 9), einer der großen Rechtsgelehrten des 17. Jahrhunderts, im Hinblick auf die Komplexität der Konstruktion des Heiligen Reiches: „Nihil ergo aliud restat, quam ut dicamus, Germaniam esse irregulare aliquod corpus et monstro simile, siquidem ad regulas scientiae civilis exigatur". („Es bleibt uns also nichts anderes übrig, als das deutsche Reich, wenn man es nach den Regeln der Wissenschaft von der Politik klassifizieren will, einen irregulären und einem Monstrum ähnlichen Körper zu nennen"; S.199 der benutzten zweisprachigen Ausgabe.)

strum wird möglicherweise gleichwohl ein solches bleiben. Vielleicht wird man sich angesichts dessen damit zu trösten haben, daß auch nationale politische Prozesse heutzutage nicht mehr ganz so einfach durchschaubar sind, wie der polemische Vergleich mit der „intransparenten" EU zuweilen suggerieren will, sowie mit der einschlägigen Feststellung von Hans-Martin Pawlowski (1996, 347): „Die wahren Monstren sind aber die veralteten Organisationen, auch wenn unsere Gefühle noch an ihnen hängen mögen."

Schließlich ist unter Rückgriff auf das in Kapitel 9.2 bereits Gesagte auch noch einmal darauf zu verweisen, daß ein politisches Projekt wie die europäische Integration, auch wenn es lange Zeit auf der Grundlage eines eher schweigenden „permissiven Konsens" der breiten Bevölkerung von Eliten vorangetrieben wurde, spätestens dann nicht mehr ohne Beteiligung der Bürgerinnen und Bürger auskommt, wenn es tatsächlich auch zur politischen „Union der Völker" werden soll. Damit wollen wir nicht nur bei dem auch von Schmitter (1996, 3) als „basic problem" angesprochenen Fehlen einer europäisch-inklusiven Interessensdefinition stehen bleiben.[10] Dies verweist zwar in der Tat auf ein nicht zu leugnendes Problem. Es klingt aber noch zu sehr danach, daß Europa nur mit (im Sinne von Sonntagsreden) „großen Europäern" (und Europäerinnen) zu bauen wäre. Demgegenüber erscheint es in stärker prozeßhafter Betrachtungsweise durchaus schon als Fortschritt, wenn überhaupt europaweit über Fragen der europäischen Integration öffentlich debattiert wird. Um es ein letztes Mal unter Zitat von Franklin, van der Eijk und Marsh (in: van der Eijk/Franklin 1996, 388) und etwas zugespitzt zu formulieren: „better a choice against further integration than no choice at all."[11] Integrationsbefürworter, die aufgrund jeder Ablehnung konkreter Integrationsschritte jeweils gleich einen generellen Verfall des Integrationsprozesses erwarten, zeigen nicht nur wenig Vertrauen in die langfristige Überzeugungskraft ihres Projektes. Sie bauen auch auf Sand, wenn sie den nicht in öffentlicher Kontroverse gehärteten „permissiven Konsens" zum Fundament ihres Projektes nehmen, und sie verkennen die integrationsförderliche Wirkung, die von Streit „über Europa" ausgehen kann, wenn er denn tatsächlich *auf europäischer* (statt nur nationaler) *Ebene* ausgetragen wird. Auch hier besteht also durch die Europäisierung von Kontroversen die Möglichkeit zu politischen Skalengewinnen – wenn sich denn politische Unternehmer finden, die Probleme der europäischen Integration auch auf europäischer Ebene zur Diskussion stellen.

lohnender Streit um Probleme

Die Feststellung, daß sich Europa zwischen Einheit und Pluralität bewegt, ist keinesfalls neu. Bereits 1948 eröffnete der Historiker Ludwig Dehio (1996, 27) seine die Erfahrung des gerade vorausgegangenen Weltkrieges verarbeitende Darstellung von „Gleichgewicht oder Hegemonie" mit folgender Feststellung: „Es ließe sich wohl eine Geschichte des Abendlandes denken, die alles Gesche-

Leitperspektive 3: Einheit ohne Vereinheitlichung

---

10 Schmitter schreibt: „The actors in the process of European integration will, for the foreseeable future, remain independent in the formation of their preferences and disregarding of the welfare of each other. In other words, the basic problem is how to make ‚Europe without Europeans'." („Die am Prozeß der europäischen Integration beteiligten Akteure werden, auch auf absehbare Zukunft, ihre Interessen [Präferenzen] unabhängig voneinander bestimmen und das Wohl des jeweils anderen hintanstellen. Mit anderen Worten, das Grundproblem besteht darin, wie man ‚Europa ohne Europäer' errichtet.")

11 „Besser eine Entscheidung gegen weitere Integration als überhaupt keine Entscheidung[smöglichkeit]."

hen in Zusammenhang brächte mit den beiden formalen Prinzipien der Einheit und der Vielheit. Könnte man doch sagen, daß seit über einem Jahrtausend ein Hin- und Herpendeln statthabe zwischen der Tendenz zur Vereinheitlichung, die aber nie zur völligen Einheit führt, und der Tendenz zur Aufsplitterung, die aber nie zur völligen Auflösung fortschreitet." Das besondere des im Rahmen der EU unternommenen Versuchs zur Einheit besteht nun darin, daß sie erstmals mit friedlichen Mitteln angestrebt wird, ebenso wie die geographisch umfassenderen Versuche des Ausbaus eines „gemeinsamen europäischen Hauses", also des europäischen Kooperationsnetzwerkes im Rahmen von Europarat und OSZE. Gleichwohl haben beide Unterfangen mit der Existenz, und Fortexistenz, nationaler Besonderheiten zu rechnen.

nationale Besonderheiten: achtenswerte Grenzen

An zahlreichen Stellen dieses Buches sind uns solche nationalen Besonderheiten und ihre Auswirkungen auf europäische Kooperation und Integration begegnet. Es beginnt bei der Sprachenvielfalt, die die Schaffung einer europäischen Öffentlichkeit erschwert, geht über gewachsene historische Wertvorstellungen[12], Institutionen[13] und politische Kulturen[14] bis hin zu divergierenden Auffassungen über die Rolle von Staatlichkeit.[15] Diese Faktoren sind zum Teil „weiche", auch politikwissenschaftlich schwierig zu erfassende[16], und dennoch erweisen sie sich als zuweilen harte Grenzen für Einheitsbestrebungen. Gegnerschaft gegen Integrationsbestrebungen wird auch dadurch hervorgerufen, daß mehr Vereinheitlichung betrieben wird, als wirklich erforderlich scheint. Berühmt, um nicht zu sagen berüchtigt, ist etwa die Normung des „Euro-Apfels", die zahlreiche lokale, aber die Normgröße nicht erreichende Sorten per Verordnung „aus dem Markt" wirft, da sie nicht mehr in Verkehr gebracht werden dürfen. Gerade in solchen Fragen wird man sich „in Brüssel", das heißt in Kommission *und* Rat, sensibler zeigen müssen, soll nicht Unmut im Kleinen mit langfristig fatalen Wirkungen im Großen erzeugt werden.

und nützliche Vielfalt

Dazu könnte auch beitragen – und das Apfelbeispiel demonstriert dies sehr anschaulich –, wenn in der Vielfalt nicht nur ein Hindernis von Kooperation und Integration gesehen würde, sondern auch ein positives Potential. Die (durchaus schwierige) Aufgabe besteht doch darin, Institutionen zu schaffen, die die Res-

---

12 Etwa die niederländische Liberalität, die sich z.B. auch in einer Drogenpolitik niederschlägt, die nicht alle seine Nachbarn mittragen wollen.
13 Etwa des deutschen Föderalismus, der innerhalb Deutschlands oft als musterhaft auch für Europa erscheint, obwohl er in allen anderen europäischen Staaten so unbekannt ist.
14 Etwa zu sehen in der Betonung von Parlamentssouveränität in Großbritannien oder auch von Frauenrechten in Skandinavien.
15 Die vom französischen Etatismus bis zur britischen Tradition reichen, die die starke Gegenüberstellung eines (starken) Staates und einer ihm unterstellten Gesellschaft, wie sie kontinentaler Tradition entspricht, so nicht kennt.
16 Tatsächlich gibt es hier einen gleitenden Übergang von (1.) traditionell gehegten (Vor-)Urteilen über andere Länder und deren Bevölkerung über (2.) historisch-kulturwissenschaftlich besser belegte Beschreibungen ihrer Kultur bis hin zu (3.) politikwissenschaftlichen Länderkunden, die einen Akzent auf die Erforschung politischer Kultur setzen. Beispielhaft läßt sich dies für England bzw. Grobritannien verdeutlichen anhand der Arbeiten (1.) von Miall 1993 (ein Band der trefflich [zum Teil: selbst-]ironischen Reihe „Xenophobe's guide to ...[es folgt jeweils ein Nationalitätenname]", die nunmehr auch unter dem Titel „... pauschal" auf Deutsch erscheint [Frankfurt a.M. 1997]), (2.) von Gelfert 1995 und (3.) von Döring 1993. Für die Europäer insgesamt vgl. auch die humorvoll-interessante Darstellung von Hill 1995.

source der Vielfalt erhalten – egal ob bei Obstsorten, kulturellen Mustern oder auch politischen Herangehensweisen. Warum soll es nicht möglich sein, europaweit mehrere Ansätze in der Drogenpolitik zu verfolgen – um zu sehen, welcher bessere Resultate erzielt (und davon ggf. zu lernen)? Tatsächlich, auch dies haben wir gesehen, hat ja die Integration bereits bisher aus dem Vorrat nationaler Erfahrungen geschöpft, vom Bürgerbeauftragten des Europaparlaments (Art.138 EGV), der auf die skandinavische Tradition des Ombudsmans zurückgreift, bis zur Einrichtung nationaler Kartellämter (nach deutschem Muster) oder auch einer unabhängigen Europäischen Zentralbank (ebenfalls nach deutschem Muster). Schließlich fällt in der Tat, gerade wenn es um die politisch-institutionelle Wahrung von Vielfalt bei gleichzeitig angestrebter Einheit geht, natürlich auch die historische Erfahrung ein, die Deutschland mit seinem föderalen System gemacht hat, auch wenn dies nicht bedeutet, daß die Europäische Union „1:1" nach diesem bundesstaatlichen Muster gebaut werden muß (oder kann).

Diese Vielfalt findet sich schließlich auch, und darin wurde geradezu eine Besonderheit Europas als politischer Region im globalen Kontext ausgemacht, auf der Ebene der zwischenstaatlichen Kooperationsnetzwerke. Auch hier bedeutet Vielfalt zum einen Probleme, solche der Doppelung, der Konkurrenz und der Reibungsverluste. Sie stellt aber auch ein Reservoir von Kooperationsformen dar, auf das im Bedarfsfall zurückgegriffen werden kann. Dies wird gerade beim anstehenden Aufbau einer neuen europäischen Sicherheitsarchitektur deutlich, bei dem, mit Chernoff (Kapitel 4.1.3), durchaus für die Sinnhaftigkeit der Fortexistenz einer (gewandelten) NATO plädiert werden kann, ohne daß die Koordinationsprobleme mit der im Rahmen der GASP reaktivierten WEU übersehen werden soll oder die Weisheit der Osterweiterung der NATO unhinterfragt bleiben muß.[17] Auch bei Fortexistenz der NATO hätte nämlich, dies ist die andere Erwägung, wohl ein sinnvoller Gebrauch von der Organisationsvielfalt unter stärkerem Rückgriff auf die OSZE gemacht werden können, als er nunmehr erfolgt ist. Daß eine Vielfalt der Organisationsformen im Sinne eines „Vorrats", auf den man zurückgreifen kann, nützlich ist, zeigt auch die Wiedererweckung der WEU aus ihrem zeitweiligen Dornröschenschlaf.

auch auf Ebene der internationalen Kooperationsformen

---

17 Deren Hauptproblem besteht wohl nicht in der in Moskau auch aus taktischen Gründen hervorgehobenen ablehnenden Haltung, sondern darin, daß durch das frühzeitig und einseitig erfolgte Setzen des Westens auf die NATO allein (unter Hintanstellung der Möglichkeiten im OSZE-Rahmen) „die NATO-Erweiterung zum Lackmustest dafür geworden [ist], wie ‚europäisch' ein Land ist. Die Regierungen in Mittel- und Osteuropa sehen die Mitgliedschaft mittlerweile als Reifeprüfung daraufhin an, ob ihr Land westlichen Maßstäben genügen. [Zu dieser politischen Überfrachtung der Erweiterungsfrage] konnte es kommen, weil Amerikaner und Westeuropäer die Sicherheitsprobleme ganz Europas allein auf der Grundlage der Nordatlantischen Allianz lösen wollen." (Michael Thumann: Jelzins Vision. Die alte Frage: Gehört Rußland zum Westen – oder nicht? in: Die Zeit Nr.14, 28.3.1997, S.1. Während das „Außen-vor"-Bleiben Moskau durch gesonderte Abkommen mit der NATO vermutlich wenn schon nicht schmackhaft, so doch erträglich gestaltet werden kann (zumal es die Erweiterung nicht aufhalten kann), wiegt das Auseinanderdividieren der östlichen Staaten in solche, die aufgenommen werden (wie Polen, Ungarn und Tschechien) und solche, für die das – ohne guten Grund – nicht gilt (wie die baltischen Republiken) problematischer, zumal sich die Frage stellt, ob und warum überhaupt eine Erweiterung im europäischen und im NATO-Interesse liegt (für eine insofern skeptische Einschätzung vgl. Mandelbaum 1996; vgl. auch Gardner 1997).

Leitperspektive 4: Macht und Recht	Dies führt uns zur vierten und letzten Leitperspektive des Buches, der institutionalistischen. Zu den „Erbstücken" der europäischen Tradition, die nicht aufzugeben sind, gehört die Zähmung von Macht durch Recht. Im Sinne der oben
Einhegung von roher Kriegsgewalt	skizzierten Lösung des europäischen Friedensproblems durch – in der Form einer neuen, supranationalen Rechtsordnung erfolgende – Integration hat diese Zähmung roher Macht, ja Gewalt, im zwischenstaatlichen Verkehr in Europa ja bereits stattgefunden. Auch für die sicherheitspolitische Kooperation in Europa läßt sich dies sagen, nicht nur, was die inzwischen erreichte Rüstungskontrolle und Abrüstung anbelangt. Dies gilt selbst angesichts von Ausbrüchen neuer Gewalt auf regionaler Ebene wie im ehemaligen Jugoslawien.[18]
Einhegung von staatlicher Gewalt im Innern	Die Einhegung staatlicher Gewalt durch Recht und rechtlich begründete Institutionen gilt jedoch nicht nur im Verhältnis der Staaten untereinander. Sie betrifft auch das Verhältnis von Staatsgewalt und Bürgern. Während im Rahmen des Europarates hierfür ein weltweit einmaliges System auch international wirksamer gerichtlicher Überprüfung individueller Beschwerden wegen der Verletzung von Grund- und Menschenrechten durch den „*eigenen*" Staat aufgebaut werden konnte, dessen Maßstäben sich mittlerweile praktisch alle Staaten Europas unterworfen haben, hat sich im Rahmen der europäischen Integration, der EG, aus dem fruchtbaren Wechselspiel zwischen nationalen obersten Gerichten und einem aktiven Europäischen Gerichtshof so etwas wie ein impliziter Grundrechtekatalog für EU-Bürger ergeben, auch ohne formelle EU-Verfassung. Die im noch vergleichsweise rechts- oder zumindest richterlosen Raum operierende Zusammenarbeit im Bereich Justiz und Inneres, dem dritten Pfeiler der EU, erfolgende Kooperation, stellt hier eine eher unrühmliche Ausnahme dar.
Einhegung von Marktmacht	Schließlich bleibt, als politisches Projekt, auch die Aufgabe, wie im Rahmen der EU nicht nur die Bürgerrechte der ersten Generation, die Abwehrrechte gegen staatliche Gewalt, sondern auch die Bürgerrechte der zweiten Generation, die sozialen Grundrechte, gewahrt werden können. Im Rahmen des Marktbildungsprozesses, den die europäische Integration auch und noch wesentlich darstellt, sind zwar die berühmten vier Grundfreiheiten inzwischen weitgehend realisiert, und im Rahmen der Wettbewerbspolitik wird auch die Kontrolle der übermäßigen Marktmacht einzelner Akteure auszuüben versucht. Was freilich noch aussteht, ist die politisch-rechtliche Hegung auch jener Marktmacht, die nicht konkreten einzelnen Akteuren, etwa Firmen, zukommt, sondern die als strukturelle Macht von dem größer gewordenen, global eingebundenen Binnenmarkt ausgeht. Hier steht das Projekt der „Verteidigung des europäischen Gesellschaftsmodells" auf der Tagesordnung, das sich nicht in der Realisierung von Kapitalverkehrsfreiheit erschöpft, sondern für die europäische Integration auch mit der Aussicht wirbt, daß sie, auf neuer, höherer Ebene auch wieder eine

---

18 Unter dem Eindruck des – auch medial vermittelten – Schreckens dieser Bürgerkriege und der durchaus einzuräumenden momentanen Überforderung bestehender internationaler Organisationen durch das Problem wird häufig übersehen, daß die international-institutionelle Einbettung des Konfliktes doch dafür gesorgt hat, daß er nicht durch Verwicklung äußerer Mächte zu einer Konflikteskalation geführt hat, sondern in einen, freilich zähen, Prozeß des Konfliktmanagements und der Konflikteindämmung überführt werden konnte. Wiederum ist hierzu der politikwissenschaftlich-theoretisch angeleitete historische Rückblick sehr instruktiv, der die Bedeutung des jeweiligen international-institutionellen Rahmens für den Konfliktverlauf verdeutlicht; vgl. dazu den interessanten Beitrag von Miller/Kagan 1997.

Chance eröffnet, anonyme Marktprozesse einer politischen Steuerung zugänglich zu machen, nicht im Detail, im Sinne einer Planwirtschaft, aber doch in ihren Rahmenbedingungen und gesellschaftlichen Auswirkungen. Erst dadurch könnte gewährleistet werden, daß, im Sinne der Eingangszitate, die Europäische Gemeinschaft jene dritte Form von politischem System wird, die durch das Gleichgewicht zwischen Markt und Staat, vor dem Hintergrund einer politischen Öffentlichkeit, gekennzeichnet ist. Hierzu bedarf es zweierlei.

Zum einen, so läßt sich die theoretische Grundperspektive des gesamten Buches im Sinne des politikwissenschaftlichen Institutionalismus resümieren[19], gilt es sich bewußt zu sein, daß in der Gestaltung von Institutionen eine wesentliche politische Aufgabe liegt. Sie sind nicht unabhängig von den Erfahrungen der handelnden Menschen, durch deren institutionenkonformes Verhalten sie ja nur aufrechterhalten werden. Sie speichern aber dadurch, im Sinne des von Jean Monnet zu Recht so geschätzten Zitates (vgl. oben den Vorspruch zu Kapitel 3.1.1.1), so etwas wie kollektive Erfahrung und werden dadurch selbst zu einer wertvollen Ressource, zu einem Pfund, mit dem sich politisch „wuchern" (oder zumindest Gewinn erzielen) läßt. Ganz in diesem Sinne lassen sich bestehende Institutionen auch im Rahmen der allgemeinen Sozialtheorie als Sozialkapital (vgl. dazu Coleman 1990, 300 ff.) begreifen, das, einmal aufgebaut bzw. erworben, nicht leichtfertig verspielt werden sollte.[20] Denn der Aufbau funktionierender Institutionen für internationale Kooperation und supranationale Integration ist, wie wir im Verlauf des Buches gesehen haben, durchaus voraussetzungsvoll und mühsam. Einmal eingeübte Verhaltensweisen der Kooperation haben aber nicht nur eine ihnen eigene „Trägheit" gegenüber der Veränderung, sind also nicht beliebig formbar. Sie enthalten auch das Potential zum Wandel, etwa durch die im Lauf der Kooperation erfolgende Änderung der Interessenswahrnehmung der beteiligten Akteure. Und während sich weder „die Natur des Menschen" noch internationale Machtkonstellationen leicht ändern lassen, eröffnet die kluge Gestaltung von Institutionen, die zwischen diese beiden Faktoren und die politischen Ergebnisse gleichsam als intervenierende Variable, als veränderbares Bindeglied, treten, Spielräume dafür, daß die Politikergebnisse weniger von Macht[21] und mehr von den auch dem Recht letztlich zugrundeliegenden Ansprüchen der Gerechtigkeit geprägt werden.

Ob dieser Spielraum freilich genutzt wird, hängt wesentlich davon ab, wer sich dafür stark macht. Insofern gilt, wie bereits betont, daß auch das weitere Schicksal der Europäischen Union davon abhängt, wieweit die Unionsbürgerinnen und -bürger sich dieses Projekt zu eigen machen. Politikwissenschaftliche Kenntnis über die Bedingungen und Mechanismen europäischer Kooperation

Nutzung von Institutionen als Sozialkapital

Engagement der Bürgerinnen und Bürger

---

19 An dieser fortgeschrittenen Stelle sei ein Hinweis auf drei ebenfalls fortgeschrittene Handbuchartikel erlaubt, die einen vorzüglichen Überblick über den gegenwärtigen Stand des politikwissenschaftlichen Institutionalismus gewähren: Rothstein, Weingast und Peters (alle drei: 1996; vgl. auch Anm.2 zu Kapitel 2 und Anm.19 zu Kapitel 8).

20 Das in Kapitel 4.1.3 referierte Argument Chernoffs für den Fortbestand der (gewandelten) NATO läßt sich in diesem Sinne als ein Plädoyer für den sorgfältigen Umgang mit (internationalem) Sozialkapital verstehen.

21 Den machtbeschränkenden Einfluß etwa des Multilateralismus als institutioneller Form haben wir in Kapitel 4.1.1 herausgearbeitet, im Zwischenfazit von Teil II haben wir die hegemoniezügelnde Wirkung der EU herausgearbeitet.

und Integration kann dazu beitragen, einzelne Elemente des Projektes weder kritiklos hinzunehmen, noch vorschnell und auf der Grundlage zuweilen populistischer Äußerungen zu verwerfen. Zwar gehören auch solche Äußerungen zur letztlich begrüßenswerten öffentlichen Auseinandersetzung um die europäischen Angelegenheiten. Auf der Grundlage politikwissenschaftlicher Kenntnis wird es aber leichter, dabei die Spreu bloßer Rhetorik vom Weizen guter Argumente zu trennen.

Literatur

Vorbemerkung:
Nachfolgend aufgeführt ist nur die tatsächlich verwendete und im Text zitierte Literatur. Eine vollständige Auflistung der Literatur zum Themabereich des Buches wäre unmöglich – sie füllt buchstäblich Bibliotheken. Die hier gebotene Liste – auch so umfangreich genug – ermöglicht jedoch den Einstieg in die behandelten Themen und in die Suche weiterführender Literatur.

Abromeit, Heidrun 1994: Entwicklungslinien im Verhältnis von Staat und Wirtschaft, in: Hans Kastendiek/Karl Rohe/Angelika Volle (Hrsg.): Länderbericht Großbritannien. Geschichte – Politik – Wirtschaft – Gesellschaft, Bonn, 298-314.
Albert, Michel 1992: Kapitalismus contra Kapitalismus, Frankfurt a.M./New York.
Aldebert, Jacques u.a. 1992: Europäisches Geschichtsbuch, Stuttgart u.a.
Allen, David 1996a: Cohesion and Structural Adjustment, in: Wallace/Wallace (Hrsg.), 209-233.
Allen, David 1996b: Conclusions. The European rescue of national foreign policy? in: Hill (Hrsg.), 288-304.
Alter, Karen J. 1996: The European Court's Political Power, in: West European Politics 19, 3, 458-487.
Andersen, Svein S./Eliassen, Kjell A. (Hrsg.) 1996: The European Union: How Democratic Is It? London.
Anderson, Benedict 1988: Die Erfindung der Nation. Zur Karriere eines folgenreichen Konzepts, Frankfurt a.M./New York.
Apel, Emmanuel 1998: European Monetary Integration 1958-2002, London.
Archard, David 1994: Käuflicher Sex: die moralische Dimension der Prostitution, in: Honneth (Hrsg.), 290-299.
Axelrod, Robert 1984: The Evolution of Cooperation, New York.
Axt, Heinz-Jürgen 1993: Kooperation unter Konkurrenten. Das Regime als Theorie der außenpolitischen Zusammenarbeit der EG-Staaten, in: Zeitschrift für Politik 40, 3, 241-259.
v. Baratta, Mario/Clauss, Jan Ulrich (Hrsg.) 1995: Fischer Almanach der internationalen Organisationen, Frankfurt a.M.
Bartsch, Sebastian 1995: Minderheitenschutz in der internationalen Politik. Völkerbund und KSZE/OSZE in neuer Perspektive, Opladen.
Battenberg, Friedrich 1990: Das Europäische Zeitalter der Juden, Darmstadt.
Baylis, Thomas A. 1994: The West and Eastern Europe. Economic Statecraft and Political Change, Westport/London.
Becker, Uwe 1986: Kapitalistische Dynamik und politisches Kräftespiel. Zur Kritik des klassentheoretischen Ansatzes, Frankfurt a.M./New York.

Bender, Peter 1995: Die „Neue Ostpolitik" und ihre Folgen. Vom Mauerbau bis zur Vereinigung, 3. erw. u. überarb. Aufl., München.
Bercusson, Brian u.a. 1996: Soziales Europa – ein Manifest, Reinbek.
Berg, Hermann v. 1985: Die Analyse. Die Europäische Gemeinschaft – das Zukunftsmodell für Ost und West? Köln.
Berger, Helge 1997: Die aktuelle Debatte um die Zentralbankunabhängigkeit: Theoretische und empirische Fragen, in: Zeitschrift für Unternehmensgeschichte 43, 1.
Bernauer, Thomas 1996: Protecting the Rhine River against Chloride Pollution, in: Keohane/Levy (Hrsg.), 201-232.
Bernauer, Thomas/Moser, Peter (1997): Internationale Bemühungen zum Schutz des Rheins, in: Gehring/Oberthür (Hrsg.), 147-163.
Biester, Elke/Holland-Cunz, Barbara u.a. (Hrsg.) 1994: Das unsichtbare Geschlecht der Europa. Der europäische Einigungsprozeß aus feministischer Sicht, Frankfurt a.M./New York.
Bird, Kai 1992: The Chairman. John J. McCloy – The Making of the American Establishment, New York/London u.a.
Boden, Margaret A. 1992: Die Flügel des Geistes. Kreativität und Künstliche Intelligenz, München.
Bonvicini, Gianni u.a. 1991: Die EG und die jungen Demokratien in Europa. Ein gemeinsamer Bericht westeuropäischer Außenpolitik-Institute, Baden-Baden.
Bowle, John 1985: Geschichte Europas, 2.Aufl., München/Zürich.
Boyer, Mark A. 1993: International Cooperation and Public Goods. Opportunities for the Western Alliance, Baltimore/London.
Bredow, Wilfried von 1992: Der KSZE-Prozeß, Darmstadt.
Brown, Archie 1996: The Gorbachev Factor, Oxford.
Brown, M. Leann/O'Connor, Joanne M. 1996: Cross-Pressures in Western European Foreign Aid, in: Steven W. Hook (Hrsg.): Foreign Aid toward the Millenium, Boulder, Col./London, 91-107.
Brubaker, Rogers 1994: Staats-Bürger. Frankreich und Deutschland im historischen Vergleich, Hamburg.
Buchanan, Allen 1988: Ethics, Efficiency, and the Market, Totowa, NJ.
Bunz, Axel R./Neuenfeld, Caroline 1994: Europäische Asyl- und Zuwanderungspolitik, in: Aus Politik und Zeitgeschichte B 48 (2.12.) 1994, 37-45.
Burley, Anne-Marie/Mattli, Walter 1993: Europe Before the Court: A Political Theory of Legal Integration, in: International Organization 47, 1, 41-76.
Burley, Anne-Marie/Mattli, Walter 1995: Law and politics in the European Union: a reply to Garrett, in: International Organization 49, 1. 183-190.
Cameron, Fraser 1995: Die Politik der EU gegenüber den Staaten Mittel- und Südosteuropas, in: Werner Weidenfeld (Hrsg.): Demokratie und Marktwirtschaft in Osteuropa. Strategien für Europa, Bonn, 423-435.
Cameron, David R. 1995: Transnational relations and the development of European economic and monetary union, in: Risse-Kappen (Hrsg.), 37-78.
Cappelletti, Mauro/Seccombe, Monica/Weiler, Joseph (Hrsg.) 1986: Integration Through Law. Europe and the American Federal Experience, Vil.1: Methods, Tools and Institutions, Berlin/New York.
Chernoff, Fred 1995: After Bipolarity. The Vanishing threat, theories of cooperation, and the future of the Atlantic Alliance, Ann Arbor.
Chilton, Patricia 1995: Mechanics of change: social movements, transnational coalitions, and the transformation process in Eastern Europe, in: Risse-Kappen (Hrsg.), 189-226.
Chwaszczka, Christine 1995: Zwischenstaatliche Kooperation. Perspektiven einer normativen Theorie internationaler Politik, Wiesbaden.

Cini, Michelle 1996: The European Commission. Leadership, organisation and the culture in the EU administration, Manchester/New York.
Clarke, Michael 1993: EEC Fraud. A suitable case for treatment, in: Frank Pearce/Michael Woodiwiss (Hrsg.): Global Crime Connections. Dynamics and control, Toronto/Buffalo, 162-186.
Cohen, Elie 1992: Le colbertisme „high tech". Economie des Telecom et du Grand Projet, Paris.
Cole, Alistair 1994: François Mitterrand. A study in political leadership, London/New York.
Coleman, James S. 1990: Foundations of Social Theory, Cambridge, Mass./London.
Collins, Ken/Earnshaw, David 1993: The Implementation and Enforcement of European Community Environment Legislation, in: Judge (Hrsg.), 213-249.
Connolly, Barbara/List, Martin 1996: Nuclear Safety in Eastern Europe and the Former Soviet Union, in: Keohane/Levy (Hrsg.), 233-279.
Connolly, Barbara/Gutner, Tamar/Bedarff, Hildegard 1996: Organizational Inertia and Environmental Assistance to Eastern Europe, in: Keohane/Levy (Hrsg.), 281-323.
Corbey, Dorette 1995: Dialectical functionalism: stagnation as a booster of European integration, in: International Organization 49, 2, 253-284.
Crespi, Gabriele 1992:Die Araber in Europa, Stuttgart/Zürich.
Crockatt, Richard 1995: The Fifty Years' War. The United States and the Soviet Union in World Politics, 1941-1991, London/New York.
Cron, Thomas O. 1995: Das Umweltregime der Nordsee – völker- und europarechtliche Aspekte, Baden-Baden.
Cupitt, Richard T./Grillot, Suzette R. 1997: COCOM is Dead, Long Live COCOM: Persistence and Change in Multilateral Security Institutions, in: British Journal of Political Science 27, 3, 361-389.
Czada, Roland 1995: Institutionelle Theorien der Politik, in: Dieter Nohlen (Hrsg.): Lexikon der Politik, Bd.1: Politische Theorien, hgg. von D. Nohlen und R.-O. Schultze, München, 205-213.
Czempiel, Ernst-Otto 1981: Internationale Politik. Ein Konfliktmodell, Paderborn u.a.
Czempiel, Ernst-Otto 1986: Friedensstrategien, Paderborn u.a.
Davies, Norman 1996: Europe. A history, Oxford.
Dehio, Ludwig 1996: Gleichgewicht oder Hegemonie. Betrachtungen über ein Grundproblem der neueren Staatengeschichte, Darmstadt (Original: 1948).
Delors, Jacques 1988: La France par l'Europe, Paris.
Delors, Jacques 1992: Le Nouveau Concert européen, Paris (dt.: Das neue Europa, München 1993).
den Boer, Monica 1996: Justice and Home Affairs, in: Wallace/Wallace (Hrsg.), 389-409.
Dennett, Daniel C. 1995: Darwin's Dangerous Idea. Evolution and the Meaning of Life, New York.
Deutsch, Karl W. 1973: Politische Kybernetik. Modelle und Perspektiven, 3. Aufl, Freiburg i.Br. (am. Org.: 1963).
Dinan, Desmond 1994: Ever Closer Union? An introduction to the European Community, Boulder, Col.
Dixit, Avinash/Nalebuff, Barry 1991: Thinking Strategically: The Competitive Edge in Business, Politics, and Everyday Life, New York (dt.: Spieltheorie für Einsteiger, Stuttgart 1995).
Djilas, Aleksa 1995: Fear Thy Neighbor: The Breakup of Yugoslavia, in: Kupchan (Hrsg.) 1995, 85-106.
Dodd, Nigel 1994: The Sociology of Money. Economics, reason and contemporary society, New York.
Döring, Herbert 1993: Großbritannien – Regierung, Gesellschaft und politische Kultur,: Opladen.

Dörrenbacher, Christoph/Wortmann, Michael 1994: Multinational companies in the EU and European Works Councils, in: Intereconomics 4, 199-206.
Downing, Brian M. 1992: The Military Revolution and Political Change. Origins of Democracy and Autocracy in Early Modern Europe, Princeton, N.J.
Duchêne, François 1994: Jean Monnet. The First Statesman of Interdependence, New York/London.
Duignan, Peter/Gann, L.H. 1994: The United States and the New Europe 1945-1993, Oxford/Cambridge, Mass.
Duroselle, Jean-Baptiste 1990: Europa. Eine Geschichte seiner Völker.
Durth, Rainer 1996: Der Rhein – Ein langer Weg zum grenzüberschreitenden Umweltschutz, in: Aus Politik und Zeitgeschichte B 7 (9.2.1996), 38-47.
Duverger, Maurice 1995: L'Europe dans tous ses Etats, Paris.
Dyson, Kenneth 1980: The State Tradition in Western Europe, Oxford.
Eco, Umberto 1994: Die Suche nach der vollkommenen Sprache, München.
Edberg, Rolf 1988: ... und sie segelten weiter. Die Odyssee der Europäer: von Homer zu Einstein, von Kreta nach Los Alamos, Stuttgart.
Efinger, Manfred/List, Martin 1994: Stichwort „Ost-West-Beziehungen", in: Dieter Nohlen (Hrsg.): Lexikon der Politik, Bd. 6: Internationale Beziehungen (hgg. von Andreas Boeckh), München, 381-396.
Eichenberg, Richard C./Dalton, Russel J. 1993: Europeans and the European Community: the dynamics of public support for European integration, in: International Organization 47,4, 507-534.
Eigen, Lewis D./Siegel, Jonathan P. (Hrsg.) 1993: The Macmillan Dictionary of Political Quotations, New York.
Ellwood, David W. 1992: Rebuilding Europe. Western Europe, America and postwar reconstruction, London/New York.
Engel, Norbert Paul 1997: Die Wirksamkeit europäischen und nationalen Rechts, in: Aus Politik und Zeitgeschichte B 15-16 (4.4.) 1997, 33-38.
Enzensberger, Hans Magnus 1987: Ach Europa! Wahrnehmungen aus sieben Ländern, Frankfurt a.M. (TB-Ausgabe 1989).
Erne, Roland 1995: Für ein Europa der direkten Bürgerinnen- und Bürgerbeteiligung, in: ders. u.a. (Hrsg.): Transnationale Demokratie. Impulse für ein demokratisch verfaßtes Europa, Zürich, 215-233.
Europa-Recht 1993: Textausgabe mit einer Einführung von Ernst Steindorff, 12.Aufl., München.
Evans, Peter B./Jacobson, Harold K./Putnam, Robert D. (Hrsg.) 1993: Double-Edged Diplomacy. International bargaining and domestic politics, Berkeley/Los Angeles/London.
Fetscher, Iring 1973: Modelle der Friedenssicherung, 2. Aufl., München.
Fisher, Roger/Kopelman, Elizabeth/Schneider, Andrea Kupfer 1994: Beyond Machiavelli. Tools for Coping with Conflict, Cambridge, Mass./London.
Fisher, Roger/Ury, William 1981: Getting to Yes: Negotiating Agreement Without Giving In, Boston.
Flynn, Gregory (Hrsg.) 1995: Remaking the Hexagon. The New France in the New Europe, Boulder, Col.
Forndran, Erhard/Lemke, Hans-Dieter (Hrsg.) 1995: Sicherheitspolitik für Europa zwischen Konsens und Konflikt. Analysen und Optionen, Baden-Baden.
Francis, John 1993: The Politics of Regulation. A Comparative Perspective, Oxford/Cambridge, Mass.
Fraser, Nancy 1994: Die Gleichheit der Geschlechter und das Wohlfahrtssystem: Ein postindustrielles Gedankenexperiment, in: Honneth (Hrsg.), 351-376.
Fuchs, Werner u.a. (Hrsg.) 1978: Lexikon zur Soziologie, 2. verb. u. erw. Aufl., Opladen.

Furubotn, Eirik/Richter, Rudolf 1996: Neue Institutionenökonomik. Eine Einführung und kritische Würdigung, Tübingen.
Gabel, Matthew/Palmer, Harvey D. 1995: Understanding variation in public support for European integration, in: European Journal of Political Research 27, 3-19.
Gardner, Hall 1997: Dangerous Crossroads. Europe, Russia, and the Future of NATO, Westport, Conn./London.
Garrett, Geoffrey 1993: International Cooperation and Institutional Choice: The European Community's Internal Market, in: Ruggie (Hrsg.) 1993, 365-398.
Garrett, Geoffrey 1995: The politics of legal integration in the European Union, in: International Organization 49, 1, 171-181.
Garten, Jeffrey E. 1992: A Cold Peace. America, Japan, Germany and the Struggle for Supremacy, New York.
GASP 1994: Gemeinsame Außen- und Sicherheitspolitik der Europäischen Union (GASP). Dokumentation, hgg. vom Auswärtigen Amt, Bonn.
Gasteyger, Curt 1994: Europa zwischen Spaltung und Einigung 1945 bis 1993, Bonn.
Geddes, Andrew 1995: Immigrant and Ethnic Minorities and the EU's ‚Democratic Deficit', in: Journal of Common Market Studies 33, 2, 197-217.
Gehring, Thomas 1994: Dynamic International Regimes. Institutions for International Environmental Governance, Frankfurt a.M. u.a.
Gehring, Thomas 1997: Das internationale Regime über weiträumige grenzüberschreitende Luftverschmutzung, in: ders./Oberthür (Hrsg.), 45-62.
Gehring, Thomas/Oberthür, Sebastian 1997: Internationale Regime als Steuerungsinstrumente der Umweltpolitik, in dies. (Hrsg.), 9-25.
Gehring, Thomas/Oberthür, Sebastian (Hrsg.) 1997: Internationale Umweltregime. Umweltschutz durch Verhandlungen und Verträge, Opladen.
Gelfert, Hans-Dieter 1995: Typisch englisch. Wie die Briten wurden, was sie sind, München.
Genscher, Hans-Dietrich 1995: Erinnerungen, Berlin.
Gill, Stephen 1993: Stichwort „Hegemony", in: Joel Krieger (Hrsg.): The Oxford Companion to Politics of the World, Oxford, 384-386.
Gleske, Leonhard 1996: Das zukünftige Europäische System der Zentralbanken im Vergleich zu den nationalen Systemen der USA und Deutschlands, in: König/Rieger/Schmitt (Hrsg.), 99-116.
Glöckler-Fuchs, Juliane 1997: Institutionalisierung der europäischen Außenpolitik, München/Wien.
Gorbatschow, Michail 1995: Erinnerungen, Berlin.
Göller, Josef-Thomas 1995: Anwälte des Friedens. Die UNO und ihre sechs Generalsekretäre, Bonn.
Golub, Jonathan 1996a: The Politics of Judicial Discretion: Rethinking the Interaction between National Courts and the European Court of Justice, in: West European Politics 19, 2, 360-385.
Golub, Jonathan 1996b: Sovereignty and Subsidiarity in EU Environmental Policy, in: Political Studies 44, 686-703.
Goodin, Robert E./Klingemann, Hans-Dieter (Hrsg.) 1996: A New Handbook of Political Science, Oxford.
Grafton, Anthony 1995: Die tragischen Ursprünge der deutschen Fußnote, Berlin.
Grande, Edgar 1995: Forschungspolitik in der Politikverflechtungs-Falle? Institutionelle Strukturen, Konfliktdimensionen und Verhandlungslogiken europäischer Forschungs- und Technologiepolitik, in: Politische Vierteljahresschrift 36, 3, 460-483.
Grieco, Joseph M. 1990: Cooperation among Nations. Europe, America, and non-tarif barriers to trade, Ithaca/London.

Grieco, Joseph M. 1995: The Maastricht Treaty, Economic and Monetary Union and the neo-realist research programme, in: Review of International Studies 21, 21-40.
Grilli, Enzo R. 1993: The EC and the Developing Countries, New York/Cambridge.
Grimm, Dieter (Hrsg.) 1996: Staatsaufgaben, Frankfurt a.M.
Guggenbühl, Alain 1995: The Political Economy of Association with Eastern Europe, in: Laursen (Hrsg.), 211-282.
Gurr, Ted Robert/Harff, Barbara 1994: Ethnic Conflict in World Politics, Boulder, Col.
Haas, Ernst B. 1968: The Uniting of Europe, 2.Aufl., Stanford.
Haas, Peter M. 1990: Saving the Mediterranean. The Politics of International Environmental Cooperation, New York.
Haas, Peter M. 1993: Protecting the Baltic and North Sea, in: ders./Keohane/Levy (Hrsg.), 133-181.
Haas, Peter M./Keohane, Robert O./Levy, Marc A. (Hrsg.) 1993: Institutions for the Earth. Sources of effective international environmental protection, Cambridge, Mass./London.
Hacke, Christian 1997: Zur Weltmacht verdammt. Die amerikanische Außenpolitik von Kennedy bis Clinton, Berlin.
Hailbronner, Kay 1995: Third-Country Nationals and EC Law, in: Rosas/Antola (Hrsg.), 182-206.
Hall, John A. 1985: Powers and Liberties. The Causes and Consequences of the Rise of the West, London.
Haller-Block, Ute 1986: Gestalten statt verwalten: die frauenpolitische Arbeit der Kommission, in: Piepenschneider (Hrsg.), 11-18.
Halliday, Fred 1983: The Making of the Second Cold War, London.
Halliday, Fred 1994: Rethinking International Relations, Basingstoke/London.
Hanf, Kenneth/Underdal, Arild 1998: Domesticating International Commitments: Linking National and International Decision-Making, in: Underdal (Hrsg.), 149-170.
Hardach, Gerd 1994: Der Marshall-Plan. Auslandshilfe und Wiederaufbau in Westdeutschland 1948-1952, München.
Hardin, Russell 1995: One for All. The logic of group conflict, Princeton, N.J.
Harder, Bettina von 1997: Die Interdependenzen zwischen Währungsunion und Politischer Union in der Europäischen Union des Maastrichter Vertrages, Frankfurt a.M. u.a.
Harms, Wolfgang 1991: Künftiger Strombedarf in Osteuropa, in: Zeitschrift für Energiewirtschaft 15, 3, 147-153.
Hart, Jeffrey A. 1992: Rival Capitalists. International Competitiveness in the United States, Japan, and Western Europe, Ithaca/London.
Hartenstein, Liesel/Priebe, Hermann/Köpke, Ulrich (Hrsg.) 1997: Braucht Europa seine Bauern noch? Über die Zukunft der Landwirtschaft, Baden-Baden.
Hartwig, Karl-Hans/Welfens, Paul J.J. 1998: EU und Osteuropa, in: Klemmer (Hrsg.), 375-455.
Hattenhauer, Hans 1992: Europäische Rechtsgeschichte, Heidelberg.
Hayes-Renshaw, Fiona 1996: The Role of the Coucil, in: Andersen/Eliassen (Hrsg.), 143-164.
Heering, Walter 1997: Der Marshall-Plan und die ökonomische Spaltung Europas, in: Aus Politik und Zeitgeschichte B22-23 (23.5.1997), 30-38.
Héritier, Adrienne/Mingers, Susanne/Knill, Christoph/ Becka, Martina 1994: Die Veränderung von Staatlichkeit in Europa. Ein regulativer Wettbewerb: Deutschland, Großbritannien und Frankreich in der Europäischen Union, Opladen.
Hey, Christian 1994: Umweltpolitik in Europa. Fehler, Risiken, Chancen, München.
Hey, Christian/Brendle, Uwe (Hrsg.) 1994: Umweltverbände und EG. Strategien, politische Kulturen und Organisationsformen, Opladen.

Hildebrand, Philipp M. 1993: The European Community's Environmental Policy, 1957 to ,1992': From Incidental Measures to an International Regime?, in: Judge (Hrsg.), 13-44.

Hill, Christopher (Hrsg.) 1996: The Actors in Europe's Foreign Policy, London/New York.

Hill, Richard 1995: We Europeans, Brüssel.

Hinteregger, Gerald 1991: ECE: A Regional Economic Forum for Multilateral Economic Co-operation, in: M.A. Boisard/E.M. Chossudovsky (Hrsg.): The United Nations System at Geneva, New York, 323-334.

Hirschman, Albert O. 1970: Exit, Voice, and Loyalty. Responses to Decline in Firms, Organizations, and States, Cambridge, Mass./London.

Hix, S. 1995: The European Party Federations: From transnational party cooperation to nascent European parties, in: J. Gaffney (Hrsg.): Political Parties and the European Union, London.

Hölscheidt, Sven/Schotten, Thomas 1993: Von Maastricht nach Karlsruhe, Darmstadt.

Hofmann, Rainer 1992: Minderheitenschutz in Europa. Überblick über die völker- und staatsrechtliche Lage, in: Zeitschrift für ausländisches öffentliches Recht und Völkerrecht 52, 1, 1-69.

Hogan, Michael J. 1987: The Marshall Plan. America, Britain, and the reconstruction of Western Europe, 1947-1952, Cambridge.

Holland-Cunz, Barbara/Ruf, Anja/Sauer, Birgit 1994: Das unsichtbare Geschlecht der Europa. Einleitung, in: Biester u.a. (Hrsg.), 7-19.

Holsti, Kalevi J. 1996: The State, War, and the State of War, Cambridge.

Honneth, Axel (Hrsg.) 1994: Pathologien des Sozialen. Die Aufgaben der Sozialphilosophie, Frankfurt a.M.

Hoskyns, Catherine 1994: Gender issues in international relations: the case of the European Community, in: Review of International Studies 20, 225-239.

Hosli, Madeleine O. 1995: The Balance Between Small and Large: Effects of a Double-Majority System on Voting Power in the European Union, in: International Studies Quarterly 39, 3, 351-370.

Howard, Michael 1981: Der Krieg in der europäischen Geschichte. Vom Ritterheer zur Atomstreitmacht, München.

Howe, Paul 1995: A Community of Europeans: The Requisite Underpinnings, in: Journal of Common Market Studies 33, 1, 27-46.

Howlett, Darryl A. 1990: EURATOM and Nuclear Safeguards, New York.

Hradil, Stefan/Immerfall, Stefan (Hrsg.) 1997: Die westeuropäischen Gesellschaften im Vergleich, Opladen.

Hrbek, Rudolf/Weyand, Sabine 1994: betrifft: Das Europa der Regionen, München.

Huelshoff, Michael G. 1994: Domestic Politics and Dynamic Issue Linkage: A Reformulation of Integration Theory, in: International Studies Quarterly 38, 2, 255-279.

Humboldt, Wilhelm von 1978: Ideen zu einem Versuch, die Grenzen der Wirksamkeit des Staats zu bestimmen, Stuttgart.

Hummel, Diana 1994: Frauenhandel und Europa 1993, in: Biester u.a. (Hrsg.), 128-140.

Hurlburt, Heather F. 1995: Das Büro für Demokratische Institutionen und Menschenrechte: Die Antwort der OSZE auf die Herausforderung der Demokratisierung, in: IFSH (Hrsg.), 277-285.

IFSH (Institut für Friedensforschung und Sicherheitspolitik Hamburg) (Hrsg.) 1995: OSZE-Jahrbuch 1995, Baden-Baden.

Immerfall, Stefan 1994: Einführung in den Europäischen Gesellschaftsvergleich. Ansätze – Problemstellungen – Befunde, Passau.

Immerfall, Stefan/Sobisch, Andreas 1997: Europäische Integration und europäische Identität. Die Europäische Union im Bewußtsein ihrer Bürger, in: Aus Politik und Zeitgeschichte B 10 (28.2.), 25-37.

Ionescu, Ghita 1991: Leadership in an Interdependent World. The Statesmanship of Adenauer, de Gaulle, Thatcher, Reagan and Gorbachev, Boulder/San Francisco.
Ireland, Patrick R. 1995: Migration, Free Movement, and Immigration Integration in the EU: A Bifurcated Policy Response, in: Leibfried/Pierson (Hrsg.), 231-266.
Jachtenfuchs, Markus 1996: Stichwort „Umweltpolitik", in: Kohler-Koch/Woyke (Hrsg.), 254-258.
Jachtenfuchs, Markus/Kohler-Koch, Beate (Hrsg.) 1996: Europäische Integration, Opladen.
Jacobs, Francis/Corbett, Richard 1990: The European Parliament, Boulder, Col.
Jakobeit, Cord 1993: Internationale Finanzorganisationen und der Transformationsprozeß in Osteuropa: Krisenmanager, Herrschaftsinstrumente oder Katalysatoren von Hilfe zur Selbsthilfe?, in: ders./Yenal (Hrsg.), 522-540.
Jakobeit, Cord/Yenal, Alparslan (Hrsg.) 1993: Gesamteuropa. Analysen, Probleme und Entwicklungsperspektiven, Opladen.
Jakobsen, Peter Viggo 1995: Multilateralism Matters, But How? The Impact of Multilateralism on Great Power Policy towards the Break-up of Yugoslvia, in: Cooperation and Conflict 30, 4, 365-398.
Jessurun d'Oliveira, Hans Ulrich 1995: Union Citizenship: Pie in the Sky? in: Rosas/Antola (Hrsg.), 58-84.
Joerges, Christian 1996: Das Recht im Prozeß der europäischen Integration, in: Jachtenfuchs/ Kohler-Koch (Hrsg.), 73-108
Jopp, Mathias 1993: Europäische Union, WEU und NATO – Komplementarität und Konkurrenz, in : Regelsberger (Hrsg.), 127-134.
Jordan, Robert S./Feld, Werner J. 1986: Europe in the Balance. The changing context of European international politics, London/Boston.
Judge, David (Hrsg.) 1993: A Green Dimension for the European Community. Political issues and processes, London.
Jürgens, Thomas 1994: Die Gemeinsame Europäische Außen- und Sicherheitspolitik, Köln u.a.
Kaelble, Hartmut 1987: Auf dem Weg zu einer europäischen Gesellschaft? Eine Sozialgeschichte Westeuropas 1880-1980, München.
Kaiser, David 1992: Kriege in Europa. Machtpolitik von Philipp II. bis Hitler, Hamburg.
Kant, Immanuel 1795/1977: Zum ewigen Frieden, in: ders.: Schriften zur Anthropologie, Geschichtsphilosophie, Politik und Pädagogik 1, Werkausgabe Bd.XI, Frankfurt a.M., 193-251.
Kaplan, Lawrence S. 1994: NATO and the United States. The enduring alliance, Updated edition, New York.
Kapteyn, Paul 1996: The Stateless Market. The European dilemma of integration and civilization, London/New York.
Karadi, Matthias Z. 1994: Die Reform der Atlantischen Allianz. Bündnispolitik als Beitrag zur kooperativen Sicherheit in Europa?, Münster.
Keck, Otto 1991: Der neue Institutionalismus in der Theorie der Internationalen Politik, in: Politische Vierteljahresschrift 32, 4, 635-653.
Keohane, Robert O./Hoffmann, Stanley (Hrsg.) 1991: The New European Community. Decisionmaking and institutional change, Boulder/San Francisco/Oxford.
Keohane, Robert O./Levy, Marc A. (Hrsg.) 1996: Institutions for Environmental Aid. Pitfalls and Promise, Cambridge, Mass./London.
Keohane, Robert O./Nye, Joseph S. 1977: Power and Interdependence. World politics in transition, Boston/Toronto.
Keohane, Robert O./Nye, Joseph S./Hoffmann, Stanley (Hrsg.) 1993: After the Cold War. International institutions and state strategies in Europe, 1989-1991, Cambridge, Mass./London.

Kindermann, Gottfried-Karl (Hrsg.) 1981: Grundelemente der Weltpolitik. Eine Einführung, 2. Aufl., München.
Kindleberger, Charles P. 1993: A Financial History of Western Europe, 2. Aufl., New York/Oxford.
Klemmer, Paul (Hrsg.) 1998: Handbuch Europäische Wirtschaftspolitik, München.
König, Thomas 1996: Vom Intergouvernementalismus zum Parlamentarismus? Eine institutionelle Analyse der europäischen Mehrkammer-Gesetzgebung von 1958 bis 1995, in: König/Rieger/Schmitt (Hrsg.), 70-98.
König, Thomas/Rieger, Elmar/Schmitt, Hermann (Hrsg.) 1996: Das europäische Mehrebenensystem, Mannheimer Jahrbuch für Europäische Sozialforschung Bd.1, Frankfurt a.M./New York.
Kohler-Koch, Beate 1990: „Interdependenz", in: Volker Rittberger (Hrsg.): Theorien der Internationalen Beziehungen. Bestandsaufnahme und Forschungsperspektiven (PVS-Sonderheft 21), Opladen, 110-129.
Kohler-Koch, Beate 1992: Interessen und Integration. Die Rolle organisierter Interessen im westeuropäischen Integrationsprozeß, in: Kreile (Hrsg.), 81-119.
Kohler-Koch, Beate (Hrsg.) 1989: Regime in den internationalen Beziehungen, Baden-Baden.
Kohler-Koch, Beate/Woyke, Wichard (Hrsg.) 1996: Die Europäische Union (= Bd.5 von: Lexikon der Politik, hgg. von Dieter Nohlen), München.
Koslowski, Gerd 1995: Die NATO und der Krieg in Bosnien-Herzegowina. Deutschland, Frankreich und die USA im internationalen Krisenmanagement, Vierow bei Greifswald.
Koslowski, Peter 1991: Gesellschaftliche Koordination. Eine ontologische und kulturwissenschaftliche Theorie der Marktwirtschaft, Tübingen.
Kramer, Heinz 1993: The European Community's Response to the ‚New Eastern Europe', in: Journal of Common Market Studies 31, 2, 213-244.
Krasner, Stephen D. (Hrsg.) 1983: International Regimes, Ithaca/London.
Kreile, Michael (Hrsg.) 1992: Die Integration Europas, PVS-Sonderheft 23, Opladen.
Krohn, Wolfgang 1987: Francis Bacon, München.
Kronsell, Annica 1997: Greening the EU. Power pratices, resistances and agenda setting, Bromley/Lund.
Küster, Hansjörg 1995: Geschichte der Landschaft in Mitteleuropa. Von der Eiszeit bis zur Gegenwart, München.
Kupchan, Charles A. (Hrsg.) 1995: Nationalism and Nationalities in the New Europe, Ithaca/London.
Kuper, Ernst 1997: Der Kontrakt des Architekten. Das ‚soziale Europa' nach Jacques Delors, in: Jens Borchert/Stephan Lessenich/Peter Lösche (Hrsg.): Standortrisiko Wohlfahrtsstaat? (= Jahrbuch für Europa- und Nordamerika-Studien Bd.1), Opladen, 187-210.
Kuper, Ernst/Jun, Uwe (Hrsg.) 1997: Nationales Interesse und integrative Politik in transnationalen parlamentarischen Versammlungen, Opladen.
Lane, Jan-Erik (Hrsg.) 1991: Understanding the Swedish Model, Special Issue von: West European Politics, 14, 3.
Lane, Jan-Erik/Maeland, Reinert/Berg, Sven 1996: Voting Power Under the EU Constitution, in: Andersen/Eliassen (Hrsg.), 165-185.
Laqueur, Walter 1992: Europa auf dem Weg zur Weltmacht 1945-1992, München.
Laughland, John 1997: The Tainted Source. The Undemocratic Origins of the European Idea, London.
Laursen, Finn 1995: On Studying European Integration: Integration Theory and Political Economy, in: ders. (Hrsg.), 3-29.
Laursen, Finn (Hrsg.) 1995: The Political Economy of European Integration, Den Haag/Boston/London.

Lebow, Richard Ned/Stein, Janice Gross 1994: We all lost the Cold War, Princeton, N.J.
Leffler, Melvyn P./Painter, David S. (Hrsg.) 1994: Origins of the Cold War. An International History, London/New York.
Lehner, Franz 1981: Einführung in die Neue Politische Ökonomie, Königstein/Ts.
Leibfried, Stephan/Kodre, Petra 1996: Stichwort „Sozialpolitik", in: Kohler-Koch/Woyke (Hrsg.), 244-249.
Leibfried, Stephan/Pierson, Paul 1995: Semisovereign Welfare States: Social Policy in a Multitiered Europe, in: dies. (Hrsg.), 43-77.
Leibfried, Stephan/Pierson, Paul (Hrsg.) 1995: European Social Policy. Between fragmentation and integration, Washington, D.C.
Leipold, Helmut 1995: Zur Osterweiterung der Europäischen Union: Chancen und Hindernisse, in: Aussenpolitik 46, 2, 126-135.
Levy, Marc A. 1993: European Acid Rain: The power of tote-board diplomacy, in: Haas/Keohane/Levy (Hrsg.), 75-132
Lewin, Leif 1991: Self-Interest and Public Interest in Western Politics, Oxford.
Lewin, Leif 1994: The rise and decline of corporatism: The case of Sweden, in: European Journal of Political Research 26, 59-79.
Lewis, David W.P. 1993: The Road to Europe. History, Institutions and Prospects of European Integration 1945-1993, Frankfurt a.M. u.a.
Lind, Michael 1995: The Next American Nation. The new nationalism and the forth American Revolution, New York.
Lindberg, Leon 1963: The Political Dynamics of European Economic Integration, Stanford.
Lindberg, Leon/Scheingold, Stuart 1970: Europe's Would-Be Polity, Englewood Cliffs, NJ.
Lipgens, Walter 1986: 45 Jahre Ringen um die Europäische Verfassung. Dokumente 1939-1984, Bonn.
List, Martin 1991: Umweltschutz in zwei Meeren. Vergleich der internationalen Zusammenarbeit zum Schutz der Meeresumwelt in Nord- und Ostsee, München.
List, Martin 1992: Rechtsstaatlichkeit in (West)Europa. Eine regimeanalytische Betrachtung, in: Politische Vierteljahresschrift 33, 4, 622-642.
List, Martin 1993: Der Westen und die Sicherheit östlicher Kernkraftwerke, in: Aussenpolitik 44, 3, 344-353.
List, Martin 1995: Formen und Probleme der Ost-West-Kooperation bezüglich der Sicherheit von Kernkraftwerken, in: Edgar Grande/Hans J. Kleinsteuber/Martin List/ Georg Simonis: Die Technologiepolitik in Deutschland und Europa, polis-Heft Nr.30, Hagen.
List, Martin 1996: Internationale Politik und humanitäre Intervention, in: Schmidt (Hrsg.), 11-32.
List, Martin 1997: Schutz der Ostsee, in: Gehring/Oberthür (Hrsg.), 133-146.
List, Martin/Reichardt, Wolfgang/Simonis, Georg 1995: Internationale Politik – Probleme und Grundbegriffe, Opladen.
List, Martin/Rittberger, Volker 1998: The Role of Intergovernmental Organizations in the Formation and Evolution of International Regimes, in: Underdal (Hrsg.), 67-81.
Loth, Wilfried 1980: Die Teilung der Welt 1941-1955, München.
Loth, Wilfried 1990: Der Weg nach Europa. Geschichte der europäischen Integration 1939-1957, Göttingen.
Lowi, Theodore 1972: Four Systems of Policy, Politics and Choice, in: Public Administration Review, 32, 298-310.
Ludwig, Klemens 1995: Ethnische Minderheiten in Europa. Ein Lexikon, München.
Lundestad, Geir 1998: „Empire" by Integration. The United States and European Integration, 1945-1997, Oxford.

Madl, Ferenc/Müller-Graff, Peter-Christian (Hrsg.) 1996: Hungary – From Europe Agreement to a Member Status in the European Union, Baden-Baden.
Mainzer, Klaus 1995: Zeit. Von der Urzeit zur Computerzeit, München.
Mandelbaum, Michael 1996: The Dawn of Peace in Europe, New York.
Manser, Roger 1993: Failed Transitions. The East European economy and environment since the fall of communism, New York.
Mastanduno, Michael 1992: Economic Containment. CoCom and the politics of East-West trade, Ithaca/London.
Mazey, Sonia/Richardson, Jeremy (Hrsg.) 1993: Lobbying the European Community, Oxford.
McNeill, William H. 1983: The Pursuit of Power, Oxford.
Mead, George Herbert 1968: Geist, Identität und Gesellschaft aus der Sicht des Sozialbehaviorismus, Frankfurt a.M.
Medick-Krakau, Monika 1995: Amerikanische Außenpolitik im Wandel. Handelsgesetzgebung und GATT-Politik 1945-1988, Berlin.
Mendez, Ruben P. 1992: International Public Finance. A New Perspective on Global Relations, Oxford.
Mendler, Martin 1990: Working conditions of foreign journalists in East-West relations: regulating a conflict about values without a regime, in: Rittberger (Hrsg.), 216-249.
Merritt, Giles 1991: Abenteuer Osteuropa. Die zukünftigen Beziehungen zwischen der Europäischen Gemeinschaft und Osteuropa, Landsberg a.L.
Meyers, Reinhard 1993: Konfliktregelung und Friedenssicherung, Fernstudienkurs der FernUniversität, Kursnr. 4668, Hagen.
Miall, Antony 1993: The Xenophobe's Guide to The English, London (dt.: Die Engländer pauschal, Frankfurt a.M. 1997).
Middlemas, Keith 1995: Orchestrating Europe. The Informal Politics of European Union 1973-1995, London.
Miller, Benjamin/Kagan, Korina 1997: The Great Powers and Regional Conflicts: Eastern Europe and the Balkans from the Post-Napoleonic Era to the Post-Cold War Era, in: International Studies Quarterly 41, 1, 51-85.
Milner, Henry 1989: Sweden. Social democracy in practice, Oxford.
Milward, Alan S. 1992: The European Rescue of the Nation-State, Berkeley/Los Angeles.
Mitrany, David 1943: The Working Peace System, London.
Monnet, Jean 1988: Erinnerungen eines Europäers, Baden-Baden.
Moravcsik, Andrew 1991: Negotiating the Single European Act: National Interests and Conventional Statecraft in the European Community, in: International Organisation 45, 1, 19-56 (auch in: Keohane/Hoffmann [Hrsg.] 1991, 41-84 und [gekürzt] in: Nelsen/Stubb [Hrsg.] 1994, 211- 233).
Moravcsik, Andrew 1995: Explaining International Human Rights Regimes: Liberal Theory and Western Europe, in: European Journal of International Relations 1, 2, 157-189.
Morin, Edgar 1988: Europa denken, Frankfurt a.M./New York.
Müller, Harald 1993: Die Chance der Kooperation. Regime in den internationalen Beziehungen, Darmstadt.
Müller, Harald 1995: Europäische Sicherheit durch Machtgleichgewicht oder kooperative Strukturen? Eine Zwischenbilanz, in: Forndran/Lemke (Hrsg.) 1995, 257-276.
Müller, Henrik 1997: Euro-Poker. Zur politischen Ökonomie der Auswahl der EWU-Teilnehmer, in: Blätter für deutsche und internationale Politik, 7, 704-713.
Müller-Brandeck-Bocquet, Gisela 1997: Der Amsterdamer Vertrag zur Reform der Europäischen Union, in: Aus Politik und Zeitgeschichte B 47 (14.11.1997), 21-29.
Müller-Graff, Peter-Christian/Stepniak, Andrzej (Hrsg.): Poland and the European Union – Between Association and Membership, Baden-Baden.

Murphy, Craig N. 1994: International Organization and Industrial Change. Global governance since 1850, New York.
Narr, Wolf Dieter/Offe, Claus (Hrsg.) 1975: Wohlfahrtsstaat und Massenloyalität, Köln.
Nedergaard, Peter 1995: The Political Economy of CAP Reform, in: Laursen (Hrsg.), 111-144.
Nelsen, Brent F./Stubb, Alexander C.-G. (Hrsg.) 1994: The European Union. Readings on the Theory and Practice of European Integration, Boulder, Col./London.
Neuberger, Oswald 1995: Mikropolitik. Der alltägliche Aufbau und Einsatz von Macht in Organisationen, Stuttgart.
Neunreither, Karlheinz 1993: Subsidiarity as a Guiding Principle for European Community Activities, in: Government and Opposition 28, 1, 206-217.
Newman, Michael 1997: Democracy, Sovereignty and the European Union, London.
Nicolaidis, Kalypso 1993: East European Trade in the Aftermath of 1989: Did international institutions matter? in: Keohane/Nye/Hoffmann (Hrsg.), 196-245.
Niskanen, William A. 1971: Bureaucracy and Representative Government, Chicago.
Nötzold, Jürgen 1995: Europäische Union und Ostmitteleuropa: Erwartungen und Ungewißheiten, in: Aussenpolitik 46, 1, 13-22.
Norgaard, Ole/Pedersen, Thomas/Petersen, Nikolaj 1993: The European Community in World Politics, London.
Norton, Philip (Hrsg.) 1996: National Parliaments and the European Union, London.
Nowak, Jürgen 1994: Europas Krisenherde. Nationalitätenkonflikte vom Atlantik bis zum Ural – Ein Handbuch, Reinbek.
Nowak, Jerzy M. 1996: The Organization for Security and Co-operation in Europe, in: Trevor Findlay (Hrsg.): Challenges for the New Peacekeepers (SIPRI Research Report No.12), Oxford, 121-141.
Nugent, Neill 1994: The Government and Politics of the European Union, 3.überarb. u. erw. Aufl., London.
Nuscheler, Franz 1995: Internationale Migration – Flucht und Asyl, Opladen.
Nuscheler, Franz/Schmuck, Otto (Hrsg.) 1992: Die Süd-Politik der EG, Bonn.
Nuttall, Simon 1996: The Commission: the struggle for legitimacy, in: Hill (Hrsg.), 130-147.
Olson, Mancur 1965: The Logic of Collective Action. Public Goods and the Theory of Groups, Cambridge, Mass.
Olson, Mancur/Zeckhauser, Richard 1966: An Economic Theory of Alliances, in: Review of Economics and Statistics 48, 266-279.
Osterhammel, Jürgen 1992: Die europäische Expansion und die Transformation der überseeischen Welt, Fernstudienkurs der Fernuniversität Hagen, Kursnr.4110, Hagen.
Osterhammel, Jürgen 1995: Kolonialismus. Geschichte, Formen, Folgen, München.
Ostner, Ilona/Lewis, Jane 1995: Gender and the Evolution of Social Policies, in: Leibfried/Pierson (Hrsg.), 159-193.
Ostrup, Finn 1995: Economic and Monetary Union, in: Laursen (Hrsg.), 145-176.
Ott, Konrad 1997: Ipso facto. Zur ethischen Begründung normativer Implikate wissenschaftlicher Praxis, Frankfurt/M.
Park, William 1986: Defending the West. A history of NATO, Brighton.
Pawlowski, Hans-Martin 1996: Probleme der Begründung des Rechts im europäischen Mehrebenensystem, in: König/Rieger/Schmitt (Hrsg.), 332-355.
Pedersen, Jorgen Dige 1993: The EC and the Developing Countries: Still Partners? in: Norgaard/Pedersen/Petersen (Hrsg.), 139-159.
Pedersen, Mogens N. 1996: Euro-parties and European Parties: New Arenas, New Challenges and Strategies, in: Andersen/Eliassen (Hrsg.), 15-39.
Peffekoven, Rolf 1994: Die Finanzen der Europäischen Union, Mannheim u.a.
Peters, Susanne 1993: GASP und WEU – Wegbereiter einer Supermacht Europa? in: Regelsberger (Hrsg.), 139-153.

Peters, Bernhard 1993: Die Integration moderner Gesellschaften, Frankfurt a.M.
Peters, Ingo 1995: Europäische Sicherheitsinstitutionen: Arbeitsteilung oder Konkurrenz? in: Forndran/Lemke (Hrsg.) 1995, 277-304.
Peters, B. Guy 1996: Political Institutions, Old and New, in: Goodin/Klingemann (Hrsg.), 205-220.
Peters, B. Guy 1997: Escaping the Joint-Decision Trap: Repetition and Sectoral Politics in the European Union, in: West European Politics 20, 2, 22-36.
Peterson, John 1991: Technology Policy in Europe: Explaining the Framework Programme and Eureka in Theory and Practice, in: Journal of Common Market Studies 29, 3, 269-290.
Peterson, John 1993: High Technology and the Competition State. An analysis of the Eureka initiative, London/New York.
Philip, Alan Butt 1994: European Union Immigration Policy: Phantom, Fantasy or Fact? in: West European Politics 17, 2, 168-191.
Pickel, Susanne 1997: Ungarn in Europa. Demokratisierung durch politischen Dialog? Wiesbaden.
Piening, Christopher 1997: Global Europe. The European Union in World Affairs, Boulder, Col./London.
Piepenschneider, Melanie 1996: Vorwort, in: dies. (Hrsg.), 7-10.
Piepenschneider, Melanie (Hrsg.) 1996: Frauenpolitik in der Europäischen Union, Baden-Baden.
Pinker, Steven 1994: The Language Instinct. How the Mind Creates Language, New York (dt.: Der Sprachinstinkt, München 1996).
Priebe, Hermann 1988: Die subventionierte Unvernunft. Landwirtschaft und Naturhaushalt, 3. Aufl., Berlin.
Primoratz, Igor 1994: Ist Prostitution verwerflich? in: Honneth (Hrsg.), 260-289.
Püttner, Günter/Spannowsky, Willy 1998: Beihilfenrecht und Beihilfenaufsicht, in: Klemmer (Hrsg.), 319-373.
Pufendorf, Samuel v. 1667/1994: Die Verfassung des Deutschen Reiches, Frankfurt a.M.
Putnam, Robert D. 1988: Diplomacy and Domestic Politics. The logic of two-level games, in: International Organization 42, 427-460 (auch als Anhang in: Evans/Jacobson/Putnam [Hrsg.] 1993, 431-468).
Raiffa, Howard 1982: The Art and Science of Negotiation. How to resolve conflicts and get the best out of bargaining, Cambridge, Mass./London.
Randelzhofer, Albrecht (Hrsg.) 1991: Völkerrechtliche Verträge, 5.Aufl., München.
Rawls, John 1979: Eine Theorie der Gerechtigkeit, Frankfurt a.M.
Rees, G. Wyn (Hrsg.) 1993: International Politics in Europe. The new agenda, London/New York.
Regelsberger, Elfriede (Hrsg.) 1993: Die Gemeinsame Außen- und Sicherheitspolitik der Europäischen Union. Profilsuche mit Hindernissen, Bonn.
Reichardt, Wolfgang 1994: Die Karriere des Subsidiaritätsprinzips in der Europäischen Gemeinschaft, in: Österreichische Zeitschrift für Politikwissenschaft 23, 1, 53-66.
Reisinger, William M. 1992: Energy and the Soviet Bloc. Alliance politics after Stalin, Ithaca/London.
Reynolds, David (Hrsg.) 1994: The Origins of the Cold War in Europe. International Perspectives, New York/London.
Rheingold, Howard 1994: The Virtual Community, London.
Richter, Rudolf 1990: Geldtheorie. Vorlesung auf den Grundlagen der Allgemeinen Gleichgewichtstheorie und der Neuen Institutionenökonomik, Berlin.
Ridinger, Rudolf 1991: Technologiekooperation in Westeuropa. Die Suche nach grenzüberschreitenden Antworten auf technologiepolitische Herausforderungen, Hamburg.

Riecker, Joachim 1995: Ware Lust. Wirtschaftsfaktor Prostitution, Frankfurt a.M.
Rieger, Elmar 1995: Agrarpolitik: Integration durch Gemeinschaftspolitik? in: Jachtenfuchs/Kohler-Koch (Hrsg.), 401-428.
Risse-Kappen, Thomas 1995: Cooperation among Democracies. The European Influence on US Foreign Policy, Princeton, N.J.
Risse-Kappen, Thomas (Hrsg.) 1995: Bringing Transnational Relations Back In. Nonstate actors, domestic structures and international institutions, Cambridge.
Risse-Kappen, Thomas 1996: Exploring the Nature of the Beast: International Relations Theory and the Comparative Analysis Meet the European Union, in: Journal of Common Market Studies 34, 1, 54-80.
Rittberger, Volker (Hrsg.) 1990: International Regimes in East-West Politics, London.
Rittberger, Volker (unter Mitarbeit von Bernhard Zangl) 1995: Internationale Organisationen – Geschichte und Politik, 2. Aufl., Opladen 1995.
Rönquist, Anders 1995: The Functions of the OSCE High Commissioner on National Minorities with Special Regard to Conflict Prevention, in: Eckart Klein (Hrsg.): The Institution of a Commissioner for Human Rights and Minorities and the Prevention of Human Rights Violations, Colloquium Potsdam, 14./15. December 1994, Berlin, 43-52.
Rohde, Christian 1995: Europarecht – schnell erfaßt, Berlin/Heidelberg/New York u.a.
Rohe, Karl 1994: Politik. Begriffe und Wirklichkeiten, 2. Aufl., Stuttgart/Berlin/Köln.
Rosas, Allan/Antola, Esko (Hrsg.) 1995: A Citizens' Europe. In Search of a New Order, London.
Rosenkranz, Gerd/Meichsner, Irene/Kriener, Manfred 1992: Die neue Offensive der Atomwirtschaft. Treibhauseffekt, Sicherheitsdiskussion, Markt im Osten, München.
Ross, George 1995: Jacques Delors and European Integration, New York.
Rothstein, Bo 1996: Political Institutions: An Overview, in: Goodin/Klingemann (Hrsg.), 133-166.
Rourke, John T./Hiskes, Richard P./Zirakzadeh, Cyrus Ernesto 1992: Direct Democracy and International Politics. Deciding International Issues Through Referendums, Boulder, Col./London.
Rüegg, Walter (Hrsg.) 1993/1996: Geschichte der Universität in Europa, Bde.1 und 2, München.
Ruggie, John Gerard (Hrsg.) 1993: Multilateralism Matters. The theory and praxis of an institutional form, New York.
Ruggie, John Gerard 1993: Multilateralism: The Anatomy of an Institution, in: ders. (Hrsg.) 1993, 3-47.
Saalfrank, Valentin 1995: Funktionen und Befugnisse des Europäischen Parlaments, Stuttgart.
Sandholtz, Wayne 1992: High-Tech Europe. The politics of international cooperation, Berkeley/Los Angeles/Oxford.
Sandholtz, Wayne 1993: Choosing union: monetary politics and Maastricht, in: International Organization 47, 1, 1-39.
Sandholtz, Wayne 1996: Europe's monetary malaise: international institutions and domestic policy commitments, in: Review of International Studies 22, 257-273.
Sandholtz, Wayne/Zysman, John 1989: 1992: Recasting the European Bargain, in: World Politics 42, 1, 95-128 (auch [gekürzt] in: Nelson/Stubb [Hrsg.] 1994, 189-209).
Schäfer, Lothar 1993: Das Bacon-Projekt. Von der Erkenntnis, Nutzung und Schonung der Natur, Frankfurt a.M.
Scharpf, Fritz W. 1985: Die Politikverflechtungs-Falle: Europäische Integration und deutscher Föderalismus im Vergleich, in: Politische Vierteljahresschrift 26, 4, 323-356 (auch in: ders.: Optionen des Föderalismus in Deutschland und Europa, Frankfurt a.M./New York 1994, 11-44).

Schauer, Hans 1997: Nationale und europäische Identität. Die unterschiedlichen Auffassungen in Deutschland, Frankreich und Großbritannien, in: Aus Politik und Zeitgeschichte B 10 (28.2.), 3-13.

Schelter, Kurt 1996: Innenpolitische Zusammenarbeit in Europa zwischen Maastricht und Regierungskonferenz 1996, in: Aus Politik und Zeitgeschichte B 1-2 (5.1.1996), 19-26.

Schild, Joachim/Uterwedde, Henrik/Lasserre, René 1997: Frankreich – Politik, Wirtschaft und Gesellschaft, Opladen.

Schildt, Axel 1995: Moderne Zeiten. Freizeit, Massenmedien und „Zeitgeist" in der Bundesrepublik der 50er Jahre, Hamburg.

Schimmelfennig, Frank 1995: Debatten zwischen Staaten. Eine Argumentationstheorie internationaler Systemkonflikte, Opladen.

Schimmelfennig, Frank 1996: Legitimate Rule in the European Union. The Academic Debate, Tübinger Arbeitspapiere zur Internationalen Politik und Friedensforschung Nr.27, Tübingen.

Schlotter, Peter/Ropers, Norbert/Meyer, Berthold 1994: Die neue KSZE. Zukunftsperspektiven einer regionalen Friedensstrategie, Opladen.

Schmidt, Hajo (Hrsg.) 1996: Friedenspolitik und Interventionspraxis, Fernstudienkurs der FernUniversität, Kursnr. 4673, Hagen.

Schmidt, Ingo/Binder, Steffen 1998: Wettbewerbspolitik, in: Klemmer (Hrsg.), 1279-1314.

Schmitt, Günter 1998: Agrarpolitik, in: Klemmer (Hrsg.), 143-218.

Schmitter, Philippe C. 1996: Examining the Present Euro-Polity with the Help of Past Theories, in: Gary Marks/Fritz W. Scharpf/Philippe C. Schmitter/Wolfgang Streeck: Governance in the European Union, London, 1-14.

Schöllgen, Gregor 1996: Geschichte der Weltpolitik von Hitler bis Gorbatschow 1941-1991, München.

Schubert, Klaus 1991: Politikfeldanalyse – Eine Einführung, Opladen.

Schulze, Hagen/Paul, Ina Ulrike (Hrsg.) 1994: Europäische Geschichte. Quellen und Materialien, München.

Schumann, Wolfgang 1996: Neue Wege in der Integrationstheorie. Ein policy-analytisches Modell zur Interpretation des politischen Systems der EU, Opladen.

Schunter-Kleemann, Susanne 1994: Das Demokratiedefizit der Europäischen Union und die Frauenpolitik, in: Biester u.a. (Hrsg.), 20-38.

Schwarz, Hans-Peter 1986 bzw. 1991: Adenauer, Bd.1: Der Aufstieg 1876-1952, Bd.2: Der Staatsmann 1952-1967, Stuttgart (TB-Ausgabe: München 1994).

Schwarzer, Gudrun 1994a: Friedliche Konfliktregulierung: Saarland – Österreich – Berlin, in: Zeitschrift für Internationale Beziehungen 1, 2, 243-277.

Schwarzer, Gudrun 1994b: Friedliche Konfliktregulierung: Saarland – Österreich – Berlin, Tübingen.

Schweisfurth, Theodor (Hrsg.) 1993: Dokumente der KSZE, München.

Sedelmeier, Ulrich/Wallace, Helen 1996: Policies towards Central and Eastern Europe, in: Wallace/Wallace (Hrsg.), 353-387.

Seitz, Konrad 1991: Die japanisch-amerikanische Herausforderung. Deutschlands Hochtechnologie-Industrien kämpfen ums Überleben, 3. Aufl., München.

Shambaugh, Georg E. 1996: Dominance, Dependence, and Political Power: Tethering Technology in the 1980s and Today, in: International Studies Quarterly 40, 4, 559-588.

Sharp, Margaret/Pavitt, Keith 1993: Technology Policy in the 1990s: Old Trends and New Realities, in: Journal of Common Market Studies 31, 2, 129-151.

Silber, Laura/Little, Allan 1997: Yugoslavia: Death of a Nation, rev. und aktualisierte Ausg., London.

Simonis, Georg u.a. 1997: Deutschland nach der Wende, Opladen.
Simonis, Georg 1997: Politische Identität. Ein Reader, Fernstudienkurs der Fernuniversität Hagen, Kursnr.4655, Hagen.
Smith, Michael Joseph 1986: Realist Thought from Weber to Kissinger, Baton Rouge/ London.
Smith, Mitchell P. 1996: Integration in Small Steps: The European Commission and Member-State Aid to Industry, in: West European Politics, 19, 3, 563-582.
Smithin, John 1995: Geldpolitik und Demokratie, in: Claus Thomasberger (Hrsg.): Europäische Geldpolitik zwischen Marktzwängen und neuen institutionellen Regelungen. Zur politischen Ökonomie der europäischen Währungsintegration, Marburg, 73-96
Spector, Horacio 1993: Analytische und postanalytische Ethik. Untersuchungen zur Theorie moralischer Urteile, Freiburg/München.
Spencer, Michael 1995: States of Injustice. A guide to human rights and civil liberties in the European Union, London.
Staeck, Nicola 1997: Politikprozesse in der Europäischen Union. Eine Policy-Netzwerkanalyse der europäischen Strukturfondspolitik, Baden-Baden.
Stavridis, Stelios/Hill, Christopher (Hrsg.) 1996: Domestic Sources of Foreign Policy. Western European Reactions to the Falkland Conflict, Oxford/Washington, DC.
Steinbruner, John D. 1974: The Cybernetic Theory of Decisions. New dimensions of political analysis, Princeton, N.J.
Stevens, Christopher 1996: EU Policy for the Banana Market: the External Impact of Internal Policies, in: Wallace/Wallace (Hrsg.), 325-351.
Stone, Randall W. 1996: Stallites and Commissars: Strategy and Conflict in the Politics of Soviet-Bloc Trade, Princeton, N.J.
Strömholm, Stig 1991: Europa och rätten (Europa und das Recht), Stockholm.
Strohmeier, Rudolf (Hrsg.) 1994: Die Europäische Union. Ein Kompendium aus deutscher Sicht, Opladen.
Student, Thomas 1998: Clash of Regions. Die Gefahr steigender Wohlfahrtsunterschiede in der Europäischen Union, in: Blätter für deutsche und internationale Politik 1, 85-93.
Sturm, Roland 1991: Großbritannien. Wirtschaft – Gesellschaft – Politik, Opladen.
Sun, Jeanne-Mey/Pelkmans, Jacques 1995: Regulatory Competition in the Single Market, in: Journal of Common Market Studies 33, 1, 67-89.
Takaki, Ronald 1993: A Different Mirror. A History of Multicultural America, Boston/New York.
Thatcher, Denise/Scott, Malcolm 1994: The I Hate Europe Official Handbook, London.
Thatcher, Margaret 1993: The Downing Street Years, London 1993 (TB-Ausgabe: 1995).
Therborn, Göran 1995: European Modernity and Beyond. The Trajectory of European Societies 1945-2000, London.
Thomas, Graham P. 1998: Prime Minister and Cabinet today, Manchester.
Tindemans Gruppe 1996: Welches Europa wollen Sie? Fünf Szenarien für das Europa von morgen, Baden-Baden.
Tolksdorf, Michael 1995: Ein Geld für Europa? Die Europäische Währungsunion, Opladen.
Tsoukalis, Loukas 1993: The New European Economy. The politics and economics of integration, 2., rev. Aufl., Oxford.
Underdal, Arild (Hrsg.) 1998: The Politics of International Environmental Management, Dordrecht/Boston/London.
Urwin, Derek W. 1991: The Community of Europe. A History of European Integration since 1945, London/New York.
van der Eijk, Cees/Franklin, Mark N. 1996: Choosing Europe? The European Electorate and National Politics in the Face of Union, Ann Arbor.
van der Pijl, Kees 1996: Vordenker der Weltpolitik – Einführung in die internationale Politik aus ideengeschichtlicher Perspektive, Opladen.

van der Wee 1984: Der gebremste Wohlstand. Wiederaufbau, Wachstum, Strukturwandel 1945-1980, München.

van Evera, Stephen 1995: Hypotheses on Nationalism and the Causes of War, in: Kupchan (Hrsg.) 1995, 136-157.

van Laue, Theodore H. 1987: The World Revolution of Westernization. The Twentieth Century in Global Perspective, Oxford.

van Miert, Karel 1995: Wettbewerbspolitik und die Zusammenarbeit zwischen den Kartellbehörden in der Europäischen Union, in: Lüder Gerken (Hrsg.): Europa zwischen Ordnungswettbewerb und Harmonisierung, Berlin u.a., 219-228.

Vaubel, Roland 1996: Das Tauziehen um die Europäische Währungsunion, in: Aus Politik und Zeitgeschichte B 1-2 (5.1.1996), 11-18.

Wälde, Thomas W. (Hrsg.) 1996: The Energy Charter Treaty. An East-West gateway for investment and trade, London/Den Haag/Boston.

Wallace, Helen/Wallace, Willliam (Hrsg.) 1996: Policy Making in the European Union, Oxford.

Wallace, Helen/Wallace, Willliam/Webb, Carole (Hrsg.) 1983: Policy -Making in the European Community, 2. Aufl., Chichester u.a.

Wallace, William 1983: Less than a Federation, More than a Regime: the Community as a Political System, in: Wallace/Wallace/Webb (Hrsg.), 403-436.

Waltz, Kenneth N. 1979: Theory of International Politics, Reading, Mass.

Wasser, Hartmut 1983: Die USA – der unbekannte Partner, Paderborn.

Watt, Montgomery W. 1993: Der Einfluß des Islam auf das europäische Mittelalter, Berlin (engl. Original: Edinburgh 1972).

Weber, Steve 1993: Shaping the Postwar Balance of Power: Multilateralism in NATO, in: Ruggie (Hrsg.) 1993, 233-292.

Weber, Steven 1994: Origins of the European Bank for Reconstruction and Development, in: International Organization 48, 1, 1-38.

Weggel, Oskar 1989: Die Asiaten, München.

Weidenfeld, Werner (Hrsg.) 1991: Wie Europa verfaßt sein soll. Materialien zur Politischen Union, Gütersloh.

Weiler, Joseph H.H. 1982: Community Member States and European Integration: Is the Law Relevant?, in: Journal of Common Market Studies 21, 39-56.

Weiler, Joseph H.H. 1991: The Transformation of Europe, in: The Yale Law Journal 100, 8, 2403-2483.

Weinberg, Steven 1992: Dreams of a Final Theory. The Scientist's Search for the Ultimate Laws of Nature, New York.

Weingast, Barry R. 1996: Political Institutions: Rational Choice Perspectives, in: Goodin/Klingemann (Hrsg.), 167-190.

Welfens, Paul J.J. 1995: EU und ostmitteleuropäische Länder: Probleme und Optionen der Integration, in: Aussenpolitik 46, 3, 232-241.

Wessels, Wolfgang 1992: Staat und (westeuropäische) Integration. Die Fusionsthese, in: Kreile (Hrsg.), 36-61.

Wessels, Wolfgang 1997: Der Amsterdamer Vertrag – Durch Stückwerkreformen zu einer effizienteren, erweiterten und föderalen Union? in: Integration 20, 3, 117-135.

Westphal, Kirsten 1995: Hegemon statt Partner – Rußlands Politik gegenüber dem „nahen Ausland", Münster.

Winand, Pascaline 1993: Eisenhower, Kennedy, and the United States of Europe, New York.

Wise, Mark/Gibb, Richard 1993: Single Market to Social Europe. The European Community in the 1990s, Harlow.

Wistrich, Ernest 1994: The United States of Europe, London/New York.

Woyke, Wichard 1995: Europäische Organisationen. Einführung, München.

Zaagman, Rob/Bloed, Arie 1995: Die Rolle des Hohen Kommissars der OSZE für nationale Minderheiten bei der Konfliktprävention, in: IFSH (Hrsg.), 225-240.

Zahariadis, Nikolaos 1997: Why State Subsidies? Evidence from European Community Countries, 1981-1986, in: International Studies Quarterly 41, 2, 341-354.

Zelikow, Philip/Rice, Condoleezza 1995: Germany Unified and Europe Transformed. A study in statecraft, Cambridge, Mass./London.

Zürn, Michael 1989: Das CoCom-Regime. Zum Erklärungswert rationalistischer Theorien, in: Kohler-Koch (Hrsg.), 105-149.

Zürn, Michael 1990: Intra-German trade: an early East-West regime, in: Rittberger (Hrsg.), 151-188.

Zürn, Michael 1996: Über den Staat und die Demokratie im europäischen Mehrebenensystem, in: Politische Vierteljahresschrift 37, 1, 27-55.

Anhang

Lösung der „Denksportaufgabe" aus Kapitel 3.1.1.1:

Die Verbindung aller neun Punkte mit vier Linien ohne den Stift abzusetzen (wenn das erlaubt wäre, würden ja z.B. drei senkrechte Striche genügen) sieht wie folgt aus.

Um das Problem zu lösen, müssen Sie also über den Rahmen des virtuellen Quadrates, das die neun Punkte bilden, hinausgehen. Genau hierin besteht die Analogie zu Monnets Lösung des deutsch-französischen Problems: mit seinem Vorschlag einer europäischen, also mehrseitigen, Integrationslösung für die Verwaltung der Kohle- und Stahlindustrie ging er über den bilateralen Rahmen der deutsch-französischen Beziehungen hinaus.

Die Lehrbuchreihe
Grundwissen Politik

Band 1: **Ulrich von Alemann: Organisierte Interessen in der Bundesrepublik Deutschland**
2. Auflage 1989. 200 S. Kart. 24,80 DM
ISBN 3-8100-0790-0

Band 2: **Manfred G. Schmidt: Sozialpolitik**
Geschichte und internationaler Vergleich.
2. vollständig überarbeitete und erweiterte Auflage 1998. 334 S. Kart. 36,– DM
ISBN 3-8100-1963-1

Band 3: **Wilhelm Bürklin/Markus Klein: Wahlen und Wählerverhalten.** Eine Einführung.
2. Auflage 1998. 205 S. Kart. 33,– DM
ISBN 3-8100-1978-X

Band 4: **Franz Lehner/ Ulrich Widmaier: Vergleichende Regierungslehre.** 3. überarbeitete Auflage 1995. 161 S. Kart. 29,80 DM
ISBN 3-8100-1366-8

Band 5: **Manfred G. Schmidt: Regieren in der Bundesrepublik Deutschland.**
1992. 236 S. Kart. 24,80 DM
ISBN 3-8100-0864-8

Band 6: **Klaus Schuber: Politikfeldanalyse.**
Eine Einführung. 1991. 208 S. Kart. 24,80 DM
ISBN 3-8100-0882-6

Band 8: **Herbert Döring: Großbritannien: Regierung, Gesellschaft und politische Kultur**
1993. 228 S. Kart. 29,80 DM
ISBN 3-8100-1071-5

Band 9: **Ulrich von Alemann: Grundlagen der Politikwissenschaft.** Ein Wegweiser.
2. Auflage 1995. 161 S. Kart. 24,80 DM
ISBN 3-8100-1427-3

Band 10: **Volker Rittberger: Internationale Organisationen – Politik und Geschichte.**
Unter Mitarbeit von Bernhard Zangl. 2. durchgesehene Auflage 1996. 268 S. Kart. 29,80 DM
ISBN 3-8100-1535-0

Band 11: **Reinhard Meyers: Begriff und Probleme des Friedens**
1994. 171 Seiten. Kart. 24,80 DM
ISBN 3-8100-1216-5

Band 12: **Martin List/Maria Behrens/Wolfgang Reichard/Georg Simonis: Internationale Politik – Probleme und Grundbegriffe.**
1995. 288 S. Kart. 29,80 DM
ISBN 3-8100-1228-9

Band 13: **Kees van der Pijl: Vordenker der Weltpolitik.** Einführung in die internationale Politik aus ideengeschichtlicher Perspektive.
1996. 368 S. Kart. 36,- DM
ISBN 3-8100-1329-3

Band 14: **Franz Nuscheler: Internationale Migration – Flucht und Asyl**
1995. 288 S. Kart. 29,80 DM
ISBN 3-8100-1330-7

Band 15: **Heiderose Kilper/ Roland Lhotta: Föderalismus in der Bundesrepublik Deutschland**
1995. 287 S. Kart. 29,80 DM
ISBN 3-8100-1405-2

Band 16: **Annette Zimmer: Vereine – Basiselement der Demokratie**
Eine Analyse aus der Dritte-Sektor-Perspektive.
1996. 253 S. Kart. 29,80 DM
ISBN 3-8100-1500-8

Band 17: **Henk Houweling/Gerd Junne/ Henk Overbeek: Hegemonie und internationale Arbeitsteilung.**
Einführung in die internationale Politik aus der Perspektive des modernen Weltsystems.
1998. Ca. 250 S. Kart. Ca. 29,80 DM
ISBN 3-8100-1504-0

Band 18: **Ralf Kleinfeld: Kommunalpolitik.** Eine problemorientierte Einführung. Unter Mitarbeit von Ralf Heidemann, Achim Nendza und Frank Treutler.
1996. 378 S. Kart. 36,- DM
ISBN 3-8100-1580-6

Band 19: **René Lasserre/Joachim Schild/ Henrik Uterwedde: Frankreich – Politik, Wirtschaft, Gesellschaft**
1997. 256 S. Kart. 29,80 DM
ISBN 3-8100-1593-8

Band 20: **Wolfgang Hein: Unterentwicklung – Krise der Peripherie**
Phänomene – Theorien – Strategien
1998. 406 Seiten. Kart. 39,– DM
ISBN 3-8100-1663-2

Band 21: **Rainer Prätorius: Die USA – Politischer Prozeß und soziale Probleme.**
1997. 276 S. Kart. 33,- DM
ISBN 3-8100-1792-2

Band 22: **Frieder Naschold/Jörg Bogumil: Modernisierung des Staates**
New Public Management und Verwaltungsreform.
1998. 204 S. Kart. 29,80 DM
ISBN 3-8100-1934-8

Band 23: **Wolfgang Fach: Die Hüter der Vernunft.** Eine Einführung in Ideen
1998. Ca. 300 S. Gebd. Ca. 36,– DM
ISBN 3-8100-2140-7

Band 24: **Martin List: Baustelle Europa.**
Einführung in die Analyse europäischer Kooperation und Integration.
1998. 327 S. Gebd. 36,– DM
ISBN 3-8100-2170-9

Band 25: **Dietmar Braun: Theorien rationalen Handelns in der Politikwissenschaft**
Eine kritische Einführung.
1998. 283 S. Gebd. 33,– DM
ISBN 3-8100-2118-0

Verlag Leske + Budrich · Opladen; e-mail: lesbudpubl@aol.com; Internet: http://www.leske-budrich.de